Giancarlo Liggieri
Casa Italia

Giancarlo Liggieri

Casa Italia

Rediroma-Verlag

Bibliografische Information der Deutschen Nationalbibliothek:
Die Deutsche Nationalbibliothek verzeichnet diese Publikation in
der Deutschen Nationalbibliografie; detaillierte bibliografische
Daten sind im Internet über http://dnb.ddb.de abrufbar.

ISBN 978-3-96103-086-6

Copyright (2016) Rediroma-Verlag

Umschlagillustration: Mr. Nico / photocase.de

www.rediroma-verlag.de
21,95 Euro (D)

Casa Italia

Es war mal was besonderes in Deutschland Italiener zu sein. Wir haben uns gefühlt wie Stars. Wie Giacomo Casanova und Rodolfo Valentino in einem vermischt mit Don Vito Corleone. Mit einem super Gefühl sind wir damals eine Zeitlang durch die Welt marschiert.

Hör gut zu!

September 1977, 7:00 Uhr.

»Wenn ich höre, dass du an die Wäsche der Mädchen gehst oder Mädchen schlägst oder Schwächere schlägst oder Kleinere schlägst, dann gibt es Ärger, dann bekommst du sie von mir. Wenn du dich mit irgendeinen anlegen willst, dann leg dich mit deines Gleichen oder besser noch mit Stärkeren an. Hast du das verstanden?«

Der kleine Santo nickte ehrfürchtig und sagte: »Ja, Papa.«

»Merke dir das, vor allem darfst du auf gar keinen Fall die Mädchen angrabschen. Ansonsten kriegst du es auf dem Mund.«

Durch kindliche Unschuld überrascht, verstand Santo trotzdem, wie wichtig es seinen Vater war, mit dem, was er gerade vermittelt bekam. Er schaute seinen Vater mit großen, geweiteten Augen an und hörte ihm aufmerksam zu, um zu verstehen und um sich gleichzeitig diese Sätze für sein Leben einzuprägen.

»Und noch eine Sache: Gehe Ärger aus dem Weg! Ich möchte nicht, dass du dich rumprügelst. Aber andererseits, lass dir bloß von niemanden was gefallen, wenn dir jemand eine reinhaut, dann haust du ihm zwei. Komm bloß nicht weinend nach Hause und erzähl mir, dass du Prügel bekommen hast. Bringe mir bloß keine Prügel nach Hause, sonst bekommst du von mir noch welche drauf. Du sollst Prügel lieber verteilen, als welche nach Hause zu bringen.«

Am frühen Morgen um 6:30 hatte Carlo Rubino, ruhig und freudig in seinem Schlafzimmer, seinen sechsjährigen Sohn Santo, der immer noch im Bett der Eltern schlief, liebevoll zu seinem ersten Schultag aufgeweckt. Vorher hatte er mit seiner Ehefrau, Vita Caruso, wie sie das jeden Morgen zelebrierten, starken italienischen Espresso getrunken und dabei genüsslich eine HB geraucht, um Santo anschließend, wichtige sizilianische Tugenden auf den Weg zur Schule mitzugeben.

Die italienische katholische Grundschule Zugweg befand sich in der Kölner Südstadt. Die Familie Rubino war seit kurzem vom Luxemburger Wall, der in der Nähe der Südstadt lag, nach Sülz in die Zülpischer Straße umgezogen. Die ersten zwei bis drei Monate wurde Santo zur Schule begleitet. Doch dann hatte sein Vater beschlossen, ihn alleine gehen zu-lassen. Vorher hatte er ihn gewissenhaft gefragt, ob er sich das zutrauen würde. Stolz, wie der Junge erzogen wurde, traute er sich das nach kurzem Überlegen zu und antwortete: »Ja, Papa, ich schaffe das schon.«. Daraufhin beschlossen sie, ihn alleine gehen zu lassen. Ein oder zwei Mal folgte ihm sein Vater, sodass der Sechsjährige Junge nichts davon mitbekam. Ab diesem Zeitpunkt musste er jeden Morgen vom Weyertal bis zum Zülpischer Platz mit der Linie 6 drei Haltestellen fahren, um dann vom Zülpischer Platz mit der Linie 9 weitere vier Bahnhaltestellen zum Chlodwigplatz zu gelangen. Um die Katholische Grundschule Zugweg zu erreichen, musste er nochmal circa 700 Meter weiter zu Fuß gehen.

Die Schule war damals in zwei Hälften geteilt. Eine Hälfte war italienisch, die andere Hälfte deutsch-türkisch gemischt. Die Schule hatte zwei Toreingänge. Wenn man von der Zugwegstraße herunter kam, befand sich die italienische Seite beim zweiten Toreingang. Kam man vom Bonner Wall, befand sich die italienische Seite beim ersten Toreingang. Zu dieser Zeit lebten viele Italiener in Köln. Die Stadt war so ziemlich voll. Die Südstadt und Nordstadt sowie auch der Rathenauplatz, der Brüsseler Platz, Ehrenfeld, Kalk, Vingst und Sülz waren fest in italienische Hand. In Vingst und auf dem Zülpischerwall, neben der Uni Mensa, befanden sich die »Spaghettistraßen«. Die gab's in Köln zweimal. Einige Male waren sie im Zülpischerwall zu Besuch gewesen, und Santo hatte jedes Mal darüber gestaunt, wie viele italienische Jugendliche nur in dieser Straße gelebt hatten. Es müssten circa an die 25 bis 30 gewesen sein. Die Straße war sehr spannend. Santo bekam jedes Mal das Gefühl, er sei irgendwo im tiefsten Sizilien. Einerseits freute er sich mit italienischen Kindern zu spielen, anderseits bekam er diese wilde Rauheit zu spüren. Jedes Mal, wenn er da war, musste er sich mit irgendeinem prügeln.

Seine Eltern waren mit einer Großfamilie aus Paterno, was im östlichen Sizilien bei Catania liegt, befreundet. Die Familie bestand überwiegend aus männlichen Mitgliedern. Es lebten dort zwölf bis fünfzehn italienische Familien, die fast alle miteinander verwandt waren und zu dem Zeitpunkt im Durchschnitt drei Kinder besaßen, die erstaunlicherweise mehrheitlich männlich waren.

Zwei bis drei Mal wiederholte sich zeremoniell die Prügeltaufe immer wieder auf die gleiche Weise. Zuerst wurde Santo skeptisch beäugt, dann näherte man sich einander an, um dann Santo als störenden Fremdkörper zu empfinden und ihm, meist nach einer kurzen hetzenden Absprache, einen vorzuschicken, der oft zu den Stärkeren gehörte.

»Na, bist du stärker als ich?«

Angewidert von der sich abspielenden Prozedur, antwortete Santo leicht eingeschüchtert: »Weiß ich doch nicht.«

Öl ins Feuer gießend, mischten sich dann die anderen Kinder ein und sagten: »Der ist bestimmt stärker als du, der haut dich weg.«

Eingeschüchtert versuchte Santo dann so zu antworten, dass man ihm die Angst nicht ansah, wobei er immer die gleichen Worte sagte: »Ich möchte kein Ärger.«

Herausfordernd antworteten daraufhin die Kinder, meistens waren es wie immer die, die am wenigstens drauf hatten: »Hast du Angst? Voll der Angsthase.«

In der Hoffnung dem Streit irgendwie aus dem Weg gehen zu können, antwortete Santo dann stolz, wie er es gelernt hatte: »Nein ich habe keine Angst.«

Wobei die anderen Kinder dann herablassend auf sizilianisch sagten. »Si Sckanda chissu.« (Er hat Angst) Der angehende Gegner, der über die ganze Zeit eigentlich nur danebengestanden hatte, fühlte sich in der Zwischenzeit durch die anderen ermutigt und bestärkt und schubste mit beiden Händen Santo gegen die Brust. Santo hasste es, sich zu schlagen, doch sein anerzogener Stolz konnte es nicht zulassen, dass er sich erniedrigen ließ, und zwang ihn automatisch, im selben Augenblick zurückzuschlagen, so dass es meist zu einer Rauferei kam, bis der eine oder der andere aufgab oder zufällig vorbeikommende Eltern der Rauferei ein Ende bereiteten.

Seine Eltern hatten sich vorgenommen höchstens für weitere fünf Jahre in Deutschland zu bleiben. Deswegen hatten sie sich entschieden, ihren Sohn auf eine italienische Grundschule zu schicken, damit er dort weiterhin sein Italienisch vertiefen konnte. Aber schließlich hatte Santo nicht weiter Italienisch auf dieser Grundschule gelernt, sondern sizilianisch, er hatte dort quasi italienisch verlernt. Er musste sizilianisch lernen, damit er von den vielen wilden sizilianischen Jungs, die sich in der Grundschule befanden, ernst genommen wurde.

Bis zu seinem sechsten Lebensjahr sprach Santo nur italienisch. Mit drei Jahren war er im italienischen Kindergarten Casa Italia, der sich auf der Meister-Gerhard-Straße nahe Rathenau-Platz befand. Dieser Kindergarten wurde damals von katholischen italienischen Nonnen mit dirigiert. Dort hatte man ihm korrektes Benehmen und ein sauberes einwandfreies Italienisch beigebracht.

Einmal passierte es, dass Santo sich von älteren Kindern im Kindergarten einige Schimpfwörter abgehört hatte und sie voller Begeisterung genauso in seiner Kindergartengruppe wiedergab. Zum Leid von Santo waren die Nonnen nicht so entzückt darüber. Daraufhin wurde Santo dann zur Seite genommen und vorgewarnt, dass, wenn noch einmal solche Schimpfe aus seinem kleinen Mund herauskomme, ihm dann der Mund mit einer großen Nähnadel für immer und ewig zugenäht werde. Das hatte auf Santo einen großen positiven pädagogischen Einfluss und hinterließ so einen eingehenden Eindruck, dass er ab da nie wieder irgendwelche unerwünschten Ausdrücke von sich gab.

Ein anderes Mal war es vorgekommen, dass Carlo Rubino das Bedürfnis bekommen hatte, seinen Sohn zur Abwechslung mal früher vom Kindergarten abzuholen. Glücklich und nichts Böses ahnend kam er in den Gruppenraum, wo sich Santo befand, und stellte zu seinem Entsetzen fest, das sein Sohn mit gebundenen Händen am Rücken und Gesicht zur Wand an einer Ecke stand, ohne sich zu rühren. Augenblicklich schoss ihm das Blut in den Kopf und er hätte am liebsten der Erzieherin den Schopf abgeschlagen. Während ihm das Herz aus der Brust zu schlagen schien, dachte er sich, es sei nur zu schade, dass sie eine Frau war. Er schaffte es gerade so, sich zu beruhigen. Die Erzieherin wurde kreideblass und fühlte sich auf frischer Tat ertappt. Ohne ein Wort zu sagen schnappte Carlo sich seinen Sohn, löste ihn schnell von seinen Fesseln, und erst dann widmete er sich der herzlosen Kindergärtnerin.

»Wieso steht mein Sohn mit rückwärts gebundenen Händen und Gesicht zur Wand?«

Die Erzieherin die sich immer noch ertappt fühlte, antwortete darauf: »Weil Ihr Sohn sich die ganze Zeit an den Armen kratzt.«

»Wie bitte?«, fragte Carlo entsetzt, »weil er sich kratzen muss, bestrafen Sie ihn damit, hier die ganze Zeit, während die anderen Kinder spielen, mit gebundenen Händen und Gesicht zur Wand zu stehen?« Und ohne auf eine Antwort zu warten, fügte er noch hinzu: »Soll ich das mal mit Ihnen machen? Mal schauen wie Sie sich dann fühlen. Fänden Sie dass gut, wenn das einer mit Ihren Kinder machen würde? Niemand darf meinen Kindern ein Haar krümmen! So was dulde ich nicht, diese Zeiten sind schon längst vorbei. Wenn ich nur noch einmal mitbekomme, dass Sie so was mit meinem Sohn machen, binde ich Sie hier fest mit Händen und Kopf zur Wand. Was glauben Sie, mit wem Sie es zu tun haben?«

Ab da wurde Santo in diesem Kindergarten wie ein kleiner Prinz behandelt.

Santo war bis dahin wohlbehütet erzogen worden, und wenn sein Vater ihn nicht so stolz erzogen und vorsorglich zum Judo gebracht hätte, wäre er auf dieser Grundschule von den wilden sizilianischen Kindern fertiggemacht worden. Er wäre untergegangen. Obwohl Santo nur ein Jahr Judo gelernt und sein Vater ihn nur bis zum gelben Gürtel hin gebracht hatte, konnte er sich zum Erstaunen dieser hirnlosen Jungs bestens behaupten. Diese Steinzeitkinder konnten das nicht verstehen, wie ein so nett aussehender gut erzogener Junge, sich so stark und unerschrocken wehren konnte. Santo war so flink und geschickt, dass er es sogar mit Kindern aus der dritten Klasse aufnehmen konnte.

Einer ging ihm besonders auf den Sack, Turi Ficata aus der dritten. Er war sehr gefürchtet! Die ganze Grundschule hatte damals eine scheiß Angst vor ihm. Über einen etwas längeren Zeitraum musste Santo zum Erstaunen aller Turi dreimal während der Pausen bezwingen, damit er ihm nicht weiterhin auf dem Nerv ging. Es waren ziemlich brutale Kämpfe. Turi, viel kräftiger und circa drei Jahre älter, war es nicht gewohnt, auf Widerstand zu stoßen. Dabei wollte er es gleichzeitig nicht wahr haben, dass so ein Kleiner sich so vehement zur Wehr setzen konnte.

Santo tauchte jedes Mal blitzschnell unter seine Schläge, um ihn dann von hinten am Körper zu schnappen und ihn dann, so, wie er es beim Judo gelernt hatte, mit einem Beinhaken mit voller Wucht auf dem Boden zu schmeißen. Durch das Gewicht des größeren und schwereren Turi krachten beide gemeinsam derb auf dem Boden. Er meistens immer oben drauf. Flink, wie Santo es im Judotraining gelernt hatte, griff er mit einer Hand zwischen die Beine und mit der anderen Hand genauso schnell rückwärts hinter dem Kopf durch, bis er seine Hände fest in den Griff bekam. Dann drückte er seinen Oberkörper auf den gegnerischen, sodass Turi wie so viele andere auch es nicht mehr schaffte, aus dem Haltegriff heraus zukommen.

Santo hasste es, sich zu prügeln, aber sein väterlich anerzogener Stolz konnte es nicht hinnehmen, sich demütigen, geschweige denn schlagen zu lassen. Seltsamerweise kam es nur in den seltensten Fällen vor, wenn überhaupt, dass eine von den Mentorinnen eingriff. Im Grunde genommen, schien es den Lehrerinnen so ziemlich scheißegal zu sein und ihr Gehalt, bekamen sie sowieso sicher oder sie hatten aufgegeben, diese wilden Jungs zu erziehen.

Am Anfang, als Neuling, musste Santo beim Judo gegen einen japanischen Jungen, der schon länger Judo trainierte und schon den gelben Gürtel errungen hatte, kämpfen. Er unterlag. Dabei amüsierte sich der japanische Vater köstlich mit einem weiten Grinsen, während er Santos Vater wie einen Idioten immer zu anlächelte. Carlo Rubino dachte sich, »lächel du nur! Wir werden sehen wie lange du noch so lächelst«.

Auf dem Weg nach Hause nahm er sich Santo zur Seite und ermahnte ihn.

»Du bist doch Sizilianer? Sizilianer lassen sich von niemandem demütigen. Sizilianer sind stolze Menschen! Hör gut zu, du sollst beim nächsten Mal die Zähne feste zusammenbeißen und mit aller Kraft gegenhalten und zum Sterben nicht nachgeben. Wenn du so kämpfst, siegst du auch. Du bist Sizilianer! Und ich möchte stolz auf dich sein und vor allem möchte ich dieses blöde Grinsen von diesem japanischen Vater nicht mehr sehen! Ansonsten, muss ich ihn mir schnappen und selber dafür sorgen.«

Carlo hatte hunderte Auseinandersetzungen in seiner Kindheit in den unbändigen rauen Straßen Siziliens hinter sich, in einer sehr archaischen Zeit, wo es auch hin und wieder zu Messer- oder auch zu Pistolen-Duellen kam. Die Ansprache hatte Wirkung gezeigt. Danach, lachte nur noch Carlo.

Alkohol

Carlo hatte sich Santo gegenüber immer wie ein lieber, vorsorglicher guter, älterer Kumpel benommen, wobei er sich in Gesellschaft auch gerne damit profilierte, den Leuten zu erzählen, dass er zu seinem Sohn nicht wie ein Vater, sondern wie ein Freund war. Er empfand sich dadurch als fortschrittlich und sehr modern. Bis zu der Geburt von seinem jüngeren Bruder hatte Santo ein harmonisches Familienleben gehabt. Doch rasch änderte sich das. Carlo kam öfters später von der Arbeit, wobei er auch jedes Mal ziemlich betrunken war. Es war mittlerweile zu seiner Gewohnheit geworden, nach seiner Schicht mit Kollegen in die Kneipe zu gehen und sich so dermaßen volllaufen zu lassen, dass er sich unüberhörbar laut übergab, wenn er nach Hause kam, sodass seine Frau mit Santo dadurch wach wurde. Eines Tages, spät in der Nacht, hatte seine Frau die Faxen so dicke, dass sie ihren Mut zusammennahm und ihrem Mann ihre Unzufriedenheit mitteilte. Silvio, sein jüngerer Bruder, war sechs Monate alt und lag schlafend im Kinderbett.

Besorgt um den Papa, war Santo mit aufgestanden. Er betrat mit seiner Mutter das Badezimmer, was sich auf der linken Seite, neben der Küche befand, neben der Eingangstür. Sein Vater war wie verwandelt, so als ob der Teufel Besitz von ihm genommen hatte. Schockiert sah Santo, wie sein Vater gnadenlos seine Mutter mit kräftigen Ohrfeigen durch den Flur scheuchte. Angsterfüllt und die Situation nicht verstehend, schrie er seinem Vater hinterher. »Lass meine Mutter in Ruhe, lass sie bitte los, bitte, Papa, lass sie in Ruhe, sie hat dir doch nichts getan?« Und er lief seinem Vater nach, während er versuchte, seiner Mutter zu helfen, und sich dadurch auch selbst noch einige kräftige Ohrfeigen einfing. Sein Vater war nicht mehr wiederzuerkennen. Er stürzte sich mit kräftig schlagenden Fäusten auf die Mutter, die hilflos auf dem Bett lag. Der achtjährige Santo, der sich bestürzt und wehrlos im Flur befand, war gezwungen durch die offene Schlafzimmertür das grausame Horror-Szenario, was sich da gerade abspielte, mitanzusehen. Diese Bilder, wie sein Vater immer wieder und wieder auf seine hilflose Mama einschlug, hat er nie wieder vergessen können.

Irgendwie ließ er von seiner Mama ab. Woraufhin seine Mama ihren achtjährigen Jungen in die Hand nahm und um ihr Leben fürchtend aus dem Haus lief und Hilfe suchte. Verzweifelt und voller Todesangst, klingelte seine Mutter bei Nachbarn, aber niemand machte auf. Bestürzt lief sie mit Santo an der Hand auf die Straße und wusste vor Verwirrung nicht, wohin. Es war kalt und sie waren vor Eile ohne Jacken und nur mit Hausschuhen rausgelaufen. Orientierungslos irrten sie durch Sülz. Seine Mutter sah sehr übel aus, ihr Gesicht war schon ziemlich angeschwollen und bei diesem Anblick verpasste es Santo ein Stich ins Herz. An diesem Abend flehte Santo seine Mutter mehrere Male an, seinen Papa zu verlassen. Seine Mama reagierte nicht darauf. Nach zwei Stunden, nachdem seine Mutter nicht zur Polizei und auch nicht zur ihrer älteren Schwester gegangen war, die in Köln-Nippes wohnte, entschied sie sich plötzlich, nachdem ihr bewusst wurde, dass sich der sechs Monate alte Silvio noch beim Vater befand, schnellstens wieder nach Hause zu laufen.

Angsterfüllt und sich fürchtend gingen sie nach Hause zurück. Jetzt galt es, den sechs Monate jüngeren Bruder zu beschützen. Zuhause angekommen, sahen sie, wie der Vater schnarchend wie ein Tier schlief.

»Schau dir dieses Schwein an, zuerst bringt er Menschen um und dann legt er sich schlafen, so als ob nichts wäre«, kam es seiner Mama beinahe nüchtern heraus. Sie schauten nach Silvio, und zum Glück schien der kleine unversehrt zu sein. Santo wollte, dass sie jetzt, wo sie Silvio hatten, schnellstens wieder verschwanden, bevor sein Vater aufwachen würde. Vita antwortete darauf: »Keine Sorge, er tut uns nichts mehr. Morgen früh hat er, nachdem er seinen Rausch ausgeschlafen hat, alles wieder vergessen.«

Sie legten sich hin und versuchten, soweit es ging, zu schlafen, wobei Santo immer wieder, genau wie der jüngere Bruder, erschrocken aufwachte.

Am Morgen sah sein Vater das Werk, was er vollbracht hatte. Bestürzt traute er seinen Augen nicht. Seine Frau sah aus wie ein Monster. Das Gesicht unkenntlich angeschwollen, wobei ihre Gesichtsfarbe, wenn man noch von Gesicht reden konnte, nur noch eine gelblich schwarze Maske war. Entsetzt und niedergeschmettert, hatte er noch den Mut, nach entschuldigenden Worten zu suchen. Seine Frau, die sich kaum noch bewegen konnte, sagte darauf heulend: »Guck mal was du mir angetan hast, guck mal, was du mir angetan hast. Du hast ein Monster aus mir gemacht! Eine Woche lang musste seine Mutter das Bett hüten. Ab diesem Tag sah Santo seinen Vater mit anderen Augen und das Vertrauen, was er zuvor zu seinem Vater gehabt hatte, war mit einem Schlag zerstört. Santo hatte sich geschworen, das nie wieder zuzulassen, und wenn er groß genug sein würde, würde er mit ihm kurzen Prozess machen.

Überhaupt neigte sich das harmonische Familienleben nach der Geburt des Bruders dem Ende zu. Aufrührerisch und fanatisch stolz, Sizilianer zu sein, ließ sich sein Vater zum Sterben von niemandem schikanieren, wodurch er immer wieder in verschiedenen Firmen seinen Arbeitsplatz verlor. Auch diesmal hatte sein Vater allem Anschein nach bei der Firma Bauer Druck in Köln-Hansaring den Bogen überspannt, zum großen Leid der Familie. Denn er hatte wie durch ein Wunder es zum ersten Mal geschafft, einige Jahre zu arbeiten und richtig gut zu verdienen. Jedoch gab er sein Geld gut und gerne woanders aus. Deshalb hatten sie es nicht geschafft, überhaupt etwas in dieser Zeit zu sparen.

Sein Vater wurde arbeitslos und seine Mutter, die als Putzfrau im Humboldt-Gymnasium arbeitete, befand sich noch in Mutterschaftsurlaub, wodurch sie nur begrenzt Geld zur Verfügung hatten. Eigentlich lag sein Vater mehr im Bett als sonst. Er hatte einen starken Bandscheibenvorfall und einige Male mussten sie den Krankenwagen rufen, weil er sich nicht mehr bewegen konnte. Oft musste Santo, wenn seine Mutter arbeiten war und zusätzlich ihrem Nebenjob nachging, wo sie im Monat nochmal 200 bis 300 hundert Mark dazu verdienen konnte, auf seinen jüngeren Bruder aufpassen und sich gleichzeitig um seinen kranken Vater kümmern, der vor starken Schmerzen es nicht mal ohne Hilfe aus dem Bett schaffte. Oft musste Santo seinem Vater dabei helfen, seine Beine so zu richten, dass er sich so unbeschwert wie möglich auf den Boden stellen konnte, um ihn dann als Stütze bis zum Badezimmer hin zu tragen und ihm zu helfen, damit er überhaupt pinkeln konnte. Danach half er ihm wieder vom Badezimmer zum Schlafzimmer mit derselben Prozedur zurück, was einige Male am Tag vorkam.

Manchmal konnte sein Vater sich gar nicht bewegen. Santo holte dann immer den großen Eimer, half seinem Vater, die Hose aufzumachen, um ihm dann den Eimer so hinzuhalten, dass er sich in Ruhe erleichtern konnte. So, wie er es bei seiner Mutter abgeschaut hatte, musste er mit kleinen Wassergläsern sein Vater den Rücken behandeln. Die Gläser in dem eine Münze in Stoff umwickelt war, wurden über dem Rücken verteilt um es anzuzünden, so das die Haut in sich sog. Sein Vater war der Meinung, dass es helfen würde. Besser erging es ihm trotzdem nicht. Hin und wieder musste Santo seinem Vater mit einer stark brennenden Salbe dann den Rücken einmassieren, während Santo sich zu Gott betend wünschte, dass sein Vater endlich geheilt wurde. Ab und zu bildete sich Santo ein, er wäre ein Heiler und könnte seinen Vater durch seine Heilkräfte heilen. Die Hoffnung gab er nie auf, aber geheilt wurde sein Vater trotzdem nicht. Mittlerweile waren die Schmerzen so stark geworden, dass er durch das Jammern, Fluchen und Flehen jede Nacht aufgeweckt wurde.

Oft flehte sein Vater seine verstorbene Mama um Hilfe, während er auch gleichzeitig sie und seinen sieben Jahre älteren Bruder verfluchte und ihnen die Schuld für seinen Bandscheibenvorfall gab, weil sie ihn als kleines Kind oft geschlagen und ihn gezwungen hatte, mit neun Jahren hart arbeiten zu gehen.

Wenn Carlo trank, verfiel er in eine selbstmitleidige Melancholie und erzählte, wie ungerecht seine Familie mit ihm umgegangen war. Geschichten aus einer sehr archaischen Zeit. Er berichtete, dass sein Vater nie ein Vater gewesen sei, denn er hätte seine Mutter für eine andere, viel jüngere Frau verlassen. Dabei konnte er trotzdem nie die Finger von seiner Ehefrau lassen und hatte auf beiden Seiten Kinder wie am laufenden Band produziert. Insgesamt neun Geschwister, vier mütterlicherseits und vier von der jüngeren Frau. Wobei einige dazwischen früh verstorben waren.

In dieser schwierigen Zeit hatten sich alle Freunde und selbst Verwandte entfernt, so, als wären sie Aussätzige. Niemand, aber auch niemand hatte der Familie auf nur irgendeiner Weise geholfen. Nicht die Freunde und auch nicht der ältere Bruder, der in Wuppertal wohnte. Die Mutter von Santo hatte es dem Onkel sehr übel genommen. Sie konnte es einfach nicht vergessen. Carlo wurde mit zunehmendem Alter, immer mehr zu einer gespaltenen apoplektischen Persönlichkeit. Meistens schlecht gelaunt, motzig und immer unzufrieden. Er war für seine Familie nicht ansprechbar. Wenn man ihn ansprach, schimpfte er immer zu: »Lasst mich in Ruhe, seht ihr nicht, dass ich selber Probleme habe.«

Er hatte immer mit irgendetwas oder mit irgendwem Missverständnisse. Wenn er Rotwein trank, veränderte sich seine Persönlichkeit besonders negativ. Man bekam jedes Mal das Gefühl, als ob der Teufel persönlich von ihm Gewalt nahm. Er provozierte und beleidigte und suchte förmlich nach irgendetwas, worüber er sich dann brüllend aufregen konnte, um mit sehr hässlichen Schimpfwörtern oder sogar mit Schlägen die Person fertigzumachen.

Mit zehn Jahren war Santo einmal vom Spielen mit Freunden knapp eine halbe Stunde zu spät gekommen. Was die Uhrzeit anging, war sein Vater besonders streng gewesen. Er packte Santo an den Haaren und zog ihn in die Badewanne, wobei er seinen Kopf mehrere Male hintereinander unter kaltes fließendes Wasser steckte. Manchmal zog er seinen Gürtel aus dem Hosenbund und drosch damit auf Santo ein, wobei sein Vater, wenn Santo die Hände zur Abwehr hoch nahm, nur noch mehr ausrastete. Santo lernte mit der Zeit den Schmerz soweit es ging zu unterdrücken und seine Hände unten zu halten, damit diese demütigende quälende Prozedur schnell zu Ende ging. Währenddessen durfte die Mutter sich nicht einmischen, denn sonst hätte sie alles nur noch verschlimmert.

Silvio wurde älter und wie jüngere Geschwister so sind, fangen sie an, die älteren zu Nerven. Santo musste immer öfter mit dem kleineren Bruder etwas unternehmen, dabei war er selbst erst elf Jahre alt. Seine Rolle als älterer Bruder nahm er ernst. Er liebte seinen Bruder und trug sehr viel Verantwortung für ihn. Wenn er mit seinem Bruder unterwegs war, ließ er ihn nie aus den Augen und konnte dadurch mit seinen Kumpeln nicht so viel Spaß haben. Hin und wieder mal, wenn sein Vater nicht zuhause war, hatte seine Mutter mit ihm Nachsicht, und damit Silvio ihm nicht hinterher weinte, vereinbarten sie, dass Santo sich aus dem Badezimmer, durchs obere Fenster hinaus schlich. Das Badezimmerfenster erreichte er nur mit Mühe, indem er auf die Badewanne stieg und sich von da aus gekonnt durch das kleine runde Fenster zog, wobei er sich oft kleinere leichte Schürfwunden zufügte. Von da aus kam er auf den Terrassenflur, der dann durch eine zweite Tür zum Treppenhaus endlich in die Freiheit führte.

Als Santo neun Jahre alt war, lernte er Filippo, der zwei Jahre älter war, am Spielplatz an der Palanter Straße kennen. Mit ihm freundete er sich an. Filippo nahm die Rolle des beschützenden älteren Bruders ein. Beide mochten sich und fühlten sich zusammengehörig. Sie waren Sizilianer. Wobei es ab und zu auch Meinungsverschiedenheiten gab. Filippo war robust gebaut und circa einen Kopf größer. Dazu besaß er eine dunklen orientalischen Teint und große dunkle Augen. Später erinnerte Filippo Santo manchmal an Perry von The Wanderers. Und allem Anschein nach war er auch genau so stark und unerschrocken.

Einige Male hatte Santo auf dem Spielplatz Palanter Straße einige Auseinandersetzungen mit älteren Jungs. Stolz, wie er erzogen war, hatte er sich tapfer geschlagen. Santo hatte nur dafür gesorgt, dass man ihn und seine sizilianischen Freunde respektierte. Einige Male hat er sich mit türkischen Kindern in seinem Alter, die sich neuerdings immer mehr bemerkbar machten, diesbezüglich schlagen müssen. Santo war für seine Körpergröße erstaunlich stark und war als klarer Sieger herausgegangen. Daraufhin kamen ältere Brüder oder Cousins oder Bekannte, die die Rolle der Rächer einnehmen wollten. Zu deren Überraschung schlug er sich auch mit denen, wobei er auch das eine oder andere Mal zu deren Bestürzung gewann. Er war unerschrocken. Sein Stolz ließ keinen Platz für Angst.

Einige Male war Filippo dabei und hatte Santo beschützt, wobei auch Filippo das eine oder andere Mal die Rolle des Rächers eingenommen hatte. Die meisten fürchteten sich vor Filippo, obwohl er ein herzensguter sympathischer Junge war. Mit neun hatte Santo die Erlaubnis bekommen, mit Filippo ins Schwimmbad Marsilius Bad gehen zu dürfen, was an das Schiller- und EVT-Gymnasium grenzte. Mit großer Freude und erwartenden Augen nahm Santo, der zum ersten Mal seit seiner Geburt ein Schwimmbad betrat, das Marsiliusbad wie einen großen Vergnügungspark wahr. Erregt stellte er sich brav hinter Filippo, der sich schon bestens mit dem Bad auskannte, in die Reihe. Die Jungs bekamen blaue Bänder, an denen die Schließfachnummer mit dem jeweiligen Schlüssel dran war. Das Schwimmbad war an diesem Tag stark mit schreienden Kindern besucht, die den Eindruck machten, verdammt viel Spaß zu haben. Das Bad bestand aus zwei Schwimmbecken, vorne befand sich das Kinder- und Anfängerbecken, was ziemlich flach anfing und sich dann bis zum zweiten Becken leicht tiefer neigte. Hinten, wo sich die Sprungbretter befanden, gab es Springböcke aus Stein. Das Schwimmen lernte Santo mit Hilfe von Filippo und zwei weiteren italienischen Brüder. Vito war vier Jahre älter als Santo und ähnelte eher einem Griechen. Braune lockige Haare, braune Augen, eine größere kräftige Nase und sehr markante Gesichtszüge, wobei er einen muskulösen athletischen Körper hatte. Massimo, der jüngere Bruder, der nur zwei Jahre älter als Santo war, sah eher aus wie eine römisch-normannische Verschmelzung. Er hatte blonde lockige Haare, mit hell blau braunen Augen, und war genauso athletisch gebaut wie Vito. Obwohl sie vom Typ her unterschiedlich waren, konnte man die geschwisterlichen Züge trotzdem deutlich erkennen. Die zwei kamen aus Apulien und waren immer sehr witzig drauf. Santo mochte die zwei sehr, sie hatten eine witzige Aussprache und genauso auch lustige apulische Sprüche im Kasten.

Vito und Massimo hatten einen strengen Vater, der eine seriöse autoritäre Erscheinung war. Es war kaum zu übersehen, dass sich Vito und Massimo beim Anblick ihres Vaters jedes Mal richtig in die Hosen machten. Und auch so bekamen sie wenig Freiraum. Sie dürften nie länger raus und mussten überpünktlich zuhause erscheinen. Santo musste traurig feststellen, dass die zwei Brüder immer seltener am Spielplatz zu sehen waren. Einige wenige Male hatte Santo sich getraut, bei den Jungs zu klingeln, um mit ihnen spielen zu dürfen, wurde aber zu seinem Erstaunen nie herzlich empfangen. Im Gegensatz zu seinen Eltern, beziehungsweise zu seinem eigenen Vater, der trotz seiner patriarchischen Einstellung in der Regel immer sehr gastfreundlich war, vor allem, gegenüber Kindern. Man konnte Carlo einiges vorwerfen, was den Umgang mit seiner Familie anbetraf, aber ein Unmensch war er nicht. Wenn andere Kinder seinen Sohn abholten, wurden sie aufgenommen, als seien sie seine eigenen. Wenn man aß, lud man sie höflich zum Essen ein und, wenn man nicht am Tisch saß, bat man die Kinder höflich, sich im Wohnzimmer hinzusetzen, und bot Getränke an. Selbst wenn die Freunde von Santo unten warten wollten, musste Santo sich von seinem Vater anhören: »Wie, lässt du deine Kumpel einfach so unten stehen? Bei uns lässt man noch nicht mal Hunde vor der Tür warten. Sag deinen Freunden, sie sollen bitte hochkommen.«

Das war für ihn immer sehr wichtig. Das konnte man vom Vater der zwei Brüder Vito und Massimo nicht behaupten. Er blieb seiner strengen, nicht gastfreundlichen Haltung treu und sagte dann immer zu seinen zwei Söhnen: »Was will der Kleine? Sag ihm, er soll gefälligst unten auf euch warten.« Oder wenn er gerade gnädig war: »Sagt ihm, dass ihr gleich zum Spielplatz nach kommt.«

Beim letzteren Satz freute sich Santo immer und ging dann zum Spielplatz, um auf die zwei zu warten. Oft wartete er länger als eine halbe Stunde, was ihm, der zu der Zeit eigentlich oft einsam war, wie eine halbe Ewigkeit vorkam. Umso größer und enthusiastischer die Freude, wenn sie dann auf dem Spielplatz auftauchten. Mehrmalig kam es sogar vor, dass sie erst nach einer Stunde zum Spielplatz kamen. Nicht selten sogar gar nicht.

Santo war ein sensibler, empathischer, stolzer Junge, und nach einigen Malen hörte er auf, sie abzuholen und fand sich damit ab, es dem Zufall zu überlassen, wann er wieder mit Vito und Massimo spielen durfte. Santo mochte die zwei sehr, und die zwei schienen ihn genauso zu mögen. Doch in Anwesenheit des Vaters veränderte sich ihr Verhalten ruckartig, und aus den zwei sympathischen lustigen Jungs wurden zwei gefasste eingeschüchterte seriöse Jungs.

Vito und Massimo waren talentierte Kletterer. Sie kletterten auf den Dächern des EVT- und Schiller-Gymnasiums, indem sie auf dem Außengelände Wasserrohrleitungen als Leiter nutzten, die entlang der Wände hoch bis zu den Dächern führten. Santo wollte es ihnen nachmachen und sie fragten ihn gewissenhaft, ob er sich das zutraue.

»Ja, klar traue ich mir das zu«, hatte Santo darauf geantwortet. Brüderlich zeigten sie ihm, wie man eine Fußspitze nach der anderen auf die Zusammenschlüsse, die die Wasserrohre festschraubten, zu setzen hatte. Dabei musste man sich mit den Händen hochziehen, bis oben zu den Dächern, um sich dann mit beiden Händen an den Blech Dachrinnen festzuhalten und auf die Mauer fallen zu lassen oder auf ein breiteres Fensterpodest zu springen. Filippo konnte bei diesem Spiel leider nicht mithalten und ging meistens beleidigt nach Hause. Daraufhin riefen Vito und Massimo auf italienisch,: »sei um po' troppo Cicco.« (Du bist ein wenig zu speckig), und lachten ihn dann aus, um Santo dann mit apulischen Akzent zu sagen: »Neaou vedi, ei ün pö troppe cicciouni, cani ün pö troppe cicca'.« (Schau mal, er ist ein wenig zu speckig, er hat ein wenig viel Speck).

Eines Tages im Marsilius Bad, nach einigen Arschbomben, Rückwärtssaltos und Vorwärtssaltos, offenbarte Massimo unerwartet eine für Santo sehr unerfreuliche Nachricht.

»Wir fahren für immer nach Apulien.«

Filippo konnte es nicht wahr haben und fragte ungläubig: »Wen willst du denn verarschen?«

Daraufhin bestätigte Vito: »Nein, im Ernst, wir gehen wirklich für immer nach Italien.«

Bestürzt darüber, Vito und Massimo nie wiederzusehen, fragte Santo: »Hat dein Vater Arbeit da unten?«

Vito antwortete: »Meine Eltern haben Land und ein Haus und wollen eine Bäckerei aufmachen.«

Filippo, Santo und der kleine Bruder Mauro schauten sich fragend an und waren sich immer noch nicht sicher, ob sie nicht doch verarscht wurden, denn Vito und Massimo erzählten gerne hin und wieder mal Stuss. Doch dann sagte Massimo eingehend: »Ja, und wir werden in der Bäckerei mithelfen, und außerdem ist die Mama von unserem Vater stark erkrankt und mein Vater meint, es ist an der Zeit, wieder in die Heimat zurückzugehen.«

Santo stimmte diese Nachricht traurig. Jetzt, wo er gute Freunde gefunden hatte, jetzt, wo er sich wohlfühlte wie bei einer Familie, zogen die zwei für immer und ewig weg. »Kommt ihr denn uns mal besuchen?«, erhoffte sich Santo

»Ja, bestimmt kommen wir euch besuchen«, antwortete Massimo.

Vito sagte darauf: »Vielleicht kommen wir eines Tages sogar zurück.«

Santo sah sie nie wieder, und er vermisste sie sehr.

Kurz Zeit danach wurde Filippo im Alter von 14 Jahren von seinem Vater auf den Bau mitgenommen, um Eisen flechten zu lernen. Es wurde einsam um Santo. Nun musste er sich neu orientieren und gab die Hoffnung, dass Vito und Massimo eines Tages wie auch Filippo alle wieder zusammen sein konnten, lange Zeit nicht auf.

Santo übernahm bei den anderen italienischen Kindern, die gleichaltrig waren oder auch jünger auf dem Palanter Spielplatz, nun selbst die Rolle des beschützenden Anführers. Eines Tages hatte Rino, einer seiner Lieblingsschützlinge, Ärger mit einem etwas älteren türkischen Jungen. Dabei unterlag Rino. Santo hatte sich dies vom eingezäunten Fußballfeld angeschaut und war daraufhin eingeschritten. Er sagte zu dem türkischen Jungen: »Wenn du mutig bist, leg dich doch mit einem in deinem Alter an.«

Siegessicher forderte der türkische junge Santo auf und musste zu seiner Enttäuschung feststellen, dass er nicht den Hauch einer Chance hatte. Wutentbrannt holte er Verstärkung, einen noch zwei Jahre Ältereren. Dieser verlor zu seiner Bestürzung und zum Erstaunen von Santo den Kampf deutlich. Santo war blitzschnell. Mittlerweile hatte er einige Straßen-, Schul- und Spielplatzkämpfe hinter sich. Geschwind war er unter die Fausthiebe getaucht und hatte den Jungen, wie er es im Judo gelernt hatte, zu Boden gebracht. Anschließend fragte Santo den Unterlegenen, ob er genug hätte. Darauf gab der Junge dann niedergeschlagen auf. Kurze Zeit später tauchten sie wieder auf, diesmal mit einem noch älteren, der schon erwachsen aussah und Santo bedrohte.

»Wartet, ich komme gleich, mal schauen, ob du dann immer noch so mutig bist«, antwortete Santo. Er lief nach Hause und holte seinen Vater. Sicherheitshalber nahm Carlo noch schnell einen Knüppel aus zähem Kunststoff mit. Am Spielplatz angekommen war der erwachsene Mann verschwunden. Dafür befanden sich die anderen zwei Streithähne immer noch da. Beide wurden schlagartig kreideblass. Carlo fragte sie: »Wo ist euer große Bruder? Holt ihn doch mal her, mal schauen, ob er auch so mutig ist, wenn er mit anderen Erwachsenen zu tun hat.«

Wenig später tauchte der junge Mann mit einem martialischen Auftreten auf. Schnell merkte er, dass Santos Vater kein bisschen beeindruckt war. Carlo schritt gleich mit seinem mitgebrachten Gummiknüppel auf ihn zu. In dem Gesicht des anderen konnte man förmlich seine panische Angst erkennen, aber um sich vor den anderen nicht zu blamieren, versuchte er entschuldigend und diplomatisch, Frieden zu stiften.

»Lass uns reden«, forderte er Carlo auf. Gleichzeitig rückte er immer näher.

Carlo warnte ihn: »Wenn du mit mir reden willst, bleib auf Abstand, ansonsten ziehe ich dir eine rüber.« Um dann noch hinzuzufügen: »Schämst du dich nicht? Einen kleinen Jungen zu bedrohen? Was hast du dich denn einzumischen? Das sind Kinder und sollten das unter sich regeln.«

Seltsamerweise, wollte der junge Mann so nahe wie möglich an ihn heranrücken. Carlo ließ sich nicht darauf ein und sagte dann abschließend: »Ich sage dir das zum letzten Mal, wenn du reden willst, dann halt Abstand, ansonsten verpasse ich dir eine.« Um dann energischer ihm noch mal klar zu machen, wie ernst es ihm war, wiederholte er noch einmal: »Hast du das verstanden?«

Mit entschuldigenden Ausreden wurde der Streit dann geschlichtet. Carlo bemerkte: »Diesmal will ich die Sache vergessen, aber lasst meinen Sohn in Ruhe und leg dich nicht mit kleinen Kindern an.«

Danach predigte er seinem Sohn, er solle sich in Acht nehmen, oft können Menschen hinterhältig sein und würden unerwartet schnell ein Messer zücken. Wenn so eine Situation vorkommt, dann soll er Abstand halten. Reden könnte man auch aus sicherer Distanz.

Angela Brescia, mediterranes blond, große blaue warme Augen und ein Gesicht wie eine Göttin, hatte Santos Herz schuldlos für sich erobert, ohne dass sie es je bemerkt hatte. Sie war Santos erste heimliche Liebe. Sie sah aus wie ein Engel und besaß genau so eine freundliche warmherzige Ausstrahlung. Doch Santo war viel zu schüchtern, um ihr seine Gefühle zu gestehen. Er hatte sich in der vierten Klasse erst so richtig in sie verschossen und musste dauernd an sie denken. Dabei hatte sie ihm gegenüber nie irgendeine Zuneigung gezeigt. Santo litt darunter, ihr nicht näher kommen zu können. Angela war immer sehr freundlich zu ihm gewesen, trotzdem hatte er das Gefühl, dass sie Maurizio Sartani mehr mochte. An sich gefielen Santo in seiner Kindheit Blondinen besonders gut. Doch aus dieser Liebe wurde nichts, denn nach der vierten Klasse ging Angela Brescia mit ihrer Familie für immer nach Apulien. Seitdem dürfte er sie nie wiedersehen. Lange dachte er oft an sie, doch mit der

Zeit wurde es immer weniger. Er begriff, dass auch andere Mütter schöne Töchter hatten.

Eine Zeitlang war er auch in ein hübsches blondes deutsches Mädchen verschossen, das im gegenüber liegenden Haus in der vierten Etage wohnte. Unten im Haus befand sich eine Apotheke. Er hatte sie zum ersten Mal im Alter von zwölf Jahren am Fenster, was sich unmittelbar auf gleicher Höhe mit seinem befand, wahrgenommen. Freudig überrascht, verschoss er sich schlagartig und schaute seitdem öfters aus seinem Fenster in ihres hinein. Wenn er sie sah, versuchte er sie so zu beobachten, dass sie ihn nicht sehen konnte, was ihm aber nicht immer gelang. Die Kleine nahm Notiz von ihm und schien das Spiel ein wenig mitzuspielen. Doch eines Tages bekam der Vater des Mädchens Wind von der Sache und zog ruckartig die Gardine ein wenig zur Seite, um dann mit einem bösen verärgerten Gesicht durchs Fenster hinüber zu Santo zu schauen. Beim Anblick des Vaters erschrak Santo und versteckte sich schnell hinter seiner Gardine. Seitdem traute sich Santo für eine längere Zeit nicht mehr durchs Fenster zu schauen. Hin und wieder erwischte Santo das hübsche deutsche blonde Mädchen, wie sie nach ihm suchend aus dem Fenster schaute. Einige Male waren sie sich draußen über den Weg gelaufen und sie hatte ihn nicht mit dem Arsch beachtet.

Santo bekam ein niegelnagelneues BMX-Großfahrrad, das ein schneeweißes Gestell hatte. Sowohl der Sitz als auch die Griffe, so wie auch der Schaumstoff zwischen dem Lenker, waren blau. Täglich war er, so oft es ging, mit dem Fahrrad unterwegs. Unerwartet kam es einmal vor, während er mit seinem neuen Großrad aus dem Haus kam, dass sich gegenüber die kleine Blondine mit ihrer deutschen Clique befand. Zum ersten Mal, wie in einem Zeitlupenfilm, bekam er mit, wie sie für einen Augenblick ihre Augen auf ihn richtete und ihm hinterher schaute, während ihre Freunde sie weiterhin zutexteten. Zu Santos Bedauern wurde leider nichts aus dieser Zuneigung.

Meine Italienische Familie

In seinen jungen Jahren war sein Vater sehr musikalisch veranlagt und hörte gerne Musik von Elvis Presley und Adriano Celentano die er besonders mochte. Aber auch Pink Floyd, Howard Carpendale, Roland Kaiser, Jürgen Drews und Boney M. Ende der 70iger hatte er sich die neueste Dual-Anlage geholt, bestehend aus Plattenspieler, Verstärker, Radio, und Kassettendeck, die als Turm Stück für Stück aufgebaut wurden, sowie zwei dazu gehörende Boxen mit jeweils 150 Watt. Je nach Laune legte er seine Lieblingsplatten auf. Santo ließ er gerne daran teilhaben und ließ ihn ab und zu auch mal eine Platte auflegen. Dabei wurde dann ausgelassen getanzt. Wenn er besonders gut drauf war, schnappte er sich seine Frau und forderte sie zum Tanzen auf. Gehemmt widerstrebte Vita ihm. Mit einem schüchternen Lächeln sagte dann Vita: »Neeinn, komm, lass mich.« Sie schaute dann ein wenig verschämt zu Santo herüber, um dann doch mit Carlo ein wenig das Tanzbein zu schwingen. Währenddessen steigerten sie sich hinein und konnten so richtig abgehen. Sie waren besonders gute Tänzer. Santo liebte es, seine Eltern tanzen zu sehen, es erfreute sein Herz, wenn sie miteinander harmonierten. Das waren für Santo sehr schöne erwärmende Augenblicke, die er in vollen bewussten Zügen genoss.

Anfang der 80iger hatte er auf italienischen Feierlichkeiten, die entweder in der Casa Italia am Rathenauplatz oder in der Missione Cattolica, die sich in der Ursulagartenstraße in der Nähe vom Hansaring befand, erleben dürfen, wie seine Eltern bei Tanzwettbewerben dreimal den ersten Platz gewannen. Carlo und Vita besaßen verdammt viel Rhythmus und dafür, dass sie eigentlich nie übten, außer wenn Carlo gut drauf war, konnten sie sich erstaunlich gut bewegen. An diesen Abenden tanzte man einmal einen Tango, dann eine Polka und zu allerletzt Rock'n'Roll und Santo fand, dass es bei seinen Eltern sogar besser aussah als bei den professionellen Tänzern, die er bei Tanzwettbewerben im Fernsehen sah.

Wenn seine Eltern Besuch hatten, erlebte Santo oft die ausgesprochene Lebenslust der 70er und der 80er. Es war meistens schön, wenn sie Besuch von ihren Landsleuten bekamen, und vor allem sehr laut. Carlo spielte oft den Super-gutgelaunten. Dabei scherzten sie dann auf ihre herzliche lebenslustige einfache Art, sodass man sie nicht nur im Haus hörte, sondern sogar einen Block weiter. Gerne neckten sie sich auch, je nachdem, aus welcher sizilianischen Stadt oder aus welchem Städtchen man kam. Manchmal kam es auch vor, dass die Besucher alle aus demselben Ort kamen. Dann unterschied man eben, in welcher Straße oder welchem Viertel man aufgewachsen war. Hin und wieder kam es auch vor, dass man sich über die Deutschen belustigte. Es wurde viel gelacht und auch getanzt. Die super Dual-Anlage stand immer bereit, und sofort wurden die Sofas, Stühle und der Wohnzimmertisch zur Seite gerückt, um miteinander zu tanzen. Santo liebte es damals, in so einer Gesellschaft zu sein, genauso, wie sein Vater es liebte, zu zeigen, wie toll er und seine Frau miteinander tanzen konnten.

Militello

In den Sommerferien, vor der Einschulung in die fünfte Klasse, fuhren die Eltern für fünf Wochen in den Urlaub. Santo war neuneinhalb Jahre alt und erlebte zum ersten Mal den Sizilien-Urlaub bewusst. Mit ihrem Fiat Ritmo fuhren sie damals die Strecke und waren fast zwei Tage unterwegs. Für Santo war die Fahrt ein spannendes schönes Abenteuer. Er bekam so die ganze Schönheit von Norditalien bis zur südlichsten Spitze Reggio Calabria mit, wo sie dann, und das war das absolute Highlight an dieser Fahrt, mit der Fähre rüber nach Sizilien übersetzten.

Das Schöne an dieser Autofahrt war, die sich langsam verändernde Vegetation und die unterschiedlichen mediterranen Landstriche, sowie die sich abwechselnden Dialekte. Parallel dazu auch die Art und die Gesichter der Leute, die sich wandelten, was Santo mit großem Interesse aufnahm. Früh am Morgen, in leichter Dunkelheit waren sie in Messina mit der Fähre hineingefahren, um weiter über die Autobahn Richtung Catania zu gelangen. Von dort aus konnten sie dann ihr kleines Städtchen Militello erreichen, was noch zum Catanesischen Hoheitsgebiet gehörte.

Militello befand sich etwas mehr im Inneren des Landes, in Richtung Siracusa. Beim dunklen Anblick der alten barocken Stadt Messina, der ziemlich restaurierbar bedürftigen menschenleeren Stadt, die, anstatt wie in Köln mit hellem weißem Licht, mit dunklerem orangenen Licht beleuchtet war, überkam Santo ein bedrückendes Gefühl. Die einzelnen Gesichter, die man unterwegs sah, waren so ganz anders als in Deutschland. Sie wirkten auf Santo bedrohlich. Er hatte mittlerweile, nach den Gesprächen und einzelnen Geschichten, die er von seinem Vater und Bekannten gehört hatte, eine kleine Vorahnung, dass in Sizilien die Mafia herrschte. Sein Vater hatte ihm eindringlich eingeimpft, dass er den Namen Mafia in Sizilien niemals in den Mund nehmen dürfte, denn man konnte nie wissen, wer gerade zuhörte oder dazu gehörte. Aber auch so sollte er sich aus Gesprächen, die mit der Mafia zu tun hatten, fernhalten. Von klein auf bekam er einige wichtige Benimmformen, die man in Sizilien einhalten sollte, wenn einem das Leben und das Leben seiner Familie am Herzen lag. Eine wichtige Regel war, egal, was man sieht oder hört, musste man für sich behalten und darüber Schweigen. Wenn man abends alleine unterwegs war und man bekam zufällig etwas mit, was man nicht hätte sehen dürfen, musste man ohne die Situation eines Blickes zu würdigen schnurstracks gerade weitergehen. Ein andere Regel war, wenn er in die Situation käme, einen umbringen zu müssen, sollte er niemals eine Drohung aussprechen. Erstens, derjenige wäre vorgewarnt und konnte ihm zuvorkommen, zweitens würde es dann wahrscheinlich Zeugen geben und das wäre schlecht, denn man könnte sich an ihm rächen. Die nächste Regel war, man sollte bei Streitigkeiten nie ein Messer oder eine Knarre ziehen, nur um den anderen einschüchtern zu wollen. Wenn man eine Waffe zog, musste man sie auch benutzen. Der andere könnte vielleicht auch eine haben, würde sie dann aber auch nutzen. Sonst würde man sinnlos und idiotisch sein Leben gefährden.

Wenn man auf dem Lande war und einem eine Schlange über den Weg lief, sollte man nie abwärts, sondern immer aufwärts laufen denn nur so könnte man schneller sein als die Schlange. Wenn man sich von einem ein Messer geliehen hatte und es ihm zurückgab oder wenn man es in der Runde weiter reichte, musste man das Messer immer vom Heft aus weiter geben, so dass die Messerspitze zu einem selbst zeigte, sonst wäre das eine Beleidigung und zugleich eine herausfordernde Geste.

Während der Fahrt von Messina zu ihrem Städtchen wurde es langsam hell. Die Autobahn verlief über die Berge die Küste entlang, sodass Santo von oben hinunter immer wieder das Meer mit seinen unterschiedlichen Küsten sehen konnte. Freudige innere Erregung stieg in Santo auf, und zugleich empfand er das Land langsam als schön. In seiner Fantasie sah er sich schon am Meer schwimmen und spielen und konnte es kaum abwarten, endlich anzukommen. Richtung Catania fuhr man bergab und aus den Bergen wurden langsam Hügel. Die sanften Hügel begleiteten sie bis nach Catania, wo sich ihnen die Piana di Catania, flaches Land darbot. Auf dem Weg dahin sah man ab und zu sehr alte verlassene Herrenhäuser oder Villen aus der Vergangenheit, die links oben auf einer Hügelspitze oder rechts auf dem anderen Hügel thronten und für immer und ewig verlassen immer noch dastanden. Da waren sie fast fortwährend von einigen wunderschönen Palmen wie aus Tausend und einer Nacht umringt. Durch die malerischen wunderschönen Olivenbäume die oft von Feigenbäumen und Kaktuspflanzen umgeben waren, die überall immer wieder das Land schmückten und der Insel Zauberhaftes verliehen, kamen sie Militello immer näher. Bis dahin war der Landstrich sehr grün gewesen. Doch langsam, beim Erreichen der Catanesichen Ebene, wurde es deutlich wärmer und trockener. Carlo verfuhr sich und zu seinem Ärger landeten sie im Catania City Verkehr. Bis auf zwei Stunden, die er kurz vor Reggio Calabria geschlafen hatte, konnte sein Vater kein Auge zudrücken.

Es war die Hölle, überall hupende Autos, die sich an keine einzige Verkehrsregel hielten. Im Gegenteil, wenn man sich an die Verkehrsregeln hielt, wie zum Beispiel an einer roten Ampel stehen zu bleiben, wurde man sehr rabiat angehupt, und wenn man sich trotz roter Ampel nicht in Bewegung setzte, hätte man ohne Weiteres Gewalt erfahren können.

Die meisten Autos sahen aus, als ob sie gerade einen Bürgerkrieg überstanden hätten oder gerade aus einer langen Safari-Reise zurückkamen. Die Fahrzeuge schlängelten sich wie geschmeidige flinke Schlangen durch die kleinen Lücken, die der dichte Verkehr zuließ, während die hochsteigende Mittagssonne immer heißer wurde. Carlo war nicht mehr in Übung und hatte beinahe vergessen, wie man in Catania zu fahren hatte, wenn man vorrankommen wollte. Die zweitägige Fahrt hatte ihm zugesetzt. Doch dann, mutig und konsequent, wie er war, denn das brauchte man, um in diesem Verkehr vorwärts zu gelangen, stürzte er sich heldenhaft ins Fahrgetümmel hinein, um wie durch ein Wunder, ohne Rücksicht auf Verluste, sich in die Lücken hinein zu drängeln. Die anderen Autos blieben stehen oder bremsten kurz ab, um dann weiter ihres Weges zu fahren. Santo empfand das, alles als sehr abenteuerlich, was man von seiner Mutter nicht behaupten konnte.

Das war der absolute Höhepunkt der ewig wirkenden langen Autofahrt. Endlich, nach einigen Manövern durch die Straßen der alten wunderschönen, mit dunklem Lavastein erbauten barocken catanesischen Innenstadt, schaffte es Carlo den richtigen Weg zu finden, um zu ihr Städtchen zu gelangen. Dieser Weg führte entlang des Hafens, der von pittoresken, ziemlich heruntergekommenen Häusern begleitet wurde. Man konnte förmlich die damalige Armut, die es noch in Sizilien gab, an den Behausungen sehen. Die Behausungen, die zum großen Teil zwei bis dreihundert Jahre alt und in unterschiedlichsten und undeutlich zu erkennenden

Farben angemalt waren, ließen darauf schließen, aus welcher Herkunft die dort lebende Familie stammte. Rot und rosa deuteten auf maurischen Ursprung, weiß auf normannisch, gelb auf jüdisch und blau auf griechisch. Im Laufe der vielen Jahrhunderte hatten sich alle miteinander vermischt und waren zu Sizilianern geworden. Wenn man sie heute fragte, welche Bedeutung ihre Farbe hatte, wussten die meisten nicht darauf zu antworten. Sie hatten einfach diese Farbtradition unbewusst übernommen. Denn man konnte sowieso an ihren unterschiedlich gemischten Gesichtszügen und Hautfarben kaum noch erkennen, wo ihre Vorfahren herkamen.

Die Straße führte weiter an der Playa entlang, wo die schöneren Badestrände Catanias lagen. Nach einer Weile fuhren sie von der Schnellstraße an einer großen Kreuzung nach rechts Richtung Caltagirone, in die dortige Landstraße. Während der Fahrt in Richtung Caltagirone veränderte sich das Gebiet zu einer sanften, etwas trockenen, verträumten Landschaft, während man immer wieder einen weiten Blick geschenkt und abermals die Catanesiche Ebene zu sehen bekam, die mit Orangen- und Zitronen-Gärten übersät war. Diese sahen wie eine große, grüne, gelb-orangene Lunge aus. Auf der kurvenreichen Strecke sah man unmittelbar neben der Straße alte Steinhäuser aus einer längst vergessene Zeit. An einigen dieser alten Gemäuer konnte man immer noch ihre außergewöhnliche Schönheit erkennen. Andere ließen eher auf größere Landbetriebe schließen, wo einst Kühe, Schafe, Ziegen, Schweine und Pferde gehalten wurden.

Immer, wenn Santo alte Gemäuer sah, dachte er daran, wie es wohl gewesen ist. Er versuchte sich vorzustellen wie die Menschen ausgesehen haben, wie viele Generationen von Kindern dort wohl hart arbeiten mussten und wie die Menschen dort an sich das Leben empfunden und gelebt haben. Er musste immer zu daran denken. Es faszinierte ihn. Es verzauberte ihn. Er tauchte in seine Fantasie voller heldenhafter heroischer Geschichten über Sizilien, wodurch er mit diesem Land verschmolz.

Die Erde hatte ein dunkles saftiges braun, wobei es mit weißen Tuffsteinen übersät war, die sich mit dunklerem Lavagestein oder weißem Kalkgestein abwechselten. Oft, waren diese Gesteine miteinander vermischt, die gleichzeitig von harmonisch wirkenden Feigenbäumen, Olivenbäumen oder Kaktusbäumen bespickt waren. Sie fuhren an Scordia vorbei, um nach Militello hoch zu fahren. Die Kurven wurden enger und häufiger. Als Belohnung dafür bekam man eine noch viel außergewöhnlichere und traumhaftere Landschaft geboten. Man erkannte ein ehemaliges ausgetrocknetes Flussbett, das neben der Straße verlief. Kurz vor Militello offenbarte sich ein eindrucksvoller Landstrich, von dem man in eine ziemliche tiefe Schlucht herunter und in die unerkenntliche Weite sehen konnte, die knapp unter den Hügelkappen mit hunderten von Höllen bespickt war, die ein wenig an den Canyon erinnerten. Gleichzeitig konnte man in die andere Richtung auf Scordia schauen und auf einige andere Städtchen bis nach Catania. Zur absoluten Krönung durfte man auch den majestätischen Ätna erblicken. Bei diesem Anblick wünschte sich Santo eine Zeitmaschine, mit der er in die Vergangenheit dieses Landes durch die Zeit zurückreisen konnte, um einmal die Geschichten der Antike live zu erleben.

Er hatte von seinem Vater oft die Geschichte gehört, die man sich in Militello wer weiß schon wie lange erzählte, dass eine riesengroße Höhle existieren sollte, die einen großartigen ungeheuerlichen sarazenischen Schatz verbarg, den schon so oft viele versucht hatten zu heben, was aber keinem gelungen war. Wenn man den Schatz mitnehmen wollte, durfte man der Sage nach in der Höhle kein einziges Wort reden. Die Menschen, die es versucht hatten, waren nie wieder aus dieser Höhle herausgekommen. Santo dachte jedes Mal an die vielen Schätze, die dort begraben waren und von denen niemand etwas wusste.

Endlich kamen sie an. Es war ein berührender Moment. Das Städtchen wurde 365 v.C von den römischen Legionären gegründet, während sie gegen Syracuse (Siracusa), die in der Antike über mehrere Jahrhunderte die mächtigste Stadt der Welt war, Krieg geführt und letztendlich auch gewonnen hatten. Dichter wie Aischylos, Pindar, Bakychilides und Simonides lebten hier. Phythagoras lehrte hier Geometrie und Mathematik, wobei Platon hier seine Philosophie preisgab und Archimedes unter anderem Kriegsmaschinen für die Verteidigung Syracuse entwickelte. Von dem weiß man, dass es ihm durch seine erfindungsreichen und effektiven

Verteidigungskonstruktionen, unter anderem riesige Sonnenspiegel, mit denen er die angreifenden römischen Kriegsschiffe auf dem offenen Meer verbrennen konnte, gelungen war, die Römer für eine längere Zeit in Schach zu halten.

Militello, das reich an Wasser war und etwas höher lag, wo die römischen Legionäre sich ideal zurückziehen konnten, hatte strategisch gut gedient. Dort wurden die Legionäre mit allem versorgt und konnten sich geschützt von den Schlachten erholen. Daher auch der Name, Militello von Militellum (Militärischer Ort). Militello offenbarte eine auf der linken Seite liegende Schlucht, wo bunte unterschiedliche Häuser auf der steil abfallenden Tiefe gebaut worden waren. Auf der rechten Seite erhoben sich kleine und große Berghügel, wo einige emigrierte Militellesi ihre Behausungen errichtet hatten. Auf der Hauptstraße sah man ein riesiges weißes Metallschild, auf dem in schwarze Farbe geschrieben stand: »Benvenuti a Militello V.C.«

Die Menschen auf den Straßen glotzten voller skeptischer Neugierde in das langsam vorbeifahrende Auto hinein. Ein mulmiges Gefühl machte sich bei Santo bemerkbar. Sie fuhren auf die große schöne Parkanlage, mit den unterschiedlichsten wunderschönen Pflanzen und Palmen aus dem Mittelmeer und den Tropen. Die Einwohner nannten die Anlage Villa. Die Villa Comunale lag wie ein riesiges Rechteck auf der Hauptstraße, länglich nach unten hingezogen, wobei neben der Villa sich eine etwas breitere Straße weit bis zum Ende zu den abfallenden steilen Wänden der Schlucht ausstreckte. Das war die Straße des »Passegio« Dort gingen die Militellesi spazieren und um sich zu vergnügen. Am Haupteingang gab es seitlich zwei Kiosks, die gastronomisch betrieben wurden, wo man sich in einem tropikanischen Ambiente Getränke oder Eis von einer nicht professionellen Bedienung servieren lassen konnte. Im ersten Eingangsareal befand sich mittendrin eine beeindruckende große schöne Statue aus dunklem Metall, die den Gefallenen aus dem Ersten und Zweiten Weltkrieg gewidmet war und von dem zwei sehr große in die Höhe geschossene überwältigende Palmen majestätisch umgeben waren. Drumherum eine gepflegte mediterrane Gartenanlage, wo man Gelegenheiten hatte, sich auf metallenen, leicht barock angehauchten Sitzplätzen, gemütlich hinsetzen zu können, um entspannt das Geschehen zu beobachten. Von dort aus gelangte man von zwei seitlichen Treppen in das untere große Areal, wo man auf einen großen ovalen Brunnen stieß, in dem weiße Schwäne schwommen, die von kleinen Fischen im Wasser begleitet wurden.

Überall waren metallene Büsten von prominenten Wissenschaftlern, Dichtern, Professoren und anderen auf steinernen Sockeln zu sehen. Einer von diesen hervorgekommenen Sprösslingen war der außergewöhnliche Kernphysiker und Quantenmechaniker Ettore Majorana, der im Alter von fünf Jahren im Nu komplizierte mathematischen Fragen beantworten konnte und der sich insbesondere mit den Anwendungen in der Theorie der Neutrinos beschäftigte. Im Alter von 32 Jahren, 1938, nachdem er den bekannt gewordenen Brief »La Mia Scomparsa«, einen Abschiedsbrief, an seine Familie geschrieben hatte, verschwand er von heute auf morgen und man hörte nie wieder etwas von ihm.

Von da aus führte ein Schlauchweg zu einem großen offenen, ganz im römischen Stil quadratisch angelegten Platz. Wo die Militellesi sich gesellschaftlich austauschen konnten ohne ihre spielenden Kinder oder Enkelkinder aus den Augen zu verlieren. In diesem im römischen Stil angelegten Platz wurden oft vor allem in der Sommerzeit, musikalische Konzerte veranstaltet. Nicht selten engagierte man erfolgreiche und bekannte Sänger. Dort wurden auch folkloristische Events gefeiert, zu denen man auch aus anderen Nationen Tanzgruppen kommen ließ. Es wurde traditionell sizilianisches Kabarett-Theater und eine Zeitlang auch das nationale Feiertagsfest mit Sängern und Musik zum Erfreuen der jungen Militellesi zelebriert. Hinter dem Platz, in der Villa, befand sich ein dicht bewachsenes separates Gartenareal mit riesigen, Schatten spendenden Bäumen, die den jungen Militellesi dazu diente, in versteckter romantischer Atmosphäre sich nicht nur geistig, sondern auch körperlich ein wenig austauschen zu können.

Die Via Diaz war die Straße, in der seine Mutter bis zum achzehnten Lebensjahr gelebt hatte. Die Straße ging leicht bergab und war mit riesigen Pflastersteinen, die an alte römische Straßen erinnerten, verlegt worden. Dort wohnte Santos Oma, die ein Haus mit einer Steinhausscheune besaß, wo ihre Hühner residierten. Vor dem Haus befand sich ein sehr alter Rebebaum, der immer noch Weintrauben hervorbrachte, wo gerne die Salamander rauf und runter liefen. In Militello brauchte man eigentlich kein Wasser zu kaufen. Das Wasser schmeckte vorzüglich und man konnte unterwegs überall frisches Wasser trinken. Die Stadt war mit kleinen schönen aus lokalem dunklerem Tuffstein gehauenen Brunnen bespickt.

Santo fühlte sich wohl und geborgen in der Gesellschaft seiner Tanten, Onkel und Cousins und Cousinen. Die Stadt und das Land gefielen ihm gut. Seine Cousine Mariella schien ihn sehr gern zu haben und kümmerte sich geschwisterlich um ihn. Aber auch mit den anderen Cousinen und Cousins verstand er sich gut. Nachdem Carmelo, sein Cousin, der sechs Jahre älter war, mit seiner Familie aus der Schweiz in die Nachbarstadt Palagonia gezogen war, war Santo in den letzten Wochen auf sich allein gestellt. Bis dahin hatte er überwiegend mit Carmelo gespielt, nun musste er sich alleine durchkämpfen.

Die meisten sizilianischen Jungs waren zu der Zeit immer noch sehr wild und spielten überwiegend auf der Straße. Oft kam es zu Streitigkeiten. Man spielte Fußball oder andere Spiele, wobei es nicht zu selten zu Prügeleien kam. Hin und wieder traf man sich auf offenem Land, um eine Steinschlacht gegeneinander auszutragen. Man versorgte sich mit genügend Munition, um sich dann hinter Pflanzen oder Steinblöcken mit selbst gebastelten Steinschleudern oder gekonnt mit der Hand zu bewerfen. Die Schlacht hörte meistens erst auf wenn es einen Verwundeten gab. Zum Glück waren es meist nur Beulen an Köpfen oder kleinere Platzwunden. Wobei einer in so einem Gefecht mal sein linkes Auge verlor. Santo, der aus Deutschland kam und nicht so wild war, tat sich schwer. Obendrein sprach er kein Militellese, sondern ein komisches Sizilianisch, was ein Gemisch aus den vielen Dialekten war, die er in seiner Grundschule in Köln von den dortigen sizilianischen Jungs gelernt hatte. Die Militellesi belustigten sich darüber. Häufig musste Santo sich prügeln. Er wurde wie so oft unterschätzt. Santo hasste es eigentlich, sich immer wieder behaupten zu müssen. Trotzdem konnte er sich zur Überraschung dieser wilden Straßenjungs durchsetzen. Schließlich war er ja in Übung und mittlerweile kannte er das gar nicht anders.

Seinen Vater sah man kaum, er war von morgens bis abends mit einigen Unterweltsratten und Halbmafiosi unterwegs. Wenn er sich in Sizilien befand, veränderte er sich in einen gut gelaunten lockeren Menschen, der sich aber bei einer kleinen Meinungsverschiedenheit oder Mangel an Respekt sofort in einem sehr martialischen Mann verwandelte. Die Familie des Vater, vor allem die Männer, gingen Ärger nicht gerne aus dem Weg. Sie waren sogar empfänglich dafür. Nicht weil es böse Menschen waren, nein, sie waren sogar herzliche und lebenslustige Menschen, aber immer darauf bedacht, sich respektieren zu lassen. Santo merkte schnell, dass beim Namen Rubino sich der Blick in den Augen der Militellesi sofort veränderte. Ab da gingen die Menschen mit Respekt und Vorsicht mit ihm um.

Die Familie der Mutter war das Gegenteil. Sie waren immer darauf bedacht, Ärger bloß aus dem Weg zu gehen. Eine pazifistische sowie im wirtschaftlichen und im schulischen Sinne erfolgsorientierte Familie. Sie respektierten einander und waren freundlich zueinander, doch ihr Auftreten war eher diskret und nicht immer sehr warmherzig. Ihre Kinder studierten fast alle, wobei sogar einige Ärzte wurden. Wenn die Familie der Mutter zusammen saß, die aus fünf Schwestern und einem jüngeren Bruder bestand, erzählten sie oft über ihren Vater. Santos Opa war eine normannische Erscheinung gewesen. Für seine Generation war er ein groß gewachsener Mann mit strahlenden blauen Augen und männlichen, kantigen, aber doch edlen Gesichtszügen. Santo mochte seinen Opa, auch wenn sein Vater sich ab und zu gerne über ihn lustig machte, hatte er den edlen Geist, der in seinem Opa ruhte, früh erkannt. Seine Mutter erzählte, dass sein Opa ein sehr ruhiger, friedlicher, in sich zurückgezogener Vater war, der immer viel auf seinem Land gearbeitet hatte und zu seinen Kindern sehr lieb gewesen war. Sie betonte dabei gerne, dass sie von ihrem Vater nie ein einziges Mal eine Ohrfeige bekommen hatte.

Sein Opa wurde im Zweiten Weltkrieg vom italienischen König eingezogen und musste in Nordafrika gegen die Engländer kämpfen. Dabei geriet er für einige Jahre in englische Gefangenschaft. Er erzählte immer, dass er sehr gut behandelt worden war, sowohl von den Engländern, als auch von den Einheimischen. Wenn er im Fernsehen schwarze Afrikaner sah, kamen ihm Tränen in den Augen, und wenn man ihn danach fragte warum er weine, antwortete er darauf, dass sie sehr gut zu ihm gewesen waren. Er weinte, weil diese Menschen dort die ganze Zeit liebenswert zu ihm gewesen waren und er dort eine schöne Zeit gehabt hatte. Die Schwestern wunderten sich und verstanden nicht ganz, gaben sich aber damit zufrieden. Als Santo erwachsen war, hatte er seine Mutter mit dem Gedanken konfrontiert, ob es möglich sein konnte, dass ihr Vater in Afrika vielleicht Kinder gehabt hatte. Das konnte sich seine Mutter beim besten Willen nicht vorstellen und wehrte sich vehement dagegen. Doch Santo, der zu der Zeit selbst Vater war, fragte sie im ruhigen freundlichen Ton: »Warum soll sonst ein Mann weinen, wenn nicht um seine Kinder, die er nie wiedersehen kann?« Für ihn war das logisch. Sein Opa weinte jedes Mal, wenn er im Fernsehen schwarze Afrikaner sah, weil es zu der Zeit für einen Normalsterblichen nicht möglich war, mir nichts dir nichts nach Afrika zu reisen, um dort nach seinen anderen Kinder zu sehen. Vor allem zu der damaligen Gesellschaft und dann noch mit einer schwarzen. Er hatte seine Entscheidung getroffen und war wieder zu seiner sizilianischen Familie zurückgekehrt, und wer weiß, wie oft er das bereut hatte. Nie hatte er sich etwas anmerken lassen. Sein Opa war ein friedliebender Mensch, der allzu gerne Streitigkeiten aus dem Weg ging. Das war zu der Zeit nicht besonders männlich und wurde deswegen von der Gesellschaft nicht ernst genommen, was ihm aber egal war. Sein Frieden war ihm wichtiger und höchstwahrscheinlich gab er, seit er aus Afrika zurück gekommen war, den Normen dieser Gesellschaft keinen großen Wert mehr. Er hatte für sich erkannt dass es kein Sinn machte, sich mit dieser Ignoranz auseinanderzusetzen und war damit seiner Zeit voraus. Genauso friedlich, wie er gelebt hatte, starb er auch eines Tages über Nacht im Bett, ohne jemandem zur Last zu fallen, nachdem er abends ein wenig gegessen und ein wenig fern gesehen hatte.

Santo hatte sich mit den gleichaltrigen Giuseppe La Rocca und Giuseppe Carrera angefreundet, die auch in der Via Diaz wohnten. Giuseppe La Rocca hatte lockige, hellbraune Haare mit runden haselnussbraunen Augen in einem ovalen länglichen Gesicht, das mit einer leicht länglichen kräftigen Nase bestückt und von einer dunkel gebräunten Haut gesegnet war, die er dadurch bekommen hatte, weil er sich beim Schlagen in der heißen Sonne jedes Mal sein T-Shirt auszog, damit es nicht zerrissen wurde. La Rocca wohnte vier Häuser weiter Richtung Straßenanfang und war ein entspannter witziger Zeitgenosse, der eine künstlerische

Ader besaß. Er inspirierte Santo, sich von den kleinen Straßenbaustellen, Pflastersteine zu holen, damit sie aus diesen kleine Statuetten hauen konnten. Die Werkzeuge dafür hatten sie sich aus verschiedenen familiären Quellen besorgt. Zusammen waren sie ziemlich kreativ. Sie kauften unterschiedliche Comics, aus denen sie die schönsten und interessantesten Zeichnungen ausschnitten, um daraus einen eigenen Comic zu gestalten. Giuseppe La Rocca war sehr erfinderisch und unternehmungslustig.

Einmal nahm La Rocca Santo mit nach Santa Barbara, an die Stelle wo einst das romanische Militello vor dem gewaltigen Erdbeben gestanden hatte. Es waren noch kleine Reste vom damaligen Ort zu sehen. Santo fühlte sich wie in die Antike zurückversetzt. Es war für ihn ein fantastischer Ort. Sie waren in einem sehr hell erscheinenden Tal, woran sich auf beiden Seiten Hügel empor hoben, die abermals mit unterschiedlichen Höhlen bespickt waren, in die sich La Rocca mit Santo hineinwagte. La Rocca kannte sich schon gut aus. Er zeigte Santo die Stelle mit den vielen menschlichen Knochen. Es waren mehr als hunderte Schädel überall aufeinander gestapelt, mit all den anderen Gliedern, die dazugehörten. Sie lagen damals für jeden Menschen zugänglich. Sie fassten die Knochen an, wobei sie sich die Schädel besonders gut anschauten. Es war sehr spannend, beide hatten überhaupt keine Angst. Sie betrachteten alles mit kindlichen neugierigen Augen und waren sehr erstaunt darüber, dass in der Höhle so viele menschliche Skelette herumlagen. Santo sah sich als römischen Legionär, wie er in einer Reihe, Seite an Seite mit den anderen Legionären, mit Schild und römischem Kurzschwert gegen eindringliche Barbaren kämpfte. Das waren genau die Augenblicke, wo er sich eine Zeitmaschine wünschte. Gerne wäre er dabei gewesen. Sie überlegten, ob sie einen Schädel mitnehmen sollten, doch Santo meinte, sie sollten lieber nichts von der Höhle wegnehmen, und fügte hinzu, sie könnten ja beim nächsten Mal vielleicht was mitgehen lassen.

Zu Hause angekommen, erzählte Santo seiner Mutter voller Freude, dass er in einer Höhle mit seinem Freund La Rocca Knochen von Menschen angefasst hatte und sie sogar einen Schädel in den Händen gehalten hatten. Seine Mutter fiel aus den Socken und war alles andere als erfreut. Um genau zu sein, war sie entsetzt. Sie schrie Santo an, und sagte zu ihm »Diskraziato, (Du unglücklicher) wasch schnell deine Hände, schnell. Wie kommst du dazu, Schädel anzufassen? Mach das bloß nie wieder, haben wir uns verstanden?«

Santo antwortete: »Warum? Was ist daran so schlimm? Sind ja nur Knochen von Menschen?« Und während er das zu seiner Mutter sagte, ging er lachend ins Badezimmer, um sich sorgfältig die Hände zu waschen. Danach war das Thema durch und die Mutter erwähnte das Geschehen mit keinem Wort mehr. Santo hatte sich vorgenommen, sich auf jeden Fall irgendwann nochmal in die Höhle zu wagen.

An einem anderen Tag, musste sich Santo mit einem, der mal wieder meinte, sich mit ihm anlegen zu müssen, auseinandersetzen. Obwohl sein Herausforderer zwei Jahre älter war, hatte er nicht den Hauch einer Chance gegen Santo gehabt. Santo, der mittlerweile schon einige harte Auseinandersetzungen gehabt hatte, war inzwischen ziemlich zäh und blitzschnell in seiner Technik geworden, sodass die Gegner mir nichts, dir nichts ratz, fatz bumm, auf dem Boden lagen und er sie in der gewohnten Judo-Zangen-Manier so im Griff hielt, dass sie dann nicht mehr herauskommen konnten, bis sie endgültig aufgaben. Meistens hielten sie sich dran, doch manchmal kam es vor, dass einige die Niederlage nicht hinnehmen wollten und dann ohne Vorwarnung erneut angriffen. Wobei sie genau so schnell wiederum mir nichts, dir nichts, ratz fatz bumm zu ihrem Erstaunen auf dem Boden lagen. Schließlich holte der zwei Jahre ältere Gegner von der Parallelstraße seinen vier Jahre älteren Bruder. Santo verlor. Er hatte sich tapfer geschlagen und hatte es seinem Gegner so schwer gemacht, dass er nicht ein einziges Mal aufgeben musste. Sein Hemd war total zerrissen, seine Knie waren blutig aufgerissen und auch so, hatte er einige Schürfwunden abbekommen. Sein Vater erfuhr von diesem Streit und fand, er musste einstreiten, weil es nicht fair war, dass sich ein vier bis fünf Jahre älterer Junge mit seinem Sohn angelegt hatte. Das konnte und wollte er nicht hinnehmen. Er informierte sich, wo die Familie dieses älteren Jungen wohnte, und nahm dabei Santo mit. Sie gingen ins Haus dieses Jungen. Die Familie saß zusammen am Tisch. In Sizilien schloss man die Türen nur ab, wenn man nicht im Haus war, ansonsten blieben die Türen hinter Holz- oder Plastikjalousien offen. Carlo schob die Holzjalousien zur Seite und ging, mit einer Hand Santo hinter sich her ziehend, hinein. Santo blieb dicht hinter seinem Vater, während dieser dem Vaters des anderen Jungen, der erstaunt dreinblickte, auf sizilianisch sagte, er solle seinem Sohn sagen, wenn er genug Mumm hätte, solle er jetzt auf der Stelle nochmal mit Santo kämpfen, denn er wäre sich sicher, dass Santo, obwohl er deutlich jünger wäre, ihn diesmal bezwingen würde. Der Vater des Jungen erkannte die Situation, denn Carlo Rubino war für seinen explosiven draufgängerischen Mut bekannt. Mit Carlo war nicht zu spaßen, er meinte es ernst. Daraufhin fragte der Vater seinen Jungen, ob er sich wieder schlagen wolle. Siegessicher willigte der Junge ein. Sie gingen vor die Tür auf die Straße und gingen wie Kampfhähne aufeinander los. Santo merkte gleich wieder die drückende körperliche Präsenz des Gegners, und für einen Moment bekam er es mit der Angst zu tun. Nicht vor den Schmerzen oder Verletzungen, die er sich zufügen konnte, sondern vor der erdrückenden Blamage vor seinem Vater und vor sich selbst. Nur durch die Anwesenheit seines Vaters und seinen anerzogenen Stolz biss er noch einmal die Zähne zusammen und hörte sich selbst sagen: »Ich muss gewinnen, ich muss gewinnen. Dabei sah er gleichzeitig vor seinen inneren Augen, wie er es doch schaffte seinen Gegner zu bezwingen. Nach mehreren gescheiterten Versuchen merkte er langsam, wie die gegnerische Kraft nachließ. Durch seinen derweil antrainierten Kämpferinstinkt erkannte er blitzschnell die Situation und konnte durch einen Beinhebel seinen Gegner zu Boden bringen. Diesmal hatte er es geschafft, seinen Gegner am T-Shirt richtig packen zu können. Sein Haltegriff war so stark, dass sein Gegner nicht mehr herauskam. Dennoch versuchte der Junge, sich mit halbherzigen und resignierten Körperbewegungen zu befreien. Doch Santo biss immer noch die Zähne kräftig zusammen und hoffte, dass der Kampf endlich vorbei sei.

Endlich, wie durch Gedankenübertragung griff sein Vater gnädig ein und sagte: »Bonu, bonu. Abasta uora.« (Gut jetzt, gut jetzt. Es reicht) Nahm Santo am Arm und riss ihn vom anderen Jungen weg. Wobei er dann noch hinzufügte »Ah´ ma figiu unnati anguitari chiu´, hatu caputu? Facillu´sapiri magari ahlautri´ che e´megiu pi tutti.« (Meinem Sohn sollt ihr nicht mehr auf die Pelle gehen, habt ihr verstanden? Lass es auch die anderen wissen, denn es ist besser für alle.)

Santo gewann den Kampf, und sein Vater hatte ein Exempel statuiert.

Am Anfang der fünften, letzten Urlaubswoche verabredeten sich die Via Gullinello und die Via Diaz zum Fußballspiel. Wie immer war es ein sehr heißer Tag, die Sonne strahlte erbarmungslos, aber die Kinder ließen sich davon nicht abhalten. Am Campo Santo (Friedhof von Militello) angekommen, stellten die Via Gulinello und die Via Diaz fest, dass sie keinen vernünftigen Fußball dabei hatten. Santo und Giuseppe La Rocca entschieden sich, freiwillig schnell auf dem Fahrrad einen vernünftigen Ball kaufen zu gehen. Sie fuhren zu Santos Mutter, um sich von ihr Geld für den Fußball geben zu lassen, um gleich weiter zum Spielwarenge- schäft Parisi zu fahren, das quasi um die Ecke lag und sich kurz vor der Piazza Santa Nicola befand. Sie kauften eilig den erstbesten Ball und fuhren mit freudiger Erregung schnellstmöglich zum Campo Santo, um endlich gegen die Jungs der Via Gulinella Fußball zu spielen und ihnen schließlich eine unvergessliche Lektion zu erteilen. Die Via Gulinella war die Parallelstraße, in der sein Vater geboren und groß geworden war. Sie bogen in die Via Diaz und rasten die Straße hinunter, wobei Giusep- pe Santo riet: »Halt dich gut fest«. Santo presste seine beiden Arme um den Bauch von Giuseppe, so fest es ging, doch kurz vor dem Haus seiner Oma befand sich plötzlich einer dieser riesigen Pflastersteine, die leicht nach oben verschoben waren. Zu Santos Unglück schaffte es Giuseppe nicht, diesem auszuweichen. Sie schlugen mit dem Vorderreifen im vol- len Lauf so dagegen, dass sie sich überschlugen und so auf die Pflaster- steine krachten, dass sie einige Meter dabei wegrutschten. Dabei hatte Santo noch geglaubt, dass sie es doch noch schaffen würden. Benebelt und ohne großartig auf seinen Freund zu achten, stand Santo auf und stellte zu seinem Erstaunen fest, dass sich seine Hand in einer ziemlich unnatürlichen Stellung befand. Er versuchte intuitiv, ohne eine Sekunde darüber nachzudenken, seine Hand mit einem Ruck in die ursprüngliche Position zu bringen, was ihm auch beinahe gelungen wäre. Er bewegte sich Richtung Bürgersteig und setzte sich mit der rechten Hand, die ver- letzte linke Hand haltend auf dem Bordstein, direkt vor der Haustür sei- ner Oma.

Währenddessen eilten die männlichen Nachbarn zum Jungen, um ihm zu helfen. Einer holte seinen Wagen und fuhr mit Santo so schnell es ging zum Krankenhaus. Sie kamen in die Notaufnahme, wo sie von zwei inkompetenten Arzthelfern empfangen wurden, die dann einen dritten Arzthelfer holten, der genauso wenig kompetent war, der aber allem Anschein nach, noch länger im Krankenhaus arbeitete und eine bestimmte altertümliche Technik gelernt hatte, die er zuversichtlich anwandte. Zu Santos Erstaunen bekam er keinen Gips. Sein Arm wurde zunächst mit einer Bandage und dann mit einem Pappkarton verbunden. Danach wurde er in ein mit fünf älteren Frauen gefüllten stinkigen Krankenhauszimmer gesteckt. Man erzählte ihm dass der Chefarzt sich den Arm morgen genauer anschauen würde. Aus dem einen Tag wurden einige, bis sein Vater sich schließlich dazu entschied, nach knapp eine Woche besser nicht mehr auf den Arzt zu warten, und Santo endlich von diesen täglich und nächtlich jammernden alten Damen erlöste.

Santo freute sich riesig über die Entscheidung seines Vaters, keine Sekunde länger als nötig noch in Sizilien zu bleiben. Obwohl, einige Verwandte und Bekannte seinem Vater eindringlich empfohlen hatten, seinen Sohn ins Krankenhaus nach Catania zu bringen, denn dort gab es ärztliche Spezialisten, ließ sich sein Vater nicht mehr von seinem Entschluss abbringen. Er sagte zu seiner Frau: »In zwei Tagen sind wir in Deutschland, ich lasse auf keinen Fall meinen Sohn hier noch behandeln. Wir haben jetzt eine Woche auf diesen scheiß Arzt gewartet, auf die zwei Tage Fahrt kommt es jetzt nicht mehr an. Wenn wir unseren Sohn hier behandeln lassen, werden sie ihn noch verkrüppeln.«

Seine Mutter war ausnahmsweise derselben Meinung, und so fuhren sie am nächstem Morgen wieder nach Köln zurück.

Kaum, hatten sie über Nacht die Alpen überquert, veränderte sich die Luft von warm und trocken zu schwer und frisch. Gegen spät morgens kamen sie in Köln an, sie luden die Koffer ab und sofort, fuhr Carlo mit Santo ins Evangelische Krankenhaus Weyertal. Santo bemerkte gleich die Unterschiede, das Krankenhaus hier war viel sauberer und ordentlicher. Die Krankenschwestern, die Krankenhelfer und die Ärzte machten einen seriösen, kompetenten Eindruck. Santo fühlte sich hier schnell gut aufgehoben. Kaum hatten sie sich angemeldet, wurden sie sofort in einem Zimmer, das tip-top-sauber aussah und nur mit zwei sehr freundlichen mittelalten Männer belegt war, eingewiesen. Sie hatten gerade das Bett zugewiesen bekommen und sich vorgestellt und wurden gleich zu den Ärzten gerufen. Drei Ärzte und zwei Arzthelferinnen waren überrascht, wie der verletzte Arm behandelt worden war. Sie waren sich nicht sicher, ob sie entsetzt oder belustigt auf den altertümlichen Verband reagieren sollten. Zivilisiert und gut ausgebildet, wie sie waren, entschlossen sie sich, sich mit Vorsicht belustigt darüber zu äußern. Sie fragten Santo und seinen Vater, aus welchem Land sie kommen würden, und trauten ihren Ohren nicht, dass sie aus Italien kamen. Sie schauten sich alle mit einem fragenden ungläubigen Blick an und fragten: »Aus Italien? Wo wird man in Italien noch so verarztet?« Und dann fügte ein anderer Arzt noch hinzu, nicht beleidigend, sondern eher aus einer erstaunten Naivität: »Ich dachte, so was gäbe es noch nicht mal mehr in Afrika.«

Mit einer sachlichen Freundlichkeit diagnostizierten sie Santo anhand von Röntgenbildern, dass sich sein mittleres Handgelenk nach oben verschoben hatte und dass bei der OP alles wieder in die richtige ursprüngliche Position zu bringen war. Santo durfte dann am Tag des Eingriffs nicht mehr essen und wurde am nächsten Morgen pünktlich und erfolgreich operiert.

Casa Italia I

Bis zur vierten Klasse war Santo ein guter Schüler gewesen, obwohl er Deutschunterricht erst ab der vierten Klasse und das nur eineinhalb Stunden in der Woche hatte. Mit einem Durchschnitt von 2,5 kam er in die Realschule am Ubierring. Doch angekommen ist er dort leider nie. Seine Schulkarriere auf dieser schulischen Institution währte nicht lange. Nach einigen Auseinandersetzungen, Beschimpfungen oder andere Provokationen hatte Santo nicht lange gefackelt und dementsprechend sofort zugeschlagen. Obendrein ließen auch noch seine Noten zu wünschen übrig. Santo bekam eine Empfehlung zur Hauptschule. Mit Bedauern musste er die Realschule »Theodor-Burauen« in der Kölner Südstadt verlassen. Er wurde in die Hauptschule »Lochner Straße« am Rathenau-Platz eingeschult.

Mit Unbehagen ließ sich Santo in die 5a einschulen, während er sich dachte, dass er bis zur sechsten eh wieder in die Realschule gehen würde. Er war immer noch gekränkt, dass er in die Hauptschule eingeschult worden war, und schwor sich, dass er sich jetzt auf jeden Fall verdammt anstrengen würde. Er würde bis zum Ende des fünften Schuljahres ein super Zeugnis bekommen und dann stolz triumphierend in die Realschule Ubbiering ein marschieren. Während er dies dachte, befand er sich schon im Klassenzimmer und wurde der Lehrerin und den Schülern als Newcomer vorgestellt. Santo bemerkte schnell einen dunkelblonden, lockigen Jungen mit einer fetten Hornbrille, der ihn erfreut belustigt angrinste. Sein Name war Giuseppe Cinnera, er wurde aber nur mit der Abkürzung Pippo angesprochen. Er war groß gewachsen und überragte Santo um einen Kopf. Er hatte den Körperbau eines drahtigen Afrikaners, wobei er eine helle Haut besaß. Auch bei seiner Gesichtssymmetrie konnte man leichte nordafrikanische Züge doch deutlich erkennen. Eine lange dünne Nase, große volle Lippen und runde Augen, die mit kleinen hell blauen Augen bestückt waren, rundeten das Bild ab.

Pippo war auch Sizilianer und ein verdammt intelligenter Junge, der bis zur siebten ein Durchschnittszeugnis von eins Komma noch was hatte, das er mit dem ebenwürdigen, intelligenten Valentino Fiore verglich. Pippos Herz schlug für den Fußball und er war ein spitze Stürmer. Es gelang ihm, aus unterschiedlichen Situationen Tore zu schießen und das oft auf eine elegante Art. Er war ein Mensch mit Herz. Santo mochte ihn sehr.

Valentino Fiore war der zweite Italiener in der Klasse. Auch er war groß gewachsen und überragte Santo fast um einen Kopf. Im Gegensatz zu Pippo hatte er ein sarazenisches Erscheinungsbild, während sein Körper leicht an Übergewicht litt. Zudem hatte er pechschwarze Haare und dunkle Augen die sich in einer länglichen ovalen Gesichtsform wiederfanden, die mit einer langen Nase, mit einem kleinen Höcker bestückt war, während eine volle Oberlippe sein Antlitz verschönerte. Valentino Fiore kam aus dem Molise und war ein pessimistischer, etwas eifersüchtiger Intrigant. Er konnte Santo zu Anfang überhaupt nicht ausstehen und unterließ keine Möglichkeit, ihm das Leben schwer zu machen, was ihm auch eine Zeitlang gelang. Valentino war einer, der gerne andere ausschloss, und wenn es nach ihm gegangen wäre, hätte der Neue nie eine Chance gehabt. Er war im Vergleich zu Pippo und Santo ein verschlossener Typ und wollte Pippo am liebsten nur für sich haben.

Es war ihm gelungen, Pippo auf Santo aufzuhetzen. Pippo und Santo spielten zusammen im Fußball-Club SV-Agrippina Köln. Der Trainingsplatz befand sich neben der Uni-Mensa Köln auf dem Zülpischer Wall. Santo war vom Sülz-Klettenberg Fußball Club rüber zu SV-Agrippina gewechselt und tat sich schwer, sich in dem neuen Fußballverein zu integrieren. Dort spielten im Vergleich zu Sülz-Klettenberg wirklich sehr gute Fußballer.

Santo hatte so eine Vorahnung gehabt. Er spürte, dass es beim Training Ärger geben würde. Pippo war die letzten Tage, ihm gegenüber feindlich gesinnt gewesen. Santo wusste, auch wieso. Santo war ein stolzer, loyaler, aufrichtiger, fairer Mensch, der, wenn er einen mochte, sehr aufgeschlossen und freundlich sein konnte, und vor allem, war er ein großzügiger Kerl, der einem Freund oder einem Menschen in Not am liebsten auch noch sein Herz geschenkt hätte. Aber genau diese Tugenden standen Santo im Weg. Dadurch, dass er schlecht Nein sagen konnte, wurde er oft in seiner Intelligenz unterschätzt, sodass andere Kinder dachten, dass man ihn für blöd verkaufen könnte.

Pippo der einen Kopf größer und auch robuster gebaut war, schien sich siegessicher zu sein und hatte, da er frühzeitiger zum Fußballtraining gekommen war, bei den Fußballkameraden groß angegeben, Santo nach dem Training die Fresse polieren zu wollen. Valentino hatte Pippo nämlich eingeredet, dass Santo sich super toll vorkäme und dass Santo behaupten würde, dass er besser Fußballspielen würde als er. Geschickt hatte Valentino Pippo suggeriert, dass Santo ihm deutlich unterlegen war.

»Ach was, der ist doch 'n Kopf kleiner wie du, den haust du locker weg. Du bist doch viel stärker wie er, schau ihn dir an, guck mal, er hat sowieso Schiss vor dir. Ich wette, dass er noch nicht mal den Mumm hat, sich mit dir anzulegen, der macht sich doch in die Hose. Der will dir bestimmt deinen Stammplatz streitig machen«, wurde Pippo aufgestachelt. Pippo war ein aufgeweckter Junge, konnte aber mit der infamen Listigkeit von Valentino nicht mithalten. Im Training angekommen, spürte Santo sofort die negative Energie, die sich da auftat. Die Blicke der Jungs waren zu verräterisch, um sie nicht wahrnehmen zu können. In Santo machte sich ein Gefühl der Traurigkeit gemischt mit Wut bemerkbar. Er hoffte, dass es nicht zu einer Schlägerei mit Pippo kommen würde. Nicht, weil er Angst vor Pippo hatte, nein, Angst hatte er keine, er hasste es nur, sich immer wieder von Neuem behaupten zu müssen, und vor allem, wollte er sich nicht mit Pippo schlagen. Er mochte Pippo.

Beim Training bekam Santo erst mal keine Bälle ab. Er musste sich die Bälle immer wieder erkämpfen, versuchte aber trotzdem mit der Mannschaft mitzuspielen. Pippo schoss ein Tor nach dem anderen, was auch kein Wunder war. Denn abgesehen davon, dass er in der Tat ein ziemlich guter Stürmer war, spielte ihm heute jeder die Bälle so gut wie möglich zu. Die Wut, die in Santo brodelte, sorgte dafür, dass Santo mit vollster Konzentration sein Bestes gab und ihn so spielen ließ, dass er einen Gegner nach dem anderen ausdribbelte und kaum aufzuhalten war. Er spielte heute einen verdammt starken Fußball und währenddessen dachte er sich: »Ich zeige euch, wie man Fußball spielt! Euch zeige ich es!«

Dadurch, dass Santo so stark spielte, schwächte er die anderen, und sie konnten nicht anders, als sich anerkennende Blicke zu zuwerfen.

Am Ende des Trainings verabschiedeten sich die Jungs vom Trainer und packten ihre Trainingstaschen ein. Als sie dies taten, hoffte Santo immer noch, dass er sich heute nicht mehr schlagen musste. Er war schon fast zur Hälfte des Weges des Zülpischer Walls angelangt und hatte beinahe die Zülpischerstraße erreicht, als er sich erstaunt fragte wieso Pippo es sich anders überlegt hatte. Abrupt, mit einem Mal, als ob man seine Gedanken erraten hatte, kamen sie schreiend auf ihn zugelaufen.

»Hey Santo, warte, lauf nicht weg. Pippo möchte dir noch etwas sagen.«

Santo wollte die Rufe überhören, doch sie kamen immer schneller zugelaufen und die Rufe wurden immer lauter und zwingender. Santo blieb nichts anderes übrig, als stehen zu bleiben. Er drehte sich um, und schon waren sie zu mehreren da.

»Pippo wartet auf dich, er will dir ein paar aufs Maul hauen.«

Santo antwortete: »Warum?

»Was ist, hast du Angst? Jetzt haste Angst, was? Jetzt haste die Hosen voll«, konterten die anderen erbarmungslos.

»Ich möchte keinen Ärger«, antwortete Santo.

»Wenn du ein Mann bist, dann komm«, wurde er aufgefordert.

Santo konnte sich nicht mehr zurückziehen. Sein Stolz erlaubte es ihm nicht. Lieber würde er sich die Fresse polieren lassen, als seinen Schwanz einzuziehen. »Also gut«, sagte Santo.

Am Fußballplatz angekommen, stand Pippo mit seiner Trainingstasche um die Schulter und machte ein leicht erstauntes, beschämtes Gesicht. Jetzt gab es auch für ihn kein Zurück mehr. Man sah, wie er sich zusammenraffte, um dann ein leicht theatralisches böses Gesicht zu machen. Pippo baute sich vor Santo auf. » Na, du Angeber, jetzt haste du Schiss, was? Santo legte seine Sporttasche hin, rückte einen Fuß nach hinten, und nahm so unauffällig wie möglich Stellung, er wiederholte noch einmal: »Ich möchte keinen Ärger, und vor allem möchte ich keinen Ärger mit dir.«

»Haste Pech gehabt.«

Wie bei vielen vor Pippo, wenn sie den Satz hörten, »ich will keinen Ärger«, wurde das als Schwäche und Angst missverstanden und baute die Streiter um so mehr auf.

Zwei- bis Dreimal schubste Pippo Santo weg. Santo behielt Haltung. »Lass es sein, Pippo.« Gleichzeitig stieg ihm die Wut zu Kopf. Sein sizilianisches Blut fing an zu kochen. Das Blut von Carlo Rubino brodelte und wühtete in seinen Adern. Pippo wusste es besser und holte al la Straßenmanier weit von hinten aus, um seinen rechten Schwingerhaken auf Santos Gesicht krachen zu lassen. Santo sah den Schlag wie in Zeitlupe kommen und duckte sich. Der Knoten war geplatzt. In so einem Moment hörte das Denken bei Santo auf. Tilt! Game Over! Er funktionierte nur noch intuitiv und der unscheinbare zahme Santo transformierte sich wie Dr. Jekyll in Mr. Hyde. Santo war nicht mehr zu erkennen. Mit Leichtigkeit wich er dem Schwinger aus, packte sich dann blitzartig und geschmeidig flink, wie er war, Pippo, und, ratz fatz, fiel Pippo mit voller Wucht wie ein Kartoffelsack auf den harten Boden. Wumms. In geübter Eigenart warf sich Santo blitzschnell mit seiner Brust auf Pippos Oberkörper, um ihm nicht die Möglichkeit zum Aufstehen zu geben. Schnell hatte er Pippo genauso, wie ihn sein antrainierter Killerinstinkt intuitiv steuerte, in die gewünschte Position gebracht, sodass er jetzt in aufsitzender Stellung ihn mit krachenden Fausthieben bearbeitete. Von seiner Außenwelt bekam Santo nichts mehr mit. Santo hasste es, sich zu prügeln, aber wenn man ihn einmal dazu gebracht hatte, sich zu wehren, geriet Santo wie in einen Blutrausch. Er war dann wie ausgewechselt. Mit seiner eigentlich liebenswürdigen Art verwandelte er sich in einen barbarischen Krieger. Die Jungs standen da wie einbalsamierte ägyptische Mumien, obwohl sie vorher mit großem Enthusiasmus aus vollem Rohr »Pippo, Pippo, Pippo!« geschrien hatten. Mit offenem resigniertem Mund mussten sie sich voller Erstaunen eingestehen, dass Pippo nicht den Hauch einer Chance hatte, wobei sie von der brutalen blitzschnellen kämpferischen Art Santos absolut überrascht waren. Sie hätten nie im Traum gedacht, dass der kleine Santo den großen robusten athletischen Pippo so in die Mangel nehmen würde. Santo kannte das schon. Es war immer dasselbe. Er hatte sich nie von Körpergröße, Aussehen und Art blenden lassen, seine vom Vater anerzogene alte sizilianische ehrenwerte Mentalität, hatte er für sich verinnerlicht.

Mit festem konsequentem Griff, wurde der außer sich geratene Santo zum Glück von Pippo weggerissen. Santo wusste nicht, wie ihm geschah. Ein erwachsener Mann hielt ihn mit aller Kraft an sich gezogen, während Santo, dem das Blut immer noch den Kopf erhitzte, weiterhin vorhatte, auf Pippo einzudreschen. »Abasta, abasta, ti dissu abasta oura.« (Ist gut jetzt, ist gut jetzt, ich sagte, ist gut jetzt.) Mit strenger und energischer Stimme wurde Santo bevormundet. Er hatte noch nicht bemerkt, dass dieser fremde Mann, der ihn da festhielt, sein eigener Vater war. Während Santo nach dieser Erkenntnis langsam zu sich kam und sich beruhigt hatte, erholte sich Pippo torkelnd und leicht benebelt langsam wieder. Beim Anblick von Pippos dick angeschwollenem blauer werdendem Auge schüttelte Carlo mit leicht zugespitzten Lippen seinen Kopf, und Santo merkte, dass es seinem Vater leid tat, Pippo so zu sehen.

Carlo war zwar stolz auf seinen siegreichen Sohn, doch gleichzeitig tat ihm der andere leid. Auf dem Weg nach Hause fragte Carlo seinen Sohn: »Warum schlagt ihr euch? Ich denke, ihr seid Freunde?«

Santo antwortete: »Dachte ich auch, ich wollte mich gar nicht schlagen. Er hat mir keine andere Wahl gelassen. Er ist es selber Schuld.«

»Schade«, sagte Carlo.

In der Meister-Gerhard-Straße nähe Rathenauplatz, lag das italienische Jugendzentrum »Casa Italia«. Die Meistergerhardstraße mit ihren zum größten Teil gut erhaltenen Altbauhäusern war eine kleine Parallelstraße zur Zülpischerstraße, die am Rathenau-Platz anfing und zur Dasselstraße mündete. Vom Rathenauplatz gesehen, führten einige weitere kleine parallel liegende Straßen, die sich bis zur Lindenstraße hochzogen. Allesamt waren sie mit wunderschönen, gut restaurierten außergewöhnlichen Altbauhäusern bestückt. Überhaupt, waren um den Rathenau-Platz bis zu den Ringen hoch zum Belgischen Viertel traumhafte alte Häuser. Santo hatte in der Schule Lochnerstraße, die auch vom Rathenauplatz zur Dasselstraße führte, gehört, dass der Rathenauplatz vor dem Zweitem Weltkrieg ein jüdisches Viertel gewesen ist, was auch die große schöne Synagoge gegenüber vom Rathenauplatz auf der Roonstraße bezeugte. Santo, der einen Sinn für Geschichte hatte, versuchte sich immer wieder, wenn er diesen Straßen entlang lief, das Leben von damals vorzustellen, sodass er sich manchmal in diese Zeit zurück versetzt fühlte. Er versuchte sich die Menschen vorzustellen, die Familien, und deren Geschichten, und empfand Trauer für das Schicksal, was diese Menschen damals getroffen hatte.

Er dachte sich: »Wer weiß, wo die Überlebenden gelandet sind? Wahrscheinlich die meisten in Amerika, in den USA.«

Gleichzeitig stellte er sich vor, wie sie dann nach Amerika ausgewandert sind, in Städte, wo sie von neuem anfangen mussten. Als Fremde in einem fremden Land. Freunde wurden verlassen, Kinder mussten neu eingeschult werden und mussten sich neu behaupten. Neue Freunde gewinnen, mit den Erinnerungen an ihre Vergangenheit, die irgendwo in Deutschland waren, in diesem Fall der Kölner Rathenauplatz. Er fragte sich, ob sie ihre wunderschönen Häuser hier in Köln vermissten und ob sie überhaupt noch Anspruch darauf hegten. Wer weiß, ob ihre Kinder sich dafür eigentlich noch interessierten, wo sie sich in ihren schönen reichen und vielleicht sonnigen amerikanischen Städten eingelebt hatten. Er fragte sich: »Würde ich mich an ihrer Stelle noch dafür interessieren? Wenn es mir dort doch gut gehen würde? Bestimmt nicht«, bestätigte er sich selber.

Casa Italia war lange Zeit der zentrale Treffpunkt für die damals vielen italienischen eingewanderten Familien, die überwiegend in der Kölner Innenstadt lebten. Dort gab es eine typisch italienische Bar, wo ausschließlich Männer hingingen, um sich die Zeit mit Kartenspielen zu vertreiben. Zwischendurch wurden immer wieder die Espressi genossen und gerne mal ein Vecchia Romagna oder ein Averna. Wo durch den Alkohol angeheitert auch ihre Gespräche hitziger wurden.

Es trafen urige Männer aus ganz Süditalien zusammen. Die große Mehrheit kam aus den verschiedensten Städten aus Sizilien. Aber auch die apulische Fraktion war stark vertreten. Diese zwei sehr unterschiedlichen süditalienischen Gruppen, die von ihrer Region und Lebensphilosophie sowie Dialekt, Sitten, Gerichten usw. überzeugt waren, standen permanent in Konkurrenz zueinander, sodass sie bei jeder kleinen Meinungsverschiedenheit gleich aneinander gerieten. Ihr übertriebener blinder süditalienischer Stolz brachte sie dazu, auch manchmal ein Messer oder eine Knarre zu zücken, die zum Glück, meistens nur zum Abzuschrecken gezogen wurden. Hier wurden ihre Feierlichkeiten wie Hochzeiten, Taufen, Kommunionen, Firmungen sowie Weihnachten, Karneval, Ostern, La Festa delle Castagne und sonst so, was zwischendurch anfiel, gefeiert.

Einmal in der Woche zeigten sie alte oder neue italienische Filme auf einer Kinoleinwand, in einem der größeren Räume, wo sie auch ihre Feste feierten. Oben auf der zweiten, dritten und vierten Etage gab es vom Caritas-Verband Wohnungen, wo italienische Einwanderer ohne Familien leben konnten, die sich zu dritt oder zu viert ein Zimmer teilten. Die Küche sowie die WCs befanden sich separat auf dem Korridor. Zudem gab es Räumlichkeiten, wo sie fernsehen oder einfach mit einander in gemütlicher Atmosphäre quatschen konnten. Später, in den 80ern beschwerten sich hin und wieder einige italienische Einwanderer über den Lärm der italienischen Teenager die dort unten in ihrer OT ihre üblichen Späßchen miteinander trieben.

Als Santo schon vierzehneinhalb Jahre alt war, meinte einer der älteren italienischen Caritas-Bewohner, ne große Lippe zu riskieren, und drohte, ihnen in den Arsch zu treten, wenn sie nicht Ruhe geben würden. Überrascht von dieser Feindseligkeit, fragte Santo ihn auf sizilianisch: »Meinst du mich?« Dabei dachte er, dass er bestimmt nicht ihn meinte. Erstaunt und auch ein wenig fassungslos, musste Santo feststellen, dass diese aufgeblasene Arschgeige wirklich ihn zu meinen schien. Geübt in solche Situationen, reagierte Santo, ohne großartig darüber nachzudenken, schnell und herausfordernd. Dabei antwortete er ihm: »Du Stück Scheiße, da hast du dir aber den Falschen ausgesucht, wenn du 'n Mann bist, kommst du jetzt herunter, und mal schauen, ob du es schaffst, mir in den Arsch zu treten. Denn wenn du jetzt, wo du ne große Lippe riskiert hast, nicht runterkommst, komme ich zu dir nach oben.«

Der jüngere Mann zog blitzartig den Kopf hinter seinem Fenster in sein Zimmer zurück und wagte seine Nase nicht mehr heraus.

Als Jungendlicher verbrachte Santo viele Jahre in der italienischen OT Casa Italia. Oft standen sie vor dem Eingang und rauchten in cooler Manier ganz entspannt und genüsslich ihre Marlboro, während sie sich wie große Männer vorkamen. Wenn man ihnen zuhörte, merkte man an den Themen, mit denen sie sich beschäftigten, dass sie aus einfachen Verhältnissen kamen. Sie verschwendeten ihre wertvolle Energie, sich damit zu beschäftigen, wer die beste Nationalelf der Welt besaß und wie viel besser die Italiener als die Deutschen spielen konnten. Sie ärgerten sich drüber, dass die Deutschen oft in letzter Sekunde das Siegestor schossen.

Die Deutschen hätten mehr Glück, als dass sie Fußball spielen könnten. Aber gegen die italienische Elf würde ihnen das Glück nicht viel helfen. »Gegen uns«, sagten sie sich immer, »haben die keine Chance, mit uns nicht! Mit jedem anderen, aber nicht mit uns.« Und darauf waren sie verdammt stolz. Danach zogen sie dann immer Bilanz, wie oft die Deutschen gegen »uns« verloren hatten.

Stolz waren sie! Und vergaßen nie, Gott zu danken, dass sie den Segen erhalten hatten, als Italiener auf die Welt gekommen zu sein. Das war sozusagen auch die einzige Bescheidenheit, die sie besaßen. Denn wenn man als italienischer Mann auf die Welt kam, gehörte man zu Gottes höchster Schöpfung.

»Eigentlich sollten die uns alle danken. Seitdem wir Italiener hier sind, haben wir sie doch alle, wie sie zusammen hier in Deutschland sind, kultiviert.«

Darüber hinaus wurden dann die geilen Autos erwähnt, wie Ferrari, Lamburghini, Maserati, und dann sprach irgendeiner von ihnen »Ja, genau« und in einem belustigten abwerteten Ton: »Was wollen die denn mit ihrem lahmen Porsche, hier, Ferrari, das ist ein Sportwagen.«

»Ja, genau, Porsche, hahaha, hier Ferrari das ist 'n Wagen, sollen die uns das doch mal nachmachen.«

»Hahaha, ja, und unsere Mode, bedanken sollten die sich alle bei uns, für unsere sportliche elegante Mode, unsere Mode ist eh die weltbeste.«

Besonders stolz waren sie auf die italo-amerikanischen Stars. Am allermeisten auf Sylvester Stallone. Auf den waren sie außerordentlich stolz, er sah gut aus und typisch italienisch, hatte einen super durchtrainierten Body und obendrein hatte er in seinem Rocky-Film Rocco Marciano darstellen wollen. Rocco Marciano stand ganz oben auf der Skala, er war der Stolz der italienischen jungen Männer, der einzige ungeschlagene Schwergewichts-Boxweltmeister aller Zeiten. Sichtlich konnte man den Jungs ansehen, wie sich von Sekunde zu Sekunde ihre Körperhaltung aufrichtete, wie sie den Kopf eitel nach oben streckten, wobei sie das Kinn elegant etwas seitlich hoch hegten und dabei ihnen die Augen förmlich vor Vaterlandstolz glänzten. Bei einigen wenigen wurde sogar eine gewisse kriegerische Kampfeslust geweckt. Dies hielt aber nicht lange an. Denn bei der ersten vorbeikommenden gesegneten weiblichen

Gottesschöpfung verflog alles im Nu. In so einem Moment stockte den Jungs der Atem, sie kriegten ein Rohr in der Hose, und man hörte von einigen ein ziemlich lang gezogenes »Miiinchiaa che bona chissaʹ«, was so viel hieß wie: »Schwanz, was für eine Granate.« Und gleich hinterher: »U sai chi ci facissaʹa chissá.« (Weißt du, was ich mit der anstellen würde.) Und so weiter und so fort. Dabei griffen sich die meisten in den Schritt, wackelten kurz mit dem Kopf, um dann mit einer langen deutlichen Betonung den abschlussbringendem Satz zu sagen: »Madonna Mia.« Und damit war dann das Thema erst einmal zum Schluss gebracht.

»Aou Bedazzuʹ.« (Hey Schönheit.) Da kam ein drei Jahre älterer italienischer Sonnyboy von der anderen Straßenseite der Meistergerhardstraße zur Casa Italia mit einem strahlendem Lächeln herüber spaziert. Er packte mit seinem Daumen und Zeigefinger in typisch italienischer Manier, anerkennend und freundlich Pippo an die rechte Wange. »Che eʹragazzi tutto a posto? Non volete entrare?« (Na Jungs, alles in Ordnung? Wollt ihr nicht reingehen?)

So wurden sie von Antonio Facciato herzlich begrüßt. »Bedazzu« war seine Lieblingsbegrüßung. Antonio Facciato sprach ordentliches Italienisch. Er kam aus der Nähe von Salerno. Er hatte ein sehr hübsches Gesicht, dichtes kräftiges glattes pechschwarzes Haar, etwas größere leicht ovale dunkle Augen, eine feine, aber nicht dünne Nase und sinnlich geformte volle Lippen, wobei sein sarazenischer dunkler Teint seiner Schönheit den letzten Schliff verlieh. Santo empfand sofort Sympathie für ihn.

Schade nur, dass Antonio Facciato in seiner Kindheit, einen herben Autounfall gehabt hatte, wo er von einem Auto angefahren wurde und dann noch von einem anderen. Er hatte es Gott sei Dank überlebt, dennoch hatte er so einen gewaltigen Schock erlitten, dass er kleinwuchsig geblieben war. Mit seinem Bein humpelte er immer so, dass es aussah als würde er es hinterher schleppen. Stören tat ihn das nicht. Santo hatte im Laufe der Jahre nie erlebt, dass Antonio Facciato schlecht gelaunt war, oder irgendwie Minderwertigkeitskomplexe hatte. Nein, ganz im Gegenteil, wenn Antonio kam, schien immer die Sonne, er war im wahrsten Sinne des Wortes ein Sonnyboy. Er war ein Trendsetter, immer bestens angezogen. Santo hatte ein oder zwei Mal die Gelegenheit gehabt, eine seiner süßen feinen Blondinchen von näher betrachten zu dürfen. Antonio war einmal mit zwei dieser edlen Geschöpfe in die Casa Italia hereinspaziert, hatte mit den zwei Versuchungen Billard gespielt und hatte die ganze Zeit nur Augen für diese Grazien gehabt. Ausnahmsweise war er nicht ganz so zu Scherzen aufgelegt und lustig wie sonst. Er benahm sich seriös und wirkte plötzlich ein wenig erwachsen.

Das Erscheinungsbild von Antonio mit seiner lässigen gut gelaunten Art prägte Santos Bewusstsein. Ein Bild speicherte sich besonders in Santos Gedächtnis, die etwas engere, dunkelblaue Fiorucci-Jeans, ein Armani–Sweatshirt, der beige braune Ärmel, der in der Mitte dunkelbraun war, und die dazu gut passenden damals hochmodernen Cowboystiefel aus dunkelbraunem Leder. Dazu trug Antonio gerne seine leichte schwarze Lederjacke, die ihm nur bis zur Hüfte reichte. Es waren die 80er.

Der Eingang zur Casa Italia war mit gut sechs bis sieben breiten Treppen aus Granit bestückt. Wenn man die Treppen hochging, gelangte man in eine Eingangshalle. Zwei Meter weiter auf der linken Seite befand sich der größere Eingang zur OT, mit einer dicken Glastür. Von dort geradeaus, befand sich der etwas kleinere Eingang, der aus einem robusten dunklen Glas mit klein verarbeiteten Quadraten geschmückt war. Das war die Pforte zu der Treppe, von der man nach oben in den ersten Stock zum italienischen Katholischen Kindergarten gelang. Eine Etage höher waren die Ämter des Caritas-Verbandes aufzufinden. Vom Eingang ausgesehen bestand die OT aus einem riesig geformten Flur, der an ein Hufeisen erinnerte, der dann im Quadrat endetete. In der Mitte des Flurs befand sich ein offenes Zimmer, das wie eine Nische angelegt war, die den Jungs als Rückzugraum diente, wenn sie vorhatten in Ruhe zu pokern oder italienische Kartenspiele wie »Scopa« oder »Briscola«oder auch gerne »Sette Bello« zu spielen. Am Ende des Flurs führte eine Tür zu den Büroräumen der OT, von der man in den größten Raum gelangte, der auch als Partyraum diente und gerne für unterschiedliche Feierlichkeiten vermietet wurde. In diesem schönen großen Raum wurde jeden Freitag auch die OT-Disco veranstaltet.

Neben dem großen Raum befand sich noch ein anderer großer Raum, der durch eine flexible Kunststoff-Trennwand aufgeteilt war. Dieser Raum diente dazu, um ein wenig abzuhängen. Es war die »Teestube«.

Die Teestube war mit einer schönen Couch und Sofas im gemütlichen Landhausstil eingerichtet. Dort gab es eine kleine Theke, wo man tagsüber Toast-Sandwiches essen oder einfach nur einen Tee oder ein kaltes Getränk schlürfen konnte. In einer kleinen Nische hinter dem Eingang war ein Kicker-Tisch, wo die Jungs sich täglich hochkarätige Fußballtischschlachten ablieferten.

Bevor man zu einem mediterranen Innenhof gelangte, befand sich ein Raum, wo ein ehemaliger Friseursalon lag, der früher von einem italienischen Friseur betrieben wurde und von eingewanderten Landsleuten, die kein Deutsch sprechen konnten und immerzu die Nähe zu ihren Landsleuten suchten, frequentiert wurde. Santo war jedes Mal fasziniert, wenn er die Gelegenheit bekam, einen Blick hineinwerfen zu dürfen.

Der Friseur Salon befand sich in solch einem Zustand als ob er noch in Funktion wäre. Es war alles noch da: zwei ältere Friseursessel im 50er-Jahre-Stil sowie große Spiegel und die jeweiligen unterschiedlichen Friseur-Werkzeuge. Man hätte glauben können, dass der Friseur Hals über Kopf geflohen war.

Santo war beeindruckt, es eröffnete sich gerade eine neue Welt für ihn. Vorher hatte er nur in Sülz rumgehangen und war der älteste in seiner italienischen Clique. Alle hatten großen Respekt vor ihm gehabt, sowohl seine italienischen Freunde, als auch die türkischen und all die anderen Kinder, die dort in der Gegend spielten. Nun aber gehörte er auf einmal wieder zu den Jüngsten, denn in der Casa Italia verkehrten überwiegend ältere Italiener. Einer von diesen italienischen Jugendlichen war der außergewöhnlich gutaussehende Giulio Maroni, der Santo von den Gesichtszügen und Haaren stark an Richie Gennaro von dem Wanderers-Film erinnerte. Nur dass Giulio halt ein dunklerer Typ war. Er hatte pechschwarze Haare, die er genauso ähnlich wie Richie von den Wanderers trug. 1,79 Meter groß, breite Schultern und einen stählernen durchtrainierten Körper, den er sich durch das jahrelange Fußballspielen unbewusst antrainiert hatte. Giulio war genauso wie Pippo ein außerordentlicher Fußballer.

Er war zwei Jahre älter als Santo. Für Santo war Giulio ein Vorbild. Er mochte ihn sehr und schaute zu ihm herauf wie zu einem älteren Bruder. Giulio war so wie man sich damals einen Italiener vorstellte, im wahrsten Sinne des Wortes ein Frauenheld. Er hatte permanent neue Freundinnen, die obendrein auch noch wirklich gut aussahen. Er konnte sich die Frauen aussuchen. Nur in der Hauptschule Lochnerstraße hatte er die hübschesten alle für sich gewinnen können. Da war Luzie, ein spanisches Mädchen, das im gleichen Alter wie Giulio war. Beim Anblick ihres festen kleinen sexy bogenrund geformten Pos, lief bei allen Jungs der Sabber aus dem Mund. Sie hatte ein zuckersüßes kleineres freundliches frohes Gesicht, das immerzu lächelte und sich des Leben erfreute, und wer weiß, wie viele sich durch ihren so sexy Po inspiriert gefühlt hatten, sich einen runterzuholen.

Dann war da die Uschi, die sitzengeblieben war und zu Santo in die achte Klasse kam. Bis dahin hatten die Jungs in der Klasse von Santo kein Glück gehabt. In ihrer Klasse befanden sich zu deren Unglück keine gottgesegneten Geschöpfe. Und dann kam die Uschi, mit einer unbeschwerten freundlichen sexy und hocherotischen Ausstrahlung und obendrein, einem göttlichen Arsch. Im Vergleich zu Luzie war ihr Po etwas größer und kurvenreicher, so wie man das meist von Orientalerinnen kennt. Ihr Gesicht war oval geformt und hatte volle Lippen, eine kleine Nase, wobei sie warme neugierige hellbraune Augen schmückten, mit denen sie sich gerne Jungs genauer ansah. Ihr Teint war nicht allzu hell, wie bei den meisten deutschen Mädels. Hinzu kam, was richtig fies war, zumindest in den 80ern für pubertierende Teenager, dass sie sich die Jeans, so richtig nach oben durch ihre Ritze bis zum Anschlag hindurchzog, und das war richtig gemein. Das war jedesmal wie ein Schlag ins Gesicht, so was Appetit anregendes sehen zu dürfen, aber nicht herankommen zu können. Uschi war sich ihrer erotischen Anziehungskraft bewusst und wusste genau, wie sie mit ihren Reizen umzugehen hatte. Sie genoss es sichtlich, den Jungs den Kopf zu verdrehen.

Einmal kam sie als Letzte zum Unterricht in die Klasse. Santo und Valentino saßen zusammen an einem Tisch hinter Uschi und Mabel und dachten an nichts Böses, als Uschi mit einem Lächeln und ihrem aphrodisisch wirkenden Gang hereinspaziert kam. Santo und Valentino schauten erfreut und lächelten Uschi an. Uschi trug an diesem Tag eine dünne Stoffhose, die ein wenig an eine Reiterhose erinnerte und sich in gewohnt gemeiner Manier wieder so richtig durch ihren Spalt bis zum Anschlag hindurch gezogen hatte, sodass man genau die Form ihres megafesten sinnlichen Arsches bis zum Detail erkennen konnte. Mit ausgestrecktem Po und Gesicht zu Santo und Valentino gedreht, pflegte sie die Situation, so, wie sie es oft tat, mit einem teuflisch süßen Grinsen und glänzenden Augen genüsslich zu beobachten. Die Augen der Jungs öffneten sich schlagartig und waren gelähmt, zwei bis drei Sekunden saßen sie da und trauten ihren Augen nicht. Für die zwei war es so, als ob sie aus heiterem Himmel eine mächtige Ohrfeige bekommen hätten.

Valentino hatte sich als Erster davon erholt, und sagte dann mit einer besonderen Betonung auf dem M und dem D: »Madonna Mia, Che Culo«. (Was für ein Arsch.) Daraufhin meinte Santo mit einem Lächeln und skeptischen Augenbrauen: »Ma che e´pazza questa.« (Ist die verrückt?) Wobei dann beide intuitiv gleichzeitig sagten: »Ma lo fa´a posta questa, lei lo sa´quello che fa´.« (Sie macht das extra, sie weiß ganz genau, was sie da macht) Dabei lächelten sie sich beide an.

Ein anderes Mal lud Uschi die Jungs mit einem anderen Mädel aus der Klasse zu sich nach Hause ein. Lydia war ein gesegneter Neuzugang der Schulklasse, der genau so wie Uschi, sich gerne ihre Hose in die Ritze bis zum Anschlag schob und ebenfalls, einen göttlichen runden festgeformten knackigen Hintern besaß. Leider hatte sie nicht so ein hübsches Gesicht, was aber die Jungs nicht sonderlich störte. Sie hatten eh nur Augen für geile Ärsche. Uschi wohnte über dem Modekleidergeschäft Weingarten am Friesenplatz, kurz vor Beginn des Belgischen Viertels. Santo war überrascht darüber, dass Uschi an so einer schönen belebten Stelle wohnte. Mit großer neugieriger freudiger Erwartung, fuhren sie mit dem Aufzug nach oben. Erregt betraten sie die Wohnung, und setzten sich im Wohnzimmer auf die große gemütliche braune Ledercouch.

Uschi holte Santo, Valentino und Lydia was Erfrischendes zu trinken, nahm eine VHS-Video-Kassette und kniete sich vor den Fernseher, da das Video-Gerät auf dem Boden lag. Sie startete den Versuch, die Video-Kasette reinzuschieben.

Das Bild sollte sich ein Leben lang schmerzlich ins Gedächtnis der zwei Jungs einprägen. Sie streckte ihren megageilen perfekten Hintern so nach hinten in die Höhe aus, dass die Jungs wie vom Blitz getroffen zusammenzuckten und vor Staunen ihren Mund nicht zukriegten, wobei sie ihre Augen beim bestem Willen nicht mehr von diesem einladenden, nimm-mich-Hintern wegbekamen. Santo und Valentino schauten sich verunsichert an, und fragten sich: »Macht sie das extra?«

Mit einem abgeklärtem Grinsen antwortete Valentino: »Auf jeden Fall.«

Santo fragte: »Meinst du, die will poppen?«

Valentino: »Ich glaube, ja.«

Uschi ließ sich erstaunlicherweise verdammt viel Zeit in dieser Position und simulierte Schwierigkeiten, das Video zum Laufen zu bringen. Santo dachte sich genüsslich, »Madonna, wie gerne würde ich sie jetzt von hinten nehmen«, und gleichzeitig verpasste ihm dieser erfreuliche Gedanke einen Stich im Herz, weil er ja sooo gerne es ihr am liebsten auf der Stelle, genau so wie sie dastand, besorgt hätte, aber letztendlich nicht den Mumm hatte, einfach zuzugreifen. Santo hoffte, dass vielleicht Valentino die Initiative ergreifen würde oder sogar vielleicht Uschi, jetzt einfach aufstehen, sich zu den zweien hinsetzen und sich ihnen einfach anbieten würde. Aber Pusteblume.

Valentino hatte wie immer noch viel weniger Mumm als Santo, und Uschi dachte sich insgeheim, was für Loser, wenn die schon nicht den Mumm haben, dann haben sie halt Pech gehabt. So schauten sie sich das Video an, um danach niedergeschmettert mal wieder mit vollen Eiern und einen unbamherzigen verständnislosen Ständer nach Hause zu gehen.

Einmal befanden sie sich alle in der Wohnung von Peppino, eines Neapolitaners, der aus einer sehr lebendigen Familie stammte, die aus fünf Jungen und zwei Mädels bestand. Peppino war der anständigste und liebste von allen. Die zwei ältesten, Mimmo und Carmelo, hatte man Santo erzählt, hatten sich schon mal ins Frische (Knast) gesellen müssen. Mimmo geschah das während der Karnevalszeit, er hatte wohl einem ihm feindlich gesinnten Rocker mit seinem Stilett Bekanntschaft machen lassen. Dann gab es da noch Pierino, der eher dem Gigolo wie aus dem

Bilderbuch entsprach. Er hatte dichte tiefdunkle schwarze Haare, mit kleinen Locken, denen er mit Gel einen edel glänzenden blauen Schimmer verlieh. Pierino war nicht gerade klein gewachsen, er war circa 1,80 Meter und eher schmal gebaut, hatte ein rundes Gesicht mit einem dunkleren Teint. Unter seinen Brüdern war er der »Popper« gewesen. Er trug gerne Benetton-Hosen und das auch in verschiedenen Farben. Benetton-Sweatshirt sowie Gürtel und immer die dazu passenden feinen Schuhe. Sein äußeres Erscheinungsbild war stets gepflegt und auch sein Benehmen war eher zurückhaltend und leicht versnoppt.

Einmal im Sommer saßen die Jungs, so wie jeden Tag, wenn es wärmer war, vor dem Eingang der Casa Italia auf den Treppen. Sie unterhielten sich wie fast immer über belanglose Dinge, die natürlich für sie höchste Wichtigkeit besaßen. Pierino war zu der Zeit mit einem wirklich feinen hübschen Blondinchen zusammengekommen, mit der er sich einige Male in der Casa Italia hatte blicken lassen. Dummerweise war das allem Anschein nach die Freundin eines eifersüchtigen, gut gebauten, nicht übel aussehenden blonden Germanen, der obendrein sehr rabiat war und Pierino an die Gurgel wollte. Pierino stand gut gelaunt vor den Treppen der Casa Italia, flachste ein wenig rum und belustigte sich mit den anderen über Santo und den anderen jüngeren Italiener, von wegen ob sie ja schon Schamhärchen hätten und ob sie sich schon einen runterholen würden, oder ob sie überhaupt einen Samenerguss bekämen, dabei forderten sie die jüngeren auf, ihnen ihre Handflächen zu zeigen, um zu sehen, ob sie vom häufigen Onanieren Hornstellen hätten.

Aus heiterem Himmel stand auf der anderen Seite der Meistergerhardstraße ein Deutscher, der eine ziemlich wütende Erscheinung abgab. Santo und die anderen Landsleute hatten ihn bemerkt. Nur Pierino nicht. Der Deutsche kam rüber, baute sich zur Überraschung aller Anwesenden vor Pierino auf und schubste ihn mit voller Wucht weg. Gleichzeitig drohte er Pierino wütend, wenn er nicht die Finger von seiner Freundin ließe, würde er ihn kalt machen. Pierino, der aus heiterem Himmel überrascht worden war, blieb erstaunlicherweise ziemlich unbeeindruckt. Mit starkem italienischem Akzent sagte er: »Was willst du von mir? Ich kenne dich nicht.« Und ging einen Schritt auf den Deutschen zu, während alle von der sich abspielenden Szene paralysiert waren. Daraufhin schubste der Widersacher Pierino noch einmal mit beiden Händen so fest es ging von sich weg. Pierino, der sich schnell zusammengerafft hatte, war diesmal präsenter und reagierte gleichzeitig wie selbstverständlich dagegen. Dabei ging er einen Schritt nach vorne, um selber mit beiden Händen genauso den Deutschen zu schubsen. Immer noch schauten alle anderen zu. Neugierig fragte sich Santo jetzt, wie die Sache ausgehen würde. Doch augenblicklich griff Pierino seinem Gegner um den Hals, um ihn zu Boden runterzuziehen. Sein Gegner schaffte es gerade noch, aus Pierinos Griff rauszukommen, und wollte jetzt mit der Faust zuschlagen, doch Pierino duckte sich instinktiv und klatschte seinem Kontrahenten zwei saftig schallende Ohrfeigen. Taumelnd irritiert zog sich der andere mit rotem Gesicht an Pierinos Sweatshirt hoch und ergriff unerwartet die Flucht, wobei er beim Weglaufen natürlich nicht vergaß zu drohen: »Ich krieg dich noch, ich komme wieder, dann kriege ich dich, du scheiß Itaker.«

»Sto pezze e merda«, sagte Pierino in seinem neapolitanischem Dialekt. »Ich gebe dir scheiß Itaker«, und lief dem unterlegenen beschimpfend und spuckend hinterher. Nachdem der andere weg war, fluchte er, was das Zeug nur so hielt. Erst jetzt bemerkte er, dass sein Benetton-Sweatshirt zerrissen war und obendrein sein goldenes Kettchen, was er zu seiner Taufe geschenkt bekommen hatte.

Die Italiener trugen gerne ihre goldenen geschenkten Taufkettchen mit kleinem goldenem Kreuz und nicht zu selten noch eine goldene dreizehn, die für Sie eine Glückszahlwar. Oft trugen sie auch noch eine kleine goldene Hand mit ausgestrecktem Zeige- und kleinem Finger, der zum Schutz vor bösen Blicken dienen sollte. So hat man den Segen Christi kombiniert mit dem Glück und dem Schutz vor dem Bösen. Eine Art Dreifaltigkeit, nur zum Wohle des einzelnen Italieners.

Pierino war außer sich. Dieser Arsch hatte ihm nicht nur das Sweatshirt zerrissen, sondern auch seine Taufkette. Er fluchte sich die Wut aus der Seele.

»Figlio di puttana, figlie di na mignotta.« (Sohn einer Hure, einer Schlampe.)

»Cornuto.« (Hurenbock.) »Figlie di ´n trocca.« (Sohn eines Flittchens.) Und so weiter.

Wenig später beruhigte sich Pierino. Der Germane, von dem man im Nachhinein hörte, er wäre ein Zuhälter, hatte Glück gehabt, denn wenn der jüngste von den neapolitanischen Brüdern dabei gewesen wäre, wer weiß, ob er nur mit zwei Ohrlatschen davongekommen sein würde.

Tonino, der jüngste und der schrägste aus der Familie, war genau das Gegenbild von Pierino. Mit seinem ausgeprägten Gesicht erinnerte er stark an den bekannten neapolitanischen Komiker Toto. Seine großen rund geformten hellbraunen Augen schienen jeden Moment aus seinem Augenhöhlen herauszuspringen. Seine kräftige Nase zog sich in die Länge und stand fast über den eher dünn wirkenden Lippen, die zu seinem länglich ovalen Kopf gehörten, der wiederum von kraus gewellten Haaren geschmückt war. Wer weiß, wie viele Völker sich in ihm widerspiegelten.

Tonino hatte wie so viele andere italienische Jungendlichen in Deutschland die Hauptschule besucht und war wie die meisten anderen Landsleute nach der achten Klasse abgegangen. Mit seiner tiefen und vollen Stimme klang Tonino wie ein Tenorsänger. Er liebte Adriano Celentano und tatsächlich konnte er auch zum Erstaunen von Santo fast alle Lieder nicht nur auswendig, sondern auch wirklich ausgesprochen gut singen.

Santo genoss Toninos Anwesenheit nur aus der Distanz. Er war sich nicht sicher, ob Tonino ihn mochte. Tonino hatte nämlich zweimal dafür gesorgt, dass Santo sich hatte schlagen müssen. Das erste Mal geschah es mit zwölf Jahren. Santo hatte den Rathenauplatz betreten, auf dem er vorher noch nie als Jugendlicher gewesen war. Einige der noch unbekannten älteren italienischen Jungendlichen saßen zusammengerückt im oberen Spielpatz, der sich hinter dem damaligen großen Asche-Fußballfeld vom größeren Brunnen nach oben zog. Vor dem Fußballfeld befand sich noch ein viel größerer Spielplatz, alles innerhalb des Rathenauplatzes.

Sie rauchten genüsslich eine Zigarette und begrüßten Pippo nicht gerade herzlich. In den 80ern spielten zwei bis drei Jahre Altersunterschied eine entscheidende Rolle.

Matteo Avino, der genauso alt wie Santo war, saß mittendrin. Santo und Matteo sahen sich heute zum ersten Mal. Matteo, der sich allem Anschein in der Mitte dieser älteren Jungs wohlfühlte, musterte Santo genauso abwertend. Santo hielt sich im Hintergrund und fragte sich, warum Pippo die Nähe dieser Jungs suchte. »Chi e sto Quaglione?« (Wer ist den dieser junger Mann), fragte Roberto Vitalini mit neapolitanischem Dialekt, während Tonino sich das Geschehen in Ruhe anschaute. »E un amico.« (Er ist ein Freund).

Roberto Vitalini: »Che e´Turco?« (Ist er Türke?)

»No, sono Italiano« (Nein, ich bin Italiener), antwortete Santo prompt, fast beleidigt, gleichzeitig mit Pippo zusammen. Tonino zog seine Schachtel Marlboro heraus und bot Santo und Pippo eine Zigarette an. Die anderen in der Runde kicherten und stupsten sich mit der Schulter leicht an. »Nein, danke«, sagte Santo gleichzeitigt mit dem Kopf von unten nach oben schwenkend »Ich rauche nicht.« Pippo, der sich schon für groß genug hielt und unbedingt mit dazugehören wollte, ließ sich das kein zweites Mal sagen und griff zum Erstaunen von Santo zu.

Ich wusste gar nicht, dass er schon raucht«, dachte Santo. Plötzlich und unerwartet fragte Tonino: »Chi e piu´forte di voi due?« (Wer ist der stärkere von euch beiden?), und meinte damit Matteo und Santo, wobei in seinen Augen mit seiner Frage deutlich zu erkennen war, dass sie eigentlich auf Santo gerichtet war. »Woher soll ich das denn wissen?«, antwortete Santo. Doch Tonino gab sich mit dieser Antwort nicht zufrieden und hakte nochmal nach, indem er dieses Mal die Frage mit seiner tenorartige Stimme und mit starkem neapolitanischem Akzent, konkret an Matteo stellte. Matteo Avino hätte ein Model werden können. Er sah nicht nur gut aus, sondern überragte Santo mindestens um einen Kopf, hatte ein symmetrisch gut geschnittenes Gesicht, tiefdunkle Augen, etwas höhere Wangenknochen, eine mittelgroße passende Nase, volle Lippen und kräftige schwarze Haare. Durch und durch eine inposante, schöne Erscheinnung. Leider besaß er ein Handicap, er stotterte und war nicht gerade der sensibelste. Matteo hatte seit kurzem seinen älteren Bruder durch einen Autounfall verloren, der mit diesen älteren Italienern sehr gut befreundet gewesen war.

»Ja, klar bin ich stärker«, antwortete Matteo siegessicher. Santo war beeindruckt. Matteo hatte zu selbstsicher geantwortet, um nichts drauf zu haben, hatte sich Santo gedacht und obendrein, verglichen mit ihm, war er auch noch viel größer. Trotz gleichen Alters. Er kam sich vor wie ein Zwerg. Santo hoffte insgeheim, dass es nicht wieder dazu kommen würde, dass er sich schlagen musste. Er hatte gar keinen Bock darauf, sich jedes mal von Neuem prügeln zu müssen, eigentlich wollte er einfach nur einen ruhigen entspannten Sonntagmorgen mit Pippo verbringen.

Matteo visierte Santo herausfordernd an, wartete aber ab. Tonino, der jetzt darauf brannte, diesen Zweikampf heute noch zu erleben, warf sich noch einmal ein und sagte: »Allora? che e´avete fifa?« (Und? Was ist, hab ihr Schiss?) Matteo stand auf und näherte sich mit zwei Schritten, um sich eine Nasenlänge vor Santo aufzubauen. Dabei schaute Matteo mit triumphierendem Blick Santo von oben nach unten an, um ihm klar zu machen: »Was ist, du Knirps, willst du dich wirklich mit mir anlegen?« Santo schaute nach oben und genau in diesem Augenblick wurde ihm bewusst, Scheiße, es gibt kein Entkommen mehr.

Resigniert über die Erkenntnis raffte er sich zusammen und schritt mit dem rechten Fuß zurück. Pippo ging zur Seite und nun wurde es ruhig in der Runde. Alle Augen waren auf die zwei sich gegenüberstehenden Kontrahenten mit brennender neugieriger Erwartung gerichtet.

Irritiert stellte Matteo fest, dass Santo nicht die Flucht ergriffen hatte, denn insgeheim hatte er darauf spekuliert, das Santo, nach seinem aggressiven Auftreten eingeschüchtert den Schwanz eingezogen hätte. Im Grunde genommen war Matteo ein Feigling, er hatte nur das Glück, durch seine Körpergröße und sein gelerntes selbstsicheres Auftreten die anderen Kindern einschüchtern zu können. Matteo, der sich im Kreise der Freunde seines Bruders sicher fühlte, behielt siegessicher trotzdem die Ruhe und schubste mit beiden Händen Santo so stark es ging von sich weg. Jetzt hatte Matteo einen Fehler gemacht. Santo, der eigentlich durch seine vielen Kämpfe, die er schon bestritten hatte, derjenige hätte sein müssen, der vor Selbstsicherheit strotzen müsste, hatte gleich bemerkt, dass da nicht viel Saft hinter war. Blitzschnell ging Santo zum Angriff über. Er stürzte sich halb geduckt, um nicht von eventuellen Boxschläge getroffen zu werden, gegen Matteos Brust, schnappte zu und warf ihn in Null Komma nichts mit einem Beinhaken auf den harten Spielplatzboden. Badawumm. Matteo wusste nicht, wie ihm geschah. Jetzt schnappte sich Santo fast spielerisch Matteos Hals im Schwitzkasten und drückte zu. Matteos Gesicht lief weiß an, sofort stand Tonino auf und schritt zu Santo. Mit erstauntem Respekt legte er haltend seine flache Hand gegen Santos Brust. »Lascialo stare, abbasta adesso.«

Santo schaute Tonino fragend an, dann schaute er sich auch die anderen und beschloss zum Glück von Matteo, ihn loszulassen.

Benebelt und nach Luft schnappend, raffte sich jetzt Matteo wieder auf und wollte sich wütend, bestärkt durch die Rückendeckung von Tonino und den anderen, wiederholt auf Santo stürzen. Diesmal boxte Santo zweimal hintereinander mit Leichtigkeit auf Matteos linke Gesichtshälfte. Auf der Stelle schmissen sich die anderen Jungs, um Matteo zu schützen, schnell dazwischen. Sie hatten genug gesehen.

»Va bene a chussi´.« (Ist gut so.) »Iativinni, pi oggi e buonu a chussi´.« (Geht jetzt, für heute ist gut so), beendete Tonino mit seinem neapolitanischen Dialekt die von ihm eingefädelte Ausseinandersetzung.

Einige Wochen später, im frühen Frühling, zur Bomberjackenzeit, spielten Pippo und Santo das gerade neu herausgekommene Spiel, Elevator. Sie befanden sich in der Zwiebel an der Zülpischerstraße, fast Ecke Zülpischer Platz, gegenüber der Herz-Jesu-Kirche. Die Zwiebel, das war der Name dieses Imbiss, die eine Zeit lang zum Treffen der Casa-Italia-Jungs gehörte, wurde von einer jugoslawischen Familie geführt. Die Imbissstube war wie ein rechteckiger langer Schlauch geschnitten, wobei vom Glastüreingang bis zum Gittereingang sich ein dazwischen gelegener Aufenthaltraum befand, was dem Imbiss-Besitzer dazu diente, zwei Spielautomaten hinzustellen, wo immer die neuesten Spiele angeboten wurden. Pippo und Santo wechselten sich beim Spielen ständig ab. Pippo war meist der bessere Spieler. Daneben befand sich Jupp Kram, der gerade mit dem Olympiade Gamespiel beschäftigt war. Tonino tauchte mit Rocco De Franco auf. Jupp, der tief in seinem Spiel konzentriert war, achtete gar nicht auf sie. Pippo und Tonino begrüßten sich freundlich, man konnte erkennen, das Tonino Pippo gern mochte. Rocco blieb erst mal im Hintergrund. Santo hielt sich zurück. Wenn er Tonino sah, bekam er jedes Mal von Neuem ein ungutes Gefühl.

Santos Instinkt täuschte sich nicht. Tonino holte aus seiner dünnen Lederjacke, die aus vielen kleinen, rund geformten glatten Teilchen bestand, eine Gaskapsel, die eigentlich zum Auffüllen von Feuerzeugen gedacht war, heraus. Belustigt und mit teuflisch erheitertem Grinsen, sprühte Tonino von hinten Jupp Krams Bomberjacke voll, um sie dann mir nichts, dir nichts auch noch mit seinem Feuerzeug anzuzünden. Santo und Pippo trauten ihren Augen nicht, doch keiner von den zweien traute sich, etwas zu sagen. Santo sah Jupp heute zum ersten Mal und zog es lieber vor, die Situation abzuwarten. De Franco, der kein Kind von Traurigkeit war, amüsierte sich prächtig. Verwunderlicherweise dauerte es einige Sekunden, bis der ahnungslose Jupp die immer mehr werdenden heißen Flammen auf seinem Rücken bemerkte. Augenblicklich und ruckartig, als ob Jupp einen Geistesblitz bekommen hätte, zog er rasch seine zu große, dunkelgrün passende Bomberjacke aus und schmiss sie auf den Boden. Mit erschrecktem Gesicht und weit geöffneten erstaunten Augen, trat er einerseits auf die brennenden hungernden Flammen, die sich zum aller Erstaunen, rasant ausgebreitet hatten, und obgleich schaute er immer wieder zu Tonino und Marco, aber auch zu Santo und Pippo herüber, um an ihren eventuellen verräterischen Gesichtszügen erkennen zu können, wer es gewesen sein könnte.

Tonino und Rocco machten keinen Hehl daraus. Sie kriegten sich kaum noch ein und krümmten sich vor lachen. Jupps Eier fielen ihm auf den Boden, in seinem resignierten Gesicht konnte man förmlich lesen: »Scheiße, es sind nicht die Kleinen gewesen.« Und alle Hoffnung auf Rache schwand. Er kochte vor Wut und hätte am liebsten, wenn da nicht Tonino und Rocco gestanden hätten, zugeschlagen. Mit schwer liegender Zunge raffte er seinen ganzen Mut zusammen und sagte im verärgerten, beleidigten Ton: »Was soll die Scheiße? Mann, seid ihr bekloppt oder watt? Die Jacke habe ich mir heute neu jeholt, wisst ihr, wat die kostet?«

Rocco De Franco, der nur zur Hälfte Italiener war, die andere Hälfte war mütterlicherseits Deutsch, antwortete: »Is mir doch scheißejal.«

Hingegen dachte Tonino sich, »wie, der muckt noch auf?«, und schlug ihm mit der flachen Hand auf dem Hinterkopf, wobei er gleichzeitig auf Italienisch sagte: »Stai zitto, coglione.« (Sei ruhig du Sack.) Er schubste ihn weg, um ihn daraufhin zu weisen: »Ich spiele jetzt.«

Jupp gehörte im Grunde genommen zu den mutigen Jungs, trotzdem blieb ihm keine andere Wahl, als diese Erniedrigung über sich ergehen zu lassen. Was auch gut so war, denn er hätte gegen einen Tonino und noch einem Rocco wohl keine Chance gehabt.

Einige Zeit später wurden Rocco, Jupp und Pippo gute Freunde. Jupp war ein dünner drahtiger, nerviger Typ, der aus einer kölschen Familie stammt. Sein Vater war ein kräftiger hellerer Typ und die Mutter mit unverkennbaren südländischen Wurzeln, was auch deutlich an ihren kräftigen gewellten peschschwarzen Harren und dunklerer Hautfarbe zu erkennen war. Jupp Kram, die Synthese davon, hatte ein kleines ovales, helles Gesicht, mit genau den gleichen peschschwarzen gewellten Haaren wie seine Mutter. Jupp war keine Schönheit und hatte auch nicht das Glück gehabt, mit kräftigem männlichem Bart bestückt zu sein, nichtsdestotrotz litt er nicht an Minderwertigkeitskomplexen, nein, ganz im Gegenteil.

Hin und wieder kam es vor, dass die O.T. Casa Italia geschlossen blieb. Wegen Fortbildungsmaßnahmen oder vielleicht auch, weil die Leiter mal einen Tag mehr für sich beanspruchten, um sich von den psychologischen Strapazen der wilden italienischen Jungs zu erholen. Das fuckte sie jedesmal ab. Die Jungs konnten sich gar nicht daran gewöhnen, dass die Casa Italia auch mal zu blieb. An solchen Tagen war es schwer. Verwöhnt vom Angebot des Jungendzentrums, mussten sie sich erstmal wieder neu orientieren. Zu Beginn wurde geflucht. »So eine dicke Scheiße, wie? Die sind zu? Was ist denn das für ein Mist? Warum haben die denn zu?« Und dann war immer einer dabei, der was aufgefangen hatte und sich langsam daran erinnerte, mitbekommen zu haben, dass die Casa Italia wegen einer Fortbildungsmaßnahme zu blieb. »Wie? Fortbildungsmaßnahme? was ist denn das für ne Scheiße! Fortbildungsmaßnahmen? Dicke Scheiße! Ach, die haben bestimmt keinen Bock gehabt zu arbeiten. Ja, Ja Fortbildungsmaßnahme, die machen sich bestimmt nen schönen Tag. Von wegen Fortbildungsmaßnahme, verarschen können wir uns selber.«

An einem solchen Tag, fanden sich Tonino, Pippo, Santo, Jupp und Rocco De Franco vor den Treppen der Casa Italia ein. Nachdem sie sich ausgeflucht hatten und sich die Gemüter langsam beruhigten, machten sie sich ne Kippe an, Pippo und Santo setzten sich in gewohnter Manier auf die dunkelgrauen Steintreppen, um genüsslich eine zu rauchen. Während sie lässig ganz auf Gangster Art mit dem Zigaretten Qualm-Rauchringe in die Luft bohrten und dabei wiederholt ihre Kippe anschauten, arbeitete ihr Gehirn auf Hochtouren, um auf eine Idee zu kommen, was sie jetzt mit sich anfangen könnten.

Abrupt, als ob Tonino eine Eingebung bekommen hatte, schlug er vor: »Jungs wir gehen in die Stadt.«

Pippo, der meistens nie Bock hatte, seinen Arsch von den Treppen der Casa Italia zu bewegen, antwortete: »In die Stadt? Wat sollen wir denn da?«

Santo war anders. Er freute sich. Er war besonders abenteuerlustig und entfernte sich gerne auch mal von der Casa Italia. Der Vorschlag von Tonino hatte ihm auf Anhieb gefallen und er dachte sich: »Cool.« In die Stadt gehen, das liebte er, das war für ihn immer so ein Gefühl, als ob man sich in die große weite Welt begeben würde. Was auch zum Teil stimmte, denn die Schildergasse und die Hohestraße zogen sich bis zum Kölner Dom und offenbarten eine Vielfalt von internationalen Geschäften. Genauso kamen auch die Menschen, die man dort antraf, aus unterschiedlichsten Ecken der Welt. Entweder weil sie in Köln arbeiteten oder, was in der Stadt natürlich oft vorkam, sie als Touristen nach Köln gekommen waren, um eine der ältesten Städte Deutschlands zu sehen und um den Kölner Dom bewundern zu können.

Enttäuscht über die Aussage von Pippo, dachte Santo: »Ey, was ist mit dem los? Hat er keinen Bock in die Stadt zu gehen? Innerlich wunderte er sich, wollte aber nicht gegen seinen Freund sein und entschied sich, wie er das eine lange Zeit noch pflegen sollte, seine Meinung lieber für sich zu behalten. Rocco De Franco sagte daraufhin zu Pippo: »Halt die Fresse, wenn du nicht mitkommen willst, dann verpiss dich doch woanders hin.« Und dabei schaute Rocco Pippo fast herausfordernd an, obwohl er, was unverkennbar war, Pippo eigentlich gerne hatte.

Pippo, der Rocco gut kannte, wusste, dass er keine Widerrede duldete. Er entschied sich weise und antwortete mit leiser Stimme und mit herabgesenktem Blick: »Nee, ich komme auch mit.« Was auch gut so war, denn die Wahrscheinlichkeit, dass er sich von Rocco eine gefangen hätte, war zu der Zeit enorm groß und das hätte ihm beim bestem Willen nicht gut getan.

Rocco war mit seinen 1,66 Meter nicht der Allergrößte, aber dafür konnte er zulangen wie ein Bulle. Santo hatte einige Male mitbekommen wie Rocco aus Spaß oder Wut mit einem Schlag durch seine stählerne Faust die Türen der Casa Italia durchschlug, sodass in den Türen ein faustgroßes Loch zu sehen war. Zweimal hatte er die Ehre gehabt, mit ansehen zu dürfen, wie Gegner, die ein bis zwei Köpfe größer waren als Rocco, mit einem Fausthieb umgenietet wurden. Wenn man sich mit Rocco anlegte und das Pech hatte, von ihm richtig getroffen zu werden, stand man in der Regel nach so einem Bullenschlag erstmal nicht mehr auf.

Wenn man noch bei Sinnen war, blieben die meisten lieber noch ne Weile auf dem Boden liegen, bis der kleine Gigant, der so zuschlug als ob er Bäume fällen würde, wieder verschwunden war. Rocco De Franco sah aus wie ein römischer Legionär. Verdammt breite muskulöse kräftige Schultern, dazu die passende proportional breit gedehnte wie aus Marmor hart gehauene Brust, einen enorm massigen durchtrainierten Bizeps und ein Latismus, der aussah wie der Kopf einer angriffslustigen Kobra. Seine Kopfform und sein Gesichtsschnitt erinnerten Santo an den Schauspieler van Damme, wobei auch seine Hautfarbe wie der Schnitt der grünbraunen Augen, sowie seine Nase, ihn gleichfalls sehr an van Damme erinnerten.

Selbst durch seine glänzende grüne Bomberjacke konnte, man seine stählernen Muskeln deutlich erkennen. Mit seinem breit gebauten immer angespannten Trapez marschierte er durch sein Viertel, jederzeit bereit, den ersten, der ihm blöd kam, ohne Wenn und Aber mit einem Hieb den Kopf abzuschlagen. Oft, wenn die Jungs auf den Treppen der Casa Italia saßen und unbeschwert sich gegenseitig neckten und in Gangstermanier den Zigaretten-Qualm, mit nach innen gespannten Gesichtsbacken und spitzem Kussmund tief in die Lungen zogen und dann, lässig als Rauchstrahl auspusteten, tauchte Rocco De Franco auf. Im Nu, fiel die Stimmung auf den Nullpunkt. »Scheiße!«, hieß es dann immer. »Seid ruhig Jungs, Rocco kommt«, warnten sich alle immer aufs Neue. Anspannung verbreitete sich in der noch soeben lockeren Konversation. Die Jungs mussten jetzt genauestens aufpassen, was sie sagten, wie sie es sagten, und vor allem, wie viel sie sagten.

In der Regel war das dann so, dass die meisten gar nicht wagten, überhaupt etwas zu sagen. Nur Pippo und Jupp durften sich hin und wieder mehr erlauben. Rocco hatte eine kleine Schwäche für die beiden. Aber Santo, der noch immer in den Augen von Rocco wie ein störender Fremdkörper empfunden wurde, musste allzeit verdammt gut aufpassen und sich vor Rocco in Acht nehmen. Rocco war wie ein Raubtier. Er lauerte förmlich nur darauf, dass irgendeiner irgendwie etwas Falsches sagte oder machte. Mit einem satanischen Grinsen und die leuchtende helle Freude in seinen Augen, die unverkennbar war, schnappte er sich die Jungs blitzartig und konnte sie dann durch den ganzen Tag hindurch immer wieder lange, lange quälen.

Einmal hatte Santo, der es langsam satt hatte, es gewagt, gegen Rocco aufzumucken. Ohne Rücksicht auf Erbarmen schnappte sich Rocco mit einem hocherfreuten sadistischen Grinsen Santo. Er sah aus, als ob er eine Erlösung bekommen hatte, man konnte ihm seine schmerzerfüllenden Gedanken buchstäblich ablesen. »So, jetzt bist du fällig.«

Santo war erst 13 Jahre alt, Rocco war zwar erst 15 Jahre alt, aber vom Körperbau voll ausgewachsen.

Rocco sprang blitzschnell, wie ein erboster Kater, zwei Stufen im Treppenhaus herunter. Er nahm Santo in den Schwitzkasten und drückte nicht zu knapp, sodass Santo dachte, er müsse gleich sterben. Mit groß aufgeschlagenen herausspringenden Augen erblassten die Jungs auf der Stelle. Währenddessen konnte Santo wie in einem Zeitlupenfilm, den Jungs die Furcht aus ihren gelähmten Gesichtern deutlich erkennen. Hilflos und angsterfüllt, traute sich keiner sich einzumischen. Doch Rocco mit seinem angeborenen Raubtierinstinkt schaffte es jedes mal, kurz davor loszulassen.

Hustend kämpfte Santo nach Luft. Befriedigt lächelte Rocco den anderen Jungs zu. Ermutigt von dieser Geste, traute sich Jupp Rocco zu sagen: »Hey, Rocco, hör doch auf mit dem Scheiß, du bringst ihn sonst noch um.«

Sich rechtfertigend, antwortete Rocco: »Der soll nit so frech sein, hehehe.«

Diesmal fanden die Jungs die Aktion gar nicht so lustig. Die Karten, mit denen sie vorher spielten, flogen jetzt durch das Treppenhaus. Pippo sammelte die Spielkarten ein, während Marco Santo mit einem teuflischen Grinsen anlächelte, als ob nichts gewesen wär.

»Los, lass uns weiterspielen, nächstes Mal passte n'bisschen besser auf«, forderte Rocco Santo auf.

Aus einer wütenden Missstimmung antwortete Santo: »Wir werden sehen.«

Santo, der sich aus Stolz bis dahin mit jedem anlegte, fiel es schwer sich einzugestehen, sich diesmal lieber nicht mit so einem Brocken anzulegen. Bei der unerwartet herausfordernden Antwort, fielen die Jungs aus allen Socken. Sie dachten sich, entweder ist der blöd oder lebensmüde. Doch Santo kochte vor Wut und war sauer, dass er sich nicht mit diesem gemeingefährlichen Rocco anzulegen wagte, zumindest nicht körperlich, aber lieber würde er sterben, als seinen Mund zu halten. Im ersten Augenblick war Rocco verblüfft, schaute Santo erstaunt an und wusste nicht, ob er wieder wütend werden oder lieber Santos Mumm bewundern sollte. Dabei hatte er sich schon gedacht, er hätte Santo ne Lektion fürs Leben erteilt. Nein, er konnte diese freche Antwort nicht auf sich sitzen lassen, denn wo sollte das hinführen? Nachher, würden ihm alle noch auf der Nase herumtanzen, nein, das konnte er auf keinen Fall hinnehmen und entschied sich, ein unvergessliches Exempel zu statuieren. Jetzt griff er sich die rechte Hand von Santo und drückte so fest es nur ging, bevor er gleichzeitig mit beiden Händen zugriff, um Santos Hand zwischen seinen Pranken hin- und her zu zerreiben. Mit siegessicherem Lächeln fragte er: »Naa, muckst de jetzt immer noch auf, he, und jetzt? He, und jetzt? Jetzt sagst de gar nix mehr, watt?«

Alle schauten Santo mit erregter abwartender Spannung an, doch Santo antwortete: »Du tust mir nicht weh.«

Badabam, und alle Kiefer der Jungs fielen synchron verblüfft herunter. Mit offenen ungläubigen Augen, wie vergessene Statuen, standen sie da und fragten sich, ob ihre Sinne ihnen einen Streich spielten. Gleichzeitig dachten sie sich, scheiße, der bringt ihn jetzt um.

Unerwartet hatte Pippo das Gefühl, sich lieber rasch einzumischen, bevor noch was Schlimmes passieren würde, und da er Santos Papa näher kennengelernt hatte, wusste er, dass, wenn Santo seinen Vater holen würde, er diesem Rocco so richtig in den Arsch treten würde. Deshalb warnte er Rocco: »Der holt gleich seinen Vater, hör lieber auf damit.«

Rocco, der Santos Vater bis dahin noch nicht kennengelernt hatte, antwortete: »Na und? Soll er doch seinen Vater holen, is mir doch scheißejal.« Und er drückte Santos Hand zwischen seinen steinharten Pranken noch stärker. Währenddessen forderte er Santo auf, darauf spekulierend, dass Santo nicht den Mumm hatte, seinen Vater zu holen: »Ja, komm, hol doch deinen Papa, hol ihn doch.« Und dabei schaute er Santo mit einem herausfordernden Henkerslächeln an. »Komm, hol doch deinen Papa, watt is, hee, meinst de, ich hab Angst, ich hab vor niemandem Angst, verstehst de? Hee!« Und während er dies zu Santo sagte, heizten seine Worte ihn wie ein hochdosiertes Aufputschmittel auf, während er Santo mit aggressiven kampfeslustigen Augen anschaute.

Santo war beeindruckt, am liebsten hätte er auf der Stelle und gleich seinen Vater geholt. Er wusste, wenn er seinen Vater holen würde, wäre Rocco mit Arschtritten nach Hause gejagt worden. Doch aus irgendeinem unerklärlichen Grund, hatte er für sich beschlossen, seinen Vater nicht zu holen.

»Warum soll ich denn meinen Vater holen?«

»Damit er dir hilft«, antwortete Rocco, wobei er intuitiv nicht wagte irgend so einen beleidigenden Standardsatz loszulassen, wie: »Hol doch deinen Papa, dann kriegt er auch noch n'Tritt in den Arsch« oder »Ja und? Der kann mich mal«. Auf irgendeine Weise hatte er eine Vorahnung, dass Santo bei solch herausfordernden Sätzen seinen Vater vielleicht doch geholt hätte.

Santo holte nicht seinen Vater, und ließ das Martyrium, was sich immer wieder auf die gleiche Art und Weise über den ganzen Tag vollzog, zäh über sich ergehen. Eine ganze Woche musste Santo mit einer gelblich dick angelaufenen verstauchten Hand herumlaufen, an der er kaum seine Finger bewegen konnte, ohne ein beschwerendes Wort darüber zu verlieren.

Peppino wohnte in einem achtstöckigen Wohnhaus aus den späten 60ern in der Dasselstraße, quasi um die Ecke der Meistergerhardstraße, gleich neben dem ehemaligen griechischen Restaurant Dionyseus. Peppino lebte im sechsten Stock, in einer zwei Zimmerwohnung, wo er auch einen freundlichen, älteren, türkischen, etwas fettleibigen Mann bei sich hospitierte, der sich einfach nur eine Decke über den Kopf zog, wenn er schlief. Santo wunderte sich jedes mal darüber. Er verstand es nicht, dass Peppino einen fremden Mann bei sich hausen ließ. Er hingegen hätte niemals irgend so einen kuriosen Mann bei sich schlafen lassen, egal, was man ihm anbot. Seltsamerweise erzählte dieser freundliche ruhige Mann, der sein Geld mit dem Verkauf von Rosen verdiente, dass er beim Anschlag auf den Papst, in den 80ern, dabei gewesen war und sich in Köln Undercover aufhielt. Die Jungs waren hin und her gerissen, ob sie es ihm glauben sollten oder nicht. Tatsache war, dass sie diesen komischen älteren türkischen Mann gern hatten und er sie anscheinend auch.

Die Wohnung von Peppino war durch einen kleineren Aufenthaltsraum in der Mitte aufgeteilt. Einige Jungs aus der Casa Italia, die Peppino gut leiden konnte, durften hin und wieder mal bei ihm zu Hause einen Joint rauchen und ein wenig abhängen. Giulio, Pippo und Santo gehörten dazu, jedoch rauchte Santo derzeit noch nicht. Santo hing da immer nur ein wenig mit den anderen ab. Giulio nahm oft seine Freundin Ingrid mit. Pippo und Santo hatten mit Giulio ein brüderliches Verhältnis. Mit Giulio und Ingrid war es so, Giulio mochte sie, nahm sie aber nicht ernst. Er behauptete immer, sie seien ja gar nicht zusammen, er würde mit ihr nur ein wenig rumturteln. Ingrid hatte für Santo zwar keine aphrodisiakischen Maße, besaß aber dafür zwei riesige Möpse al la Samantha Fox, die zu der Zeit hoch angesagt waren, wonach die meisten pubertierenden Teenager, die grad aus dem Ei herausgeschlüpft waren, heißhungrig gierten. Pippo und Santo gehörten dazu.

»Hör mal, Giulio«, meinten immer wieder Pippo und Santo, »wenn es mit dir und Ingrid nicht so ernst ist, könnten wir ja auch mal?«

Giulio amüsierte sich jedesmal köstlich darüber, wenn die zwei ihre Versuche starteten um sich bei ihm die Genehmigung zu holen. Er schaute sie jedes Mal lächelnd an, fast bemitleidend, und antwortete: »Von mir aus, versucht es doch einfach, ich hab nichts dagegen.«

»Du hast wirklich nichts dagegen?«, fragten die Jungs jedes Mal erstaunt.

»Nee, ich hab nichts dagegen, wenn Ingrid nichts dagegen hat.«

Jedes Mal, wenn die zwei Ingrid sahen, wobei auch einige andere ihr Glück versuchten, stürzten sie sich auf sie, um den Körperkontakt zu suchen. Pippo war der dreisteste von allen, er klebte quasi an ihr und immerzu war sein Kopf zwischen den riesen Möpsen. Einmal hatten sie es in Peppinos Wohnung geschafft, Giulio weichzuklopfen. »OK Jungs, dann geht schon mal ins Schlafzimmer und versteckt euch gut. Gleich geht's los.«

Pippo fragte: »Und schreit sie auch dabei?«

Giulio lachte. »Ja, und wie.«

Pippo und Santo bekamen auf der Stelle einen Ständer, der ihnen beinahe ihre eng anliegende Edwin Jeans zersprengt hätte. Unmittelbar danach klingelte es. »Los, versteckt euch«, sagte Giulio noch schnell zu den zweien. Total aufgeregt und gespannt auf die sich gleich abspielende erotische Szene versteckte sich Pippo unterm Bett, Santo im großen modernen schwarzen Schrank. Santo fragte Pippo, warum er sich gerade unterm Bett versteckte. Pippo antwortete: »Wo soll ich mich denn sonst verstecken? Versteckt dich auch im Schrank.«

»Im Schrank? Nee, ist mir zu eng.«

»Dann versteck dich doch hinter der Gardine«, sagte Santo noch schnell

»Nee, da sieht sie mich«, antwortete Pippo.

»Ja, aber unterm Bett siehst du doch gar nichts, Mann, und außerdem, wirst du gleich zerquetscht, wenn die zwei gleich bumsen werden.«

»Quatsch, ich werd doch nicht zerquetscht«, wollte Pippo nicht eingestehen.

»Bist du dir sicher? Wenn Ingrid gleich auf dem Bett liegt und Giulio oben drauf, dann wär ich mir nicht so sicher«, wollte Santo Pippo noch schnell überzeugen.

»Pssst, sei jetzt ruhig, ich höre sie, die sind gleich da, also geh jetzt in Stellung, gleich geht's los.«

Tatsächlich hörten sie schon näherkommende Stimmen.

»Sind die das?«, fragte Santo noch schnell.

»Ja, ja, das sind die, Ruhe jetzt.«

»Ja, hoffentlich sind sie das jetzt auch«, dachte Santo, denn er hatte nicht Lust noch länger im Schrank zu warten. Schnell waren Giulios und

Ingrids Stimmen von vor der Tür deutlich zu erkennen. Giulio sprach extra ein wenig lauter in der Hoffnung, dass die zwei drinnen sie kommen hörten. Pippo und Santo brachen in Gelächter aus, wobei beide sich gegenseitig »sei ruhig jetzt, pssst, pssst« vorwarfen, um dann nur noch mehr in Gelächter auszubrechen.

Der Plan war einfach, Giulio vögelt sie richtig schön in Ekstase und während Ingrid im Fluss der Orgasmen schwebt und nicht mehr weiß, wie ihr geschieht, kriechen die zwei aus ihrem Versteck und machen sich beide hintereinander über sie her. Erstmal lief alles nach Plan, Giulio kam mit Ingrid herein, sie wechselten zwei schnelle Sätze und schon lag Ingrid im Bett und Giulio obendrauf. Kaum war Giulio einige Male in sie eingedrungen, schmiss sie ihren Kopf wie eine Besessene hin und her, wobei sie laut aufstöhnte, was wiederum Giulio umso mehr anmachte und er dementsprechend immer heftiger in sie eindrang.

Santo und Pippo trauten ihren Augen und Ohren nicht. Sie konnten es kaum glauben, in der Tat dieses Glück zu haben, alles Live mit ansehen zu dürfen. Eigentlich hatten sie gedacht, dass Giulio in letzter Sekunde einen Rückzieher machen würde, doch Giulio hielt Wort. Unerwartet, als ob sie eine Erleuchtung bekommen hatte, meinte Ingrid, etwas zu hören, hob ihren Kopf hoch, schaute ins Zimmer hinein und fragte: »Giulio, ist hier jemand im Zimmer?«

»Nein, Schatz, hier ist niemand.«

»Ich habe aber was gehört«, beharrte Ingrid.

»Nein, hier ist niemand«, versuchte Giulio in einem beruhigenden Ton, sie zu überzeugen, und als ob nichts wär, drückte er ihren Kopf auf das Kopfkissen, und fing wieder an wie ein Weltmeister zu rammeln.

Ingrid, wieder in Ektase. »Oh Giulio, ja, Giulio, oh, oh«, und so weiter. Alles dauerte nicht länger als einige Minuten, bis sich beide vor lachen nicht mehr halten konnten. Während Pippo lachend unterm Bett mit aller Not und Mühe herauskroch, stürzte Santo mit einer gehaltenen Hand auf die schmerzenden Bauchmuskeln und die andere auf dem laut lachendem Mund, aus dem Schlafzimmerschrank heraus. Ingrid sprang auf: »Ich wusste es, ich bin doch nicht blöd, ich wusste es, ihr Arschlöcher!«

Giulio saß in der Zwickmühle. Hin und her gerissen schaute er mit rückartigen Kopfbewegungen einmal rüber zu den sich schief und krumm lachenden zweien und gleichzeitig zu der entsetzten erstaunten Ingrid. »Giulio, du Arsch, du bist ein Arsch!«

Jetzt platzte auch Giulio vor Lachen und sagte zu den Jungs: »Dai ragazzi, andateneve, uscite fuori.« (So Jungs, geht jetzt, geht raus.)

Santo und Pippo kriegten sich kaum ein, stürzten sich mit letzter verbliebener Kraft nach draußen und begaben sich in das Wohnzimmer zu den anderen. Alle waren höchst amüsiert, und während Giulio und Ingrid zwei Stunden brauchten, um aus dem Schlafzimmer herauszukommen, brachen die anderen immer wieder in Gelächter aus.

»Sti coglioni qua, ma siete proprio coglioni.« (Ihr Säcke, ihr seid echt Säcke) sagte Giulio in einem freundlich schimpfendem Ton zu Pippo und Santo, worauf er noch hinzufügte: »Ma perche vi siete messi a ridere?« (Aber wieso habt ihr angefangen zu lachen?)

»E minchia, non ce la facevamo piu´.« (So ein Pimmel, wir konnten nicht mehr), antworteten die Zwei.

»Ora non mi dovete dire piu´niente, io cio´ provato.« (Jetzt, dürft ihr mir nichts mehr sagen, ich habe es versucht), meinte Giulio

»Va be´, ci proviamo la prossima volta«, (Ja, gut, versuchen wir es beim nächsten Mal), versuchten Pippo und Santo nochmal ihr Glück.

Doch Giulio war mit seiner Geduld am Ende und antwortete in einem trocken nüchternen Ton: »Io cio´provato, lei mi ha detto che non vuole, se voi volete, provateci, ma io non vi aiuto piu´« (Ich habe es versucht, sie hat mir gesagt, sie möchte nicht, wenn ihr wollt, probiert es, ich werde euch nicht mehr helfen.)

Damit war das Thema Ingrid beendet, keine Chance, bei Ingrid gab es nichts zu holen, mussten sich Santo und Pippo schweren Herzens eingestehen.

Santo ging noch in die achte Klasse der Hauptschule Lochnerstraße. Eines Tages, während er im Unterricht, der gerade erst beim Herr Günther angefangen hatte, sich wie immer zu Tode langweilte, kam zu seiner Überraschung sein kleiner Bruder heulend herein, der zu der Zeit in die zweite ging. Weinend betrat Silvio den Klassenraum und fragte, ob er mit seinen Bruder reden könnte. Herr Günther willigte ein.

»Chi ce´? Perchi´giangi? Parra, chi successa?« (Was ist, warum weinst du? Sprich, was ist passiert?), fragte Santo in seinem sizilianischen Dialekt, so wie sie zu Hause redeten. Silvio konnte nicht so gut sizilianisch und antwortete meistens auf Deutsch. »Der Jam hat mich geschlagen.«

»Wer ist denn Jam?«, fragte Santo.

»Das ist ein großer Türke.«

»Ein großer Türke?«

»Ja, er hat mich geschlagen.«

»Warum?«

»Ich habe einen Türken aus meiner Klasse gehauen und der hat dann ihm Bescheid gesagt.«

»OK«, sagte Santo, »den schnapp ich mir.«

Er begleitete seinen Bruder in seine Klasse und ging zurück zum Unterricht. In der zweiten Pause ging er im anderen Hof, wo die Grundschulkinder ihre Pause machten, holte seinen kleinen Bruder ab und ließ sich diesen Jam zeigen, der, wie sich herausstellte, in die sechste ging.

Jam befand sich vor dem größeren Schuleingang, der zum Grundschulpausenhof führte. Ohne ein Wort der Vorwarnung schlug Santo Jam mit seinem rechten Handballen explosivartig aufs Gesicht. Überrascht und gleichzeitig eingeschüchtert startete Jam einen Versuch, sich zu wehren, augenblicklich schlug ihn Santo nochmal gnädig mit seinem rechten Handballen zweimal aufs Gesicht. Jam kapitulierte und sagte: »Was willst du von mir?«

»Schämst du dich nicht, einen kleinen aus der zweiten zu schlagen?«, antwortete daraufhin Santo. »Leg dich doch mit einem an, der in deinem Alter ist, wenn du Eier hast. Fass meinen Bruder nie wieder an, ansonsten brech ich dir dein Genick, hast de verstanden?«

Daraufhin antwortete Jam: »Ja, aber er hat meinen Cousin geschlagen.«

»Ja und? Was geht dich das denn an, die sind doch gleich alt, da hast de dich nicht einzumischen, datt müssen die unter sich ausmachen.«

Dabei schaute Santo Jam noch einmal entschlossen herb an und machte ihm klar, wie ernst es ihm war. »Fass nie wieder mein Bruder an! Verstanden?« Und dabei bewegte er seinen Kopf ein wenig Richtung Jams Gesicht, so als ob er ihm Augenblicklich eine Kopfnuss verpassen wollte, was Santo aber nicht tat. Das war nur so eine Art, die er sich angeeig-

75

net hatte, wenn er sich provoziert fühlte und bestimmend wirken wollte. Kopfnüsse verpassen hasste er.

Am nächsten Schultag kam Santo nach der ersten Pause, die immer um viertel vor zehn war und nur fünfzehn Minuten dauerte, etwas später die Treppe hochgelaufen, weil er wie so oft erst beim Pausenschluss klingeln noch schnell aufs Klo ging. Kemal aus der achten Parallelklasse hatte ihm aufgelauert und wollte im Auftrag von Jam sich an Santo rächen. Kemal war ein bulliger Typ und überragte Santo wie so oft um einen Kopf.

Er hatte schon im letzten Schuljahr mit Santo das Vergnügen gehabt, sich körperlich zu messen. Wie immer hatten sie damals im Flur gestanden, um auf den Klassenlehrer zu warten. Aus einem unerklärlichen Grund beschimpfte Kemal Santo als scheiß Itaker. Verwundert fragte Santo, ob er ihn meinen würde.

»Ja, dich meine ich.« Und er schubste Santo von sich weg. Ruckartig, ohne darüber nachzudenken, so als ob er eine selbstlaufende Maschine wär, brachte ihm Santo einige sehr hart geschlagene Fausthiebe bei. Kemal, der bei seinen Landsleuten in der Schule als einer der Stärksten galt, war damals über die konsequente gnadenlose Vorgehensart entrüstet und war ratz fatz außer Gefecht gesetzt.

Am nächsten Tag, beim Anblick der gelblich blau gehauenen Gesichtswangen, hatte Santo ein wenig Mitleid mit Kemal und fragte sich ob es wirklich notwendig gewesen war, ihn so in die Mangel zu nehmen. Kemal war Santo seitdem aus dem Weg gegangen.

Nach einem Jahr hatte er die niederschmetternde Niederlage verarbeitet und fühlte sich stark genug, um sich mit Santo wieder anzulegen. Ohne Vorwarnung stürzte er sich erneut auf ihn. Santo war beeindruckt und für einen Moment sogar eingeschüchtert.

Die gewaltige Masse von Kemal, der im Kontrast zu ihm stand, wobei Santo nicht nur kleiner war, sondern auch viel schmächtiger, bemerkte Santo sofort. Kemal war in der Zwischenzeit stämmiger und stärker geworden. Für einen Augenblick dachte Santo, diesmal habe ich keine Chance, und wünschte sich, er wäre früher in die Klasse gegangen. Kemal drückte Santos Hals mit seiner linken Hand gegen die Treppenwand und während er Santo an der Wand fast erwürgte, startete er den Versuch, Santo aufs Gesicht zu schlagen. Beim Anblick der ausholenden auf sich zukommenden kräftigen Faust, schaffte es Santo instinktiv, in allerletzter Sekunde, gekonnt mit seiner linken Hand, Kemals erwürgende linke Hand etwas weg zuschieben und gleichzeitig seinen Kopf rechts von der auf ihn zuschlagenden Faust, nach unten weg zu tauchen. Prompt schlug Kemals Faust auf die harte Treppenwand. Geübt, wie Santo zu der Zeit mit Zweikämpfen war, fackelte er nicht lange, schnappte sich Kemal, und schmiss ihn die Treppen herunter. Kemal schaffte es in aller letzter Not, nicht hinzufallen. Jetzt war es Kemal, dem man seine erstaunten Gedanken von den Augen ablesen konnte, die einem verrieten: »Verdammt, wie macht er das?«

Santo sah ihn an, und sagte zu ihm: »Nicht hier, lass uns rausgehen.«

»Immer noch siegessicher begab sich Kemal mit Santo in den zweiten Schulhof wo die älteren Jugendlichen ihre Pause machten.

Im Schulhof angekommen, positionierten sie sich zum bevorstehenden Kampf. Niemand befand sich auf dem Pausenhof, sie waren alleine. Santo hatte das Gefühl, es geht um Leben oder Tod. Dieses Gefühl hatte er immer, wenn er sich schlug, und genauso kämpfte er auch, als ob es um Leben oder Tod ginge. Wenn Santo einmal loslegte, war er kaum wiederzuerkennen.

Mit tiefster Konzentration nahm Santo Kemal im Visier. Kemal, der sich seiner überragenden Größe nochmal bewusst wurde, wodurch er seines Sieges immer noch sicher war, griff jetzt wieder mit einem lang ausgeholten Schwinger an. Schnell wie eine Raubkatze tauchte Santo unter diesem für ihn wie in Zeitlupe kommenden Schlag hinweg, rückte seitlich näher an Kemal heran, und boxte ihm einige Hiebe aufs Gesicht und Kopf. Perplex musste Kemal wieder zu seiner Überraschung feststellen, dass er hart getroffen wurde, ohne dass er nur einen Schlag setzen konnte. Santo war einfach zu flink für ihn. Kemal gab aber nicht auf, versuchte immer tapfer seine Schläge zu setzen und traf doch jedes Mal ins Leere.

Doch jetzt kam Herr Günther und mit ihm noch zwei andere Lehrer und auch einige Kinder aus der zehnten Klasse herbei, um diesen brutalen Kampf zu stoppen. Die zwei Streithähne wurden getrennt und Santo ging mal wieder als eindeutiger Sieger hervor.

Nun kam auch noch der ältere Bruder von Kemal, Ali, der in die zehnte Klasse ging. Ali war einen Kopf kleiner als sein jüngerer Bruder, wirkte aber deutlich älter und ausgewachsener. Er war nicht viel größer als Santo, doch Santo bekam jetzt ein wenig Angst.

Santo, Pippo und Valentino suchten Giulio auf, der in die Parallelklasse von Ali ging. Santo war besorgt, er hatte überhaupt keine Lust, sich jetzt auch noch mit Ali auseinanderzusetzen. Giulio hörte sich die Geschichte an und mit einem Funken Stolz in seinen Augen sagte er beruhigend in seinem apulischen Dialekt: »Non ti preocupare, mo´ci penso iie, mo´me la vede iie.« (Mach dir keine Sorgen, ich kümmere mich drum, ich mach das schon.) Später hörte Santo, dass Giulio sich Ali am Rathenauplatz geschnappt und ihn so in die Mangel genommen hatte, dass er hoch und heilig versprach, Santo kein Haar zu krümmen.

Belanglose kindheit

Zu dieser Zeit pendelte Santo zwischen Sülz, dem Viertel, wo er seit seinem fünften Lebensjahr aufwuchs, und dem Rathenauplatz. Er hatte sich noch nicht ganz vom Sülzer Stadtteil abgenabelt. Sülz lag zwischen Klettenberg und Lindenthal. Im Vergleich zu den zwei anderen angrenzenden Stadtteilen lebten in Sülz überwiegend einfachere Menschen, sozusagen die Arbeiterklasse. Im Gegensatz dazu lebten in Klettenberg überwiegend gutbürgerliche Familien oder Intelektuelle. Lindenthal war ziemlich spießig, dort lebten die etwas reicheren sowie viele Ärzte und, genauso wie in Klettenberg, viele Akademiker. Sülz war umgeben von unterschiedlichen Krankenhäusern, wobei die Uni-Klinik im Vergleich zu den anderen ein riesiger Komplex war, wo man fast alles behandelte. Die Uni-Klinik befand sich zwischen Sülz und Lindenthal und wirkte auf Santo immer sehr bedrückend. Der Rathenauplatz hingegen war wesentlich lebendiger und bunter. Dort wohnte und lebte sowohl die Arbeiterklasse als auch Künstler und Studenten.

Die Menschen begegneten sich recht freundlich in der gemütlichen Sülzer Atmosphäre. Das Herz von Sülz bestand aus den Einkaufsstraßen Zülpischerstraße, parallel dazu Richtung Klettenberg die Berrenratherstraße die zur Sülzburgstraße führte. Die Sülzburgstraße war für Santo eine schöne Straße. Dort befand sich eine Stadtbücherei, wo er sich hin und wieder mal ein Lucky–Luke- oder Asterix-Comic auslieh. Auf dieser Straße befand sich damals der Kölner Kaufhof, ein McDonald's, eine italienische Eisdiele und viele anderen kleinere Geschäfte. Abgesehen von der Zülpischerstraße waren in Sülz viele schöne Altbauhäuser erhalten geblieben, die für ein warmes, bequemes und freundliches Ambiente sorgten. Von der Zülpischerstraße Richtung Sülzgürtel, links auf der Weyertalstraße Richtung Berrenratherstraße, befand sich auf der rechten Seite der Spielplatz Palanterstraße. Knapp hundert Meter weiter geradeaus, auf der linken Seite, befand sich das Marsiliusbad. Weiter geradeaus waren die Eingänge zu den Gymnasien EVT und Schiller. Um zum Marsiliusbad zu gelangen, musste man circa zwei Meter breite Steintreppen hochsteigen. Dort vor dem Haupteingang, gelangte man zu einem zwei

Meter mal zwei Meter breiten viereckigen Areal, das aus einem glatten grau-weißen granitartigen Boden bestand.

Sonntags, wenn das Marsiliusbad geschlossen war, nahm Santo seinen kleinen Ghettoblaster und ging zu diesem Haupteingang, um auf dem glatten Boden seine Breakdance-Künste üben zu können. In den 80ern kam diese neuartige Tanzrichtung aus New York, die mit dem Kalifornischen Electric Boogie zu einem Tanz vermischt wurde. Die Kids in Köln waren begeistert. Plötzlich sah man quasi an jeder Ecke Kinder oder pubertierende Teenager, die mit ihren Ghettoblaster durch die Straßen rumirrten, um hier oder dort einen geeigneten Platz zu finden, wo man Breakdance mit Electric Boogie tanzen konnte. Das Marsiliusbad war der Lieblingsplatz von Santo. Dort konnte er sonntags ziemlich ungestört auf die außerordentlichen rhythmischen Beats, die er besonders gern fühlte, abtanzen.

Stundenlang tanzte Santo oder hing einfach nur ab, wobei er durch die Breakdance Music in eine Welt eintauchte, wo er sich selbst als einen beliebten, talentierten, coolen Breakdance tanzenden italienischem Gangmitglied sah. Oft fühlte er sich einsam, seitdem Vito, Massimo und Filippo nicht mehr da waren. Die anderen italienischen Kinder waren jünger und durften nicht so oft wie er draußen spielen. Doch eines Tages, bevor er ganz in die Casa-Italia-Clique wechselte, hatte er sich mit dem älteren Bruder von Carla Soldi angefreundet.

Santo war dreizehn. Carla Soldi war eines Tages im Palanterspielplatz aufgetaucht und spielte zu seinem Erstaunen mit den anderen italienischen Kindern. Sie war dunkelblond, hatte hell braune Augen und ein nettes Gesicht. Sie war keine Schönheit, aber Santo fühlte sich ein wenig von ihr angezogen. Vielleicht weil sie anders war als die anderen italienischen Kinder, die eigentlich fast alle aus den einfachsten Verhältnissen aus Sizilien stammten. Carla war die Tochter einer deutschen Akademikerin und eines norditalienischen Vaters, der zu früh verstorben war. Santo merkte sofort, dass sie aus gutem Hause kam. Sie hatte eine edle, sehr freundliche feine Art, die Santo gut gefiel. Die Sympathie beruhte auf Gegenseitigkeit. Santo freundete sich mit Carla an. Irgendwann mal tauchte auch Marco, ihr älterer Bruder, auf. Genauso wie Carla, sah Marco, oberflächlich betrachtet, eher deutsch aus. Wobei man beim zweiten

Blick doch die mit hinein gesponnenen italienischen Zügen erkennen konnte. Vielleicht auch, weil beide Kinder, wie so oft aus italienischen Mischehen, sich eher italienisch fühlten.

Am Anfang dachte Santo über Marco: »Was ist denn dass für n'Komischer?«

Bis dahin hatte Santo nur die typischen urigen Süditaliener kennengelernt, die wirklich im Vergleich zu Marco, eine sehr martialische maskuline Art pflegten. Marco war genau das Gegenteil. Mit seiner lustigen freundlichen kultivierten Art, hätte man auch glauben können, dass er ne Tunte sei. Aber wie sich später herausstellte, war er genau das Gegenteil dessen. Die Eltern besaßen diesen wunderschönen Altbau, an der Marsiliusstraße, gegenüber vom Palanter Spielplatz. Marco und Carla wohnten zwar bei ihrer Mutter im vierten Stock, besaßen aber selbst eine Etage höher, unterm Dach, ein separates Ein-Zimmerapartment.

Marco lud Santo ein, mit nach Hause zu kommen. Nach einer kurzen Bekanntmachung mit der freundlichen Mutter, begaben sie sich nach oben in Marcos gemütliche kleine Wohnung. Die Wohnung war hell und einladend. Zum ersten Mal sah Santo Regale, die voll mit unterschiedlichsten Büchern bestückt waren. Marco holte sein Monopoly-Spiel heraus und fragte Santo, ob er gerne spielen würde. Santo hatte zwei oder drei Mal bei Valentino zu Hause mit Pippo zusammen Monopoly gespielt. Von daher kannte er das Spiel und willigte ein. Sie waren schon dabei das Geld zu verteilen, als Carla mit einem erfreuten Lächeln ins Zimmer von Marco hereinkam und mitspielen wollte. Freudig überrascht willigte Santo ohne nur eine Sekunde darüber nachzudenken ein. Doch Marco machte Carla und Santo einen Strich durch die Rechnung. »Nein, wir möchten lieber unter uns Jungs sein.«

Mit einem enttäuschten Gesichtsausdruck und traurigen Augen hakte Carla noch einmal nach. »Warum denn nicht? Ich möchte nur ein wenig bei euch sein.«

Schon loderte in Santo wieder ein Funken Hoffnung. Er wünschte sich, dass Marco einwilligte. Santo war gerne in Gesellschaft von Carla, er fühlte sich bei ihr wohl und spürte ihre wohlwollende Zuneigung. »Nein, ich möchte mit Santo alleine sein. Nächstes Mal, heute nicht.«

Kaltherzig zerstörte Marco den lodernden Funken Hoffnung. Mit einem Blick der Anteilnahme schaute Santo Carla enttäuscht und entschuldigend zugleich an. Traute sich aber nicht zu protestieren, wobei er mit beschlichtender Miene kurz Marco und Carla anschaute, um danach sich knapp zu äußern: »Nächstes Mal, Carla.« Und während er dies sagte, hoffte er, dass Carla ihm das nicht übelnehmen würde. Beleidigt drehte sich Carla abrupt um und ging schnurstracks in ihr gegenüberlieges Zimmer. »Voll die Nervensäge, warum spielt sie nicht einfach mit ihren Freundinnen, komm, lass uns weiterspielen«, forderte Marco Santo auf.

Nach einer Weile wurde das Spiel dann doch zu langweilig. Zu zweit machte es nicht so viel Spaß, als wenn man zu mehreren spielen würde. »Hols du dir auch manchmal einen runter?«, fragte Marco dann plötzlich aus heiterem Himmel.

»Was?«, fragte Santo.

»Ja, einen runter holen! Kennst du das nicht?«

Santo verstand nicht, was Marco ihn da fragte, das war das erste Mal, dass Santo so direkt und konkret danach gefragt wurde und er hatte sich darüber noch gar keine Gedanken gemacht. Klar bekam er ab und zu einen Ständer, besonders morgens im Bett, da wachte er jedes Mal mit einem schmerzenden steifen Glied auf. Sich jedoch einen runter holen, das kannte er nicht und er hatte bis dahin auch noch nie daran gedacht. Verblüfft schaute Marco Santo an, doch dann lächelte er und merkte, dass Santo tatsächlich noch keinen blassen Schimmer davon hatte.

Verantwortungsbewusst, wie sonst ältere Brüder sind, startete Marco mit seiner Aufklärungsarbeit. »Hmm, ja, also …«, kam es Marco mit einem breiten, aber verlegenen Lächeln. »Ja, du nimmst deinen Pimmel in die Hand und rubbelst deine Haut immer wieder nach unten, aber vorsichtig, nicht, dass du dir deine Vorhaut zerreißt, ja?«

Mit zugekniffenen Augen saß Santo auf der Couch und versuchte zu verstehen, was ihm da gerade offenbart wurde. Außer einem Nicken kam aus ihm kein Wort heraus. »Verstehst du?«, wollte Marco wissen.

»Ja und? Was passiert dann?«, wollte Santo zu seinem Verständnis erfahren.

»Das ist so ein geiles Gefühl, so intensiv, du rubbelst und rubbelst und dann kommt auf einmal so ein super geiles intensives Gefühl, dass du am liebsten den ganzen Tag dir eine runter holen würdest. So schön ist das.«

»Echt? Wirklich? So schön ist das?«

»Ja, so schön ist das.« Für einen Moment war Ruhe eingekehrt, beide schauten sich nachdenklich an.

»Wenn du willst, zeige ich es dir«, sagte Marco.

»Wie? Du willst mir das zeigen?«, fragte Santo skeptisch geniert.

»Ja, wenn du willst, ist doch nichts Schlimmes dabei.«

Er wartete einen Augenblick und sagte zu Santo: »Wenn du willst, können wir uns zusammen einen runter holen.«

Santo war sich erstmal nicht sicher, doch nach kurzem Überlegen, neugierig und abenteuerlustig, wie er war, willigte er ein. »Ja, OK, warum denn nicht?«

Prompt holte Marco seinen im Vergleich zu Santos ziemlich großen Schwanz heraus und mir nichts, dir nichts, fing er an sich in vertrauter Natur eine runter zu holen. Santo machte es ihm nach.

»Ich merk aber nichts«, meinte Santo.

»Ja das geht nicht so schnell, du musst etwas schneller rubbeln, verstehst du? So, hier, so geht das.«

Und bam, bam, bam, wie ein rhythmischer arbeitender Schlaghammer, ging Marco ans Werk. Santo rubbelte jetzt auch schneller, wobei er sich noch nicht sicher war und aus Angst, sich die Vorhaut zu zerreißen, die ganze Sache etwas vorsichtiger anging.

»Ich merke aber immer noch nichts«, meinte Santo.

»Ja, das ist normal. Das ist so beim ersten Mal, je öfter du dir einen runterholst, umso intensiver und schöner wird dieses Gefühl. Glaub mir, das ist so. Du wirst schon sehen, beim nächsten Mal, wird's schöner.«

Nach Hause angekommen, ging Santo in das Badezimmer, schloss die Tür ab, stellte sich vor die Toilettenschüssel und fing an, sich vorsichtig einen runterzuholen. Er wollte unbedingt wissen, wie sich dieses Gefühl anfühlte, was Marco als so toll empfand. Mit einem aufmerksam offenen Ohr Richtung Tür wurde er immer schneller.

Gleichzeitig dachte er: »Auf keinen Fall erwischen lassen, ansonsten kann ich mich begraben.« Der Gedanke daran, von seinem Vater oder geschweige denn von seiner Mutter erwischt zu werden, wäre für ihn zerstörerisch beschämend gewesen.

Das nächste Mal holte Marco einige pornographische italienische schwarz-weiß-Comics, wie das skurrile Oltretomba und andere Porno-Hefte heraus. »Hier, kennst du die schon?«

Santo wären beinahe die Augäpfel herausgesprungen. »Was ist das denn?«, fragte er, als sei ihm was an den Kopf gestoßen.

»Wie? Kennst du die nicht?«, fragte Marco verblüfft.

»Nee, kenn ich nicht.«

»Guck mal, was die da für Riesenschwänze haben. Hast du die geilen Frauen gesehen?«, deutete Marco.

»Woher hast du diese Hefte?«, wollte Santo wissen.

»Aus Italien, die kann man da in den Zeitschriftgeschäften kaufen.«

»Echt? So was kann man in Italien auch kaufen?«

Erstaunt über diese Frage antwortete Marco: »Meinst du, die Italiener treiben es nicht miteinander?«

Santo überlegte kurz »Doch …«

Marco, der knapp zwei Jahre älter war, antwortete mit einer belustigten Geduld. »Is egal jetzt, hier, schnapp dir ein Heft.« Und während er dies sagte, schmiss er Santo einen von diesen Comics entgegen, wobei er dann hinzufügte: »Such dir ne Szene, die dir gefällt, und hol dir darauf einen runter.«

Kaum gesagt, hatte er schon seinen im Vergleich zu Santo dicken gro-ßen Schwanz in der Hand und mir nichts, dir nichts, schleuderte er sich einen runter. Santo machte es ihm nach.

Beim nächsten Treffen, sagte Marco zu Santo: »Warte ein Moment, ich hab hier was.«

Marco holte einen Plastik-Behälter, der an eine Haar-Shampoo-Flasche erinnerte. Machte es auf, drückte etwas von dieser dickflüssigen Flüssig-keit in seine inneren Handflächen und schmierte sich das auf sein steifes Riesenteil. »Hier, schmier dir das drauf.«

»Was ist das?«, wollte Santo wissen.

»Wenn du dir das drauf schmierst, dann kannst du dir besser einen runterholen und dein Schwanz wird dadurch größer.«

»Nee, im Ernst?«

»Jaaa, glaub mir, damit kannst du dir viel geiler einen runterholen und dein Schwanz wird etwas dicker dadurch.«

»Lass mich auch probieren«, forderte Santo jetzt Marco auf sich von dem Zeug geben zu lassen.

»Tatsächlich«, dachte Santo, »es wirkt.« Er warf freudig erstaunt. »Unglaublich, das wirkt.«

Zum ersten Mal, erhielt Santo urplötzlich ein geiles intensives Kitzelgefühl auf seiner Eichel, woraufhin sein Körper zum Zucken kam. Marco spritzte aus vollem Rohr auf eines dieser Porno-Hefte und während er dies tat, sagte er auf Italienisch: »Tieni troia, troiona.« (Hier, du Sau, du Riesensau) und Platsch, Platsch ... Platsch, war die Seite bis zur Unkenntlichkeit mit seinen Spermien voll beschmiert.

So ging das eine Zeitlang, immer, wenn die Zwei sich trafen, holten sie sich einen runter, wobei Santo hin und wieder den Gedanken hatte, wie schön es wäre, wenn er es mit Carla tun könnte, und sich in solchen Momenten wünschte, irgendwie durch einen glücklichen Zufall in Carlas Zimmer zu landen, um mit ihr geilen Sex zu haben. Während er dies dachte, sah er Carla in den unterschiedlichsten Positionen. Solche Gedanken fabrizierte Santo oft während seiner Selbstbefriedigung. Nur die Mädels waren in seiner Fantasie nicht immer die gleichen.

Irgendwann einmal fand er keinen Gefallen mehr daran, sich einen runterzuholen. Er empfand sich als billig, sich da jedes Mal selbst zu befriedigen, und überhaupt war Marco eigentlich ein komischer Vogel. Er war anders als er, und anders als all die anderen italienischen Jungs, mit denen er gerne abhing. Er mochte ihn zwar, aber gleichzeitig fand er ihn langsam ein wenig anwidernd. Er beschloss sich nicht mehr so oft einen runterzuholen und wollte sich lieber mit den Jungs aus der Casa Italia abgeben. Die entsprachen eher seinem Bild vom Mannsein.

Vor und während dieser Zeit spielte er auch hin und wieder mit Mauro, dem kleinen Bruder von Filippo, und Sebastiano Niggio, der eineinhalb Jahre jünger war als er. Santo hatte Mauro und Sebastiano in seine Fittiche genommen. Er ging mit ihnen um, als seien sie seine jüngeren Brüder. Er war nicht nur ihr Freund, sondern auch ihr Beschützer zugleich. Sebastiano hatte er beim Fußball spielen auf dem Palanterspielplatz kennengelernt. Beide waren große Fußballfans und träumten davon, einmal für die Squadra Azzurra spielen zu dürfen und genauso wie 82 Paulo Rossi Torschützenkönig zu werden. Das war auch die Zeit, wo sie Freundschaft geschlossen hatten, und sich fast täglich zum Fußballspielen trafen.

Oft und gerne trugen sie voller Inbrunst und stolz ihre blauen italienischen Trikots. Manchmal, wenn sie keine Lust auf Fußballspielen hatten, gingen sie ab und zu, nachdem der ältere Bruder von Mauro, Filippo, Santo eine Kneipe gezeigt hatte, zum Billard spielen. Es war eine richtige Kölsch urige Kaschemme, die beim Reinkommen eine langgezogene dunkle Holztheke hatte, wo immer ältere Menschen saßen, die ein Kölsch nach dem anderen in sich hinein kippten, wobei sie zwischendurch traditionell, auch einen Korn oder einen Doppelkorn dazu zum Wohle schmecken ließen.

Gegenüber an der Wand waren viereckige Tische, die aus demselben dunkelbraunen Holz wie die Theke bestanden. Hinten in einem kleineren Raum befand sich die ziemlich beanspruchte Jukebox aus den 50ern und der abgenutzte Billardtisch. Sobald man die Eingangstür öffnete, wurden die Jungs vom typischen für Kölsche Kneipen betörenden süßlichen Biergeruch, mit dem dichten Zigarettenqualm erschlagen. Das große Fenster war von außen in traditionell kleinere dunkel-gelblich verarbeiteten Mosaikscheiben aufgeteilt. In manch anderen Kneipen, die sich in etwas edleren Vierteln befanden, waren die Fensterfassaden wie in den Kölner Kirchen oft in bunten roten, grünen, gelben, blauen, unterschiedlichen Mosaikscheiben gestaltet, damit das interne Geschehen von neugierigen Blicken geschützt war.

Und überhaupt lebten die Deutschen zu der Zeit, lieber im sicheren Dunkel, hinter undurchsichtigen Fenstern oder hinter geschlossenen Gardinen. Das Leben spielte sich überwiegend entweder hinter den eigenen vier Wänden oder in ihren Stammkneipen ab.

Jedes Mal, wenn die Jungs diese Kneipe betraten, wurden sie von Blicken, die teils freundlich und belustigt waren und teils eher unfreundlich, beäugt, wo man genau erraten konnte, von wegen: »Watt wollen die denn, eh?« Der Kneipenherr lächelte immerzu amüsiert. Die Jungs schämten sich, aber die Lust, Billard zu spielen und ihre Musik aus der Jukebox zu hören, war stärker.

Sie zwangen sich reinzugehen und sobald sie die Türschwelle übertreten hatten, senkten die einen den Blick, während die anderen ihren starr nach oben hielten. Schnurstracks, ohne nach links oder rechts zu schauen, schlängelten sich die Jungs so schnell wie möglich an den zum Teil schrägen, unheimlichen Gästen vorbei zum Nebenraum, wo sich der Billardtisch befand. Am Billardtisch angekommen, wurde ohne lange zu fackeln Geld eingeworfen, um augenblicklich spielen zu können. Sobald die Billardkugeln über den Tisch rollten, fingen die Jungs an, sich sicher zu fühlen, und begannen sich zu entspannen. Das war dann immer der Zeitpunkt, wo Santo zur Jukebox ging und auf gutes Glück intuitiv die Lieder nach Gefühl des Titels aussuchte. Oft, hatte er einen guten Riecher, doch manchmal wählte er die Lieder von Adriano Celentano, die er kannte, von denen einige in der Jukebox aufzufinden waren. Wobei das Lied von Culture Club, »Do You Really Want To Hurt Me«, sowie »Up Town Girl« von Billy Joel oder »China Girl« von David Bowie, Village People, »Macho Man«, Abba »Gimme, Gimme, Gimme» oder »Dancing Queen«, George Mc Crae, »Rock Your Baby«, John Paul Yong, »Love Is In The Air«, Boney M, »Daddy Cool« oder »Ma Baker« und natürlich Roland Kaiser mit »Santa Maria« oder Howard Carpendale mit »Ti Amo«, was eigentlich von Umberto Tozzi zuvor gesungen wurde, oder »Hello Again« immer wieder gespielt wurden.

Kurz nach den Sommerferien, an einem wolkigen, leicht verregneten Tag, schlug Santo vor, heute ein wenig durch die Sülzer Straßen zu pendeln. Mit einer angeborenen Neugier schaute sich Santo die Schule Redwitzstraße immer wieder an, von der er wusste, dass auch dort viele italienische Kinder zur Schule gingen. Dabei stellte sich Santo vor, wie sich das Schulleben dort abspielte. Viele seiner Grundschulkameraden waren im Vergleich zu ihm gleich auf die Hauptschule gekommen und nicht wenige halt auf der Redwitzstraße. Mit einer abenteuerlichen Entdeckerlust inspizierten sie einige der vielen verstreuten kleineren Spielplätze, die sich zwischen Sülz und Klettenberg befanden. Auf dem Weg nach Hause irrten sie noch ein wenig auf der Palanterstraße herum. Wie durch einen Geistesblitz, ohne lange darüber nachzudenken, bekam Santo den Einfall, den Griff vom Kofferraum eines Autos, was sich zufällig dort befand, zu öffnen. Verwundert schauten sie sich mit weit geöffneten

Augen und verblüfftem Gesicht an, als ob die Zeit stehen geblieben wäre, um einen Atemzug danach in Gelächter auszubrechen.

»Was ist das denn? Warum lassen die, denn den Kofferraum auf?«

Santo machte den Kofferraum wieder zu. Sie liefen noch einige Schritte die Palanterstraße herauf, bis Santo abrupt wieder stehen blieb. »Mal gucken, ob bei diesem Auto der Kofferraum auch auf ist«, deutete er an.

»Ja, Ja, komm, lass uns gucken«, antworteten Mauro und Sebastiano mit erwartungsvoller Abenteuerlust. Santo griff nach der Kofferraumklappe und zum Erstaunen aller drei öffnete sich auch diese. »Ha, ha, ha«, lachten sie erneut auf. »Unglaublich«, meinte Santo, »die ist ja auch auf.«

Diesmal nahm Santo sich einen Regenschirm mit, einfach so, nur zum Spielen, oder vielleicht unbewusst als Trophäe. Augenblicklich meinte Santo zu Sebastiano: »Jetzt bist du dran!«

Mit großen blauen Augen, die an Glaskugeln vergangener normannischer Eroberer erinnerten, schaute Sebastiano, wie es seine Art war, mit offenem Mundwinkeln Santo kurz wie einbalsamiert an. Eingeschüchtert stand Mauro etwas abseits mit der Hoffnung, dass man nicht ihn beauftragen würde. »Ja, jetzt bin ich dran«, antwortete Sebastiano mit hochgezogener stolzer Brust. Sich in die Augen schauend, machten sich die drei zum nächsten Auto. Nichts, weiter zum nächsten, wieder nichts. Sie lachten. »Komm, der nächste vielleicht«, meinte Santo.

Mauro war immer einen Schritt hinterher. »Komm, dieses Auto!«

Kaum den Gedanken ausgesprochen, wollte Sebastiano den Griff der Kofferraumklappe greifen.

Wie in einem Alptraum, befanden sie sich urplötzlich von großen grün uniformierten Männer umzingelt, von denen sie rabiat in einen VW-Bulli reingeworfen wurden. Erst jetzt merkten sie, dass sie sich in einem Polizei-Bus befanden. »Lasst uns raus«, sagte Mauro fordernd, »wir haben nichts gemacht, ich will nach Hause«

»Halt den Mund!«, schrie der Polizist am Lenker Mauro an.

Eingeschüchtert rückten nun die Jungs näher zusammen. Santo bekam Angst, nicht vor den Polizisten, sondern vor dem Ärger, den er von seinem Vater bekommen würde. Mauro fing an zu weinen. Sebastiano saß in der Mitte, mit einem blassen, aber unbeeindruckten Gesichtsausdruck, so als ob er mit der Sache nichts zu tun hatte. Santo hoffte, dass er augenblicklich aus diesem Alptraum erwachen würde, und dachte: »Gleich wache ich auf, gleich wache ich auf und alles ist wieder in Ordnung.«

Mauro weinte immer noch. Santo hoffte und wollte endlich aus diesem Alptraum erwachen. Sebastiano schaute auf Santo, um dann wieder auf Mauro, um daraufhin wieder auf Santo zu schauen. »Was machen wir jetzt?«, fragte er Santo erwartungsvoll. Er war es gewohnt, dass Santo, der ein Jahr älter als er war und auch älter als Mauro, die Verantwortung übernahm. Santo schaute auf den weinenden Mauro und fühlte sich schuldig. Er war derjenige, der dies verschuldet hatte. Er hatte die Verantwortung. »Buttana da miseria.« (Verhurte Armut.) »So eine Scheiße, warum behandeln die uns so, wir sind ja noch kleine Kinder.«

Augenblicklich, gläubig, wie sie erzogen waren, fingen sie an auf gemurmeltem unverständlichem Sizilianisch Jesus und die heilige Mutter um Hilfe anzubeten.

»Haltet euren Mund!«, schrie einer von den Polizisten zu den Jungs rüber, wobei er sich dann zu ihnen umdrehte, um noch konkreter hinzuzufügen: »Hier wird deutsch gesprochen, wir sind hier in Deutschland, habt ihr verstanden? Hier wird nur auf Deutsch geredet!«, schrie er sie noch lauter als zuvor an. Die anderen zwei Polizisten passten ihre Gesichter der Stimmung des brüllenden aggressiven Tons an. Schockiert und eingeschüchtert fürs Erste hörten die Jungs abrupt mit ihrem sizilianischen Gejammer auf. Nun war Santo alles egal, seltsamerweise war durch das Gorillageschrei des Polizisten seine Angst wie verflogen. In Santo kehrte Ruhe ein. Die Wut auf den brüllenden Polizisten, die durch seinen anerzogenen Stolz herkam, hatte dafür gesorgt, dass er sich im Griff hatte. Nun wollte er denen zeigen, dass ein richtiger Sizilianer sich nicht so leicht einschüchtern lässt.

Im Präsidium angekommen, wurden sie wie Schwerstkriminelle aus dem VW-Bulli in die Polizeistation gescheucht. Die anderen Polizisten, die in diesem Augenblick ihren Dienst hinter der großen Infotheke an ihren Schreibtischen absolvierten, besonders der etwas ältere mit Vollbart, der unmittelbar hinter der Theke stand, machten ein unerfreutes verblüfftes Gesicht. Auf der Stelle machte dieser ältere mit freundlich gütigem Gesicht eine Geste zu seinen hochmotivierten, etwas jüngeren

Kollegen, sie sollen die Sache ruhiger angehen. »Was ist hier los?«, wollter er nun wissen.

»Hier, die Bande haben wir beim Stehlen erwischt.«

»Hinsetzen! Los! Hier auf der Bank und haltet euren Mund!«

Der andere der Einsatzpolizisten fügte noch hinzu »Wehe, ihr unterhaltet euch, dann schmeiße ich euch in die Zelle und sorge dafür, dass ihr die Nacht hierbleibt, habt ihr verstanden?« Die Jungs nickten.

Santo beobachtete alles genau. Dabei fiel ihm auf, wie der ältere Polizist seine Wut, die ihm im Gesicht deutlich zu erkennen war, unterdrückte. Wobei er entrüstet, aber im deutlich ruhigen kameradschaftlichen Ton sich nicht verkneifen konnte: »Das sind aber noch kleine Kinder.« Dabei sagte sein fragender Blick: »Schämt ihr euch nicht?«

Gleich darauf wurden die Jungs einzeln in einem anderen Zimmer vernommen.

Zu Anfang machte auch der Polizist ernste Miene, doch während des Verhörs wurde er immer freundlicher. Der Polizist merkte wohl jetzt, dass er es mit einem kleinen Jungen zu tun hatte, und musste an seine eigenen Kinder denken. Er musste sich eingestehen, dass diese Jungs nicht viel anders waren als die eigenen. Er fragte Santo mehrere Male, ob sie die Absicht gehabt hatten, vorsätzlich zu klauen. Santo erzählte ihm immer wieder die Wahrheit. »Nein, wir wollten nicht klauen, wir haben nicht vorgehabt zu klauen, wir wollten nur spielen.«

»Ja? Und warum habt ihr dann einen Ball und einen Regenschirm herausgeholt? Nur so zum Spielen?«

»Ja, wir wollten spielen«, beeilte sich Santo dem Polizisten zu antworten.

»Ja? Und das soll ich dir glauben, ihr macht einfach irgendwelche Kofferräume auf, holt Sachen, die euch nicht gehören, heraus, nur um zu spielen? Das ist Diebstahl, Freundchen. Dafür kommt man in Deutschland ins Gefängnis.«

»Wir haben nicht geklaut«, erwiderte Santo, »nicht extra, wir wollten nur spielen.«

»Das verstehe ich aber nicht«, antwortete der Polizist. »Zum Spielen klaut ihr aus fremden Autos Sachen, die euch nicht gehören? Sag mal, willst du mich verarschen? Komm, gib schon zu, ihr habt die Sachen mit Absicht geklaut«, wiederholte der Polizist.

Kurioserweise benutzte dieser Polizist gerne nur den Begriff klauen, er sprach immer zu von klauen. »Nein«, widersprach Santo. »Ich weiß auch nicht, warum wir diesen Kofferraum aufgemacht haben.«

»Verstehe ich nicht, wieso weiß man nicht, warum man einen Kofferraum aufmacht und Sachen klaut? Junge, ich kann mich auch selber verarschen.«

»Was ist verarschen?«, fragte Santo.

Verblüfft über diese Frage, stutzte der Polizist, schüttelte den Kopf hin und her, stand auf, schaute Santo an, schaute auf das Fenster, das sich hinter Santo befand, und sagte, aus dem Fenster schauend: »Komm bloß nicht auf den Gedanken, durchs Fenster zu springen. Erstens, du kannst dich verletzen, zweitens macht es die Sache noch viel schlimmer.« Und er begab sich hinaus.

Santo machte sich Sorgen um seine zwei jüngeren Freunde. Er hatte ein schlechtes Gewissen und machte sich Vorwürfe. Nach zehn Minuten kam der Polizist herein. »So, mein Freund«, kam er mit einem höhnischen Grinsen ins Zimmer. »Die anderen haben zugegeben, dass ihr geplant hattet zu klauen.« Er schaute Santo triumphierend tief in die Augen, wobei er dann hinzufügte: »Nun?« Er wartete ein bis zwei Sekunden. »Was ist jetzt? Gibst du es zu, dass ihr bewusst geklaut habt?«

Santo war irritiert über die Aussage des Polizisten. Er dachte, warum erzählen die so nen Scheiss? Wir wollten doch gar nicht klauen, vielleicht haben die Angst bekommen. »Nein, wir haben nicht geklaut«, antwortete Santo und versuchte dieselben Wörter zu benutzen wie der Polizist.

»Aber deine Kumpels haben soeben zugegeben, dass ihr absichtlich geklaut habt.«

»Ich weiß nicht, was meine Kumpels gesagt haben, ich habe nicht klauen wollen, wir wollten nur spielen.«

In diesem Augenblick öffnete sich die Tür. Santos Vater kam mit einem anderen Polizisten hereinspaziert. Carlo schaute seinen Sohn an. Santos erste Gedanken waren: »Scheiße, zu Hause gibt's gleich ne richtige Abreibung.« Doch irgendwie konnte er in seines Vaters Gesichtsmimik keine Wut entdecken, nein, er machte eher den Eindruck, amüsiert zu sein.

Du kannst jetzt gehen, sagte der eine Polizist, der mit seinem Vater angetanzt war. Santo beachtete den Polizisten gar nicht, er schaute verunsichert zu seinem Vater, und hoffte: »Er wird mich doch nicht gleich hier vermöbeln?«

»Amuni′, susiti′.« (Lass uns gehen, steh auf.) Er nickte seinen Sohn zu sich. Der Polizist, der mit seinem Vater hereingekommen war, redete Carlo zu: »Sie dürfen Ihren Sohn nicht schlagen.« Carlo beachtete ihn nicht. »Hören Sie, ich möchte nicht, dass, wenn Sie nach Hause kommen, Sie ihren Sohn schlagen, ja?«

»Nein, ich schlage ihn nicht«, antwortete Carlo, ohne den Polizisten großartig anzusehen. »Wir prüfen das nach, kann sein, dass wir morgen bei Ihnen vorbeifahren, und dann schauen wir rein.«

Allem Anschein nach hatte Carlo den überraschten, wütenden Vater gespielt. Zu Hause angekommen, den Weg vom Polizei Präsidium schweigend bis nach Hause zur Zülpischerstraße 222 zurückgelegt, gab es für Santo unerwartet keinen Ärger. Santo hatte sich den ganzen Weg gesorgt und versucht sich auszumalen, wie sein Vater ihm zusetzen würde. Doch zu seiner Überraschung passierte gar nichts. Er hatte gedacht, dass spätestens, nachdem sie die Türschwelle ihrer Wohnung betreten würden, er sich sofort eine fangen würde.

»Chi sucessa?« (Was ist passiert?) wollte seine besorgte Mutter wissen. »Disgraziatu, chi chumminasti′?« (Du unglücklicher, was hast du angestellt?) »Chi ti dissa′a polizia?« (Was hat die Polizei gesagt?)

»Nenti′, che avivanu′addiri? Sti′ bacala′, s′avissanu′vregugniari′.« (Nichts, was sollten die denn sagen? Diese Stockfische, die sollten sich was schämen), antwortete darauf Carlo. Nichts, kein einziges Wort der Zurechtweisung. Nein, ganz im Gegenteil. Langsam entspannte sich Santo, er freute sich, es gab keinen Ärger, unbegreiflich. »Die haben die Kinder behandelt wie Schwerverbrecher«, kam von Carlo verständnislos. Dabei schüttelte er ungläubig mit einem missbilligenden Lächeln den Kopf. »Ein riesen Theater, für drei kleine Hosenscheißer.« Er schüttelte nochmal fassungslos den Kopf, dabei machte eine kleine Atempause, »Lächerlich, einfach nur lächerlich, so ein Affentheater. Was machen die, wenn sie richtige Verbrecher schnappen? Da scheissen sie sich bestimmt in den Hosen.«

Die Mutter nickte nur immer zu. »Su Tedeschi, i Tedeschi su acchusi′« (Das sind Deutsche, die Deutschen sind so.)

»Wie sind sie denn in Italien?«, wollte nun Santo wissen und hatte sich getraut nachzufragen. Wie so oft, war seine Neugierde größer als seine Angst. »In Italien? Also, Junge, bei uns in Sizilien hättet ihr, wenn überhaupt, zwei Arschtritte und ne Ohrfeige bekommen und dann hätten sie zu euch gesagt, macht, dass ihr nach Hause kommt und lasst euch ja nie wieder erwischen!«

Mauro wohnte von Santo aus nur ein paar Häuser weiter weg, fast Ecke Robert-Koch-Straße, in einem Altbauhaus. Das Haus wirkte sehr unheimlich, jedesmal, wenn er durch diese alte schwere dunkle Holztür hereinkam und den Anblick der gekrümmten dunklen empor steigenden Holztreppen erblickte, wirkte die Aura dieses Hauses auf ihn sehr beängstigend. Er hatte das Gefühl, dass es in diesem Haus auf jeden Fall spuken müsste.

Mauro wohnte auf der letzten Etage. Einige Male begegneten sie der Hausbesitzerin, die das Bild dieses Hauses noch zusätzlich abrundete. Mauro sagte dann immer, »das ist die Hauseigentümerin, ihr gehört das ganze Haus hier«, und grüßte dabei, mit seinen dunklen, fast schwarzen Kulleraugen, die Inhaberin des Hauses freundlich. Die Besitzerin, die wie eine Mischung aus einer Zauber-Zigeunerin und einer Hexe aussah, grüßte jedes Mal zurückhaltend nett.

»Wohnt sie hier?«, hatte Santo das erste mal nachgefragt.

»Ja, sie wohnt hier im Haus.«

»Ha, ja?«

Diese ältere kleingewachsene pompös elegant erscheinende Dame, mit ihren pechschwarzen langen gekräuselten Haaren und ihren dunkel goldenen Ohrringen, zudem die unübersehbaren ebenfalls dunkel goldenen Halsketten, schüchterten Santo mächtig ein. Verwundert fragte er sich jedes Mal: »Die sieht ja gar nicht deutsch aus.«

Überraschenderweise sah die Wohnung von Mauro im Vergleich zum Haus viel freundlicher aus. Sie war offen geschnitten, ein große Diele, von der rundherum Zimmer abgingen. Rechts hinten die Küche, davor das Zimmer von Filippo und Mauro, rechts das Zimmer vom älteren Bruder Angelo, den man sehr selten sah. Dann das Schlafzimmer und dann immer noch auf der linken Seite das Wohnzimmer. Im Kinderzimmer, mit einer pink lila gefärbten Wand, hingen Poster von verschiedenen Prominenten. Darunter einige von Bruce Lee. Ein Poster von Bruce, wo er mit nacktem blutrot zerkratztem Brustkorb und mega durchtrainierten Bauchmuskeln zu sehen war, die den Anschein machten, Bruce jeden Augenblick aus dem Bauch zu explodieren. In seinen Händen hielt er seine schwarz glänzenden offen gehaltenen Nunchaku, wobei er kampflustige weit offene Augen hatte, die von seinem schreienden offenen Mund begleitet wurden, sollte sich für alle Zeit ins Gedächtnis von Santo einbrennen. Das war das erste Mal, dass Santo Bruce Lee auf einem Poster gesehen hatte. Er war beeindruckt, nicht nur von Bruce, sondern überhaupt.

Mauros Eltern besaßen, wie einige andere italienische Familien Anfang der Achtziger, einen VHS-Videorecorder. Santo war begeistert. Bei ihm zu Hause gab es diesen Luxus nicht. Mauro hatte Santo und Sebastiano, spontan eingeladen, bei ihm einen Kung-Fu-Video-Film zu schauen. Hochgespannt legten sie den Video-Film in den Recorder und spulten das Band vor. Sie hatten keine Lust, sich die Werbung anzuschauen. Doch die Freude währte nicht lange, zum Bedauern der Jungs hatte die Video Kassette einen Riss am Band. Keine zehn Minuten war der spannende Film gelaufen. »Chi ciolla e'?« (Was für einen Schwanz ist das?), sagte Mauro in seinem sizilianischem licatesichen Dialekt. Köln war eine licatesiche Hochburg. Hier lebten circa ein Zehntel oder vielleicht etwas mehr Leute aus der knapp 45.000-Einwohner-Stadt. Santo mochte deren Dialekt nicht besonders. Mauro und seine Familie mochte er gerne. »Chi mincia e`?« (Was für ein Schwanz ist das?), fügte Mauro verärgert hinzu.

»Ist was mit der Kassette?«, wollte Santo wissen.

»Ich weiß nicht«, antwortete Mauro irritiert. Sebastiano saß wie so oft nur blöd herum und schaute sich mit seinen großen blauen Boris-Becker-Augen das Geschehen ohne große Beteiligung an. Er zerbrach sich nicht gerne den Kopf. Santo machte das schon. Sebastiano ergriff nur zu selten die Initiative, er gehörte zu der Sorte, die sich lieber führen ließ. So konnte man auch nicht viel falsch machen. Warum Verantwortung übernehmen, wenn es doch andere Idioten tun?, schien sein Motto zu sein und überhaupt war es doch viel gemütlicher, die anderen machen zu lassen.

»Vielleicht ist etwas mit dem Videorecorder?«, fragte Santo.

»Mit dem Videorecorder? Kann aber nicht sein, ich und Filippo haben gestern noch einen Spitzenfilm zusammen geschaut.«

Nach kurzem Überlegen sagte Santo: »Zeig mir mal die Kassette.« Er schaute sich die Kassette näher an und bemerkte das ziemlich zerknitterte Band. »Das Band ist hin, hier, schau mal.«

»Zeig mal, wo?«, wollte Mauro sehen. »Chi mincia«, sagte er nochmal verärgert. Die Licatesen sprachen das »ch« nicht als »k«, wie die meisten Sizilianer, sondern als »cg«, was sich für Santo ein wenig dämlich anhörte.

»Dann lass uns auf den Spielplatz gehen, Fußball spielen«, raffte sich Sebastiano zu einem Vorschlag auf. Santo schaute Mauro an, Mauro schaute Santo an, beide schauten Sebastiano an, um sich dann wieder gegenseitig anzuschauen. »Ich habe heute keine Lust, auf den Spielplatz zu gehen, und gleich kommen eh meine Eltern, und dann muss ich mit ihnen zusammen essen.«

Santo hatte selbst auch keine Lust, zum Spielplatz zu gehen. Ohne Sebastiano groß zu beachten, fragte er Mauro: »Hast du keinen anderen Film hier? Lass uns doch einen anderen Film anschauen.«

»Ich weiß nicht, wo die anderen Kung-Fu-Filme sind«, antwortete Mauro.

»Was ist mit dem Film da?«, wollte Santo wissen. Auf dem Fernseher lag eine andere Video-Kassette.

»Ach jaa«, sagte daraufhin Mauro. »Das ist der Film, den ich gestern mit meinem Bruder gesehen habe, der ist echt spitze.«

»Dann lass ihn uns doch angucken«, forderte Santo ihn auf.

»Wenn ihr wollt.« Mauro nahm das Video in die Hand, und während er dies tat, erzählte er schnell noch: »Der wird euch gefallen, der Film handelt über ne italienische Gang in Amerika, echt coole Typen.«

»Ne italienische Gang in Amerika?«, fragte Santo mit neugierig ge-
spitzten Ohren und dachte sich: »Italienische Gang,in Amerika? Hatte er
das wirklich gesagt, is ja toll.« Sein Interesse war auf höchste geweckt.

»Zeig mal«, sagte Santo. Er nahm die Videokassette, und schaute sie
sich näher an.

Auf der Hülle waren zum Teil gut aussehende hart wirkende Gangmitglieder mit Tollen und senfgelben glänzenden Jacken und hochgekrem-
pelten Kragen zu sehen, bis auf einen, der die anderen um knapp einen
Kopf überragte und eine schwarz glänzende Lederjacke trug. In Santo
stieg die Erregung, er wollte so schnell wie möglich den Film sehen.
Mauro schob die VHS-Videokassette hinein, setzte sich auf der Couch
neben Santo und alle drei konnten es kaum abwarten, den Film zu sehen.

Santo war baff. Er sah zwei Jungs mit den senfgelben glänzenden Jacken, die im Hintergrund, mit einem genialen rhythmisch cool gesunge-
nem Lied, geradeaus auf eine Gruppe von glatzköpfigen Rowdies zulie-
fen, die alle eine dicke schwarze Lederjacke trugen, die mit Ketten und
Nieten versehen waren.

Dann plötzlich, immer weiter vom nächsten rhythmischen Song begleitet, lief diese wild gewordene Horde von glatzköpfigen Rowdies diesen
zwei jungen Männern hinterher. Die zwei liefen um ihr Leben davon,
wobei der eine beim Weglaufen kurz stehenblieb und den Glatzköpfen
die typisch italienische Geste des riesen Schwanzes zeigte, wobei er mit
der linken Hand auf den Bizeps schlug. Santo war sprachlos, er war voll
im Film und dachte sich: »Mann, was für coole Italiener.« Und für einen
Augenblick versuchte er sich vorzustellen, wie es dort sein könnte.

Aber das Beste kam noch, ein verdammt gut aussehender junger Mann,
der gerade dabei war, seiner schwarzhaarigen sexy italienischen Freundin die Jungfräulichkeit ein für alle male zu nehmen, lag mit herunter
gezogener hell brauner Baumwollhose zwischen den breit gespreizten
Beinen im Wohnzimmer auf der Couch, während im Hintergrund ein
schwarz-weiß Film auf dem Bildschirm zu sehen war.

Sie: »Oh, nein, Richie, oh nein, Richie, lieber nicht, Richie.«

Und er: »Warum nicht?«

Sie: »Was ist, wenn ich schwanger werde?«

Er: »Ich pass schon auf.«

Sie: »Liebst du mich?«

Er: »Ja, ich liebe dich.«

Und genau in diesem Augenblick der Ekstase gelangten die zwei um ihr Leben weglaufenden Jungs in ihr Viertel. Sofort fingen sie an, ihren Erkennungs-Hilferuf-Pfiff zu pfeifen. Währenddessen kamen sie in die Nähe des Fensters von dem gut aussehenden jungen Mann, der genau in diesem Augenblick zum ersten Mal bei seiner Freundin zum Zuge kam. Wie elektrifiziert vibrierte Richie am ganzen Körper. »Oh Scheiße, Scheiße«, sagte Richie im Kampf mit sich selbst, seinen zuckenden Körper unter Kontrolle zu kriegen. »Was ist los?«, fragte sie, mit immer noch weit gespreizten Beinen und im nassgeschwitzten fertigen Zustand auf dem Sofa Sessel.

»Ich muss los«, antwortete Richie.

»Wie, du gehst jetzt?«, fragte die Freundin irritiert.

»Ja, ich muss, ein paar Jungs von uns brauchen Hilfe.«

»Aber, Richie? Wir haben doch ...«

»Tut mir leid, Despie, ich muss weg, ich muss den Jungs helfen.«

Dabei zog er sich die Hose hoch und machte sich den Reißverschluss zu. Nahm auf die schnelle seine Wanderers-Jacke, die er aber erst draußen anzog. Buddy kam hinzugelaufen. »Hey, Richie.«

»Hey, Buddy.«

»Was ist los?«, wollte Buddy wissen.

»Ich glaub, ein paar Jungs von uns brauchen Hilfe.« Und schon kamen Joey und Turckey um die Ecke zu ihnen zu gerannt. Buddy und Richie wollten wissen, was los ist. »Hey, Jungs, was ist? Wir treten denen jetzt gewaltig in den Arsch.«

Unbeirrt davon, liefen Joey und Turckey an ihnen vorbei, während sie beim Weglaufen ihnen zuschrien. »Lauft weg, lauft weg, es sind die Glatzköpfe.« Richie und Buddy schauten sich ungläubig an, und dann schrien sie wie durch einen Geistesblitz: »Ooh Scheiße, die Glatzköpfe!« Nun liefen sie Joey und Turckey genauso von der androhenden Gefahr hinterher.

Plötzlich gerieten sie in einen dieser vielen labyrinthartigen wenig einladenden dunklen Hinterhöfe der North-Bronx aus den 60ern. Es war eine Sackgasse. Aus verschiedenen Fluren kamen jetzt einige der wildesten aus der Puste geratenen Glatzköpfe hereingestürmt. Erschöpft formierten sie sich nach Luft ringend, wie ein Hufeisen um die Wanderers. Dabei schauten sich die Glatzköpfe gegenseitig in freudiger Erwartung an, gleichzeitig nahmen sie wie Raubtiere ihre Beute ins Visier. Aus der Hoffnungslosigkeit, jede Sekunde die Schädel eingetreten zu bekommen, wirbelten die Wanderers mit aller letzter Hoffnung herum, wie ein Haufen junger Welpen, um aus dieser brenzligen, Situation heraus zu kommen. »Scheiße, Joey, was jetzt?«, fragte Richie.

»Warum fragst du immer mich? Woher soll ich das wissen?«, antwortete Joey genervt. Wobei die Wanderers aufgeregt sich hin und her bewegten, so als würden sie jeden Augenblick versuchen auszubrechen. Jetzt stürmte einer der Glatzköpfe auf Joey zu, schnappte ihn mit beiden Händen an seiner Wanderers-Jacke und stieß ihn mit voller Wucht gegen die dahinter liegenden Wand. Joey schrie auf. Nun kam das Beste in dieser Szene.

Santo, Mauro und Sebastiano waren nicht mehr von dieser Welt, elektrifiziert saßen sie in voller erwartender Spannung da.

»Lass den Jungen los!«, hörte man im Hintergrund. »Lass den Jungen los!«, wiederholte der soeben ins Labyrinth eingetretene, fremde stark aussehende junge Mann. Die total verblüfften Glatzköpfe formierten sich nun in Richtung des jungen Mannes mit den glänzenden, pechschwarzen nach hinten geölten Haaren, der in lässiger Art ein Streichholz zwischen seinen Zähnen hatte. Etwas eingeschüchtert demonstrierten die Glatzköpfe Kampfbereitschaft. Der hochgewachsene, der Perry hieß, war unbeeindruckt. Nun schmunzelte er, spuckte sein Streichholz wuchtartig in Richtung der Glatzköpfe und stürmte mir nichts, dir nichts auf diese wilden Rowdies zu, wobei er einen nach dem anderen, mit jeweils einem knackigen Fausthieb zu Boden schlug, bis er sich zu dem Glatzkopf, der noch immer Joey gegen die Wand drückte, durchschlug. Nun schnappte er sich wutentbrannt diesen letzten, griff ihm an die Kehle und während er ihn gleichzeitig runterdrückte, würgte er ihm die Luft so zu, dass diesem letzten Rowdy beinahe das Weiße aus seinen Augenhöhlen herausgesprungen wäre. Währenddessen hörte man Perry dem Glatzkopf laut sagen: »Ich hab gesagt, du sollst den Jungen loslassen!«

Resigniert über seine Unterlegenheit, hörte man den Glatzkopf antworten: »Ist ja guuut, schon guut.« Perry stellte sich nun breitbeinig, mit hoch erhobenem triumphierendem Kopf hinter die Wanderers. Terror, der Anführer, dem die Jagd hinter den Wanderers her wie eine Odyssee vorgekommen sein muss, erschien nun endlich. Durch seinen megamassigen Körper und mindestens genauso hochgewachsen wie Perry, verbarrikadierte Terror ganz alleine einen der Ausgänge aus dieser Falle.

»Terror«, hörten man den Wanderer sagen. Nun standen alle wie einbalsamiert da und begutachteten sich gegenseitig. Terror schaute Perry an und Perry, der wie ein Padron hinter den Wanderers stand, schaute Terror entschlossen tief in die Augen. In der Zwischenzeit hatte sich Perry unbemerkt wieder ein Streichholz zwischen seine Lippen gesteckt, was er wie schon am Anfang der Szene hin und her gleiten ließ.

Perry hatte die Faxen dicke, wiederholt spuckte er sein Streichholz in Richtung Terror. Terror war beeindruckt, machte aber gute Miene zum bösen Spiel, lächelte kurz und dann hörte man ihn beim Gehen sagen, »kommt, lasst uns gehen, die schnappen wir uns ein anderes Mal«.

Hocherfreut und zugleich absolut überwältigt redeten sich die Wanderers zu »Habt ihr das gesehen? Habt ihr das gesehen? Ich glaub das nicht, Terror hatte die Hosen voll.«

Die Wanderers waren verblüfft. Terror war nämlich einer der übelsten fiesesten Schläger in der North-Bronx. Nun wollten sich die Wanderers bei Perry, den sie vorher noch nie gesehen hatten, bedanken, aber Perry war einfach nicht mehr da, er hatte sich ohne ein Wort zu verlieren verabschiedet.

Was für ein Film. Dieser Film würde Santo ein Leben lang begleiten, dieser Film prägte Santo am meisten von allen anderen Filmen und Geschichten. Es war schon was Tolles, Italiener zu sein. Was für ein Gefühl. Was für ein Geschenk. Danke, Gott, dass ich als Italiener auf diese Welt kommen durfte, dachten Santo, sowie all die anderen millionen von Italienern verstreut in der Welt. Es waren solche Filme, die das Wertgefühl der italienischen jungen Männer im Ausland nährten. Santo konnte sich ja so sehr mit diesen Film identifizieren, nur dass er ein Italiener in Deutschland war. Gerne wäre auch er ein Wanderer gewesen. Das Outfit der 60er, die Musik, die Autos, und das Zusammengehörigkeitsgefühl der Italo-Amerikaner hatten ihn in den Bann gezogen.

Dann kam in den 80ern Rocky I und Rocky II. Was für ein Film, es war schon etwas Besonderes, Italiener zu sein. Mit jedem solcher Filme wuchs der italienische Stolz umso mehr. Dann folgte der Pate mit seinen erstmal zwei Teilen. Was für ein Gefühl, Sizilianer zu sein. Was für ein Stolz, von so einer ehrenwerten Familie in der Welt vertreten zu werden. Ehre, Respekt, Omerta´. Es war wirklich was besonderes, Italiener zu sein. Infolgedessen kamen dann immer mehr Filme aus den Staaten, die Geschichten von italienischen Auswanderern erzählten. Zum größten Teil, waren es Gangsterfilme, wie Goodfellas oder Casino, wie Donnie Brasco oder Straßen der Bronx. Diese Filme, die anscheinend auf wahren, sich dort abgespielten Geschichten beruhten, verknüpft mit der einmaligen schönen italienischen Geschichte, ließ sich die Italiener fühlen, als ob Gott sie einzeln geküsst hätte. Mit so einem Gefühl sind sie eine Zeitlang durch die Welt marschiert.

Santo würde einige Jahre später diesen einen Film, The Wanderers nochmal entdecken, um ihn für immer in sich zu verewigen. Denn von allen italienischen Geschichten, konnte er sich am meisten mit den Wanderers vergleichen.

Padre e Padrone

»Papa , warum sind wir nicht nach Amerika ausgewandert? Warum gerade nach Deutschland?«, wollte Santo unbedingt wissen. »Warum nicht nach Amerika?«

»Aaah, duuu, wenn du so schlau bist, warum wanderst du nicht selber nach Amerika aus?«, antwortete Carlo, wie zumeist, wenn man ihm eine Frage stellte, auf seine abwertende Art, zu seinem mittlerweile vierzehnjährigen Sohn.

Santo hätte sich mal wieder in den Arsch treten können. »So eine Scheiße«, dachte er sich..»Ich falle auch jedes mal wieder rein. Man kann mit diesem Mann einfach nicht reden.«

»Warum regst du dich denn so auf?«, erzwang sich Santo diesen Satz in einem so ruhigen Ton, wie er nur konnte. Am liebsten, wenn er nicht sein Vater gewesen wäre, hätte er ihn ja so gerne eine aufs Maul gehauen, oder einfach zu ihm »leck mich doch am Arsch« gesagt und sich und auf nimmer Wiedersehen umgedreht.

Solche Sätze auszusprechen kostete einiges an Mut, denn Carlo konnte für so was schrecklich ausrasten, als ob er nur darauf warten würde, um dann endlich einen Grund zu haben, wegen seiner nie endenden Unzufriedenheit Dampf abzulassen. »Hier scheint so selten die Sonne, und die Deutschen sind schon anders, wir hätten doch ...«

Da unterbrach ihn sein Vater. »Bist du blöde, verstehst du mich nicht, wenn ich rede? Oder soll ich mit dir arabisch reden, damit du mich verstehst?«

Solche Gespräche fanden meist in der Küche statt. Carlo drehte sich mit dem Rücken zu Santo und beschäftigte sich weiter mit Küchenarbeiten. Die Küche war sein Reich. Er war ein leidenschaftlicher Hobbykoch. Kochen konnte er wirklich meisterhaft, man schmeckte seine Liebe zum Kochen bei jedem Gericht heraus. Er konnte stundenlang in der Küche weilen, trank meistens Wein und das nie zu knapp. Währenddessen beschäftigte er sich mit den Zubereitungen. Nebenbei lief der kleine schwarze Phillips-Farbfernseher, der auf dem zweiten größeren Kühlschrank lag, direkt neben der Mücheneingangstür. Dieser Fernseher war für Santo ein Segen.

Immer, wenn er in der Küche saß und merkte, dass sein Vater mal wieder nicht ansprechbar war oder die Gespräche fehlten, weil Santo mit der Zeit lernte, nicht alle Themen anzusprechen, um seinen Vater bloß nicht zu nahe zu kommen und gleichzeitig aber auch seinen Vater ihn nicht zu nahe kommen zu lassen, vertiefte er sich im laufenden Fernseher oder machte einfach den Fernseher an. Damit war das Gespräch zu Ende. Santo trieb es nie zu lange, er blieb meist bei einer Frage, checkte die Lage ab, je nachdem, wie sein Vater antwortete, stellte er eine zweite Frage und dann war er sich sicher, das Gespräch schleunigst zu beenden. Die Gespräche wurden fast immer kurz gehalten, am besten so kurz wie möglich, denn sonst endeten sie immer in Streitgespräche. Carlo war der Typ, der meist das Gegenteil behauptete, nur um des Streitens willen. Wenn man behauptete das Auto sei grün, dann behauptete er, das Auto sei blau. Hätte man blau behauptet, hätte er grün gesagt. Mit der Zeit hatte Santo gelernt, seinem Vater so gut es ging aus dem Weg zu gehen. Er ließ sich immer seltener in Gespräche verwickeln, und egal, was sein Vater oft für einen Mist erzählte, hörte er weg und behielt seine Meinung für sich.

Carlo war nicht blöd, trotz aller Mühe, die Santo sich gab, sich nichts anmerken zu lassen, verstand er sofort. Er brauchte Santo nur anzuschauen. Aber solange Santo keinen Widerspruch erhoben hatte, war für Carlo die Welt in Ordnung. Manchmal fragte er nach, wie Santo das sehen würde. Santo, der gelernt hatte, nicht mehr in diese Falle hinein zu tappen, antwortete fortwährend: »Keine Ahnung, ich weiß es nicht.«

Ab und zu hakte Carlo nach, er suchte förmlich, er suchte irgendwie einen Grund zum Streiten, er konnte einfach nicht anders, er konnte nur durch Streiten kommunizieren oder durch Necken. Nur in den allerseltensten Fällen gelang es ihm, sich ruhig und vernünftig zu unterhalten. Und das nur, wenn er seiner Meinung nach mit Menschen zu tun hatte, die entweder Akademiker oder anerkannte Unterweltratten waren.

»Woher soll ich das denn wissen? Keine Ahnung, ich weiß es nicht.« Nicht mehr mit mir, mit mir nicht mehr«, dachte sich Santo. »So leicht kriegst du mich nicht mehr.«

Irgendwann stand Santo bei der nächstbesten Gelegenheit auf und verzog sich schleunigst aus dem Radius seines Vaters in das angrenzende

Wohnzimmer, was ein geeignetes Rückzugsgebiet war. Da gab es nämlich den großen Fernseher, mit dem man sich bestens ablenken konnte oder auch ablenken ließ.

Carlo war die meiste Zeit in der Küche beschäftigt. Meistens kochte er oder schaute Fernsehen oder saß einfach nur da und rauchte mehrere Zigaretten hintereinander, wobei er sich oft einen italienischen Kaffee machte. Santo liebte es den Geruch von Espresso in der Wohnung zu riechen, es gab der Wohnung immer so viel Wärme und Geborgenheit. Wenn Carlo Kaffee machte, fragte er Santo fast immer, ob er auch einen Schluck trinken wolle. Wenn Kaffee getrunken wurde, stritt man nie, das waren die kleinen Momente, wo man gemütlich und warmherzig zusammen saß, den Kaffee genoss und einfach entspannt beisammen war.

Gelegentlich begann Carlo von seiner Kindheit in Sizilien zu erzählen oder irgendwelche Geschichten, die sich dort ereignet hatten. Santo und sein kleiner Bruder Silvio liebten diese Geschichten. Egal, wie oft er sie schon erzählt hatte, sie hörten sie gerne immer wieder aufs Neue. Santo versank meist in diesen Geschichten aus einer wirklich anderen Welt und seine Fantasie spielte ihm die Bilder dieser vergangenen Zeit genüsslich vor. Oft erzählten diese Geschichten über Männer, die nach den Regeln der Ehre gelebt hatten. Eine Geschichte erzählte über einen Pippo Tramontana, dem ein großer Teil der Militellesi heute noch Respekt zeugt. Carlo erzählte und Santo merkte jedes Mal, wie sehr sein Vater sich mit diesem Männern identifizierte. Er berichtete, dass Tramontana dafür sorgte, dass in Militello Ruhe herrschte und die Militellesi auch in den Nachbarstädtchen respektiert wurden. In den Jahren, in denen Tramontana das Sagen hatte, wurden keine Autos geklaut, es gab keine Einbrüche und man durfte in Militello keine Drogen verkaufen. Wer es dennoch wagte, verschwand einfach von der Bildfläche.

In dieser Zeit investierte man gerne und das Geld floss für viele. Es wurde viel gebaut, es gab um die sieben florierende Firmen, die mit Orangen-Zitronen handelten und überall in die Welt exportierten. Somit war für einige Monate für viele Familien für ein geregelten Einkommen gesorgt. Doch wie das oft so ist, hatte Tramontana natürlich auch undankbare Neider sowie gefährliche Gegner, die nicht die alten Werte von Tramontana teilten. Carlo fügte dann am Ende der Geschichte hinzu, dass Tramontana oft vor den anderen erwähnte: »Wenn ich nicht mehr da sein werde, werdet ihr an mich denken, dann werdet ihr es merken, aber dann wird es zu spät sein. Dann wird da keiner mehr sein, der euch beschützt. Tramontana verschwand eines Tages. Die einen spekulierten, dass er untergetaucht sei, die anderen erzählten, er sei in die Staaten ausgewandert und die anderen meinten, wer weiß, in welchem Loch man ihn begraben hat.

Eine andere Geschichte erzählte von einen Psychopaten, der einige Jahre nach Tramontana das Ruder übernommen hatte. Der sogar den Carabinieri in Militello die Uhrzeiten diktierte, wann sie sich in der Öffentlichkeit blicken lassen durften. Er hatte den Carabinieri einen Sarg zugeschickt, in dem Blumen für eine Beerdigung aufzufinden waren mit einem Brief, in dem er gnädig riet, die Uhrzeiten zu respektieren.

Die Carabinieri hielten sich daran. Man sah sie in dieser Epoche sehr selten und nur kurz, um schnell einige Familienväter auf dem Weg zur Arbeit oder auf dem Weg nach Hause abzukassieren. Dieser Psycho ließ sie, je nachdem, wie man ihn angeschaut hatte oder wie lange, manchmal auch nach Sympathie, willkürlich ohne jegliche Spur verschwinden.

Wenn dieser Patriarch auftauchte, wechselten alle die Straßenseite, keiner wollte das Risiko eingehen, ihm freiwillig über den Weg zu laufen. Abends ab 20:00 Uhr durfte sich kein Normalsterblicher durch Militellos Straßen bewegen außer seine Leute. Die Militellesi hielten sich daran. Wer zu der Zeit in Militello ab 20:00 Uhr rausging, fand eine Geisterstadt vor. Bis auf wenige, die zu seinen Leuten gehörten, waren keine anderen Menschenseelen aufzufinden. Einmal soll er anscheinend am hellichten Tag mitten in der Piazza auf einen Kontrahenten gewartet haben, um ihn dann in sein Auto zu bitten, worauf sich der andere mutig eingelassen hatte. Sofort hielt er seine Knarre diesem Kontrahenten an den Kopf und schoss ihm in den Schädel. Die Piazza war voll mit Menschen, aber keiner hatte was gesehen oder gehört. Am Schluss dieser Geschichte wird dem Tyrann an einer Kreuzung in der Nachbarstadt Scordia, während er im Auto saß, von beiden Seiten von zwei Männern mit der Lupara (siz. abgeschnittene Schrotflinte) der Schädel im wahrsten Sinne des Wortes weggeschossen.

Eine andere Geschichte, die Carlo seinen Söhnen immer gerne erzählte, handelte über einen Jugendfreund, der auch Carlo hieß. Carlo erzählte, dass er mit diesem Carlo, der später zu einem unscheinbaren Killer wurde und einem anderen Freund im gleichen Alter, der auch Carlo hieß, über mehrere Jahre dick befreundet war. Sein Vater lachte jedes Mal darüber, wie sie sich alle drei zugleich umdrehten. Santos Vater war mit 17 zum Arbeiten nach Deutschland ausgewandert. Der andere war nach Australien immigriert und der dritte Carlo war in Militello geblieben.

Dieser eine Carlo wurde später für zwölf Morde verdächtigt. Die Justiz konnte ihm aber nichts anhängen. Mit einer nicht zu verkennenden Bewunderung erzählte sein Vater, dass Carlo ein eiskalter Killer war. In stoischer Manier ließ er sich seine Gedanken und seine Emotionen nie anmerken. Er benahm sich stets freundlich und ruhig, sprach leise und ließ sich niemals provozieren. Im Gegenteil, wenn es vorkam, dass einer meinte, ihn anzupöbeln, entschuldigte er sich sogar. Nach einigen Tagen verschwand diese Person wie aus dem Nichts und wurde nie mehr aufgefunden. Carlo behielt über Jahre stets seine Eleganz. Eines Tages in den Achtzigern wurde er beim Essen mit Freunden im Restaurant von fremden maskierten Männern, die mit gezogener Waffe zusammen aus einem Auto ausgestiegen und seelenruhig in den Saal hineinspaziert waren, ausgelöscht. Es waren Profis gewesen. Von so vielen Menschen, die dort im Saal zusammen gesessen hatten, wurde niemand anderem ein Haar gekrümmt.

Santo und Silvio verschlangen diese Geschichten, wobei Santo oft betroffen und auch erschüttert war.

Eine andere Geschichte die sich in den 90ern abspielte, erzählt von zwei miteinander fusionierten Familien, die in Militello das Sagen hatten. In eine dieser Familien hatte sich ein Calabrese eingeheiratet. Dieser Calabrese trat gerne groß auf und hätte am liebsten jedem zweiten die Zunge abgeschnitten. Diese Leute waren in Militello nicht gerade beliebt. Sie respektierten ihre Leute nicht und übten Willkür aus. Einige male schlugen sie einfache Menschen brutal zusammen und machten sich anscheinend einen Spaß. Am Ende dieser Geschichte wurden fünf oder sechs dieser Gangmitglieder eines Nachts von professionellen Killern auf einer der vielen Landstraßen auf einen Schlag ausgelöscht.

Die Ironie der Geschichte war, dass den Calabresen dann selbst die Zunge abgeschnitten wurde, auf die man eine Hundert-Lire-Münze gelegt hatte. Das war das Symbol für einen, der zu viel redete.

Eine andere Geschichte erzählte von einem jungen Militellese, der eine außergewöhnlich wunderschöne Schwester hatte, die mit einem Schlappschwanz verheiratet war. Sie wurde von einer Gruppe von fünf Schurken immer wieder profan angebaggert. Der jüngere Bruder der Schwester hörte davon und übernahm die eigentliche Rolle des Ehemanns. Er entschied sich dafür zu sorgen, dass seine verheiratete Schwester so wie es sich eigentlich gehörte, respektiert wurde. Alleine, ohne irgendjemanden um Hilfe zu bitten, ging er zu der Stammbar an der Piazza Santa Nicola, die eine von vielen dort war.

Mit Respekt und Vernunft appellierte er an den damaligen sizilianischen Ehrencode, den leider diese fünf nicht mehr besaßen. Sie nahmen die unausgesprochene Ermahnung nicht Ernst. In seiner Ehre verletzt, duellierte der jüngere Bruder den Anführer und zugleich Anstifter. Sie verabredeten sich um Mitternacht am Campo Santo am Friedhof (Heiliges Feld), um die Sache wie richtige Kerle zu klären. Dabei forderte er den Anstifter auf, wie ein Mann alleine aufzutauchen, genauso wie er selbst. Der Anführer willigte ein. Doch dem misstraute der junge Bruder und bewaffnete sich sicherheitshalber mit einer Pistole.

Um Mitternacht war der Bruder schon längst vor Ort und wartete auf die Verabredung. Plötzlich hörte er quietschende Autoreifen, wobei er zu seinem Glück sich instinktiv schnell seitlich zu Boden schmiss, woraufhin die fünf aus dem Auto gleich aus allen Rohren schossen. Er zog seine Pistole heraus, und schoss ebenfalls. Zwei starben auf der Stelle, der dritte auf dem Weg zum Krankenhaus und die anderen zwei machten sich ganz aus den Socken. Er selbst blieb unverletzt, begab sich zur Questura dei Carabinieri, legte seine Pistole auf den Tisch und sagte, »nehmt mich fest, ich bin der Schütze gewesen«.

Bis dahin hatte der Bruder ein ehrwürdiges bescheidenes Leben geführt und war nie negativ aufgefallen. Die Ironie der Geschichte: Einige Jahre später verließ seine Schwester ihren Ehemann und brannte mit einem bekannten Gigolo durch. In Militello hörte man im Nachhinein erzählen, der Mann wäre ein Jammerlappen gewesen und die Schwester hätte schon immer ein Auge für hübsche Kerle gehabt.

Eine andere Geschichte, die Carlo auch hin und wieder gerne erzählte, berichtete über eine Höhle in der Umgebung von Militello, die einen antiken Schatz beherbergte, der zu der Zeit, wo die Sarazenen Sizilien eroberten, versteckt wurde. Einige hatten in den Jahrhunderten versucht, diesen Schatz aus der Höhle zu holen, wobei es aber nie einer geschafft hatte, von dort wieder heraus zu gelangen. Sie waren allesamt gescheitert.

Man durfte zu der Zeit, in der man sich in dieser Höhle befand, kein Wort reden. Es musste die ganze Zeit geschwiegen werden, wenn man den Schatz rausholen wollte. Wenn man sich nicht daran hielt, würde man von den dortigen Geistern, die dazu verdammt waren, auf den Schatz aufzupassen, nie wieder freigelassen. Auf diesem Schatz lag ein Fluch. Nur einer hatte es geschafft, aus diese Höhle herauszukommen. Er hatte den Mut besessen, sich alleine in diese Höhle hineinzuwagen. Aus Neugier hatte er sich dort hinein getraut, ohne die Absicht, auch nur eine kleine Münze mitzunehmen. Er wollte einfach sehen, ob das stimmte, was über diese Höhle erzählt wurde. Er behauptete, den Schatz gesehen zu haben und einige menschliche Überreste. Er hatte die ganze Zeit geschwiegen, ohne den Schatz einmal angefasst zu haben.

Santo und Silvio liebten diese Geschichten, ihre Mutter schmunzelte nur darüber und war jedes Mal ein wenig belustigt.

Eine andere Geschichte, die auch hin und wieder gerne erzählt wurde, wenn Carlo in der Familie Harmonie zuließ, handelte zu der Zeit, wo Santo noch ein Säugling war und die Familie in der Luxemburger-Wall-Straße wohnte. Das war eines der typisch alten Häuser, die den Weltkrieg überstanden hatten und sich nicht im allerbesten Zustand befanden und von daher gerne an die erstbesten italienischen Gastarbeiter vermietet wurden. Es war eins dieser alten Häuser, wo man sich zu dritt oder mit mehreren Familien das Klo auf dem Flur oder Treppenhaus teilte und ausschließlich Familien selber Herkunft wohnten. Der Luxemburger Wall war damals eine von vielen in Köln verteilten Straßen, in der mehrere dieser Häuser ausschließlich von italienischen Landsleuten bewohnt wurden.

Dort erzählte in diesem Fall zur Abwechslung auch seine Mutter gerne, gab es die Donne di Casa (Die Damen des Hauses) die Hausgeister waren. Diese Hausgeister lebten auch in dieser Wohnung und mochten Santo anscheinend. Vita erzählte, dass sie oft beobachtete, wie Santo sich mit irgendwelchen unsichtbaren Wesen lange unterhielt. Dabei lachte er immer wieder laut auf, so als ob man ihm immer wieder was Lustiges ins Ohr flüstern würde.

Worüber sie sich damals wunderte, war, dass Santo nachts im Bett zwischen ihnen schlafen durfte und am nächsten Morgen sie Santo mit samt Kissen und Decke im Nebenzimmer auf der großen Couch seelenruhig beim Schlafen auffanden. Santos Haare waren voll mit geflochtenen Zöpfchen, die nicht von seiner Mama, sondern von den guten Hausdamen in nächtlichen Stunden geflochten worden waren. Daran konnte man feststellen, dass dieses Kind von den Donne di Casa lieb gehabt wurde.

Seine Mutter erzählte, dass man diese Zöpfchen niemals selber heraus flechten durfte. Sie müssten sich schon von alleine lösen, denn sonst wären die Donne di Casa hoch beleidigt und würden sich nicht mehr um dieses Kind liebevoll kümmern. Zum Schluss dieser Geschichte fügte sie immer hinzu, dass jedes Mal, wenn sie mit ihren Vater offensichtlich planten aus dieser Wohnung auszuziehen, Santo prompt krank wurde. Also beschlossen sie, beim Umzug in die Zülpischer Straße kein Wort über den geplanten Umzug zu verlieren.

Die Gespräche, die von Carlo am liebsten geführt wurden, handelten entweder von Männern mit Ehre oder von Männern ohne Ehre, dabei fiel der Name Mafia oder Mafioso nur sehr, sehr selten und wenn, nie über Lebende.

Carlo war eine gespaltene Persönlichkeit, hin und her gerissen; einerseits bewunderte und verehrte er die ehrenwerten Männer, andersseits hatte er sich entschlossen, ein normales Familienleben zu führen. Dabei konnte man ihm immer wieder ansehen, dass es ihm schwer fiel. Vor allem ließ sein Stolz lange Jahre nicht zu, dass er sich überhaupt irgendwie nur eine Kleinigkeit gefallen ließ. Er hätte ja oft so gerne ... Entschied sich aber immer wieder es nicht zu tun.

Wenn Sie alleine waren, legte Vita allzeit gerne los. Zuerst beschwerte sie sich über seinen Vater, was sie all die Jahre mit diesem Mann durchgemacht hätte. Die Schläge, die Peinigungen, der Hunger, den sie in dem ersten Jahr erlitten hatten. Im Vergleich zu den vernünftigen Landsleuten hätten sie gut 15 Jahre in Deutschland verschwendet. Während die sogenannten Schlappschwänze sich Paläste und Villen unten aufgebaut hatten, hätten sie hier viele Jahre nur geträumt und ihre Zeit mit sinnlosen Freundschaften aus dem Fenster geworfen.

Sein Vater hätte alle zwei Monate seinen Arbeitsplatz wechseln müssen, weil er sich nie unterordnen konnte. Bei der geringsten Meinungsverschiedenheit hätte er den dortigen Kollegen entweder eine aufs Maul gehauen oder einfach »ihr könnt mich alle mal am Arsch lecken« gesagt und wäre dann gegangen. Dazwischen war er dann immer wieder arbeitslos, war aber zu stolz um zum Arbeitsamt zu gehen. Einige Jahre hatte er es geschafft, in der Firma Bauer-Druck am Hansaring ordentlich im Schichtsystem zu arbeiten. Die Bezahlung war sehr gut, aber Carlo hatte sich angewöhnt, nach seiner Arbeit mit gleichgesinnten Kollegen einen trinken zugehen. Das war die Zeit, wo er sehr oft betrunken nach Hause kam.

Woher sollte ich das wissen?

Einige Jahre war es gut gegangen. Doch schließlich passierte es, er hatte sich mit einem Vorgesetzten angelegt, der nicht nachgeben wollte. Eine Dummheit, die er vor seinem Sohn nie zugegeben, die ihm aber den Job gekostet hatte. Danach ging's mit ihm und seiner Familie eine Zeit lang immer weiter bergab. Seine Familie verarmte und die Freunde wurden immer weniger, niemand wollte mehr mit ihnen wirklich was zu tun haben.

Vita fügte jedesmal hinzu: »Simmu i fighi´di nudu´« (wir sind Kinder von niemanden.) »Uns hat niemand geholfen, ich und dein Vater mussten immer alles alleine machen. Nein, im Gegenteil, man hat uns auch weggenommen. Damals schon, als ich ein kleines Mädchen war, habe ich mich nie beklagt, obwohl ich die jüngste von den Schwestern war, war ich viel zu brav gewesen. Wenn ich was haben wollte und wenn es nur eine Kleinigkeit war, musste ich jedesmal von meiner Mutter hören: »Kind, wir können uns das nicht leisten, du weißt doch, wir sind nicht reich.« Das machte mich traurig, aber wenn meine Mutter das sagte, dann glaubte ich ihr das, ohne mich mit einem Wort darüber zu beschweren. Ich war einfach zu lieb gewesen. Meine älteren Schwestern, die waren schlauer. Ich kann mich noch genau erinnern, wie eine meiner älteren Schwestern frisch verlobt war und ein wunderschönes Kleid entdeckt hatte, was sie unbedingt haben wollte. Meine Mutter sagte ihr zuerst: »Bist du verrückt, das Kleid ist viel zu teuer, kommt gar nicht in Frage.« Daraufhin, flippte diese total aus, sie beschimpfte meine Mama und warf ihr vor, keine gute Mutter zu sein, sie war verlobt und müsste unbedingt, für die Festa del San Salvatore, wohin sie mit ihrem Verlobten und dessen Familie ausging, dieses Kleid bekommen. Da gab ihre Mutter nach, und obwohl ich sie zuvor nur um eine Winzigkeit gefragt hatte, holte sie plötzlich die fett gebündelten Scheine heraus, um einige davon meiner Schwester zu geben. Dabei stand ich naiv daneben, ohne Einspruch zu erheben, ich nahm es immer wieder hin. Genauso war es auch, als ich mit Papa durchgebrannt bin. Ich habe mich dazu einlullen lassen, durchzubrennen, weil wir ja kein Geld hatten, und ich habe als braves liebes naives Mädchen zugestimmt. Damals war das so bei uns in Sizilien, man musste zuerst kirchlich heiraten, um ein weißes Kleid anziehen zu dürfen und dann standesamtlich. Um das zu erhalten, was nach der jeweiligen Tradition einem von den Familien zustand, durfte man nicht durchbrennen. Uns hat man einfach nur abserviert.

Fleisch hab ich nie gesehen. Ein bis zwei mal im Jahr gab es ein wenig Haut vom Schwein im Eintopf zu essen. Wie hätte ich denn groß werden können? Bei uns gab es außer Gemüse, Brot, Zwiebeln und Oliven selten was anderes. Oliven gab es immer zu genüge. Die waren in diesen riesigen Terrakotta-Amphoren eingelegt. Meine Mutter war es egal und es interessierte sie nicht die Bohne, ob ich aß oder nicht. Einmal am Tag kochte sie etwas Gemüse und dann gab es halt nur das zu essen. Das, obwohl mein Vater Ländereien besaß und jeden Tag fleißig seine Länder ordentlich bestellte. Selbst meine Mutter hatte schon immer einen Hühnerstall gehabt, wobei wir nichts davon hatten. Ich kann mich nicht erinnern, dass ich Eier zu essen bekam oder überhaupt Huhn. Meine Mutter handelte mit Eiern und Hühnern, sie verkaufte fleißig Eier in der Umgebung. Heute frage ich mich, eigentlich hätten wir keine Geldsorgen haben müssen, mein Vater besaß fruchtbare Ländereien, sie handelte mit Hühnereiern, aber nichtsdestotrotz hieß es immer, wir wären arm und hätten nicht so viel Geld zur Verfügung. Aber weißt du was? Heute weiß ich, dass sie ihre ältere Schwester in Argentinien lange Zeit finanziell unterstützte. Da ist viel Geld hingeflossen, was sie ihren Kindern vorenthalten hat. Meine älteste Schwester, das ist eine gute Mutter, sie zum Beispiel hat sich jeden Morgen für ihre Töchter bei meiner Mutter Eier gekauft, damit ihre Töchter groß und kräftig werden konnten. Hin und wieder durfte ich bei ihnen mal ein Frühstücksei mitessen, weil ich fast genau so alt wie die älteste Tochter von Tante Margarita bin. Manchmal durfte ich abends auch ein Brathuhn mit speisen, da ich mit meiner Cousine befreundet war. Wie sehr ich mich dann gefreut habe, das war wie ein Festtag für mich. So war das damals. Ma Madri´ era scarrina Siz.« (Streitsüchtigt), fügte sie dann oft noch hinzu.

Sie stritt sich gerne, sie stritt sich gerne für jeden Scheiß und das mit jedem, selbst mit dem direkten Nachbarn nebenan. Irgendwann mal, als wir Kinder größer wurden, fingen wir uns an für sie zu schämen. Vorher, wenn wir hörten, dass sie stritt, liefen wir zu ihr, um für sie Partei zu ergreifen, auch wenn sie unrecht hatte. Danach fragten wir gar nicht, sie war ja unsere Mutter. Doch eines Tages hatten wir genug von ihren beschämenden Streitigkeiten, jedes Mal, wenn sie mal wieder wegen irgendwelcher Nichtigkeiten stritt, verzogen wir uns und blieben, bis der Streit aufhörte, zu Hause. Wir schämten uns sehr für ihre Streitsucht. Nur meine ältere Schwester Margherita, sie hielt dann immer dezent Wache. Falls jemand doch handgreiflich wurde, war sie die einzige von uns Schwestern, die den Mut hatte, sich selbst sogar mit Männern anzulegen nur um unsere Mutter zu beschützen.

»Früher schämte ich mich für meine Mutter und heute schäme ich mich oft auch für deinen Vater«, fügte sie dann jedesmal hinzu, wenn Carlo nicht dabei saß. »Das ist mein Stern, den ich bis an mein Lebensende tragen muss.«

Santo dachte sich, sie gehört halt immer noch zum alten Eisen. Bis dass der Tod euch scheidet. Selbst wenn der Mann der größte Arsch der Welt war. Die Kirche hatte ganze Arbeit geleistet, auf Kosten der Schwächeren, Frauen und Kinder, dachte sich dann Santo.

Eine Frau mit Ehre ließ sich nicht so einfach scheiden, lieber nahm sie in Kauf, sich Jahrzehnte lang malträtieren zu lassen, selbst wenn ihr oder den Kindern körperliche und psychische Gewalt angetan wurde. Wobei er sich manchmal dabei erwischte glücklich darüber zu sein, dass seine Mutter anstatt schwach zu sein, vielleicht doch stark gewesen war, sich eben nicht von ihrem Mann getrennt zu haben. Immerhin seien sie deswegen, letztendlich noch eine relativ funktionierende Familie, auch wenn man oft seine Ohren zuhalten musste, bei dem ständigen Müll und den Beleidigungen, die sein Vater täglich von sich gab.

»Chissu´ perchi te Patri era tuttu di Diou, Siz.« (Das weil dein Vater ganz von Gott war), was so viel hieß, dass er ein Trottel sei. »Ma Padri nun era tuttu di Diou, ma Padri era bunazzu, era troppu bravu, era un bravu cristianu, nun faciva male a nuddu´. Iou, di ma Pa´, nun canuschu mancu na timpulata, nun mi pozzu arriurdari cha´ma Pa´ ma avissa datu na timpulata«, Antwortete seine Mutter in ihrem militellesichen Dialekt. (Mein Vater war nicht ganz von Gott, mein Vater war ein guter, er war viel zu lieb, er war ein guter Mensch, ich kann mich nicht erinnern, dass ich jemals von ihm eine Ohrfeige bekommen habe), fügte sie dann jedesmal noch hinzu, wenn dieses Gespräch Mal wieder durchgekaut wurde »Ohrfeigen kenne ich erst, seitdem ich mit dir verheiratet bin, vorher kannte ich sowas nicht.«

»Aber damals, wo du mich gesehen hast, da habe ich dir schon gut gefallen«, antwortete Carlo belustigt und zugleich von der Antwort der Mutter getroffen.

»Ja, Ja, damals, da war ich ja auch noch ein kleines naives dummes Mädchen, das keine Ahnung von der Welt hatte. Aber du hast doch um meine Hand angehalten, oder nicht?« fragte Vita.

»Ja, klar, nachdem du mir jedes Mal so große schöne Augen gemacht hast«, konterte Carlo und fügte hinzu: »Weißt du noch, wo du ins Haus meiner Schwester gekommen bist, um dir Platten von mir auszuleihen? Meinst du, ich bin blöd? Du hast dich fein herausgemacht. Mit der Ausrede, dir Platten auszuleihen, bist du zu meiner Schwester Rosa gegangen, nur um mich kennenzulernen.«

Santo und Silvio saßen meistens dazwischen und belustigten sich über die Neckereien von ihren Eltern.

»Woher sollte ich denn wissen, ich arme Tochter, dass ich so enden würde, um nach Deutschland kommen, um hier für die Deutschen die Toiletten zu putzen? Du hast mich getäuscht. Wie ich dich damals so gesehen habe, so elegant, modern, immer gut angezogen und frisch frisiert. Damals hast du wirklich gut ausgesehen. Ich war von deinem äußeren geblendet. Weißt du, was ich gedacht habe?«, fragte sie dann oft Santo, denn die Meinung von Santo war ihr immer wichtig gewesen.

Santo kannte die Antwort in- und auswendig. Er lächelte dann seine Mutter jedes Mal etwas verlegen an, wobei er darauf achtete so neutral wie möglich zu wirken, denn er wollte auf gar keinen Fall eine Missstimmung aufkommen lassen.

»Ich habe mir in meiner kindlichen Naivität vorgestellt, dass ich mir mit deinem Vater ein schönes Leben machen könnte. Ich habe davon geträumt, dass er reich sei, dass es ihm so gut gehe, dass ich durch eine Ehe mit ihm elegante Kleider tragen könne, die Welt sehen und mit ihm auf schöne Partys gehen würde, ins Kino, in nette Restaurants und viele andere schöne Dinge erleben. Aber genau das Gegenteil ist mir widerfahren.«

Das war der Punkt, wo meist Carlo langsam genug davon bekam und zu ihr sagte: »Wenn du so unglücklich mit mir bist, lass dich doch von mir scheiden, du kannst dich gerne von mir scheiden lassen, ich werde dich nicht aufhalten. Du bist frei zu machen, was du willst. Es gibt draußen genug Männer, die kein Problem damit haben, sich ne sizilianische Frau zu nehmen, die Kinder hat und verheiratet ist.«

»Ja, klar, und du lässt mich einfach so gehen?«, fragte dann Vita belustigt und in der Gewissheit, dass Carlo, alles andere tun würde. Dessen war sie sich sicher.

»Wie? Glaubst du mir etwa nicht? Wenn du dann dadurch glücklicher bist, warum soll ich dich von deinem Glück denn abhalten? Wie gesagt, die Tür ist offen, du kannst jederzeit gehen, du musst es mir nur sagen.« Dabei machte Carlo ein ziemlich neutrales Gesicht.

Wenn Carlo seine melancholische Laune hatte, erzählte er ab und zu aus seiner frühen Kindheit. Jetzt war er an der Reihe. So verliefen oft die Gespräche.

»Bei mir gab es immer was zu essen, einmal die Woche gab es bei uns fast immer Fleisch, nicht so wie bei euch, meine Mutter war ja nicht wie deine Mutter.« Dabei war er belustigt, so zog er Vita jedesmal auf und es gelang ihm auch immer wieder. »Ja, ja, ich weiß, aber dafür durfte dein verhurter Vater auch immer wieder bei ihr landen, deine scheinheilige Mama.« Carlo lachte, er hatte mal wieder schnell das Ziel erreicht. »Ja, Ja, dafür musste ich mit neun Jahren nicht mehr die vierte Schulklasse besuchen und ich bin gerne zur Schule gegangen. Ich war nämlich ein guter Schüler, ich hatte in allem bestens stehen gehabt. Acht bis Zehn hatte ich im Durchschnitt.«

Santo erfuhr, dass eine Acht so wie eine Zwei war und eine Zehn wie eine Eins. Die ersten Male hatte sein Vater ihn mit einem skeptischen Misstrauen gefragt, was zum Teil ein wenig gespielt war: »Wie, glaubt ihr mir nicht?« Denn kaum hatte er es ausgesprochen, stand er auf und holte seine Zeugnisse aus der damaligen Zeit aus dem Schlafzimmer. Im Schlafzimmer hatten Carlo und Vita in ihrem großen Schrank alle wichtigen Dokumente ordentlich deponiert, auch ihr Gold, das sie in den Jahren zum größten Teil selber gekauft hatten.

Gold, das heißt, vor allem Goldketten, Goldkettchen, Ohrringe, Ringe, Medaillons mit Engeln oder mit der Madonna oder dem Jesusgesicht aber auch heidnische Symbole, die sich über die Jahrhunderte gehalten und seit langem mit ihrem katholischen Glauben ausgezeichnet vermischt hatten. Wie die goldene Dreizehn, die eine Glückszahl war und wahrscheinlich als einziges Land so gesehen wurde, außer vielleicht in der Kabbala, wo sie die Zahl der Liebe ist. Vielleicht daher. Dann gab es noch das kleine goldene Horn, das hatte man an der goldenen Kette zwischen dem goldenen Kreuz, dem Jesusgesicht, der Madonna, dem Engel und der Dreizehn.

Das Horn gab es auch als Hand mit zwei ausgestreckten Fingern, Zeigefinger und kleinem Ringfinger. Sie haben die gleiche symbolische Wirkung wie das einzelne Horn, zum Schutz gegen böse Blicke und böse Gedanken der anderen. Wenn man vom Tod sprach oder irgendwelchen Unglücksfällen, streckten die Italiener ihre Hand mit dem gestreckten Zeigefinger und dem kleinen Ringfinger aus, wobei sie sich gleichzeitig an den Hoden griffen und dadurch alles Böse und Unglück, vor allem den Tod, von sich weg beschwörten. Dabei sagten einige dann immer: »Te´, Te´.« Von wegen hier, hier, nimm das Unglück und Tod.

Jedes Mal, wenn Santo von der Hauptschule Lochenerstraße oder der Casa Italia, von der Zülpischer Straße über den Zülpischer Platz nach Hause ging, oder halt umgekehrt, kam er an dem Zwiebel-Imbiss und das Schuhgeschäft, was unmittelbar am Anfang der Zülpischer Straße gegenüber der Herz-Jesu Kirche befand, an einem Bestattungsgeschäft vorbei. Dort konnte man durchs Fenster unterschiedliche, sehr hässliche Särge sehen. Jedes Mal griff sich Santo mit einer Hand kräftig an seinen Hoden und mit der anderen machte er Il Corno mit den zwei ausgestreckten äußeren Fingern, um den Tod und das Unglück von sich fernzuhalten, so wie er es gelernt hatte.

Das alles vollzog er gekonnt durch seine Hosentaschen, sodass kein Deutscher oder andere Nichtwissende etwas davon mitbekommen konnten. Es war ihm peinlich, mitten auf der Straße sich vor allen Nichtwissenden ordinär an die Eiern zu greifen. Wenn er aber mit den anderen Casa-Italia-Jungs unterwegs war, war es ihm genau wie den anderen egal, wer da etwas mitbekam. Sie griffen sich in aller Öffentlichkeit demonstrativ kräftig an dem Sack, wobei sie dann in Richtung Bestattungsfenster alle zusammen synchron, die Hand mit dem Corno ausstreckten, um dann Laut.»Te´, Te´« zu sagen, um alles Böse von sich weg zu beschwören. Immer dann, wenn sie in die Nähe eines Bestattungsgeschäftes kamen, wiederholte sich dieses Ritual jedes Mal aufs Neue.

In Süditalien, vor allem in Sizilien, spielte Gold eine wichtige Rolle. Egal, was für eine Feier, ob Geburtstag, Taufe, Kommunion, Firmung, Hochzeit, schenkte man sich gegenseitig Goldschmuck, mindestens achtzehn Karat und je nachdem, wie wichtig diese Menschen waren, fielen auch die Geschenke in ihrem Wert aus. Aber ohne ein goldenes Objekt auf einer Feierlichkeit zu erscheinen, glich einer Beleidigung. Seine Mutter sagte oft, Gold verliert nicht an Wert und im Notfall, Gott bewahre, kann man es immer noch verkaufen und zu Geld machen, was einem für eine Zeit weiterhelfen konnte.

Mit den alten etwas mitgenommenen Zeugnissen kam Carlo mit einem unverkennbaren Stolz, den er immer noch wegen dieser Zeugnisse in sich trug, in die Küche herein. »Hier, schau sie dir an, siehst du?« Und er zeigte seinem Sohn die verschiedenen Fächer mit den guten Noten. »Wenn sie mich nicht von der Schule genommen hätten, wer weiß? Ich hätte auch studieren können, vor allem Mathematik, da war ich nämlich besonders gut. Rechnen mochte ich besonders. Aber ich hatte nicht das Glück, so einen Vater wie mich zu haben, nicht jeder hat so einen Vater wie mich«, betonte Carlo nachträglich. »Ich hatte nämlich gar keinen richtigen Vater, er war nicht da. Er kam ab und zu, schaute vorbei, gab vielleicht meiner Mutter etwas Kleingeld, um sein Gewissen zu erleichtern und ging wieder zu seiner anderen Frau. Meine Mutter ist es schuld, sie hätte diesen Hurenbock nie wieder in ihr Haus reinlassen sollen. Die Sache ist, mit Sicherheit hat sie es nötig gehabt, wer weiß, vielleicht hat sie sich auch nur Hoffnung gemacht, dass dieser Hurenbock, vielleicht wieder zu ihr zurückkommen würde. Wie auch immer, das weiß nur Gott. Auf jeden Fall musste ich mit neun die Schule verlassen und mit meinem Bruder Sebastiano, der sechs Jahre älter als ich ist, das erste Mal für zwei Wochen in die Berge ziehen, um auf Schafe aufzupassen. Das war meine erste Arbeit, alleine mit meinen Bruder für zwei Wochen weg von zu Hause, einsam in den Bergen. Nicht so wie ihr heute, bis ans Lebensende im Hotel Mama.« Santo schmerzte jedes Mal sein Herz, wenn er diese Geschichten aus der Kindheit von seinem Vater hörte.

Über den Vorwurf Hotel Mama lachte er nur belustigt. Das machte ihm nichts, schließlich waren sie es doch, vor allem seine Mama, die immer wieder den Deutschen verständnislose Vorwürfe machte, dass sie ihre Kinder gerne früh aus dem Haus gehen ließen.

Dazu sagte sie immer: »Ganz anders als bei uns, bei uns verlassen die Kinder das Haus erst, wenn sie heiraten, egal, wie alt sie sind, vorher kommt das nicht in Frage.«

Santo dachte sich: »Ja, klar, von einem Extrem zum anderem Extrem«, worauf Santo dann seine Mutter an diesem Punkt immer wieder interessiert fragte: »Aber damals sind die italienischen Männer in den jüngsten Jahren doch in die Welt ausgewandert, warum durfte man denn damals so jung aus dem Haus? Oder ist diese Tradition in Italien vor kurzem neu erfunden worden, damit die Mamis ihren Jungen nach der Kirche selber nochmal Hand anlegen?« Und dabei lachte er kurz, nicht zu lange und leise. Er wollte keinen Respekt vermissen lassen.

»Damals waren es auch andere Zeiten, damals hatten wir Hunger, es gab keine Arbeit, es gab keine Zukunft, unsere jungen Männer hatten keine andere Wahl. Glaub mir, die meisten wären am liebsten weiterhin bei ihren Mamis geblieben.«

»Und wisst ihr, was es zu essen gab?«, knüpfte Carlo wieder an seiner Geschichte an und schaute seine Kinder mit einem Blick an, in dem man hinter seinem Stolz einen Funken Trauer und hinter seiner Trauer einen Funken Stolz erkennen konnte. Seine Kinder schauten ihn verwirrt und ratlos an. »Nicht so wie heute«, sagte er und wartete ein bis zwei Sekunden, bevor er weitererzählte, »wir haben uns zwei Wochen lang nur von Brot und Milch und von Käse ernährt, zwei Wochen lang, Tagein, Tagaus. Da oben auf den Bergen gab es nichts anderes.«

Santo fragte: »Warum ist nicht einer von euch zurück nach Militello, um da etwas anderes zum Essen zu kaufen?«

»Jaa, duuu bist echt ein schlauer, da hat mal wieder Doktor Professor Sohn gesprochen, der, der es besser weiß.«

Seine Mutter und jüngerer Bruder schmunzelten und waren jedes Mal aufs Neue belustigt über Carlos Schikanen gegenüber Santo.

Traurig dachte Santo über seinen Vater: »Was für'n Primitiver, geht der mir auf dem Sack, den kann man echt nach nichts fragen und ich Idiot muss auch jedesmal da rein fallen.«

»Wir konnten nicht zurück nach Militello, da hätten wir einen halben Tag zu Fuß hin und einen halben Tag zu Fuß zurück gebraucht, das hätte viel zu lange gedauert. Wie gesagt, wir ernährten uns von Brot und das was die Schafe uns gaben und ein wenig vom Land, das, was wir fanden, aßen wir, Sizilien ist ein sehr fruchtbares Land. Wir ernährten uns von dem, was wir auf den Bäumen fanden. Fanden wir einen Baum mit Nektarinen, stopften wir uns den Bauch voll damit, bis wir satt waren. Fanden wir einen Feigenbaum, stopften wir uns den Bauch voll mit Feigen. Fanden wir einen Baum mit Pflaumen, stopften wir uns den Bauch mit Pflaumen und so weiter. Unser Land ist gesegnet«, fügte er hinzu,

»Bei uns nämlich«, fing Carlo wieder an, »wächst fast alles, wirklich Hunger leiden musste noch nie einer in Sizilien. Es gab für die meisten selten Fleisch oder sonst andere Luxusgüter, aber man brauchte nur etwas aufs Land zu gehen und man konnte sich von den vielen Obstbäumen ernähren. Man durfte sich nur nicht von dem Besitzer erwischen lassen, denn damals verstanden die Landbesitzer keinen Spaß. Wenn sie einen nicht kannten, fackelten sie nicht lange, sie schrien, wer da? Und wenn sie einen erwischten zogen sie ihn an den Ohren von ihrem Land, wobei sie die Kinder mit Arschtritten verjagten. Einige feige Hunde darunter, schraken auch nicht davor zurück, mit deren Schrotflinte zu schießen, wobei die meisten einfach in die Luft schossen, um uns Kindern Angst einzujagen. Nicht so wie bei euch, Papa kocht für euch, bereitet euch das Frühstück vor, Mama wäscht und macht euch täglich die Betten, ihr werdet behandelt wie Prinzen. Euch hätte ich gerne gesehen, wie ihr an meiner Stelle zurechtgekommen wärt, wenn ihr aus einen Brunnen trinken müsstet, wo tief unten die toten Ratten lagen.«

»Papa«, sagte jetzt Silvio, »hast du das Wasser getrunken?«

»Jaaa, euch hätte ich gerne gesehen, ob ihr nicht aus diesem Brunnen getrunken hättet, zu Anfang wollte ich auch nicht davon trinken, mein älterer Bruder Sebastiano lachte mich aus und sagte, stell dich nicht so an, und trank dann jedes Mal genüsslich einen großen Schluck davon, wobei er sich über mich lustig machte. Unser Wasser war zu Ende und weit und breit gab es kein anderes Wasser. Den ersten Tag, trank ich nicht, mein Bruder lachte, den zweiten Tag hielt ich meinen Durst nicht mehr aus, ich hätte sogar Pisse getrunken und trank aus diesem Brunnen und ihr könnt euch nicht vorstellen, wie köstlich dieses Wasser mir geschmeckt hatte, danach machte es mir nichts mehr aus, aus diesem Brunnen zu trinken. Und dann bin ich nie wieder mit meinem Bruder in die Berge zum Arbeiten gegangen, um auf Schafe aufzupassen, das war nichts für mich.«

»Was hast du dann für eine Arbeit gemacht?«, wollte Santo wissen.

»Ich musste dann nachts in der Bäckerei arbeiten gehen und habe dort gelernt, wie man Brot backt, da habe ich für n'paar Lire fast zwei Jahre gearbeitet. Ich musste ja die Familie mit ernähren. Was meint ihr, wie viele Arbeiten ich gemacht habe, nicht so wie ihr heute, später bin ich dann auf dem Land arbeiten gegangen, um den Acker zu bestellen. Von Sonnenaufgang bis zum Sonnenuntergang mussten wir wie Sklaven gnadenlos ackern, und wehe, wir haben nicht schnell genug gearbeitet, da gab's was zu hören. Diese Arbeit war so hart, die erste Woche dachte ich jeden Tag, morgen bleibst du zu Hause, morgen gehst du nicht zur Arbeit, ich war zarte elf Jahre, U figiu'i nudu, haiu statu«, (Niemandes Kind bin ich gewesen), fügte Carlo hin und wieder hinzu, »aber ich durfte nicht zu Hause bleiben, ich hatte schon damals Rückenschmerzen, ich habe es meiner Mutter erzählt, sie hat mir nicht glauben wollen. Dann hat sie sich bei meinen älteren Bruder Sebastiano über mich beschwert, von wegen ich sei faul, ich hätte keine Lust zu arbeiten, nun ni'mangia travaghiu' (er isst keine Arbeit/mag keine Arbeit) hat sie immerzu gesagt und jedesmal, wenn sie meinen Bruder anstachelte, gab es für mich Dresche. Mein Bruder verprügelte mich übelst, und wenn ich immer noch nicht zur Arbeit gehen wollte, verpönte sie mich vor ihrer Haustür so laut, dass die ganze Via Gullinella es mitbekam. Oft versteckte sie das Essen vor mir. Wenn du nicht arbeiten gehst, gibt es auch nichts zu essen, sagte sie. Den ganzen Tag, manchmal auch zwei Tage, bekam ich nichts zu essen und wurde auch noch obendrein verprügelt. Einmal, ich erinnere mich nicht mehr, was ich verbrochen hatte, zog sie mich nackt nach draußen, ich war zwischen zehn und zwölf Jahre, sie nahm ein Seil, band mir die Hände an den Eisenring, der in der Wand neben der Tür eingehauen war, wo man sonst Maultiere angebunden hatte und peitschte mich mitleidlos in aller Öffentlichkeit aus.«

Jedes Mal, wenn Santo sich diese Geschichte anhörte, spürte er den Schmerz, den sie seinem Vater angetan hatte, den seelischen Schmerz, diese Ungerechtigkeit, den sie ihm als kleinen Jungen erbarmungslos angetan hatte. Dieser Schmerz saß immer noch tief in Santos Vaters Seele, in der Seele dieses Kindes, das immer noch ein Teil von ihm war. Santos Herz litt und in seinem Kopf wurde es schwindelig, schwindelig vor Hilflosigkeit, vor Hilflosigkeit, weil er seinem Vater, den er trotz seiner Macken liebte, nicht hatte helfen können. Wenn er dabei gewesen wäre, hätte er schon gewusst, wie er seinen Vater geholfen hätte, so wie er jedes Mal seine Mutter und seinen Bruder vor seinem Vater schützte, so hätte er auch ihn, seinen Vater, beschützt.

So wie damals, als er dreizehn war, als sie wegen des immensen Wunsches seines Vater, Deutschland für immer zu verlassen, um nach Sizilien zurückzukehren, das Abenteuer hatten auf sich nehmen müssen. Mir nichts, dir nichts verschenkten sie das, was sie nicht mitnehmen konnten an die letzten übrig gebliebenen Freunde oder Bekannte, wobei Santo bei den restlichen Möbeln und Klamotten, die sie mit nach Militello nehmen wollten, kräftig mit anpacken musste.

Das Abenteuer währte nicht lange, ganze drei Monate dauerte es, bis sein Vater, dadurch resigniert, dass er fast seine ganzen Ersparnisse aufgebraucht und immer noch keine Arbeit gefunden hatte, ohne sich wirklich drum gekümmert zu haben, den Entschluss gefasst hatte, nach Deutschland zurückzukehren.

Von Morgens bis spät in die Nacht war er mit seinen militellesichen Unterweltsratten von Freunden unterwegs gewesen, mit denen er auch einen großen Teil seines Geldes verprasst hatte. In Köln zurückgekommen, wurden sie von einer sizilianischen Familie aufgenommen, da sie erstmal keine Wohnung mehr besaßen. Circa zwei Wochen dauerte es, bis sie sich mit der Gastgeberfamilie nach einigen Missverständnissen zu einer anderen befreundeten neapolitanischen Familie begaben.

Dort passierte es wieder. An einem Abend saßen sie zu mehreren Bekannten in der Küche, sie tranken Wein und aßen typisch italienische Speisen, wobei Carlo eine Menge Rotwein in sich hineinkippte und sich prächtig auf seine typisch sizilianische einfache Art amüsierte. Von Schamgefühl und Verzweiflung wurde Vita schwach, sie konnte einfach nicht mehr hinhören und zusehen, wie ihr Mann sich mal wieder benahm. »Carlo, basta ora! Quanto vino ti vou bere ancora?« (Carlo, es reicht jetzt, wie viel Wein willst du noch trinken?), hatte sie sich erlaubt, ihn zu fragen. In Gesellschaft von Nicht-Sizilianern unterhielten sie sich gewöhnlich auf Italienisch, außer sie wurden zornig. »Nu vidi quandu vinu ti sta vivinnu, abasta ora, quandu vinu ti voi viviri ancora?« (Siehst du nicht, wie viel Wein du am trinken bist, wie viel Wein willst du denn noch trinken)? Diesmal auf sizilianisch.

Da explodierte Carlo. Er konnte sich nicht mehr kontrollieren und war nicht mehr Herr seiner selbst. Zu spät. Sein sizilianisches Geblüt, was durch den roten Wein, den er über den Abend in Mengen wie ein Schwamm in sich hinein gesaugt hatte, war ihm in den Kopf gestiegen. Sein Schädel hämmerte, wobei gleichzeitig sein Herz wie ein Schlaghammer raste und am liebsten auch wie ein Schlaghammer wild um sich geschlagen hätte, um seiner Wut freien Lauf zu gewähren, die unbewusst daher rührte, dass er mit sich selbst nicht im Reinen war. Zornig und ungerecht beschimpfte er übelst seine Frau, wobei er sich noch aus Scham, den sein Zorn noch nicht ganz ausgelöscht hatte, beherrschte.

Tief gekränkt und mal wieder schwer enttäuscht, mit der Angst, ihr Mann würde sie gleich vor allen schlagen, zog sich Vita beleidigt und niedergeschlagen zurück. Sie wusste, wozu ihr Mann in so einem Zustand fähig war. Sie hatte es schon einige Male zu ihrem Unglück erfahren müssen. Vita ging ins Gästeschlafzimmer, wo sie sich eingenistet hatten. Die Wohnung bestand aus zwei Appartments, die zu einem gemacht worden waren.

Sie überquerte den Flur, der die Küche von ihrem Schlafzimmer trennte, um dann in das Zimmer zu gelangen, wo Santo und Silvio zusammen in einem Bett schliefen. Sie ließ sich aufs Bett fallen und fing verzweifelt an zu weinen. Silvio saß da und heulte. Santo war niedergeschmettert, er schämte sich zutiefst. Am liebsten hätte er sich unsichtbar gemacht, wobei er sich jedesmal in so einer Situation fragte, ob das mal wieder so ein scheiß Alptraum war. Zugleich wünschte er sich das. Er wünschte sich, es sei irgendeiner dieser beschissenen Alpträume und er würde jetzt jeden Moment aufwachen und alles wäre schön und in Ordnung.

»Gott, bitte, mach, dass es ein Traum ist, mach, dass es ein Traum ist«, wünschte sich Santo wie so oft in seinen Gedanken. »Können wir nicht wie alle anderen Familien in Frieden das Leben leben?«

Carlo stand auf, schaute in die Runde und ohne ein Wort zu sagen, verließ er die Gesellschaft in der Küche. Santo wurde aufmerksam, die Bilder, die sich in seiner Kindheit eingeprägt hatten, waren nicht spurlos verschwunden, sofort wurde er hellhörig. Vor seinem inneren Auge sah er seinen Vater, genauso wie damals, sich auf seine Mutter stürzen und mit harten Fäusten auf das Gesicht seiner wehrlosen geliebten Mama schlagen. Intuitiv stand er auf. »Wo gehst du hin?«, fragten ihn die anderen. »Bleib doch hier«, verlangten die Bekannten, denn insgeheim dachten sie, Carlo würde zu seiner Frau gehen, um sich zu entschuldigen, und dann sie bitten, wieder in die Küche zu kommen.

Sie kannten ihn nicht. Santo antwortete: »Ich muss meiner Mutter helfen, ich kenne ihn, er will sie bestimmt schlagen.«

»Quatsch, was erzählst du da?«, antworteten sie verwundert.

»Ihr kennt ihn nicht.« Schnellstens begab sich Santo ins Schlafzimmer. Trotz seiner Hoffnung, eines Besseren belehrt zu werden, sah er genau das, was er befürchtet hatte. Carlo war dabei sich auf seine Frau, die im Bett lag, zu setzen und auf seine hilflose Gattin feige einzudreschen.

Er hatte es geahnt, doch trotzdem, hatte er insgeheim die Hoffnung gehabt, sich zu täuschen. Leider hatte sein Instinkt ihm zu seinem Bedauern keinen Streich gespielt. Resigniert hatte er sich schnell gefasst und griff mit beiden Händen an die Schulter seines Vaters, ohne ihn wegzuschubsen. Bereit. Kampfbereit, koste es, was es wolle, seine Mamma gegen jeden zu schützen. Währenddessen schrie er seinen Vater an: »Lass sie los! Lass sie los! Diesmal nicht, rühr sie nicht an!«, schrie Santo nun selbstsicher.

»Vatinni´, ti dissu´vatinni´, si no macari per tia ci´ne´.« (Hau ab, ich habe dir gesagt, hau ab, sonst gibt es auch für dich), drohte ihm sein Vater.

»Ti dissu´ lassela´stari, nu na tuccari.« (Ich sagte dir fass sie nicht an, fass sie nicht an), erwiderte Santo bestimmend. Carlo stand auf und drehte sich drohend zu seinem Sohn. Diesmal nicht! Nur über meiner Leiche! Du rührst meine Mutter nie wieder an! Sprach Santo mit sich selbst.

Gleichzeitig hielt er seinen Vater mit der linken gestreckten Hand auf Abstand, mit der rechten bereit zuzuschlagen. Carlo war irritiert. Santo hatte ihm imponiert. Er stand da und musterte seinen ältesten. Santo war bereit. Da kamen schon die anderen, irritiert und vom Schamgefühl ertappt zu sein, ließ Carlo von seiner Frau ab. Der sechsjährige Silvio schrie heulend zugleich: »Papa, Papa ich komme mit dir, nimm mich mit.« Und er lief seinem Vater hinterher.

Außer sich vor Wut, nahm Carlo seinen Sohn Silvio mit, wobei er seiner Frau beim Weggehen gelassen und mit einen schelmischen Lächeln sagte: »Ora pigghiu a machina, e mi va amazzu´.« (Jetzt nehme ich das Auto und bringe mich um.)

»Lassa u fighiu´cha, si ti voi amazzari, va amazzati´sulu.« (Lass den Jungen hier, wenn du dich umbringen willst, tu es alleine), konterte Vita in ihrer Verzweiflung.

»Ta fighiu´ci vola viniri.« (Dein Sohn möchte mitkommen), antwortete Carlo sich rechtfertigend.

»Lassa u carusu cha.« (Lass das Kind hier.)

Doch Carlo hörte nicht mehr zu, er war mit Silvio in der Hand durch die Tür. Vita war zu niedergeschlagen, um ihrem Mann und Kind hinterher zu laufen und es war ja nicht das erste Mal, dass Carlo seiner Familie mit seinem Tod gedroht hatte.

Nein, das war nicht das erste Mal, dachte sie sich, lass ihn nur, Gott soll meinem Sohn helfen. Schockiert und ernsthaft besorgt, fragten die anderen, sollen wir die Polizei rufen?

»Nein, nein, ist nicht nötig«, antwortete Vita knapp.

Die Frau von Luigi, die eine Deutsche war, startete den Versuch, sie davon zu überzeugen, es sei besser, die Polizei zu rufen.

»Nein«, sagte Vita entschlossen, »lasst ihn nur, ich kenne ihn, er blufft, das macht er immer so, das ist nicht das erste Mal, lasst nur, wird schon nichts passieren.«

Entsetzt schauten sich die anderen fragend an. »Davvero? Sei sicura Vita?« (Wirklich? bist du sicher Vita?), fragte Luigi besorgt. Die Wahrheit war auch, dass Vita durcheinander war und sie sich mal wieder nicht in Klaren war, was richtig war. Sie wollte nicht noch mehr Ärger, und wenn sie die Polizei eingeschaltet hätten, wer weiß, was dann noch passiert wäre, das war, was sie dachte, und sie beschloss für sich, abzuwarten. So wie sie ihren Mann kannte, würde er sich spätestens, nachdem sein Alkoholrausch sich gesenkt hätte, beruhigen und wieder nach Hause kommen, und sich dann bei ihr entschuldigen und um Verzeihung bitten. So war das bis jetzt immer schon gewesen. Ganz sicher war sie sich nicht, ganz sicher ist sie sich nie gewesen. Aber sie hoffte es, wie immer.

Es war ein komischer Abend gewesen. Santo war schon vorher etwas aus dem Gleichgewicht geraten. An diesem Abend war ihm etwas sehr Komisches passiert, etwas, was ihn angewidert hatte. Es war unglaublich. Er konnte es einfach nicht glauben, was hatte sie sich dabei gedacht, hat sie wirklich gedacht, waren Santos wirre Gedanken.

Nachdem Santo gegen 19:00 Uhr von seinen italienischen Kumpels aus der Casa Italia nach Hause gekommen war, was keins war und sich auf dem Zülpischer Wall fast gegenüber vom SV-Agrippina Köln befand, grüßte er kurz und ging zu seinem provisorischen Bett, wo er sich geschafft genüsslich drauf fallen ließ. »Ahhh«, dachte er, »wie schön« Er hatte ja gar keine Lust, sich die Gespräche in der Küche reinzuziehen. Nein, heute hatte er gar keinen Bock drauf. »Ich steh erst auf, wenn das Essen fertig ist, auf gar keinen Fall vorher«, dachte er sich.

Plötzlich öffnete sich unerwartet die Tür. Marlene die Ehefrau von Stefano trat unaufgefordert herein. »Che hai?« (Was hast du?), fragte sie auf Italienisch. Marlene war zwar Deutsche, sprach aber perfekt Neapolitanisch. Verwundert, mit groß erstaunten Augen, schaute Santo sie fragend an. Er dachte sich, was will die denn.

»Was hast du?«, fragte sie nochmal, dieses Mal auf Deutsch. Dabei kam sie ihm immer näher »Was ist mit dir los? Ist was? Was hast du? Geht es dir nicht gut?«

Irritiert und zugleich geschmeichelt antwortete Santo höflich, wie er es pflegte: »Danke, alles in Ordnung, ich bin nur etwas müde.«

»Sicher? Nur etwas müde?« Und schon saß sie neben ihm. Instinktiv rückte Santo zur Seite. Verunsichert von ihrer Nähe und ihrem erregten Atem antwortete er schnell: »Ja, bin nur etwas müde, aber ich stehe gleich auf.«

»Bleib doch noch ein wenig«, forderte Marlene Santo auf. Zack, gekonnt saß sie auf einmal mit ihrer Vagina auf Santos mänlichem Teil, genau drauf. Treffer! Dabei griff sie nach Santos Armen und hielt sie etwas feste gegen die Matratze. Währenddessen rieb sie sich mit ihrer Vagina durch ihre Jeans an Santos Teil. Mit ihrem etwas breit gebautem Hintern machte sie kreisende Bewegungen, in der Hoffnung schnell den Ständer hoch zu kriegen und ihn zu fühlen, denn sie merkte, dass Santo irgendwie nicht wollte. Also musste es schnell gehen. Sie musste ihm schnell den Ständer hoch kriegen, um ihn fühlen zu können, sodass Santo genauso wie sie geil wurde. Also musste es rasch gehen. Sie musste ihm schnell einen hochziehen, ihn geil machen und dann, zack, ihn endlich in sich zu spüren. Aufgegeilt von ihren eigenen Gedanken, geilte sie sich nur umso mehr auf, und rieb und rieb, wobei sie durch ihre animalische Erregung, die sie selbst durch ihre Fantasie und ihren Wahn hervorgerufen hatte, ihre Gedanken preisgab. »Und? Gefällt es dir?« Und ohne auf eine Antwort zu warten: »Komm, tu nicht so, ich weiß, dass es dir gefällt.«

Da bekam Santo zu viel, er hob sein Becken, denn seine Hände hatte die Alte in ihrem ekstatischen Wahn so feste gegen die Matratze gehalten, dass er es nicht geschafft hatte, sich ohne Gewalt zu befreien.

Erst beim dritten Versuch gelang es ihm, sie von sich wegzustoßen. »Bah«, dachte er sich angewidert, »wie eklig ist die Alte, ist verheiratet mit nem Freund von meinem Vater, hat ne Tochter, und will mich Vierzehnjährigen verführen?«

»Nein, ich möchte das nicht, das ist mir ernst, ich will das nicht!«

Abrupt beendete Santo mit diesem Satz Marlenes wahnwitzige Ekstase.

Währenddessen stand er auf und wollte seine Schuhe anziehen, erst jetzt, wie von einem Schlag getroffen, war plötzlich ihre ganze bestialische Geilheit verflogen. Ungläubig und immer noch verständnislos akzeptierte sie es endlich, wobei sie noch zu Santo sagte: »Du bist echt 'n komischer Kerl.« Sie ging geschlagen aus dem Zimmer zurück zu den anderen, so als ob nichts gewesen wäre. Santo schämte sich fremd. Er schämte sich für sie und traute sich nicht, in die Küche zu gehen.

»So eine Scheiße«, dachte er. »Was war das denn? Was war mit der Alte los?«

Sein Magen knurrte, auf einmal bemerkte er seinen Hunger, er hatte seit Stunden nichts gegessen. »Scheiße, ich habe Hunger, ich muss was essen.« Er traute sich aber nicht in die Küche, seine Mutter rief schon nach ihm: »Santo, Santo, a mangiare, vieni a mangiare, il mangiare e pronto.« (Santo, essen, komm essen, das Essen ist fertig.)

Und da war sie plötzlich wieder, Marlene stand an der Tür, schaute ihn mit einem schmutzigen eingeweihten Lächeln an, das Santo zu verstehen gab, keine Sorge, ist schon gut, alles in Ordnung, die Luft ist rein.

»Santo«, sagte sie dann extra laut mit starkem neapolitanischen Akzent, damit sie das auch in der Küche alle hören konnten. »Vieni, il mangiare e pronto, ti stiamo aspetando.« (Santo, komm, das Essen ist fertig, wir warten auf dich.) Und dann lachte sie nochmal amüsiert schmutzig, so als ob sie gesiegt hätte.

Ein komischer Abend war dies am jenen Tag gewesen, einer dieser Abende, die sein Herz mit Kummer, Sorge und Trauer zuschnürten. Einer dieser Abende, die einen mit Hoffnungslosigkeit bedrückten. Santo fragte sich immer, wobei er diese Frage eigentlich Gott stellte: »Was habe ich dir bloß angetan, warum müssen wir so leiden, warum können wir nicht auch wie die anderen Familien glücklich und in Ruhe leben?«

Er litt sehr unter den niederschmetternden, beschämenden Launen seines Vaters.

Obwohl sie sich nichts hatten anmerken lassen, hatten er und seine Mama, an diesem Abend große Sorgen. Sie hatten nicht schlafen können, mit einem offenen Auge und einem Ohr gerichtet zur Tür, mit Gebeten zu Jesus und zu Gott und der Hoffnung, dass auch diesmal alles gut werden würde und vor allem, dass dem kleinen Silvio nichts geschehen würde, waren sie zu Bett gegangen.

Nach einigen kummervollen verdrießlichen unangenehmen Nachtstunden war Carlo wieder zurückgekehrt. Santo hatte es nicht mitbekommen, er war dann irgendwann doch noch eingeschlafen, und als er aufgewacht war, schien die Situation sich beruhigt zu haben. Er war froh, seinen kleinen Bruder heil wiederzusehen. Allem Anschein nach, hatte sein Vater sich wohl im nüchternen Zustand bei seiner Mutter entschuldigt und Vita hatte es ihm aus Liebe und Sorge zu ihrer Familie mal wieder verziehen.

Urlaub in Militello

Es war kurz vor dem Mittagessen gewesen, Santo und Silvio, waren gerade aus der Villa zum Essen nach Hause gekommen, so wie sie das alle in Militello taten, denn spätestens um eins wurde in anständigen Familien zusammen zu Tisch gegessen. Vorher hatte Santo seinen Bruder unterwegs aufgegabelt, während Silvio mit seinen gleichaltrigen Freunden, mit dem Piaggio-Mofa umherirrend, gelassen und die Sonne genießend, durch die Gegend fuhr, so wie alle Jugendlichen das in Militello gerne als Zeitvertreib taten, um beim Vorbeifahren irgendwelche süße Schnecken anzuquatschen.

»Amuninni a casa.« (Lass uns nach Hause gehen), hatte Santo zu Silvio gesagt, »forza, a´muni´, u mangiari e prontu.« (Komm, lass uns gehen, das Essen ist fertig.)

»Nein!«, antwortete Silvio trotzig, »ich will noch nicht nach Hause gehen, ich habe noch keinen Hunger.«

»Wenn du einmal zu Hause bist, wird der Hunger schon kommen«, antwortete Santo. Doch Silvio hatte gar keine Lust nach Hause zu gehen, er wär am liebsten mit dem Mofa und seine Freunde weiter durch die schönen militellesischen barocken Straßen, die Gegend genießend, gefahren und hätte wahrscheinlich den einen oder anderen Blödsinn angestellt. »Forza, annacati´.« (Komm, beweg dich), forderte Santo Silvio nachdrücklich nochmal auf. »Annacati´, forza, o´ vui ca´u papa si siddia?.« (Beweg dich, los, oder willst du, dass Papa wütend wird), forderte Santo Silvio nochmal auf und schaute ihn streng und zugleich bittend abwartend an. Silvio schaute Santo an und erkannte an Santos Augen die Besorgnis seines älteren Bruders. Er willigte ein. »Fahrt uns nach Hause, forderte Silvio seine Kumpels auf. Santo stieg hinten auf das Mofa von Silvio auf und sie wurden von der Villa aus über die Straße Viale Regina Margherita, über die Hauptstraße Via Umberto zur Piazza San Benedetto, in einen der vielen Cortile (kleine Innenhöfen), mit denen Militello reichlich beschenkt war, gefahren.

Einige Male hatte Santo Silvio besorgt aufgefordert, schlau zu sein und ihrem Vater, so weit es ging, aus dem Weg zu gehen. »Mach das so wie ich«, hatte Santo ihn angefleht. »Hör nicht hin, wenn er Quatsch redet, lass ihn einfach Quatsch reden, hör einfach nicht hin, lass ihn einfach labern. Merkst du nicht, dass er nur darauf wartet, bis irgendeiner von uns ihm was sagt.«

Santo brach es das Herz. Beim Aufprallen der pfeifenden Ohrfeigen, die auf seinen kleinen Bruder von seinem Vater gnadenlos geschmettert wurden, ging ein Stich durch seine Seele, es war so, als ob er gerade diese Ohrfeigen selbst abbekommen hatte, nein, schlimmer noch. Er liebte seinen kleinen Bruder, auch wenn er sich nicht immer genügend Zeit für ihn nahm. Der Altersunterschied zwischen den zweien war einfach zu groß. Santo beherrschte sich genau wie seine Mama, er hatte versucht, keine Mine zu verziehen, aus genau denselben Gründen. Er war ruhig geblieben, hatte kein Wort dazu gesagt und hatte so getan, als ob alles in Ordnung wäre. Der Appetit war ihm vergangen, wie so oft. Am liebsten hätte er seinem Vater das Essen in die Fresse geschmissen und ihm dann seine Meinung gepfiffen. Er hatte es nicht getan, so wie so oft, genau aus diesen beschissenen Gründen wie seine Mama und aus diesem sizilianischen Respekt, den er als kleiner Junge beigebracht bekommen hatte. Ein Sizilianer hatte seinen Vater zu ehren und zu respektieren. Der Vater war wie Gott. Das, was der Vater tut, ist unfehlbar, macht immer Sinn und kann gar nicht falsch sein. Es hat immer einen Grund.

Santo hatte von seinem Vater eine Gehirnwäsche verpasst bekommen, wobei die zehn Gebote ihren Beitrag dazu geleistet hatten. Schnell beeilte sich Santo zu Ende zu essen und hatte sich darauf so unauffällig, wie es nur ging, aus dem Staub gemacht, während Carlo wie so oft nach dem Essen in einen tiefen Komaschlaf fiel.

Santo hatte sich zur Villa beeilt in der Hoffnung, Silvio dort aufzutreffen, denn dort ließ es sich in der brennenden sizilianischen Mittagssonne am besten verweilen. Hier hingen die militellesichen Jungendlichen am liebsten ab. Dort traf man sich, dort wurde man gesehen und konnte man auch sehen. Die Villa war das schlagende Herz Militellos, groß wie ein Fußballstadion und reich an mediterraner und exotischer Vegetation. Überall waren unterschiedlich große Palmen zu sehen, die der Gartenanlage mit antiken römisch-griechischen Einflüssen ein Hauch von Orient und Karibik zugleich verliehen. Die jungen Militelesi hielten sich gerne dort auf, wobei die alten, lieber in ihre Lieblingspiazza, in ihrer Stammbar, verkehrten.

Er sah seinen Bruder auf dem seitlichen Flur. Silvio war gerade mit sich selbst beschäftigt und hing auf diesen Flur ab. Er sah traurig aus und Santo konnte immer noch die ausgetrockneten Tränen an seinem kleinen süßen Gesicht erkennen. Mitleidvoll begab er sich zu ihm, Wut über seinen unsensiblen Scheißvater kam in ihm auf, wobei er auch gleichzeitig auf seinen Bruder sauer war, da der einfach nicht in der Lage war, sich nicht mit seinem Vater anzulegen. »Silvio«, sagte er in einem warmen fürsorglichem Ton, »Chi fai cha´?« (Was machst du hier), fing er das Gespräch an.

»Nenti, staiu a spitannu cha venanu amici mie.« (Ich bin am warten, dass meine Freunde kommen.) Silvio war alleine unterwegs, denn um diese Mittagszeit hatten die normalen Menschen in Militello in der Familie zusammen gegessen und blieben gerne dann auch zu Hause im Schatten. Militello sah um diese Uhrzeit aus wie eine Geisterstadt. Man sah, wenn überhaupt, nur vereinzelte Menschen, die von Schatten zu Schatten weiterzogen. »Pirchi´ ogni vota ci caschi´? Pirchi´ ogni vota cia rispunni? nun´ nuvidi cumu e? tu u sai cumu e, lassulu stari, nun ca´ rispunniri, fai finta di nendi, fai cumu fazzu iu, iu mancu u sentu propriu.« (Warum fällst du jedes Mal rein? Warum antwortest du ihm jedesmal? Siehst du nicht, wie er ist? Du weißt doch, wie er ist, lass ihn, antworte ihm nicht, tu so, als ob nichts wär, mach das so wie ich, ich höre ihn gar nicht.)

»Er ist ein Arsch«, antwortete Silvio auf Deutsch, Deutsch war die Sprache, die er beherrschte. Im Vergleich zu Santo sprach Silvio wirklich nicht gut sizilianisch, geschweige denn italienisch. Santo schaute Silvio kurz streng an und überlegte: »Soll ich ihn ermahnen? Nein, er hat recht, unser Vater ist n'Arsch.« Und ließ es dabei bewenden.

»Wenn ich groß bin, dann wird er schon sehen, mal gucken, wie er mich schlägt, wenn ich groß bin, soll er sich dann mal wagen, er wird dann sehen, was passiert.«

Santo fragte belustigt und traurig zugleich: »Was machst du dann?«

»Wenn er mich schlägt«, sagte Silvio, machte eine kurze Pause und schaute dabei seinen älteren Bruder Santo für einen Augenblick prüfend an, »dann schlag ich ihn zurück!«, schoss es aus ihm wutentbrannt heraus. Er nahm einen Stein vom Boden und schmiss ihn gegen eine dieser wunderschönen großen Palmen. Santo griff seinen Bruder am oberem Arm, zog ihn zu sich und drückte ihn liebevoll so, als ob er sein Vater wär. »Silvio «sagte Santo, »ich hab dich echt lieb, tu mir bitte den Gefallen und gehe unserem Vater aus dem Weg. Wenn du siehst, er ist nicht gut gelaunt, zack, hörst du einfach nicht hin und wenn möglich, zack, gehst du ins andere Zimmer, fertig, so einfach ist das.«

Silvio schaute Santo fragend an, von wegen »was will er von mir? Als ob das so einfach wäre«.

»Hörst du?«, fragte Santo nach. »Wenn du mich auch lieb hast, tu mir den Gefallen, vor allem tu es für Mama, sie leidet schon so genug mit ihm.«

Wenige Tage später hörte Santo seine Mutter laut aufschreien, er hatte aus seinem Mittagsschlaf aus dem kleinen Zimmer, wo er und sein Bruder schliefen, streitende Stimmen gehört, von denen er wach geworden war. Vita forderte ihren Mann mit erhöhter Stimme auf, sofort Silvio loszulassen. »Lasselu stari.« (Lass ihn los), schrie sie dann »Lassa stari u carusu, accusi´u mazzi.« (Lass das Kind in Ruhe, so bringst du ihn um), hatte sie sich aus ihrer Angst, Carlo würde den Jungen gleich umbringen getraut, diesmal einzugreifen. Carlo schubste seine Frau zur Seite, wobei er sie bedrohte: »Vatinni, s´anuncha ci su macari pi tia.«

Vita ließ sich in ihrer Angst um ihren Sohn nicht einschüchtern. »U sta amazzannu, lassa stari a ma fighiu«, schrie sie »Santo!«, schrie sie. »Santo«, schrie sie noch lauter, um dann nochmal lauter Santo zu rufen, doch Santo der schon da war und eine größere Platzwunde am Kopf von seinem kleineren Bruder entdeckt hatte, griff ohne eine Sekunde abzuwarten ein. Er stellte sich vor seinen Vater, vor seinen Bruder, der an den Marmortreppen lag, die zur Dachterrasse führten, wo sein Bruder sich wahrscheinlich den Kopf aufgeschlagen hatte, mit schützenden Händen vor Silvios Kopf, vor dem kleinen Körpers eines Neunjährigen, der vor Schmerz und Angst am Marmorboden zwischen Wand und Treppen gekrümmt dalag.

Santo war 16 und bestens trainiert, er wehrte die ersten Schläge seines Vaters mit Leichtigkeit ab. Carlo wurde dadurch noch wütender. »Levati davanti.« (Geh zur Seite), befahl er. Santo blieb stehen und erwiderte festentschlossen: »Lassalu stari, a basta ora.«

Carlo kochte vor Wut und war total außer sich. »Lassalu stari u dicu iu ca, e no tu.« (Lass ihn los bestimme ich hier und nicht du.)

Vita versuchte jetzt beruhigend dazwischenzufunken, Carlo beachtete sie nicht, er stand vor Santo und schaute ihn verblüfft und ein wenig eingeschüchtert an. Er merkte und fühlte, wenn er es jetzt darauf anlegen würde, hätte er mit seinem älteren Sohn auf jeden Fall kämpfen müssen. Santo machte einen starken Eindruck. Wer wusste, wie es enden würde. Santo setzte noch einen drauf, wenn es um die anderen ging, wenn es darum ging, andere zu beschützen, war Santo immer stärker, fühlte sich immer stark. »Tu a ma frati nun ´nu tochi chiu´, a caputu? A ma frati nun na´tucchari chiu´.« (Du sollst meinen Bruder nicht mehr anfassen, verstanden? Meinen Bruder sollst du nicht mehr anfassen.)

Carlo wollte sich das nicht gefallen lassen, er hob die Faust hoch Richtung Santo und sagte zu ihm im einschüchternden bedrohlichen Ton: »Vatinni, ti staiu dannu macari a tia.« (Geh weg, du kriegst sie gleich auch von mir.)

Doch Santo hatte ebenfalls seine rechte Faust erhoben und in Richtung Vater angesetzt, und instinktiv, mit der linken flachen Hand, die er seinem Vater steif und fest auf die Brust gelegt hatte, signalisierte er deutlich, dass bei einer falschen Bewegung seine Faust mit voller Gewalt krachen würde. Seine Körperhaltung sprach für sich. Verunsichert ließ Carlo von ihm ab, ging etwas zurück, schaute Santo an, schaute seine Frau an und würdigte seinen kleinen Sohn, der immer noch auf dem Marmorboden wie ein Haufen Elend lag, keines Blickes. In seiner Ehre gekränkt, drohte Carlo seinem Sohn: »Ab jetzt, wirst du dich in Militello immer umsehen müssen, pass gut auf dich auf, denn du wirst sie jetzt von meinen Freunden bekommen. Pass gut auf, wenn du durch Militellos Straßen läufst, pass auf deinen Rücken auf.«

Er zog seine Schuhe an und ging hinaus.

Schnell schnappte sich Santo vor Sorge und Wut zitternd seinen kleinen Bruder, schaute seine Mutter an und sagte zu ihr: »Wir müssen ihn zum Krankenhaus bringen.«

»Ja gehen wir, wir müssen uns beeilen.«

Das Krankenhaus lag parallel zur Villa. Besser wäre es gewesen, wenn sie mit dem Auto gefahren wären, doch Carlo hatte das Auto mitgenommen. Zu Fuß war das ein gutes Stück und das unter der immer noch brennenden heißen Mittagssonne. Auf dem Weg dahin sagte Vita, mehr zu sich als zu ihrem Sohn: »Verstehst du diesen Mann?«

Santo antwortete nicht, es war ihm mittlerweile zu blöd geworden, sich mit solchen Fragen über diesen hoffnungslosen Fall weiterhin seinen Kopf zu zerbrechen. Er war eher mit seinem Bruder beschäftigt, ihn so schnell wie möglich ins Krankenhaus zu bringen und währenddessen zogen Gedanken wie kleine winzige schmerzhafte Blitze durch seinen Schädel, wie »hoffentlich ist es nicht so schlimm« oder »verdammte Scheiße, schon wieder eine Narbe mehr, so eine Scheiße, noch eine Narbe«. Es brach ihm sein Herz, wenn er daran dachte, wie viele Narben sein kleiner Bruder schon angesammelt hatte.

»Ich werde diesen Mann, niemals verstehen«, sprach Vita mehr zu sich selbst.

»Da gibt es nichts zu verstehen«, antwortete jetzt Santo genervt. »Was gibt es da zu verstehen? Er ist ein Arsch. Fertig aus, so einfach ist das! Er ist ein Arsch!«

Eigentlich sprach Santo nicht so über seinen Vater. Ein Sizilianer sprach immer respektvoll über seinen Vater, egal, wie scheiße er war. Vor seinem Vater musste man Respekt haben, das war ein heiliges Gesetz und daran hielt man sich. Doch Santo war gerade außer sich vor Wut, denn dieser Mann schaffte es immer wieder, seine Familie auseinanderzunehmen.

In der Notfall-Ambulanz im Krankenhaus logen sie, Silvio wäre die Marmortreppe, die zu ihrer Wohnung hochführte, heruntergestürzt. Der Arzt war freundlich und versuchte mit seinem sizilianischen Humor, Vita ihre Sorge zu nehmen, doch genäht werden musste die Wunde, und das, wie es üblich in Sizilien war, ohne örtliche Betäubung. Santo kannte das schon. Sie protestierten: »Wie ohne Betäubung? Er ist ja noch ein kleiner Junge.«

»Wir machen das immer so«, antwortete der Arzt.

»Aber warum?«, startete Santo den Versuch vielleicht doch für seinen Bruder eine Betäubung herauszuholen. »In Deutschland gibt es sogar nur für einen Stich eine Betäubung.«

»Ja, in Deutschland, aber bei uns, in Sizilien, gibt es ne Betäubung nur bei Operationen, wir haben Jungs genäht, die Wunden hatten, die mit mehr als zwanzig Stichen behandelt werden mussten und haben nicht betäubt.«

Die Message war angekommen, von wegen stellt euch nicht so an, der Kleine bekommt doch nur vier Stiche.

Eine ganze Woche lang verschloss Santo die Tür zum Schlafzimmer seiner Eltern. Dabei hatte er, während er schlief, ein Auge offen und die Tür zum Gästezimmer über die Nächte offen gelassen, aus Angst, sein Vater wurde ihm in der Nacht die Kehle durchschneiden. Beim leisesten Geräusch zuckte er zusammen, weitete die Augen und die Ohren, hörte auf zu atmen und lauschte mit rasendem Herzschlag, der ihm aus der Brust herauszuspringen schien. Dabei war er augenblicklich bereit, sich mit einem Satz in Sicherheit zu bringen oder eventuell um sein Leben zu kämpfen. Doch jedes Mal war es falscher Alarm. Einmal ging sein Vater aufs Klo, einmal ging seine Mama aufs Klo, einmal war es irgendeine Autotür von draußen, oder ein Moped, was noch spät in der Nacht unterwegs war, oder irgendwelche Balkontüren und Jalousien von irgendwelchen blöden Nachbarn. Gott sei Dank, dachte sich Santo und konnte seine geregelte Atmung wieder relativ in Gang setzen. Es dauerte eine Weile, bis er wieder ein wenig schlafen konnte. Kurz kamen ihm Gedanken, ob es von ihm recht gewesen war, sich so vor seinen Vater zu stellen, dann sah er wieder seinen kleinen Bruder mit der Platzwunde am Kopf niedergestreckt auf dem Marmorboden neben der Treppe liegen.

»Wichser, Arschloch, Arschgesicht.« Er hatte richtig reagiert, für seinen kleinen Bruder wäre er auch gestorben. Außerdem hätte er es für jedes andere kleine Kind auf diesem Planeten getan. Kinder sind heilig, und wenn er nicht dazwischen gegangen wäre, wer weiß? Bei so einen Psycho, der sich überhaupt nicht unter Kontrolle hat, wer weiß? Wer weiß, was noch alles passiert wäre? »Soll er doch nur kommen«, dachte er sich. Er war bereit, denn er war im Recht.

Abends und Tagsüber, überlegte er, ob er nicht ein Messer mitnehmen sollte, für alle Fälle. Doch Santo hasste Waffen, vor allem Messer.

»Waffen«, dachte er sich, »sind etwas für Feiglinge, richtige Männer lösen ihre Streitigkeiten, wenn es nicht anders zu regeln ist, mit den Fäusten, und es ist egal, wer gewinnt, Hauptsache, man hat seinen Mann gestanden. Man verteilt und man bekommt, so ist das! Wer schwimmen will, wird nass«, dachte er sich. »Ich brauche keine Waffen, sollen die doch nur kommen, Schlappschwänze, die werden sich noch wundern.«

Bis dahin hatte Santo einige Auseinandersetzungen in Militello gehabt und das mit ziemlich üblen Jungs. Einer davon war Domenico Brancalon, ein verdammt gut aussehender gleichaltriger junger Mann, mit glatten dicken pechschwarzen Haaren, groß gebaut, mit großen mandelförmigen Augen und einem wilden, aber stumpfen Blick. Irgendwie hatte er es auf Santo abgesehen. Wahrscheinlich, weil er aus Deutschland kam, und wahrscheinlich, weil einige Mädels Santo interessant fanden. Zwei oder dreimal hatten sich ihre Wege gekreuzt und jedes Mal hatte Domenico, Santo blöd angemacht. Santo war ihm aus dem Weg gegangen. Irgendetwas an Domenico flößte ihm Angst ein. Er hatte keine Lust, sich mit diesem schmutzig herumlaufenden Jungen mit dem fast dunkelschwarzen Gesicht anzulegen.

Domenico lief viel herum und war andauernd auf Achse, um irgendwelche Streiche, Dummheiten zu begehen oder auf irgendeine Weise an Geld heran zu kommen. Das erste Mal war Domenico Santo in der Piazza Sant Agata aufgefallen. In der Piazza Sant Agata, die sich in der Mitte des alten Militello befand, gab es jeden Dienstag „A Fera", den Markt, den die Militellesi und auch Santo liebten. Man wartete eine ganze Woche darauf. Nicht nur, weil man verdammt leckere Lebensmittel kaufen konnte, sondern auch um den neuesten Tratsch zu erfahren oder sich halt auszutauschen.

A Fera, wie sie in Militello genannt wurde, war ein Event, nicht nur wegen des Essens, sondern vor allem für die verliebten Jungs. Die, wenn sie ihrer Angebeteten über die Woche nicht begegnet waren, die Hoffnung hegten, sie spätestens in der Fiera aufzutreffen. Dort gingen alle Mädels hin, um ihren Müttern oder Tanten oder Omis Gesellschaft zu leisten und wahrscheinlich auch, um selbst die Möglichkeit zu bekommen, ihren angebeteten über den Weg zu laufen. Für manche Frauen war es eine der wenigen Möglichkeiten, die die damalige sizilianische Gesellschaft anbot, legal schöne Männer zu treffen und ihnen eventuell schöne Augen zu machen. Aber auch für einige Ehefrauen war die Fiera, diesbezüglich eine willkommene Gelegenheit, hübschen attraktiven Männern, an denen es nicht mangelte, über den Weg zu laufen, um sich den einen oder anderen verlangend hungrigem Blick zu erstehen, den sie seit längerem von ihren Männern nicht mehr bekommen hatten oder auch nicht mehr bekommen wollten.

Andererseits wurde auf der Piazza Sant Agata, die Santo liebte, über den Sommer auch der Calcetto (Fußballturnier Fünf gegen Fünf) organisiert, der sowohl für die Santa Maria delle Stelle, die die Patronin von Militello war, aber auch für den Santissimo San Salvatore, den Patron von Militello, zu Ehren veranstaltet wurde. Der Santissimo San Salvatore wurde im August gefeiert, wobei man jedes Jahr am 17. desselben Monats einen anerkannten Prominenten bis zum Superstar als Sänger brachte, der dann in der Piazza Vittorio Emmanuele ein Konzert gab, das für alle an diesem Tag in Militello Anwesenden umsonst war.

Je nachdem, wer der Star war, kamen die jungen Menschen, aber auch die älteren oder Familien aus der Umgebung, um bei dieser Gelegenheit auch mal eine andere Stadt kennenzulernen. Am 18. August, da, wo sich die Stadt mit Menschen von überall her füllte, veranstaltete man durchgehend unterschiedliche Feuerwerke. Eines davon wurde neben der Kirche Santa Nicola veranstaltet, wo sich der San Salvatore befand und nur darauf wartete am 17. und 18. August einmal im Jahr aus seinem goldenen Käfig an die frische Luft herausgebracht zu werden.

Santo war jedesmal aufs Neue perplex und irritiert, wie gewaltig laut und stark das Feuerwerk war. Für zwei bis drei Minuten versank die Piazza Vittorio Emanuele im dichten, nach Schwefel riechendem Nebel, man konnte kaum noch seine Hand vor der Nase erkennen und die Häuser vibrierten über dem zitternden Boden. Unter den Füßen wackelte es so, als ob ein Erdbeben im Gange war. Beeindruckt und verblüfft zugleich, fragte sich Santo, »die sind total durchgeknallt, was für Fanatiker, irgendwann mal kracht hier alles zusammen, wie lange werden das diese wunderschönen alten Häuser aushalten?«

Militello war in zwei große Lager gesplittert, die Nicolini, die beim heiligen Fest rote Oberteile trugen und für den San Salvatore fieberten, und die Mariani, die für Santa Maria delle Stelle alles gaben und ein helles blaues Oberteil trugen, die die Farbe der heiligen Mutter symbolisierte. Beide Gruppen konkurierten extrem miteinander und manchmal gab es einige, die sich sogar an die Pelle gingen. Der San Salvatore wurde einen Monat vorher gefeiert und die Nicolini hatten in Wirklichkeit gar keine Chance mit den Mariani mitzuhalten, die ihre heilige Mutter am Achten September ehrten und bejubelten.

Die Mariani setzten jedes Jahr einen drauf. Egal, wie viel Geld fürs Feuerwerk und für den Sänger oder die Sängerin ausgegeben wurde, die Mariani hatten immer ein außergewöhnlicheres und längeres Feuerwerk, von denen die Menschen noch mehr begeistert waren als von dem Feuerwerk und Konzert der Nicolini. Für die Feuerwerke holten sie sich immer die angesagtesten Spezialisten aus ganz Italien. Das Feuerspiel, was sich um Mitternacht am Himmel in den unterschiedlichsten Farben und vielfältigsten Formen offenbarte, dauerte oft nicht weniger als eine gute Stunde. Für eine Stunde wurde Militello um Mitternacht in den schönsten Farben erhellt, wobei man das Feuerwerk noch kilometerweit bis zu den nächsten Ortschaften sehen und sogar zum Teil hören konnte.

Um die Piazza Sant Agata befanden sich zwei Uhren- und Goldgeschäfte jeweils auf der gegenüberliegenden Seite. Drumherum war die Piazza von wenigen einzelnen mediterranen wenig schattenspendenden Bäumen umringt. Wenn man von der Angelo-Maiorana-Straße durch die Via–Luigi-Pirandello-Straße in die Piazza Sant Agata hochkam, sah man gegenüber im helleren lokalen Tuffstein die tempelförmige Fassade der Kirche Sant Agata, die wahrscheinlich aus der romanischen Zeit stammte und Santo immer erfreulich beindruckte. Die Kirche war geschlossen und in ihr wurden keine Messen mehr zelebriert so wie in den vielen anderen Kirchen in Militello. Dadurch hatte sich Santo nie die Gelegenheit geboten, die etwas kleine Kirche, in deren Fassade zwei große Säulen hinein verarbeitet waren, von innen zu sehen

Domenico stand hinter dem hoch aufragenden grünen, etwas in die Jahre gekommenen Netz, das dafür da war, um die verfehlten Torschüsse aufzufangen. Das Netz war nur hinter den Toren aufgespannt, seitlich hatten die Zuschauer freie Sicht. In schwarzen schmutzigen Latzhosen und mit einem hölzernen Karren, worauf er haufenweise Coladosen und andere kühle Getränke aufgeladen hatte, um sie zu verkaufen, erweckte Domenico in Santo sowohl Furcht, aber auch Wut. Er schwankte hin und her, einerseits hätte er es am liebsten schnell hinter sich gebracht und gerne den Zweikampf mit ihm aufgenommen, um ihm zu zeigen, dass er schon sehen würde was passierte, wenn man sich mit Santo anlegte, andererseits hatte er ein mulmiges Gefühl und hoffte doch insgeheim, der Kampf würde nie stattfinden.

Im Calcetto-Turnier herrschte großartige Stimmung. Unter einigen der gut eingespielten Mannschaften befanden sich tatsächlich außergewöhnliche, technisch begnadete Fußballer. Auch dies war eine sehr gute Gelegenheit, vor allem für die Jungs, die zwar super Fußball spielen konnten, aber sonst im Leben nicht unbedingt die Frauentypen waren, sich in Szene zu setzen und damit bei der einen oder anderen zu punkten. Auch das war ein Grund, wieso diese Jungs vom Allerfeinsten ihr fußballerisches Können zeigten, wodurch das Turnier selbst für die Zuschauer am meisten profitierte. Dasselbe galt auch für die Mädels, da für die festlichen Veranstaltungen die Zügel für sie gelockert wurden. Vor allem im Sommer.

Das Calcetto war genau wie die Fiera eine willkommene Gelegenheit für die jungen Mädels, einen ihrer favorisierten Jungs zu sehen oder ihm über dem Weg zu laufen, um sich eventuell unbeobachtet etwas näherzukommen. Nicht selten, um ihren Angebeteten Fußball spielen zu sehen, die, wenn sie ihre Freundinnen sahen, den eleganteren geschmeidigen Gang einlegten, um ihre Flamme umso mehr zu betören.

An einem dieser Sommerabende wurde Santo von Domenico im Haupteingang der Villa abgefangen und zutiefst beleidigt. Santo hatte sich bemüht ihn zu ignorieren und ihm aus dem Weg zu gehen. Er hatte zu hören geglaubt, dass Domenico zu ihm »Hurensohn« gesagt hätte. Er fragte in seiner Runde, ob er richtig gehört hätte, einer sagte, er hätte es nicht gehört und er solle nichts darauf geben. Ein anderer, der selbst kein Kind von Traurigkeit war, behauptete, Santo hätte genau richtig gehört.

Domenico hatte es geschafft Santo richtig den Abend zu vermiesen. Santo kämpfte mit sich selbst, sein Magen drehte sich um und ihm wurde bei dem Gedanken, Domenico hätte ihn Hurensohn genannt, schwindelig vor Wut. Er ließ sich vor seinen Kumpel nichts anmerken, aber in ihm rumorierte es. Er dachte: »Zu mir Hurensohn? Ich bin der Sohn von Carlo Rubino?« Er sah seinen Vater vor sich, sah seine Mutter vor sich. Seine Mama eine Hure? Seine Mama war eine Heilige, die es schwer hatte im Leben und sich für ihre Familie aufopferte. Das konnte er nicht auf sich sitzen lassen, auf gar keinen Fall, lieber würde er sterben. Mit diesen Gedanken und Gefühlen kämpfte er sich durch den wunderschönen sommerlichen Abend.

Santo befand sich auf dem Weg nach Hause, der Abend war zu Ende und seine Freunde hatten sich nach Hause verabschiedet. Domenico hatte ihm aufgelauert und ihn abgefangen. Dieser sarazenisch aussehende Straßenjunge ging mit eiligem Schritt auf ihn zu und fing an, ihn wieder zu beschimpfen. Plötzlich fühlte sich Santo wie eine Katze, die in die Enge gedrängt wird, und seine Angst war im Nu verschwunden. Es ging um seine Ehre und um die seiner Familie. Santo bemerkte die ersten neugierigen, aber auch verblüfften Blicke. Doch seine Konzentration galt Domenico. »Fighiu´di buttana.« (Hurensohn), hörte er wiederholt Dominco sagen und da gab es einen Kurzschluss. In gewohnter Manier, wie er in den rauen Straßen Kölns gelernt hatte, schlug er mit harten Fäusten auf Domenicos dunkles Gesicht.

Domenico taumelte. Es hatte keine Sekunde gedauert, um diesen üblen Straßenhund außer Gefecht zu setzen. Beinahe. Denn Domenico raffte sich zusammen und startete nochmals den Versuch, an Santos Gesicht heranzukommen. Keine Chance, Santo war einfach zu schnell. Er schnappte sich Domenico und schlug erneut erbarmungslos zu. Die Frauen, die das Geschehen beobachtet hatten, schrien auf, wobei einige der mutigen. etwas älteren Männer nun eingriffen und sogar, wie das meistens in Militello war, für den Unterlegenen Partei ergriffen und das, obwohl Domenico nicht unbedingt den Ruf eines anständigen Jungen hatte.

Santo hatte Domenico eine heftige Abreibung verpasst. Domenico hatte nicht den Hauch einer Chance. Santo war verblüfft, mit welcher Leichtigkeit er diesen furchteinflößenden Straßenjungen geschlagen hatte. Er war ein Rubino, das war klar, und Rubinos lassen sich von niemandem etwas gefallen, so war das in der Familie seines Vaters.

Als Santo 17 Jahre alt war, hatte er verstanden, sich so zu benehmen, dass er nicht zu sehr ins Licht geriet und sich so Militellese wie möglich benahm. Bei den meisten war er jetzt ziemlich beliebt, dabei hatte er einige gute Freunde gewonnen. Einer davon war Pietro Bianco, der ihm viele Jahre ein sehr guter Freund werden sollte. Pietro hatte er mit 13 Jahren kennengelernt in einer societa´ für den Santissimo San Salvatore. Die Kinder bis 14 Jahre suchten, um eine Mannschaft für das Fußballturnier zusammenzustellen, was zu Ehren des Santissimo veranstaltet wurde.

Santo war Pietro auf den ersten Blick sympathisch gewesen, und obwohl er eineinhalb Jahre jünger war, überragte er Santo fast um einen Kopf. Pietro war mehr der normannische Typ. Das war zwar nicht gleich auf den ersten Blick zu erkennen, aber spätestens auf den zweiten. Pietro war ein Hitzkopf. Er gehörte zu den sensibleren Jungs, die aber, wenn sie sich einmal ungerecht behandelt fühlten, kein Problem hatten, mit der nötigen Härte zuzuschlagen. Die Sache war, dass dieses Gefühl, ungerecht behandelt zu werden, schnell zum Vorschein kam. Santo und er ergänzten sich bestens. Später kamen dann einige andere Jungs dazu, die mehr oder weniger aus dem gleichen Holz geschnitzt waren.

Es war einer dieser Abende, wo sich Santo ausnahmsweise etwas gelangweilt hatte und sich entschied, nicht am frühen Morgen zu Hause zu erscheinen. Santo hatte in Militello viele Freiheiten, die er in Deutschland so nicht zelebrieren durfte. Heute beschloss er, früher nach Hause zu kommen und vielleicht etwas gemütlich fernzusehen, er liebte es, im Fernsehen oder im Radio die italienische Sprache zu hören, es entspannte und erfreute ihn.

Er kam als erster, niemand da, das kam manchmal vor. »Gut«, dachte sich Santo, »um so besser«, trank einen Schluck Wasser, machte den Fernseher an, rückte seine zwei Stühle zusammen, um gemütlich seine Beine darauf zu legen. Der Fernseher war in der Küche und überhaupt hatten sie in ihrer kleinen Altbauwohnung keine gemütlichen Sessel gehabt. Wie denn auch, die Sessel hätten zu viel Platz weggenommen. »Schön«, dachte sich Santo und entspannte sich, ohne die laufenden Bilder bewusst wahrzunehmen. Bei den hin und wieder wechselnden Kanälen war er auf der Suche nach etwas Interessantem, einfach nur, um diese beruhigende, warme, herzliche Sprache zu hören. Er genoss es.

Er schrak auf, als er quietschende Autoreifen hörte. Öffnen von Autotüren, aufgeregtes unverständliches Gerede, knallende Autotüren und wieder quietschende Autoreifen. Seine Familie! »Scheiße, was ist jetzt schon wieder los?«, brummte es schlagartig in Santos Schädel. »Hoffentlich nichts Schlimmes«, beruhigte er sich. Seine Mutter kam die Treppe hoch, auf dem Arm hielt sie den blass aussehenden verstörten Silvio. Vita schien wutentbrannt. Santo war ihnen entgegen gekommen und wartete höchst besorgt an den oberen Stufen. »Was ist los? Was ist passiert?«, wollte Santo schnell die Antwort wissen.

»E cha´succederi, te Pa´, e´ ama´ disgrazia.« (Was soll denn passiert sein, dein Vater ist mein Unglück), antwortete die Mutter im militellesischen Dialekt.

Es zog ihm den Boden unter den Füßen weg, seine Mama und seinen Bruder so niedergeschlagen zu sehen. »Ah verstehe«, sagte Santo in resigniertem ruhigem Ton, war ja nichts Neues, dachte er sich. Nickte kurz, legte seinem Bruder behutsam einen Arm um die Schulter und schob ihn liebevoll in ihre Wohnung. »Ihr wisst wie er ist, in ein paar Stunden wird er sich beruhigen und dann wird er nach Hause kommen, legt sich schlafen und am nächsten Morgen ist schon fast alles vergessen.«

»Nein, Nein«, meinte seine Mamma. »Diesmal, hat er es total überzogen, er hat sich absolut daneben benommen, du hättest ihn sehen sollen, wie der Teufel in Person. Nur weil man ihm nicht nach seinem Mund redete.«

»Was hast du denn dazu gesagt?«, wollte Santo wissen.

»Nichts, ich hab ihm gesagt, dass er jetzt nicht mehr trinken soll, denn er hätte heute schon genug getrunken. Hätte ich bloß meinen Mund gehalten, er rastete komplett aus und deine arme Cousine, die hochschwanger ist, hat sich so dermaßen erschreckt, dass sie plötzlich Krämpfe am Bauch bekommen hat. Er hat alles um sich geschmissen. Den Tisch, die Stühle, er war nicht mehr zu erkennen, ich hatte Angst, nicht um mich, ich hatte Angst, dass er auf seine Familie losgeht, wie hätte ich ein Tier wie ihn aufhalten können?«

»Ist gut beruhige dich jetzt. Hat er gegen irgendeinen die Hand erhoben?«

»Gott sei Dank ist es nicht dazu gekommen, zum Glück sind das liebe Christkinder. Als sie ihn so gesehen haben, hat zum Glück keiner auch nur ein Wort gewagt. Es sind vernünftige Christkinder. Wenn der Ehemann von deiner Cousine nicht so ein Ruhiger wär, hätte es heute Abend Tote gegeben.«

Santo hatte genug gehört und versuchte, seine Mama und seinen Bruder so gut es ging abzulenken. Währenddessen fand er im Fernsehen einen lustigen Film, um sich beim Ablenken unterstützen zu lassen.

Nach einer guten halben Stunde entschied sich seine Mutter, ins Bett zu gehen, sie war nahezu todmüde und Silvio war auf dem Küchentisch eingenickt. Santo blieb noch ein wenig wach, wobei er immer ein Auge in Richtung Balkon hatte, von wo man direkt auf die Piazza San Benedetto blickte und dabei sowohl auf die Treppen von der Kirche San Benedetto und auch auf den wunderschönen feinen Barocken Comune di Militello schauen konnte, der jeden Abend bis zum Sonnenaufgang mit orange-gelben Lichtern beleuchtet wurde.

Wenn er gerade keinen Blick nach draußen warf, horchte er mit einem Ohr, um bloß nicht ein wichtiges Geräusch zu verpassen. Denn er wollte in keinem Fall von seinem Vater überrascht werden. Sein Vater war ein Meister im Hereinschleichen. Er kam nämlich gerne wie ein Gespenst hinter einen oder neben einen. Am Anfang freute er sich, dass sein Vater nicht kam, es war Ruhe im Haus und er hatte gar keinen Bock, einen mies gelaunten, unberechenbaren Vater zu Hause um sich zu haben.

Er war müde. Seine Augenlider fielen von selbst zu und sobald sie zufielen, schrak er auf, als ob er einen Stromschlag bekommen hätte. »Nein, ich darf nicht einschlafen, auf gar keinen Fall, nicht einschlafen, Santo.« Und während er sich selbst wachredete, kamen ihm Zeitung und Fernsehschlagzeilen in den Kopf, »Vater erschießt Ehefrau, seine zwei Kinder und zu allerletzt jagt er sich ne Kugel ins Hirn« oder »Vater ergreift nach heftigem Streit mit seiner Ehefrau das Küchenmesser und sticht 34 Mal zu, danach ersticht er auch seine eigenen Kinder mit mehrere Messerstichen an verschiedenen Körperstellen, steigt in sein Auto und fährt sich beim nächsten besten Baum in den Tod« und so weiter.

Diese Gedanken ließen ihn erschauern, wobei sie in ihm zugleich den Beschützer- und Überlebensinstinkt verstärkten, den er ohnehin schon ausgeprägt besaß.

Zwei Uhr in der Nacht. »scheiße«, dachte er sich, »es kommt doch immer anders. Eigentlich wollte ich mir heute Abend einen Gemütlichen machen, aber das ist mir einfach nicht gegönnt. Das ist immer so, jeder, nur ich nicht, ich darf einfach nicht planen, ich darf einfach keine Vorfreude haben, ansonsten geht es immer schief«, sagte er zu sich selbst und dem Schicksal.

Er hörte ein Geräusch, das Geräusch eines parkenden Automotors, er schrak wieder auf, sein Herz pochte, er stoppte seinen Atem, um besser hören zu können, und schlich ins kleine Badezimmer. Das Badezimmer hatte nur ein kleines Fenster. Aus diesem Fenster konnte man sehr gut die Piazza San Benedetto im Blick behalten und einigermaßen drei weitere Straßen, die zur Piazza führten. Wenn man im Badezimmer nicht das Licht anmachte, war es von draußen schwer zu erkennen, ob sich jemand hinter den Holz-Jalousien versteckte. Er erwischte sich, wie er seinen Atem frei ließ. »Idiot, pass auf«, ermahnte er sich selbst. Augenblicklich hatte er seinen Atem unter Kontrolle, er horchte auf und schaute sich bedächtig um, dabei hatte er immer ein Ohr an der massigen schweren Eingangstür, die typisch für Sizilien war. Jetzt hörte er endlich jemanden aus dem Auto aussteigen. Die Autotür schlug zu. Erste Schritte, die näherkamen. »Das ist er, hoffentlich hat er sich beruhigt.«

Sein Herz pochte wieder, wobei er sich seelisch schon darauf vorbereitete, koste es was es wolle, seine Mutter und seinen kleinen Bruder zu beschützen.

»Dann ist es halt so, wenn es so sein soll, dann ist es halt so, dann habe ich halt Pech gehabt, dann bringt er mich halt um, leicht werde ich es ihm nicht machen.« Tatsächlich, langsam erkannte er den Schatten eines Mannes, der abrupt auf der Straße, genau in der Mitte zur Öffnung des Cortile stehen blieb und sich entspannt eine Zigarette anzündete. »Falscher Alarm, doch nicht mein Vater.« Er schaute sich noch ein wenig um.

Eine Handvoll Männer, die mit zwei unauffälligen kleinen Fiats so geräuschlos, wie es nur ging, herangefahren kamen, waren plötzlich da. Sie setzten sich auf die San-Benedetto-Treppen. Um diese Uhrzeit gehörten die San-Benedetto-Treppen einigen Männern, die nicht unbedingt zu den Familienvätern gehörten. Das waren Männer denen man am besten mit Respekt begegnete. Denn sonst sorgten sie selbst dafür. »Anständige Familienväter hängen um diese Uhrzeit nicht an den San-Benedetto-Treppen herum, hörte Santo hin und wieder von seiner Mama. »Dein Vater, wenn er in Militello ist, benimmt sich auch nicht wie ein Familienvater, jedes Mal stellt er mich bloß vor meiner Familie.«

Eigentlich hatte er nie was Schlimmes auf den Treppen von San Benedetto geschehen sehen. Die Männer saßen da, rauchten immer wieder eine und schienen sich sehr vertraut zu sein. Sie unterhielten sich, manchmal bis sogar zum Morgengrauen, dann kam die Müllabfuhr. Sie unterhielten sich, so wie sich sizilianische Männer unterhielten. Mit singenden, mal mehr, mal weniger lauten Stimmen.

Trotz seiner immer wiederkehrenden Müdigkeit beobachtete Santo durch die Spalten der Holzjalousie die Männer an den Treppen eingehend. Für einige Minuten hatte er seinen Vater voll und ganz vergessen. »Komisch«, dachte er sich. Einige Männer sahen schon etwas verdächtig aus, aber einige sahen sehr gepflegt und ordentlich aus. »Ganz anders als in Köln«, dachte sich Santo. »In Köln sehen Unterwelttypen anders aus, oder solche, die es gerne sein würden. Anstatt elegant rumzulaufen, laufen die Gangster in Köln eher sportlich rum.« Mit ihren langen Haaren, die sie immer wieder über ihre Schulter werfen, Sonnenbank gebräunt, manche sogar noch ne Dauerwelle und dann noch die fetten überdimensionalen Cartier-Goldketten, die sie stolz und demonstrativ trugen.

Er schaute sich das Geschehen noch ein wenig an, wobei er gar nicht mehr die Bilder, die sich dort abspielten, bewusst aufnahm.

»Ich muss langsam schlafen gehen«, dachte Santo, »ich bin echt müde, scheiß drauf, ist mir doch scheißegal, dann soll er uns doch im Schlaf überraschen.« Er schaute auf die Uhr, 3:15 Uhr, er ging ins Schlafzimmer, um nach seiner Mutter und seinem Bruder zu schauen, beide schliefen. Er ließ kurz seinen Blick auf ihnen ruhen. Sie taten ihm leid. Er sagte in sich zu seiner Mamma und seinem kleinen Bruder, »ich würd euch ja so gerne helfen, ich wünschte wir hätten einen anderen Vater«.

Er ging ins Nebenzimmer, zog alles bis auf seine Shorts aus, zog sich ein frisches weißes Baumwoll-T-Shirt an und legte sich in sein Bett. Er war aufgewühlt, bei jedem kleinen Geräusch horchte er automatisch gleich auf, wobei er gleichzeitig seinen Atem und Körper wie ein Kaltblut ruhig stellte, um eventuell aus seinem Bett herauszuspringen, um sein Leben und das seiner Mutter und seines Bruder zu beschützen. Doch irgendwann erlag er der erdrückenden Müdigkeit und schlief ein.

»Steh auf, Steh auf! Vita steh auf! Wir müssen sofort wegfahren, pack die Koffer, wir müssen heute noch Militello verlassen.«

Vita erschrak. »Was erzählst du da?«

»Ich bin ein toter Mann, die bringen mich um, wir müssen heute noch Militello verlassen, die haben mir 24 Stunden Zeit gegeben, um aus Militello zu verschwinden.«

Santo war hellwach, er dachte, er hörte nicht richtig. »Was ist denn jetzt wieder passiert?«, fragte er sich.

»Was erzählst du da?«, fragte Vita verstört noch einmal nach.

»Wir müssen hier weg«, sagte Carlo diesmal in etwas ruhigerem Ton. Santo stand auf, bewegte sich ruhig zu seinem Vater und erkannte gleich, dass dieser, diesmal kein Theater spielte, Carlo war kreidebleich und seine Augen sowie seine Blicke, seine Körperhaltung und Mimik, ließen erbarmungslos die hässliche Wahrheit, die er da von sich gab, erkennen.

Ohne lange zu überlegen, griff Santo instinktiv eins dieser großen Küchenmesser, diesmal bereit, seinen Vater, auch wenn es sein Leben gekostet hätte, zu beschützen. »Lass sie ruhig kommen«, sagte er zu seinem Vater, »mit uns nicht, wir sind nicht wie die anderen. Wenn die kommen werden die schon ihr Wunder erleben. Zwei oder drei werde ich auf jeden Fall mit ins Grab nehmen.«

Carlo schaute seinen Sohn an, dabei wurde er immer ruhiger und seine Gesichtsfarbe schien langsam wieder seine ursprüngliche Hautfarbe zu bekommen. »Die werden schon nicht zu uns ins Haus kommen, und wenn, bringen sie nur mich um, euch werden sie nichts antun.«

Verstört und verschlafen bemerkte Silvio den Ernst, der sich da gerade abspielte, den er, obwohl noch so klein, sehr genau verstand.

»Alles in Ordnung«, sagte Vita zu dem Kleinen, »alles in Ordnung, mach dir keine Sorgen, leg dich nochmal ins Bett, du kannst beruhigt weiterschlafen.«

»Wer sind die? Wer will dich umbringen?«, wollte Santo wissen.

»U Bosse di Militello« (Der Boss von Militello), kam prompt aus ihm heraus, ohne Santo anzuschauen.

»U Bosse di Militello?«, fragte Santo erstaunt, aber doch in einem ruhigen Ton. Doch bevor sein Vater darauf antworten konnte, fragte Santo schnell nochmal: »Wer ist denn der Boss von Militello?«

»Du kennst ihn nicht«, antwortete Carlo knapp darauf.

»Sag es mir trotzdem, ich muss den Namen wissen.«

»Du musst gar nichts wissen«, antwortete Carlo schroff.

Santo ließ nicht nach. »Ich muss den Namen wissen«, bestand Santo fordernd.

»Ich kenn den Namen nicht, und selbst, wenn ich ihn kennen würde, würde ich es nicht verraten«, antwortete Carlo in einem groben und abweisenden Ton.

»Wie? Und an wem soll ich mich rächen, wenn du mir nicht den Namen verrätst?«

Santo, der von klein auf mit den alten sizilianischen Werten erzogen war, sann jetzt schon auf Rache, denn auch die Blutrache gehörte zu dem Ideal Männlichkeit aller Sizilianer, die Wert darauf legten, die Ehre der Familie aufrechtzuerhalten, die mit einem starken Gerechtigkeitsinn verbunden war. Sein Vater ließ sich nicht darauf ein. Stattdessen wollte Vita angsterfüllt und schrecklich besorgt wissen, wieso diese Leute ihn umbringen wollten.

Carlo hatte sich jetzt wieder im Griff. Ruhig erzählte er, wie er nach einem Streit irgendwann auf den Treppen von San Benedetto gelandet war. Dass er stockbesoffen gewesen war, übersprang er. Er erzählte, wie er dort mit fremden Leuten zusammengesessen habe, die irgendwann anfingen, mit blöden Scherzen und provokanten Andeutungen zu sticheln, um ihn herauszufordern. Carlo hatte sich gerade einen nigelnagelneuen himmel-metallic-blauen Renault 19 gekauft, mit dem sie nach Militello gekommen waren. Anscheinend wollten sie wissen, ob er eine Garage für seinen so schönen neuen Renault hatte, worauf er geantwortet hatte, er brauche keine Garage. Einer von den anderen habe ihn gefragt, warum er keine Garage braucht, wo doch immer wieder Autos verschwinden, besonders neue Autos mit deutschen Kennzeichen. Carlo hätte behauptet, in Militello würde es niemand wagen, Carlo Rubinos Wagen anzufassen. Er könne seinen Wagen mit offenen Türen und zugestecktem Zündschlüssel auf der Straße stehen lassen. Daraufhin hätte der Boss Carlo die Wette vorgeschlagen, dass noch heute Nacht sein Wagen verschwinden würde. Carlo verstand diesen Vorschlag als Herausforderung und fühlte sich duelliert, er war in seiner Ehre gekränkt und antwortete darauf genauso herausfordernd: »Ich lege 500 Tausend Lire auf das Dach und möchte sehen, wer hier in Militello es wagt, mein Auto anzufassen. Wenn es einem gelingen sollte, in meiner Anwesenheit mir den Wagen wegzunehmen, soll mein Name in aller Ewigkeit verloren gehen.«

Carlo erzählte, sie hätten ihn ausgelacht. Da platzte ihm der Kragen und er wollte dem einen, der ihn am meisten provoziert hatte, an die Gurgel gehen. Er kam gar nicht dazu. Blitzschnell hätten die anderen Männer alle ihre Knarren herausgeholt und sie ihm gleich an den Kopf gehalten, dabei musste er sich hinknien. Haarscharf wäre er heute den Tod entgangen. Dank eines Mannes, der Carlo Familiennamen mitbekommen hatte und feststellte, das sie Cousins dritten Grad waren und der sich für ihn eingesetzt hatte, war er noch am Leben. Weitere Einzelheiten erzählte er nicht.

Santo hatte schon einige verzweifelnde Situationen im Leben erlebt, die ihm lebensbedrohlich vorgekommen waren, doch dies war eine andere. Trotzdem, vielleicht aus seiner jugendlichen Naivität, vielleicht aber auch durch seinen langjährig suggerierten Stolz, Sizilianer zu sein, nahm er sein Schicksal an, wobei er in Gedanken zu sich selbst resigniert sagte: »Warum muss uns immer sowas passieren, so eine verfluchte verdammte Scheiße, kann ich niemals in Ruhe mein Leben genießen, müssen wir denn immerzu im Krieg sein? Gott, warum? Ich hab keinen Bock mehr, den Helden zu spielen, ich will genau wie die anderen mein Leben genießen, genau wie die anderen Spaß im Leben haben.«

Er musste einsehen, dass sowas als ein Rubino nicht so einfach war. Um so Leben zu können, müsste man all seinen Stolz wegschmeißen und sich von jedem Dahergelaufenen anpinkeln lassen und so tun, als ob nichts wär. Gute Miene zum bösen Spiel machen, nur um keine Unannehmlichkeiten zu bekommen, um dann halt wie ein Waschlappen sein

Menschendasein leben zu können. Nein, so ein Waschlappenleben konnte er sich nicht vorstellen. Das sollte das Leben sein? Nein, das konnte es nicht sein.

Frühmorgens in den Spiegel schauen zu können, dass er auf sich stolz sein konnte, war ihm wichtiger, als zu den Schlauen zu gehören ...»Va fan culo, scheiß drauf, dann ist es halt so. Sollen die nur kommen, die werden sich wundern.«

In dieser Nacht schlief Santo so gut wie gar nicht, erst bei Tagesanbruch fühlte er sich relativ in Sicherheit und begann ein wenig zu schlafen. In dieser Nacht hatte er mit zwei riesigen Küchenmessern, die er unter dem Kopfkissen versteckt hatte, geschlafen, bereit, jeden Augenblick aufzuspringen und das Leben seiner Familie so wie sein eigenes teuer zu verkaufen.

Schnell raffte sich Carlo zusammen, um wieder stark zu sein, um an das Gespräch, an die Geschichten, die sich in Militello abgespielt hatten weiter anzuknüpfen. Aus dem Schatten der Traurigkeit, die wie ein Vorhang von einer Bühne auf sein Gesicht gefallen war, setzte sich jetzt ein Licht von Stolz und resignierter Fassung durch. Carlo hatte sich wieder im Griff.

Casa Italia II

Sommerferien 1984. Santo war dreizehneinhalb Jahre alt.

»Die Säcke, diese Arschgeigen, alle schon weg. Jedes Mal dasselbe, sobald die Schulferien anfangen, zack, sind sie alle schon in den ersten Tagen nach Italien gefahren«, beschwerte sich Pippo bei Santo.

»Ja, denen geht's gut, deren Papis sind immer fleißig am arbeiten und machen auch so keinen Stress. Ich würde ja so gerne auch mal wieder nach Sizilien im Urlaub fahren«, seufzte Santo.

»Ja, wirklich?«, fragte Pippo.

»Ja, Mann, du etwa nicht?«

»Ich weiß nicht, Santo«

»Wie, du weißt nicht? Gefällt es dir etwa in Sizilien nicht?«, fragte Santo etwas bestürzt.

»Geht so«, antwortete Pippo.

Santo war irritiert, ihn als sizilianischen Patriot bestürzten solche Antworten. Beide schauten sich abwartend an. »Und dir? Gefällt es dir so gut in Sizilien?«, wollte Pippo jetzt wissen.

»Für mich ist Sizilien wunderschön, ein Geschenk Gottes.«

»Und warum?«

»Dort ist es immer schön warm, da scheint jeden Tag die Sonne, man kann jederzeit zum Meer und ich mag auch diese trockene Landschaft, und hier regnet es doch so oft über das ganze Jahr«, antwortete Santo. »Aber ich langweile mich meistens, wenn ich in Barrafranca bin«, sagte Pippo.

»Echt? Warum? Bei mir genau das Gegenteil«, antwortete Santo überrascht.

»Ich hab da nicht so viele Freunde wie hier, ich hab da eigentlich gar keine Freunde, bis auf einen.«

Santo war überrascht. »Ich langweile mich gar nicht, ich find's total spannend. Ich hab dort einige gute Freunde, dann ist da die Familie meines Vaters und meiner Mutter mit den vielen Cousins und Cousinen. Hier sind meine Eltern fast immer alleine, aber dort sind wir die ganze Zeit von Freunden und Familie umgeben. Militello ist wunderschön, ich liebe Militello, ich weiß nicht, wie Barrafranca ist, aber Militello ist ein kleines wunderschönes Städtchen, solltest du unbedingt mal sehen«, versuchte Santo seine Begeisterung Pippo zu vermitteln. Pippo saß immer noch auf den Eingangstreppen der Casa Italia und versuchte sich gerade Militello vorzustellen. »Komm mich doch mal besuchen, wenn du das nächste Mal in Sizilien bist. Du kommst nach Militello und ich komme dann zu dir nach Barrafranca.«

»Ja das müssen wir echt mal machen.«

Noch immer auf den Eingangstreppen der Casa Italia, dort, wo sie alle immer saßen, holte Pippo seine Marlboro Packung heraus und machte sich in cooler männlicher Manier eine Kippe an. Zog zwei, dreimal und reichte sie Santo. »Hier, willst du auch mal? Musst aber nicht.«

Santo streckte seinen Kopf von den Treppen aus zur Meister-Gerhard-Straße, schaute einmal nach links und dann nach rechts, um auf jeden Fall auf Nummer sicher zu gehen, dass nicht genau in diesem Moment zufälligerweise sein Vater plötzlich auftauchte. Er wollte sich auf gar keinen Fall von seinem Vater erwischen lassen. Besonders weil sein Vater ihm des Öfteren eine Zigarette zu Hause angeboten hatte und ihn gleichzeitig einige Male gefragt hatte, ob er denn schon rauchen würde. »Nein ich nicht«, hatte Santo jedesmal darauf geantwortet. »Ich rauche nicht.«

Carlo hatte dann wiederum zu Santo gesagt: »Junge, wenn du rauchst, kannst du es mir gerne sagen, das ist für mich in Ordnung. Wenn du rauchen willst, dann rauch, aber sei ehrlich zu mir. Denn wenn du rauchst, dann möchte ich, dass du auch zuhause rauchst. Aber wenn ich mitbekomme, dass du rauchst, obwohl du mir sagst, dass du nicht rauchst, dann ist es besser, dass du dich nicht von mir erwischen lässt, denn wenn ich dich erwische, dann scheuere ich dir so eine, dass du deine Kippe mit der heißen Glut auf einen Schlag fressen musst.«

Genau diese Sätze wirrten Santo jedes Mal durch den Kopf, wenn er vorhatte, an einer Zigarette zu ziehen.

Keiner in Sicht, schnell schnappte Santo sich die Zigarette, zog zweimal tief in die Lunge und gab sie genau so schnell wieder Pippo zurück. Er musste husten, »Buh, irgendwie schmeckt mir das nicht.«

»Ja das ist normal, am Anfang ist es immer so, du musst einfach immer wieder daran ziehen, dann wird sie dir schon schmecken, wirst schon sehen«, entgegnete ihm Pippo, fast wie in Dealer-Manier. Pippo fing an zu lachen.

»Was ist? Warum lachst du?«, wollte Santo wissen.

»Weißt du noch, vor ein paar Monaten zur Osterzeit?« Und er nickte mit dem Kopf quasi in Richtung ehemalige Empfangsloge, wo sich ein Glasschiebefenster befand. Genauso wie heute, wussten sie damals nicht viel mit sich anzufangen. Sie hingen im Casa-Italia-Eingangsraum herum, wie so oft, denn die Casa Italia OT, machte erst um 13:00 Uhr auf. Sie alberten und quatschten ein wenig so dahin, bis urplötzlich wie durch einen Geistesblitz Pippo wie fremdgesteuert seine beiden flachen Hände auf die Scheibe klebte und das Fensterschiebeglas einfach zur Seite schob. »Nee«, dachten beide laut, »das gibt's doch gar nicht.« Verblüfft schauten sich beide ohne Worte wie vor den Kopf gestoßen an, bis sie auf einmal laut lachen mussten. »Psst, Psst, sei ruhig, halt's Maul, sei ruhig«, forderten sie sich gegenseitig mit dem Versuch nicht mehr zu lachen, doch je mehr sie versuchten nicht zu lachen, um so mehr brach es aus ihnen heraus. Pippo zog schnell die Fensterscheibe zu und signalisierte Santo, mit nach draußen zu kommen. Sie liefen einmal um den Block von der Meister-Gerhard-Straße in die Lochner Straße, um dann von der Dasselstraße in die Meister-Gerhard-Straße zu gelangen, wo sie sich wieder in Richtung Casa Italia begaben. Während dieser Runde hatten sie die Lage abgeklärt und sich einen Plan ausgedacht. Der Plan war simpel, erst mal klären, dass wirklich keiner da war, dann, während Pippo das Glasfenster zur Seite schob, sollte Santo vor dem Eingang stehen und schauen, ob die Luft rein war.

Die Fensterluke war geöffnet. »Schnell, komm, beeil dich.« Pippo stieg als erster in die Öffnung hinein in das ehemalige Pförtner-Zimmer, das für die Casa Italia OT als Büro fungierte. Santo genau so schnell, übereilt machten sie von innen das Fenster zu. Kaum knieten sie so tief, wie es nur ging, fingen sie wieder an zu kichern, doch diesmal war keine Zeit, um sich gegenseitig verbal einen Maulkorb zu verpassen. Mit dem ersten Griff in die größere Schublade stießen sie auf die Kasse, die zu deren Erstaunen auch noch nicht mal verschlossen war. Ohne zu schauen, wie viel es war, griff Pippo hinein, nahm nur die Geldscheine und steckte sie in die Hosentasche. Jetzt schauten sie mit der Nasenspitze zuerst aus dem Glasfenster heraus, wobei sich die Augäpfel wie bei einem Panto-mime einmal nach links und dann rechts drehten. »Keiner da«, sagten beide, »los jetzt oder nie.«

Blitzartig war die Fensterscheibe geöffnet, und mit einem Satz spran-gen sie aus der Luke heraus. Schnell hatten sie noch die Fensterscheibe zugemacht. Kurz blieben sie vor dem Eingang stehen, als ob nichts wär, mit beiden Händen in den Taschen, schauten sie sich jetzt noch einmal um, ein Blick in Richtung Dasselstraße, ein Blick in Richtung Rathenau-platz, keine Menschenseele. Ohne ein Wort miteinander auszutauschen, begaben sie sich in Richtung Zülpischerplatz, um dann mit der Bahn zum Neumarkt zu fahren.

Der Neumarkt ist das Herz Kölns, bestehend aus der großen ovalen Piazza, die in Köln als Roncalli-Platz bekannt ist, in dem der Piazza-Boden aus den typischen deutschen glatten kleinen Pflastersteinen be-steht. Santo liebte den Neumarkt, dort pulsierte das Leben. Menschen aus aller Welt, ein schönes Geschäft nach dem anderen, Cafés, Restau-rants, Kinos, Straßenmusiker, Straßenkünstler und vor allem die knacki-gen Mädels, die immer in der Mehrheit waren. Vom Neumarkt fuhren so ziemlich alle Bahnen in allen Richtungen. Obererdig und auch unterer-dig. In Strömen kamen Menschen und in Strömen gingen Menschen. In Strömen kamen die süßen Schnecken und in Strömen gingen sie auch leider wieder. Sein Herz ging dort immer auf, dieser Platz, vor allem sei-ne Einkaufstraßen, waren voll mit positiver Lebensenergie. Am Neu-markt angekommen, begaben sie sich zum Pizza Hut, bestellten sich eine Pizza und gingen kurz darauf zu zweit auf Toilette, wo sie sich auch zu-sammen in eine WC-Kabine zwängen. »Los, mach schon, hol die Kohle raus!«

Santo brannte vor Neugier, nicht weil er Pippo misstraute oder weil er geldgeil war, sondern weil er einfach nur super neugierig war, zu erfah-ren, wie viel sie da hatten.

Pippo holte den Batzen heraus, hielt Santo die Scheine mit beiden ge-streckten Händen vor. »Minchia« (Schwanz), kam es Santo herausge-schossen, »Quantu Minchia su´?« (Wie viele Schwänze sind es) Pippo stand mit offenem Mund und auf die Geldscheine vertieftem Blick da, als ob er einbalsamiert wäre. »Aou, fo', annakati.« (Hey, los, beweg dich.) Er griff nach den Geldscheinen,

»Aou, aspee´, aspee´.« (Hey, warte, warte), sagte Pippo zu Santo, wobei er währenddessen seine rechte Hand auf die Brust legte, um Santo abzubremsen. Santo wartete ab. Pippo zählte die Scheine, 365 DM, »Quantu´?« (Wie viel?), kam es Santo nur so herausgeplatzt.

»365 DM Ti dissu.« (habe ich dir gesagt.)

Die Deutschitaliener, die Italiener, die in Deutschland groß geworden waren, hatten quasi eine eigene Sprache entwickelt. Sie vermischten oft Italienisch mit Sizilianisch und Deutsch, wobei, je nachdem, in welcher Stadt sie lebten, integrierten sie auch noch den Dialekt, was in diesem Falle Kölsch war, auch noch in einem Satz. Manchmal aber auch, weil die einzelnen Wortschätze nicht ausreichten. Die Jungs hatten sich angewöhnt, wenn sie cool sein wollten, Kölsch zu reden, wenn sie aber gefährlich wirken wollten oder intim wurden, sprachen sie Sizilianisch. Wenn sie neutral wirken wollten, sprachen sie hochdeutsch, und wenn sie elegant sein oder den Schnecken imponieren wollten, sprachen sie italienisch. »Watt is, nee, nun ci cridu.« (Glaub ich nicht.) »365 DM? Is nicht wahr, datt is ja der Hammer.«

»Ja, Hammer«, sagte Pippo fast geistesabwesend.

»Los, lass uns teilen, für jeden eine Hälfte«, forderte Santo.

»180 DM für jeden«, zählte Pippo auf.

»Was machen wir mit dem Heiermann?« (Fünf DM Münze)

»Den kannst du behalten, oder? Warte, du kannst mich gleich zu einer Pommes mit Currywurst beim Ferkulum einladen.«

»Ja, OK«, gab sich Pippo einverstanden.

»Panos macht den besten Currywurst-Pommes-Teller, da freue ich mich schon jetzt drauf.«

Das Ferkulum war der absolute Favorit unter den Imbissbuden in Köln. Dort gingen die Jungs regelmäßig hin. Erstens lag das Ferkulum um die Ecke, auf der Zülpischer Straße, fast Ecke Kyfhäusser Straße, und zweitens, abgesehen davon, dass man da die aller besten Pommes, Gyros, Zaziki und Currywurst bekam, fühlten sich die Casa-Italia-Jungs fast wie zu Hause. Sie waren dort immer herzlich willkommen und sie spürten die volle Sympathie von Panos, der um einige Jahre älter war. Panos hat-

153

te für seine sizilianischen Brüder eine nicht übersehbare Schwäche. Jedes Mal, wenn die Jungs den Imbiss betraten, hörten sie spätestens beim dritten Satz: »Una fazza una razza.« Was sich genau wie im italienischen anhörte: »Una faccia una razza.« (Ein Gesicht eine Rasse.)

Solche Sätze hörte man immer wieder von den älteren Griechen, sie fühlten sich den Italienern und vor allem mit den Sizilianern sehr nahe.

»Mann, ich kauf mir jetzt ne Edwin-Jeans«, kam es enthusiastisch prompt aus Pippos Mund.

»Im Ernst? Willst du dir im Ernst ne Edwin-Jeans kaufen?«, fragte Santo Pippo perplex.

»Ja, klar.«

Santo darauf: »Hey, Mann, die kostet doch über 120 DM.«

»Ja und?«

»Ja und? Wie ja und? Watt erzählste denn deine Eltern?«

»Watt soll ich denn meine Eltern erzählen? Ich brauch denen nix zu erzählen, die kriegen das gar nicht mit«, meinte Pippo.

Ne Edwin-Jeans? dachte Santo, ne Edwin-Jeans, daran hatte Santo noch nie einen Gedanken verschwendet, das war klar. 120 DM für ne Jeans? Wie hätte er das jemals seine Eltern erklären können, kam es ihm durch den Kopf. »Chi minchia an tappasti, a testa n´du muru?« (Mit was für einem Schwanz bist du mit dem Kopf gegen die Wand geknallt?), hörte er in seinem Geiste seinen Vater, nee, mit der Nummer, hätte er gar nicht antanzen gebraucht, das war klar.

»Komm, lass uns zuerst zum Jeans-Palast gehen, dort haben die auf jeden Fall Edwin-Jeans. Danach gemma dann zum Weingarten am Friesenplatz.« Pippo kannte sich aus.

»Was ist denn Weingarten?«

»Wie? Kennst de nicht den Weingarten?«, fragte Pippo erstaunt zurück.

»Nee, was is'n das?«

»Das ist'n Modegeschäft, ein größeres mit günstigen Preisen, die haben dort ziemlich alles, lass uns gleich da mal gucken gehen.«

»OK, hört sich gut an, super.« Santo freute sich und brannte vor Neugier, den Laden kennenzulernen. Solche Läden kannte er noch gar nicht und hatte auch noch nie einen betreten. Pippo kaufte sich die Edwin-Jeans und ein paar weiße Stoffhandschuhe. Santo kaufte sich voller Begeisterung nur die weißen Handschuhe, die kosteten nicht viel und waren gerade erst durch die Tanzwelle Breakdance und Electric Boogie aus den Staaten in Mode gekommen. Die Electric-Boogie-Tänzer aus den Formel-Eins-Videos trugen immer ganz cool beim Tanzen ihre weißen Baumwoll-Handschuhe, so, wie es die Pantomimen immer taten. Die Formel Eins war zu der Zeit die angesagteste Sendung. Santo und auch all die anderen Teenager in den 80ern dursteten eine ganze Woche darauf, bis endlich immer am Dienstag die Formel-Eins-Sendung ausgestrahlt wurde. Diese 45 Minuten Vergnügen verflogen so, als ob die Sendung nur 45 Sekunden dauerte. Santo und viele andere Jugendliche dieser Zeit ärgerten sich jedes Mal darüber. Für sie hätte die Sendung am liebsten nochmal 45 Minuten dauern können, vor allem mussten sie jedes Mal eine ganze beschissene Woche darauf schmachtvoll warten, bis endlich am Dienstag die Formel Eins ausgestrahlt wurde. Dort sah und hörte man sowohl die deutsche Top Ten, die fast immer als erste gezeigt wurde, englische Charts als auch die Charts aus den USA und hin und wieder auch Charts aus Italien, Frankreich oder Spanien. Santo liebte die Formel Eins.

Die weißen Handschuhe hatten nur 10 DM gekostet und vor allem ließen sie sich leicht nach Hause schmuggeln. Santo fürchtete sich gewaltig, von seinen Eltern als Dieb erwischt zu werden, erstens weil er mit Stolz erzogen worden war und das gegen das Ehrgefühl seines Vaters verstieß, und zweitens, weil er sich dafür auch zutiefst geschämt hätte. Begeistert über den Kauf und vor allem über diese weißen Stoffhandschuhe, gingen sie zum Modegeschäft Weingarten. Dort angekommen wurden sie erstmal spießig mit skeptischen Blicken empfangen und misstrauisch observiert. Santo hasste es, so empfangen zu werden. »Typisch Kartoffeln, watt gucken die uns so blöd an?«, dachte er sich.

»Perchi´talianu a cussi?« (Warum gucken die so?)

»Die denken, wir hätten keine Knete und wollen was klauen«, antwortete Pippo.

»Ja, ja, ich weiß, aber ärgern tut's mich trotzdem. Dumme Kartoffeln«, sagte er leise vor sich hin, sodass nur Pippo es hören konnte und beide dabei schmunzelten.

»Ja, Kartoffeln«, sagte Pippo Santo bestätigend und nickte dabei mit dem Kopf, wobei er gleichzeitig mit den Schultern nach oben zuckte,nach dem Motto: «Scheiß drauf.«

Ja, scheiß auf die, dachte Santo dem Gedanken zustimmend.

Die Jungs wurden schnell fündig, beide kauften sich ein Fruit-of-the Loom-Sweatshirt und dazu ein genauso hoch modernes-Netz-Träger-T-Shirt, was man über das Sweat Shirt anzog. Die Sachen wurden am nächsten Tag sofort angezogen.

»Du Arsch, du warst das, meinste, ich bin blöd, wer soll's denn sonst jewesen sein?«, beschuldigte Rocco De Franco Tonino mit angespannten Gesichtszügen und fixierend prüfendem Blick, wobei, sein kräftiger Rückentrapez-Muskel durch seine hellgrün glänzende Bomberjacke zu explodieren schien. Von hinten betrachtet, sah er wie eine aus der Ruhe gebrachte mächtige Kobra aus, die sich vor einem aufbaute, um blitzschnell tödlich zu zuschlagen. Was auch im wahrsten Sinne des Wortes bei De Franco absolut zutraf. Wenn er zulangte, wenn er traf, wuchs kein Gras mehr.

Santo und Pippo waren erst angekommen und wollten in die Casa Italia, während sich diese Szene im großen Eingangsflur vor ihren erstaunten Augen abspielte. »Vagliu´.« (neap. Junge) »Iche ware dase nichte, glaube mir, iche ware dase nichte, dieses Mal, ware iche dase wirklich nichte«, versuchte Tonino mit seiner tiefen männlichen Stimme und extrem starken neapolitanischen Akzent Rocco De Franco zu überzeugen, wobei seine großen geformten Glubschaugen nach außen zu fallen schienen.

Schelmisch grinste Rocco Tonino an »Ja, is klar, wen willst de verarschen, gibt's zu, du warst es, gibt's doch zu«, ließ Rocco nicht nach.

»Aou, vagliu´, ma rutte u´cazze´.« (Hey, Junge, du machst meinen Schwanz kaputt), was so viel hieß wie: »Du gehst mir langsam auf den Sack.«

Währenddessen schauten sich beide um und bemerkten Santo und Pippo, wie sie da mit geöffnetem Mund und neugierig erwartenden Blicken, die sich ihnen darbietende Szene beobachteten. »Ist doch scheiße, Mann, das Geld haben wir durch die Disco-Eintritte zusammengespart, um alle gemeinsam davon eine Grillparty zu machen«, sagte Rocco im resignierten Ton. Im Grunde ärgerte es ihn, dass er nicht selbst als erster auf diese dreiste Idee gekommen war. Wenn er gewusst hätte, dass diese dreiste Idee keineswegs ne dreiste Idee gewesen war, sondern durch zwei etwas gelangweilte, spielende 13jährige spontan entstanden war, die gerade vor ihm standen und die ganze Szenerie in gelassener Ruhe beobachteten, wäre er total ausgerastet und hätte aus den zweien Kleinholz gemacht, bis sie endlich die Kohle herausgerückt hätten, die er dann natürlich zu guter letzt in die eigene Tasche gesteckt hätte.

Tonino schaute auf Santo und dann auf Pippo. Santo und Pippo dachten sich: »Scheiße, jetzt simma dran.« Es schien, als ob Tonino etwas zu den zweien sagen wollte, doch dann kamen schon die ersten Müttern aus dem Casa-Italia-Kindergarten, der sich oben im ersten Stock befand. Gewieft, wie Pippo war, konterte er schnell. »Hey, was ist passiert? Was ist denn?«, fragte er so unschuldig, wie kein Hollywood Schauspieler es hätte besser machen können.

»Ach, irgend so'n Sackjesicht hat sich die Geldkasse geschnappt«, antwortete Rocco, dabei schaute er sich eingehend Tonino noch einmal genau an.

»Vagliu´, iche ware dase nichte.«

Pippo und Santo schauten jetzt auch auf Tonino und warteten auf seine Reaktion. »Was?« sagte Pippo, »die Geldkasse? Wie viel war denn drin?«, fragte er gekonnt.

»Ja, so um die 150 DM, glaub ich, schätze ich mal.«

»150 DM?« fragte Pippo ernsthaft überrascht »150 DM?«

»Ja, so ungefähr, kann auch etwas mehr gewesen sein.«

Für Rocco und Tonino hatte sich das so angehört, als ob es für Pippo verdammt viel Geld war, doch im Grunde waren sowohl Pippo als auch Santo über die viel kleinere Summe erstaunt.

»Aou vagliu' songe assai 150 Marchi e'h, sicuramente na te viste maii tutti sti soldi.« (Hey Jungs, ist viel, 150 DM, ne? Mit Sicherheit habt ihr noch nie soviel Geld gesehen), sang er in seinem neapolitanischem Dialekt mit tiefer runder Stimme. »Iste viele Gelde, 150 DM für die kleinen«, sagte Tonino zu Rocco scherzend.

»Scheiße, wenn ich denjenigen kriege, do, dann haue ich den platt.«
Dabei machte Rocco eine ziemlich ernste Miene, wobei er den Tick hatte, jedes Mal, wenn er über etwas nachdachte, den linken Mundwinkel in
die Gesichtshälfte einzuziehen, um damit etwas spielerisch hin und her
zu zucken. »Pippo«, sagte er dann nach kurzem Überlegen und machte
eine kleine Pause. »Du auch.« Und er schaute zu Santo hinüber ohne
Santo beim Namen zu nennen, Rocco konnte Santo irgendwie noch immer nicht voll im Casa-Italia-Clan akzeptieren. »Du auch, gilt auch für
dich, haltet die Ohren auf, wenn ihr was wisst, wenn ihr mitbekommen
solltet, wer es gewesen sein kann, dann sagt mir sofort Bescheid, klar?«
»Ja klar Rocco«, sagten Pippo und Santo synchron, »machen wir.«
Jeder beschuldigte jeden, nur die zwei jüngeren, Pippo und Santo, auf
die zwei, war niemand gekommen, keiner der älteren Casa-Italia-
Italiener konnte sich vorstellen, dass diese kleinen Knirpse zu so etwas
in der Lage gewesen wären. Diesbezüglich hörten Santo und Pippo dann
den älteren Italiener, der sie noch nicht mal richtig beim Namen kannte,
von ihren spannenden Plänen und Diebstählen erzählen. Mit großen
Sporttaschen spazierten sie in die Mode Boutige und ließen ungeniert
alles mitgehen, was ihre Herzen begehrten.

Einmal in dieser Zeit, die Benetton-Fiorucci-Zeit, so wurde die Zeit
Mitte der Achtziger von den Casa-Italia-Jungs getauft, hatte sich so eine
Situation abgespielt. Zwei gelassene Sonnyboys waren mit ihren riesigen
Sporttaschen in den großen Casa-Italia-Saal hereinspaziert, während
Pippo, Santo, Valentino und Matteo gegeneinander ein Tischtennis-
Turnier ausspielten. Auf der Stelle stürzten sich die anderen Casa-Italia-
Jungs, jeder mit ihrem eigenen Dialekt und dem entsprechenden Humor,
laut scherzend ihnen entgegen. Einige küssten und umarmten sich, wobei
sie sich immer wieder zwischendurch vor Freude anboxten und dabei
immer wieder ihre Späßchen nicht vergaßen.

Schlagartig wurde die Runde verschwörerisch, sie zogen sich in die
hintere linke Ecke des großen Discoraums zurück. Ihre Runde positionierten sie so, dass man von außen nicht so leicht erkennen konnte, was
dort geschah. Die Sporttaschen wurden geöffnet. Matteo und Pippo hatten sich zuerst in die Nähe dieser verschwörenden Runde gewagt, dann
überkam auch Valentino die Neugier und zuguterletzt, nicht unbedingt

aus Neugier, sondern mehr, um bei den anderen zu sein, begab sich auch Santo hinzu.

Schuhe, Gürtel, Fiorucci-Jeans, Benetton-Gürtel, Benetton-Sweat-T-Shirt, Giorgio-Armani-Pullis und irgendwelche Parfüms oder teure Rasierwasser durften sie alle kurz erblicken, um die Sachen wieder ganz schnell in ihren Sporttaschen verschwinden zu lassen. Das Manöver hatte nur den Zweck, Ware anzupreisen und Interesse zu erwecken. Verkauft und gekauft wurde dann woanders. Entweder bei einem zuhause, wenn die Eltern gerade nicht da waren, oder bei gutem Wetter in einer dieser gemütlichen Nischen im Rathenau-Spielplatz.

Auch so waren die Geschichten von den älteren oder wie sie selbst immer sagten, der Italiener von früher, reizvolle spannende Geschichten von außergewöhnlichen Typen, die entweder pfiffige einfallsreiche charmante Sonnyboys waren, die quer durch Köln überall ihre Miezen hatten, die durch Einfallsreichtum, das Leben genossen oder von welchen, die immer darauf bedacht waren, sich Respekt zu verschaffen und sich von niemandem was gefallen zu lassen.

Einer von ihnen war der ältere Bruder von Matteo. Santo hatte ihn leider nie kennengelernt, er kannte ihn nur durch die Erzählungen, die seinen viel zu frühen Tod schmerzlich bedauerten. Giovanni war als einziger der vier Autoinsassen durch einen Unfall verstorben, die anderen waren nur mit leichten Schrammen davongekommen. Schicksal, leider, seine Zeit war gekommen. »Gott holt sich oft die Besten als aller erste, man könnte das Gefühl haben, dass er sie gerne ganz schnell um sich haben möchte, was man ja auch gut verstehen kann. Wer umgibt sich nicht gerne mit tollen Menschen?«, dachte Santo.

Immer wenn sie in Matteos Wohnung waren, die sich in einem der schönen Altbauhäuser befand, beobachtete Santo jedes Mal eines der Fotos, die an der Wohnzimmerwand zu sehen waren. Dort war Giovanni mit nacktem gebräuntem durchtrainiertem Oberkörper zu sehen, er hatte in seiner Gewichtsklasse schon einige Bodybuilding-Wettbewerbe gewonnen. Matteos Eltern waren sehr freundlich. Santo hatte das Gefühl, dass sie froh waren, dass Matteo Freunde hatte, die ihn ein wenig vom zu frühen schmerzlichen Tod seines älteren Bruders ablenkten.

Pippo und Santo ließen sich ihre kindliche Abenteuerlust nicht nehmen. Immer wenn sie in die Stadt gingen und in Stimmung waren, widmeten sie dem Feldhaus-Spielwarengeschäft einen Besuch. Die Masche war, dass einer zuerst etwas kaufte und sie dann so taten als ob sie noch etwas schauen würden. Sie drehten so unbeschwert, wie es nur ging, ihre Runden, checkten die Lage ab, und wenn freie Sicht war, steckten sie sich ihre Beute, die nie größer ausfiel als die Star-Wars-Figuren, gekonnt geschmeidig unter ihre Ärmel und wurden mit der Hand so unauffällig wie möglich unter dem Bund drunter gehalten, dass die Figuren nicht heraus rutschen konnten, bis sie dann mir nichts, dir nichts als ob nichts wär, schön gemütlich den Laden verließen.

Santo und Pippo hatten eine Glückssträhne. Sie schienen gesegnet zu sein. Sie hatten es sich mal wieder bei einer Pommes mit Currywurst bei Panos im Ferkulum genüsslich gut gehen lassen. Sie waren dabei zu gehen, doch plötzlich blieb Pippo vor dem Geldspielautomaten stehen und entschied sich spontan und unbeschwert, einfach so ohne Anspruch auf einen Gewinn eine fünf-Mark-Münze in den dortigen Geldspielautomaten reinzuwerfen. Zack, drei Sonnen, zwei Sonnen, eine Sonne, Peng, Hundert Freispiele. »No, inpossibile.« (Nein, unmöglich), kam es erstaunt von Santo.

»Minchia Santo, minimu cento ho centocinquanta Marki sunu« (Schwanz, Santo, mindestens hundert oder hundertfünfzig DM werden es sein). Beide schauten kurz zur Theke. »Speriamu cha nun dicanu nenti.« (hoffentlich sagen sie nichts), sagten beide leise vor sich hin. Doch Panos war ein wohlwollender griechischer junger Mann, er lächelte und nickte den Jungs zu. »Ihr seid vom Glück geküsst«, sagte er nur und ließ die zwei gewähren.

165 DM hatten sie geschafft, dem Geldspielautomaten abzuknöpfen. Danach durften die Jungs nie wieder im Ferkulum am Geldautomaten spielen. Der Grund war, sie waren zu jung, letztes Mal war eine Ausnahme gewesen, das wäre zu gefährlich und es könnte Ärger geben. Santo und Pippo machten keinen Hehl daraus. Mit dem nicht endeden Geldfluss gingen sie am nächsten Tag wieder in die Stadt. In die Stadt gehen hieß für sie vom Rudofplatz bis zum Friesenpltaz, die beide zu den Kölner Ringen gehörten, wobei auch der Neumarkt und die Schildergasse

und Hohestraße gemeint waren. Später kam zu ihrer Bezeichnung noch die Ehrenstraße, Mittelstraße, Pfeilstraße und die Apostelstraße hinzu, die zu den attraktivsten Einkaufstraßen des Kölner Innenzentrums gehörten.

UFA-Palast

Zuerst gingen sie zum Versandhaus Quelle, das sich auf der Schildergasse befand. Sie liebten es, dort hinzugehen. Das Quelle-Haus hatte auf der zweiten Etage einige Bildschirme mit Tastatur und Joystick ausgestellt, wo man die neuesten unterschiedlichen Computerspiele, solange man wollte, umsonst spielen durfte. Santo, Pippo und Valentino gehörten eine Zeit lang zu den Stammgästen. Valentino war diesmal nicht dabei, Santo und Pippo störte das nicht, »wahrscheinlich lernt er für die Schule«, sagten sie etwas belustigt. Sie entschlossen sich, ein wenig Richtung Dom zu laufen. Sie waren jedes Mal aufs Neue begeistert, wenn sie in der Stadt spazierten. Dort gab es allerlei unterschiedlichste Menschen. Am spannendsten zu der Zeit waren einige coole Jungs die hier und da, mit ihren riesigen Ghettoblastern an irgendwelchen Ecken auf den Electric-Boogie-Breakdance-Beats, ihre fantastischen akrobatischen Tanzkunststücke für sich übten, aber auch vorführten.

Unbekümmert schlenderten sie an allem vorbei, bis sie die Kino-Passage entdeckten. Eigentlich hatten sie die dortigen Computer-Spielautomaten entdeckt. Ohne lange zu überlegen, schmissen sie sich auf die Spiele. Einige DM wurden hineingeworfen. Dann irgendwann kaufte sich jeder ein Eis und sie schauten sich neugierig die Kinofilm-Reklame-Plakate an. Währenddessen ließen sie die süßen wohlbehüteten Teenager-Blondinen, die ganz brav mit ihren Vätern und Müttern aus den Kinofilmen kamen, nicht unbemerkt an sich vorbei gehen. Wehleidig schauten sie den Mädels, die sie nicht einmal eines Blickes gewürdigt hatten, hinterher. Sie hätten schon Lust gehabt, sich zu verlieben. Im Grunde waren sie regelmäßig verliebt. Immer nur für einige Tage, da sie beide sehr schüchtern und feige noch dazu gewesen waren und nie einer von den zweien die Initiative ergriffen hatte. Jedes Mal schmerzte die Liebe. Immer wenn den zweien ein attraktives Mädchen über den Weg lief, die auf sie besonders wirkte, mussten sie Tage an diese hochbegehrten zarten Wesen denken. Es waren hoffnungsvolle, aber doch resignierte Gedanken, die ihnen klar machten, keine Chance! Erstens seht ihr sie nie wieder und zweitens würden sie sich mit euch sowieso nicht abgeben.

»Lass uns *Auf dem Highway ist wieder die Hölle los 2* gucken«, forderte Pippo Santo auf.

»Ist der Film gut?«, wollte Santo wissen.

»Der ist bestimmt super, der erste Teil war auch echt super, kennst du den?«, wollte Pippo wissen.

»Welchen, den ersten Teil?«

»Ja, welchen den sonst, na klarn den ersten.«

»Nee, kenn ich nicht«, sagte Santo trocken.

Pippo kannte sich in der Stadt aus, wusste, wo man was bekam, kannte schon das UFA-Palast-Kino, war ein Meister in Computerspielen, spielte verdammt gut Fußball, rauchte und konnte meist die Situationen gut abchecken. Santo war hingegen ein wenig unbeholfen. Im Vergleich dazu hatte Santo einiges noch aufzuholen. .

Sie überlegten, ob sie den Film angucken sollten oder nicht. Pippo bekam einen Geistesblitz. Es war ihm aufgefallen dass man die Notausgangstür vom Haupteingang gar nicht sehen konnte, dazwischen lag ein knapp sieben Meter langer Flur. Diese Notausgangstür ließ man gerne nach Filmschluss meist 10 bis 20 Minuten offen, nachdem die Kinobesucher den Kinosaal verlassen hatten. Durch die Notausgangstür kam man auf eine längere steile Treppe hoch, die zu zwei großen Kinosälen führte. Erfreut und verschwörerisch weihte Pippo mit einem Lächeln Santo ein: »Hör mal ich habe eine Idee, hast du Bock drauf?«

»Bock? Auf was soll ich denn Bock haben?«

Pippo lächelte erneut. »Traust du dich?«, spannte Pippo Santo auf die Folter.

»Was soll ich mich denn trauen?«

»Pass auf, die Notausgangstür … da, wo die Toiletten sind. Jedes Mal, wenn die Leute ihren Film zu Ende geschaut haben und herauskommen, bleibt die Tür etwas länger auf.«

»Ja und?«, sprach Santo dazwischen.

»Ja und? Warte doch mal«, bemerkte Pippo, um dann sofort mit seinem abenteuerlichen Plan herauszurücken. »Wir warten, bis die Leute rausgehen, und wenn freie Sicht ist, verstecken wir uns, ohne dass es einer merkt, in den Toiletten und machen einen auf blinden Passagier.«

»Echt? Meinst du das im Ernst?«

»Hast de schiss?«, fragte Pippo.

»Wer, ich?«, fragte Santo überrascht.

»Wenn du Schiss hast, dann machen wir das nicht.«

»Nee, ich hab keinen Schiss«, klärte Santo schnell auf. »Und du?«

»Ein wenig, ist mir aber egal. Was soll denn schon passieren? Wenn die uns erwischen, können die uns höchstens rausschmeißen«, bemerkte Pippo.

»Und was erzählen wir denen?«, wollte Santo für alle Fälle wissen, um nicht ganz so blöd dazustehen, falls sie tatsächlich erwischt werden würden.

»Wir stellen uns blöd und tun so als ob wir die Kinotickets suchen, aber nicht finden würden.« Santo gefiel der Plan und er stimmte zu.

Die Notausgangstür ging auf, doch der Mann, der sie geöffnet hatte, blieb noch einige Minuten dort stehen und beobachtete, wie die Kinogäste, noch in Trance, sich von ihrem Film wieder in die reale Welt begaben. Erregt und geduldig warteten Santo und Pippo so unauffällig, wie es nur ging.

Endlich. Aufatmen, der Mann ging jetzt fort und ließ die Tür offen stehen. Wie Katzen, die Menschen betören wollen und ihre geschmeidigen eleganten Kreise um die Menschen drehen, um dann in einen Augenblick der Unachtsamkeit … hast du nicht gesehen, zack, haben sie sich auf das Objekt ihrer Begierde gestürzt und kaum haben es die blöden Menschen mitbekommen, haben sie sich schon längst aus dem Staub gemacht. Santo und Pippo waren drin.

»Wenn einer kommt, sagen wir, wir müssten dringend noch auf Toilette.«

Zuerst zwangen sie sich in eine dieser drei WC-Kabinen. Sie fingen an zu kichern. »Hör auf, du Arsch«, sagte Santo zu Pippo.

»Hör selber auf, du Arsch.«

»Psst, Psst, mutu statti Siz.« (Sei ruhig.)

»Tu statti mutu.« (Sei du ruhig), antwortete Pippo. Die Außentür ging auf. Beide verstummten. Ihr Atem war abrupt angehalten. Der Adrenalinspiegel stieg ihnen bis in die Ohren. Santo spürte sein Herz immer schneller und lauter schlagen, wie ein Vorschlaghammer, der sich aus seinem Brustkorb den Weg in die Freiheit erzwingen wollte. Es schlug so laut, dass er kaum noch von der akustischen Außenwelt etwas wahrnehmen konnte.

Mit weit geöffneten Augen schauten sich beide an, hoffend, dass sie nicht entdeckt wurden. Gott sei Dank, der Mann war endlich weg. Die ein bis zwei Minuten, die der Mann gebraucht hatte, um seine Blase zu entleeren, waren Santo und Pippo wie eine halbe Ewigkeit vorgekommen. Sie atmeten auf. Endlich.

»Das ist blöd, ich gehe in die Kabine nebenan«, stellte Santo fest.

»Warum?«

»Ja, ist besser.«

»Nee, komm, bleib hier«, versuchte Pippo Santo zu überzeugen.

»Das sieht doch blöd aus, wenn die uns hier zu zweit sehen, dann ist doch die Sache klar«, erwiderte Santo.

»Ist doch scheißegal. Wenn die uns erwischen, spielt das doch keine Rolle mehr«, bestand Pippo.

»Wenn jeder von uns in einer anderen Toilette ist, können wir auf jeden Fall sagen, das wir noch schnell aufs Klo mussten, dann ist das nicht so auffällig, und zweitens kann es sein, dass nur einer von uns entdeckt wird, dann kann der andere von uns später rauskommen und die Notausgangtür von innen öffnen.«

Pippo war baff. »Ja, verstehe, das stimmt, ok.« Pippo kam immer mehr dahinter, dass Santo gutmutig, aber nicht blöd war. Er lernte Santo immer mehr zu schätzen. Sie waren jetzt gut eine Viertelstunde im Klo gewesen. »Was ist? Soll ich mal nachschauen ob die Luft rein ist?«, sagte Santo.

»Nein, warte noch ein bisschen.«

»Ich höre aber nichts mehr«, meinte Santo.

»Ja trotzdem, warte noch ein bisschen.« In Santo rumorrierte es. Langsam wurde er wibbelig und hatte gar keine Lust, noch länger zu warten.

»Nee, ist mir egal, ich gehe jetzt raus und schau nach«, entschloss sich Santo.

»Wenn du unbedingt willst«, meinte Pippo.

Langsam tastete sich Santo aus seiner Toiletten-Kabine, so geräuschlos wie möglich, dabei öffnete er die Toiletten-Eingangstür nur so weit, dass er gerade so mit einem Auge hindurchschauen konnte. Die Tür war tatsächlich zu. Freude und Erregung kamen in ihm auf. Er konnte es kaum glauben, der Plan schien wirklich aufzugehen.

»Komm raus, Pippo, schnell, die Tür ist jetzt zu, kannst jetzt rauskommen.« Pippo öffnete die Tür nur einen Spalt. »Bist du sicher?«

Solche Fragen ärgerten Santo, er konnte es nicht ausstehen, wenn er in Frage gestellt wurde. »Ja, Mann, na klar bin ich mir sicher. Komm jetzt raus.«

»Ok.« Langsam machten sie die Eingangstoilettentür auf, schauten nochmal nach, ob die Luft rein war und begaben sich zügig die steilen Treppen hinauf zu den zwei Kinosälen. Nach der Treppe befand sich einer der zwei Kinoräume, in dem oberen Abteil, weiter hinten war der andere Kinosaal. Sie gingen in den ersten hinein, an dem das Filmplakat »Auf dem Highway ist die Hölle los 2« zu sehen war.

Bedächtig und mit einem unheimlichen Gefühl öffneten Santo und Pippo die kräftige Metalltür. Dahinter befand sich ein großer schwarzer schwerer Stoffumhang, der dazu diente, die kalte Luft und zugleich das grelle Außenflur-Licht abzudämpfen. Sie schoben den bleischweren schwarzen Stoffumhang zur Seite und erblickten zum ersten Mal diesen großen und breiten Kinosaal. Der Raum war stockdunkel und der Film hatte schon angefangen. Einige von den nicht allzu vielen Kinogästen drehten sich überrascht zu ihnen um und schauten sie kurz neugierig an. Santo dachte: »Hoffentlich werden wir nicht erwischt, hoffentlich merkt niemand was.« Sie taten, als ob nichts wäre, pressten sich durch die mittleren oberen Sitzreihen hindurch und setzten sich aufgeregt und zugleich glücklich ungefähr in die Mitte.

Sie schauten sich erst mal gar nicht an und zuckten mit keinem einzigen Körperteil, als ob es davon abhängen würde, dass sie erwischt werden würden oder nicht. Die lustigen und zugleich spannenden Filmszenen waren voll im Gange und der Orang Utan spielte seine Rolle auch ganz gut. Santo und Pippo waren begeistert. Es war ein großartiges Gefühl. Santo offenbarte sich eine lebendige spannende lebenslustige Welt, eine Welt voller Hoffnung, eine zugleich romantische, aber auch erotische Welt, eine Welt, wo Wünsche in Erfüllung gingen und wo das Gute über das Böse siegte. Er liebte Helden und ihre Art mit den schönen

Dingen des Lebens zu leben. Er versank gerne in diesen Happy-End-Geschichten.

Nach einigen Minuten der Unsicherheit entspannten sich die beiden. So unauffällig wie möglich jubelten sie beglückt auf. »Es hat geklappt, es hat geklappt«, beglückwünschten sich beide mit leicht erhobenen Siegesfäusten, die nur gerade so angedeutet wurden. Es hatte funktioniert.

Ab da gehörten Santo und Pippo zu den Stammgästen der Kino-Passage Hohestraße. Immer wieder schleusten sie sich als »blinde Passagiere« in den Kinosaal hinein. Im Highway ist mal wieder die Hölle los 2 schauten sie sich im Laufe der Woche noch einmal an. Valentino wurde eingeweiht. Sie überredeten ihn mitzukommen. Misstrauisch willigte Valentino ein. Seine Neugier war zu groß, um sich nicht selbst davon zu überzeugen. Doch wo es darauf ankam, zog er den Schwanz ein. Er hatte nicht den Mumm, in die Toilette rein zu laufen, sich dort zu verstecken und so lange zu warten, bis die Tür geschlossen wurde, um sich dann im Nachhinein in den Kinosaal hineinzuschmuggeln. »Nee, ich hab's mir anders überlegt. Ich komm doch nicht mit.«

»Wie, du kommst doch nicht mehr, was is denn jetzt los?«, fragten ihn Santo und Pippo wie vom Schlag getroffen.

»Nee, ich will doch nicht, hab keine Lust mehr,«

»Warum?«, fragten ihn die Jungs nochmals. »Ja, darum«, antwortete Valentino.

»Wie, darum? Was ist los? Hast de schiss?«, wollte Pippo genervt wissen. Santo war enttäuscht, sagte nichts, aber dachte sich. »Ja, typisch, immer wieder dasselbe mit dem«

»Voll lep'sch.« (Blöd, scheiße, idiotisch), meinte Pippo. »Finde ich scheiße«, fügte er noch hinzu.

Santo enthielt sich, dachte aber: »Voll der Feigling, Spielverderber.«

In die Ecke gedrängt, forderte Valentino, um noch sein Gesicht zu wahren: »Ihr könnt mir doch die Notausgangstür aufmachen.«

»Die Notausgangstür aufmachen?«

»Ja, die Notausgangstür aufmachen, so wie das die älteren Italiener im UFA-Palast machen.«

Valentino, der einen vier Jahren älteren Bruder hatte, hatte von Toni gehört, dass die älteren Casa-Italia-Jungs solche Aktionen im UFA-Palast auch machten. »Einer bezahlt, geht dann rein, und wenn die Luft rein ist, kommt er aus dem Kinosaal, öffnet die hintere Notausgangstür und dann spazieren sie in den gewünschten Kinofilm umsonst herein«, erklärte Valentino.

»Ich bin doch nicht blöd, warum soll ich dir die Tür aufmachen? Wenn du den Film sehen willst, musst du deinen Arsch schon selbst hinein bewegen.«

Valentino zuckte mit den Achseln und meinte: »Ihr müsst mir ja nicht die Tür aufmachen, dann warte ich halt so lange draußen auf euch«

»Wie du willst«, meinte Pippo. Valentino blieb draußen. »Voll der Hosenscheißer, der meint wohl, der ist schlauer als wir, was?«, sagte Pippo verärgert.

»Ach, ist doch egal, lass ihn doch, der hat halt Angst. Der ist halt nicht so wie wir. Hat er Pech gehabt«, antwortete Pippo,

Philadelphia Experiment hieß der Film, den sie dieses Mal vom Kino geboten bekamen. »Was ist das den für'n Film?«, sagte Pippo.

»Keine Ahnung, irgend so ein Kriegsfilm«, äußerte sich Santo.

»Egal, is ja umsonst«, meinte Pippo.

»Ja, genau, is ja umsonst«, bestätigte Santo mit ausgestreckter Siegesfaust.

Eine halbe Stunde war schon vergangen und der Film entpuppte sich zu ihrer Überraschung als absolut megaspannender Hollywood-Streifen. Santo hatte Druck auf der Blase. »Scheiße, ich muss mal aufs Klo.«

»Ja, dann geh doch«, äußerte sich Pippo knapp.

Santo schlängelte sich in leicht gebückter Haltung durch die Sitzreihen zur massigen Notausgangstür des Kinosaals und stieg zügig die steilen Treppen hinunter. Er wollte so wenig wie möglich von diesem ziemlich spannenden Streifen verpassen. In Gedanken fiel ihm, mit Blick zur Hauptnotausgangstür, wieder Valentino ein. Er schaute kurz durch die robuste durchsichtige Glastür hindurch, doch Valentino war nicht in Sicht. Schnell bewegte er sich zu den WCs. Glücklich erleichtert atmete er jetzt laut auf, wobei er sich dachte: »Unglaublich, is ja besser, als sich einen runterzuholen.«

Flott zog er seinen Reißverschluss nach oben, wusch sich im Nu die Hände und bewegte sich fix Richtung Toiletten-Eingangstür. Er schaute instinktiv zur Nothauptausgangstür und stellte fest, dass tatsächlich der muffig aussehende Valentino da stand, der genauso wie er in seine Richtung blickte.

Santo machte ihm ein Zeichen, ob er rein kommen wolle, Valentino nickte ihm bestätigend zu. Mit weit geöffneten, sich skeptisch umblickenden Augen öffnete Santo Valentino die Tür. »Schnell, schnell, komm«, sagte Santo und mir nichts, dir nichts stieg er die Treppen zügig wieder in Richtung Kinosaal. Valentino folgte ihm. Als ob er gerade einen Geist gesehen hätte, schaute Pippo ziemlich blöd aus der Wäsche. Santo lächelte ihn an, wobei Valentino eher beschämt wirkte.

Das Philadelphia Experiment hielt sich lange im Kino. Santo und Pippo schauten sich den Film ganze vier Mal an, er war ja umsonst. Sie erzählten ihren Klassenkameradinnen Monika und Angelika von der Geschichte mit dem Kino. Beide absolut keine Schönheiten. Monika war eine von den entspannten freundlichen weltoffenen deutschen jungen Mädchen und Angelika war eine von diesen stolzen temperamentvollen Spanierinnen, die zu der Zeit besonders auf italienische Jungs standen.

Sie waren zuvor nie mit Mädels weggegangen. Wenn sie was mit Mädels zu tun gehabt hatten, dann nur durch zufällige Begegnungen und überhaupt gehörte das Weggehen mit Mädels nicht zu ihren Stärken, dafür waren sie zu feige und dachten, dass Mädels nicht die selben Bedürfnisse hatten wie Jungs. Nein, sowas kam ihnen nicht in die Sinne. Dafür waren sie zu katholisch erzogen worden. Monika war etwas attraktiver als Angelika und saß neben Pippo auf derselben Schulbank. Pippo konnte ein richtiger Arsch sein, doch Monika war eigentlich eher belustigt und kam in jedem Fall auf ihre Kosten. Pippo, der in letzter Zeit öfter mit einer Jogginghose in die Schule kam, machte sich einen Spaß daraus, sich während des Unterrichts in der Hose einen Steifen zu reiben, um dann Monika von der Seite anzutippen, damit Monika den ganzen Umfang seines Prachtstücks zu sehen bekam.

Die ersten Male hatte Monika kurz aufgeschreckt »buh, hi« gesagt, doch es war kaum an ihrer Gesichtsmimik zu verkennen, wie Monika einen feuchten Mund bekam, und sie sich sichtlich erregt und köstlich darüber amüsierte. Sie hatte sich bei der Klassenlehrerin kein einziges Mal darüber beschwert. Belustigt und bestätigt schaute Pippo dabei jedes

Mal zu Santo. Santo konnte nicht mehr vor lachen, während Angelika, die gegenüber von Santo saß, ihn jedes Mal durch ihre große runde Hornbrille ermahnend ansah und Santo nur noch mehr animierte, sich darüber einen abzubrechen. Im Grunde war das nur Frustration, denn Angelika stand voll auf Santo und hätte sich sicherlich darüber sehr gefreut, wenn Santo genauso wie Pippo solche Schweinereien mit ihr gemacht hätte.

Mit viel Interesse der zwei Mädels, kam es zu einer Verabredung. Sie trafen sich gegen Spätmittag vor der Herzjesuskirche am Zülpischerplatz und machten einen Spaziergang durch die Schildergasse Richtung Hohestraße, wo sich die Kinopassage Cinema befand. Dieses Mal, wurde es noch spannender. Die Mädels versteckten sich genauso, wie Santo und Pippo es ihnen zuvor nochmal genauer erklärt hatten, in den Damen WCs und mussten so lange warten, bis Santo und Pippo sie aus der Toilette herausholten.

Santo und Pippo waren verblüfft, Monika und Angelika hatten sich tatsächlich mutiger verhalten als Valentino, ohne großes Bedenken oder Zweifel waren sie in die Toiletten marschiert und hatten sich ohne jegliche Andeutung von Unsicherheit oder Besorgnis über zwanzig Minuten in den Toilettenkabinen versteckt. Es hatte mal wieder geklappt, nun saßen sie alle vier da, in den oberen Reihen mittig. Monika und Angelika waren sichtlich aufgeregt, mit Santo und Pippo auf eine für sie abenteuerliche Weise ins Kino gekommen zu sein, und das auch noch umsonst.

Obwohl Santo jetzt das Philadelphia Experiment zum vierten Mal ansah, hatte dieser Kinofilm für ihn noch nicht an Zauber verloren. Immer noch tauchte er in diese Welt und wurde Teil dessen. Angelika schaute immer wieder durch ihre Hornbrille zu Santo. Santo bemerkte das, tat aber so, als ob er, es nicht mitbekäme. Santo bemühte sich, er bemühte sich, Angelika schön zu reden, er schaute ab und zu kurz rüber und versuchte fast verzweifelt, Angelika schön zu sehen. Es gelang ihm nicht. Sie hatte eine zu dünne längere spitze Nase, einen zu spitzen Mund, ein zu maskulin geschnittenes kantiges Gesicht, und proportional, viel zu kleine Augen, die dann durch die Hornbrille noch unattraktiver auf ihm wirkten. Es gab tatsächlich nur eine Sache, die in Santo so was wie männliche Begierde aufweckte, und zwar die etwas größeren festen

Wölbungen unter dem babyblauen Strickwollpullover. Obwohl Santo bei aller Liebe versucht hatte, etwas anderes Begehrliches bei Angelika zu finden, war es ihm bis auf diese Wölbungen, die durchaus ihren Effekt auf Santo ausübten, nicht gelungen. Lust hätte er ja schon gerne gehabt. Lust hatten die Jungs immer gehabt und das 24 Stunden am Tag. Zu dieser Zeit brauchte einer nur das Wort Titte in den Mund zu nehmen und da haben sie gleich auf der Stelle einen Ständer bekommen, den sie dann nicht mehr so leicht wieder loswurden.

Einige der Casa-Italia-Jungs liefen dann mal schnell zum Klo, um sich einen runter zu holen, damit sie sich wieder beruhigen konnten, denn sonst wären ihnen die Eier explodiert. Nee, das war nicht schön für die Jungs, bei dem leichtesten Windzug permanent einen hoch zu bekommen, und dann doch nicht zum Zuge zu kommen, war wahrlich keine Wohltat.

Santo hasste es eigentlich, sich einen runter zu holen, er fühlte sich im Nachhinein immer unangenehm leer, geschwächt und kam sich ziemlich erbärmlich vor, es nötig zu haben, selbst Hand anzulegen, es kotzte ihn an. Doch diese Lust, die sich aus der unwissentlichen Neugierde nährte, noch nie mit einem Mädchen geschlafen zu haben, ließ die weiblichen Reize der jungen Frauen um so mehr wie liebliche, süßlich erfrischende, duftende Früchte auf sie wirken. Egal, wie sehr sich Santo versuchte Angelika reizvoll zu reden, und ihr immer wieder auf die Wölbungen schaute, musste er ihr schließlich, immer wieder aufs Gesicht schauen, und obwohl er Angelika wirklich gerne mochte und auch gerne ihr mal an die Brüste gegangen wäre, schaffte er es doch nicht, sich selbst zu überreden.

Pippo war das alles egal, Monika war ja auch nicht ganz so unattraktiv, sie war zwar nicht die schönste und auch nicht die süßeste, aber sie war auf jeden Fall sexy, obwohl sie für Santo zu kräftig gebaut war. Wenigstens hatte Monika nicht nur dicke pralle Titten, sondern auch noch einen Kussmund und auch so wirkte sie insgesamt weiblicher als Angelika. Für einen kurzen Augenblick hatte Santo Pippo darum beneidet und hätte gerne mit ihm getauscht, doch dann beruhigte er sich. Er dachte: »Was soll's?«

Pippo kam auf jeden Fall auf seine Kosten, Monika hatte sich ohne große Gegenwehr gerne befummeln lassen.

Ein anderer Zeitvertreib

Ein anderer Zeitvertreib, der den Jungs den ultimativen Kick gab, war sich in Damen-WCs, von irgendwelchen Läden oder Gastronomien, in denen sie sich befanden, einen runter zu holen. Dabei nahmen sie als Mustervorlage gerne mal eine Playboy-Zeitschrift. Jede von diesen göttlichen Sirenen, die in der Playboy sich außergewöhnlich reizend darboten, versetzte den Jungs das Gehirn zum Stillstand, sodass ihr Blut ihnen nur noch in die Eier floss und ihre Streitaxt auf Hochtouren brachte.

»Jaa, hier, nimm, nimm ihn in den Mund, los! Das gefällt dir, was?«, führten sie ihre geistig fantasievollen Dialoge. Was für ein intensives Gefühl sich den Jungs darbot, als ob sie einen reizenden elektrischen Stoß bekommen hatten, der ihnen den Saft mit samt ihren Eiern bis ins Universum hinausschießen ließ. »Hier, nimm, so, das hast du jetzt davon, du wolltest es unbedingt haben, nun hast du es.« Ramramram. In allen erdenklichen Positionen wurden die Playboy-Sirenen genussvoll ekstatisch genötigt. Es war Vergnügen und Bestrafung zugleich. Einerseits beglückten sie die Damen und anderseits wurden sie für ihre Geilheit, für ihre sexy erotische Schönheit bestraft.

In ihrer Vorstellung hatte noch nie zuvor einer es den Damen ihrer Begierden so besorgt wie sie. »Nun, was habt ihr davon?« Diese Gedanken geilten sie nur umso mehr auf. Erleichtert wie eine Feder und rot wie eine feurige Peperoni kam Pippo jedes Mal aufs Neue aus den Toilettenkabinen. Santo lachte sich abermals einen ab. Pippo war echt ein origineller witziger Typ. »Hey, und? Hey? Und? Auf wen hast du dir einen runtergeholt?«, fragten sie sich jedes Mal gegenseitig. Sie zeigten sich ihre abgenutzten Playboys, mit den jeweiligen genötigten Begierden ihres unersättlich sexuellen Triebs, bei denen auf allen Positionen drauf gespritzt worden war, sodass die Flecken nicht nur ersichtlich, sondern die Seiten zum Teil sogar abgenutzt waren. Wenn sie einen Playboy besaßen, in dem sich einige besonders ansprechende Exemplare befanden, wurden sie nicht gleich von der Hand gegeben, sondern man behielt sie für ein oder zwei weitere Male. »Und? Wo hast du ihr denn drauf gespritzt? Pouhh, ich hab ihr voll auf das Gesicht gespritzt.« Dabei zeigten sie sich die Stelle oder besser gesagt die Dame, die eben noch genötigt worden war. »Aber vorher habe ich es ihr richtig von hinten besorgt, so richtig schön und vom Allerfeinsten. Und du?«

»Ja, ich auch, aber gekommen, drauf gespritzt, habe ich hier dann schön volles Programm in ihre Venusfalle, sodass es ihr aus dem Mund wieder heraus kam.«

Ein anderer Zeitvertreib war, in Sportschuhgeschäfte zu gehen und so viele Turnschuhe wie es nur ging anzuprobieren, ohne sich anmerken zu lassen, dass man gar nicht vorhatte, überhaupt was zu kaufen. Sie trieben es so weit, bis entweder ihnen der Knoten platzte und sie vor lauter Lachen aus dem Geschäft hinaus stürmten oder dem jeweiligen Verkäufer irgendwann der Kragen platzte und sie mit den Worten »wenn ihr nichts kaufen wollt, dann geht gefälligst woanders eure Späßchen machen« hinaus gejagt wurden.

Ein anderer Kick für die Jungs war, zu Spielwarengeschäften zu gehen um den dortigen Verkäufern nach Stecktudu zu fragen. Stecktudu war ein Begriff, den sie selbst erfunden hatten, um die Angestellten in die Irre zu führen und ein wenig verzweifeln zu lassen und sich darüber lustig zu machen. Das Spiel hatte sich Pippo mit Valentino ausgedacht. »Wie? Sie kennen nicht Stecktudu? Sie kennen nicht Stecktudu?«

»Nein, was ist das denn?«, hinterfragten die Verkäufer verunsichert.

»Wie? Sie wissen nicht, was das ist?«

»Nein, was ist das denn?«

»Das ist das neuste Spiel aus den USA. Stecktudu. Stecktudu, Mann.«

Nicht selten konnten sie ihr Lachen nicht mehr zurückhalten und verließen dann sich vor lachen krümmend schlagartig das Geschäft. Das unheimlich Lustige an dem Begriff Stecktudu war, dass dieses Wort Stecken in sich besaß und das erinnerte sie an hineinstecken.

Stinktudu war der andere Begriff, den sie auch nutzten, um ihren Spaß zu haben. Damit gingen sie dann entweder zu Kiosks oder anderen Süßwarengeschäften. Sie nutzten genau dieselbe Masche wie beim Stecktudu. »Wie, Sie kennen nicht Stinktudu? Ja, Stinktudu, der neueste Kaugummi aus den USA. Sie kennen nicht Stinktudu?«

Das war ein höllischer Spaß. Sie konnten sich über den ganzen Tag hinweg vergnügt amüsieren und somit ihre Überlegenheit gegenüber all den anderen auf ihre kindliche Art zelebrieren.

SV Agrippina Colonia

Dort spielten die meisten Casa-Italia-Jungs. Bis zu den 80ern spielten dort überwiegend Italiener, Deutsche und einige wenige Spanier oder Portugiesen. Dienstag und Donnerstag war Training und die Jungs ließen zu der Zeit, wo sie zwölf und dreizehn waren, ihr Fußballtraining sehr ungerne ausfallen. Fußball war ihr Leben. Im Fußball waren ihre Ambitionen, der Welt zu zeigen, dass sie Italiener waren, der Welt zu zeigen, dass sie die Besten waren. Jeder träumte davon, eines Tages für die Squadra Azzura zu spielen und für sie zu kämpfen und zu gewinnen, damit man weiterhin stolz darauf sein konnte, Italiener zu sein, denn Italiener sein zu dürfen, war Gottes höchstes Geschenk. So fühlten und empfanden es die Casa-Italia-Jungs. Im Fußball, da holten sie sich immer wieder ihre gesellschaftliche Anerkennung. Sie gehörten zu den besten Fußballspielern, sie hatten Talent. Wo sie eine eigene reine italienische Fußballmannschaft über die Casa Italia OT aufgebaut hatten, waren sie zwei bis drei Jahre ungeschlagen geblieben und waren hintereinander Kölner OT Meister geworden. Bis eines Tages, aus unbeschreiblichen, nie erfahrenen Gründen, ihre Fußballmannschaft durch den hinterhältigen neapolitanischen älteren Casa-Italia-Sozialarbeiter einfach so, ohne jegliche Erklärungen, nicht mehr an den Kölner OT-Meisterschaften teilnehmen durfte.

Salvatore war den Jungs von Anfang an komisch erschienen. Er war nicht ehrlich und die Jungs merkten es, dass er sich aus ihnen nichts machte, bei ihm sah man keinen Stolz. Er gehörte zu der Sorte, die sich selber als schlau empfanden, da ihm solche Sachen wie Stolz und Ehre am Arsch vorbei gingen, sie bedeuteten ihm gar nichts, zumindest hatte er auf die Casa-Italia-Jungs immer diesen Anschein gemacht. Sein einziger Wert waren seine eigenen Interessen, die sich je nach Laune ohne Ankündigung änderten. Die Casa-Italia-Jungs machten sich auch nichts aus ihm. Das störte ihn. Santo machte er nichts vor. Doch anstatt sich selber zu hinterfragen und sich wenigstens ein wenig auf die Jungs einzulassen, betrachtete er sie von oben herab, als ob sie ein Haufen hoffnungsloser Fälle wären. Er kam sich besser vor. Aber auch so stellte Santo immer wieder fest, dass die Italiener in Italien oft nicht diesen Stolz wie die Italiener, die im Ausland groß geworden waren, besaßen. Salvatore wurde nicht geliebt und er tat auch nichts dafür. Er war sich zu schade. Die Jungs vermuteten, dass er ihnen jetzt, da er befugt worden war, die Casa-Italia-OT mit zu dirigieren, einen Strich durch die Rechnung machen würde. Die Vermutungen bestätigten sich. Somit behielten die Jungs Recht. Ihnen wurde ihr liebstes und vor allem das, was sie aufbaute und wo sie sich ihre gesellschaftliche Anerkennung holten, durchgestrichen. Salvatore hatte ihnen damit im wahrsten Sinne des Wortes eine reingehauen. Sie hatten lange daran zu kauen und es traf sie wie eine Faust aufs Gesicht aus heiterem Himmel.

Die Jungs suchten das Gespräch. Sie wollten die Gründe wissen und versuchten, ihn umzustimmen, erstmal lange freundlich, dann aber auch rabiater und mit üblen Beschimpfungen, aber Mr. Salvatore merkte man an, dass er es genoss, er genoss es, jetzt die Macht zu haben, willkürlich und wie es ihm gerade passte zu entscheiden und seine feige Rache gegenüber den Jungs auszukosten. Er erklärte sich überhaupt nicht und sagte einfach nur, »das ist so und da lässt sich nichts mehr machen«, wobei er damit drohte, wenn sie ihn weiterbedrohen und belästigen würden, er ihnen in jedem Falle ein längeres Hausverbot erteilen würde. Das wollten die Jungs nicht, das hieß ein oder zwei oder sogar drei oder mehr Wochen nicht mehr die Casa Italia OT betreten zu dürfen und draußen vor der Tür stehen und darauf hoffen, dass der eine oder andere Freund ab und zu nach draußen kam, um sich ein wenig unterhalten zu können.

In dem Alter zwischen zwölf und dreizehn hatten die italienischen Jungs vom Zülpischer Wall, Santo und Pippo nach dem Fußballtraining aufgefangen. Giacomo Rubio und Fausto gingen kichernd und belustigt auf sie zu. Sie schienen voller Adrenalin zu sein.

»Aou, Ciao«, entgegneten Santo und Pippo den zwei. Damals waren sich die Jungs von dem Zülpischer Wall mit den Jungs von der Casa Italia noch nicht ganz nahe. Sie kannten sich und respektierten sich aus dem Grund, dass sie Landsleute waren, doch die Hierarchien waren noch nicht ganz geklärt. Giacomo Rubio und Fausto gehörten von den Zülpischer-Wall-Italienern zu den freundlicheren und offeneren.

»Wollt hier was wissen?«, fragten Giacomo und Fausto, die Cousins waren. Santo und Pippo schauten sich fragend an und überlegten, ob sie es wissen wollen würden oder nicht. Manchmal verbarg sich hinter so einem Satz irgendeine blöde Antwort oder eine von diesen Verarschungsspielen, wo sich alle schief lachten, außer die Betroffenen selbst. Santo war in der Regel neugierig, doch Pippo war noch viel neugieriger als er und überhaupt ließ sich Pippo selten eine Gelegenheit entgehen, bei der man Spaß haben oder Neues erfahren konnte.

»Was ist denn?«, fragte Pippo.

Giacomo und Fausto lachten immer wieder aufs Neue und hielten sich dabei mit einer Hand an ihren Bauch fest und mit der anderen an ihrem Mund. Dabei krümmten sie sich vor lachen. Die zwei Cousins zeigten auf die anderen Zülpischer-Wall-Italiener, die außen am Uni-Sportgebäude standen. Es waren dickere, undurchsichtige mit Draht verarbeitete Duschfenster, die circa ein Meter lang und breit waren.

»Was machen die denn da?«, fragten Santo und Pippo.

»Genau das wollen wir euch erzählen«, antworteten die Cousins. »Ihr glaubt das nicht, da sind voll die geilen Frauen, die am duschen sind.«

»Am duschen? Wie, am duschen?«

»Ja, Mann, irgendwelche heißen Studentinnen, die sich an die Möse und an den Titten reiben und uns dabei zulächeln.«

»Watt iss?«, kam es aus Pippo herausgeschossen. »Wollt ihr uns verarschen?

»Wenn du uns nicht glaubst, haste Pech gehabt, selber Schuld.«

»Daraufhin drehten sich Giacomo und Fausto um und begaben sich wieder zu den anderen, wobei sie zwei von den Jungs vom Fenster wegschubsten und ihnen sagten: »Wir sind jetzt wieder dran.«

Pippo und Santo überlegten nicht mehr und bewegten sich wie in Hypnose, magnetisch angezogen vom dortigen Geschehen. Biaggio, ein anderer Cousin von Giacomo und Fausto, der nochmal zwei bis drei Jahre jünger war und auch im Zülpischer Wall wohnte, und zwar genau im selben Haus mit Giacomo und Fausto, sah Santo und Pippo auf sich zu kommen. Sichtlich erfreut ging Biaggio auf Santo und Pippo zu. »Minchia, ihr glaubt das nicht«, lachte er dazwischen, »incredibile, da sind echt nackte Frauen, die sich vor uns, obwohl wir die ganze Zeit durch den Fensterspalt in die Dusche hinein schauen, schön einseifen und die ganze Zeit an die Titten und an die Muschi gehen, ich hab voll den Ständer«, fügte Biaggio noch hinzu.

»Schön für dich«, sagte Pippo, »hol dir doch einen runter.« Santo und Pippo lachten.

»Kommt«, forderte Biaggio sie auf. »Kommt, schaut doch selbst.«

Santo und Pippo begaben sich ans Fenster zu den anderen, wo sie sich hin und her schubsten, wobei sie sich immer wieder zuriefen: »Ich bin jetzt dran, jetzt bin ich wieder dran oder lass mich jetzt mal«

Santo und Pippo hörten kichernde Frauenstimmen, die vom fließenden aufspritzenden Duschwasser begleitet wurden. Pippo näherte sich ans Fenster, legte seine linke Hand auf die Schulter von Luigi und sagte zu ihm: »Lass mich mal schauen.« Luigi gewährte es, worauf er antwortete: »Ja, guck mal.« Pippo stürzte sich gleich aufs Fenster, ein Auge gegen die Lücke drückend, man hätte denken können, dass er mit seinem Auge an dem Fensterspalt kleben würde oder als ob ihn einer aus dem Duschraum an den Wimpern gezogen und ihn versuchte durch den Fensterspalt hindurch zu ziehen. »Und? Lass mich auch mal«, forderte jetzt Santo Pippo auf, seine Neugier brannte jetzt auch, sich genauso wie Pippo ans Fenster zu stürzen. Pippo bewegte sich keinen Millimeter.

»Aou, lass mich auch mal, lass mich auch mal sehen«, forderte Santo Pippo noch einmal eindringlicher auf.

»Warte mal«, entgegnete Pippo Santo, der von den nackten duschenden Frauen wie hypnotisiert war.

»Aou, lass mich auch mal«, sagte Santo zu Pippo, wobei er diesmal Pippo an die Schulter griff und Pippo so rüttelte, als ob er ihn von einem Tiefschlaf unbedingt aufwecken wollte.

Pippo schaute kurz auf, worauf er dann sagte: »Che pezzi di bagaschi.« (Was für Säue.) Dabei griff er in gewohnter Manier an sein Bestes um ihn dann stolz über seine Hose so in die Hand zu nehmen, dass man in voller Pracht seine Peniskonturen erkennen konnte. »Puoh, ich hab voll den Ständer, mir platzt gleich die Hose«, sagte Pippo zu den Jungs, die sich bei dem Anblick alle bis zu den Knien besickten.

»Endlich«, dachte Santo, schob sein Auge auf den Fensterspalt und schaute staunend auf die ihm offenbarende erotische Szene, die irgendwie unreal auf ihn wirkte. Er schaute kurz vom Fenster weg, als ob er was am Auge hätte und es ausschütteln wollen würde. Dabei sagte er zu Pippo: »Unglaublich, da sind echt nackte Frauen.« Er schaute nochmal durch die Luke, die Frauen amüsierten sich und zwischendurch kamen und gingen welche, wobei die Studentinnen ab und zu mit Duschwasser nach ihnen spritzten oder »Hey, was soll das, geht weg hier« oder »Na, ihr Zwerge, habt ihr noch nie nackten Frauen gesehen« zu riefen.

Die Jungs wechselten sich beim Spannen ab, wobei einer von den Zülpischer Wall Italienern auf die Idee kam, den duschenden Studentinnen durch den Fensterspalt hindurch ihre steifen Penisse zu zeigen. Sie riefen voller Stolz den Frauen zu: »Hier, guckt mal, hier, hier habt ihr Zwerge, sta´ Minchia Zwerge.« Und dabei lachten sie sich alle schief. Sie waren jetzt so richtig auf Touren gekommen. Pippo holte jetzt auch sein Ding heraus und steckte es zwischen den Fensterspalt, dabei schaute er höchst amüsiert auf Santo. Später wiederholten sie diesen Spaß immer mal wieder.

Sommer 1984

Bis auf eine Handvoll waren die meisten Casa-Italia-Jungs wie die meisten Italiener aus Köln alle schon in Urlaub. Santo und Pippo gehörten zu den wenigen unglücklichen italienischen Jugendlichen, die nicht in Italien die Sommerferien verbringen dürften. Sie teilten beide das gleiche Schicksal, nicht besonders arbeitstüchtige Väter zu haben. Für so einen Urlaub braucht man das nötige Kleingeld. Die meisten blieben über vier Wochen, wobei einige sogar über die ganzen sechs Wochen Sommerurlaub in ihrem Ursprungsort machten.

Es war sehr heiß, es war ein schöner warmer Sommer und Santo und Pippo wussten nicht viel mit sich anzufangen. Die Casa Italia blieb die ersten drei Wochen weiterhin offen, doch dann ging auch die OT in Urlaub und das Casa-Italia-Jugendzentrum blieb mit seinen Kickertischen, Tischtennisplatten, Billardtisch und seiner gemütlichen Teestube, ganz im Landhausstil, geschlossen.

Auch die Disco, die immer Freitags stattfand, wo hin und wieder sich die eine oder andere süße Schnecke verirrte, die bei den Jungs immer sehr willkommen waren, sollte für die nächsten drei Wochen Santo und Pippo nicht mehr gegönnt sein.

Santo und Pippo trafen sich trotzdem weiterhin vor dem Casa-Italia-Haupteingang. Dort trafen sich die Casa-Italia-Jungs immer, es war ihr Treffpunkt. Sie verabredeten sich selten, sowas wie sich anrufen, um sich zu verabreden, war bei den Jungs nicht angesagt, außer wenn es um Fußball spielen ging, das nahmen alle sehr genau, man verabredete sich und wehe, wenn einer nicht pünktlich erschien.

Man ging, ohne verabredet zu sein, zum Casa-Italia-Eingang, setzte sich auf die Treppen, machte sich dann eine Kippe an, die man dann a la James Dean oder Gangster-Art, je nach dem wie das Wohlbefinden war, genüsslich rauchte. Dabei schaute man dann in beiden Richtungen, um zu sehen ob endlich mal einer von den Jungs kam. Am Anfang holte Santo je nachdem auch mit Valentino Pippo ab, der auf der Meistergerhardstraße, fast Ecke Heinsbergstraße in der obersten Etage eines Altbauhauses wohnte. Nach dem Klingeln stellten sich Santo und Valentino gegenüber auf die Straße, wo sich ein griechisches Fischrestaurant befand, mit dem Rücken an die Hauswand gelehnt. Oft schaute zuerst die Mutter aus dem Fenster, manchmal auch der Vater, später irgendwann auch immer öfter die jüngere Schwester.

Santo und Valentino amüsierten sich oft, die Mutter schob zuerst sanft die Gardinen zur Seite, schaute kurz herunter, verzog sich ohne eines Wortes wieder ins Haus und eine Sekunde danach kam dann Pippo mit seiner Jackson-Five-Mähne und seiner dicken Hornbrille ans Fenster, die er nur selten draußen trug. Santo und Valentino besickten sich jedes Mal aufs Neue über das Erscheinungsbild ihres Freundes. Dann signalisierte Pippo mit einer Handbewegung den Jungs, er würde gleich runter kommen.

Pippo war eher der sportliche Typ, mehr dem deutschen als dem italienischen Stil zugetan. Er war ein Spätzünder, tat sich schwer mit neuen italienischen Modeerscheinungen, die jedes Mal, nach dem Sommerurlaub inspiriert, von den Jungs nach Köln rüber importiert wurden. Er trug lieber Turnschuhe, am besten immer die allerneusten, die zwischen Adidas oder Nike tendierten, und während Santo und Valentino sowie einige der älteren Casa-Italia-Jungs schon längst die angesagten Fiorucci oder Armani-Jeans trugen, blieb er seiner Edwin lange Jahre noch treu.

Pippo war am Anfang der Leader von den dreien gewesen. Wenn Pippo nicht dabei war, machte es Valentino und Santo nicht so viel Spaß. Beide waren sich nicht so vertraut, obwohl Santo Valentino offen gegenüberstand, aber Valentino Santo nicht. Valentino mochte Santo nicht allzu gern und zwang sich in diese Rolle als Kumpel nur wegen Pippo. Pippo hingegen hatte Santo zu schätzen gelernt.

Es war ein Bild für die Götter, egal, ob Sommer oder Winter, Pippo kam jedes Mal mit einer Buttlerfrisur herunter. Mit penibelst kerzengerade in der Mitte gescheitelten nass gegelten Haaren, wobei er noch hinzu seine Hornbrille auch draußen trug, die bei der Kälte beschlug. Santo und Valentino lachten sich jedes Mal einen ab. Aber das ließ Pippo kalt, er sagte dann immer nur dazu: »Ja, ja, ihr habt gut lachen, euch würde ich gern mal sehen, wenn ihr morgens mit so ner Afrika-Mähne aufstehen würdet, ich würde gerne mal sehen, wie ihr eure Haare frisieren würdet.«

Pippo hatte zwar blonde Haare wie ein Skandinavier, dafür aber lockige dichte, wie man sie von Afrikanern kennt. Er tat sich schwer mit seiner Mähne, er meinte immer: »Mit so ner Mähne hat man's nicht leicht, ich kann mit den Haaren halt nicht viel machen, ich wünschte mir, ich hätte genau solche Haare wie ihr.« Dabei waren es genau seine Haare, die ihn bei den Mädels besonders gut ankommen ließen.

Er war keine Schönheit, aber die meisten Mädels standen total auf seinen blonden dichten lockigen Haare, die Pippo obendrein noch interessanter erschienen ließen, weil sie zu einem Italiener gehörten. Es gab nicht allzu viele blonde Italiener in Köln. Im Winter, wenn er aus seiner Haustür auf die Meistergerhardstraße kam und sie zu dritt durch ihr Rathenau-Viertel ihre Runden drehten, beschlug sich Pippos Hornbrille im Nu. Seine nass gegelten Haare froren so schlagartig ein, dass, wenn man draufgeschlagen hätte, sie wie ein Eiszapfen abgebrochen wären.

Der Sommer war da

Es war Mittagszeit und es war schön warm. Santo und Pippo hatten die heißgeliebten gemütlichen Slipper-Espadrille-Schuhe an. Sie hingen schon seit über einer Stunde vor dem Casa-Italia-Eingang und langsam fingen sie sich an zu langweilen. Niemand, aber auch wirklich niemand war von den Casa-Italia-Jungs noch da. Dieses Jahr waren sie zu ihrem Leid tatsächlich alle weggefahren.

Die Casa Italia war aber offen, italienische Erwachsene hatten sich die Räumlichkeiten gemietet, um eine Hochzeit, Taufe oder Verlobung zu feiern. Santo und Pippo beobachteten das Geschehen eher desinteressiert. Ihr Interesse galt den für den Sommer so typisch sexy angezogenen Frauen. Vor allem hielten sie Ausschau nach den Brüsten, die oft von den vielen Studentinnen, die dort in der Nähe zur Uni gingen, gerne ohne BHs gehalten wurden. Was sie anmachte, waren vor allem die durch das T-Shirt deutlich erkennbaren unterschiedlichen Brustwarzen.

Auch die Form und Größe wurde genauestens begutachtet. Das Gesicht spielte kaum eine Rolle, vielleicht noch die Lippen, die wurden auch gerne unter die Lupe genommen. Kategorisiert wurden sie nach Blaselippen oder keine Blaselippen. Hatte eine Frau volle Lippen, wurden diese als Blaselippen bezeichnet, hatte die Frau noch dazu wohlgeformte volle Lippen, wurden diese als »voll die geilen Blaselippen« bezeichnet, was von einer Skala zwischen 1 bis 10 auf jeden Fall die 10 plus bedeutete. Somit wurde das andere Geschlecht nicht nur qualifiziert, sondern gleichwohl auch kategorisiert.

Ansonsten spielte die Form der Frauenärsche die absolut entscheidende Rolle. Inwieweit man gerne seine Minchia (Schwanz) reingeschoben hätte oder nicht. Letztendlich waren die Jungs in jedem Falle von einem Arschfetisch geprägt. Gesicht, Lippen und selbst die Brüste waren nicht so maßgebend wie ein für sie geiler fester birnenförmiger knackiger Arsch. Das Gesicht konnte hässlich sein, die Brüste konnten flach sein und auch die Lippen durften dünn sein, wichtig war ein entsprechendes Gesäß.

Umgekehrt, wenn die Frauen ein hübsches Gesicht, volle sinnliche Blaselippen und noch dazu wohlgeformte Brüste, aber dafür einen breiten oder flach hängenden Arsch hatten, übte dies zumindest nicht auf Santo sowie die meisten Casa-Italia-Jungs eine so animalische Anziehungskraft aus. Wenn eine Frau oder ein Mädel diese Venusfallen alle gemeinsam in sich vereinte, war sie für die Jungs eine Granate oder voll der Bombenschuss.

Langsam wurden die Jungs geil, in der Zwischenzeit waren einige von diesen sogenannten Granaten vorbeigekommen. Sie waren ein Stich ins Herz, diese Geschenke Gottes so nah an sich vorbei laufen zu sehen. Die Jungs litten sehr. Es knechtete sie. Das war langsam nicht mehr schön, eine Granate nach der anderen und sie hatten nicht den Mumm, eine anzusprechen. Begutachtet wurden sie alle, teilweise auch gescannt und in ihrer Gehirnvideothek ins Kurzzeitgedächtnis gespeichert, damit diese dann später, im Laufe des Tages, als Wichsvorlage dienten. Wahrlich war der Sommer ein Segen und Fluch zugleich. Dieser verfluchte Sommer.

»Müssen die sich so anziehen?«, kam es Santo verärgert herausgeschossen. »Die machen einen total irre.«

Pippo entgegnete ihm: »Ja, stimmt, aber mich stört das nicht, ich find das super.«

»Mir platzen gleich die Eier, immer dieses gucken und dann passiert nie was, ich find's scheiße.«.

»Ja, find ich auch scheiße«, beschwerte sich Pippo. »Sind halt alles Schlampen«, fügte er noch hinzu.

»Was für Schlampen? Wenn die wenigstens wirklich Schlampen wären, die tun doch nur so, ziehen sich supersexy an, zertrümmern uns die letzten Gehirnzellen und dann, dann nichts, dann sta´minchia (diesen Schwanz), hier sta gran minchia (diesen großen Schwanz), aber in unserem Arsch, ist doch scheiße, blöde Ziegen.«

Santo machte eine Pause und schaute abwartend auf seinen besten Freund. »Wär das nicht schön, wenn eine von denen jetzt zu uns kommen würde und total geil zu uns sagen würde: Jungs, habt ihr Lust, mit mir nach Hause zu kommen? Oder: Wie wär's, habt ihr Lust, es mir zu besorgen? Ja, ja, träum schön weiter, das wär zu schön. Aber sowas passiert nur in Filmen.«

»Ich glaub, ich muss mir gleich einen rubbeln gehen«, meinte Pippo.

»Wie, einen rubbeln gehen?«, hinterfragte Santo.

»Ja, ich rubbele mir gleich einen.«

»Schon wieder? Hast du dir nicht schon heute Morgen zweimal einen runtergeholt?«

»Ja und? Ich hole mir jeden Morgen einen runter«, meinte Pippo nur dazu.

»Wie, ja und? Wie oft willst du dir noch einen runterholen?«

»So oft, wie ich einen hochkriege«, klärte Pippo mit einem nicht verkennbaren Stolz, wobei er aber gleichzeitig auch lächeln musste.

»Wie oft holst du dir denn einen runter am Tag?«, wollte Santo jetzt genauer wissen.

»Oft«, antwortete Pippo.

»Wie oft? Zweimal, dreimal?«

»Ja, es gibt Tage, da rubbele ich mir nur zweimal oder dreimal einen, aber sonst mindestens vier, fünf oder sechs Mal.«

Santo war baff. »Im Ernst? Echt?«

Jetzt war Pippo baff. »Wie? Ja, du nicht?«

Santo fühlte sich ertappt. Er dachte, wenn ich ihm jetzt sage, dass ich mir noch nicht mal jeden Tag einen runterhole, dann denkt er, ich wär so'n, Schlappschwanz und bei so einem Gedanken fühlte er sich unterlegen. Nein, das durfte er ihm auf keinen Fall erzählen. Er überlegte kurz und sagte dann: »Nee, so oft nicht, aber zweimal oder dreimal am Tag, so ungefähr.«

»Nee, echt? So wenig? Ich könnte mir den ganzen Tag lang einen runterholen.«

»Mein Gott, du bist echt ne Maschine«, stellte Santo fest. »Wenn ich mir so oft wie du einen runterhole, bin ich den ganzen Tag platt, dann krieg ich nichts mehr gebacken und das finde ich dann scheiße«

»Echt, warum?«, wollte Pippo wissen.

»Besonders morgens, wenn ich mir morgens einen runterhole, ist der Tag für mich dann gelaufen, danach fühle ich mich total schwach.«

Santo machte eine kurze Pause. »Ich hasse das, ich mag das nicht, wenn ich mich danach so schwach fühle.«

»Ich fühle mich gar nicht schwach, nee, im Gegenteil, ich fühl mich danach besser«, meinte Pippo. »Weißt du was? Ich hab voll Bock, mir einen runterzuholen, bei dem nächsten Schuss (Schöne Frau) gehen wir in die Casa-Italia-Toiletten und holen uns auf die Frau einen runter, ja?«

Santo überlegte etwas »Echt? Im Ernst? Willst du dir wirklich hier in der Casa Italia Toilette einen runterholen?«

»Ja, Mann, warum denn auch nicht?«

Santo war sich nicht sicher, doch bei den vielen Granaten, die sie heute schon gesehen hatten, hatte er schon Lust, sich einen runterzuholen. »Ja, gut, warum nicht?«, gab sich Santo einverstanden.

Wenige Minuten später kam schon die erste jüngere Frau aus der Ecke Dasselstraße in die Meistergerhardstraße eingebogen. Sofort wurde sie angepeilt und nicht mehr aus den Augen gelassen. »Hm, nee, nee, sie is nicht so gut«, meinte Santo.

»Ja, hast recht, die ist echt nicht so gut, die hat noch nicht mal einen geilen Arsch.«

»Nee, auf die hol ich mir keinen runter.«

»Nee, ich auch nicht«, bestätigte Pippo. »Wäre nur Munitionsver-schwendung.« Er machte sich eine Zigarette an. »Willst du auch eine?«, fragte er Santo. Santo überlegte kurz. »Ja, ich rauche auch eine.«

Bei jeder Zigarette, die Santo rauchte, bekam er ein schlechtes Gewissen, er versuchte, nicht allzu viele Kippen zu rauchen.

Die zweite jüngere Frau, bestimmt wieder mal eine von den vielen Studentinnen, die um die Uni herum lebten, kam von der Zülpischerstraße über die Dasselstraße um die Ecke eingebogen. Von weitem sahen die Jungs ihre festen, mehr als eine handvoll großen Brüste, die durch ihre weiße dünne Baumwollbluse sich rückartig hin und her bewegten und genau nach dem Geschmack der zwei etwas länglich geformt waren.

Dabei konnte man die schönen spitzen Brustnippel deutlich erkennen. Solche Brüste nannten sie Birnenbrüste. Oft, wenn Frauen sportlich waren, konnte man die Brustrippen dazwischen erkennen, das brachte die Jungs dann richtig in Fahrt. Die junge Frau wechselte rüber auf die Stra-ßenseite, wo sich die Casa Italia befand. Santo und Pippo freuten sich. »Hey, nee, ich glaub das nicht, die hat die Straßenseite gewechselt, die kommt genau auf uns zu«, meinte Pippo.

»Umso besser«, freute sich Santo. Je näher die Frau kam, desto größer wurden ihre Augen. Santo und Pippo schenkten ihr immer wieder ungläubige Blicke.

Mit offenen, dunkelblonden Haaren, einem energiebeladenem Gang, in einer ausgewaschenen perfekt sitzenden Jeans, kam sie mit einem strahlenden Lächeln den zweien entgegen. Santo und Pippo waren wie einbalsamiert, sie standen da wie gelähmt, zumindest körperlich, geistig lief schon längst ihr sehnlichst erwünschter erotischer Pornofilm, in dem sie natürlich die Hauptdarsteller waren. Die zwei traf der Schlag, die junge Frau hatte sie beide freundlich anvisiert, wobei sie ihnen dann als Krönung noch dazu ein herzliches Lächeln geschenkt hatte. Instinktiv drehten sich Santos und Pippos Köpfe, zielgerichtet schauend auf ihren Arsch. Wie eine unerwartete schmerzliche, betäubende Ohrfeige traf sie dieser Anblick. Ein Arsch wie bei einer Liebesgöttin.

Es hätte die Welt untergehen können und sie hätten es nicht bemerkt, ihre Blicke klebten an diesem Göttinnenarsch. »Madonna mia santuzza siz.« (Heilige Madonna), kam es Santo wie aus einem Mantra. »Chi pezzu di Sticchiu´siz.« (Was für ein Stück Muschi).

Woraufhin Pippo sich kräftig an sein Bestes griff. »Mir platzen gleich die Eier, auf die muss ich mir auf jeden Fall einen runterholen.« Er lief schnell in die Casa-Italia-Toiletten. Santo tat es Pippo gleich.

La Festa delle Castagne

Herbst 1985 fand in der Casa Italia sowie die Jahre zuvor, immer im Oktober, La Festa delle Castagne statt. Es war eine der beliebten Gelegenheiten, wo sich die Kölner Italiener gerne trafen, um auch diese festliche Tradition gemeinsam zu feiern und weiterhin aufrechtzuerhalten. Einerseits, um selbst den Anker nicht zu verlieren, und andererseits waren das Möglichkeiten, ihre Kultur ihren Kindern noch näherzubringen. Was aber für viele noch wichtiger war, vor allem für die Familien die Töchter hatten, war die Tatsache, dass so eine Feier die Möglichkeit bot, legal einen anständigen italienischen jungen Mann kennenzulernen. So eine Feier war ein inoffizieller Heiratsmarkt. Viele der Eltern hofften darauf, dass ihre Töchter, aber auch Söhne hier ihre zukünftigen Ehemänner oder Ehefrauen kennenlernen konnten. Man freute sich aufeinander.

Wie auf jeder Feier wurde Musik gehört, gegessen, getanzt, getratscht, es wurden Weisheiten ausgetauscht, es wurden die unterschiedlichen Traditionen und Sitten der jeweiligen unterschiedlichen Herkunftsorte verglichen. Dabei stritt man auch nicht selten, wer was und wie viel man sich schon in Italien oder Sizilien aufgebaut hatte. Die meisten bemitleideten sich, nicht in Italien leben zu können, sie bemitleideten sich, in einen Land zu leben, wo die Sonne selten schien. Dann fügten sie hinzu, wie schön es doch wäre, unter den gleichen Arbeitsbedingungen in dem sonnigen, herzlichen Italien leben zu dürfen. Die meisten von ihnen glaubten, wünschten und hofften darauf, dass es ihnen eines Tages in dem süditalienischen Raum genauso gut ergehen würde wie in Deutschland oder zumindest wie in Norditalien. Gegen Ende gab es auch Tanzwettbewerbe, es wurden die traditionellen Manzuca, Polca, Tango und Rock'n Roll im Wettstreit miteinander getanzt, wobei die Tarantella gemeinsam getanzt wurde. Die Familien hatten eine Menge Spaß. Zu allerletzt kam dann immer die Geschenke-Auslösung.

Santo und Pippo sowie unter anderem, auch Rocco de Franco, Giulio Maroni, sein jüngerer Bruder Toni Maroni, Valentino Fiore, Matteo Avino und einige andere hingen so wie immer auch an diesem Samstag Spätnachmittag in der Casa Italia ab. Ihre Eltern gehörten schon zu den italienischen Familien, die nur noch selten auf italienische Feste gingen.

Santos Mutter blieb lieber zu Hause, da sie Angst hatte, dass ihr Mann, so wie in den jüngeren Jahren, bei der ersten Meinungsverschiedenheit, bei dem ersten Mangel an Respekt ausrastete. Darauf hatte sie absolut keine Lust. Wenn so was passierte, hatte sie immer eine Höllenangst, Was aber für sie noch viel schlimmer war, war, dass sie sich zutiefst für das Verhalten ihres Mannes schämte. Bei den anderen Familien war es einfach Desinteresse oder sowie bei Matteos Familie trauernde Umstände.

Die Casa-Italia-Jungs amüsierten sich prächtig. Eigentlich hatten sie gedacht: »Oh Gott, schon wieder so ne langweilige typische italienische Feier.« Aber dann, beim Anblick einiger bildhübschen Erscheinungen, die obendrein zwar eine Unschuldsmine drauf hatten, aber sehr gut ihre weiblichen Reize auf so eine unscheinbare Art zu präsentieren wussten, dass die Jungs ihren Augen nicht trauten, änderte sich schlagartig ihre Meinung. Vor allem waren es diese Blicke. Diese Blicke, die aus voller Begierde bestanden. Diese sinnlichen Augen, die die geballte glühende Lebenslust ausstrahlten, dieses gekonnte Einsetzen von immer wieder schüchternen wegschauenden Blicken, die von Mal zu Mal im Laufe des Abends immer feuriger und bestimmender wurden und ganz klar wissen ließen, wer und was gemeint war.

Sowas kannte man von den deutschen Mädels nicht. Bei den deutschen Mädels verhielt es sich anders. Sie ließen sich selten in die Karten schauen und funktionierten genau umgekehrt. Der, den sie eigentlich toll fanden, wurde ignoriert, den schaute man nicht an und wenn, dann so, dass man es kaum oder gar nicht mitbekam. Alles schien sehr unverbindlich. Wenn man dachte, »könnte sein, dass sie auf mich steht«, waren sie in der nächsten Minute schon mit einem anderen am knutschen. Dachte man, »ach, die steht eh nicht auf mich«, und man ignorierte resigniert das Mädel, kam es nicht selten vor, dass man einige Tage später von einem Kumpel oder einer Freundin dieses Mädels erfuhr, dass sie genau auf denjenigen stand, bei dem keiner drauf gekommen wäre.

Für Santo war dieses Verhalten ziemlich kompliziert. Man wusste bei den jungen deutschen Mädels nie, wo man dran war.

Die italienischen Mädels befummeln zu dürfen, ihnen an die Wäsche gehen zu können, bedeutete in der Regel, etwas mehr Zeit zu investieren und besonders aufmerksam zu sein. Was aber für die Casa-Italia-Jungs noch viel schlimmer war, war die reale Aussicht auf Konsequenzen.

Nicht zu selten kam es vor, dass, wenn die Familien von den Mädels Wind davon bekamen, schnell die Verlobungsglocken läuteten, wobei bei einigen strengeren Familien umso schneller die Hochzeitsglocken. Das schreckte ab, mit den italienischen Mädels rumzualbern. Sie waren zum Heiraten da und nicht zum Spaß haben, und da sie alle noch so jung waren, dachte man keineswegs daran. Das Risiko war zu groß, sowohl mit der Familie der Mädels, aber auch mit der eigenen Familie Ärger zu bekommen. Außerdem wollte man ja auch nicht, dass man mit seiner Schwester oder seiner Cousine solche Schweinereien machte, das war eine Frage der Ehre. Andererseits, war genau dieses Risiko der verlockende Reiz, im Versteck diese warme leidenschaftliche Zuneigung gemeinsam zu genießen, im verschwörerischen Bewusstsein zusammen zu sein, im Bewusstsein gemeinsam aufzupassen, im Bewusstsein ihrer gemeinsamen bindenden kulturellen Identität, eins zu sein. Genau das war die Falle, auf in die nicht zu wenige, schon in jungen Jahren, hereinfielen, die aus dieser Venusfalle nicht mehr herauskamen.

Santo war mittlerweile schon vierzehn, hatte einen ziemlich männlichen Schub in den letzten Monaten bekommen, was ihn sogar noch älter aussehen ließ. Das letzte Jahr hatte ihn ziemlich geprägt, vor allem der Entschluss des Vaters, Hals über Kopf ohne sicheren Arbeitsplatz zurück nach Sizilien auszuwandern, um dann nach drei Monate wieder nach Köln zurückzukommen, wo sie wie Obdachlose bei sizilianischen Bekannten aufgenommen wurden. Die Entbehrungen und Entwürdigungen sowie einige andere unschöne Erlebnisse, die wie so oft nur durch das Verschulden des hitzköpfigen Vaters zu Stande gekommen waren, hatten dazu beigetragen, dass Santo älter und reifer aussah. Zwischendurch immer wieder hier mal eine Klopperei und da mal eine, und es spielte keine Rolle, ob er in Militello war oder in Köln, es gab immer irgendeine Arschgeige, die den Ehrencode »Respekt«, den Santo so für sich verinnerlicht hatte, entweder nicht beigebracht bekommen hatte oder einfach nur darauf keinen Wert legte. Santos Stolz aus prähistorischen sizilianischen Werten zwang ihn immer wieder aufs Neue, auch wenn er im

Grunde es hasste, sich zu prügeln, dem einen oder anderen diesen Code beizubringen.

An diesem Samstagabend, so ziemlich gegen Ende der Feier, befand sich Santo wie so oft mit Pippo und Rocco vor dem Eingang der Casa-Italia-Treppen. Giulio kam mit zwei dieser älteren Frauen. Sie hatten einen leicht dunkleren Teint als die üblichen Italienerinnen, glatte pechschwarze Haare und sprachen ein seltsames Italienisch. Santo fragte sich, aus welcher Stadt sie wohl kommen wurden und wunderte sich über ihre Aussprache.

Die zwei Frauen waren sehr lustig und amüsierten sich prächtig, sie gackerten die ganze Zeit. Giulio und Rocco hatten auch ihren Spaß, sie griffen den beiden immer wieder kurz und rückartig unter den Rock zwischen die Beine. Santo und Pippo trauten ihren Augen nicht und waren zuerst ziemlich irritiert. Die zwei Frauen zuckten daraufhin jedes Mal kurz zurück, wobei sie sich prächtig zu unterhalten schienen und Spaß daran hatten. »Hört auf, nicht hier, nein, nicht hier, hihihi« und so weiter, im Grunde genommen waren sie darauf aus, Giulio und Rocco am liebsten abzuschleppen, aber irgendwie, aus unmissverständlichen Gründen, was gar nicht der Natur Giulios und Roccos entsprach, hatten die zwei gar keine Lust darauf, sich abschleppen zu lassen, sie wollten einfach nur ein wenig rumalbern.

Santo und Pippo bekamen den Mund nicht zu. Santo dachte sich, die zwei schienen überhaupt kein Problem damit zu haben, so von ihren Landsleuten gesehen zu werden. Sowas verstand Santo nicht, für ihn war es sehr wichtig, dass seine Landsleute so ein Vorgehen nicht mitbekommen durften. Sowas gehörte sich nicht und er hätte sich sehr geschämt. Giulio und Rocco schienen das nicht ganz so zu sehen. In der Regel achteten die Jungs besonders darauf, in der Gesellschaft Erwachsener nicht vulgär und obszön zu sein. Es war eine Frage des Anstandes und des Respekts. Das hatten die meisten von zu Hause aus doch anerzogen bekommen.

Die zwei Frauen wollten auf einmal wissen, was Santo und Pippo für eine Rolle spielten. Rocco stellte sie den zwei älteren Frauen vor. Pippo bekam kein Wort heraus. Santo war neugierig. Es interessierte ihn, woher diese zwei komisch italienisch sprechenden Frauen kamen.

»Wir sind keine Italienerinnen«, antworteten die zwei.

»Keine Italienerinnen?,« fragte Santo, wobei er ein wenig darüber stutzte. »Wie, ihr seid keine Italienerinnen? Warum sprecht ihr denn so gut Italienisch?«, wollte Santo jetzt genauer wissen.

»Wir sind Portugiesinnen.«

»Und warum könnt ihr denn so gut Italienisch?« fragte Santo noch einmal nach.

»Wir arbeiten bei Italienern«, antworteten die Portugiesinnen. »In einem italienischen Restaurant und meine Freundin arbeitet in einem italienischen Eis-Café.« Dabei lächelte sie Santo wie eine junge genierte Teenagerin an. In diesem Augenblick kam eine ältere Frau, die ungefähr einen Kopf kleiner als die zwei jüngeren Frauen war und mindestens einen genauso dunklen Hauttyp hatte. Sie war nicht so freundlich und machte eine etwas grimmige skeptische Miene. Sie hatte es eilig, die zwei sich prächtig amüsierenden Portugiesinnen mitzunehmen. Es war die Mutter von Adelheid. Rocco erzählte Santo und Pippo, Adelheid würde mit ihrer Mutter alleine leben. Die Mutter sei seit längerem von ihrem Mann getrennt. Dabei fügte Rocco mit seinem schadenfrohen Lächeln hinzu, dass Adelheid ne Nymphe sei. Ja, sie sei ne Nymphe und würde nicht genug bekommen. Er hätte sie schon einige Male so richtig schön durchgenudelt, aber das Beste sei, sie würde den Arsch nicht voll kriegen. Kaum hatte Rocco diese Sätze zu Ende gesprochen, hatten Santo und Pippo einen Hammerharten in der Hose bekommen. Unsicher aufgeregt, aber doch bestimmend, wollte Pippo wissen: »Poppt sie mit jedem?« Und ohne lange auf die Antwort zu warten: »Meinst du, sie poppt auch mit uns?«

Rocco hatte wieder sein typisch schadenfrohes Lächeln aufgesetzt. »Kann sein, aber ich glaube ihr seid ihr zu klein.«

»Zu klein? Wir sind doch nicht mehr so klein, ich bin schon fünfzehn«, antwortete Pippo, der sechs Monate älter als Santo war. »Rocco«, sprach Pippo ihn an »Kannst du nicht für uns das klar machen?«

»Ich? Warum ich? Jungs, sowas müsst ihr schon selbst klar machen.«

»Ja, wie denn?« fragte Pippo.

»Wie, wie denn, ihr geht zu ihr nach Hause und dann steckt ihr eure Nudel rein. So einfach!« Giulio lachte, er amüsierte sich blendend. Er hatte die Jungs verdammt gerne und sagte: »Ach, komm schon, Rocco, die Jungs haben gar keine Erfahrung, die haben noch nie was mit einer Frau gehabt, das sind noch Jungfrauen, kannst du denen nicht helfen?«

»Warum machst du das nicht?«, konterte Rocco. »Ich, ich hab mit der Tante nie was zu tun gehabt«, rechtfertigte sich Giulio.

»Ja, und?«, antwortete Rocco »Nicht mein Problem.«

Pippo und Santo schauten Giulio flehend an, von wegen, komm, Giulio hilf uns doch. Giulio verstand diese Blicke und startete erneut einen Versuch.»Wenn ich die durchgenudelt hätte, hätte ich den Jungs auf jeden Fall geholfen, aber ich kenn die Tussi nicht so gut wie du.«

Rocco wurde langsam sauer, »Giulio, geh du mir jetzt auch nicht auf den Sack.«

Giulio machte ein angewidertes Gesicht, sagte aber nichts weiter. Nicht, dass Giulio schiss vor Rocco hatte, er war ein echt zäher Bursche mit ausgeprägten drahtigen Muskeln, der einige körperliche Auseinandersetzungen siegreich bestanden hatte. Rocco überlegte kurz und entschied sich, den Jungs ein wenig auf die Sprünge zu helfen. Trotz aller Gemeinheiten, die Rocco besaß, hatte er doch Sinn für Freundschaft und Gerechtigkeit. »Ok«, sagte er, »ist gut, Jungs, ich helfe euch, aber ich bring euch nicht hin, ich geb euch die Adresse, wo sie wohnt, und dann könnt ihr alleine hingehen, Ok?«

Santo und Pippo überlegten kurz. »Alleine?«, fragten sie leicht eingeschüchtert.

»Ja, klar, alleine, wenn ihr ficken wollt, müsst ihr schon alleine hingehen.«

»Ist das denn in Ordnung? Meinst du, die lässt uns rein?«

»Ja klar, die lässt jeden rein, außerdem kennt sie euch schon.«

Die Jungs überlegten kurz. »Ja, OK, wann können wir denn hingehen?«

»Am besten in der Woche, so gegen elf Uhr morgens, dann ist ihre Mutter schon weg, die geht dann immer arbeiten und kommt um drei Uhr mittags wieder zurück zur Mittagszeitspause, bis dahin müsst hier verschwunden sein, hehehe. Die Mutter ist nämlich nicht so nett, wenn sie euch da sieht, rastet die voll aus. Die schlägt sogar ihre Tochter noch.«

»Wie, die Mutter schlägt sie noch? Die lässt sich immer noch von ihrer Mutter schlagen?« Santo war entsetzt.

»Ja, deswegen müsst ihr euch beeilen und benehmt euch, sonst schmeißt die euch raus.«

Am Montag darauf, hatten Santo und Pippo auch Valentino eingeweiht. Der aber dachte zuerst, dass sie ihn verarschen wollen. Daraufhin haben Santo und Pippo ihn angedeutet, er solle es bleiben lassen, wenn er ihnen nicht glaubt, selber schuld. Er solle sich aber später nicht beschweren, sie hätten ihm ja Bescheid gesagt. Valentino, der dazu neigte, skeptisch und pessimistisch zu sein, traute der Sache nicht, aber seine Neugier und vor allem seine Missgunst ließen die Möglichkeit nicht zu, dass die zwei, tatsächlich eventuell vor ihm ihre Jungfräulichkeit verlieren würden.

Das hätte er nicht so schnell verkraftet und hätte ihn ziemlich abgefuckt. Da entschloss er sich, zum allerersten Mal die Schule zu schwänzen, was bei Santo und vor allem Pippo öfters vorkam. Um Acht Uhr in der Früh trafen sich die Jungs, anstatt auf der Hauptschule Lochnerstraße, vor den Treppeneingang der Casa Italia. Pippo kam mal wieder als letzter. Mittlerweile hatte er die Angewohnheit, sich eine Kippe ans Ohr zu stecken, und zündete sich dann ganz lässig seine Zigarette an. Auf dem Weg zur Casa Italia schlenderte er so eng, wie es ging, an den Hauswänden vorbei, wobei er sich immer wieder kurz umdrehte um nach zu schauen, ob eventuell sein Vater am Fenster nach ihm schaute.

Erst, als er gegenüber an der Casa Italia stand, wechselte er ruckartig die Straßenseite, um rüber zu den Jungs zu gelangen. Pippo lächelte.

»War jemand am Fenster? Habt ihr meinen Vater am Fenster gesehen?«, fragte er etwas zappelig. Santo und Valentino amüsierte das, lachend antworteten sie: »Nee, ich hab niemanden gesehen.«

»Ok, sehr gut, wann müssen wir nochmal da sein?«, fragte Pippo.

»Um elf Uhr, hat Rocco gesagt«, meinte Santo.

»Um elf, ja? Ihr seid euch sicher?«, fragte Valentino. »Jungs, wenn ihr euch nicht sicher seid, können wir immer noch zur Schule gehen, noch ist es nicht zu spät.«

Santo war perplex über Valentino, er hasste es, Sachen, die schon längst klar und deutlich vereinbart waren, zu hinterfragen. »Du musst nicht mitkommen, Valentino, du kannst gerne zur Schule gehen«, forderte er Valentino auf. Nie im Leben würde Santo jetzt zur Schule gehen, nur der Gedanke daran, gleich zum ersten Mal mit einer Frau Sex zu haben, ließ ihn prompt einen krassen Ständer bekommen und der Spinner redete davon, doch noch in die Schule zu gehen? Ist der schwul, oder was?, dachte er sich genervt, der kann mich mal.

Pippo meinte auch: »Also, ich geh auf jeden Fall heute nicht zur Schule, ich gehe auf jeden Fall heute dahin.«

Santo und Pippo schauten abwartend auf Valentino. »Nee, ist klar, ich meinte nur so.«

»Gut«, entgegneten ihm Santo und Pippo.

Kurz vor elf fiel ihnen ein, wer eigentlich als Erster seine Nudel reinstecken sollte. »Ich«, meinte Pippo. »Nein, ich«, meinte Valentino. »Auf gar keinen Fall«, meinte Santo, »ich steck doch nicht meine Nudel da rein, wo ihr zuerst eure gehabt habt.«

»Warum denn nicht?«, entgegnete ihm Pippo, »Santo, ekelst du dich etwa vor uns?« Dabei lachten sie sich schief und krumm.

»Meint ihr das im Ernst? Ihr könnt gerne eure Nudeln nach mir reinschieben! Wenn es euch nichts ausmacht«, schlug Santo den beiden vor.

»Nee«, meinte Pippo, entweder bin ich der Erste oder ich gehe nicht mit.«

»Warum du? Bist du was Besseres als wir?«, fragte Valentino.

»Nee, is mir egal, ich gehe als Erster.«

»Si, oh spacchiusu siz.« Catenesich (eine Kombination zwischen Frauenheld und Gangster.) Damit wollte Valentino Santo jedes Mal verhöhnen und überhaupt machte sich Valentino so wie sein älterer Bruder oft über Sizilianer lustig, indem sie ihren Dialekt und Stimmlage nachäfften.

»Komm, wir schmeißen ne Münze«, schlug Santo vor. Pippo war nicht begeistert, aber willigte trotzdem zu. Valentino blieb auch nichts anderes übrig, als einzuwilligen. Santo schaute Valentino an und seine Gedanken ließen ihn vermuten, dass Valentino sowieso nicht daran glaubte, dass es heute in der Tat passieren würde. Er machte einfach nur das Spiel mit, nur um bloß nichts zu verpassen, vielleicht könnte es ja doch sein.

»Ok«, sagte er dann, »lass uns die Münze werfen, Ok?« Valentino und Pippo schauten sich an und willigten ein. So wie es zu der Zeit meistens beim Spielen zuging, hatte Pippo mal wieder gewonnen und durfte als erster. Valentino als zweiter, Santo als letzter.

»Egal«, dachte sich Santo, »scheiß drauf, die sind halt vom Glück geküsst.«

In der Hochstadenstraße 25, zwischen der Kyffhäusserstraße und der Luxemburgerstraße, wohnte im zweiten Stockwerk das Objekt der Begierde, Adelheid Pintu. Auf dem Weg dahin schienen Pippo und Valentino stolz und voller Zuversicht als Erste ranzukommen. Doch je näher sie dem Ziel kamen, desto langsamer und unsicherer wurden ihre Schritte.

Pippo ging ganz vorne, danach folgte Valentino und dahinter Santo. Alle drei hofften darauf, Adelheid würde zuhause sein. Kurz vor dem Hauseingang blieb Pippo stehen, Valentino war schon ein oder zwei Schritte zurück und plötzlich war Santo der Erste. »Was ist?«, fragte Santo.

»Ich glaub, ich hab Durchfall«, entschuldigte sich Pippo. Valentino hielt den Mund. Pippo fasste sich an den Bauch und krümmte sich mit zusammengebissenen Zähnen und schmerzhaftem Gesicht. Valentino hielt immer noch den Mund. »Alles klar bei dir? Was ist?«, hinterfragte Santo etwas besorgt.

»Warte mal, einen Moment, gleich geht's.« Santo und Valentino warteten ab. »Ich glaub, ich muss mal aufs Klo«, sagte Pippo.

»Jetzt? Warum bist du nicht vorher aufs Klo gegangen?«, meinte Santo.

»Ja, warum bist du nicht in der Casa Italia aufs Klo gegangen?«, fragte jetzt auch Valentino, aus seinem abwartenden berechnenden Schweigen.

»Kann ich was dafür, wenn ich eben nicht musste?«, antwortete Pippo. »Ich kann doch nichts dafür, dass ich jetzt gerade Bauchschmerzen bekomme.«

Die Jungs warteten einige Sekunden ab, die Santo wie eine halbe Ewigkeit vorkamen. Pippo erlöste sie endlich. »Ja, geht schon, ist etwas besser geworden.«

»Ok«, meinte Santo erlöst und dachte sich, nun kann es endlich los gehen.

Vor der Tür schauten sie nach den Namen. »Da«, sagte Santo, »da, Pintu, zweite Etage, genau, wie Rocco gesagt hat.« Und er zeigte auf die Klingel. »Ja, klingel doch.«, sagte Santo zu Pippo. Valentino und Pippo schauten sich an, aber keiner von ihnen klingelte. »Was ist?«, wollte Santo wissen. »Warum klingelt ihr nicht?«

Pippo schaute Valentino an und Valentino schaute Pippo an. »Sollen wir wirklich?«, fragte Valentino. Santo verstand die Welt nicht mehr, er war irritiert, er verstand nicht, warum die sich jetzt so benahmen. Es ergab für ihn keinen Sinn, absolut unlogisch. Die ganze Zeit sprach man über Sex und wie geil sie alle wären und wie gerne sie ihre Minchia reinstecken würden, man sprach und unterhielt sich fast ausschließlich über irgendwelche geilen Ärsche und Titten von irgendwelchen Mädels aus der Schule oder aus der Casa Italia oder sonst wo und jetzt hatten sie die Möglichkeit und das noch mit einer reifen erfahrenen Frau und am liebsten hätten sie einen Abmarsch gemacht. Zugegeben, dachte sich Santo, Adelheid war echt keine Schönheit, sie hatte eine viel zu lange Nase, die sich ziemlich nach unten zog, und auch so hatte sie wahrlich kein hübsches Gesicht. Aber Santo hatte sie an dem Abend durchaus abgescannt und die Figur, die er gesehen, aber auch, wie sie sich dort in Szene gesetzt hatte, hatte sie auf Santo Sexy wirken lassen.

»Sollen wir das wirklich durchziehen?«, fragte Valentino. Santo hatte genug gesehen und keinen Bock noch länger zu warten. »Geht mal zur Seite«, sagte er und drängelte sich durch. »Ich klingel selber«, fügte er noch hinzu und drückte auf der Stelle die Klingel. Einmal etwas länger und das zweite Mal kürzer. Kurze Stille, alle schauten sich an, als ob sie mumifiziert wären. Santos Herz pulsierte, sein Atem wurde schwerer und sein Schädel lief durch die unruhigen Wellenstöße heiß an. Pippo und Valentino merkte man die flattrige Anspannung an. »Sie ist nicht da«, sagte Valentino. Doch im selben Augenblick wurde die Tür aufgedrückt. Santo öffnete die Eingangstür und sie gingen herein. Im Hausflur fragte Pippo: »Was machen wir, wenn die Mutter da ist?«

»Wir sagen, wir haben uns vertan, es war ein Versehen, wir sagen, wir suchen einen Kumpel von uns«, antwortete Santo.

Die Tür war weit offen, wobei Adelheid nicht zu sehen war. Erst, als sie vor der Tür standen, kam Adelheid herbei. Sie lächelte die Jungs freudig an und lud ein, sich im Wohnzimmer hinzusetzen. Als die Jungs im Wohnzimmer auf der gemütlichen Ledercouch saßen, entspannten sie sich ein wenig. Adelheid bot ihnen was zu trinken an. Pippo und Valentino trauten sich nicht mal, Adelheid anzuschauen, geschweige denn ihr in die Augen zu blicken. Adelheid schien das entweder nichts auszumachen oder es einfach belustigt zu ignorieren. Santo hatte eigentlich gar keinen Durst, aber beschloss intuitiv, diese erfreuliche entgegengebrachte Gastfreundlichkeit zu erwidern. »Ja, danke, ein Glas Wasser hätte ich gerne.«

»Hast du auch Cola«, fragten Pippo und Valentino.

»Ja, habe ich auch«, meinte Adelheid, lächelte freundlich und begab sich in die Küche, die am Ende des langen Flurs lag. Die Wohnung hatte von der Wohnungstür und Wohnzimmer betrachtet, einen ziemlich langen Flur, der bis zur Küche reichte. Dazwischen im Flur befanden sich die Toilette und das Badezimmer, hinter der Küche lag das Schlafzimmer, die nur durch eine Tür ohne Zwischenraum oder Flur direkt daneben lag. Adelheid ließ sich Zeit und ließ auf die Getränke warten. Valentino meinte: »Hat die uns vergessen?« Und lachte.

Santo meinte: »Die kommt bestimmt gleich.«

»Pippo dazwischen: »Oh, Ah, ich hab voll die Bauchschmerzen, ich glaub, ich muss aufs Klo«

»Du willst doch nicht im Ernst jetzt aufs Klo gehen?«

»Ich kann aber nicht mehr.«

Santo schüttelte kurz den Kopf und meinte nur: »Is doch peinlich, kannst du nicht danach aufs Klo gehen?«

Und während er dies sagte kam ihm der Gedanke, dass Adelheid sich deswegen Zeit ließ, weil sie darauf wartete, dass endlich einer zu ihr gehen würde.«

»Hör mal, die wartet bestimmt die ganze Zeit, dass endlich einer von uns hingeht.«

»Meinst du? Glaub ich nicht«, sagte Pippo.

»Ja, glaub ich auch«, bestätigte Valentino.

»Was meinst du, warum sie noch nicht die Getränke gebracht hat?«, erwiderte Santo. »Los jetzt, geh schon hin.«

Pippo bewegte sich nicht und ließ auch auf die Antwort warten. »Komm, Pippo, geh schon«, forderte auch Valentino Pippo jetzt auf.

»Geh du doch«, entgegnete Pippo.

»Ich? Warum ich, du bist doch der Erste gewesen.«

»Ja und? Und du bist der zweite, ich erlaub es dir, du kannst ruhig als Erster gehen.«

»Was ist denn jetzt los? Die Zeit rennt uns weg«, wies Santo die zwei an. Währenddessen stand Adelheid vor der Tür, hielt das Tablett mit den Getränken und schien jetzt nicht mehr so freundlich zu sein, sie schien etwas genervt. Sie reichte den Jungs die Getränke, lächelte kurz, und fügte hinzu: »Ich muss um ein Uhr zur Arbeit, ich muss meine Arbeitssachen vorbereiten.« Sie ging zurück in den hinteren Abteil der Wohnung.

»Los jetzt, mach schon, du Arsch«, forderte Santo nochmal auf. »Merkst du nicht, dass sie nur darauf wartet? Mach schon, geh jetzt.«

»Ja, Pippo, geh jetzt.«

Pippo stand auf, Santo fiel ein Stein vom Herzen, er hatte schon befürchtet, sich vor Adelheid total zu blamieren. Pippo ging zum hinteren Teil der Wohnung, Santo und Valentino tauschten erregte Blicke aus und mussten belustigt lächeln. Doch kaum war Pippo im hinteren Teil der Wohnung gewesen, kam er auch gleich wieder raus. Santo und Valentino schauten sich irritiert an und fragten sich: »Wo geht der denn hin?« Pippo bewegte sich in Richtung Toilette. Santo dachte sich:.»Nee, der geht doch jetzt nicht im Ernst aufs Klo, scheißen? Ich glaub das nicht.«

Mit offenem Mund schaute Valentino Santo fragend an. Santo wurde unruhig. Es schossen ihm wütenden Gedanken durch den Kopf. »Voll die Flaschen, zuerst machen sie die Welle, wer als Erster dran ist und dann scheißen die sich in die Hosen, was für Memmen, ne große Klappe und nichts dahinter.« Und während er dies dachte, befürchtete er, dass sie noch alles vermasseln würden.

»Valentino«, sagte Santo, in der Hoffnung Valentino dazu bewegen zu können, von seinem zweiten zum ersten Platz vorzurücken. »Geh du, der vermasselt uns noch alles.«

»Aber Pippo ist doch Erster.«

»Ist doch scheißegal jetzt, wer Erster ist, Pippo traut sich nicht.«

»Und warum soll ich als Erster gehen?«, meinte Valentino.

»Weil du der Zweite bist.« Valentino überlegte kurz und Santo bekam den Eindruck, Valentino wäre kurz davor aufzustehen und endlich zu Adelheid zu gehen. »Lass uns auf Pippo warten, vielleicht geht er ja gleich«, sagte Valentino.

»Und wenn nicht?«, fragte Santo.

»Wenn nicht, wenn er dann immer noch nicht hingeht, dann gehe ich.«

Santo schaute Valentino erstaunt an und dachte: »Wow, der geht dann hin.« Er konnte es kaum glauben, wobei er jetzt sichtlich freudig erregt war, dass es jetzt endlich losgehen würde.

Pippo kam ins Wohnzimmer und sah wie ein Haufen Elend aus, blass wie eine Leiche, zusammengekrümmt und er bekam keinen richtigen Ton heraus. Er schien absolut fertig mit der Welt zu sein. Er setzte sich in die äußerste Ecke neben Valentino und brach keinen Ton mehr raus. Santo saß von Anfang an auf der anderen Ecke der Couch, gleich an der Wohnzimmertür zum Flur. »Was ist jetzt? Gehst du oder gehst du jetzt nicht?«

Beschämt schaute Pippo Santo an und antwortete: »Mir geht's nicht gut, wenn ich Bauchschmerzen habe, kriege ich keinen hoch.«

»Ok, Valentino, dann bist du dran«, meinte Santo mit einer Selbstverständlichkeit.

Valentino schaute Pippo an, doch von Pippo kam jetzt kein Widerspruch, er schaute Santo an und Santo nickte nur, von wegen er solle jetzt endlich machen. Kurze Stille. Valentino wurde etwas blass. »Nee, ich weiß nicht …«

»Mach jetzt, geh«, unterbrach ihn Santo »Das ist bestimmt jetzt schon zu spät, die muss doch gleich gehen, die macht bestimmt nichts mehr, die hat doch bestimmt keine Lust mehr«, versuchte Valentino sich aus der Schlinge zu befreien, die gar keine Schlinge war. »Ihr könnt mich mal, Feiglinge«, dachte sich Santo. »Dann geh ich, Ok?«

Pippo und Valentino tauschten schnelle Blicke aus, die Santo ein wenig an Reptilien erinnerten. »Ja, ja«, meinten die zwei, du traust dich doch sowieso nicht.«

»Wie, ich traue mich nicht«, dachte sich Santo, »sind die doof oder was?«

»Klar traue ich mich, ich gehe jetzt, Ok?«

Pippo und Valentino lachten ihn aus. »Ja, ja, komm, du laberst doch nur, gehst ja eh nicht hin.« Santo stand auf, um zu Adelheid zu gehen, doch als beide merkten, Santo würde das durchziehen, sagten sie: »Nee warte mal, du bist aber dritter.« Santo hätte am liebsten beide gegen die

Wand geklatscht. Aber es war keine Zeit mehr, sich über diese Memmen aufzuregen.

»Entweder geht jetzt einer von euch oder ich gehe jetzt selber, Ok?«

»Ach komm, der blufft doch nur, du traust dich auch nicht hin«, war sich Valentino sicher. Santo hatte genug Geduld gehabt und vor allem hatte er auch absolut keine Lust, sich zu blamieren und somit eine einmalige Gelegenheit zu verpassen endlich mal mit einer Frau Sex zu haben. Die Fortpflanzungsprogramme waren schon auf Hochtouren, er sah nur noch Adelheid und konnte es kaum abwarten, endlich in sie einzudringen. Auf dem Flur pochte ihm das Blut durch die Hoden und kaum stand er vor der Küchentür, hatte er schon einen mächtigen knallharten Steifen, der zu platzen schien. Er begab sich in die Küche, doch Adelheid war nicht zu sehen.

»Ok«, dachte Santo, »dann ist sie bestimmt im Schlafzimmer.«

Adelheid war gerade dabei, ihre schwarze Bluse zuzuknöpfen, als sie Santo herein kommen sah.

Erstaunt sagte sie zu Santo »Was ist?« Und für den Bruchteil eines Moments, überkamen Santo Zweifel. Er schaute Adelheid an, kam näher zu ihr und dachte sich, jetzt oder nie, wobei ihm klar war, es gibt keinen Rückzieher, er hätte sich das selbst nie verziehen und er hätte sich vor sich selbst blamiert und dadurch seine Achtung für sich verloren.

»Was ist?«, lächelte Adelheid Santo an, ihre Augen glänzten und intuitiv spürte Santo, dass sie es genauso wollte. Santo hatte ihr imponiert, Adelheid hatte gar nicht mehr daran geglaubt, dass diese Fuzzis, sich noch zu ihr getraut hätten. »Ich muss zur Arbeit«, sagte sie und schaute auf die Uhr, von wegen, nun mach schon, jetzt oder nie. Santo verstand und zog sie zu sich, instinktiv zwang er sich, Adelheid kurz zu küssen, was aber mehr eine Finte war, wie beim Kung-Fu, man täuscht den Tritt zum Knie vor, um dann den Kopf zu treffen. Bamm und Adelheid lag auf dem Teppichboden ihres Schlafzimmers. Santo hatte sowas vorher nie gemacht und auch überhaupt keine große Erfahrung, wie man Mädchen zu befummeln hatte. Adelheid gewährte es, er zog ihr die Hose aus und schnell die Unterhose, unbewusst dachte er sich, es muss so schnell wie möglich gehen. Was damit zu tun hatte, sie könnte ja noch im letzten Augenblick ihre Meinung ändern. Adelheid änderte ihre Meinung nicht, und ihr unverkennbarer Körperduft stieg Santo in die Nase, den Santo angenehm wahrnahm.

Santo drang in sie ein. Sie stöhnte auf und schaute ihn so an, als ob sie überrascht wäre. Verblüfft spürte sie in sich die mega harte Erektion. Auch Santo merkte es, es fühlte sich an, als wenn man mit einer Stoß-stange in eine Schüssel mit aufgeweichter warmer Butter stieß. Der Gedanke daran, seinen Harten so in Adelheid zu spüren, machte ihn umso mehr an, wobei er es kaum glauben konnte, wie schön sich das anfühlte. Am liebsten hätte er nie wieder aufgehört, immer wieder in sie einzudringen. Doch kaum gingen ihm diese Gedanken durch den Kopf, musste er zu seinem Erstaunen feststellen, dass sein Lebensstrahl gleich aus ihm herausschießen wollte. Verwundert darüber, dass er soeben erst in sie eingedrungen war, konnte er und wollte er es nicht fassen, so schnell gekommen zu sein.

Wenn er es sich selber besorgte, dauerte es immer länger. Er zog ihn raus, so wie er es von den älteren italienischen Jungs gehört hatte, und ergoss sich über Adelheid, die den Eindruck auf Santo machte, etwas enttäuscht zu sein. Doch kaum dass er sich über sie ergossen hatte und sich darüber ärgerte, bekam er bei dem Gedanken, wie unbeschreiblich schön es war, in eine Frau eindringen zu dürfen, sofort wieder eine zweite Erektion. Er spürte richtig wie seine Haut sich über seinen Penis bis an die Grenze spannte und ohne lange zu überlegen stieß er zum wiederholten Erstaunen Adelheids, abermals in sie hinein. Adelheid stöhnte wieder erregt auf. Doch auch dieses Mal stieg ihm dieses geile Gefühl so in den Kopf, sodass ihm genau wie soeben gleich bei den ersten Stößen sein Lebensstrahl zu seinen Bedauern wieder aus ihm herausschoss.

»Ihr seid jetzt dran.«

Pippo und Valentino wussten nicht, wie ihnen geschah. Beide schauten sich eindringlich an. »Ja, ja, eh, ehm, wirklich? Ja ich weiß nicht ...«, brachten die zwei nur heraus.

»Wie ihr wollt, mir doch egal«, sagte Santo erleichtert und glücklich darüber, endlich zum Zuge gekommen zu sein und das durchgezogen zu haben. Während Pippo und Valentino hin und her wirrten und noch immer keine Entscheidung treffen konnten, kam schon Adelheid putzmunter mit einem Lächeln und frisch herausgemacht aus dem Schlafzimmer.

»Ich muss mich jetzt beeilen, ich muss zur Arbeit.« Sie schaute Santo verschwörerisch an, schenkte ihm noch ein leicht verschämtes Lächeln, so als ob sie noch eine junge kleine Teenagerin sei. Man hätte meinen können, sie wäre erst 16 Jahre alt und nicht schon 26. Adelheid nahm ihre Jacke, machte die Eingangswohnungstür auf und forderte die Jungs auf, ihre Wohnung zu verlassen, da bestimmt auch gleich ihre Mutter kommen wurde.

Karneval in Köln

Er war so eine Art Vorbild. Er war so eine Art älterer Bruder und Beschützer zugleich. Er war ein ziemlich gut aussehender Italiener, eine Art Playboy mit Rückgrat. Santo hatte ihn verdammt gerne. Giulio Maroni war ein dufter Typ, einer, mit dem man gerne unterwegs war. Er sah gut aus, war stark und mutig, ganz nach Santos Gusto.

Es war Weiberfastnacht und Santo feierte seinen vierzehnten Geburtstag. In diesem Jahr fiel der zweite Februar genau auf Karnevalsdonnerstag und in Köln begann der Ausnahmezustand. Santo war gut drauf. In der Schule wurde ungeniert getrunken. Die Lehrer predigten den Schülern, keinen Alkohol zu konsumieren, doch daran hielt sich keiner, auch nicht die Lehrer. Nach der ersten Stunde, hatten die meisten alle einen sitzen. In den Klassenzimmern lief überall Karnevalsmusik und die Schüler irrten mit den unterschiedlichsten Karnevalsverkleidungen und angeregter Spannung und Erlebnisdrang durch die vielen Unterrichtsräume. Die meisten Verkleidungen waren willkürlich aus alten unbrauchbaren Kleidungsstücken zusammengewürfelt, und kombiniert mit ein wenig undefinierbarer bunter Gesichtsbemalung, die zwischen Indianer-Kriegsbemalung, altägyptischer und kitschigen roten Kussmündern an den Gesichtern, sowie rote Herzen in allen Größen zusammengekoppelt waren. Einige Mädels hatten Babyflaschen um den Hals, die meistens mit Sekt oder Apfelkorn gefüllt waren. Wenn die Mädels von Lehrern gefragt wurden, was drin sei, antworteten sie, Zitronenlimonade oder Apfelsaft. Einige hatten aber auch um den Hals, wie ein Amulett, ein Glas Kölsch, das in einen Filsstoffhalter, als Kette demonstrativ getragen wurde, sodass man jederzeit sein Glas, ohne lange suchen zu müssen, sofort griffbereit hatte. Endlich, in Köln wartete man, ein ganzes lang ersehntes Jahr darauf, um endlich legal, durch den angetrunkenen Alkohol Mut zu fassen, was zusätzlich durch eine Maskierung verstärkt wurde, so ungeniert, wie es nur ging, durch das Alibi, man sei ja betrunken und es sei nur einmal im Jahr Karneval, soweit es ging und soviel es ging, Körperflüssigkeiten auszutauschen.

Weiberfastnacht glich einer großen Kussorgie. Überall und immer wieder, jeder angehende Mann, mit jeder angehenden Frau, soviel es nur ging, an jeder Ecke oder Partys oder Kirmes wurde geknutscht. Karnevalsküsse waren heißbegehrt, man musste als Junge nur dreist genug sein. Wenn man das Glück hatte, nicht unbedingt zu den Hässlichsten zu gehören und sich nicht all zu blöd anstellte, hatte man das Gefühl, wenn man sich mal traute, dass die Karnevalsweiber nur darauf warteten, endlich mal ne Zunge in den Rachen zu bekommen und so viel Flüssigkeit, wie es nur ging, in sich aufzusaugen. Danach, wenn sich dieses zufällige Aufeinandertreffen von meist wildfremden küssenden Menschen dem Ende zuneigte, erkannte man in deren Gesichter eine erfüllende freudige Befriedigung.

Die Lochnerstraße-Hauptschüler irrten durch die Schule und Unterrichtsklassen, um den einen oder anderen Joke zu machen und endlich mal jemand begehrenswertem näherzukommen und ihm einen heiß ersehnten Kuss zu entlocken. Dabei wurde fast jedes Mal hier und da unbeschwert freudig Alkohol getrunken. Während Santo und Pippo immer wieder ausschwärmten, um nach den wenigen, wahrlich wenigen hübschen Mädels, die sich auf der Hauptschule Lochnerstraße befanden, Ausschau zu halten, blieb Valentino gerne in seiner Klassengruppe. Die Mädels in ihrer Klasse liebten Valentino und verzärtelten ihn.

Valentino hatte sich gemacht, im letzten Jahr war aus dem pummeligen, zurückhaltenden, verspielten, nach allem Süßen gefräßigen kleinen Jungen, ein größerer gewachsener, schmaler, gutaussehender, junger Mann geworden, der verdammt stolz darauf war, einen wohlgeformten Kussmund zu haben und sich dessen anziehender erotischer Wirkung auf die jungen Mädels bewusst war. Obendrein hatte er sich intelligent und ehrgeizig wie er war, zu einem sehr guten Schüler entwickelt. Er machte stets seine Hausaufgaben und schnitt nie schlechter als zwei bei den Arbeiten ab. Valentino hatte sich förmlich zu einem Frauenversteher evolutioniert. Er benahm sich in der Klasse höchst vorbildlich und war stets der Gentleman. Nie hörte man von ihm ein Schimpfwort, geschweige denn irgendeine sexuelle Andeutung. Nie eine körperliche Annährung, die man als Begrapschung hätte verstehen können. Er hatte den Dreh heraus, sich sowohl bei den Lehrern, aber auch bei den Mädels beliebt zu machen. Im Verhältnis dazu war Pippo das genaue Gegenteil. Santo hingegen schien eine Antithese von den beiden zu sein. Eine goldene Mitte.

Uschi war bei weitem wirklich nur die einzige, bei der alles gegeben war. Sie war im wahrsten Sinne des Wortes eine Wucht. Dann kam Lydia. Sie war den Jungs sehr freundlich zugetan und besaß einen göttlich gesegneten Arsch, aber leider nicht das hübscheste Gesicht. Bei Mabel, der Spanierin, verhielt sich das anders. Sie hingegen, hatte eigentlich ein hübsches Gesicht, das mit einem zärtlichen Kussmund ausgestattet war, wobei, sie zu füllig war, worunter ihre Figur litt, genauso wie ihr Po. Die anderen Mädels, vielleicht außer Monika noch, waren nicht der Rede wert und da Uschi, Lydia und Mabel in letzter Zeit, fast nur noch Augen für Valentino hatten, hielt Santo und Pippo in ihrer Klasse nichts auf.

Santo und Pippo gingen ein Stockwerk hinauf, wo die Klassen 10 a und 10 b zusammen feierten. Sie wollten nachschauen, was dort bei den Älteren passierte. Diese schienen gut drauf zu sein, irgendwie fühlte sich bei denen alles leicht und entspannt an. Sie waren viel lockerer und abgesehen davon befanden sich in den oberen Klassen, die viel besser aussehenden Mädels. Darunter einige absolute Granaten. Concetta, die eine Klasse unter Santo war, befand sich auch dort. Sie war eine der wenigen italienischen Mädchen, die ziemlich gut aussahen und auch recht gut drauf waren. Die Beziehung zwischen Concetta und Santo verhielt sich etwas komisch, ihre Zuneigung wechselte wie die Jahreszeiten, vor allem, aus Concettas Sicht. Einmal stand sie auf Santo und dann wieder nicht. Eines Sommers, in einer Phase, wo Concetta ihm relativ nahe gekommen war und sie beinahe miteinander gegangen wären, hatte Santo seine etwas längeren Haare, die man als Süditaliener zu der Zeit, gerne alla Nino D´angelo (neapolitanischer Sänger) trug, kurz schneiden lassen. Durch seine kurzgeschorenen Haare, war Santo Conccetta aus den Augen gefallen. Concetta, machte keinen Hehl daraus und publizierte dies frei in der Welt. Einerseits, war Santo traurig darüber und andererseits fühlte er sich erleichtert keine Beziehungspflichten zu haben. Aber eines konnte er nicht verstehen, es ergab für ihn keinen Sinn. Es ging ihm nicht aus dem Kopf, wie es möglich war, von einem Tag auf dem anderen, jemanden, den man vorher die ganze Zeit schöne Augen zelebriert hatte und von dem man jeden wissen ließ, dass man gerne mit ihm zusammen kommen würde, plötzlich, nur weil er sich die Haare kurz geschoren hatte, nicht mehr attraktiv fand.

Umso größer war die Überraschung. An dieser Weiberfastnacht, schmiss sich Concetta aus heiterem Himmel Santo um den Hals. Dabei, war Santo in die obere Klasse gekommen, um nach Giulio Maroni zu schauen. Kaum, hatte Santo die Klasse 10a betreten, tanzte Concetta ihn geschmeidig an, während sie Santos Augen mit ihren Augen festhielt. Gleichwohl lächelte sie Santo an und redete auf italienisch auf ihn ein. Santo spürte ihre begehrenswerte Wärme. Ihre zart gesprochenen italienischen Worte, zogen Santo umso mehr wie ein Magnet in Concettas Bann. Während sie ihre Zaubersprüche preisgab und Santo schon längst verzaubert hatte, näherte sie sich Santos Lippen immer dichter und dichter.

Instinktiv, ohne sich dessen bewusst zu sein oder überhaupt irgendwie einen Gedanken verschwendet zu haben, wurde Santo von einem sehr erotischen Gefühl übermannt. Concetta hatte ihre durstende Zunge in seine hervorgestoßen. Es wurde ein langer eng umschlungener, lang ersehnter, leidenschaftlicher Kuss, den alle in der Klasse mitbekommen hatten, auch Pippo und Giulio Maroni.

»Aou, mo abaste´, te la stai ascucande tutta quande´.« (Hey, ist gut jetzt, du saugst sie komplett aus), scherzte Giulio in seinem apulischen Dialekt. Pippo lächelte vergnügt und schien irgendwie stolz darauf zu sein. Santo und er kamen sich von Tag zu Tag näher und mochten sich umso mehr. Concetta zwinkerte Giulio zu, verabschiedete sich mit einem Lächeln von Santo und sagte beim Gehen zu Santo quasi verschwörerisch: »Wir sehen uns noch.« Sie drehte sich um und ging glücklich von Santo weg. »Disgraziate.« (Du unglücklicher), scherzte wieder Giulio, was ein Kompliment war. »Se lo sa´Carmelo, ti taglia la Testa.« (Wenn das Carmelo weiß, hackt er dir den Kopf ab).

Carmelo war der ältere Bruder von Concetta. »Che pezzo di Figa«, meinte Giulio schmatzend, dabei bewegte er seinen Kopf hin und her, während er seine Augen groß öffnete und seine Augäpfel gleichzeitig in die eine Ecke der Augenwinkel und dann wieder in die andere Ecke verdrehte.

Dann fügte er nach einem schweren Seufzer hinzu: »MaDonnA, senon sarebbe la sorella di Carmelo, madonna, che ci farei.« (Wenn sie nicht die Schwester von Carmelo wäre, heilige Mutter was würde ich mit ihr machen).

Santo und Pippo lächelten vergnügt. Santo meinte etwas irritiert über die emotionale Bewunderung von Giulio: »Ist sie nicht etwas zu jung für dich?«

»Zu jung?«, erntgegnete Giulio Santos Frage, wobei er auf seine Gegenfrage selbst antwortete »Jung? Hast de sie gesehen? Die ist schon überreif und weiß ganz genau ihre Reize einzusetzen, du Glücklicher. Du hast echt Glück, die steht voll auf dich, weißt du, wie viele von den älteren Jungs hier auf unserer Schule heiß auf sie sind?«

Santo, grün hinter den Ohren, wie er noch war, hatte nie wirklich etwas davon mitbekommen und hörte das zu seinem Erstaunen zum ersten Mal. Giulio umarmte Santo und sagte zu ihm: »Die steht voll auf dich, glaub es mir.« Bei diesen Worten brannte es in Santo nach Concetta.

Concetta hatte ihn wie ein Donnerblitz getroffen und er war dabei sich über beide Ohren zu verknallen. Gleichzeitig war er sich gar nicht sicher, ob er jetzt mit ihr zusammen war oder nicht. Santo wünschte sich das! Doch sicher war er sich trotzdem nicht. Er wusste nur, dass er sie so schnell wie möglich wiedersehen wollte. Doch daraus wurde nichts.

Über die ganzen Karnevalstage war Concetta nirgendwo zu sehen, nicht auf der Kirmes, in der Casa Italia sowieso nicht und auch nicht in der italienischen Missione Cattolica, die sich auf der Ursulagartenstraße in der Kölner Altstadt Nord befand, und zwar unmittelbar zwischen Hauptbahnhof und Hansaring.

In diesem Jahr hatten sich die Casa-Italia-Jungs vorgenommen nach der Kirmes im spanischen Haus am Rathausplatz in der Kölner Altstadt zusammen mit ihren spanischen Freunden zu feiern. Einige der spanischen Freunde kannten sie aus ihrer Schule oder von früher. Dadurch, dass das spanische Haus sich viele Jahre gegenüber der Casa Italia auf der Meistergerhardstraße befand, wohnten viele Spanier auch um den Rathenauplatz. Giulio fragte Santo, ob er Lust habe, kurz zu ihm nach Hause zu gehen. »Ja klar«, meinte Santo der sich geehrt fühlte.

»Ich muss mich kurz frisch machen und ein wenig Geld holen«, begründete Giulio. Während die anderen noch in der Schule feierten, ging Santo mit Giulio schnell zu ihm nach Hause, was sich in einem der wun-

209

derschönen Altbauhäuser auf der Roonstraße fast Ecke Rathenauplatz befand. Santo gefiel die Wohnung, in der Giulio wohnte, auf Anhieb. Es war für ihn eine großzügige freundliche Altbauwohnung.

»Setz dich ins Wohnzimmer, machs dir gemütlich, geht schnell.«

Santo setzte sich ins Wohnzimmer auf die schöne schwarze Ledercouch und bewunderte das VHS-Videogerät und die große Stereoanlage. Er hatte bei sich zu Hause immer noch keinen Video-Apparat, womit er zu den wenigen einzelnen Ausnahmen gehörte. Zumindest in seinem Kreise. Seine Eltern besaßen noch nicht einmal eine Stereoanlage. Sie hatten zuhause einen stinknormalen kleinen Ghettoblaster. Er konnte sich noch genau daran erinnern, als sein Vater bei Bauer-Druck gekündigt wurde und sich einige Jahre durch seinen schweren Bandscheibenvorfall kaum bewegen konnte und sie dadurch in extreme finanzielle Schwierigkeiten gekommen waren, bevor sie sich entschlossen hatten, auf gut Glück zurück nach Sizilien auszuwandern, was sich als absoluter Reinfall herausgestellt hatte. Damals, in den Jahren, als sein Vater im Dreischichtsystem bei Bauer-Druck außerordentlich verdiente, hatten sie im Vergleich zu ihrem jetzigen Zustand auch eine für ihren Geschmack schicke Wohnung gehabt, wo sein Vater besonders Wert darauf gelegt hatte, sich alle paar Jahre die neuste Stereoanlage zu kaufen. Kurz bevor es mit seiner Familie bergab ging, hatte sein Vater sich eine brandneue Dual Stereoanlage gekauft. Früher hatte sein Vater immer gerne zuhause Musik gehört. Er konnte sich genau daran erinnern, wie sein Vater immer wieder Platten kaufte. Auch die von Adriano Celentano, die in keinem italienischem Haushalt fehlen durften. Santo dachte daran, wie sein Vater, kurz bevor Italien 1982 Fußball-Weltmeister geworden war, sich die allerneuste italienische Musikcompilation gekauft hatte.,

An dem Tag, als Italien 1982 gegen Deutschland im Finale Weltmeister geworden war, hatten sie über die ganze Nacht die Musik laufen lassen. Mit dem Auto waren sie dann rausgefahren. Spontan. Sie hielten es nicht mehr zuhause aus. Sie wollten es den anderen Italienern, die von Minute zu Minute mehr zu werden schienen, nachmachen und mit ihnen gemeinsam feiern. Die Freude war groß. Der Titel wurde von den Italienern in Köln groß gefeiert. Deutschland und seine Städte wurden von den Azzurri an diesem Tag zum Beben gebracht. Ganze drei Tage sah man immer wieder und überall die italienische Flagge schwenken und die Hupen von deren Freuden kundtun. Nie zuvor hatte man in Deutschland so was gesehen.

Während er im Wohnzimmer auf Giulio wartete, sah Santo alles wie in einem Dia-Film vor seinem inneren Auge laufen. Er erinnerte sich, wie die Musik aus der Kompilation auf Kassette aufgenommen wurde und im Auto in voller Lautstärke, begleitet von ihrer Autohupe aus ihrer offenen Fensterscheibe, heraus gedröhnt hatte. Er sah ihr Auto an der Ampel Zülpischerstraße, Ecke Weyertal in Richtung Luxemburgerstraße neben dem damaligen De Zordo, dem stadtbekannten Eis-Café in Sülz stehen. Ein Motorradfahrer, ganz in schwarzem Leder, kam langsam an ihr Auto herangefahren, hielt an, lächelte ins Auto, gratulierte und in dem Augenblick, als die Ampel grün wurde, schmiss er ein rohes Ei durch die Fensterscheibe, gab Gas und machte sich aus dem Staub.

Carlo, wie durch ein Wunder, nahm es mit Gelassenheit. »Fighiu´di buttana«, sagte er nur kurz auf Sizilianisch und fuhr ihm, dem Himmel sei Dank, nicht hinterher. Carlo war einfach zu überglücklich, es den Deutschen gezeigt zu haben, die ihm und den anderen Italienern am Arbeitsplatz das Leben schwer machten, vor allem während der Weltmeisterschaft.

»Kumm, Jung, steh op«, scherzte Giulio, der Santo aus seiner Vergangenheit wieder in die Gegenwart zurückholte. Giulio schnappte sich aus der Alkoholsammlung, die sein Vater in der kleinen Wohnzimmerbar hatte, eine Bacardi-Flasche, schaute Santo strahlend an, drehte die Flasche auf, schaute nochmal auf Santo, grinste ihn an und sagte »Du musst nicht, wenn du es nicht schaffst.« Und kaum hatte Giulio es ausgesprochen, schob er sich die Flasche in den Mund und mir nichts, dir nichts, hatte er die Hälfte vom Inhalt »auf Ex«, wie er dazu sagte, runtergekippt.

»Ahh«, seufzte Giulio zufrieden, drückte Santo die Flasche in die Hand, guckte ihn noch einmal überlegend an, so ,als ob er an Santos Gesichtsausdruck erkennen würde, ob Santo genau so wie er die restliche Hälfte nun auch herunterschütten konnte.

»Auf Ex«, sagte er nur. Santo, der Giulio toll fand und ihn als ein Vorbild sah, wollte auf jeden Fall in Giulios Augen bestehen. Sein Stolz zwang ihn mal wieder, etwas zu machen, was er sonst so nicht getan hätte. Er trank bis auf einen letzten kleinen Schluck fast die übrig gebliebene Hälfte der Bacardi Flasche aus. Giulio nickte anerkennend.

Die erste halbe Stunde war Santo außergewöhnlich gut drauf. Er hätte die ganze Welt umarmen können. So gut fühlte er sich. Er fühlte sich so, als ob er auf eine überdosierte Glückshormonenquelle gestoßen wäre. Die anderen Jungs staunten nicht schlecht, Santo so lustig und gut gelaunt zu erleben. Sonst gehörte Santo nicht zu den Entertainern und war lieber der Mann im Hintergrund. Besonders, wenn er sich aus seinem Radius entfernte, hatte er gelernt, sich zurückzuhalten und sein Umfeld achtsam zu beobachten. »Was ist los?«, fragten sie ihn belustigt.

»Nichts, ich freu mich nur«, antwortete Santo. Die anderen Jungs waren stutzig »Über was freust du dich denn so?«

»Ich freue mich auf Karneval, ich freue mich, mit euch zu feiern.« Und dabei umarmte er den einen und anderen und küsste auch voller Inbrunst und Liebe den einen und anderen auf die Wange oder Stirn.

»Ja, ist gut, ist gut jetzt«, beruhigten die anderen Santo, um ihn sich vom Leib zu halten, wobei sie sich darüber gleichzeitig prächtig amüsierten. Santo bekam noch mit, wie sie den Zülpischer Platz überquerten, um zum Neumarkt zu gelangen, um weiter durch die Schildergasse zum spanischen Haus zu kommen.

Daraus wurde aber nichts. Plötzlich, unerwartet, wurde Santo mitten auf der Schildergasse auf einen Schlag sehr übel. Er erschrak »Was ist denn jetzt los?«, wunderte er sich. »Warum? Wie kann das sein?« Santo bekam Panik, er merkte, wie er die Kontrolle über sich zu verlieren schien. Das ärgerte ihn ungemein, er kämpfte dem herankommenden Übel entgegen und wurde plötzlich ganz Still. Pippo war weit vorne mit Giulio unterwegs und merkte von all dem nichts. Valentino ging neben Santo und hatte sich die ganze Zeit über die super Laune von Santo sehr amüsiert und merkte gar nicht ,wie schlecht es Santo auf einmal ging. Santo wurde klar, das er von einem Augenblick auf den anderen umkippen würde. Das war ihm jetzt ziemlich bewusst geworden und er verstand, dass es gleich so weit war.

»Valentino«, beeilte sich Santo ihn noch anzusprechen und Anweisungen zu geben. Dabei musste er an seine Mutter denken. Sie tat ihm leid.

Dann dachte Santo an seinen Vater und das erschreckte ihn. Er raffte sich noch einmal auf. »Valentino, ich kippe gleich um, mir ist schlecht.«

Valentino schaute Santo an und dachte, er hört nicht richtig. Santo dachte: »Scheiße, das gibt auf jeden Fall Ärger. Gleichzeitig schämte er sich, seinem Vater unter die Augen zu treten. »Was sagst du?«, fragte ihn Valentino.

»Ich kippe gleich um«, antwortete Santo.

»Willst du mich verarschen?«, meinte Valentino.

»Nein, ich verarsch dich nicht! Ich mein das ernst, du musst dich um mich kümmern, lass mich nicht allein«, bekam er gerade noch heraus. Valentino lachte. »Ach komm, erzähl mir keinen Scheiß.«

Und im selben Augenblick wurde es dunkel.

Santo erwachte. Nur kurz. Er schaute sich um und merkte, dass er auf einer dieser Biergartenholzbänke lag. Es war dunkel und im Hintergrund hörte er gedämpfte Musik. Während er dies feststellte, sah er andere Alkoholleichen links und rechts von sich. Genau wie er lagen sie auf einer dieser Holzbänke. Ihm wurde klar, es mussten bestimmt ein paar Stunden vergangen sein. Er stellte fest, dass darunter auch noch ein junges Mädchen lag, und während er den Versuch machte, seine Umgebung zu verstehen, versuchte er auch gleichzeitig, aus seinem Rausch aufzuwachen. Daraus wurde aber nichts. Das bekam er gerade noch mit. Er war einfach zu müde und der Schlaf gewann wieder die Oberhand. Es wurde wieder dunkel.

Er träumte, dass irgendwehr ihm Ohrfeigen verpasste und er sich dagegen wehrte, doch je mehr er versuchte, fester und härter zuzuschlagen, desto weicher trafen die Schläge seinen Gegner. Er verstand das nicht und war wütend auf sich, er fragte sich im Traum: »Wie ist das möglich, ich kann doch sonst hart zuschlagen, das kann nicht sein.« Und während er dies im Traum bestürzt dachte, wuchs seine innere Wut. Dabei versuchte er sich noch mehr zu wehren, doch egal, wie sehr er sich anstrengte, egal, wie sehr er ausholte, umso weicher trafen die Schläge seinen Gegner. Seine Arme fühlten sich an wie Pudding. Dabei trafen ihn die Schläge vom Gegner umso härter. Jedes Mal, wenn er getroffen wurde, zuckte er zusammen.

Klatsch, klatsch und wieder klatsch. Santo hörte stark gedämpfte verschwommene Schläge, so als ob seine Wangenknochen auseinanderbrechen würden. Stimmen. Valentino, Pippo und Tiberio standen um Giulio, der Santo vom allerfeinsten Ohrfeigen verpasste. »Santo, Santo«, rief Giulio. Er solle sofort aufwachen, Santo solle jetzt bitte aufwachen. Giulio sagte das in größer werdender Besorgnis, denn die anderen Leichen waren alle schon wieder von den Toten auferstanden. Nur Santo nicht. Valentino und Pippo redeten Giulio zu, er solle ihn nicht zu stark ohrfeigen. »Aou, l´uccidi cosi.« (Hey, du bringst ihn ja um), sagten Pippo und Valentino zu Giulio. »Aou, alzati«, rief Giulio Santo zu, »alzati.« (aufstehen, steh auf.) Und er versuchte ihn wachzurütteln. »Komm, lass ihn noch ein wenig schlafen«, versuchten Pippo und Valentino Giulio zu überreden, »du bringst ihn sonst noch um.«

Santo öffnete die Augen, sein Gesicht schmerzte, er erkannte Giulio und mehr oder weniger die Konturen der anderen. Es wurde ihm klar, er hatte nicht geträumt, die Ohrfeigen, die er kassiert hatte, waren echt. Er war sich bewusst, was geschehen war, und hatte nun auch verstanden, wo er sich befand und auch, wenn die anderen nicht mitbekamen, dass Santo mit aller Kraft und vollster Konzentration versuchte, seine lähmende Müdigkeit loszuwerden, war er doch noch zu schwach. Sein Geist wurde immer wacher, aber sein Körper fühlte sich absolut paralysiert an. Er schaffte es einfach nicht, überhaupt ein Körperteil von sich zu bewegen. Es war ein abscheuliches Gefühl der Hilflosigkeit, des Ausgeliefertseins. Ein Gefühl, das Santo hasste. Santo hasste es, nicht Herr seiner selbst zu sein, es entsprach nicht dem Bild seines Männlichkeitscodex.

An manchen anstrengenden Tagen, kam es ihm vor, vor allem, wenn er sich nachmittags hinlegte, dass, genauso wie jetzt, sein Geist zwar aufgeweckt war, aber seine Augen sich nicht öffnen ließen, geschweige denn, dass er auch nur irgendein Körperglied bewegt bekam. Er war schlafend wach, ein sehr erschrekender Zustand. Er versuchte mit aller Kraft seinen Körper in Bewegung zu bekommen, aber nichts rührte sich. Er versuchte seine Augen zu öffnen, schaffte es aber nicht. Zuletzt versuchte er zu schreien, damit ihn jemand hören konnte, aber auch das klappte nicht. Es fühlte sich an, als ob der Tod über seinen Körper Herr zu werden schien oder als ob ein böser Geist sich den Spaß machte, ihn zu quälen und sich einfach mit seinem ganzen Gewicht auf ihn gelegt hatte und dabei mit seinen Händen ihm die Kehle zuschnürte.

Es wurde wieder dunkel. Santo verlor wieder das Bewusstsein. Er wachte wieder auf. Er befand sich plötzlich in einer ihm unbekannten Küche. Es war die Küche unten im spanischen Haus, wo die spanischen Jugendlichen ihre Vergnügungsräume hatten. Es mussten keine zehn Minuten vergangen sein, das wusste er. Intuition, warum auch immer. Es roch nach starkem Kaffee und seine Lippen verspürten Schmerz, er merkte dass er sich die Lippen verbrannt hatte. Wieder stand Giulio vor ihm, fest entschlossen ihn erneut zu den Lebenden zurückzuholen. Santo spürte, wie sehr Giulio um ihn besorgt war, wie verantwortlich er sich fühlte. Das tat ihm gut, seine Freunde kümmerten sich um ihn, sie ließen ihn nicht im Stich. Vor allem Giulio nicht. »Aou, Santo, bevi, mannaggia´, mannaggia a chi te murti, bevi, santo christo, bevi che ti fa bene, e'caffe, e buono, lo fatto io.« (Hey, Santo, trink, verdammt, verdammt, wer dir verstorben ist, trink, heiliger Christus, trink, das tut dir gut, trink, das ist Kaffee, es ist gut, hab ich gemacht), versuchte Giulio mit aller Überredungskunst Santo zum Aufwachen zu bewegen, auf seine apulische Art. In Sizilien hätte man niemals die Toten, geschweige denn die Mutter oder Schwester erwähnt, so viel Humor besaßen die meisten Sizilianer nicht. Das wäre Blasphemie und sehr beleidigend gewesen. Doch die apulischen Leute sahen das gelassener und es war bei ihnen so üblich und auch nicht böse gemeint, sondern nur so eine Redensart, die sich bei ihnen im Laufe der Geschichte so heraus kristallisiert hatte.

Santo musste gegen seinen Willen daran nippen. Giulio griff mit seiner linken Hand seinen Kopf von hinten, um ihn nach vorne Richtung Kaffeetasse vorzuschieben. In seiner rechten Hand hielt er die Tasse und zwang Santo, daran zu schlürfen.

Pippo und Tiberio, die nun hinzugekommen waren, redeten Santo zu. Valentino stand mit offenem Mund daneben und ließ gerade etwas schockiert diesen Film an sich vorbei laufen. »E, Caldo«, schaffte Santo mit aller Not heraus zu bringen. »Ah, e caldo ha detto e caldo«, sagte man sich in der Runde. Giulio nippte jetzt selber am Kaffee. »Minchia, e caldo davvero.« (Schwanz, e ist wirklich heiß) Giulio hatte wie viele andere nicht sizilianische Italiener den Begriff Minchia, was aus dem sizilianischen kam, in seinen Wortschatz übernommen.

»Aspetta, aspetta un po´«, meinte Giulio und pustete den Kaffee kalt. Santo musste gegen seinen Willen nochmals mit aller Gewalt dazu gezwungen werden, zwei Schlucke zu trinken, was eher danach aussah wie das Schlürfen in einer Caffe Degustation. Langsam, aber sehr langsam, schien Santo ein wenig zu sich zu kommen, war aber noch nicht in der Lage, selbstständig zu stehen. Nach einigen Versuchen gab Giulio auf. Er entschloss sich, Santo mit Hilfe von Pippo, Tiberio und Valentino nach Hause zu bringen und das zu Fuß, damit sich Santo in der kalten späten Abendluft vielleicht doch noch etwas aufpeppen konnte.

Wie in einem Filmriss, befand sich Santo am Ende der Hohestraße Anfang Schildergasse. Sein Hintern schmerzte und es war dunkel. Irgendwie schmerzte ihn sein oberer Spalt am Gesäß. Dadurch war er aus der dunklen Welt, in der er sich immer noch befand, wieder ans Licht hinaufgezogen worden. Er schaute sich um und merkte, wie Giulio, der der Kräftigste in dieser Runde war, und auch die anderen ihn an seinem Jeanshosenbund über die ganze Strecke vom spanischen Haus am Altermarkt bis zur Mitte der Schildergasse mit roher Gewalt hin transportiert hatten. Sie wollten ihn so schnell es ging nach Hause bringen. Somit war klar, warum sein Hintern so weh tat.

Dabei legte er einen Arm um Giulios Schulter und den anderen um Pippos Schulter. Eigentlich war das mehr ein Schleifen als ein Tragen, er wurde mehr am Boden als über den Boden geschleift, sodass seine neuen Cowboystiefel ihm mit der harten Ledersohle am Pflastersteinboden der Schildergasse abgeschliffen wurden. Zwischendurch machten sie eine Pause. Sie setzten sich mit Santo in die Mitte der Sitzbänke, die überall auf der Schildergasse aufzufinden waren, um eine Zigarette zu rauchen. Es wurde nicht allzu viel rumphilosophiert, da Giulio sich endlich seiner Verantwortung entziehen wollte und es kaum abwarten konnte, Santo in die Obhut seines Vaters abzugeben.

Santo bekam dies alles nur wie in kurzen kleinen Filmeinblicken mit. Hier mal eine Szene und da mal eine Szene und dann wieder Filmriss. Tiefe Dunkelheit. Licht, wieder Dunkelheit und wieder Licht, dann wieder längere Dunkelheit und plötzlich waren sie da. Santo stand vor der

Haustür seiner Eltern. »Menomale, siamo arrivati« (Endlich, wir sind angekommen), kam es aus den Jungs erleichtert raus.

»Siamo arrivati Santo, hai capito? Svegliati mo, cercati di svegliarti«, (wir sind angekommen Santo, hast du verstanden, versuch wach zu werden). Pippo, Valentino und Tiberio hatten verdammten Bammel davor gehabt und hatten es, soweit es ging, versucht hinauszuschieben, Santo nach Hause zu bringen, in der Hoffnung, er würde noch aufwachen, aber auch aus Schiss und aus Scham mit Santo in so einer Verfassung vor dessen Vater treten zu müssen. Sie kannten Santos Vater und wussten, dass mit ihm nicht zu scherzen war. Sie hatten schon einiges mitbekommen und das, was sie mitbekommen hatten, sprach für sich.

Pippo und Valentino machten sich gewaltig in die Hosen. Giulio beruhigte sie. »State calmi, che voi che vi fa'? Non vi preoccupate, state calmi, li parlo io.« (Hey bleibt ruhig, was meint ihr, was er macht? Macht euch keine Sorgen, bleibt ruhig, ich spreche mit ihm.) Er hatte darauf bestanden, keine Minute länger mehr als nötig zu warten und Santo so schnell wie möglich nach Hause zu bringen. Sie klingelten und wie immer wurde die Haustür erst geöffnet, nachdem Santos Vater vom Balkon runtergeschaut hatte.

»Rapa, ta fighiu ce'.« (Mach auf, dein Sohn ist da), hörte man Carlo seiner Frau vom Balkon aus zurufen, der nicht viel höher lag als vielleicht drei Meter, da Santos Wohnung sich auf der ersten Etage befand. Die Haustür wurde daraufhin aufgedrückt. Santo war so fertig mit sich und der Welt, dass ihm sogar seine mächtige Angst beziehungsweise der Respekt, den er vor seinem Vater besaß und ihn schon immer geknechtet und gepeinigt hatte, gerade scheißegal war. Er war einfach nur froh, zuhause zu sein, und sehnte sich danach, sich in sein Bett fallen zu lassen. Sie gingen die Treppen hinauf und standen nun vor der immer noch geschlossenen Wohnungstür. Santos Mutter hatte sich noch schnell was Ordentliches angezogen. Drei Sekunden später wurde die Wohnungstür geöffnet. Santo, der immer noch wie ein Haufen Elend aussah und in den Armen von Giulio und Pippo ruhte, blickte zu seinem Vater auf. Augenblicklich war sein Rausch mit all seiner Übelkeit und dem Brechreiz verflogen. Carlo schaute seinen Sohn an und entgegen Pippos und Valentinos Erwartungen blieb er zu aller Überraschung absolut ruhig und verhielt sich wie ein Gentleman. Er bat die Jungs, reinzukommen, ohne mit seinem Sohn ein Wort zu wechseln. Er lud sie in die Küche ein und bat seine Frau, einen kräftigen Kaffee zu machen. Die Jungs versuchten sich bei ihm zu rechtfertigen, doch Carlo war gar nicht darauf aus, sie auszuhorchen. Es war ihm egal, wie, wo, wann und wieso. Er war einfach nur froh, dass nichts Schlimmeres passiert war, was er aber den Jungs natürlich nicht verriet. Er sagte einfach nur dazu, was er auch so meinte, dass es dazugehörte, sich mal zu besaufen, um zum Mann zu reifen. Valentinos und Tiberios Verwunderung über diese Äußerung war ihnen sichtlich anzusehen, wobei Pippo und Giulio zustimmend mit ihren Köpfen nickten. Santo saß da und schaute keinen in der Runde richtig an, einerseits weil er einfach zu geschafft war und andererseits, weil er sich vor seinen Eltern schämte.

Durch diesen ihm so vertrauten, für ihn lieblichen Geruch von italienischem frischgebrühten Espresso kam er nun immer mehr zu sich. Schon beim ersten geschmackvollen Schluck wunderte sich Santo erfreut darüber, wie er mehr und mehr wieder zu den Lebenden gehören durfte. Er war zwar müde, hatte sich aber jetzt gut unter Kontrolle. Er war dem Verfall in der Dunkelheit nicht mehr hilflos ausgeliefert. Trotzdem war er froh, als seine Freunde sich endlich verabschiedet hatten. Endlich konnte er gemütlich im Warmen schlafen gehen. Dankbar über keine Predigten seitens seiner Mutter und keine Schikanen seitens seines Vaters, ließ er sich nicht zweimal bitten, endlich ins Bett zu gehen. Sein Vater befahl ihm, nachdem seine Freunde sich verabschiedet hatten: »Fo, va curcati, va curcati che e'meghiu.« (Komm, geh schlafen, geh schlafen weil das besser ist.)

Ramazan

Köln glich einem Schlachtfeld. Überall sah man in den Straßen, vor allem in der Innenstadt und Südstadt, wo der Karneval am stärksten gefeiert wurde, alkoholisierte junge Teenager in ihrer Kotze liegen. Ob es auf Karneval-Schulpartys war oder in Bierlokalen oder auf der Kirmes und selbst an den unterschiedlichen Karnevalszügen. Das war die Zeit, in der nicht wenige Paare auseinandergingen oder zusammenkamen. Überall lagen die Bierflaschen, Sektflaschen, Korn- und Apfelkornflaschen zerbrochen auf den Straßenpflastern. Es war schwer auf eine Stelle zu treten, wo sich nicht irgendein Gegenstand oder Erbrochenes befand, was von den Karnevalisten zu Boden geschmissen worden war. Dabei wurde überall uriniert, egal, wo man war und stand. Selbst die Damen hatten kein Problem damit, ihrem Strahl an der erstbesten Stelle freien Lauf zu gewähren. An Karneval war halt alles erlaubt.

Das Echo der Polizeisirenen hörte man kreuz und quer, egal, wo man sich befand, schallend, durch die Kölner Innenstadt vibrieren. In Köln war der Krieg ausgebrochen. Zumindestens kam es Santo so vor, als ob Bürgerkrieg herrschte. Die Krankenhäuser, vor allem die Chirurgien und Orthopädien hatten alle Hände voll zu tun. Ausgeschlagene Zähne, gebrochene Nasen, eingetretene Rippen, zerschlagene Kiefer, aufgeplatzte Lippen, Platzwunden jeglicher Art und vor allem die verstauten aufgeschwollenen und gebrochenen Handknöchel. Er selbst kam zwar aus der unteren italienischen Kaste und war auch kein Kind von Traurigkeit, aber das war die Hölle! Das war alles so sinnlos und stillos, dieses aufeinader Einschlagen, was eigentlich mehr ein Zerschlagen war, ein Zerschlagen von Menschen, die sich gerade zur falschen Zeit am falschen Ort befanden oder anders waren oder einfach aus einem anderen Viertel kamen und manchmal sogar, weil sie einer anderen Nationalität angehörten, zwang die Casa-Italia–Jungs, gemeinsam Flagge zu zeigen.

Sie trugen Bomberjacken, wie sie in dieser Zeit gerne von Halbstarken getragen wurden. Die einen hatten blaue und wenige trugen die klassischen grünen, worauf alle eine italienische Flagge auf ihrer linken Armseite aufgenäht hatten. Einige trugen oben drauf auch noch ein Stirnband al la Rambo, natürlich auch mit der italienischen Flagge. Manche von ihnen, die noch nicht genug von ihren Farben hatten, hatten sich sogar auf ihre Gesichter nochmals italienische Flaggen aufgemalt. So ging man meistens geschlossen zusammen in die Kirmes, um Spaß zu haben, Mädels kennenzulernen und sich als Italiener behaupten zu können.

Bis dato bildeten sich die Gangs nach Schule und Viertel oder aber auch nach Gesinnung und Musikrichtung. Die Gangs von denen Santo gehört hatte, waren die Tarantulas, die Popper, die Punks, die Rocker und zuguterletzt, für die er Bewunderung empfand, die Teds, die eine Elvis-Tolle trugen und auch so sehr stark dem Rock´Roll Stil der 50er und 60er entsprachen. Vor allem liebte er es die Mädels in ihren Petticoats, mit ihren feinen Schuhen, niedlichen Handtaschen und Schleifen in den Haaren zu beobachten. Er mochte die Teds. Er mochte an ihnen, dass sie nicht so martialisch auftraten, sondern eher vergnügnerisch. Für alle diese Gangs spielten Nationalitäten keine so resonante Rolle. Die Stammkneipe der Teds befand sich am Neumarkt anfang der Fleischmengergasse, gegenüber dem Josef-Haubrich-Hof. Aber auch ins Blue Shell auf der Luxemburgerstraße gingen sie gerne.

Karneval in Köln glich dem biblischen Sodom und Gomorrha. Später, als die Hip Hop-, Breakdance- und Rap-Kultur mit Ghetto-Gangster-Mentalität aus den Staaten rüber kam und auf viele Kinder aus der Arbeiterkaste starken Einfluss nahm, weil sie sich damit identifizieren konnten, wurden die Gangs immer brutaler und gewalttätiger. Vor allem entstanden genauso wie in den Staaten überwiegend auf Stadtteile bezogene Gangs, die darauf aus waren, so cool und gefährlich, wie es nur ging, auszusehen und auch zu sein. Ihre Welt drehte sich darum, die schöneren und willigeren Mädels zu haben oder die coolsten und teuersten Klamotten oder einfach nur die Stärkeren und Gefährlicheren zu sein.

Je nachdem, aus welchem Viertel man kam, hasste man sich zutiefst. Oft schlossen sich zwei unterlegene Gangs zusammen, um sich gegen eine stärkere behaupten zu können. Karneval bot sich bestens an, um zu zeigen, wer in Köln, zu den coolsten und vor allem zu den gefährlichsten Gangs gehörte. Überall und immer wieder gab es Schlägereien, nicht selten auch Massenschlägereien. Meistens spielte die Missgunst eine Rolle, die Missgunst bei der Frage, wer die cooleren Klamotten besaß, wer die schöneren Frauen bekam oder wer einfach besser aussah. Die

Missgunst, die einfach viel zu stark vertreten war. Nicht selten schlug man sich auch um Mädels. Es musste nur eine Frau oder ein Mädel behaupten, dass einer sie blöd angeschaut hatte, um es eskalieren zu lassen.

So eine Situation war Tiberio geschehen. Er war mit seinem jüngeren Bruder und zwei anderen Casa-Italia-Jungs zur Kirmes gegangen, um auf der beliebten Jaguarbahn, wo sich die meisten schönen Mädels befanden, einige Runden zu fahren. Ein Mädel, das sich mit einer Gruppe von Nippeser Schlägern abgab, hatte ihrem Freund einfach so aus Spaß erzählt, dass Tiberio ihr anscheinend versucht hatte, näherzukommen. Was aber nicht stimmte. Andy hatte Tiberio daraufhin einschüchternd angesprochen, was bei Tiberio nicht gezogen hatte. Die Sache schien erstmal geklärt. Doch als Tiberio sich abwandte, zog Andy hinterhältig seinen Schlagring aus und schlug Tiberio ohne jede Vorwarnung, mit voller Wucht auf die Zähne. Tiberio verlor dabei einen Zahn. Danach war Andy nicht mehr aufzufinden. Tiberio hatte seinen Onkeln Bescheid gesagt, mit denen er einige Tage auf der Kirmes unterwegs war, um sich rächen zu können.

In den 80ern wurde in Köln bei der Arbeiterkaste nicht lange diskutiert. Da brauchte man gar nicht groß zu provozieren. Wenn man Pech hatte und sich nicht zu verteidigen wusste oder einfach in der Minderzahl war oder gar nicht darauf vorbereitet war, weil man gar nicht darauf aus war sich zu prügeln, bekam man gleich eine auf die Mütze und je nachdem, blieb es nicht nur bei einer auf die Mütze. Santo wunderte sich sehr über diesen Hass, den die Jugendlichen ohne nennenswerten Grund gegeneinander aufbrachten, nur weil einer aus einem anderen Stadtteil kam oder anders aussah oder einfach nur, weil er zur falschen Zeit am falschen Ort gewesen war.

Nino, der Ninetto genannt wurde, weil er nicht größer als 1,64 Meter war, hatte sich mit Ramazan aus der Brüsseler-Platz-Gang geprügelt. Ramazan unterlag. Ramazans Freunde mischten sich ein. Dies geschah am Rathenauplatz. Giulio, der gerade dabei war, den Rathenau-Spielplatz zu durchqueren und zufälligerweise den Streit mitbekam, zögerte keine Sekunde, Ninetto zu helfen. Er schnappte sich die drei und im Nu lagen alle am Boden. Giulio war bärenstark. Beschämt ergriffen sie die Flucht.

Dabei drohten sie mit Vergeltung. Giulio lachte nur und rief ihnen zu, sie sollen nur kommen, er würde auf sie warten.

Kaum waren zwei Stunden vergangen und plötzlich erlebten die wenigen vorhandenen Casa-Italia-Jungs zum ersten Mal an diesem Tag in ihrer OT zu ihrem Erschrecken die Übermacht der gut organisierten Straßengangs. Die wild entschlossenen Jugendlichen vom Brüsseler Platz, denen man ihren Hass und ihre zerstörerische Wut förmlich ansehen konnte, waren bereit, den Casa-Italia-Jungs auf der Stelle den Garaus zu machen.

Rocco De Franco, Alfredo Miceli, Giacomo und Santo waren als einzige draußen geblieben. Pippo, Valentino und Giulio und einige wenige der Jüngeren hatten sich mit Giulio in den hinteren Räumen der Casa Italia versteckt. Giulio, der aus der Casa Italia rausstürmen wollte, um sich auf die Meute zu stürzen, wurde von Pippo und Valentino energisch aufgehalten. Sie zwangen und überredeten ihn, auf keinen Fall raus zu laufen. »Bist du wahnsinnig?«, sagten sie zu Giulio. »Wenn du jetzt rausgehst, bist du tot. Da sind bestimmt 40 bis 50 Typen vor der Tür, die bis an die Zähne bewaffnet sind und dir den Arsch aufreißen wollen.«

Giulio war außer sich, Valentino und Pippo sahen ihm an, wie er mit sich kämpfte und sich zwang, nicht raus zu stürmen. Giulio war wütend. Am liebsten wäre er raus gebraust und, scheißegal, was passiert, einfach rauslaufen und drauf. Sein gekränkter Stolz und sein Sinn für Gerechtigkeit, von denen sich seine Wut nährte, im Clinch mit der Vernunft, ließen Giulio am ganzen Leib vibrieren, doch Pippo und Valentino standen fest entschlossen vor ihm. Sie ließen ihn nicht rauslaufen und hielten ihn fest.

So wie die da draußen auftraten, kannten sie es nur aus den Hollywoodstreifen wie »The Warriors« oder wie bei den »Ducky Boys« aus dem »The Wanderers«-Film und sie hatten es echt mit der Angst bekommen, dass Giulio und sie selbst in brutalster Form krankenhausreif geschlagen wurden.

»Hör mal«, sagte Pippo, »da draußen ist die ganze Meister-Gerhard-Straße voll mit diesen Gang-Mitgliedern, keine Ahnung, woher die aufgetaucht sind, aber wenn du nach draußen schaust, siehst du kein Stück

Asphalt mehr. Lass diese Brüsseler Ärsche weiterziehen und danach kannst du dir diesen Arsch von Ramazan immer noch schnappen.«

Das überzeugte Giulio. Er nickte kurz und sagte: »Den schnapp ich mir noch und dann reiß ich ihm seinen Arsch auf.« Und er versteckte sich mit Pippo und Valentino in den hinteren Büroräumen. Michaela, die selbst schockiert noch schnell die Polizei angerufen hatte, öffnete ihnen die Bürotür.

In der Zwischenzeit hatte Rocco De Franco vor dem Haupteingang auf den Treppen der Casa Italia, in seiner bekannten Straßenschläger-Manier, in der grün glänzenden Bomberjacke seine enormen Trizeps- und Latissimus-Muskeln, wie bei einem Kobrakopf aufgepumpt. Santo, Alfredo und Giacomo spürten, wie das Auftreten von Rocco die meisten der da draußen stehenden kampfeslustigen Horde, beeindruckt hatte. Rocco hatte zu der Horde ganz cool und lässig gesagt: »Der Erste, der es wagt, Giulio ein Haar zu krümmen, kriegt es mit mir zu tun, den haue ich auf der Stelle um, kapiert? Datt is mir scheißejal, wie viele ihr seid, ein paar von euch haue ich auf jeden Fall um.«

»Hey, bist du Giulio?«, rief einer der Anführer in seinem Straßenslang, der nicht nur wie ein Höhlenmensch aussah, sondern sich auch genauso anhörte. Er war der größte unter der Horde. Daneben stand ein schielender Zwerg, der als zweiter Häuptling fungierte und deutlich zu den ältesten dieser Bande gehörte.

Daraufhin antwortete Ramazan, der sich über die ganze Zeit im Hintergrund aufgehalten hatte »Nein, das ist er nicht.«

Rocco schaute sich die sich dort abspielende Situation genauestens an und lauerte nur darauf, wer es als erster wagen würde. »Mit dir haben wir kein Problem, wir wollen diesen Giulio haben«, sagte noch einmal der Anführer. Alfredo, der über die ganze Zeit teilnahmslos und desinteressiert ausgesehen hatte, schubste wie aus dem Nichts seinen Nebenmann, der ihn über die ganze Zeit verächtlich aggressiv angestarrt hatte, sodass dieser in die Menge der Horde rein krachte. Sein Blut war ihm in den Kopf gestiegen.

»Zwischenzeitlich hatte es Giulio nicht mehr ausgehalten und kam aus seinem Versteck rausgelaufen. Pippo und Valentino hinterher. Ein Aufschrei ging durch die Brüsseler Gang, überrascht und im leicht schockierten Ton. Der Anführer schaute irritiert auf den schielenden Zwerg, der schielende Zwerg schaute auf den Anführer, woraufhin er zu seiner Bande den Befehl gab, sie sollen draufgehen, und innerhalb des Bruchteils einer Sekunde stürzte sich die wild gewordene Masse mit all ihrer Philister-Wut, auf alles was nicht zu ihnen gehörte, unbarmherzig gnadenlos ohne Rücksicht auf Verluste, unkontrolliert und brutal um sich schlagend auf Alfredo.

Der hatte den ersten, der sich auf ihn gestürzt hatte, mit einem Treffer, glatt mitten ins Gesicht niedergeschlagen, aber den zweiten verfehlte er, der ihn mit seiner rechten Schulter niederschmetternd zu Boden brachte. Alfredo lag nun hilflos vor den Treppen der Casa Italia. Erbarmungslos fiel die Meute wie ein Rudel feiger Schakale tretend und schlagend über Alfredo her. Sie wollten ihm den Rest geben. Instinktiv krümmte sich Alfredo mit schützenden Händen vor sein Gesicht und Kopf, während diese Maschinerie des Hasses ihn versuchte, zusammenzutreten. Santo und Giacomo, die auch draußen geblieben waren, standen erstmal schockiert da, während Rocco sich gleich auf diese Maschinerie mit genau derselben zerstörerischen Abneigung gestürzt hatte.

So eine zielgerichtete bewusste Brutalität war den Casa-Italia-Jungs fremd. Die Jungs waren nur darauf aus, sich Respekt zu verschaffen oder jemandem die Grenzen aufzuzeigen. Sie waren eher wie die Wanderers, außer Rocco De Franco, der eher ein Baldie aus dem Fordham oder vielleicht auch einer der Super-Itaker aus der Lester-Avenue hätte sein können. Die Horde hätte man mit den hasserfüllten gläubigen Messegängern irisch abstammender Duckie Boys, die der ganzen Welt den Krieg erklärt hatten, vergleichen können. Die Richard Price so gut in seinem Roman beschrieb.

Massenschlägereien waren den Casa-Italia-Jungs immer ein Gräuel, geschweige denn, einen mit mehreren zusammenzutreten. Das war unmoralisch und entsprach nicht ihrem Codex. Das war nichts, worauf man hätte stolz sein können, sondern sich eigentlich schämen musste. Worauf sollte man denn stolz sein? Und überhaupt, wie hätte man auf etwas stolz sein können, was nicht seinem Ehrencodex entsprach? Ihnen hatte man beigebracht, sich wie richtige Männer zu benehmen, was für sie hieß, Mann gegen Mann, eins gegen eins, alles andere wäre feige und unehrenhaft und nichts, worauf sie sich hätten freuen können. Wenn einer von ihnen mit einem anderen eine körperliche Auseinandersetzung hatte, mischten sie sich erstmal nicht ein. Oft machten sie einen Kreis herum und achteten darauf, dass die Sache fair ausgetragen wurde. Wenn einer am Boden lag, trat man nicht zu, sondern nahm den am Boden liegenden in den Schwitzkasten und drückte so lange zu, bis der ganz klar für alle vertretenen Augen aufgab. Oft, sobald man erkannt hatte, dass einer unterlegen war, wurden die Streithähne gleich getrennt. Selbst dann, wenn es der Außenstehende war.

Santo hasste Gewalt, nein, er verabscheute sie. Körperliche Gewalt diente ihm nur zum Zweck seiner Verteidigung und der Befriedigung seines Gerechtigkeitssinns. Aus diesem schöpfte er, wenn er einmal richtig in die Enge getrieben wurde, so dass ihm der Kragen platzte, seine zerstörerische Wut. Doch diese neue Welle des blutrünstigen blinden Hasses, bei dem alles Menschliche und Ehrenhafte so getilgt waren, dass sie einfach nur, egal wie, mit allen Mitteln, so brutal, wie es nur ging, gewinnen wollten, verabscheute er zutiefst. Was Santo erstaunen ließ, war diese Mentalität, Hauptsache gewinnen, worauf sie sogar noch Stolz waren und sich besonders mit brüsteten, wenn sie zu mehreren einen brutal niedergemacht hatten.

Nochmal irritierte Schreie, woraufhin sich einige auf Rocco zu stürzten. Sofort darauf wurden auch Giacomo und Santo angegriffen. Giacomo schrie laut auf und versuchte sich so gut es ging, wild um sich tretend und schlagend zur Wehr zu setzen. Santo wunderte sich, mit welcher Leichtigkeit er die auf ihn stürzenden Antlitze immer wieder mit seinen krachenden Fäusten mitten in ihre Gesichter traf.

Komischerweise war es für Santo keine neue Erfahrung. »Seltsam«, dachte er sich, die, die am gefährlichsten aussehen, die mit dem angsteinflößendsten Gesicht und der bösesten Miene haben oft am wenigsten drauf. Giulio war nicht mehr zu halten und kam gerade rechtzeitig hinzu. Mutig und stark, wie er war, schmiss er sich, ohne eine Sekunde zu zweifeln, ins Gefecht. Pippo und Valentino versuchten ihren Teil.

Innen, in der Casa Italia, hatten sich die anderen wenigen Jungs, die da waren, nicht nach draußen getraut. Nachdem klar war, dass draußen über 50 gewaltbereite Straßenschläger standen, um alles Italienische nieder zu metzeln, versteckten sie sich, so gut es ging. Es hatte keine fünf Minuten gedauert, nachdem Michaela, die OT-Leiterin, die Polizei angerufen hatte. Bei dem extrem lauten Sirengeheul schwirrte der schlagende Mob in alle Richtungen aus und suchte die Ferne, bevor die rasenden Polizeiautos von beiden Seiten der Meister-Gerhard-Straße, in Richtung Casa Italia mit quietschenden Bremsen Halt gemacht hatte. Es waren an die vier bis fünf Einsatzwagen vorgefahren, die erst einmal überfordert waren und anstatt den einen oder anderen Missetäter fest zu nehmen, kamen sie um zu schlichten. Es war klar, das sie das am Telefon ihnen erklärte Geschehen, nicht wirklich ernst genommen hatten.

Bis auf ein paar Prellungen und Quetschungen hatten die Jungs nichts weiter abbekommen. Sie waren sozusagen noch einmal mit einem blauen Auge davon gekommen. Santo war erleichtert und dankbar, dass die Polizei da war. Er hatte so tapfer wie möglich versucht, sich zur Wehr zu setzen, doch den ein oder anderen kräftigen Schlag oder schmerzenden Tritt, bei dem ihm jedesmal schwarz vor Augen geworden war, hatte er doch abbekommen. Während er dieses Horror-Szenario in einzelnen Bildern im Kopf wieder projizierte, hatte Santo an seine Mutter denken müssen. Santo war schwindelig und sein Körper bebte. Jetzt, wo alles überstanden war, schoss ihm sein Adrenalincocktail, der sich aus Wut, Rachegelüsten und Angst deutlich bemerkbar machte, beunruhigend durch seinen Körper. Er setzte sich auf die ihm so vertrauten Casa-Italia-Treppen, um aus sicherer Stellung seinem Übelkeitsgefühl standzuhalten. Alfredo tat es ihm nach.

Währenddessen gab die Polizei über das Funkgerät Hinweise und Anweisungen, die Verfolgung aufzunehmen. Die Jungs wurden ausgefragt, ob alles in Ordnung wäre. Sie wollten verstehen, wie es zu so einer Auseinandersetzung gekommen war. Sie wollten verstehen, wie es dazu kommen konnte, dass sich so viele Jugendliche versammeln, um gezielt die Casa-Italia-Jungs anzugreifen. So etwas schien ihnen fremd zu sein. Mit einigen gezielten Fragen bekamen die zuerst grob erscheinenden Polizisten ihre Fragen beantwortet. Die Casa-Italia-Jungs erzählten ihnen die Wahrheit, in der Hoffnung, sie jetzt endlich wieder loszuwerden. So froh sie ausnahmsweise waren, die Polizisten gesehen zu haben, genau so froh waren sie, als sie wieder den Abgang machten. Die Uniformierten hatten ungläubig und verständnislos den Kopf geschüttelt, als sie hörten, aus welchem Grund, diese gewalttätige Schar zusammengekommen war.

»Weil sich einer von euch, mit einem von ihnen angelegt hat?«, fragte einer der Polizisten fast entsetzt.

»Ja«, meinten die Jungs im Chor.

»Kann doch nicht sein«, kommentierte einer der anderen Polizisten.

»Doch«, meinte Rocco, »sind halt feige Ratten.

»Können sich nur in der Menge wehren«, fügte Alfredo angeekelt hinzu. Die Polizisten schauten sich fragend an, wobei sie sich die Jungs genauestens ansahen.

»Keine Ahnung, wie die ticken«, meinte Giulio »Ich bin derjenige, den sie gesucht haben.« Er machte eine kleine Pause. Die Polizisten beobachteten ihn. »Dabei haben die mit dem Streit angefangen, ich bin nur einem unserer Jungs hier zu Hilfe gekommen, da der sich mit einem dieser Ärsche in die Haare bekommen hat und sich drei seiner Freunde unfair eingemischt haben. Erst dann habe ich mich auch eingemischt und hab sie mir geschnappt«, fügte Giulio mit einem nicht übersehbaren Funken an Stolz hinzu, der gleichzeitig von Gefühlen der Entrüstung und Wut begleitet wurde. So ist der Freund und Helfer, nachdem sie sich die allerletzten Notizen aufgeschrieben hatten, hinfort gegangen.

Schlägereien, vor allem Massenschlägereien, waren den Jungs viel zu blöd. Sie hatten wahrlich keinen Bock gehabt, sich jedes Mal aufs Neue für irgendeinen Scheiß mit einem von diesen unterschiedlichen Gangmitgliedern zu prügeln. Sie waren zwar stolz, Italiener zu sein, aber sich jedes Mal dafür prügeln zu müssen, um den anderen zu zeigen, was für Kerle sie waren, war der Mehrheit von ihnen einfach zu anstrengend. Das Leben war zu kurz, um sich immer wieder zu prügeln, lieber mit den schönen Dingen im Leben beschäftigen. Zum Beispiel mit schönen Frauen und was man mit ihnen am liebsten alles machen würde.

Die Gangs gehen mir verdammt auf dem Sack, mit ihrer Gangsterart und hässlichen Straßenschlägermode«, klagten sie. Sie, waren immer nach der neuesten italienischen Mode gekleidet und im Vergleich dazu die Gangster in diesen neuartigen bunten sportlichen Mode.

Ramazan hatte sich reumütig bei den Casa-Italia-Jungs entschuldigt und eingeräumt, dass es nicht in Ordnung gewesen war, Hilfe von außerhalb geholt zu haben. Er fügte aber auch hinzu, dass er selbst total darüber erschrocken war, mit welcher Abneigung seine Freunde aus dem belgischen Viertel herbeigekommen waren. So hatte er das nicht gewollt und versprach, dass er die Typen nie wieder holen wollte. Giulio ließ ihm Gnade vor Recht gelten und riet ihm, er solle so was nie wieder mit ihm machen, denn beim nächsten Mal würde er ihm in den Arsch treten. Ramazan hatte mit beschämt gesenktem Blick nach unten genickt.

Die Zeit der Unbeschwertheit war erst einmal zu Ende. Viele der älteren Casa-Italia-Italiener waren nicht mehr da oder schauten nur noch selten vorbei. Diese ungebändigte Lebenslust und Zuversicht, dieses Urvertrauen auf das Leben und ihr Italiener-Dasein hatte den Jüngeren immer als Motor gedient. Es waren Sunnyboys, die sich ausschließlich mit den schönen Dingen des Lebens beschäftigten, außer man machte ihnen ihr Dasein streitig, dann konnten sie manchmal auch anders. Bei Mama und Italien hörte der Spaß auf. Mama und Italien waren heilig, heiliger als die Kirche.

Die Zeit der Unbeschwertheit war zu Ende, und die jüngeren Italiener empfanden das Vakuum, das sich in ihrer Gruppe entwickelt hatte, als schmerzliche Leere.

Santo war überwiegend mit angloamerikanischer und englischer Musik groß geworden, die er auch vielseitig von seinem Vater mitbekommen hatte, so wie Elvis Presley, James Brown, The Beatles, Pink Floyd, Supertramp aber auch Boney M oder ABBA. Er und seine Generation waren mit Breakdance und Electric Boogie, aber auch mit Popmusik, so wie Wham, The Police, Gazebo, Fotonovela, Boy George, Righeira und natürlich mit der Musik von Michael Jackson groß geworden. Michael Jackson hatte Santo zum aller ersten Mal in der Casa Italia Disco gehört. Die Casa-Italia-Disco wurde immer freitags veranstaltet. Santo, Pippo, Valentino und Matteo waren begeistert.

Regelmäßig sollte eine Disco organisiert werden. Am liebsten hätten sie gerne mitgemischt. Sie hatten sich angeboten, mitzuhelfen, doch die Älteren hatten sie nur ausgelacht. Ihnen wurde klar gemacht, sie könnten ja froh sein, wenn sie überhaupt rein dürften. Sie wollten unbedingt in die Disco. Alles war sehr spannend. Es offenbarte sich ihnen eine neue Welt. Die Vorbereitungen der Älteren mit den Sozialarbeitern, die mit einfachem Alupapier ganze Wände verkleideten und mit riesigen Postern von Sängern der Bravo die Räumlichkeiten schmückten und verschönerten, entfachte umso mehr ihre Neugierde. Das Allerspannendste war für sie das Anbringen der Discokugel und anderer bunter Discolichter. Santo brannte vor Vorfreude, endlich in die Disco reinzudürfen. Sie hatten sich über die ganze Vorbereitungszeit nicht vom Fleck gerührt. Im langen Flur, zwischen Kickernische und Küchentür, die sich unmittelbar vor dem großen Raum befand, hatten sie das freudige Geschehen beobachtet. Die Älteren mussten Santo und die anderen jedesmal ermahnen, zur Seite zu gehen, wobei Tonino und Rocco ihnen gehässig versuchten, klarzumachen, dass sie sich bloß keine Hoffnung machen sollten, sie würden eh nicht reinkommen dürfen und es schien auch wirklich lange nicht sicher zu sein, ob sie nun durften oder nicht. Giulio und Vincenzo, die zu den Älteren gehörten und auserwählt wurden aufzulegen hatten zum Glück nichts dagegen gehabt, auch die Kleineren an der Disco teilhaben zu lassen.

»Eh, Rocco, komm, lass die doch rein«, hatte Giulio ihn auffgefordert.

»Warum sollen die denn nicht rein dürfen«, hatte auch Vincenzo sich eingemischt.

»Nee, die sind noch zu klein, die sollen lieber bei Mami Milch trinken gehen, hehehe«, antwortete Rocco gehässig. Giulio und Vincenzo lachten erheitert mit. Normalerweise hätten Santo und Pippo mit einer Gegenantwort gekontert, aber bei Rocco hielten sie sich lieber zurück. Bei Rocco hielt man besser den Mund. Die Lektion hatten Santo und Pippo schon längst gelernt, denn mit Rocco De Franco war nicht zu spaßen. Er lauerte förmlich darauf, dass Kleinere und Schwächere ihm zu nahe kamen, und in seine Fallen hineintappten. Rocco De Franco gehörte zu der Sorte Mensch, die sich an ihrer sadistischen Ader ergötzten. Er gehörte zu der Sorte Mensch, der es nicht nur nichts ausmachte andere Kleinere und Schwächere zu quälen, sondern es auch in vollen Zügen genoss. Bei Rocco, hielt man lieber die Backen. Bei ihm riskierte man lieber keine große Lippe. Selbst Santo nicht. Er wollte mit ihm keinen Ärger, dafür waren die Stärken zu unterschiedlich. Santo hatte zwar das

Herz eines stolzen Kriegers, aber lebensmüde, war er nicht, dafür liebte er das Leben zu sehr. Dafür bestand auch kein triftiger Grund.

»Ach, komm schon, lass die Jungs rein, die tun doch nichts«, versuchte Giulio Rocco zu überreden, wobei er Santo und Pippo umarmte. Währenddessen kam Michaela, die OT Leiterin, mit Tonino und Rodolfo, die dabei waren, Getränke zum großen Casa-Italia-Raum, den sie später zum Discoraum tauften, zu transportieren.

»Michaela«, sagte Vincenzo.

Michaela blieb stehen und fragte: »Ja?«

»Wie sieht's aus? Dürfen die Kleinen auch in die Disco?«

Rocco, Tonino und einige andere Ältere wurmte es, sie empfanden die Kleineren als lästig. Sie wollten mit den wenigen Mädels in einem intimeren Ambiente sein. Sie waren der Meinung, dass die jüngeren Jungs dabei nur stören würden. Michaela war wie vor den Kopf gestoßen. Durften die jüngeren nun rein oder nicht? Darüber hatte sie sich noch nicht den Kopf zerbrochen. Sie stand da, mit offenem Mund und perplex von der Frage, die anscheinend wichtig zu sein schien und geklärt werden musste. Michaela schaute in die Runde. Überlegte einen Augenblick. Schaute in die auf sie gerichteten flehenden Augen von Pippo und Santo, die ihr klar und deutlich zu sagen schienen »Bitte, bitte, sag nicht nein! Lass uns bitte rein, bitte, bitte bitte!!!«

Sie antwortete »Ich weiß nicht. Ich muss das mit meinen Kollegen besprechen, das kann ich nicht alleine entscheiden.«

Santo und Pippo schöpften Hoffnung und Giulio lächelte sie ermunternd an.

Die Vorbereitungen liefen weiter und keiner nahm von Santo, Pippo und die anderen Jüngeren weiterhin Notiz. Um 18:00 Uhr sollte es losgehen. Bis 21:00 Uhr war ausgemacht, die Freitagsdisco laufen zu lassen. In der Zwischenzeit, spielten Santo, Pippo mit Matteo und Valentino im Doppelkicker gegeneinander. Pippo war der Stärkste von ihnen. Santo, Valentino und Matteo waren ziemlich ausgeglichen.

Beim Spielen war Pippo ein Ass, nur im Tischtennis war Santo stärker. Hin und wieder ging die linke Tür von den zwei größeren Räumen auf. Sogleich drehten sich ihre vier Köpfe Richtung Tür, wo sie jedes Mal ein Hauch von dem erhaschten, was dort drinnen in dieser neuen spannenden

Welt vorging. Die Disco war noch nicht eröffnet, doch Vincenzo, der Discjockey, spielte sich schon mal warm. Ein oder zweimal dröhnte die laute Musik aus dem Spalt der offen gelassenen Tür und Santo hörte zum allerersten Mal, die so fantastischen, energiebeladenen rhythmischen Beats des Michael Jackson. »Just beat it«. Am liebsten wäre er reingelaufen, um auf diesen ihn verzaubernden Beat abzutanzen. Doch sie durften nicht, noch nicht.

»Puuh, was ist das denn für ne Musik, die spielen ja super Musik«, äußerte Santo.

»Kennst du das Lied nicht?«, fragte Valentino.

»Nee, kenn ich nicht.«

»Im Ernst? Kennst du den Sänger nicht?«

Santo wurde mal wieder in die Defensive gedrängt. Valentino war ein Meister darin, man konnte das Gefühl haben, dass er nur darauf wartete, dass Santo ihm irgendwie eine willkommene Gelegenheit bieten würde, warum auch immer und egal worin, Santo blöd aussehen zu lassen. Santo war auf der Lauer, er hatte ja schon einige Male diese Erfahrung mit Valentino gemacht.

»Nee, kenn ich nicht«, sagte er prompt und ehrlich. Was blieb ihm anderes übrig, er hatte ja jetzt die Frage schon gestellt und scheiß drauf, dachte er sich, er wollte unbedingt wissen, wer dieser Säger war. Er wollte unbedingt den Namen dieses Künstlers hören, der so eine für ihn bombastische Musik machte. »Michael Jackson«, antwortete Valentino.

Pippo und Matteo lachten und tauschten belustigte Blicke aus. »Michael Jackson, Michael Jackson, Mann«, sagten Pippo und Matteo sichtlich amüsiert.

»Michael Jackson«, stellte Santo laut fest. »Michael Jackson«, sagte Santo nochmal leise zu sich selbst. Valentino gehörte zu den unauffälligen Klugscheißern. Er kannte sich immer bestens mit den Namen der neusten Pop-Künstler, aber auch in anderen Musikrichtungen aus. Er wusste immer ganz genau, wie die Namen der jeweiligen Künstler der Musik, aber auch aus den Hollywood-Filmen ausgesprochen und auch geschrieben wurden, und überhaupt kannte sich Valentino auch bestens mit Musikrichtungen jeglicher Art aus. Mit Modenamen, neuesten Spielen, egal, ob digital oder konventionell. Wenn Schularbeiten in Sicht waren, ließ sich Valentino seltener in der Casa Italia blicken, und wenn er dann reinschaute, dann nie vor vier Uhr Nachmittag. Da waren Santo und Pippo schon längst über zwei Stunden da. Santo und Pippo gehörten zu den Jungs, die als Erstes ihre Schulranzen in die erstbeste Ecke schmissen, wenn sie nach der Schule nach Hause kamen. Nur im Fach Geschichte und Sport, da konnte sich Santo behaupten, und obwohl Santo nie wirklich für Geschichte Hausaufgaben machte, geschweige denn für eine Klassenarbeit paukte, schnitt Santo in Geschichte genau so gut wie Valentino ab. Valentino war von diszipliniertem Ehrgeiz angetrieben. Santo reichte es, nur aufmerksam im Geschichtsunterricht zu zuhören. Für eine Klassenarbeit zu üben, wäre ihm nicht mal im Schlaf in den Sinn gekommen. Hin und wieder mal griff er nach dem Geschichtsbuch, um nach den Themen zu schauen, die ihn interessierten. Dabei spielte es überhaupt gar keine Rolle, welchen Stoff sie gerade in der Schule durchnahmen. Er schaute sich immer nur den Stoff an, der ihm gerade zusagte. Nicht selten kam es vor, dass er in Geschichtsbüchern stöberte und in irgendwelchen Zeitschriften nach Themen schaute, die ihn begeisterten, die er zufällig irgendwo aufgegabelt hatte.

Die Disco hatte angefangen und eine Stunde war vergangen. Zum Glück durften sie am Freitag länger draußen bleiben. Bis dahin war die Frage offen geblieben, ob sie jetzt rein durften oder nicht. Sie spielten weiter Kicker, so wie immer, und heizten sich gegenseitig an, wobei sie neugierig und aufmerksam den älteren Jungs hinterher schauten und über einige nie vorher gesehene attraktive Mädels freudig staunten, dass die sich in die Casa Italia hinein trauten, sozusagen in die Höhle des bösen Wolfs.

Die Jungs riefen sich beim Kickerspielen Sätze zu wie: »Lo Straniero non passa.« (Der Ausländer kommt nicht durch.) oder: »Ti faccio fare la fine di topolino Fritz.« (Ich sorge dafür, dass du wie das Mäuschen Fritz endest.) oder: »Suca.« (Blas mich.) oder »mancú si ma suci´.« (Noch nicht mal, wenn du mir einen bläst.) oder: »Si, sta´minchia´.« (Ja, mit dem Schwanz.) oder: »Ti faccio un culo cosi´.« (Ich mach dir so einen Arsch.) Je nachdem, sagten sie sich solche Sätze, abwechselnd mal auf italienisch und mal in sizilianischem oder in irgendeinem anderen süditalienischem Dialekt. Vor allem, wenn man in eine brenzliche Spielsituation geriet, wo man aber gekonnt oder auch nur durch Glück geschafft hatte, ein Gegentor abzuwehren oder ein Tor zu schießen, kam ein beliebter Spruch aus der Casa Italia: »Chissu tri minchie ava »oder »chissu tri minchie ca´.« (Der hat drei Schwänze.) Den Spruch hatte Santo auch nie woanders gehört, egal, ob in Italien oder bei den anderen Italienern in Köln. Wenn einer sich irgendwie gerade groß vorkam oder auch irgendwie etwas außergewöhnlich Witziges gesagt oder beim Kickerspielen einen gekonnten Angriff abgewehrt hatte, um im Gegenzug selbst einen gelungenen Spielzug durchzuführen, der dann zum Tor führte, fiel dann oft der anerkennende Satz. Es war eine Auszeichnung. Eine Ehrenbezeugung, in der sich vergnügte Ironie verbarg. Mit solche Sätzen und anderen Neckereien forderten sie sich auf ihre eigene Art heraus. Toni, der ältere Bruder von Valentino, war der erste, bei dem Santo diesen »drei–Schwänze«-Spruch gehört hatte. Es war sein Lieblingsspruch. Tonis Spezialität war es, sich über Sizilianer im nachgemachten sizilianischen Dialekt lustig zu machen. Das vergnügte ihn und seinen Bruder außerordentlich.

Über eine Stunde war vergangen. Giulio kam aus der Disco, strahlte und lächelte die Jungs mit zwinkerndem Auge zu, um ihnen die erlösende frohe Botschaft zu bringen. Sie durften reinkommen, aber nur für eine Stunde, hieß es, dann müssten sie aber wieder raus. Santo war begeistert. Es offenbarte sich eine wundervolle Welt. Eine unbeschwerte Traumwelt, wo die Seelen eins mit dem Kosmos wurden, wo Santos Seele den göttlichen Funken in sich fühlte, wo er von den Rhythmen der Musik zum Tanzen getrieben wurde.

Er hatte das Gefühl, dass er nicht allein war, er tanzte nicht nur für sich oder für die anderen, er tanzte, weil er bei Musikstücken wie »Just Beat it« oder »Billy Jean« gar nicht anders konnte. Er musste sich einfach zum Beat bewegen. Er war nicht mehr Herr seines Körpers. Beim Tanzen vergaß er alles, wer da war oder nicht da war, wer zuschaute oder nicht zuschaute, wer mittanzte oder nicht mittanzte, was man über ihn dachte oder nicht. Selbst die bedrückende Unzufriedenheit und die Streitigkeiten seiner Eltern, die oft sehr strenge, unsensible, unberechenbare Art seines Vaters, die Santo in Gedanken immer einen Riegel vor das unbeschwerte Glücklichsein schob, verschwand. Die Angst und das unschöne

Gefühl, nach Hause zu kommen, um dann zu erfahren, dass es wieder mächtig Zoff gegeben hatte, und was noch schlimmer war, die Angst um seine Mama, die Angst dass sein Vater ihr was Schlimmes antun würde, wie Carlo es schonmal getan hatte, wo Santo noch ein kleiner Junge gewesen war. Diese Bilder des Entsetzens brannten immer noch tief in seiner Seele und geißelten ihn immer noch. All das und selbst die schlechten Noten in der Schule, die auch auf ihm lasteten, all das verschwand. Er fühlte sich frei. Er tanzte, tauchte tief in die Musik ein und fühlte sich Gott nahe, so, als ob er für ihn tanzen würde.

Die Jungs waren wie verzaubert. Die für sie angenehme, spannende Dunkelheit wurde durch die bunten warmen Lichter hier und da erfreulich anregend durchleuchtet. Die Discokugel betörte mit ihren hunderten von kleinen Spiegelchen den Raum durch ihre hellen Strahlen. Die netten jungen Damen waren gekommen, um daran Teil zu haben. Das Knistern und die schüchternen und doch begehrenden Blicke zwischen den Jungs und Mädels wurden unbewusst wahrgenommen. Es war eine entspannte und zugleich erregt freudige Atmosphäre, das Zusammensein und das Zusammengehörigkeitsgefühl der Jungs. Die Poster an den Wänden von schönen Entertainerinnen und Entertainern. Das Beobachten und Wahrnehmen der Art und Weise der Älteren, von denen man sich immer wieder Eigenschaften abschaute, von denen man Sprüche und Typus übernahm, um es ihnen zum Teil nachzuahmen. Am meisten waren Santo und Pippo und die anderen von dem eingeschalteten Flash überwältigt, der durch den künstlichen, dichten Nebel, in seiner schwindelerregenden hypnotisierenden Art verstärkt wurde, transportierte sie in eine unnatürliche witzige spannende spacige Welt. Diese Welt der Musik und der Begierde nach Mädels vertiefte sich in Santo prägend. Ab da warteten die Jungs eine ganze Woche begierig darauf, dass endlich der Freitag kam. Eine Woche lang sagten sie sich: »Ah, noch fünf Tage und dann ist endlich der Freitag da, ah, noch vier Tage und dann ist Freitag, und so weiter. Sie freuten sich riesig darauf. Das war der Tag, an dem sich auch mal Mädels, die sich sonst in der Woche gar nicht in die Casa Italia hineingetraut hätten dort blicken ließen. Wenn sich die eine oder andere hineinwagte, gab es immer wieder einige Jungs, die sich wie Idioten benahmen. Durch die primitive sexistische Art der Jungs verloren die

Mädels die Lust, selbst wenn sie vorher vielleicht Lust gehabt hätten, mit den einen oder anderen ein wenig zu turteln, und ließen sich nie wieder dort blicken.

Santo ärgerte sich darüber. Manchmal kam es trotzdem vor, dass Mädels weiterhin regelmäßig in die Höhle der Wölfe kamen. Sie beschwerten sich zwar lächelnd hin und wieder bei den Jungs, die ihnen nicht so gut gefielen, ließen sich aber nicht davon abbringen, weiterhin die Casa Italia zu besuchen. Pippo, der eigentlich der Romantiker war und immer auf verliebt sein machte, war beim Grapschen, wenn sich die Möglichkeit ergab, immer gerne obenauf. Das erstaunte Santo. In seinen Augen war dies ein Widerspruch. Einerseits war Pippo Weltmeister im Wichsen, dann war er wieder unsterblich verknallt, und dann grapschte er mit, wo er nur konnte. Was war er denn nun?

Santo hielt sich in der Regel zurück. Valentino hielt sich nicht nur zurück, sondern machte sich ganz aus dem Staub. Alle Jungs in der Casa Italia ließen ihrer sexuellen Fantasie oft und gerne freien Lauf. Sie priesen ihren Fortpflanzungstrieb mit leidenschaftlicher Gestik und Mimik untereinader an, um genauestens zu erklären, inwiefern sie es bekannten oder gerade vorbeikommenden Miezen am liebsten besorgen würden. Mit Erfindungsgabe und größter Beschreibungskraft tauschten sie ihre Begierde nach dem schwächeren Geschlecht aus. Valentino offenbarte sich nicht. Von Valentino hörte man nichts. Er tat so, als ob es ihm nichts anging. Irgendwann wurde er Santo und Pippo suspekt. Ihnen kam der Gedanke auf, »nicht das er schwul ist?« In der Schule war er ein Musterschüler, er wusste sich immer zu benehmen und wenn er mal was anstellte, dann immer sehr raffiniert. Er selbst fiel nie auf, sondern sorgte dafür, dass die anderen eher auffielen. Das war sein Spaß. Er legte keinen Wert darauf den Rebellen zu spielen. Er hatte sich für den ergonomischen Weg entschieden, der wenig Reibungsfläche anbot. Lieber die anderen Idioten machen lassen und dabei trotzdem auf seine Kosten kommen. Hinzu kam, dass er aus seinem Munde nie eine sexuelle oder irgendeine begehrende Äußerung abgab. Langsam dachten die Jungs, Valentino sei vielleicht tatsächlich schwul. Warum zeigte er nie eine sexuelle Erregung? Das ließ die Jungs stutzig werden. Unter vorgehaltener Hand fragten sie sich öfter: »Che minchia e´froscio.« (Was ist? Ist er schwul?) Sie fingen an, ihn etwas skeptisch zu beäugen.

Der kleine Valentino

Der Welpenschutz, den Valentino durch seinen vier Jahre älteren Bruder genoss, fing an langsam zu bröckeln. Valentinos manipulativer Einfluss auf Pippo hatte sich in letzter Zeit ganz aufgelöst. Pippo hatte Santo in den letzten Jahren lieb gewonnen. Santo war im Vergleich zu Valentino unkompliziert und führte keine Intrigen. Er hatte verstanden, dass Santo aufrichtig und offen war und niemandem was Böses wollte. Santo harmonisierte gerne mit seiner Umgebung und gab erstmal jedem eine Chance, unabhängig davon, wie derjenige aussah, wo er herkam und welcher beschissenen Religion er angehörte. Er schloss niemanden so leicht aus. Für Santo spielte nur der Mensch eine Rolle, solange man ihn respektierte. Valentino hatte die ersten Jahre leichtes Spiel. Dadurch, dass er sich des Schutzes seines älteren Bruders gewiss war, konnte er unbeschwert und selbstsicher auftreten, selbst vor einem Rocco De Franco, der Valentino hin und wieder darauf hinwies, er solle nicht zu frech sein und es wäre ihm scheißegal, dass er einen älteren Bruder hat. Er würde ihm trotzdem eine reinhauen, wenn er weiterhin frech sei. Dann könne er ruhig seinen Bruder holen. Es blieb aber nur bei den Hinweisen. Denn sowohl Valentino als auch Rocco hatten nicht im Ernst Lust gehabt es darauf anzulegen.

Es war klar, dass Rocco vor Toni Respekt hatte. Wenn Toni hin und wieder die Casa Italia besuchte, demonstrierte er gerne seine Überlegenheit.Toni war ein Hitzkopf. Er war der Typ, der sich gerne über andere lustig machte, aber wehe einer machte sich über ihn lustig, dann lief er rot an wie eine Chilischote, und wenn man nicht aufpasste, bekam man blitzschnell eine Kopfnuss verpasst. Kopfnüsse waren Tonis Spezialität. Rocco wusste das, und ließ Tonis Späßchen genervt über sich ergehen. Rocco machte gute Miene zum bösen Spiel. Ansonsten war Toni gegenüber den jüngeren freundlich und man merkte, dass er sie sogar gerne mochte. Auch Santo schien er zu mögen, was auf Gegenseitigkeit beruhte. Toni war anders als Valentino. Er war sehr stolz, Italiener zu sein, achtete stets darauf, dem eleganten charmanten Typ zu entsprechen, obwohl er, wenn es sein musste, schnell ein anderes Gesicht auflegen konnte. Er war der Typ, der auch selbst gerne handelte. Valentino hingegen war der Typ, der nur so tat und lieber die anderen machen ließ.

Mit der Leichtigkeit war es in Köln nun vorbei. Der Druck lastete überall. Egal, wohin man sich drehte, musste man jetzt dauernd auf der Hut sein. Ein falsches Signal der Unbeschwertheit, der Freude am Leben und an sich selbst war für manchen Straßenschläger, der mit sich selbst und ihrer Umwelt nicht harmonierte, Grund genug, drauflos zu prügeln. Die verbitterten, gewaltbereiten Jungendlichen hatten sich bestens in straff organisierten Gangs zusammengeschlossen, um es der Welt zu zeigen. Ohne einen Funken Schamgefühl, ohne einen Funken menschlichen Mitleids, mit zerstörerischer, hasserfüllter Kraft, waren sie bereit ihrer Wut auf gesellschaftlicher Anerkennung freien Lauf zu lassen.

Die 80ger waren in Köln mit halbstarken bis wirklich unzurechnungsfähigen und unberechenbaren Geschöpfen versehen, die nur darauf warteten, dem Erstbesten, der es wagte, ihnen mit derselben Lebensphilosophie über den Weg zu laufen, die Fresse einzuschlagen. Dieses Phänomen der unbegründeten hasserfüllten Gewaltbereitschaft, war nicht selten aufzufinden. In Köln schien es nur so von Gangs zu wimmeln. Fast jedes Viertel hatte seine Gang, die untereinander konkurrierten, die jede Gelegenheit wahrnahmen, um den anderen ihren Mut und Schlagkraft in aller Öffentlichkeit, ohne Rücksicht auf Verluste, zu demonstrieren. Köln schien eine Proletarier–Stadt zu sein. Rauer Ton kombiniert mit gehässiger martialischer Art war immer wieder aufzufinden, und es spielte keine Rolle, aus welcher sozialen Schicht man kam. Eleganz und Freundlichkeit waren nicht geheuer. Deswegen waren einige darauf bedacht, mit so einer tiefen männlichen Stimme, wie es nur ging, zu reden, besonders wenn sie der Meinung waren, sich Respekt verschaffen zu wollen.

Die 80er empfand Santo als eine nicht so schöne Zeit. Köln schien bis auf das Zentrum aus grauen, dunklen Häusern zu bestehen. Zudem empfanden die Casa-Italia-Jungs, dass die älteren Deutschen nur darauf warteten, mit ihren ermahnenden Zeigefingern voran irgendwelche Jugendlichen nach ihrem Bild erziehen zu wollen. Das ging den Jungs mächtig auf den Nerv.

Santo drehte sich der Magen um, wenn ihm diese nicht selten versteinerten miesgelaunten Gesichter, mit skeptischen und manchmal auch noch angsterfüllten Augen, ohne jeglichen Grund über den Weg liefen. Überhaupt ging ihm diese verlogene Ernsthaftigkeitsscheiße immer mehr auf den Sack.

Es war die Bomberjackenzeit, die die frühen 80er in Köln geprägt hatte, die dann in eine noch hässlichere Zeit übergehen sollte, und zwar in die Ära der Proline, Jet Set, Chevignon, Boxer- und Herkules-Schuhe, die in unterschiedlichen grellen Farben, passend zu den anderen sportlichen Marken-Klamotten, kombiniert getragen wurden. Hinzu kamen die immer länger getragenen Haare, die von den Starken oben kurz gehalten wurden. Die Mädels standen auf den Tussi-Stil, ihre Haare waren stets geföhnt und mit Haarspray so frisiert, das sie nicht nur wie Stroh aussahen, sondern sich genauso anfühlten. Dabei waren ihre Gesichter von Sonnenbankbräune und selbstbräunenden Gesichtscremes geröstet. Genauso hätte man rumlaufen müssen, um in diesen Kreisen anerkannt zu werden. Die Casa-Italia-Jungs sträubten sich dagegen. Das war ne Mode, mit der sie sich ganz und gar nicht identifizieren konnten. Schlägereien standen in dieser Zeit an der Tagesordnung und schienen gesellschaftlich anerkannt zu sein. Wer seinen Mann stand und am besten noch außerordentlich austeilen konnte, stieg in der Beliebtheitsskala der Tussis besonders auf. Machos und Schläger standen in den späten 80ern bis Mitte 90er hoch im Kurs und nicht selten auch bei den Mädels aus gutem Hause. Das machte das Leben auf der Straße nicht unbedingt freundlicher und vor allem auch nicht ungefährlich. Es schien jeder ein Alphatier zu sein oder es sein zu wollen.

In dieser Zeit sind sie zu viert nach Porz Demo gefahren, was sich im angrenzenden Kölner Süden befand. Sie hatten eine Gruppe italienischer Teenager aus Porz kennengelernt, die eines Tages in der Casa-Italia-Disco aufgetaucht waren. In dieser Gruppe, die fast ausschließlich aus Mädels bestand, die bei den Casa-Italia-Jungs Interesse erweckt hatten, waren Santo, Valentino, Pippo und Jupp eingeladen, in die dortige Disco zu gehen. Nie zuvor war Santo mit den anderen dort gewesen. Die Gegend war ihnen fremd.

Es kam ihnen vor wie eine halbe Weltreise. Porz-Demo lag weit im Kölner Süden auf der anderen Rheinseite und vom Rathenauplatz bis dorthin lagen um die 18 Kilometer. Sie stiegen in die Sieben am Zülpischer Platz ein, um über die Deutzer Brücke weiter nach Porz-Demo zu fahren. Die Fahrt dauerte insgesamt gut eine Stunde. So weit hatten sie sich zuvor noch nie aus dem Casa-Italia-Radius hinausgewagt. Aber für ein paar nette italienische Mädels nahmen sie gerne so eine weite Bahnfahrt in Kauf.

Sie wurden schon sehnsüchtig erwartet. Die Gruppe, die aus drei weiblichen Geschwistern, einem Bruder und einem Cousin aus Palermo bestand, war mit zwei weiteren Mädels erschienen, wovon eine wahrlich gut aussah, die aber nicht aus Sizilien kam, sondern aus Apulien. Zusammen waren sie gekommen, um die Jungs freudig abzuholen. Santo hatte das Gefühl, in einer anderen Stadt zu sein. Porz lag auf der schäl Sick, auf der falschen Seite. Alles was rechtsrheinisch lag, alle Stadtteilen, die sich auf dem gegenüberliegenden Ufer befanden, schienen nicht wirklich zu Köln zu gehören. So empfand man es. Sobald man sich über eine dieser Brücken begab, änderte sich schlagartig die Atmosphäre. Santo überkam ein Gefühl der Bedrücktheit, sein Herz schien sich einzuhängen.

Sie wurden herzlich empfangen. Die Mädels freuten sich auf sie. Auch die Jungs, die zur Gruppe der Porzer Mädels gehörten, waren erfreut, dass die Casa-Italia-Jungs sie in Porz besuchen gekommen waren. Mit einem gemischten Gefühl von bedrückender Unsicherheit machten sie sich in Begleitung der Mädels in Richtung OT.

»Pouh, ich würd hier niemals leben wollen«, meinte Valentino fast angewidert und schaute sich dabei um, ob die Mädels das mitbekommen hatten.

»Nee, mich würden hier keine zehn Pferde hinkriegen«, bestätigte Jupp.

»Wie können die hier nur leben, is ja voll hässlich«, meinte Pippo.

»Puuuh, nee, ich würd hier sterben, gar kein Vergleich zu unserer Gegend, nee, der Rathenauplatz ist eh das beste Viertel.«

»Guck dir mal die Leute hier an, guck mal, wie die aussehen«, fügte Valentino noch hinzu.

»Das sind hier noch voll die Landeier«, meinte Jupp.

»Ja, genau«, sagte Pippo. Dabei fingen sie an zu lachen. Die Mädels lächelten ihnen zu, nichts ahnend freuten sie sich, dass die Jungs sich amüsierten. Vor dem Hausseingang der OT standen schon die ersten Porzer Jugendlichen herum, bei denen man die neugierige Verwunderung über die fremden Gesichter schon von weitem erkennen konnte. Beim Näherkommen erkannte Santo in ihren Gesichtsausdrücken Verwirrung, die von Skepsis begleitet war. Die Porzer schienen nicht die Situation einzuschätzen. Vier fremde, nicht ungefährlich aussehende Jungs, die sie vorher noch nie gesehen hatten, schienen mit den italienischen Mädels befreundet.

An der Eingangstür der OT wurden sie mit angriffslustigen Augen empfangen. Auch in der OT wurden sie eher mit kalten als mit neugierigen Blicken empfangen. Santo registrierte gleich, diese ablehnenden Energien. Was solche Sachen anging, hatte sich seine Antenne im Laufe der Jahre bei den vielen Auseinandersetzungen, die er schon gehabt hatte, ziemlich ausgefeilt. In solchen Situationen zog er sich weitestgehend zurück, so weit, wie es nur ging. Er versuchte sich unsichtbar zu machen. So unsichtbar wie möglich. Er versuchte bloß nicht aufzufallen, um den lauernden Feindseligen keinen Grund zu liefern.

»Che c´e´?« (Was ist?), fragte Valentino ihn.

»Niente, perche´?« (Nichts, warum?), antwortete Santo.

»Non dici piu´niente.« (Du sagst ja gar nichts mehr).

»Ach, der will doch nur den Frauen gefallen«, entgegnete Pippo auf Deutsch.

»Erzähl doch keinen Scheiß, lasst uns gucken, dass wir hier so schnell es geht rauskommen, das gefällt mir alles gar nicht«, wehrte Santo ab.

»Ja, finde ich auch, ist alles ein wenig seltsam hier«, bestätigte Jupp.

Die Mädels und die anderen, die dort verkehrten, drehten ihre Kreise um die Jungs immer enger. Während der mäßig freundlichen Begrüßung riskierten sie einen neugierigen Blick, um sich dann so unauffällig und desinteressiert wie möglich nach den Casa-Italia-Jungs zu erkundigen. Den Italo-Porzer Mädels entging das nicht, im Gegenteil, sie waren sogar stolz darauf.

Porz-Demo war eine Hochburg und konkurrierte mit Köln-Chorweiler, dem Stadtteil, der im Kölner Norden lag und genau wie Porz-Demo überwiegend aus Hochhäusern bestand. Man konnte Wetten darauf abschließen, wer der Bronx am nächsten kam.

Die Melonen unter den Armen wurden immer größer und die Rasierklingen immer schärfer. Jeder Schläger versuchte noch gefährlicher auszusehen als die anderen. Auch der Gang wurde angepasst. Früher hatten sie nur die breiten ausgestreckten Ellenbogen abschreckend ausgedehnt. In den späten 80er'n wurde dann der steife Entenschritt und Arsch nach hinten mit den ausgestreckten Cowboy-Ellenbogen kombiniert, was ungefähr so aussah wie Charlie Chaplins Gang, in steifer martialischer Form.

Nicht mein Problem, dachte sich Santo. Einfach Straßenseite wechseln, Tunnelblick und ignorieren, sollen die doch denken, was die wollen, mir doch egal, ich werd sie eh nicht mehr sehen. Mit solchen Gedanken beruhigte er sich und zugleich versuchte er sie auch seinem jüngeren Bruder zu vermitteln, der ein Hitzkopf war und selten einen Tag vergehen ließ, ohne sich geschlagen zu haben. Sowas wollte Santo nicht mehr, warum denn auch? Applaudiert wurde nicht von der kultivierten Gesellschaft, zu der Santo gehören wollte, ganz im Gegenteil, man wurde mit diesen Schlägern gleichgestellt und keiner fragte, warum. Es spielte gar keine Rolle, ob man im Recht war oder nicht, es spielte gar keine Rolle, ob man sich zur Wehr gesetzt hatte oder nicht, und es war der Gesellschaft scheißegal, ob man angegriffen wurde, genötigt, beleidigt, beschimpft, in seiner Ehre gekränkt. Es war für ihn nicht leicht, der mit so viel Stolz erzogen worden war, seine Wut und seinen Ärger, seine Enttäuschung über den Umgang, seinen Groll zu unterdrücken, und egal, wie man sich benahm, es war meistens falsch. Setzte man sich zur Wehr, war man ein Schläger, setzte man sich zur Wehr, war man ein Asi, setzte man sich nicht zur Wehr, ließ man sich des Friedens willen peinigen, war man ein Otto, wie man in Köln sagte, was so viel hieß wie, man war ein Idiot, eine Memme und eine Flasche zugleich. Jungs wie Santo, die eigentlich keinen Bock auf Stress hatten und eigentlich nichts lieber taten, als mit ihrer Welt zu harmonieren, gerieten oft in Dilemmas. Einerseits, hassten sie es sich zu prügeln, andererseits, ließ ihr anerzogener Stolz nicht zu, sich peinigen zu lassen, sich beleidigen und runter machen zu lassen, geschweige denn sich körperlich nicht zur Wehr zu setzen.

Der Besuch währte nicht lange. Auch die immer näher kreisenden Porzer Mädels, die im Vergleich zu der Casa Italia OT nicht zu knapp vertreten waren und obendrein zum Staunen der Jungs außergewöhnlich gut aussehende Miezen dabei waren, die ihr Interesse an den Jungs von Minute zu Minute steigen ließen, konnten bei Santo trotzdem kein Wohlgefühl aufkommen lassen. Santo war auf der Hut, seine Alarmglocke lief Sturm, jede einzelne Pore spürte die feindseligen Energien, die sich bei den dortigen Jungs schon längst aufgestaut hatten. Pippo und Valentino sowie die Porzer Italo-Clique schienen davon nichts zu bemerken, außer Jupp, der sich Santo genähert hatte und genauso froh war, diesen Ort so schnell wie möglich zu verlassen. Nach knapp einer Stunde beschlossen endlich die Mädels, zu sich nach Hause zu gehen, um den Jungs freudig zu zeigen wo sie wohnten.

Erleichtert verließen Santo und Jupp die OT, wobei Pippo und Valentino gerne länger geblieben wären. Unbeschwert machten sie sich auf den Weg, doch kaum hatten sie die OT verlassen, hörten sie, wie sie jemand wütend beschimpfte. Ihnen waren einige Porzer Jungs hinterhergelaufen, denen sich immer mehr anschlossen. Die Casa-Italia-Jungs verstanden nicht ganz, was sich da tat, und dabei hatte sich Santo schon in Sicherheit gewogen. »Scheiße«, dachte er sich, »ich habe es geahnt. Was ist denn jetzt los?« Und während er in die erstaunten und zugleich erschreckten Gesichter seiner Freunde sah, schossen ihm Gedanken wie »Was haben wir denn falsch gemacht? Habe ich doch was falsch gemacht? Wie kann das sein?« durch den Kopf. Gleichzeitig, im Bruchteil einer Sekunde, überlegte Santo, ob er irgendetwas nicht mitbekommen hatte, ob vielleicht einer seiner Freunde eine provozierende Geste gezeigt hatte oder auf irgendeine Art einem dieser Porzer Ärsche zu nahe gekommen war. Ihm fiel nichts ein.

»Was wollen die von uns?«, fragte Santo.

Die Mädels wussten nichts darauf zu antworten, doch Claudio, der junge Bruder der sarazenisch aussehenden Mädels, der erst 12 Jahre alt war, antwortete erschreckt: »Oh, Scheiße, Jungs, die wollen sich mit euch boxen.«

Valentino und Pippo wurden schlagartig kreideweiß. Jupp, der, was Schlägereien anging, erfahren war, schien noch die Ruhe zu behalten, während Santo immer noch die Situation zu verstehen versuchte. Er wollte es einfach nicht wahrhaben, dass Menschen unbegründet, einfach aus ihrer Laune, aus ihren Minderwertigkeitsgefühlen, ohne jeglichen Grund, ihrer zerstörerischen Wut und Hass freien Lauf ließen.

Sie hatten es auf Pippo abgesehen. Warum auch immer. Vielleicht hatte er einem dieser Porzer OT-Mädels besonders gut gefallen, vielleicht hatte er auch allen Porzer-Mädels gut gefallen, vielleicht, weil er hochgewachsen war, blaugrüne Augen hatte und blonde Löckchen, was anderes konnte sich Santo auch gar nicht vorstellen. Pippo war alles andere als ein Frauenaufreißer, ganz im Gegenteil, Pippo gehörte zu der Sorte, die sich lieber selbst erobern ließen, vielleicht, weil er auch nicht den Mumm hatte, auf Frauen zuzugehen, und vielleicht auch aus seiner typischen gelassenen Gemütlichkeit.

Sie hatten Pippo mit mehreren umzingelt, während die anderen sich wie Raubtiere ihrer Beute in unauffälligen Schritten näherten. Pippo hatte sich mit erhobenen Armen wie ein Boxer in Kampfstellung aufgebaut. Santo hatte alles genauestens registriert und hatte sich, ohne eine Sekunde an sich zu denken, unmittelbar hinter Pippo gestellt. Valentino blieb so gut es ging außer Reichweite, in Sicherheit bei den Porzer Mädels, wo sich auch der jüngere Claudio mit seinem Cousin befand. Für den Bruchteil einer Sekunde schienen die Porzer Jungs sich vor Pippos athletischem Körper in Acht zu nehmen. Doch schnell erkannten die Raubtiere ihre Überlegenheit und ihre erprobte Kampfmaschinerie setzte sich wie eine wilde Horde Hunnen in Bewegung, um alles niederzumetzeln, was sich ihnen darbot.

Einer der kleinergewachsenen Porzer Jungs sprang mit einem Satz nach oben und schlug Pippo mit der rechten Faust auf die linke Gesichtshälfte. Der Aufprall erinnerte Santo an ein trockenes Baumstück, das auf Steintreppen aufschlug. Pippo war überrascht worden und hatte es nicht mehr geschafft den Schlag abzuwehren. Santo fasste es nicht, er hatte den Schlag kommen sehen, er hatte den Schlag erahnt, er konnte es nicht glauben und dachte sich: »typisch, zwei Köpfe größer und nicht viel dahinter.« Er war sauer, er war sauer auf Pippo und noch viel mehr auf diese listigen mickrigen scheiß aussehenden Typen. Schschbam, Santo hatte auf Anhieb den jenigen, der Pippo so überrumpelt hatte, mit einem immens zielsicheren Schlag aufs Gesicht niedergestreckt. Der Treffer an sich und der zerstörerische schmerzliche Schlag hatte den Porzer Jungen schrecklich laut aufschreien lassen, sodass alle so schockiert blieben, als wäre die Zeit abrupt stehen geblieben. Jetzt war Santo derjenige, der nach vorne marschierte und auf alles einschlug, was sich ihm in den Weg stellte, in der Hoffnung, dass Jupp, Valentino und die anderen nachzogen. Doch außer Jupp zog keiner nach, vor allem nicht Valentino, der sich feige alles aus sicherer Entfernung anschaute.

Santo hatte die ersten Schläge gut ausgeteilt und bei den meisten normalen Jungs hätte er für mächtigen Respekt gesorgt, doch hier war das anders. Die Porzer Jungs, die eine eingeschworene kampferprobte Gruppe waren, wurden nur noch wütender und sie schienen wie Ratten aus dem Loch zu kriechen und nichts anderes im Leben zu kennen, als brutal und ohne ein Funken menschliches Mitleid auf andere Jugendliche draufzuschlagen. Jupp war schnell außer Gefecht gesetzt und Pippo kam erst gar nicht dazu, sich überhaupt einem Gefecht aussetzen zu können. Santo wunderte sich. Eigentlich hätte der Kampf schon zu Ende sein müssen, wo blieben denn seine Freunde? Nichts, er versuchte irgendwie etwas von seinen Kumpels wahrzunehmen. Platsch, Plock, und jetzt hatten auch Santo die ersten Schläge mitten ins Gesicht getroffen. Santo war zäh. Er raffte sich zusammen, er musste durchhalten und hoffte insgeheim, dass auch dieses Mal letztendlich alles gut ausgehen würde. Er schlug nochmal Ziel suchend, doch Santo traf dieses Mal nur ins Leere und obwohl er es immer wieder versuchte, traf er nur noch am Ziel vorbei. Er schlug nur noch instinktiv. Sein Blick war verschwommen und sein Gehör war betäubt. Alles um ihn schien sich nur noch wie in Zeitlupe zu bewegen und alles, was er wahrnahm, waren die betäubenden Schläge der Gegner, bis auf den Fußtritt, der ihn mit voller Wucht auf sein rechtes Auge bis oben auf die Stirn traf, den er nicht nur als betäubend spürte sondern als niederschmetternd. Santo schrie auf, ihn überkam jetzt die Todesangst, er dachte: »Nun bringen sie mich um.« Und was ihn noch viel schlimmer traf, war der Schmerz, den sie seiner Mutter antaten.

Irgendwie hatte Santo es geschafft sich vom erbarmungslosen Hagel von Fußtritten und Faustschlägen zu befreien. Jetzt stand er hinter den

Mädchen, die lauthals außer sich schimpfend auf die Porzer Jungs zugegangen waren und sich ihnen mutig in den Weg stellten, um sie befehlend zurechtzuweisen und um sie davon abzuhalten, weiterhin auf Santo einzuschlagen. Alles war jetzt nicht mehr in Zeitlupe, sondern eher blitzartig, als ob man einen Film von Zeitlupe auf Schnelllauf gedrückt hätte.

Valentino, Pippo und die zwei anderen waren schon weggelaufen. Jupp war hin- und her gerissen, er kämpfte mit sich selbst, gerne hätte er auch die Flucht ergriffen, doch sein Stolz und seine Loyalität zur Freundschaft zwangen ihn im Vergleich zu Valentino weiterhin in der Nähe von Santo zu bleiben, um ihm auf irgendeine Weise helfen zu können. Nun schrien diePorzer Mädels Santo und Jupp an, sie sollten machen, dass sie Land gewinnen. Santo war neben sich und in seinem Schädel pochte und brannte es. Er solle weglaufen? Er war wie gelähmt, aber diesmal war alles anders.

Gut, dass er nicht gefallen war, dachte Santo später. Jupp zog Santo rückartig am Ärmel zu sich, wobei er ihm befehlend und aufrüttelnd sagte: »Lass uns abhauen, jetzt oder nie! Und er zog ihn im weglaufen nochmal mit sich. Wie durch einen Geistesblitz wurde Santo in diesem Augenblick aus seinem Trancezustand aufgeweckt und zugleich wurde ihm bewusst, dass er diese Möglichkeit des kurzen Verschnaufens und Gedankengänge beider Seiten nutzen sollte, um die Worte Jupps »jetzt oder nie«, zu realisieren und die Flucht zu ergreifen.

Beinahe wäre Santo gestolpert, so schnell waren sie weggelaufen, ohne sich einmal umzudrehen. Santo wunderte sich, dass sie noch nicht eingeholt worden waren, denn er wusste, er war nicht der schnellste. Nach mehreren hundert Metern waren sie in der Nähe der Straßenbahnhaltestelle, wohin Valentino, Pippo und die zwei anderen Jungs schon längst abgehauen waren und wie bestellt und nicht abgeholt, von einem Bein auf das andere sprangen, nicht wissend, was sie tun sollten. Warten oder vielleicht doch einschreiten? Oder noch viel besser, die nächste Bahn nehmen und machen, dass man weg kam?

Luftringend hielten Santo und Jupp nach hinten schauend an, in der Hoffnung, dass die Porzer Jungs ihnen nicht mehr hinterher waren.

»Gott sei Dank«, dachten Santo und Jupp erleichtert. Skeptisch schauten sie noch einmal in alle Richtungen hin und her, doch die Luft schien tatsächlich rein zu sein. Valentino stand da mit einem Gesichtsausdruck, der erkennen ließ: »Oh scheiße, der hat echt was abbekommen.« Seine Mimik ließ erahnen, dass es ihm leid tat, er sich aber auch zugleich in die Hose machte vor den Konsequenzen, die sich davon hätten herausbilden können. Unterdessen erkannte man an seinem kurzen entschuldigenden Lächeln den Gedanken: Ich bin doch nicht blöd, dass ich mich mit solchen Wilden anlege.

In Pippos Physiognomie, der beschämt auf dem Boden hin und her schaute und sich Santo nicht wirklich traute, in die Augen zu schauen, erkannte Santo nur Niedergeschlagenheit. Die anderen zwei Jungs schienen eher erleichtert und leicht belustigt zu sein. Sie witzelten und lachten Santo anhimmelnd und aufmunternd an. Dabei erzählten sie Santo schulterklopfend: »Mann, unglaublich, wow, ey, unglaublich, Mann, den hast du mit einem Schlag niedergestreckt. Is ja Irre! Mit einem Schlag hast du einen der Stärksten von ihnen schachmatt gesetzt.«

»Wer, ich?«, fragte Santo verblüfft, er hatte es im Eifer des Gefechts nicht mal registriert, hatte einfach nur noch rot gesehen und reagiert. Nachdem Pippo eine abbekommen hatte, war er eingeschritten, um Pippo zur Seite zu stehen, und hatte nur noch instinktiv versucht, seine Haut so teuer wie möglich zu verkaufen.

Nun waren auch die Mädels eingetroffen. Sie stiegen in die Bahn und anstatt zu ihnen nach Hause zu fahren, fuhren sie jetzt in Richtung Kölner City. Weit weg von diesem Horror Szenario. In der Bahn brannte Santo der Schädel, seine linke rot aufgeschürfte Gesichtshälfte rauchte und piekte zugleich, sein Gehirn schien ihn aus dem Schädel zu entspringen. Er zählte die Haltestellen und bei jeder Haltestelle, die sie näher zum Rathenauplatz brachte, fühlte er sich sicherer. Über die Deutzer Brücke lag auf der rechten Seite der ihnen so vertraute Kölner Dom, der das wohltuende Gefühl vermittelte, jetzt in Sicherheit zu sein.

Endlich, sie waren wieder auf ihrer Seite. Über die ganze lange Fahrt, die den Jungs wie eine halbe Ewigkeit vorkam, zerbrach sich Santo den Kopf darüber, wie er es seinen Eltern erzählen sollte. Der Gedanke, seinen Vater mit deutlich erkennbaren Kampfspuren im Gesicht gegenüber zu treten, ließ ihn schaudern, und der Kummer, den er seiner Mutter verursachte, setzte ihm noch viel mehr zu. Die Lektion von seinem Vater, die er damals als sechsjähriger Junge erhalten hatte, die Worte, die sein Vater an seinem ersten Schultag zu ihm gesprochen hatte, hatten sich klar und deutlich bis in alle Ewigkeit in sein kindliches Gedächtnis eingebrannt. »Wehe, du kommst mir mit Schlägen ins Haus.« Genau diese Worte schallten ihm an diesem Tag immer wieder ins Bewusstsein. Worte, die ihn umso mehr traurig machten über das Geschehen, die Wut und Ärger und Sehnsucht nach Vergeltung entbrennen ließen. Die Jungs schworen sich Rache.

»Che e´te desanu? A Beddu si´. Ta vistu nu specchiu´ comu si cumminatu?« (Was ist, hast du sie bekommen? Hast du dich im Spiegel gesehen wie du zugerichtet bist?), hatte Carlo seinen Sohn mit einem weit offenen bestürzten Blick und mit einem nicht unübersehbaren höhnischen Lächeln begrüßt. Das wurmte Santo und nagte an seinem Stolz. Sein Vater schüttelte nur missachtend seinen Kopf und wandte seinen enttäuschten Blick ab, dabei stellte er keine weiteren Fragen mehr. Santo war nicht glücklich über die Reaktion seines Vaters, doch er war erleichtert, dass Carlo es darauf beruhen ließ.

Sie wollten Vergeltung, alle in der Casa Italia besannen sich auf Vergeltung. Eine ganze Woche wurde nur davon geredet, wie sie den Porzern schön in ihre Allerwertesten treten könnten. Selbst die türkischen Casa-Italia-Jungs solidarisierten sich mit den italienischen. Sie hatten beschlossen am Freitag, eine Woche nach der Prügelei, mit so vielen wie möglich hinzufahren um den Porzern eine Lektion zu erteilen. Sie hatten sich sogar Namenslisten erstellt. Die Italiener hatten ihre schlagkräftige Gruppe zusammenbekommen und die Türken ihre. Danach hatten sie sich zusammengesetzt, um daraus eine Kampfliste zu fertigen. Die Italiener waren auf ganze 17 Mann gekommen, die Türken auf 15. Zusammen also 32. »Nicht schlecht«, dachten sie sich.. Die würden sich noch wundern. »Mit 32 Mann machen wir sie fertig.« Siegessicher schauten sie auf ihre Namensliste und nickten sich voller Zuversicht zu. »Wenn wir zusammenhalten, stellt euch mal vor, kann uns keiner was.«

»Ja, dann kann uns keiner was.«

»32 Mann, wir können's mit jedem aufnehmen, sollen die alle nur kommen, die werden schon sehen«, stimmten die Jungs in der Runde bekräftigend ein. Ein wohltuendes Gefühl der sich bewusst gewordenen Stärke machte sich breit. Santo brannte auf Vendetta.

Der Freitag kam und Santo hatte fast eine ganze Woche ungeduldig darauf gewartet. Er war aufgeregt und sein Adrenalin stieg von Minute zur Minute. Er befand sich schon im Rausch, doch diesen Rausch schienen nicht wirklich viele mit ihm zu teilen, geschweige denn teilen zu wollen. Von den 17 Italo-Casa-Italia-Jungs waren nur fünf erschienen, die nicht unbedingt darauf brannten, nach Porz zu fahren, um sich dort zu schlagen, bis auf Jupp, der aber kein Italiener war. Von den türkischen Kameraden waren auch nur um die fünf erschienen, von denen auch keiner große Lust hatte, nach Porz zu fahren, um sich dort zu prügeln. Wegen Santo wäre der eine oder andere trotzdem hingefahren, aber das nur halbherzig.

»Ganz ehrlich, Santo, wenn du unbedingt hingehen möchtest«, sagte Attila zu Santo, »komme ich wegen dir mit, aber nur wegen dir, aber ganz ehrlich, eigentlich möchten wir uns nicht schlagen, nicht wenn es nicht unbedingt sein muss.«

Santo hatte schon längst alles verstanden. Am Anfang hatten alle enthusiastisch und euphorisch zugestimmt, doch nun lagen dazwischen Tage, wo sich einiges an Stimmung und Meinung geändert hatte. Resigniert und einsichtig sagte Santo die ganze Aktion ab. Dabei merkte er sogleich, wie die Anspannung wie ein erdrückender Stein von allen Schultern abfiel.

Und es schien kaum einen Ort in Köln zu geben, wo es nicht irgendwelche Gruppen von Jugendlichen gab, die nur auf einen Grund lauerten, selbst wenn es keinen gab, und nur auf einen Anlass warteten, begierig wie bei einer Horde von Hyänen, dass einer irgendeine Schwäche zeigte, dass einer, warum auch immer, nicht die Straßenseite wechselte. Dass einer, warum auch immer, nicht ignorierend an ihren Blicken, an ihrer aggressiven provokativen Art, ohne einen angewiderten Blick, vielleicht aus Stolz, vielleicht aus Eitelkeit, vielleicht aus Unverständnis, vielleicht, weiß nur der liebe Gott warum, mit gesenktem Blick an ihnen vorbeigelaufen war. Man rempelte sie an und dann kam meistens dieser plumpe Spruch: »Wat iss, Jung, Problem?« Oder: »Willst de'n paar vor die Fress?« Oder: »Soll ich dir eine Bombe geben?« Und dann war die Sache meistens schon gerissen. Sogleich stürzten sie sich von allen Seiten auf denjenigen, aus jedem möglich erdenkenden Winkel, mit unerklärlicher Wut, mit großer Lust, größtmöglichen Schaden zuzufügen, und traten und schlugen mit roher Gewalt zu, so oft und so schnell es ging, um sich genauso schnell aus dem Staub zu machen.

Italienische Straßenspiele

Und sie spielten gerne, jedes Mal, wenn sie mit sich nichts anzufangen wussten und sie unbewusst ihr italienisches Daseins ausleben wollten, fingen sie genussvoll ihre alten Spiele zu spielen.

Lo Schiaffo (Die Ohrfeige), wurde gerne an wärmeren Abenden, am liebsten auf der Meistergerhardstraße neben dem Eingangstreppen der Casa Italia gespielt, um nicht zu sagen, zelebriert. Es war eines der italienischen Lieblingsspiele von Santo. Einer stellte sich mit dem Gesicht zur äußeren Hauswand und dem Rücken zur Truppe gedreht, wobei eine Hand so über das Gesicht gehalten wurde, dass man das Geschehen, was sich hinter dem Rücken darbot, nicht wahrnehmen konnte. Die andere Hand wurde unter dem Schulterblatt zwischen dem anderen Arm, hinter der Achse mit offener Hand so hingestellt, dass man draufklatschen durfte. Besonders penibel wurde darauf geachtet, dass man seine Hand hinter dem Schulterblatt so platzierte, dass man so drauf knallen konnte, als ob man einen Luftballon platzen ließ. Manch einer ging an so einem Abend, selbst mit einer Hand oder sogar mit zwei angeschwollenen Händen wie ein Ballon nach Hause. Das Opfer wurde fair ausgelost und musste solange die heftigen und mit unbeschreiblichem Vergnügen Schmerz verursachenden Handschläge in Kauf nehmen, bis er es geschafft hatte seinen Peiniger ausfindig zu machen bzw. zu erraten. Schmerz zu bereiten und diese verdammte Hand anschwellen und in allen Farben leuchten sehen zu dürfen, bereitete den Jungs höllische Freude. Unheimliche Glücksgefühle die von einer tiefen Befriedigung begleitet wurden, das Opfer diese peinigenden Schmerzen über sich ergehen lassen zu sehen, so als ob man zum ersten Mal kurz davor ist, in höchster Ekstase, als sei es das Letzte, was man noch unbedingt erleben möchte, bevor die Welt untergeht, seinen mächtigen Kazzo (Schwanz) endlich ein für alle mal in die süßlich süchtig machende wohltuende Venussfalle hineinzuschieben, um dann universal in ihr zu explodieren.

Was für ein Ur-Vergnügen! Was für eine Ersatzbefriedigung! Was für ein hervorragendes Ventil, seine aufgestaute Wut, seine Enttäuschung, legal und unter Freunden auf italienische Art freien Lauf zu lassen. Santo liebte dieses Spiel.

Man schlug drauf, ganz schnell und explosionsartig und genauso schnell zog man seine Hand zurück, indem man dann mit dem rotierenden kleinen Zeigefinger vor dem Opfer stand, um es mit einem unverholenen Grinsen zu verhöhnen. Nicht zu selten konnten sich einige vor Lachen nicht mehr halten und brachen belustigt zusammen. Das Opfer wurde so lange gedemütigt, bis es den Schlagenden erriet, dann war der Erratene als Opfer dran und das Opfer wurde zum rächenden Täter. Rache war süß, da schoss einem das Adrenalin vom Feinsten ins Gehirn. Was für ein schmerzlicher Spaß. Jedes Mal, wenn das Opfer eine schallende Ohrfeige auf seine aufgehaltene Hand bekam, drehte es sich ruckartig zu der Truppe, um so den Täter zu stellen. Es wurde dem Opfer wahrlich schwer gemacht. Alle spielten ihre Rolle gut, nur um das Opfer so lange wie möglich leiden zu sehen. Sie stellten sich mit ihren eingeübten Pokerfaces davor und hielten dem Opfer alle grinsend den Zeigefinger vor die Nase. Wie ein langgezogenes Gummi schleuderten die Opfer ihren Kopf sehnsüchtig nach hinten, um aus ihrer Rolle heraus zu kommen und den Täter so schnell wie möglich ausfindig zu machen. Die Täter machten es einem schwer. Sie wechselten sich raffiniert ab, und die, die am kräftigsten schlagen konnten und dafür bekannt waren, hielten sich einmal zurück und schlugen etwas sanfter zu, sodass man nicht gleich erriet, dass sie es gewesen waren. Sie strengten sich an, ihr Opfer, so lange es ging, demütigend zu peinigen, um mehr auf ihr köstliches therapeutisches Vergnügen zu kommen. Manchmal musste einer länger als zehn Minuten solche Schläge hinnehmen, dass man das Gefühl bekam, das Schulterblatt würde mit dem nächsten Schlag herausspringen.

Wer schwächelte wurde tagelang verhöhnt und musste bei Gott viel wiedergutmachen. Santo gehörte zu denen die sich lieber das Schulterblatt zersprengen ließen, als feige aufzugeben. Doch manch einer sah das überhaupt nicht ein und meistens waren es die, die sich hochmotiviert auf das Spiel freuten, die sich am meisten darauf erbauten, legal Schläge zu verteilen und als erste aufgaben, wenn sie dann selbst dran waren.

Frank Leckart

Santo hatte sich mit einem ziemlich brutalen Schläger, wie sich im Nachhinein herausstellte, Frank Leckart aus dem damaligen Schlägerviertel Zollstock, angelegt. Irgendwie hatte sich Frank an Pippo heran gehängt, Santo wusste nicht, warum, und verstand es auch nicht, wie Pippo sich mit so einem abgeben konnte. Er war Santo von Anfang an nicht sympathisch gewesen. Irgendetwas war an diesem Typen, was Santo überhaupt nicht gefiel. Er traute ihm nicht über den Weg. Diese kalten dunklen blauen Augen, mit den faden, nussbraunen, glatten Haaren, die Frank vorne kurz und hinten lang trug, so wie viele anderen Asis, die sein längliches unkantiges Gesicht nicht vorteilhaft schmückten. Er trug Karotten-Jeans, oben breit und unten eng, schwarze Boxerstiefel und eine glänzende schwarze Bomberjacke und mit bunten Mustern designte schlabbrige Sweatshirts. Damit zeigte er das Bild vom typischen Kölner Straßenschläger der 80er, so wie man ihn in fast jedem anderen Kölner Viertel fand.

Santo spielte Billard mit Pippo, Valentino, Jupp und Rocco und dachte an nichts Böses. Frank hatte sich dem Tag davor und den ganzen Nachmittag nicht blicken lassen, was die Harmonie zwischen den Jungs positiv beeinflusste. Santo war unbeschwert und fühlte sich wohl in seiner Haut. Frank war mit Claudia zusammengekommen, die zu den wenigen Ausnahmeerscheinungen gehörte und seit kurzem mit zwei weiteren Mädels in der Casa Italia verkehrte. Zuerst war Claudia mit Santo zusammengekommen. Claudia hatte sich weder für Valentino, der sich zu der Zeit äußerlich schon gemacht hatte und durch seine kultiviertere diplomatische Art bei den Mädels immer besser ankam, noch für den beliebten verträumten, sich schnell verliebenden Pippo entschieden. Nein, sie hatte sich für Santo entschieden, was trotz Santos äußeren Minderwertigkeitsgefühlen doch immer wieder vorkam.

Santo hatte sich zu Beginn in Claudia verknallt. Sie war sein erstes Mädchen, mit dem er längere intensive Zungenküsse austauschen durfte und bei der, er hin und wieder seine Schüchternheit bezwang, und ihr sehr zart und so sanft wie möglich an die Brüste ging. Claudia ließ Santo gewähren und hätte wahrscheinlich gerne auch mehr zugelassen, doch mehr konnte sich Santo durch seine prüde katholische Erziehung bei so einem jungen Mädel gar nicht vorstellen, obwohl er öfters in seiner Fantasie schon manchen harten animalischen Sex gehabt hatte. Das, was in diesen zwei Wochen, die sie miteinander gingen, körperlich passiert war, stimmte Santo voll und ganz zufrieden. Claudia war da aber schon etwas weiter und machte aus heiterem Himmel mit Santo Schluss. Zuerst war sie zwei Tage nicht aufgetaucht und dann hatte sie Santo durch Andrea Klange und Ingrid mitteilen lassen, dass sie mit ihm Schluss machen wollte.

Santo nahm es mit Fassung und machte keinen Hehl daraus, obwohl er im Grunde noch gerne weiterhin mit ihr gegangen wäre. Sein Stolz ließ sowas nicht zu, als es sich anmerken zu lassen. Doch seltsamerweise, irgendwie auch erleichtert, trauerte er der Sache noch am selben Tag nicht mehr nach. Stattdessen fühlte er sich wieder leicht und konnte sich abermals ohne Einschränkungen auf seine Kumpels einlassen. Die Woche darauf hatte Claudia Valentino zur Genüge schöne Augen gemacht, sodass Valentino, der genauso schüchtern wie Santo war, gar keine andere Möglichkeit hatte, als mit ihr zusammen zukommen, um nicht als Schwuler vor den Casa-Italia-Jungs dazustehen.

Santo belächelte die Sache und fand es eigentlich peinlich und schwach. Er wäre nie mit einem Mädchen gegangen, mit dem einer von seinen Freunden zusammen gewesen war. Der Gedanke daran stieß ihn ab, seine Zunge da reinzustecken und seine Flüssigkeit mit einem Mädel auszutauschen, wo vorher ein Kumpel von ihm zuerst das Vergnügen gehabt hatte. »Auf gar keinen Fall.« Bei so einer Vorstellung wurde ihm übel. Da konnte er genauso gut seine Zunge in den Rachen seiner Freunde stecken und da dachten die meisten der Jungs sehr ähnlich.

Genau das war es auch, was die meisten Mädels bemerkten: Waren sie einmal mit einem der Casa-Italia-Jungs zusammen gewesen, ließ sich kein anderer mehr mit ihnen ein und sie mussten sich in kurzer Zeit so, wie sie gekommen waren, genauso wieder aus dem Staub machen. Es gab nichts mehr zu holen. Sie hatten ihre Karten ausgespielt. Nun waren alle zu stolz sich mit einem Mädel abzugeben, das sich vorher für einen anderen entschieden hatte. »Selbst schuld, wenn sie so doof ist zuerst mit einem anderen was anzufangen.« Das waren die gekränkten Gedanken, die in den Köpfen der Jungs rumschwirrten.

Die Sache mit Claudia und Valentino währte nicht lange. Nach drei Tagen machte Claudia auch mit Valentino Schluss. Genauso wie Santo reagierte Valentino souverän und zeigte sich gleichgültig. Einen Tag später war Claudia mit Frank zusammen, dem es schnurzegal war, dass sie vorher mit Santo und dann mit Valentino rumgemacht hatte.

Es war später Nachmittag und draußen war es schon ziemlich dunkel. Es war Weihnachtzeit. Frank kam in die Teestube, wo sich der Billardtisch befand. Bis dato hatte sich Frank Santo und Valentino eigentlich wohlgesonnen benommen. Santo merkte gleich die negative Aura, die von ihm ausging. Irgendwie war Frank anders als sonst, dachte sich Santo und merkte die Aggressivität, die von Frank ausging. Seine Körperhaltung war noch steifer als sonst und seine kalten dunklen blauen Augen bohrten sich in Santo und Valentino. Santo spielte weiterhin entspannt Billard und ließ sich von Franks negativer Aura nicht aus dem Gleichgewicht bringen. Doch Frank ließ nicht nach, er provozierte und suchte die Konfrontation. Jupp, Rocco, Valentino, Pippo und Santo verstanden nicht, was los war, und blinzelten sich einige Male mit fragenden Blicken zu. Valentino war zu schlau und listig, um in die Schlingen, die Frank immer enger um sie herum auslegte, hineinzutappen. Mit so einem Asi hatte Valentino in keiner Hinsicht Lust, sich anzulegen. Das Risiko war ihm zu groß und überhaupt war er sich zu schade, und warum sollte gerade er sich mit so einem Hirngeschädigten anlegen? Nein, er war doch nicht blöd, dachte Valentino. Außerdem war doch der Rocco da und der Jupp, sollte sich doch der Jupp mit Frank anlegen, der markierte ja auch immer den Starken oder vielleicht noch besser, dieser naive typischer dumme sizilianische Hitzkopf von einem Santo. Sollte der sich doch mit so einem hirngeschädigten Zollstocker Straßenschläger anlegen. Er war sich zu schade, er war weder ein dummer Deutscher, geschweige denn ein dummer sizilianischer Bauer. Nein, er war ein schlauer Italiener aus dem Molise und würde sich auf gar keinen Fall für ein unbedeutendes kleines Flittchen freiwillig die Fresse polieren lassen. Valentino nahm immer mehr Abstand und legte sein typisch nach unten gezogenes ernsthaftes Gesicht mit einem leicht angewiderten arroganten

Lächeln auf, womit er sich über die Sache erhob und sich somit gerne von brenzlichen Situationen gekonnt distanzierte.

Abgesehen davon hatte Valentino einen großen Bruder und das wusste Frank auch. Also lenkte Frank seine Provokationen in Richtung Santo. Santo hatte über die ganze Zeit die unterschwelligen Herausforderungen an sich abprallen lassen, doch nun fing sein sizilianisches Blut an zu kochen. Frank ging ihm langsam auf den Sack. »Jetzt reicht es mir«, dachte sich Santo. »Wenn er weiterhin so eine Scheiße labert, haue ich ihm aufs Maul, dann soll er mal sehen, dann wird er sich wundern, soll er mal sehen, dass nicht alle Italiener in der Casa Italia Memmen sind«, schoss es Santo wie heiße Lava durchs Gehirn.

»Ich hab sie eben entjungfert, ich habe es ihr schön besorgt«, erklärte Frank. Alle lächelten und nickten ihm zu. »Ich habe sie richtig schön durchgefickt, und ich war ihr Erster,« stellte Frank klar und dabei lächelte er Rocco an und suchte nach Anerkennung. »Ja, ich war ihr Erster und nicht ihr, obwohl ihr länger mit ihr zusammen wart.«

Jetzt platzte Santo der Kragen und er tappte schnurstracks in die Falle Frank, der sich seiner Sache verdammt sicher war.

»Ach ja?« meinte Santo. »Warum bist du dir so sicher? Woher willst du das denn wissen?«

»Ich weiß es«, antwortete Frank gleich.

»Ja woher denn?«

»Hat sie mir erzählt.«

»Ach so und du glaubst ihr, was?«

»Ja ich glaube ihr, denn sie liebt mich, sie hat es mir gesagt, dass sie mich liebt.«

»Na und?«, meinte Santo. »Kann jede erzählen.

Pippo und Valentino erbleichten. Hingegen schienen Rocco und Jupp sich prächtig zu amüsieren. Frank wurde über Santos Selbstsicherheit und seinen Mut, ihm so zu antworten, leicht unsicher. Vielleicht auch viel mehr, weil er damit rechnete, dass sich die anderen eventuell auf die Seite von Santo schlagen würden.

Doch nun gab es für Frank kein Zurück mehr, er war gekommen, um sich zu schlagen, und wollte dies auch unbedingt tun. Claudia sollte wissen, was für ein toller Kerl er doch war, nicht wie diese scheiß Itaker.

Frank hatte schon einige derbe Straßenschlägereien hinter sich und diesen kleinen scheiß Italiener wurde er auch noch umhauen.

»Ich haue dir gleich aufs Maul«, erhob Frank nun konkret seine Stimme gegenüber Santo.

»Scheiße«, dachte sich Santo für einen Augenblick, »jetzt muss ich mich schon wieder schlagen, jetzt ist es doch noch dazu gekommen.« Obwohl er von Anfang an eigentlich gar keine Lust hatte sich mit Frank oder sonst jemand anderem zu prügeln. Doch sein Stolz, dieser verdammte Stolz, ließ keinen Rückzug zu. Warum konnte er auch nicht so sein wie Valentino oder so wie die vielen anderen. Warum immer er? Warum nicht mal die anderen? Aber er war, was er war, und zwar war er der Sohn seines Vaters, Carlo Rubino, und in solchen Momenten sah er das Gesicht seines Vaters und seine Enttäuschung über seinen Sohn, wenn er sich feige in eine Ecke verzogen hätte. Er war ein Rubino und Rubinos lassen sich von keinem was gefallen, und diesem Bild, das er als kleines Kind eingeimpft bekommen hatte, versuchte er zu entsprechen.

»Watt is? Du willst mir aufs Maul hauen? Kannst de gerne mal probieren. Mal gucken, ob du es schaffst?« Frank positionierte sich. Santo stand breitbeinig und mit offenen gestreckten Armen da und forderte Frank auf. »Komm schon, ich stehe hier, meinst du, ich hab Angst? Meinst du, du machst mir Angst?«

Und tatsächlich hatte Santo in solchen Augenblicken auch keine Angst mehr. Sie verschwand. Sein stolzes Blut, was ihm durch seine Adern schoss, ließ keinen Platz für Angst.

»Nicht hier!«, meinte Rocco. »Wenn ihr euch schlagen wollt, dann geht doch vor die Tür.«

»Ja genau«, meinte Santo, »lass uns vor die Tür gehen, wenn du ein Mann bist.«

Für einen Atemzug hatte Santo das Gefühl, dass Frank am liebsten alles abgeblasen hätte, wobei er an der Gesichtsmimik von Valentino und Pippo gleichzeitig den Gedanken erkannte, dass sie immer noch der Meinung waren, dass Santo bluffte und sich doch nicht traute, sich mit so einem Asi zu prügeln. Santo legte daraufhin auf der Stelle, seinen Billardstock entschieden auf den Billardtisch und begab sich entschlossen, ohne irgendeinen der Jungs eines Blickes zu würdigen, auf den Weg nach draußen. Es kochte in ihm, er war wütend, dieser Frank widerte ihn an, er hätte sich vor Ekel zu diesem uneleganten primitiven Schläger übergeben können. Er wollte es jetzt hinter sich bringen und diesem Sackgesicht eine Lektion erteilen. Doch insgeheim wünschte er sich und hoffte noch, dass Frank sich doch noch in letzter Sekunde umentscheiden oder dass einer der Casa-Italia-Jungs sich schlichtend einmischen würde.

Doch von den Casa-Italia-Jungs hatte keiner Lust den Streit zu schlichten, ganz im Gegenteil! Rocco brannte darauf, wieder ne Schlägerei aus nächster Nähe zu sehen, und freute sich wie der Pöbel im Kolosseum, endlich mal fremdes Blut spritzen zu sehen. Valentino war einfach nur schadenfroh und dachte sich: »Idiot, selbst schuld, wenn er so ein blöder Sizilianer ist und sich mit so einem Schläger schlagen möchte.« Er war nicht so blöd. Sollte er sich doch die Fresse einschlagen lassen. Pippo war einfach nur wie immer sensationsgeil und hoffte im Gegensatz zu Valentino, dass Santo diesen komischen, seltsamen, unangenehmen Frank, der ihm langsam auch gewaltig auf den Sack ging, so richtig schön die Fresse polieren würde.

Er selbst hatte ja schon zweimal diese Ehre mit Santo gehabt und hatte am eigenen Leib erfahren, was in diesem unscheinbaren kleineren Mann für ein Krieger schlummerte. Jupp empfand es genauso wie Pippo und konnte diesen Frank von Anfang an nicht leiden.

Draußen auf der Meistergerhardstraße, vor dem Eingang der Casa Italia, positionierte sich Santo mit erhobenen Fäusten und in seitlicher Stellung in Kampfbereitschaft. Frank tat es ihm gleich. Beide schauten sich an. Für einen kleinen Augenblick, standen beide wie mumifiziert da, ohne sich einen Millimeter zu bewegen. Beide lauerten darauf, wer es wagen würde, den ersten Schlag zu machen. Frank kämpfte nicht mit fairen Mitteln, wie Santo im Nachhinein erfahren hatte. Er hatte sich hinterhältig ein Feuerzeug unter den Augen der anderen, aber so, dass Santo es nicht mitbekommen hatte, in seine rechte Hand geschmuggelt, was dazu dienen sollte, zum einen härter zuschlagen und zum anderen mit dem Feuerstein und dem Metallrahmen drumherum soviel Schaden anzurichten, wie es nur ging.

Niemand hatte Santo davor gewarnt. Aus Feigheit und aber auch aus Sensationslust. Santo kannte solche Methoden nicht. Er hatte sich im Laufe der Zeit schon öfter geprügelt, wäre aber nie auf den Gedanken gekommen sich mit hinterhältigen Mitteln zur Wehr zu setzen, abgesehen davon war er nie darauf aus gewesen, so viel Schaden wie möglich anzurichten, sondern nur ehrenhaft seinen Mann zu stehen und Gerechtigkeit walten zu lassen, ohne einen Gedanken an Waffen zu verschwenden.

»Hey, was ist? Kein Mumm in den Eiern? Legt los«, forderte Rocco beide auf. Frank holte zu einem rechten Schwinger mit der Hand, mit der er sein Feuerzeug festhielt, aus, doch Santo hatte den Schlag, erfahren wie er schon war, in Gedanken schon kommen sehen und parierte ihn mit seinem linken Unterarm gekonnt. Währenddessen holte er selbst mit seiner Rechten aus und traf zum Erschrecken Franks und zum Erstaunen von Valentino und Rocco gewaltig die linke Gesichtshälfte seines Gegners. Schockiert vom Schlag und schwarz vor Augen wurden Frank die Knie weich, dabei fiel er auf Santo. Santo, der immer noch ziemlich fair kämpfte, nahm seine Knie nicht zur Hilfe, sondern schubste Frank von sich weg, um ihm jetzt erst recht zur Strafe nochmal zwei drei Fausthiebe zu verpassen. Doch der routinierte Straßenschläger war schnell wieder bei Sinnen, und wich al la Boxer-Manier gekonnt den Schlägen aus. Man merkte, dass er einige Stunden Box-Unterricht genommen hatte, dabei stürzte er sich mit Schwingern auf Santo und versuchte ihn, so oft es nur ging und so hart wie möglich, zu treffen, was ihm auch einige Male gelang. Santo spürte die Schläge auf seinem Gesicht, wie massige Steine, die auf stilles Wasser aufschlugen und eher betäubend als schmerzlich wirkten. Dabei vergaß er selbst nicht, genau so gekonnt zuzuschlagen. Jedes Mal, wenn Frank ausholte freute er sich, wenn er es mal wieder geschafft hatte, dem Schlag auszuweichen oder ihn abzublocken, und er dann selbst aber traf. Dabei wünschte sich Santo mit jedem gelandeten Treffer, dass der Kampf jetzt endlich zu Ende sei. Doch daraus wurde leider nichts. Was die Treffer anbelangte, lag Santo vorne, von der Härte waren sie pari, doch vom Schaden her, lag Frank vorne. Er hatte mit seinem Feuerzeug öfter mal mit der offenen Feuersteinseite Haut aufreißend auf Santo eindreschen können. Santo hatte davon nichts mitbekommen. Keiner hatte ihn gewarnt. Irgendwie hatte er es nicht geschafft, Frank in seiner alten Manier auf den Boden zu bekommen, er war selbst zu sehr darauf aus, den Kampf mit Fausthieben zu gewinnen. Am Ende standen sie sich vollkommen erschöpft gegenüber, außerstande, noch einen Schlag abzugeben.

Sie hatten sich wie echte Männer geschlagen, zumindest Santo. Auch dieses Mal hatte er seinen Mann gestanden. Sie hatten sich nichts geschenkt, sie hatten sich immer wieder mit der nackten Faust, immer wieder und immer wieder niederschmetternd aufs Gesicht geschlagen, doch keiner der beiden war zu Boden gegangen. Rocco hatte es genauestens mitbekommen und seit dem Tag, merkte man, dass er Santo den Respekt entgegenbrachte, den Santo sich auch verdient hatte. Irgendwie vertrugen sich die zwei Kämpfer. Frank hatte zu seinen Erstaunen einen sehr zähen, aber fairen Kampf bekommen, letzteres hatte er selbst nicht abgeliefert.

Santos Kopf dröhnte und seine Wangenknochen schienen vor Schmerz zu zerspringen, wobei er seine Schürfwunden brennen fühlte und die Beulen an seinem Gesicht rumoren, doch er ließ sich nichts anmerken. Er schaute sich noch nicht einmal in irgendeiner Autofensterscheibe der Wagen an, die zur Genüge auf der Meistergerhardstraße parkten. Zum Glück hatten sie keins dieser Autos demoliert, obwohl sie einige Male gegen die Autokarosserien geknallt waren. Er war stolz auf sich. Er war glücklich, mal wieder einen Kampf überstanden zu haben. Es war Weihnachtszeit und sie beschlossen, als ob nichts gewesen wäre, zum Weihnachtsmarkt am Neumarkt zu gehen. Santo hatte eigentlich überhaupt keine Lust. Eigentlich wäre er auf der Stelle nach Hause gegangen, um in der Mitte seiner Familie Geborgenheit und menschliche Wärme zu suchen. Stolz, wie er war, und ehrenhaft, wie er sich selbst empfand, entschied er sich nichtsdestotrotz, dennoch mitzugehen.

Auf dem Weg nach Hause plagte ihn das Gewissen. Es war spät, später, als er eigentlich nach Hause kommen sollte und ihm war mulmig, seinen Vater so gegenüber zu treten. Er schämte sich nicht nur dafür, dass er sich geschlagen, sondern vor allem, dass er etwas abbekommen hatte. Sein Vater wusste ja nicht, dass dieser hinterhältige Asikopp mit unfairen Mitteln kämpfte.

Er machte die Tür auf und dachte, es bringt nichts, du musst da durch. Er zog seine Jacke aus, wobei er sein Gesicht nach unten hielt. Er hoffte immer noch, dass sein Vater es nicht mitbekommen würde, er hoffte immer noch auf ein Wunder, wie schon so oft. Doch Carlo hatte so etwas wie einen sechsten Sinn, er hatte dafür ein ausgeprägtes Gespür, sowas wie eine Vorahnung. Santo zog auch seine Schuhe aus, um seine Hausschuhe anzuziehen. Carlo saß wie so oft in der Küche und schlürfte in kleinen Schlucken an seinem Kaffee. Santo drang der vertraute und geliebte starke Espressogeruch in die Nase. Er war zuhause. Er liebte diesen Geruch, es umhüllte ihn sanft und beruhigte seine Seele. Wenn man Espresso roch, war die Welt in Ordnung und er fühlte sich geborgen.

»Ciao Papa´«, sagte er, ohne großartig seinen Vater anzugucken, um sich schnell an ihm ins Wohnzimmer vorbei zu schlängeln, wo seine Mutter wie immer abends fernsah. »Unni staennu, vena cha.« (Wo gehst du hin, komm her.) Für einen Augenblick hatte Santo sich schon im Wohnzimmer gesehen, in der Hoffnung verständnisvolle, mütterliche Geborgenheit zu finden und eventuell seinen Vater erst am nächsten Morgen zu sehen. Santo spekulierte darauf, dass seine Wunden am nächsten Morgen teilweise schon verheilt sein und nicht mehr ganz so schlimm aussehen würden. Doch daraus wurde nichts. Was sowas anging, konnte man seinen Vater nicht so leicht was vormachen und wer weiß, vielleicht hatte er auch dieses Mal eine Vorahnung gehabt.

»Scheiße«, dachte Santo und sein Herz fing an, schneller zu schlagen. Er ging in die Küche, schaute seinen Vater an, als ob nichts wär und fragte »Chi ce´?« (Was ist?) Carlo schaute ihn kurz an, lächelte flüchtig angewidert und schüttelte unwillig seinen Kopf. »Ah bonu i pighiasti´ bravu, bonu ti cunsannu.« (Ah schön, hast du sie bekommen, bravo, schön haben sie dich zugerichtet.) Santo verschlug es die Sprache und er musste, bevor er ein Wort sagen konnte, mehrere Male schlucken. Sein Stolz vor seinem Vater war angekratzt, er schämte sich und fühlte sich seines Vaters nicht würdig. Er war nach Hause mit Prügel gekommen, er ein Rubino, der Sohn von Carlo Rubino. Die Worte, die Carlo in seinen jungen Jahren in seiner Seele eingebrannt hatte, klangen in ihm immer noch nach, als ob es gestern gewesen wäre und für einen Augenblick hatte er schon befürchtet, sich eine kräftige Ohrfeige von seinen Vater einzufangen,

»Si ma tu ha idu nun na vistu.« (Ja, aber ihn hast du nicht gesehen.), antwortete Santo, in seiner Ehre gekränkt, und währenddessen verfluchte er diesen Frank. »Stu pezzu di merda, wenn er mich noch einmal blöd anmacht, schlage ich ihn tot.«, dachte Santo wobei ihm gleichzeitig die Bilder der Auseinandersetzung wie in einen Film, in Zeitlupe und einmal in Schnelllauf, vor seinem inneren Auge liefen. Hin und wieder Mal kam auch ein Standbild zum Vorschein. Er hielt sich für den Stärkeren, nur dass dieser Hinterlistige ein Feuerzeug zur Hilfe genommen hatte. Carlo ließ es dabei und forderte mit einem Befehlston seinen Sohn auf, sein Gesicht waschen zu gehen, dabei blieb Santo das kurze Flimmern eines kleinen Funken Stolzes und die leichte Bekümmertheit in den Augen seines Vaters nicht verborgen.

Al´lasino (Am Esel)

Wenn sie Al´lasino schon lange nicht mehr gespielt hatten und auch nur, weil dann einfach einer der Casa-Italia-Jungs darauf bestand, mal nach Ewigkeiten Al´lasino zu spielen, willigten die Casa-Italia-Jungs ein, zur Abwechslung nicht ihr Lieblingsspiel Allo Schiaffo oder le Sette Statuette zu spielen. Doch wenn sie einmal mit Al´lasino anfingen, hatten sie genauso viel Spaß wie bei ihren Lieblingsspiel. Dann steigerten sie sich hinein und jeder wollte gewinnen. Sie losten zwei Mannschaften aus, die gegeneinander spielten. Eine der Mannschaften hatte das Pech, als erste den Esel zu stehen und sich in einer Reihe aneinanderklammernd so hinzustellen, dass sie den gewaltigen Druck auf ihre Rücken springende Jungs Stand hielten, wobei sie den Sprüngen und dem immer schwerer werdenden Gewicht solange Widerstand leisten mussten, bis auch der letzte aus der gegnerischen Mannschaft auf ihren Rücken gesprungen war. Wenn sie nicht standhielten, waren sie so lange dran, bis sie es schafften, dann war die andere Mannschaft an der Reihe. Um eine stabile Reihe zu formieren, positionierte sich der erste, soweit es ging, mit dem Rücken an die Wand und der zweite, soweit es ging, wie ein Springbock entweder mit ausgestreckten Armen und flachen Händen an dem ersten oder mit gesenktem Kopf und den Oberarmen standhaltend an seinen Beinen, sodass der nächste sich an ihm, mit gesenkten Kopf an seinen Oberschenkel, genauso in eine Bockstellung stellte und sich an dem anderen so gut es ging festhielt, als ob sie ineinander einrasteten. Genauso rasteten sich die nächsten nacheinander ein, wie in einer spartanischen Phalanx. Je nachdem wie erfolgreich ihre Reihe Stand hielt, positionierten sie sich jedes Mal aufs Neue. Einmal waren die Stärkeren eher vorne an der Reihe, einmal hinten, manchmal aber auch so, dass immer nach einem Starken ein Schwacher folgte. Keiner verlor gerne, für die meisten Jungs war es wichtig, sich in solchen, aber auch in allen anderen Spielen zu behaupten oder besser noch zu gewinnen. Dort holten sie sich ihre gesellschaftliche Anerkennung, über solche Spiele stärkten sie ihr Selbstbewusstsein. In Spielen waren sie wahrlich gut. Egal, gegen wen und was sie spielten, ob Kicker oder Billard oder Fußball-OT-Turniere oder, wenn sie mal auf der Uniwiese einfach so zum Spaß auch gegen andere Mannschaften spielten, gewannen sie fast immer. Nur in der Schule gewannen sie bis auf eine einzelne Ausnahme nie. Aber warum denn auch? Wen interessierte die Schule? Sie hatten sowieso nicht vor in Deutschland alt zu werden, warum denn auch? Sie wurden ja auch nicht so erzogen, alle träumten sie davon für immer zurück nach Italien zu ziehen, ins gelobte Heilige Land ihrer Väter. Zurück in ein Land, was die meisten von ihnen nie verlassen hatten.

In Deutschland für immer leben? In Deutschland begraben werden? Um Gottes Willen, was für ein Sakrileg, ein Gräuel war es für sie, in einem Land für immer zu leben, geschweige zu sterben, wo es überwiegend Tag und Nacht regnete, wo die Sonne nur selten zu sehen war und wo es fast nie richtig warm wurde. Sie fühlten sich nicht zu Hause. Die Deutschen waren nun mal anders als sie. Sie empfanden sich nicht wirklich als willkommen.

Spaß hatten sie nur, wenn sie unter sich waren. Warum denn auch in Deutschland bleiben? Warum sich in der Schule anstrengen, wo sowieso eh keiner studieren wollte. Arbeiten gehen, soviel wie möglich auf die Kante legen und dann mit seiner Familie ab ins gelobte Italien.

Ein anderes Lieblingsspiel der Jungs war auch hin und wieder, den Zigarettenautomat, der am Nachbarhaus stand, von seiner Zigarettenlast zu befreien. Nicht, dass sie es nötig gehabt hatten, nein, Geldsorgen hatten sie wahrlich nicht, vor allem Geld für Zigaretten hatten sie immer, nein, es war der Kick. Einfach so, es machte ihnen ungeheuer viel Spaß, den Automaten zu malträtieren. Man schmiss drei Mark hinein, damit man einen beliebigen Zigaretten-Schiebebehälter, der aus massivem Eisen konstruiert war, am besten mit einem Fußtritt hinaus katapultieren konnte, was ihnen in der Regel auch gelang. In Zigarettenautomaten-Knacken waren sie geübt. Das bereitete ihnen unbeschreiblich viel Spaß. Folglich holten sie aus der Öffnung, die endstanden war, seitlich die Zigarettenpackungen flink nach und nach alle raus und jedes Mal, wenn die eine Eisenschiene entleert wurde, holten sie die nächste Zigarettenschiene raus, umso wiederum aufs Neue im geübten flinken Stil, die weiteren Packungen an sich zu nehmen. Danach schoben sie die Eisenschienen wieder rein, um sich dann schnellstens für einige Stunden aus dem Staub zu machen. Später wurde die Beute brüderlich untereinander geteilt und was das Teilen betraf, ging das meistens fair zu. Dabei hatten sie nicht einen Funken schlechtes Gewissen. Im Gegenteil, sie kamen sich eher vor wie Salvatore Giuliano, der sizilianische Robin Hood. Den Reichen nehmen und dem armen Volk geben. Im Allgemeinen reichte der Vorrat gut einen Monat. Viele Zigarettenpackungen wurden auch an andere Freunde verschenkt oder auch für einen günstigen Preis verkauft. Dann fing das Spiel wieder von Neuem an. Hin und wieder hatten sie auch Nachsicht mit ihrem Zigarettenautomaten und suchten sich einen anderen in der Gegend aus. Außerhalb ihrer Gegend ließen sie es lieber sein mit der Abenteuerlust, nicht aus Kalkül, eher aus Instinkt.

Ein anderer Zeitvertreib

Telefonzellen auspressen hatten sie dieses Spiel getauft, was daher kam, dass die Telefonzellen in den Achtzigern in Köln alle gelb wie Zitronen waren, und sie aus den Telefonzellen regelmäßig ihr Taschengeld herauspressten, wie bei einer Zitrone. Es bereitete ihnen auch ein triumphales Gefühl und erfüllte sie ungemein, jedes Mal aus diesen Zellen das herunterrollende Geräusch von silbernen Münzen klingen zu hören, was sich in ihren Ohren wie die Musik der Number One Charts der damaligen Formel-Eins-Sendung anhörte. Sie steckten tief in die Öffnung, aus der das übrig gebliebene Restgeld nach dem Telefonieren herauskam, eine zusammengeknetete Masse aus Kaugummi und Stücke aus ihren Zigarettenpackungen, die sich oben am Hals so festknetete dass das Restgeld zum Ärgernis der Telefonierenden oben drauf liegen blieb, ohne heraus zu rollen. Das Geld blieb oben hängen und kam nicht mehr heraus, außer man kannte den Trick. Doch zu ihrem Glück kannten in den 80ern diesen Trick nur wenige.

Manchmal steckten sie auch oben in den Schlitz, wo die Münzen hineingeworfen wurden, kleine feine Streichholzstücke, die dazu dienten, dass die Geldstücke zum Erstaunen sogleich aufgefangen wurden. Dabei beobachteten sie gelegentlich, aus sicherer Entfernung das Szenario und konnten sich vor Lachen nicht mehr halten. Die in der Telefonzelle ausrastenden Menschen boxten brutal gegen den Telefonapparat, traten teilweise sogar dagegen in der Hoffnung, dass sie ihr Geld aus dem Telefontresor zurückbekamen. Solche Augenblicke wurden köstlich zelebriert. Es waren Augenblicke, in denen sie ihrem Italienisch-Dasein und den Klischees entsprachen. Es waren auch Augenblicke, wo die Jungs sich als Italiener überlegen fühlten.

Alle paar Tage klapperten sie ihre Telefonzellen ab, um sie wie die allerleckersten saftigsten, spritzigsten sizilianischen Zitronen auszunehmen. Sie holten mit einem dafür extra präparierten Draht aus dem unteren Teil des Münzenspucker die klebrige geknetete Masse raus. Aus dem oberen Schlitz drückten sie mit einem anderen feineren Draht gegen die Münzen, die gegen die feinen Streichholzstücke drückten, und dann in die Freiheit gelangten. In die Freiheit der Hände der Casa-Italia-Jungs, die diese Münzen herzlich willkommen hießen, um sie genauso herzlich und großzügig auch gleich wieder auszugeben.

Kästen Klauen

»Kästen Klauen« war ein spannendes, lukratives Spiel, was den Jungs, richtig Moneten einbrachte. Santo, Pippo und Jupp waren Spezialisten darin. Valentino und die anderen spielten nur selten mit. Dieses Spiel war etwas riskanter, als mal kurz eine Telefonzelle zu präparieren und später das Geld raus zu holen. Selbst wenn sie beim Geld holen erwischt wurden, konnte man ihnen nicht so leicht die Schuld in die Schuhe schieben, sie konnten immer noch behaupten, dass sie selbst ihr Geld zum Telefonieren reingeworfen hätten. Beim Kästen Klauen musste man Eier haben, dazu musste man Mumm haben oder einfach nur unbeschwert dumm sein. Zumindest in den Augen einiger wohlerzogener intelligenter Jungs, wie Valentino einer war. Aber Santo, Pippo und Jupp scherte das einen Dreck. Das Adrenalin, die Spannung dieses Spiels, was für sie immer wieder eine neue Mutprobe war, schweißte die drei immer mehr zusammen und sie empfanden einen ungemeinen Spaß und wurden obendrein noch mit einer sicheren Quelle an Geld belohnt. Dabei kamen sie schnell auf 20 bis 30 DM.

Eine beliebte Stelle, wo sie sich gerne bedienten, war die Brauerei Roonburg auf der Roonstraße Hausnummer 33. Von der Roonstraße aus gelangte man in den Innenhof der Brauerei, die tagsüber für jeden offenstand. Dort lagerte die Brauerei ihre leeren Kästen, für die man Pfand bekam.

Am Anfang hatten sie sich wie in einem Film so unscheinbar wie möglich vorsichtig herangetastet. Sie hatten sich eine gute Ausrede einfallen lassen. Wenn sie erwischt werden würden, hätten sie erzählt, dass sie vorgehabt hatten, verstecken zu spielen. Eine andere Ausrede, die sie für ihr Gewissen zusammengefeilt hatten, war, dass sie nur bis zum vierzehnten Lebensjahr diese Dinge drehen wollten, denn bis vierzehn waren die gesetzlichen Strafen nicht so hart, da galt man noch als Kind und man kam meistens mit einem blauen Augen davon.

Sie rückten umschauend vorsichtig und bedacht den Kasten näher, um sich dann bei freier Sicht, geschwind auf jede Hand einen Kasten zu nehmen, und sich dann mit schnellen, aber doch sanften Schritten aus dem Innenhof der Brauerei aus dem Staub zu machen. Im Augenblick, als ihre Füße die Roonstraße betraten, nahmen sie instinktiv ihre Knie in die Arme und liefen wie die schnellste Maus von Mexiko die Roonstraße in Richtung Rathenauplatz herunter, um sich von dort aus in ihrem Rückzugsgebiet Meistergerhardstraße in Sicherheit zu wiegen.

Und es gelang ihnen fortwährend aufs Neue. Um nicht aufzufallen, gingen sie nicht immer zum gleichen Kiosk. Einen Kiosk hatten sie besonders gerne und zwar dem vom Franzosen, der sich tief in Richtung Lindenstraße auf der Dasselstraße befand. Ein paar Häuser weiter weg von den schönen Altbauhäusern, wo Rocco De Franco mit seiner Familie wohnte. Jedes Mal, wenn sie dem Franzosen ihre Pfandkästen gaben, nahm er sie liebend gerne an und begab sich in den hinteren Teil des Raumes wo er sie lagerte. Das war der Augenblick, wo sich die Jungs an seinen Wechselmünzen-Box-Einnahmen, die er offen sogleich neben der Fensteröffnung liegen hatte, bedienten. Das ergab jedes Mal eine fette Geldbörse, womit sie sich alle ihre Kinderherzenswünsche erfüllen konnten. Jedes Mal konnten sie sich vor lachen kaum einkriegen, während sie die Straßen am Rathenauplatz in Richtung Casa Italia oder zur Spielhalle Charlie auf der Zülpischerstraße entlang spazierten.

An Geld, mangelte es ihnen nicht. Wenn sie keins hatten, besorgten sie sich welches, so einfach war das. Sie hatten ihre Methoden. Aber immer ohne Gewalt, Gewalt anzuwenden, verabscheuten sie. »Die Eier abschneiden sollte man solchen Leuten«, sagten sich die Jungs, »an den Eiern sollte man sie aufhängen.« Raffinesse und Eleganz war ihr Motto. Als gläubige Katholiken, so wie sie in ihren Familien erzogen worden waren, war es schon schlimm genug, dass sie Dinge drehten um an Geld zu kommen, geschweige Gewalt anzuwenden. Außerdem, beklauten sie ja keine Armen, sondern bedienten sich bei denen, die es hatten, und das mit Einfallsreichtum. Darauf konnte man stolz sein und brauchte kein schlechtes Gewissen zu haben, redeten, sie sich jedes Mal in ihre Moral ein. Und es funktionierte hervorragend, so hervorragend, dass irgendwann, jeder einzelne sich einen Einkaufwagen besorgte, um damit nicht nur zwei Kästen für jeden auf einmal mitzunehmen, sondern einige mehr. Auf die Idee war Rocco De Franco gekommen. Er hatte mitbekommen, wie Santo, Pippo und Jupp sich regelmäßig aus den Brauereien oder aus Restaurant-Innenhöfen ihr Taschengeld aufbesserten. Rocco war es aufgefallen wie die Jungs quasi nur so in Geld schwammen, und hatte sie ausgehorcht. Kein Wunder, da Pippo und Jupp den größten Teil ihres Geldes zur Spielhalle Charlie auf der Zülpischerstraße brachten, um ihr Glück an den Geldautomaten zu fordern.

»Wat iss?«, meinte Rocco. »Wenn datt so is, dann lass uns injehen.« Auf dem Weg zur Roonburg-Brauerei war ihnen ein verlassener Einkaufswagen aufgefallen. Intuitiv schnappte sich Rocco den Wagen, dabei überkam ihn sein typisch gehässiges dreckiges breites Lachen, das sich in Kombination mit seinen teuflisch glänzenden Augen auf seinem Gesicht breit machte und die Jungs genauso ansteckte.

Sie schnappten sich den Einkaufswagen, den sie auf der Heinsbergstraße wie gerufen auffanden. Die Heinsbergstraße führte von der Zülpischerstraße auf den Rathenauplatz, von wo sie sich dann auf die Roonstraße der Roonburg-Brauerei nähern wollten. Auf dem Weg dahin fingen sie an sich schon vor lachen wiedermal schief und krumm zu biegen, Rocco lachte mit. Den Gedanken mit dem Einkaufswagen einzumarschieren, um dann mit vollen wieder herauszuspazieren, amüsierte sie prächtig, obwohl sie gleichzeitig auch ein wenig die Hosen voll hatten. Doch wer hätte es gewagt, vor Rocco De Franco einen Rückzieher zu machen? Es gab keinen Rückzug, außer man nahm die nächste Zeit in Kauf, von Rocco diesbezüglich als Loser und Feigenmemme über Wochen schikaniert zu werden. »Niemals!«, dachte sich Santo. »Lieber lande ich auf dem Waidmarkt bei den Bullen.« (Ehemaliges, bekanntes Polizeirevier.) Santo hatte jetzt durch seine Taten Ansehen erhalten, die ihm bei Rocco Respekt verschafft hatten, und so leicht würde er dieses Ansehen nicht hergeben, dann lieber im Waidmarkt landen.

Zuerst ging Santo rein, checkte die Lage ab, während Rocco, Pippo und Jupp vor dem Eingang mit dem Einkaufswagen auf der Roonstraße darauf lauerten, von Santo grünes Licht zu bekommen. Das Herz pochte und schleuderte den Jungs das Blut in die Ohren. Der Atem stockte und wurde intuitiv aufgehalten, so, als ob einer der Roonburg-Brauerei-Leute ihren Atem hören konnte. Santo, der sich lautlos wie ein Kaltblut, einmal um die eigene Achse drehte, gab jetzt grünes Licht und winkte den anderen zu. Dabei bewegte er seine Lippen im lautlosen Ton, um seine Handbewegung unmissverständlich zu ergänzen, damit die Jungs jetzt Voran machten. »Los!«, hörte Santo Rocco in befehlendem Ton sagen. »Los jetzt!« Im so leisen Ton wie möglich begaben sich Rocco, Pippo und Jupp mit dem Einkaufswagen hinein in den länglicheren Flur, der in den breiten Innenhof führte, wo die Bierkästen verschiedener Sorten sowie Wasser, Fanta, Sprite, Cola und all die anderen typischen Getränke der 80er in ordentlichen Reihen neben- und aufeinander bis in den Himmel aufgestapelt waren und nur darauf warteten, von den Casa-Italia-Jungs zu barem Geld gemacht zu werden. Sie luden ihren Einkaufswagen im Nu auf, als ob sie ihr Leben lang nichts anderes gemacht hatten. Kurz vor dem Ausgang drehten sie ihre Köpfe noch einmal um, einmal nach links und einmal nach rechts. Die Sicht war frei und wie auf Kommando stürmten sie jetzt mit krachenden Pfandkästen auf dem Einkaufswagen hinaus auf die Roonstraße in Richtung Casa Italia.

Es hatte mal wieder zu ihrem Glück geklappt, keiner war ihnen hinterhergelaufen, um ihnen ihre Beute streitig zu machen. Irgendwie schienen Santo und auch die anderen einen guten tüchtigen Schutzengel zu haben.

Das hatte sie ermutigt, wenn sie zur Roonburg gingen, sich auch jedes Mal mit dem Einkaufswagen zu bedienen und zwar nicht nur mit einem, sondern jeder mit seinem eigenen. Instinktiv übertrieben sie es nicht. Die Roonburg wurde alle drei bis vier Wochen von ihrer erdrückenden Last befreit.

In der Zwischenzeit bedienten sie sich bei anderen Brauereien oder Getränkelagern, Läden oder Restaurant-Innenhöfen, die sich unmittelbar in ihrem Radius am Rathenauplatz befanden. Eine davon befand sich auf der Telegraphenstraße wo sich auch eine OT befand, die sie ab und zu aufsuchten. Santo gefiel die Telegraphen-OT überhaupt nicht, das einzige, was ihm da gefiel, waren einige der deutschen Mädels, die dort Tag ein, Tag aus verkehrten und sich gegenüber den Casa-Italia-Jungs sehr aufgeschlossen verhielten. So aufgeschlossen, dass einige der Mädels mit einigen von ihnen zusammengekommen waren und daraufhin öfters in den Gemächern der Casa-Italia-OT zu sehen waren. Pippo, Jupp und die anderen Jüngeren bauten sich darauf auf, endlich mal selbst Mädels in die Casa Italia gelockt zu haben. Die anerkennenden Blicke der Älteren, aber auch der pädagogischen Sozialarbeiter bestätigten sie. Langsam fühlten sie sich wie die Großen.

Die Telegraphen-Brauerei hatten sie durch Zufall entdeckt. Jupp hatte Druck auf der Blase und war daraufhin in eine Garageneinfahrt gegangen. Er hatte von den Jungs gelernt, sich nicht auf der Straße in eine Ecke zu stellen oder neben ein Auto zu pinkeln. Santo und die anderen verabscheuten so ein Verhalten. Jupp entdeckte aus der Garageneinfahrt, direkt daneben, einen um circa fünf Meter nach unten tiefer gelegenen riesigen Brauerei-Innenhof, der nur so von Pfandkästen strotzte. Pfandkästen jeglicher Sorte, die man sich nur denken konnte.

»Hey Jungs, unglaublich, ihr glaubt es nicht, kommt, schnell, kommt.« Verblüfft schauten sich Santo und Pippo an. Mechanisch getrieben folgten sie Jupp. Beim Anblick dieser nicht endenden Pfandkästen, die sich nebeneinander reihten und in den Himmel ragten, weiteten sich ihre Augen wie zwei Apfelsinen, während sie ihren Mund vor Erstaunen nicht zu bekamen. Es war wie im Scharaffenland. Sie schauten sich an, schauten sich kurz um, schauten sich an und ohne Worte, war alles gesagt, was es zu sagen gab. Jupp blieb oben, und hielt Wache, Pippo und Santo kletterten mutig herunter. Dabei zog Jupp seine riesige vergoldete Gaspistole, die an eine Magnum erinnerte, um wie in den Hollywood-Filmen Wache zu stehen. Seit über einer Woche, hatte er sie stolz ersteigert und trug sie, in seinem Brustkörper-Pistolengürtel wie ein American Gangster. Jupp hielt die Gas-Plem, wie sie sie nannten, senkrecht hoch kurz vor seine Nase. Dabei überkam ihn ein Gefühl des Hochmuts, seine Hollywood-Programme waren hochgefahren und befanden sich auf Hochtouren. Der Film lief, und er hatte die Hauptrolle. Er stellte sich neben die Wand bei der Einfahrt, die in den Garagen-Innenhof führte, um sich dann in beiden Himmelsrichtungen zu öffnen.

Santo traute erst mal seinen Augen nicht, er dachte: » Ist der blöd?« Dabei schaute er Pippo an und Pippo zuckte nur mit den Schultern. Santo ergriff das Wort, das, was er da sah, gefiel ihm ganz und gar nicht. Er hasste Waffen und verstand nicht, warum Jupp in so einer unnötigen Situation die Plem herausgeholt hatte.

»Wofür holst du die Plem raus?«, fragte er so unscheinbar wie möglich.

Jupp lächelte schelmisch und markierte den Harten. »Wenn einer kommen sollte, schieße ich uns den Weg frei.«

Santo überlegte kurz und ließ für eine Sekunde seinen Blick auf Jupp ruhen. Jupps Miene verriet ihm feste Entschlossenheit. »Ah, Ok«, sagte Santo.

Pippo und Santo kletterten am Geländer nach unten, es war, weit und breit keiner zu sehen. Ohne lange zu überlegen, hatten sie schon im Nu, neun Kästen zusammen. Währenddessen hoffte Santo, dass Jupp keinen Unsinn anstellen würde. Pippo begab sich nach oben, Santo schob ihm die Pfandkästen zu, die Pippo oben auf dem Garagen-Einfahrtboden stapelte, während Jupp sich immer noch in seinem Film befand. Santo kletterte nach oben. Sah Jupp seine goldene Gas-Plem immer noch al la American Gangster vor sich hinhalten. »Hoffentlich geht es gut«, dachte er. Während der Aktion kam ihm der Gedanke, warum er immer wieder so einen Scheiß machte, und hoffte, dass auch dieses Mal alles gut gehen würde. Auch dieses Mal betete er Gott und Jesus und die heilige Maria an, ihn noch einmal davonkommen zu lassen. Immer wieder versprach er: »Nur noch dieses eine Mal, nur dieses eine Mal, ich verspreche es, ich werde versuchen, nie wieder so was zu machen.« Dabei ließ er sich mit dem »Versuchen« immer eine offene Tür, es vielleicht wieder zu tun. Er kannte sich und wollte sich selbst in seinem Versprechen zu den Heiligen nicht festnageln. Denn eigentlich, brach er seine Versprechen nicht gerne.

Ein Geräusch, Menschenschritte. »Scheiße«, dachte Santo. Pippo wurden die Knie weich und er erblasste auf der Stelle. Jupp schien im Gegenteil voll in der Situation aufzugehen, immer noch befand er sich in seinem Film, schmiegte den Lauf seiner goldenen Gas-Plem an seine Nase »Pssst«, bedeutete er. »Bleibt ruhig.«

Santo schien es, dass Jupp einige Erfahrungen in solchen Angelegenheiten hatte, oder vielleicht war er nur ein Freak, der gut schauspielern konnte? »Scheiße«, dachte Santo, »dieses Mal haben die uns.« Pippo stand da wie erstarrt. Ihre Herzen arbeiteten wie Dampfmaschinen und schienen jeden Augenblick aus den Brustkörben der Jungs zu springen, dabei stockte ihnen der Atem und die ersten Schweißperlen kamen zum Vorschein. Trotz lähmender Angst zerbrach sich Santo den Kopf, ob Jupp im Ernstfall seine Plem benutzen würde. Er hoffte nicht, wollte ihn aber auch nicht überzeugen, er wollte nicht als Schwächling gelten. Santo spürte das Brennen der Wärme an seinen Ohren. Sein Blut brodelte sich durch all seine Glieder, lähmte seine Gehörorgane, so, als wären sie plötzlich aus Blei. Er hörte nur noch das Hämmern seines Herzens und das betäubende Gefühl seiner Ohren, die ihn nichts mehr hören ließen, wobei er sich schwer anstrengen musste, nach Luft zu ringen und gleichzeitig seinen Atem ruhig zu halten. Einerseits wollte er seine Angst nicht zeigen und zugleich auch nicht durch zu lautes Ein- und Ausatmen die Aufmerksamkeit der Menschen, die vielleicht gerade dabei waren, sie zu entdecken, zu erwecken. Er betete, dass sie nicht entdeckt wurden. Pippo und Santo ordneten sich hinter Jupp ein und lauerten darauf, was und wer jetzt den Flur des Garagen-Innenhofs betreten würde.

»Hey«, dachte Santo, und horchte noch einmal. »Hey?« fragte er sich, und spitzte noch einmal sein Gehör. Nichts, keine Geräusche mehr, keine Menschenstimmen mehr zu hören. »Seltsam »dachte er. Jupp drehte sich mit fragender Miene zu ihnen. Sie schauten sich alle gemeinsam erwägend an. Jupp lächelte, an seinem Gesicht breitete sich ein Grinsen aus. Es war noch einmal gut gegangen. »Grazie Dio, Grazie Jesu', Grazie.« (Danke, Gott, danke, Jesus, danke), bedankte sich Santo und spürte die heimkehrende wohltuende Frische in seinen Gliedern und vor allem an seinen Ohren, die ihn jetzt erleichtert fühlen ließen und ihm seine Unbeschwertheit und diese enorme Lust zu leben, zu erfahren, diese Neugier wieder in ihm aufblühen ließ. Die Luft war rein. Falscher Alarm. Gott sei Dank.

Charlie, wir kommen! Sie schnappten sich die Pfandkästen, gingen zum nächstgelegenen Kiosk auf der Huhnsgasse. Eine unfreundliche hässliche Gestalt konnte keine zwei Sätze Deutsch frei sprechen und erst nach kurzer energischer Debatte nahm er den Jungs von den neun Kästen drei ab.

Das Unkelbach, lag quasi drei Straßen weiter von der Telegraphenstraße und war ein Lebensmittel-Markt auf der Weyerstraße, die zum Barbarossaplatz führte. Um nicht zu sehr ins Auge zu fallen, beschlossen die Jungs, die restlichen sechs Pfandkästen nicht alle beim Unkelbach abzugeben. Drei Kästen machten sie beim Unkelbach zu Barem und die letzten drei entschieden sie, bei ihrem Lieblingskiosk in bare Münze umzutauschen und zwar beim Franzosen. Der lag allerdings noch mal ein paar

Straßen weiter weg, aber wer weiß, vielleicht konnte man dort, wie so oft, aus Barem noch mehr Bares herausholen.

Die Taschen hatten sich gefüllt und die Aussicht, sie gleich noch mehr zu füllen, entfachte eine Stimmung der Euphorie. Sie hatten alles unter Kontrolle, sie empfanden sich als Glückskinder. Sie waren vom Glück geküsst. Man konnte sie nicht so leicht erwischen. Die Schule hatten sie zwar nicht so unter Kontrolle, aber wen interessierte es. Alles würde gut gehen, noch waren sie jung und sie würden schon alles richtig machen. Sie würden ihren Weg gehen. Charlie wir kommen! Nee, man würde sie nicht so leicht erwischen, dazu waren sie zu abgebrüht.

Einige Casa-Italia-Jungs aus dem Zülpischer Wall, aus der kleinen Spaghettistraße neben der Uni-Mensa, hatten versucht, es ihnen nachzumachen. Die ersten zwei Male war es ihnen gelungen, doch beim dritten Mal hatte man sie erwischt. Sie waren mit einem Schrecken davongekommen. Einige der Mitarbeiter der Roonburg-Brauerei hatten sich die vier geschnappt und sofort die Polizei gerufen. Doch sie waren noch alle unter 14 Jahre und von daher nahmen sie nur die Personalien der Kids auf und ließ sie wieder laufen.

Sie hatten ihren Ohren nicht getraut. »Watt is?«, meinte Rocco. »Watt? Ihr Arschjesichter, ihr seid zu blöd, ihr Wichser, ihr Sackjesichter, wer hat euch überhaupt erlaubt, dorthin zujehen? Warum seid ihr überhaupt dahin jejangen?«, wollte Rocco unbedingt wissen. Fausto, einer der vier und der mutigste, antworte Rocco mit giftigem, angriffslustigen Ton: »Warum denn nicht? Warum, wir können auch dorthin.« Fausto war für sizilianische Verhältnisse groß und überragte all die anderen um mindestens einen Kopf, und das trotz seiner 13 Jahre. Er war ein Riese, der sich nicht unbedingt gerne schlug, aber Stolz besaß. Wenn es ihm zu viel wurde und es sich nicht umgehen ließ, stand er auch mal gerne seinem Mann. Rocco fiel aus allen Wolken und war erst einmal wie erstarrt. Seine linke Wimper am Auge zuckte kurz und dieses Zucken ging durch sein Gesicht und ließ ihn für einen Augenblick bizarr gestört aussehen. Das Zucken vollzog sich bis zu seiner rechten Hand, die dafür sorgte, dass er seine Finger kurz durchmischte. Wie bei einem Cowboy, der kurz davor war, sich zu duellieren. Alles passierte in Sekundenschnelle. Trotzdem nahmen Santo und die anderen Beteiligten in größter erwarteter Spannung alles wie in Zeitlupe wahr. Im inneren Auge, sahen sie alle zusammen Rocco De Franco in bekannter Manier, gewaltig und zerstörend, mit der flachen Hand ausholen. Zum Glück blieb es nur beim Zucken. Rocco holte nicht aus, und Fausto stand rotzfrech und triumphierend vor ihm. In seinen Augen erkannte Santo Erleichterung und Verwunderung, bei der man auch einen Funken Stolz wahrnehmen konnte. Verwundert war Fausto über sich selbst. Er hatte tatsächlich diesem 1,65 Meter großen, drahtigen Muskelpaket, das nur so aus zerstörerischer aggressiver Energie bestand, die Stirn geboten. Fausto verstand es selbst nicht. Als ob eine fremde Macht über ihn gekommen war. Er hatte gar nicht vorgehabt, sich mit diesem mehr als einen Kopf kleineren Berserker anzulegen. Wie ein ferngesteuertes Programm, hatte diese fremde Macht seine panische Angst, die er sonst genauso wie die anderen Casa-Italia-Jungs vor Rocco hatte, heruntergefahren. Er wusste nicht, wie ihm geschah, er hatte plötzlich keine Kontrolle über sich. Er wehrte sich, seine Angst wehrte sich, gegen diese fremde Macht, die ihm die Wut und Mut als wärmende Substanz durch sein Blut in sein Gehirn und in seinen Kopf spülte. Er sah schon die Bilder vor sich, wie er eine, oder zwei von Rocco gewaltigen Ohrlatschen bekommen würde und schmerzerfüllt und betäubt am Boden lag und sich vor den anderen bis zu den Knien blamierte.

Vergeblich, es war zu spät, die fremde Macht hatte den Kampf gewonnen. Er glaubte es nicht, was er da gerade tat. Er empfand sich wie ein Fremder im eigenen Körper, er konnte nicht glauben, was er da von sich hörte. Hatte er wirklich gerade Rocco Widerworte gegeben? Er traute seinen eigenen Ohren nicht. Er hoffte nur noch, dass alles gut gehen würde. Doch Rocco hatte sich dieses Mal, zum Erstaunen aller zurückgehalten. Fausto hatte Glück gehabt. Rocco begriff langsam, dass er mit den Jungs nicht mehr so wie früher umgehen konnte. Sie wurden immer älter und seitdem der Zülpischer Wall sich der Casa Italia angeschlossen hatte, hatte sich die Zahl der Jüngeren Casa-Italia-Jungs verdreifacht, die immer enger zusammenhielten. Abgesehen davon, hatte Fausto eine große Familie, die aus mehreren Onkels und männlichen Cousins bestand, die fast alle auf dem Zülpischer Wall wohnten.

»Ach, buh, ihr seid einfach zu blöd, Idioten, Schlappschwänze«, äußerte sich Rocco resigniert und drehte sich mit seinem teuflischen, schadenfrohen Grinsen zu Santo, Pippo und Jupp. Rocco, Santo, Pippo und Jupp hatten daraufhin die Roonburg Brauerei einige Monate und darüber hinaus nicht mehr besucht.

Der Plan war mal wieder aufgegangen. Sie hatten alle Pfandkästen wegbekommen und obendrein beim Franzosen genüsslich wiedermal zugeschlagen. Mit vollen Taschen begaben sie sich in ihre Lieblingsspielhalle Charlie, mit dem Wunsch und der Hoffnung, nochmals aus Barem noch mehr Bares zu machen und Spaß zu haben. Dabei überkam sie ein wunderbares beruhigendes Gefühl, erwachsen zu sein, von Unabhängigkeit und von Zusammengehörigkeit. Santo fühlte sich wohl und sicher aufgehoben. In solchen Augenblicken kam er sich vor wie die Italiener in Amerika, wie in den Filmen, von denen er schon einige gesehen hatte und die er so bewunderte. Geschichten aus einer anderen Welt. Geschichten aus einer anderen Zeit. Er wollte genauso unerschrocken und ehrenhaft sein.

So empfand er sich, wenn er mit den anderen vor der Spielhalle Charlie herumlungerte und sie miteinander herumalberten, während sie den geilen Ärschen der vorbeikommenden Frauen sehnsüchtig sabbernd hinterhergafften. Dabei unterschieden sie genauestens je nach Form eines Hinterteils und Aura einer weiblichen Zeitgenossin, mit welcher Härte und Intensität und mit welcher kreativen inständigen sexuellen Begierde sie diese Frauen beglücken würden. Alles wurde genauestens aufgenommen, als ob sie eine Videokamera in ihre Schädel implantiert hätten.

Charlie

Die Spielhalle Charlie, war nach der Casa Italia ihr zweites Wohnzimmer. Dort hielten sie sich immer öfter auf, vor allem, wenn die Casa Italia zu war. Sonntag war zum Beispiel so ein Tag. Nach dem traditionellen Mittagessen, das zwischen zwölf Uhr und ein Uhr Mittag in Anwesenheit der gesamten Familie zelebriert wurde wie die heilige Messe, trudelten sie im gemütlichen Schritt, einer nach dem anderen, in der Spielhalle Charlie ein. Dort war ihr Treffpunkt. Es hatte sich so eingebürgert. Es bedurfte keiner Verabredung oder telefonischer Absprachen. Es war klar, wenn die Casa Italia zu oder einer nicht in der Casa Italia war, befanden sie sich, wenn sie nicht gerade wieder was ausbrühteten, in der Spielhalle Charlie. An solchen Tagen, wimmelte es dort nur von Italienern.

Die Spielhalle Charlie wurde nämlich auch gerne von erwachsenen Landsleuten besucht. Es gab Altersunterschiede zwischen einer bis zwei Generationen. Dabei fühlten sie sich gut, Präsenz zu zeigen. Sie standen gerne zu mehreren vor der Tür. Vor allem im Sommer, wenn die Sonne schien.

Santo, Pippo und Jupp hatten sich angewöhnt, die Spielautomaten länger zu beobachten, manchmal sogar über Tage. Irgendwann hatten sie den Dreh raus, sie beobachteten die Automaten so lange, bis sie der Meinung waren, dass die Geldmaschinen zur Genüge voll wären, und somit die Wahrscheinlichkeit sehr hoch war, dass beim nächsten Geldeinsatz, der Spielgeldautomat wieder mit Geldspucken dran war. Sie lagen oft richtig. Santo hatte ein sehr gutes Gespür entwickelt. Sie machten sich ein schönes Leben und lebten so unbeschwert, wie es nur ging, ohne sich überhaupt einen Gedanken über ihre Zukunft zu machen. Sie verschwendeten keinen einzigen Gedanken an ihre Zukunft. Sie lebten einfach nur in den Tag hinein und was morgen war, wusste nur der liebe Gott. Menschen, die nichts anderes taten, als an ihre Zukunft zu denken, widerten sie an. Solche Spießer und Langweiler wollten sie auf gar kein Fall sein.

»Ach, scheiß drauf, lass sie alle nur planen, wer garantiert mir, ob ich morgen noch lebe? Wer weiß? Vielleicht werde ich ja von einem Auto überfahren oder bekomme irgendeine beschissene Krankheit oder kriege bei einer Schlägerei ein Messer zwischen die Rippen, ich scheiß drauf«, waren die Sätze, die bei solchen Gedanken den Jungs aus ihren Mündern kamen. Das Geld wurde genauso wieder ausgegeben, wie es auch herein kam. Sodass Carlo seinen Sohn Santo mal fragte, warum er nie nach Geld fragen würde.

Gerne und auch oft, manipulierten sie auch andere Freizeit - Spielautomaten in der Spielhalle. Mit dem Trick des Feuerzeuganzünders, holten sie den inneren Teil eines Piezo-Feuerzeugs raus, der dazu diente, die Flamme anzuzünden. Dann legten sie dieses innere Gestell mit der Öffnung, wo die elektrischen Stöße heraus blitzten, unmittelbar in die Nähe der Geldeinwurfstelle und drückten auf den Gestellkopf, als ob sie sich eine Kippe anzünden würden. Die elektrischen blitzartigen Stöße, brachten einen Kontakt zustande, was dafür sorgte, dass sie Unmengen an Gratisspielen auf dem Flipper oder Computer-Spielautomaten, wie durch Geisteshand zur Verfügung hatten.

Klöckner-Humboldt-Deutz

»Nein«, meinte Carlo zu seinem Sohn, »Friseur? Nein, Friseur ist kein Beruf für Männer.«

»Warum?«, fragte Santo.

»Weil das so ist.«

»Aber warum ist das denn so?«, hakte Santo nochmal nach.

»Weil ich es dir sage.«

Und damit war der Diskurs beendet. Santo wusste, wenn er jetzt noch einmal nachhaken würde, würde ihn sein Vater so anbrüllen, dass das ganze Haus gezittert hätte. Carlo hätte Santo mit den dümmsten lächerlichsten Beleidigungen auf seine Art und Weise versucht, als Trottel und Nichtsnutz darzustellen, und darauf hatte Santo gar keinen Bock.

Das hatte er sich schon viel zu oft angetan, mit ihm nicht mehr! Daraufhin dachte sich Santo, »irgendetwas muss ich ja nach meiner Schule machen«, und da seine Noten alles andere als gut waren und er auch gar keinen Bock hatte, es besser zu machen, geschweige denn noch studieren zu gehen, kam er auf den Gedanken, vielleicht, wie es so viele italienische Jugendliche in Köln taten, nach der Zehnten auf dem Bau arbeiten zu gehen.

»Papa, und was ist damit, auf Baustellen zu arbeiten?«

Carlo befand sich so wie immer in der Küche und bereitete das Essen vor. Er hatte Frühschicht und Santos Mutter kam immer erst um 17:00 Uhr von ihrer Arbeit als Reinigungsfrau nach Hause.

»Nein, Junge, auf Baustellen gehst du mir auch nicht. Kommt gar nicht in Frage, willst du auch so einen kaputten Rücken wie ich haben? Nee, Junge, such dir lieber eine andere Arbeit. Auf der Baustelle versaust du dir nur den Rücken. Und eins sage ich dir gleich, in die Pizzeria kommst du mir auch nicht. Wehe! Du spielst nicht den Sklaven für unsere Landsleute!«, befahl Carlo. »Du gehst dort nicht den ganzen Tag von morgens bis abends für ein Almosengehalt dir den Buckel krumm arbeiten, verstanden?«

Santo überlegte kurz, verstand es nicht ganz, aber wenn sein Vater das so wünschte, würde er diese Wünsche respektieren, so hatte er es von seinem Vater beigebracht bekommen und so hatte er das bei seiner Kommunion und Firmung und auch aus dem Alten Testament gelernt.

Santo kam in die Berufsschule Perlengraben. Er hatte es verpatzt, sich ordentlich und pünktlich zu bewerben. Er hatte mitbekommen, dass Toni, der ältere Bruder von Valentino, Dreher war. Er konnte sich zwar nichts darunter vorstellen, aber sein Vater war mit diesem Beruf einverstanden und Toni empfand er nicht gerade als unglücklich. Also war sein Plan, sich im folgenden Jahr besser und pünktlicher zu bewerben.

Aldo Capi

Während der Zeit in der Berufsschule Perlengraben hatte er Aldo Capi kennengelernt. Aldo saß mit ihm in derselben Klasse. Sie hatten sich auf Anhieb gemocht und hatten sich miteinander angefreundet. Aldo war mütterlicherseits deutschstämmig und väterlicherseits calabresich. Er war ein Prachtkerl. 1,85 Meter groß, ziemlich breite Schultern und einen Körper zwischen Bruce Lee und Sylvester Stallone in seinen besten Zeiten. Dabei hatte er ein hübsches, etwas längliches Gesicht mit feinen Gesichtszügen. Seine Haut war eher hell, aber nicht keltisch, mehr mediterran hell. Seine Haare, die er von hinten etwas länger trug und von vorne als halbe Tolle, waren etwas kraus und nussbraun, genauso wie seine Augenfarbe, dabei war seine Augenform länglich oval, wobei seine dazu passende Nase mittelgroß war.

Aldo war ein außergewöhnlicher, lebenslustiger und positiv beladener junger Mann. Sein Ziel bestand darin, kämpfen zu können wie Bruce Lee, stark zu sein wie Sylvester Stallone, gut auszusehen wie Elvis Presley und tanzen zu können wie Michael Jackson. Wenn sie zu dritt in der Schulpause in der Perlengrabenschule durch die Menge schritten, wozu auch Giuseppe Rubi gehörte, der ältere Bruder von Giacomo Rubi, die in derselben Klasse zusammen saßen, öffneten sich die Massen wie »Sesam öffne dich« oder wie sich das Rote Meer Moses geöffnet hatte. Santo genoss es. Beim ersten Mal hatte er seinen Augen nicht getraut. Er dachte sich, was für ein Mordskerl. Sowas kannte er nur aus den Filmen. Alle machten um Aldo einen Bogen, selbst die gefürchteten Türken, die auch dort deutlich in der Überzahl waren. Wenn Aldo vorbeikam, machte man Platz, dann ging man zur Seite, um ihn und seine Begleiter ungestört durchzulassen. Niemand, aber auch niemand hatte die geringste Lust sich mit Aldo anzulegen.

Kein Wunder, er besaß Hände wie Schaufeln und Füße wie Flossen aus Stahl, er hatte Schuhgröße 47 und damit marschierte er mit einer unerschrockenen Selbstverständlichkeit durch sein Leben und durch den Schulhof, als ob ihm niemand was anhaben konnte. Dazu stellte er gekonnt und gerne seinen ganzen mega durchtrainierten muskulösen Körper zur Schau. Santo bewunderte es. Aldo und Santo mochten sich sehr.

Das erste, was Aldo machte, wenn er nach dem Pausenklingeln in den Schulhof kam, war, seinen Spagat demonstrativ zu üben. Er stellte sich mit ausgespreizten Beinen auf das Treppengeländer und vollzog seine Spagatübungen, dabei hielt er sein Pausenbrot in seiner riesigen Schaufelhand, die es erschwerte, überhaupt erkennen zu lassen, dass er ein Frühstück zu sich nahm. Dann ging er an eine beliebige Wand und ohne sich irgendwo festzuhalten griff er nach seinem riesigen Fuß, hob sein Bein über den Kopf, als ob es aus Gummi wäre, und stellte es im Spagat an die Wand, bis seine Hoden die Wand berührten. Zwischen seinem Gesäß und der Wand war kein Spalt Licht zu sehen. Danach ging die Show weiter. Freistehend hielt er abwechselnd sein linkes Bein oder sein rechtes Bein über seinen Kopf, ohne sich irgendwo festzuhalten. Dann stellte er sich in voller Größe auf, dehnte sein breites muskulöses Kreuz, schob seinen Kopf stolz in den Nacken und genoss mit einem verspielten sympathischen Lächeln die auf ihn gerichteten gaffenden, zum Teil bewundernden, zum Teil ängstlichen Blicke.

Santo und Giuseppe Rubi amüsierten sich jeden Morgen aufs Neue prächtig und Aldo zelebrierte es. Obwohl es Santo hin und wieder auch mal peinlich war. Aldo war ein dufter Typ. Santo hatte ihn wirklich gerne und wer weiß, dachte Santo viele Jahre später, wenn Aldo in den Staaten groß geworden wäre, vielleicht wäre aus ihm sogar ein zweiter Sylvester Stallone geworden. Leider geriet Aldo später auf die schiefe Bahn. Viele Jahre später feierten Santo und ein paar Freunde von ihm einen Junggesellenabschiedsabend auf den Kölner Ringen. Sie waren gut drauf und hatten viel Spaß miteinander. Sie hatten vorgehabt, den zukünftigen Bräutigam zum Stardust zu schleppen, einen Club der viele Jahre als Tingel Tangel zur Freude von vielen gedient hatte und in eine Tabledance-Night-Bar umgewandelt worden war. Sie hatten schon einige Drinks hinter sich und wollten sich vom Hohenzollernring aus in die Maastrischerstraße zum Stardust begeben. Doch in der Nähe der Maastrischerstraße sahen sie zu ihrer Verblüffung überall grelle blaue Lichtsirenen. Die Maastrischerstraße war von Polizeiwagen blockiert und keiner durfte rein oder raus. Es wimmelte von Polizisten, die in der Tat ernste Miene machten. Viele von ihnen sahen bestürzt und angespannt aus. Santo verstand sofort, hier muss was ernsthaft Schlimmes passiert sein.

Von der Sperre aus zur Maastrischerstraße erblickten sie eine auf dem Boden liegende Leiche, die mit einem weißen Laken bedeckt war. Sogleich schauten sich alle an und wie aus einem Kanonenrohr geschossen, hörten sich die Jungs fassungslos entgeistert sagen: »Da liegt eine Leiche, da ist jemand getötet worden.« Sie trauten ihren Augen nicht und hatten keinen Schimmer, wer es sein konnte. Mord hieß es, sie hatten die Polizisten gefragt und einer der Polizisten, der sie so schnell wie möglich loswerden wollte, gab ihnen diese für Kölner Verhältnisse schockierende Information Preis.

Es war Aldo gewesen, man hatte ihm aus nächster Nähe eine Kugel in den Kopf geschossen, erfuhr Santo am nächstem Morgen wie in einem bösen Alptraum. Aldo hatte dort zuletzt als Türsteher gearbeitet. Für Santo war es ein schmerzlicher Verlust, auch wenn einige später keine so gute Meinung über Aldo äußerten, Santo wusste es besser, Aldo war ein Guter. Zu Santo hatte er sich immer herzlich und brüderlich verhalten und hatte nie den Großen raushängen lassen, wie es oft welche tun, die einigermaßen erfolgreich sind.

Santo hatte es geschafft, warum auch immer. Er hatte sich kein bisschen auf den Einstellungstest der Firmen, bei denen er sich beworben hatte, vorbereitet. Er hätte es gerne, aber es fehlte ihm am inneren Antrieb und jedes Mal, wenn er ein Buch oder irgendwelche Prüfungsaufgaben zur Hand nahm, stieß er sie wieder resigniert und genervt über sein Nichtkönnen von sich weg. Er hatte keine Hilfe und kam auch nicht darauf, sich welche zu suchen. Seine Eltern hatten nicht das Wissen und auch nicht die Lust gehabt, sich mit seiner Zukunft ernsthaft auseinanderzusetzen. Außer destruktiven nervige Sprüchen fiel seinem Vater nichts Besseres ein, um seinem Sohn zu helfen. Vita enthielt sich und hoffte auf himmlische Vorsehung. Santo hatte von einigen wenigen Bewerbungen einen Eignungstest als Einzelhandelskaufmann ergattern können, gegenüber vom Kölner Rathaus, wo er ernsthaft zum ersten Mal spießige, zielgerichtete Jugendliche auf einem Fleck wahrnahm. Er hatte sich sofort unbehaglich gefühlt. »Fast nur Deutsche«, dachte er sich. Santo war umzingelt von lauter blonden Jugendlichen, die alle konzentriert und konservativ ausschauten. Trotzdem riss er sich zusammen, schon wegen den für ihn so vielen hübschen sexy aussehenden jungen

Mädels, von denen er hin und wieder während des Tests kurze Blicke für sich ergattern konnte. Dann bekam er auch die Möglichkeit bei Atlas Copco in Sürth als Maschinenschlosser eine Eignungsprüfung zu absolvieren. Diese bestand er genauso nicht wie die Prüfung als Kaufmann im Einzelhandel. Klöckner-Humboldt-Deutz wollte ihn haben, bot ihm die Möglichkeit eine Ausbildung als Zerspanungsmechaniker Richtung Drehtechnik zu machen. Santo freute sich, gleichzeitig wunderte er sich, dass er es geschafft hatte durch diese für ihn schwere Prüfung zu kommen. Sein Kopf hatte nach dem Eignungstest höllisch gebrannt und schien zu explodieren. Viele der Aufgaben waren für ihn wie Hieroglyphen. Doch trotzdem hatte er den Ausbildungsplatz zu seinem Erstaunen und vieler anderer bekommen. Ein langer frühmorgendlicher Weg, den er morgens von 6:00 Uhr bis 15:45 Uhr von Montag bis Donnerstag zu überstehen hatte. Nur Freitag durften die Azubis um 13:00 Uhr früher gehen.

Es begann für Santo eine triste Zeit. Er hatte ein Gefühl der Hoffnungslosigkeit und alles um ihn erschien ihm grau und dunkel. Er fühlte sich in seiner Haut nicht wohl, das Triste von den Fabriklagern der Humboldt Deutz in Kalk bedrückte und verdunkelte sein Herz. Seine Noten ließen zu wünschen übrig und seine Ausbildungskameraden waren für ihn bis auf wenige rohe, grobe unsensible charakterlose Arschgesichter, die nur darauf warteten, dass einer einen Fehler machte, um sich schadenfroh wie Aasgeier darauf zu stürzen und sich auf Kosten desjenigen zu amüsieren. Es kotzte ihn an. Sinn für Kameradschaft gab es dort nicht und die Notenschwächeren versuchte man nach Strich und Faden permanent durch blöde Sprüche und abweisende Gesten ganz auszuschalten. So was wie Barmherzigkeit kannte man nicht in seiner Truppe. Es tobte der reine Frohsinn für den Schaden der anderen. In Santos Kreisen wurden solchen Sackgesichtern in den Arsch getreten und man hätte dafür gesorgt, dass sie so schnell wie möglich ein Gespür für Barmherzigkeit entwickelt hätten. Prügel bewirken oft Wunder, dachte sich Santo und am liebsten hätte er auch gerne dem einen oder anderen die Fresse poliert. Er tat es nicht, er hätte es aber so gerne, aber man hatte ihm eingeimpft, bei Ärger die Faust in der Tasche zu ballen.

Er versuchte sich daran zu halten, bloß, um seinen Ausbildungsplatz nicht zu gefährden. Sie benahmen sich wie Schweine. Sie schmissen in den Pausenräumen mit Butterbroten um sich, als wäre es verdorbene Scheiße. Einige von ihnen fanden es lustig während der Frühstückspausen oder auch während ihrer Mittagspause, wenn sie nicht zur Betriebskantine zum Essen gingen, ihre ekligen schleimigen Popel aus ihrer Nase raus zu kratzen um sie dann demonstrativ, an die Plexiglas Pausentrennwände für alle Augen sichtbar zu kleben oder aufzuschmieren. Das war für sie ein Höllenspaß, sowas brachte sie zum Missverständnis von Santo aber auch die türkischen Azubis zum Lachen. Sie fuchsten sich während des Essens gegenseitig an und brachen in Gelächter aus. Santo kannte sich und war auf der Lauer, er setzte sich in den Pausen lieber zu den türkischen Kameraden. Er hatte absolut keinen Bock darauf, sich beim Essen anpupsen oder anrülpsen zu lassen. Essen war heilig und gehörte respektiert! So hatte man es ihm beigebracht. Brot war was Heiliges, Brot war der Leib Christi und gehörte geachtet und es war ein Sakrileg, mit Brot unanständig umzugehen.

Aber was er am allermeisten für unedel hielt, war die Fahrlässigkeit der Auszubildenden, von der Art, wie sie mit den Umgangsformen ihrer deutschen Lehrlinge nichtbeachtend oder sogar belustigt umgingen. Fairplay-Geist war für sie nicht angesagt. Santo musste sich täglich die dümmsten Sprüche anhören. Sprüche wie »Italiener sind eh alle nur 1,50 Meter groß. Liliputaner, ihr seid alle faul, Pizzafresser, Nudelgesichter, Spaghettifresser, ihr seid alle Zwerge, Verräter, eure Panzer sind immer nur ein Schritt nach vorne gefahren und vier Schritte nach hinten« … usw. Das Beste war, er wurde mit jedem nur erdenklich typisch klingenden Namen angesprochen wie Giovanni, Luigi, die zu ihren Lieblingsnamen gehörten, aber nie in der ganzen Ausbildung wurde er nur ein einziges Mal mit Santo gerufen.

Jedes Mal wenn eine italienische Mannschaft gegen eine deutsche spielte, hörte er immer wieder aufs Neue, dass sie die Italiener wegputzen würden. »Ja, ha, ha, ha, wir putzen euch mindestens vier, fünf zu null, ihr habt gar keinen Stich gegen uns, diesmal putzen wir euch weg.«

Dabei interessierte Santo das alles nicht. Fußball interessierte ihn immer weniger. Er dachte sich: »Was für Idioten. Sie schlagen sich gegenseitig die Köpfe ein, geben viel Geld aus, um irgendwelche Spiele in den Fußballstadien sich anzuschauen oder um sich irgendwelche beschissenen Mannschaftstrikots zu holen, riskieren jedes Mal, sich in den Stadien die Fresse einschlagen zu lassen, und müssen sich in ihrem Leben einen Monat lang an ihrem Arbeitsplatz den Arsch aufreißen, um einen Hungerlohn zu bekommen, während die Fußballspieler Millionen verdienen, sich einen über ihre Fans ablachen, die besten Autos fahren und am Laufband die allergeilsten Frauen flachlegen dürfen.«

Doch sie ließen es nicht sein, und da er der einzige Italiener in seinem Ausbildungsjahr war, ließen seine deutschen Kameraden ihren Frust, was den Fußball anging, an ihm aus. Sie gingen Santo so was von auf den Sack mit ihren blöden Sprüchen und ihrer unsensiblen Großkotzigkeit, dass sie es schafften, Santo aus Trotz den UEFA-Cup und die Champions League verfolgen zu lassen und jedes Mal die vielen deklassierenden Fußball-Niederlagen der deutschen Mannschaften in den Achtzigern mit Genugtuung triumphierend zu feiern.

»So«, dachte er sich nach jedem Sieg der italienischen Fußballvereine, »das hat man davon, wenn man eine große Klappe hat.« Was er aber gar nicht verstand, war, dass die meisten von ihnen keine Lehre daraus zogen. Sie konnten es einfach nicht sein lassen. Im Gegenteil, anstatt aus ihren Niederlagen zu lernen und etwas bescheidener zu werden, um vielleicht dadurch auch mal vom Himmel gnädig Hilfe zu bekommen, steigerten sie sich in ihre Enttäuschung und Wut, dass sie immer wieder aufs Neue unelegant ihre großkotzigen blöden polemischen Sprüche von sich gaben. Santo zelebrierte es dann am nächsten Morgen nach den Spielen. Er trat mit einem leicht subtilen Lächeln in die Umkleidekabine seiner Ausbildungsstätte ein und tat so, als ob nichts wär. Er verlor kein Wort über ihre Niederlagen, er genoss den gerechten Triumph köstlich stillschweigend. Keiner verlor ein Wort. Niemand von den Jungs, die Tage lang groß geredet hatten, verlor ein Wort darüber. Sie trauten sich noch nicht mal, in Santos Augen zu schauen. Trauerstimmung war angesagt. Santo dachte amüsiert: »Is ja schlimmer als bei einer Beerdigung, was für schlechte Verlierer.«

Später, im Laufe des Arbeitstages, nach einigen Stunden des Schweigens, so gegen Mittagspause, besserte sich die Laune und die ersten Kollegen verloren primäre Worte.

»Na, hast du das Spiel gestern gesehen?«, kam es dann schmerzhaft über ihre Lippen. Santo lächelte in sich und antwortete mit einem Grinsen: »Meint ihr etwa das Spiel gestern Abend?«

»Ja«, antworteten sie dann, »das Spiel gestern.«

»Ach so, ja, klar, hab ich gesehen.«

»Und?«, wollten sie gespannt die Meinung von Santo wissen.

»Und was?«, antwortete Santo.

»Ja, wie fandest du das Spiel?«

»Ja, ich fand's gut, war ein gutes Spiel.«

»Ja, ging so«, kam es dann resigniert aus den Mündern der anderen.

»Ach«, antwortete Santo, »ist nur ein Fußballspiel, beim nächsten Mal gewinnt ihr.«

»Ja, genau, beim nächsten Mal gewinnen wir«, kam es bei den meisten mal wieder unbescheiden raus.

»Macht euch nichts daraus, die Welt dreht sich trotzdem weiter und eure Fußballspieler legen weiterhin fleißig so viele Frauen wie möglich flach, von denen ihr nur träumen könnt«, antwortete Santo aufbauend. Aber da hatten die meisten schon alle weggehört.

Sie gingen ihm mächtig auf den Sack. Zerrieben zwischen zwei Fronten. Auf der einen Seite die deutschen, auf der anderen die türkischen Kollegen. Die deutschen Kollegen bewerteten einander damit, wie viel am Wochenende gesoffen wurde, und das beste war, je mehr einer gekotzt hatte, umso besser und wiederum umso männlicher. Sich tot saufen und kotzen war ein wichtiges Prädikat für Männlichkeit. Hinzu erzählten sich die meisten, wie sie es ihren Freundinnen besorgt hatten.

Einmal brachte Klaus Müller eine Videokamera mit. Er hatte übers Wochenende seine neue Freundin aufgenommen und zeigte es fast der ganzen Mannschaft. Dazu gehörte auch Santo. Man konnte genauestens, jede Einzelheit erkennen. Seine Freundin schien sich gerne zu demonstrieren und obendrein sah die Kleine echt scharf aus, hatte Santo für sich widerwillig festgestellt. Dabei sah Klaus Müller selbst, alles andere als scharf aus. Kleines, rundes bartloses Gesicht, das öfters rote Flecken aufwies, dunkelblonde, glanzlose krause Haare, wo hier ein Löckchen und da ein Löckchen heraus hüpfte, kleine runde Augen, die genauso wie seine Haare ein farbloses helles Braun aufwiesen. Für Santo war Klaus keine Schönheit. Abgesehen davon hatte Klaus wie die meisten anderen in seiner Ausbildungsstätte, wahrlich keinen Sinn für Klamotten. Er gehörte zu den Kollegen, die morgens öfter mal mit einer Fahne zur Arbeit kamen, die man meilenweit riechen konnte. Santo widerte es an. Einige Male hatte Santo erlebt oder besser gesagt das Pech gehabt, genau dann aufs Klo zu gehen, nachdem Klaus Müller seinen Stuhlgang vollbracht hatte. Ihm wurden beinahe die Augenäpfel aus seinen Augenhöhlen hinaus katapultiert. Dabei hatte sich sein Magen umgedreht und zusammengezogen, sodass er es nur mit Not und Mühe schaffte, nicht zu würgen. Jedes Mal, wenn ihm dies geschah, dachte er sich: »Kein Wunder, bei dem Alkoholkonsum.« Die Toilette konnte man nach Klaus Müllers Stuhlgang nur noch mit Gasmaske betreten. Hinzu kam noch, dass die meisten der Azubis in seiner Gruppe fast alle Rechts wählten. Die Moderaten wählten die Republikaner, während die härteren der NPD oder der DVU ihre Stimme gaben. Es ging so weit, dass sie vor aller Augen ihre Plakate und Flyer mitbrachten und öffentlich dafür warben. Am schlimmsten war Jan Zimmermann aus Leverkusen. Diese permanent antiausländischen Sprüche, abwertende hasserfüllte Leitsätze gegenüber Türken und Juden gingen Santo mächtig auf die Klötze. Im Gegensatz dazu gingen ihm die meisten türkischen Kollegen mit ihrer Religion auf den Sack. Da waren welche, die so gläubig waren, dass sie sich noch nicht mal einen runterholten. Es war für sie Sünde, vor der Ehe einen freiwilligen Samenerguss zu bekommen. Kein Sex vor der Ehe, keine Hand anlegen.

»Mann«, dachte sich Santo, »wie machen die das?« Bei dem Gedanken griff er sich instinktiv schmerzlich an seine Heiligsten. Er dachte sich, da explodieren einem die Klötze. Er fragte seinen kurdisch-türkischen Kollegen Osman, der einen Bart wie den des Propheten trug und absolut streng nach seiner Religion lebte, wie sie es aushielten, keinen Sex zu haben oder sich keinen runterzuholen. Osman antwortete: »Wenn man es aushält, sich keinen runterzuholen, wenn man es schafft, dieses Gebot freiwillig einzuhalten, dann belohnt Gott einen in der Nacht mit den süßesten, erotischen Träumen.«

Santo hatte gut zugehört. »Warte mal«, dachte er sich. Der Gedanke, in der Nacht von den heißesten und erotischsten Nymphen verführt zu werden, reizte ihn schon. Verlockend hörte sich das schon an. Doch dann besann er sich eines Besseren. Er überlegte kurz. »Ey, buh«, schossen ihm die bildlichen Gedanken durch den Kopf.

»Is ja eklig, Mann, dann ist ja die ganze Bettdecke und der Pygiama obendrauf versaut«, kam es aus seinem Mund blitzartig herausgeschossen, ohne die Chance gehabt zu haben, darüber nachzudenken.

Osman lächelte ihn wohlwollend an, ohne eine Spur Humor. Komische Leute, dachte sich Santo. Aber er musste sich eingestehen, der Gedanke in der Nacht vom lieben Gott mit feuchten erotischen Träumen beschenkt zu werden, die anscheinend, nachdem, was Osman ihm zugesichert hatte, sich absolut echt anfühlten, frohlockten ihn.

Das geht auf gar keinen Fall. Er dachte an seine Mama, die dann seine Bettwäsche beim Waschen sehen würde. »Niemals dachte er sich, bin doch nicht bescheuert, wie peinlich, nee, kommt nicht in Frage.« Wie hätte er denn seiner Mama noch ohne sich zu schämen in die Augen schauen können? Was ihm am allermeisten auf den Sack ging, und das sowohl von seinen türkischen Azubis als auch von den deutschen, war das blöde hetzerische Gerede über Juden. Das war so das einzige, wo sich sowohl die türkischen und auch die meisten deutschen Azubis auf eine Ebene herabließen. Santo kannte zu der Zeit, soweit er das beurteilen konnte, keine Juden. War auch nie ein Thema bei ihm zu Hause gewesen. Auch bei den anderen Casa-Italia-Jungs war dies nie zum Thema geworden, so, als ob Juden gar nicht existieren würden. Juden waren insofern ein Gesprächsthema, wenn man sich über Jesus unterhielt. Santo verehrte Jesus. Wie hätte er denn da ein Problem mit den Juden haben können? Jesus war doch auch Jude, dachte sich Santo jedes Mal. Was ihn auch gewaltig nervte, waren die Blicke der türkischen Kollegen, wenn er seine Schweinewurst aß oder in der Kantine auch gerne mal ein saftiges Schnitzel bestellte. Bei solchen Blicken hätte er denen am liebsten die Schnitzel in die Fresse geschmiert. »Scheiß drauf«, dachte er sich dann,

»sollen sie doch an ihren eigenen Blicken ersticken.« Und er ließ sich die leckeren Schnitzel erst recht schmecken.

Roge Dunkel, mit seinen 1,77, war mit Bernd Becker der nur knapp an die 1,72 reichte und Santo mit der kleinste im Lehrgangsjahr. Roge hatte dunkle bis fast schwarze Haare, trug eine Tolle ohne Koteletten und sah aus wie die hässlichere Version von Elvis. Schnittige blaue Augen, leicht gebogene spitze längliche Nase, eher dünne Lippen, leicht schwammiges Gesicht und eine größere Wampe, obwohl er vom Körperbau eher der schmalere Typ war. Roge Dunkel war Republikaner, mochte keine Türken und hielt nichts von unarischen Völkern. Bei Italienern machte er eine Ausnahme. Sie waren ja einige Jahre im Zweiten Weltkrieg Seite an Seite marschiert, pflegte er zu sagen, obwohl er immer wieder im Lachen schnell noch hinzufügte, dass sie ja die Deutschen verraten hätten und die italienischen Panzer nur einen Vorwärtsgang gehabt hätten und dafür vier Rückwärtsgänge. Bei solchen Scherzen amüsierten sich die meisten inklusive der Ausbilder prächtig. Santo hatte sich mit solchen Bemerkungen mittlerweile angefreundet. Am Anfang hatte es ihn etwas verletzt und er hätte denen am liebsten mal gezeigt, dass nicht alle Italiener Rückwärtsgänge hatten. Solche Sprüche knabberten an seinem Patriotismus, an seinem Stolz.

Eigentlich war Roge bis auf seine rechte Gesinnung kein übler Kerl, immer mehr suchte er die Nähe zu Santo. Wenn man ihn näher kennengelernt hatte, schien er ein dufter Typ zu sein. Er hatte eine soziale Ader und verabscheute Gewalt, wie er Santo verriet. Roge hatte stets die besten Sprüche auf Lager und redete alle unter den Tisch. Wer sich mit ihm verbal anlegte, hatte keine Chance. Einige von seinen Landsleuten hatten es mal probiert, sie hatten sich lediglich blamiert. Roge war im Grunde genommen ein Cooler. Er besaß Humor, was man durch seine stramme Haltung, die er sich von seinen SS-Vorbildern abgeschaut hatte, nicht auf den ersten Blick erkennen konnte, und war meist für Scherze zu haben. Auch so war er feinfühliger als die meisten anderen. Er benahm sich kultivierter und distanzierte sich auch mal gerne von deren abartigem Benehmen. Santo mochte Roge und die beiden verstanden sich gut.

Ali Kurt war Türke, überrag Santo mit seinen 1,82 Metern fast um einen Kopf und war auch so recht bullig gebaut. An seinen Gesichtszügen, vor allem an seinen großen Mandelaugen und seiner eher sporadischen Bartlosigkeit, die mehr an einen Flaum erinnerte, erkannte man, dass seine Vorfahren mit großer Wahrscheinlichkeit ursprünglich aus der mongolischen Steppe kamen. Ali Kurt hatte helle braune Haare mit helleren Strähnen. Seine Augenfarbe war dunkelbraun. Seine Nase fiel in Proportion zu seinem breiteren und kräftigeren Gesicht klein aus. Er hatte volle Lippen. Ali aß zwar kein Schweinefleisch, genau wie die anderen Türken aus seinem Ausbildungsjahr, war aber zum Glück nicht so religiös. Er sah es etwas entspannter und richtete seine Religion eher nach seinen Bedürfnissen aus. Ali und Santo verstanden sich gut und Santo hätte sich gerne sowohl mit Roge Dunkel als auch mit Ali Kurt abgegeben, was leider nicht so einfach war. Ali gehörte der türkischen Fraktion und Roge der deutschen an und beide hatten kaum miteinander zu tun.

Santo war hin- und hergerissen. Er wollte es jedem recht machen, was aber nicht einfach war. Ali und die türkische Fraktion wollten Santo bei sich haben und die Deutschen, trotz ihrer blöden Sprüche, sahen es auch gerne, dass Santo sich mit ihnen abgab. Santo versuchte sich aufzuteilen. Einmal machte er Pause mit seinen türkischen Kollegen und einmal machte er Pause mit seinen deutschen Kollegen. Er musste aber jedes Mal von der jeweiligen anderen Partei böse Blicke ernten. Machte er Pause mit seinen deutschen Kollegen, waren die Türken etwas eingeschnappt, hatte er die Pause mit den türkischen Kollegen verbracht, gaben ihm die Deutschen das Gefühl, ein Verräter zu sein. Sie gingen ihm alle mächtig auf den Sack, und wenn er nicht so viel Panik vor den Peinigungen seines Vaters gehabt hätte, hätte er am liebsten das Handtuch geworfen.

Die Ausbildung kotzte ihn an. Die Schule kotzte ihn noch mehr an. Er verstand nicht und wollte auch nichts von technischer Mathematik, Technologie, Werkstoffkunde, Technischem Zeichnen und all den anderen Scheiß verstehen. Im Unterricht versuchte er morgens diszipliniert zuzuhören, doch nach spätestens einer halben Stunde hörte sich alles nur noch wie ein verschwommenes bla, bla, bla an.

Er versank immer öfters in seiner Welt, in eine Welt der Freude, in einer Welt der Partys und heißer Schnecken. Eine Welt der wahren

Freundschaft. Eine Welt, in der er gerne gelebt hätte und wo Freunde, egal was war, alle zusammen hielten und an einem Strang zogen, wo die Frauen ihnen zu Füßen lagen und wo sie von allen respektiert wurden. Er versank immer mehr in die Welt der Wanderers.

Durch die Nick-Kamen-Levis-501-Werbung im Jahr 1985, die Santo sofort begeistert hatte, wurden die Erinnerungen aus seiner Kindheit, wo er zum ersten Mal bei Filippo und Mauro den für ihn großartigen Film the Wanderes gesehen hatte, wieder wach. Er hatte James Dean, Elvis Presley und Marlon Brando schon damals als Vorbilder betrachtet. Er verehrte sie. Aber am allermeisten hatten ihm, genauso wie einigen seiner Freunde, The Wanderes angetan. Santo hatte die anderen auf den Film aufmerksam gemacht. Sie hatten sich den Film gemeinsam angeschaut, und da war es mit ihnen geschehen. Was für ein Film. Es hatte Valentino, Giacomo und Fausto die Sprache verschlagen. So einen Film hatten sie bisher noch nie gesehen und das Beste war, dass die Jungs drüben in der New Yorker Bronx Italiener waren. Was für coole Typen, dachten sie sich.

Aber nicht nur die Wanderers-Jacken und deren Art hatten es den Casa-Italia-Jungs angetan, sondern auch diese rhythmische, lebensfrohe, lustige tanzbare Musik. Die Art, wie sie ihre Haare glänzend pomadiert, etwas länglich nach hinten gekämmt trugen, die geilen Klamotten, die Autos aus der Zeit und die Art, wie sie mit den Frauen umgingen und tanzten. Das alles hatte sie geflasht. Sie wollten so sein wie sie. Diese Leichtigkeit und Fröhlichkeit, diese Unbeschwertheit, wie bei den The-Wanderers-Jungs in dem Film.

Langsam, Schritt für Schritt, distanzierte er sich von dieser Schwere, die ihm durch seine traditionelle alte sizilianische Erziehung aufgebürdet worden war. Er hatte keine Lust mehr auf dieses mafiosische Denken, er hatte keine Lust mehr, sich auf biegen und brechen zu behaupten und vor allem hatte er keine Lust mehr, sich fast immer als einziger wegen seines anerzogenen Stolzes zu prügeln. Er wollte auch Spaß haben, er wollte auch bei den Frauen gut ankommen, er wollte diese Schwere loswerden und verstand, dass er seine Gedanken mehr auf die schönen Dinge fokussieren sollte. Es sollte ihm egal sein, welcher Asi an ihm mit provokativen und ausgefahrenen Melonen unter den Armen vorbeiging.

Seine Mama sagte dazu immer ihre liebste Weisheit. »Wenn man jedem herumstreuenden Hund jedes Mal einen Stein hinterherwirft, hat man irgendwann keine Steine mehr zum Werfen.«

Santo gefiel diese Weisheit, die er für sich verinnerlicht hatte. Es gelang ihm immer besser, dieser Weisheit zu entsprechen. Santo änderte seine Gedanken und sein Outfit und schon fing das Leben an sich positiver und schöner zu gestalten. Sein Stolz blieb, doch er schaffte es immer öfter, die Faust in der Tasche zu ballen, seine Einstellung und Sichtweise fingen an, sich der modernen Welt anhaltend segensreicher anzupassen, und die ersten Erfolge bei den Frauen ließen nicht lange auf sich warten.

Er und seine Wanderers-Kumpels zogen sich immer mehr von dieser für sie hässlichen Gesellschaft in ihre schöne farbenfrohe leichte Wanderers-Welt zurück. Mittlerweile gingen die Jungs dauernd mit unsichtbaren Scheuklappen durchs Leben. Diese langhaarigen sonnengebrannten, mit Eiweiß oder Anabolika aufgepumpten Typen konnten sie sich nicht mehr reinziehen. Besonders widerte Santo an, wenn sie ihre lange Mähne al la Conan der Barbar schwungvoll nach hinten warfen und sich dabei unwiderstehlich toll vorkamen. Was sie auch gerne mit ihrer Conan-Frisur veranstalteten, war die Masche, ihre langen Haare immer wieder von einer Seite zur anderen zu werfen. Dabei empfanden sie sich als ganz tolle Adonis.

Noch viel schlimmer waren die Klamotten, die sie trugen. Weite Pash-Hosen, mit bunten Herkules- oder irgendwelchen anderen Sportschuhen, damit sie allzeit für eine Schlägerei beweglich sein konnten. Dabei trugen sie weite Oberteile genau wie ihre weiten Pash-Hosen, mit bunten, bedruckten, neonfarbenen Mustern, wo man so groß es nur ging den Markennamen von weitem erkennen konnte.

Die Casa-Italia-Wanderers-Crew, die aus Santo, Giacomo, Fausto, Valentino und Sebastiano bestand, hatte sich von ihren Müttern nach den Vorbildern des Wanderers-Films dieselben Jacken nähen lassen. Zuerst hatten sie auf einem Blatt Papier die Schrift von der Video-Kassetten-Hülle-abgepaust. Dann sind sie in die Stadt gegangen und haben sich bei Stoff-Müller auf einer Seitenstraße neben der Schildergasse Stoff in den Farben senfgelb und kupferrot gekauft. Nachdem die Jacken von ihren Mütter endlich fertig genäht waren und der Stehkragen, der ein wichtiger

Bestandteil der Jacke war, endlich den richtigen Stehschnitt hatte, ließen sie sich auf ihren Jacken bei einem T-Shirt-Aufdruck-Shop in der Stadt auf die Rückseite ihrer selbstangefertigten Wanderers-Jacken den Aufdruck drucken.

Jeden Morgen grauste es ihm, nach Köln Kalk zu fahren. Jeden Morgen zwang er sich trotzdem hinzufahren, um bei den Deutz-Motoren seine Ausbildung als Zerspanungsmechaniker weiterzumachen. Wenn er morgens am Tisch saß und die ersten Schlucke seines wohlriechenden und genauso wohltuenden Espresso schmeckte und von der schönen Welt der Wanderers, der schönen Musik, der schönen Frauen und der spannenden Partys träumte, hörte er seinen Vater, der morgens immer vor ihm aufstand und den Espresso vorbereitete, auf sizilianisch unsanft sagen: »Chi fa´dormi? Ha risbighiati, pescature ca dorma e pisci cha nun pigghia.« (Was ist, schläfst du? Wach auf! Fischer, der schläft, fängt keine Fische.) Dabei schaute ihn Carlo mit einem zugleich belustigten, besorgten und befehlenden Ton an. »Forza, annacati, sanunca ca´rivi tardi no travaghiu.« (Los, beweg dich, sonst kommst du zu spät zur Arbeit), fügte Carlo noch vorsorglich im befehlenden Ton hinzu. Santo überkam ein bedrückendes Gefühl. Er sah diese Arschgesichter aus seinem Lehrgang, die ihn mit ihrem Kleingeist und Obszönität herunterzogen. Dann sah er sich mit der Bahn über die Severins Brücke fahren und die hässliche rechte Rheinseite auf sich zukommen. Er sah die Menschen, die dort lebten und arbeiteten. Sie zogen ihn alle runter. Was für eine hässliche Welt. Es kam ihm vor, als ob er sich in einer anderen Stadt befand. Hinzu kamen ziemlich heruntergekommenen Gebäude in dunklen, grauen und braunen Hausfassaden, die mit hässlichen, lieblosen Badezimmerfliesen verkleidet waren. Dann sah er das noch viel hässlichere Backsteinfabrikgebäude der Deutz-Motoren in Kalk. Alles um ihn war trist und dunkel.

Am Anfang der Ausbildung nahm man Santo nicht ernst. Er war ein schlechter Schüler und auch im Betrieb war er nicht gerade der Überflieger. Er gehörte mit seinen 1,73 Metern zu den Kleinsten in der Gruppe, die meisten anderen maßen alle über 1,80 Meter. Viele waren dazu noch massig, er hingegen eher der schmalere Typ. Im ersten Lehrjahr, 1986, sechs Monate später, fuhr Santo mit seinem Ausbildungsjahrgang für eine Woche in einen kleinen Ort im Sauerland. Es sollte dem besseren

Kennenlernen dienen. Es war eine große Jugendherberge, in der sich auch andere Betriebe befanden. Es wimmelte von jungen Menschen. Im Tagesablauf waren morgens drei bis vier Stunden Unterricht angesagt und mittags dann Freizeit. In der Freizeit hatten sie die Möglichkeit, Kicker zu spielen, Tischtennis, Basketball und Fußball und einige andere Spiele.

Beim Anblick des Kickertischs stürzten sich die Kollegen euphorisch drauf. Beim Spielen steigerte sich diese Euphorie. Sie brüllten sich an, sie beschimpften sich und jeder versuchte, den anderen zu untergraben. Sie hatten einen Riesenspaß. Santo stand daneben und beobachtete ihr elendliches Können, sagte aber nichts. Er amüsierte sich im Stillen. Dabei dachte er: »Was für erbärmliche Spacken.« Er wäre am liebsten nicht mitgefahren. Eine Woche mit diesen Rohlingen? Eine Woche keine Casa Italia, die ihn auffing? Es hatte ihn gegraust. Er hatte keine andere Wahl. Er musste. Er wollte seine Ausbildung nicht gefährden. Die Jungs amüsierten sich. Sie hatten einige Spiele schon gespielt und keiner war auf den Gedanken gekommen, Santo zu fragen, ob er mitspielen wolle. Ali war hinzugekommen. Er wollte mit Santo ein wenig quatschen, allerdings hatte Santo keine Lust, stattdessen wollte er diesen Idioten mal zeigen, wie man Kicker spielt. »Hey wie sieht's aus? Darf ich auch mal spielen?« Gelächter.

»Ja, lacht nur«, dachte sich Santo, »mal gucken, wie ihr gleich lachen werdet.«

»Ach, guck mal, unser kleiner Italiener, hahaha, kannst du denn überhaupt Kicker?« Hahaha, wieder großes freudiges Gelächter. Sie lachten ihn köstlich aus. Santo überlegte, ob er bescheiden antworten sollte. Sein Kopf sagte, »ja, und dann zeigst du es ihnen«. Doch zum Leidwesen des Kopfes triumphierte sein Herz.

»Gut genug, um euch eine Lektion zu erteilen«, antwortete Santo.

»Hahaha«, brachen sie alle in Gelächter aus. »Hört, hört«, sagten sie.

Mittlerweile hatten sich einige mehr aus ihrem Lehrjahr um den Kickertisch versammelt. Unter anderem auch Roge Dunkel.

Jan Zimmerman suchte immer Roges Nähe, doch trotz ähnlicher Gesinnung merkte man, dass Roge eigentlich eher abgeneigt zu Jan Zimmermann stand. Er schien ihn nicht sonderlich zu mögen, auch wenn Jan ihn hin und wieder mit seinen rassistischen Stammtischparolen vergnügte. Die Parolen kamen immer mit absolut ernster Miene und einstudierter Pose, genauso wie Santo es aus den alten italienischen Filmen kannte, wenn die Italiener sich über die Nazis lustig machten. Das Paradoxe für Santo und wahrscheinlich auch für sie selbst war, dass sie jedes Mal nach ihren nationalen Stammtischparolen selbst in Gelächter ausbrachen. Santo fand es nicht so lustig. Er lächelte immer nur resigniert. »Hoffnungsloser Fall«, dachte er sich.

Roge war ein großer Meister, zumindest, was das Nachahmen von Adolf Hitler anging. Er nahm seinen Kamm, den er immer bei sich trug, um seine Mähne regelmäßig nach hinten zu kämmen, stellte den Kamm vor seine Oberlippe so hin, dass man deutlich den typischen Adolf Hitler Kurzschnurrbart erkannte, hob seinen rechten Arm mit der flachen Hand gestreckt nach oben, dass man hätte denken können, Adolf selbst stehe da. Santo war stets fasziniert, während die deutschen Azubis sich halbtot lachten und sich kaum noch einkriegten. »Unglaublich«, dachte er sich, der Bursche hat echt Talent. Wenn ich nen Film über Adolf drehen würde, würde ich ihn auf jeden Fall nehmen.

»Komm Italiener, dann zeig mal, was du so kannst.«

Ali schaute etwas besorgt. Er dachte: »Hoffentlich blamiert er sich nicht.«

»Aber nicht im Doppel«, sagte Santo. »Ich möchte meinen Triumph über euch alleine auskosten.« Dabei schmunzelte er und genoss es innerlich, diesen arischen Blassgesichtern eine Lektion zu erteilen.

»O.K, wie du willst«, sagte Klaus Müller. Er und Patrick Niederrhein waren die stärksten im Kickerspielen. Patrick war sogar noch ein Stück stärker als Klaus. Die anderen zwei, Jan Zimmermann und Stephan Strauss, stellten sich zur Seite.

»Nein, nein«, sagte Santo, »bleibt ruhig zusammen, ihr könnt ruhig zusammen spielen.«

Beide schauten sich erstaunt an. Santo genoss die Szene und war gespannt auf die Antwort.

»Wie, zusammen?«, meinten sie wie aus einem Rohr.

»Ja, zusammen, ihr zwei zusammen gegen mich.«

Kurze Stille. Alle lachten sich einen ab, auch Ali, der eigentlich auf der Seite von Santo war. »Wir beiden gegen dich?«, fragten sie nochmal erstaunt und lachten weiter.

»Ja, oder habt ihr Schiss?«, forderte Santo sie heraus.

»O.K., Italiener, wenn du es unbedingt so willst.« Sie ließen sich nicht lange darum bitten. Santo schaute sie einfach nur abwartend an und nickte kurz mit seinem Kopf. Alle waren gespannt. Santo konnte es kaum abwarten, sie zu deklassieren. »O.K., dann los«, sagte Klaus. Santo nahm den Kickerball und schlug ihn dreimal gegen die obere Kante des Kickertisches auf, hielt den Ball nach oben und tat so, als ob er ein Ei zerschlagen würde, um es in der Pfanne zum Spiegelei zu braten.

Hin und wieder taten das die Casa-Italia-Jungs. Es amüsierte sie. Es war wie ein Eröffnungsspielritual. Verblüfft schauten sich seine Lehrgangskameraden kurz an. Dann brachen sie in Gelächter aus. Ali war beeindruckt. Santo schmiss mit Elan gekonnt den Ball über die Mittelfeldspiellinie. Das Spiel fing an, dauerte aber nicht lange. Im Nu war das Spiel beendet. 10:3. Mit blitzschnellen Zügen, ausgetüftelten Tricks und aus dem Handgelenk geschossenen Toren, die raketenartig aus dem hinteren Spielfeld ins gegnerische Tor hinauskatapultiert wurden. Stille. Santo gab kein einziges Mal einen Laut des Triumphes von sich. Er hatte jedes Tor, jeden Zug, innerlich umso mehr ausgekostet. Alle waren baff. Roge traute seine Augen nicht und Jan Zimmermann war der Unterkiefer vor Erstaunen in die Tiefe gestürzt. »Trionfo e Vittoria«, Santo schossen genugtuende Gedanken in den Kopf. Ali und auch Osmann und Aydin, die türkische Fraktion des Lehrgangs kamen noch hinzu und verfolgten das Spiel mit freudiger und brennender Neugier.

»Was war das denn?«, kicherte Ali belustigt.

»Ach«, meinte Klaus Müller, »war nur Glück. Ich hab ihn nicht ernst genommen.«

»Ja, genau, nicht ernst genommen«, fügte Patrick Niederrhein hinzu.

»Ja, klar, nur Glück«, antwortete Santo. »Wir können gerne noch ein Spiel machen«, bot er ihnen herausfordernd an.

»Ja klar, meinst du, du kommst uns einfach so davon?«

Santo schmunzelte. »Wollt ihr Seiten wechseln?«, fragte er sie nur daraufhin. Klaus schaute Patrick fragend an. »Nee, brauchen wir nicht«, antwortete Patrick genervt. Patrick gehörte mit Dirk Heiligen zu den freundlichen smarten, die im Grunde gegen niemanden was hatten und soweit es ihnen erlaubt wurde, ihr eigenes Ding durchzogen.

»O.K.«, sagte Santo. Er hob den ersten Kickerball nach oben, schaute den Jungs in die Augen, schaute sich kurz in der Runde um, lächelte und zelebrierte das Eröffnungsritual, wie er es in der Casa Italia gelernt hatte. Zack, wurde der Ball wie gewohnt, schwungvoll präzise, durch die Mitte des Kickertisches geworfen. Das Spiel war eröffnet. Santo hatte sich beim ersten Match warm gespielt.

10:1. Diesmal hatte er sie noch schneller als beim ersten Match zerstörerisch besiegt. Er hatte sie deklassiert, niedergemacht. Er hatte seiner ganzen Wut, die sich in diesen ersten sechs Monaten durch ihre unempathische provakante Art aufgestaut hatte, beim Kickerspiel freien Lauf gelassen. Totenstille. Entsetzte Gesichter. Die müssten sich mal ansehen, dachte Santo jubelnd bei dessen elenden Antlitzen. Aber er kannte das auch nicht anders, erstmal groß reden, dann verlieren und dann Totenstille.

Was für schlechte Verlierer. »Was ist los, Jungs?«, fragte er jetzt stechend, »war das alles? Ich hab mir schon in die Hosen gemacht, so wie ihr aufgetrumpft seid.«

Santo lächelte und musste sich beherrschen, nicht in Gelächter auszubrechen. Es war nicht seine Art, Menschen, die einem unterlegen waren, zu demütigen. Die Worte seines Vaters hatten sich seit seinem sechsten Lebensjahr für immer und ewig eingebrannt. »Lege dich nicht mit Schwächeren an! Wenn du dich mit jemanden anlegen willst, dann such dir deinesgleichen oder noch besser einen, der dir das Wasser reichen kann. Wehe, wenn ich mitbekomme, dass du dich an Schwächeren oder an Mädels vergreifst, und komm mir auch bloß nicht mit Schlägen nach Hause.« Das waren die Worte, die ihn ein Leben lang begleiten sollten.

Santo war ein As im Kickerspielen. Nur einer war besser als er und das war sein guter Freund Pippo. Das konnten seine Lehrgangskameraden nicht wissen. Herr Barke staunte in den Tagen immer mehr. Er konnte es irgendwie nicht wahrhaben. Es ging nicht in seinen Kopf. Santo sah es an seinem Gesichtsausdruck, an seinen Augen. Er dachte sich: »Idioten, sie messen die Menschen nur nach Körpergröße und Schulnoten. Im

Gegensatz dazu hatte sein Vater ihm beigebracht, sich eher vor kleinen Menschen und Menschen mit einem Handicap in Acht zu nehmen. Santo hatte sie alle verblüfft. Sowohl die aus seinem als auch die anderen aus dem parallelen Lehrgangsjahr, inklusive Meister. Er hatte sie beim Fußballspielen niedergemacht, im Tischtennis, im Billardspielen und auch in den anderen Spielen gehörte er immer zu den Besten.

Jan Zimmermann war ein Sackgesicht, er konnte es einfach nicht sein lassen, seinen Mitmenschen auf den Nerv zu gehen. Bei jeder Gelegenheit, jeder nur erdenklichen Möglichkeit, stürzte er sich drauf wie ein Schakal, der seit längerem Hunger leiden musste, um sich auf nervtötende, dämliche, provozierende menschenverachtende Art auf Kosten anderer zu amüsieren. Einmal hatte er es übertrieben, einmal von vielen anderen Malen, in denen er Santo auf den Nerv gegangen war. Dieses Mal war er Santo mächtig auf den Sack gegangen. Santo wollte einfach nur seine Ruhe haben. Zuhause ging ihm immer wieder sein Vater auf den Sack, der apoplektisch veranlagt war. Sein kleiner Bruder war ne Nervensäge und um seine Mama hatte er immer Besorgnis, dass sein Vater, der schnell explodieren konnte, ihr wehtun könnte. Seine Noten in der Schule waren das Letzte und nagten stark an seinem Selbstvertrauen, und seine Ausbildung war auch nicht gerade das Gelbe vom Ei. Ihm fehlte nur noch dieses Arschgesicht von Jan Zimmermann, den er so gar nicht gebrauchen konnte. Jan Zimmermann hatte dieses Mal wahrlich den Bogen überspannt. Er lachte Santo durch die ganze Frühstückpause aus. Zunächst versuchte Santo mitzulachen, in der Hoffnung dieser Mongo würde aufhören, doch der hatte sich mal wieder in Ekstase gelacht und hörte einfach nicht mehr auf. Dabei zeigte er immer wieder mit seinem Zeigefinger auf Santo, während er sich die ganze Zeit in der Runde umschaute, um alle mit einzubeziehen und sich gleichzeitig deren Zustimmung sicher zu sein. Santo hätte ihn zerschlagen können, die Fresse polieren, auf's Maul hauen. Aber nein, er musste sich mal wieder beherrschen, er musste ruhig bleiben. Er wollte nicht seinen Ausbildungsplatz wegen so einem Affen aufs Spiel setzen. Er blieb ruhig und sagte sich: »Sanque freddo, sanque freddo.« (Kalt Blut, kalt Blut.) »Nicht wie dein Vater, nicht wie dein Vater, sei ruhig, sei ruhig und lass dir nichts anmerken, aber nach der Arbeit kriege ich dich, ich werd's dir zeigen«, schossen ihm seine wutentbrannten Gedanken durch den Kopf. »Nach der Arbeit, können die mir draußen nichts, solange es nicht im Betriebsgebäude passiert, können die mich nicht rausschmeißen«, dachte Santo. Er kochte vor Wut. Er fühlte sich zutiefst gekränkt, er fühlte sich gedemütigt. Das reicht, sagte er zu sich selbst. Das war das letzte Mal, dass der mich so schikaniert hat. Seine Würde, seine anerzogene Achtung konnte es nicht zulassen, konnte es nicht akzeptieren. Er würde niemals seine Selbstachtung opfern.

Die Zeit verging nicht an dieser beschissenen Drehbank und nach Singen, was er sonst auch gerne tat, um sich die Zeit angenehmer zu gestalten, war ihm erst recht nicht. Santo sang immer an seiner Drehbank. Am liebsten die Lieder des Wanderers-Films. Seine Kollegen fragten ihn, ob ihm seine Arbeit so viel Spaß machen würde, dass er immer an seiner Drehbank vor sich sang. »Nein«, hatte er geantwortet, »ich singe mir einen vor, damit mir die Arbeit Spaß macht.« Er schaute immer wieder auf die Uhr und hoffte, dass die Zeit schneller verging. Er konnte es kaum abwarten. Er freute sich und brannte darauf diesem Bastardo, diesem Figlio di puttana, diesem Nazi, das Herz rauszureißen.

»Ali, ich brauche deine Hilfe«, sagte Santo nach Arbeitsende mit ernster und gefasster Stimme.

»Meine Hilfe? Bei was denn?«

Santo hatte während der ganzen Arbeitszeit mit niemand über sein Vorhaben gesprochen. Selbst Ali, mit dem er eine ziemlich gute Arbeitsfreundschaft führte, hatte er vermieden einzuweihen. Er hatte über die ganze Zeit gute Miene zum bösen Spiel gemacht. Er wollte kein Risiko eingehen, dass dieser Bastardo eventuell vorgewarnt werden würde, und außerdem hielt er nicht viel von reden. Auch dies war eine der archaischen, sizilianischen Lehren. »Cane che baia non morde.« (Hunde, die bellen, beißen nicht.) Wenn es nicht anders geht, erst zuschlagen und dann reden. Das entsprach ganz und gar nicht dem Naturell von Santo. Eigentlich hatte er nie mit dem Schlagen angefangen, sondern hatte eher immer auf dem ersten Schlag des anderen gewartet. Instinktiv fühlte er sich in dieser Rolle am wohlsten. Er hatte seinen Vater damals, als er noch ein Grundschuljunge war, gefragt »Warum kann man nicht zuerst reden und dann, wenn es nicht anders geht, zuschlagen?«

»Weil sonst dein Gegner vorgewarnt ist und er dir zuerst eine verpasst. Und dann wird es schwer, den Kampf für sich zu entscheiden«, hatte Carlo geantwortet.

»Nichts Großes, nur einen Gefallen.«

»Und was?«, fragte Ali mit einem neugierigen Lächeln.

»Du sollst einfach nur darauf achten, dass sich keiner einmischt.«

Ali verstand nicht. »Einmischen, nicht einmischen? Bei was?«

»Du sollst lediglich darauf achten, dass keiner der anderen Jan zur Hilfe kommt.«

»Was hast du vor?«, fragte Ali mit einem erahnenden Lächeln.

»Ich schnapp mir gleich diesen Wichser, diesen Bastardo, der wird nie wieder über mich lachen, das schwöre ich dir.«

Ali wurde schlagartig blass. »Was?«, kam Ali erstaunt durch seinen Rachen geschossen. »Was?« Dabei lachte er. »Du willst Jan Zimmermann in die Fresse hauen? Im Ernst?«

Das erzürnte Santo nur noch mehr. »Dir werde ich es auch zeigen, gleich erlebst du dein Wunder.« Santo schaute Ali mit ernstem Blick in die Augen, dabei dachte er sich: »In was für einer Gesellschaft lebe ich? Die werten die Intelligenz und Stärke eines Menschen nur nach Körpergröße, ihr werdet gleich alle staunen.«

Er hatte es endgültig satt. Er hatte es ein für alle Mal satt, nur um seinen Ausbildungsplatz zu behalten, sich unter Wert zu verkaufen, sich weiterhin erniedrigen zu lassen. »Sollen die gleich mal sehen.«

»Ach komm, das traust du dich sowieso nicht«, meinte Ali. »Das ist ein Tier«, fügte er noch hinzu.

»Steh mir zur Seite und misch dich nur ein, wenn sich die anderen auch einmischen sollten, mehr erwarte ich nicht. Egal, wie der Kampf ausgeht, du mischt dich nur ein, wenn die anderen Jan zur Hilfe kommen. Ansonsten, wenn du nicht willst, kann ich es auch verstehen. Kein Problem. Ich werd ihn mir so oder so gleich schnappen.«

Ali richtete seine länglichen Haare, al la Kölner Schläger-Manier. Er richtete seine Jacke mit einem Ruck nach vorn, um sie dann in gewohnter Weise so nach hinten zu legen, dass der Jackenkragen hinter den Schulterblättern lag. Er hob seinen Kopf, legte seine Kinnlade nach vorn, breitete seine Schulter aus und ließ seine 1,82 Meter demonstrativ zur Geltung kommen.

Es war ein etwas längerer Weg bis zum Ausgang und Santo beeilte sich so schnell wie möglich, um als Erster dort anzukommen, um Jan Zimmermann aufzulauern.

Ali zündete sich eine Kippe an. »Willst du auch eine?«, bot er Santo an. »Nein, danke.« Santo war gar nicht nach rauchen, er hatte nur noch eins im Kopf, er wollte Jan an die Gurgel, nichts anderes. Das Arschgesicht von Jan, diese hässliche Fratze, schwirrte ihm schon den ganzen Tag vor den Augen. Die ersten Azubis und Arbeiter kamen und gingen. Weit und breit kein Jan. Weit und breit war dieser hässliche Koloss nicht zu erblicken, sein kahlgeschorener Arier Kopf, wie er ihn selbst nannte. Ali beobachte Santo und seine Miene schien von Sekunde zu Sekunde ernster zu werden. Santo hatte langsam die Befürchtung, Jan hätte was mitbekommen und wäre den anderen Weg gegangen. Es gab einige Ausgänge und Wege im Gebäude des KHD-Kalk. Santo atmete tief ein und dachte sich: »Nur die Ruhe, gleich kommt er.« Kaum hatte er durchgeatmet und den Gedanken zu Ende gedacht, sichtete er aus der Ferne den unverkennbaren uneleganten Schritt, wie ein strammer NS-Soldat, der durch Jans Springerstiefel noch mehr zur Geltung kam. Ali stockte kurz und seine Kippe blieb ihm im offenen Mund stehen. Seine Miene verfinsterte sich und sein Blick wechselte hin und her, einmal rüber zu Santo und einmal rüber zu Jan. Er konnte es immer noch nicht fassen, dass dieser kleine Italiener, dieser Itaker-Arsch, so nannte Ali gerne die Italiener, tatsächlich die Eier hatte, diesem Koloss gleich gegenüber zu treten, und in der Tat den Versuch wagen würde, sich mit Jan Zimmermann anzulegen. Jan kam immer näher, gleich war er da. Santo war schon im Kriegerrausch. Er hörte nichts mehr, er sah nichts mehr und er spürte auch keinen Herzschlag mehr. Er war nicht mehr von dieser Welt. Er hatte nur noch Jan Zimmermann im Visier.

Jan war so wie immer mit seiner arischen Clique zusammen. Roge Dunkel, Patrick Niedermeyer, der Jan sogar um einen halben Kopf überragte, Dirk Heiligen und Klaus Müller. Die hatte er noch wahrnehmen können, bevor er sich fest entschlossen, ohne Rücksicht auf Verluste, ohne eine Spur der Angst, sich selbst verletzten zu können, schnurgerade auf Jan stürzte.

Santo schmiss seine Arbeitstasche von sich weg, schnappte sich Jan mit seiner linken Hand am Kragen seiner Jacke, griff sein kleines Gesicht und drückte fest zu. Ali war zum zweiten Mal die Kinnlade runtergefallen, dabei schienen seine Augen raus zu platzen und beinahe hätte er sich auch noch verschluckt. Er war nicht der Einzige. Keiner wusste, warum. Santo hatte ja kein Wort gesagt. Santo hatte sich nichts anmerken lassen. Jans Gesicht war kreideblass, die wenige Farbe, die er besaß, war auch verschwunden. Er sah aus wie ein Toter. Seine Eier waren wie auf einen Schlag auf den Boden gefallen. Er wusste nicht, wie ihm geschah, aber eins wusste er, er wusste, warum. Santo holte mit seiner rechten Hand aus und stieß mit dem unteren festeren Teil, so wie er sich das bei Giulio Maroni abgeschaut hatte, zweimal in Jans hässliches Gesicht. Niemand mischte sich ein. Auch Ali nicht. »Was ist? Was ist?«, schrie Jan wie ein Schwein, das kurz vor dem Abschlachten stand. »Was habe ich getan?«

»Was hast du getan? Du Stück Scheiße. Was du getan hast, fragst du noch? Ich reiß dir dein Herz raus, ich reiß dir deine Eier ab, wenn du mich nur noch einmal auslachst, ich schwöre, ich schlag dir deinen Kopf ab.«

»Aber was ist los?«, tat Jan scheinheilig. »Ich weiß gar nicht, was ich getan habe«, gab er von sich wie ein kleines Kind.

»Wehr dich doch, wenn du ein Mann bist, komm, wehr dich, komm, zeig was du drauf hast.« Alle standen da und waren verblüfft über das, was sie da sahen. Sie konnten es nicht begreifen, sie waren schockiert. Dieser Koloss, dieser Berg von Mensch, der gefährlich und stark aussah, ließ sich von diesem kleinen Italiener in die Mangel nehmen. Er hatte nicht den Mumm, sich zu wehren. Er machte sich in die Hosen und knickte ein. »Entschuldigung. .., tut mir Leid, hab es nicht so gemeint, kommt nicht wieder vor«, hörte man ihn mit einer pipsigen Stimme offenbaren. Jan zog den Schwanz ein und gab wie ein reuiger Hund klein bei.

»Mach das nie wieder mit mir, mit mir nicht, hamma uns verstanden? Mit mir machst du sowas nicht mehr. Mich lachst du nie wieder aus.«

Santo ließ von Jan ab, schnappte sich seine Arbeitstasche und schmiss sie sich schwungvoll über die Schulter. »Komm, lass uns gehen«, sagte er mit ruhiger befriedigter Stimme. Durch die nüchterne und gefasste Stimme von Santo wurde Ali, der noch wie in Trance da stand, wie aus dem Nichts aufgeweckt. »Ja, Mann, lass uns gehen«, antwortete Ali.

»Ja, lass uns gehen«, wiederholte Santo.

»Mann«, sagte Ali, »ich habe noch nie einen Italiener wie dich kennengelernt.«

»Wir Italiener sind nicht alle gleich.«

»Bei mir im Viertel, bei uns in Gremberg-Hoven, kenne ich keinen einzigen Italiener, der so viel Mumm bewiesen hat wie du«, meinte Ali.

»Wir Italiener sind nicht alle gleich«, antwortete Santo noch einmal.

Die Wanderers-Zeit war für Santo eine sehr schöne Epoche. Er hatte beschlossen, sich aus allem Ärger rauszuhalten, soweit es ihm gelang. Ab jetzt wollte er nur noch mit den schönen Dingen im Leben zu tun haben. Er fing an sich zu verändern, er fing an, an sich zu arbeiten. Er versuchte, seine Gedanken auf die schönen Sachen zu fokussieren. Er hatte sich entschlossen seine Emotionalität, sein Gespür für Ungerechtigkeit, die er nie ertragen konnte und weswegen er oft in die Rolle des Beschützers geriet, besser zu kontrollieren. Die Transformation war im Gange.

Santos Auseinandersetzungen ergaben sich oft, weil er andere in Schutz nahm. Er ließ sich kaum was gefallen. Das brachte ihm den Ruf ein, ein Schläger zu sein. Dieser Ruf belastete ihn sehr. Für Santo war es keine Ehre, den Ruf eines Schlägers zu haben. So kultiviert war er schon. Er empfand dies als sehr ungerecht. Er selbst sah sich als ein junger Mann mit Ehre. Einer, der sich nichts gefallen ließ, der für die Gerechtigkeit und für seinen Stolz bereit war, auch körperlich zu kämpfen. Das gefiel einigen aus der Casa Italia nicht. Weil Santo im Gegensatz zu ihnen, nicht nur laberte und groß maulte, sondern das Gesagte auch in die Tat umsetzte, wenn es mal ernst wurde. Sie konnten sich ja nicht selber anklagen.

Es war nicht einfach für einen jungen Mann, sich in eine gespaltene Gesellschaft einzuordnen. Entweder war man ein Schläger oder ein Otto, wie man in Köln Schlappschwänze nannte. Santo hatte sich entschieden, weder das eine noch das andere zu sein. Er entschied sich dafür, eine goldene Mitte zu finden. Es gab zwar ab und zu Rückfälle, doch die wurden immer weniger. Er konnte ja nicht von heute auf morgen einfach aus seiner Haut heraus. Aber der Weg war klar und wurde immer deutlicher.

Zu Zeit der KHD wäre es beinahe wieder zu einem Rückfall gekommen. Santo sowie die anderen Casa-Italia-Jungs hatten sich ganz nach dem Vorbild der 50ger eine Tolle a la James Dean oder Elvis Presley frisiert und Koteletten al la Rockerbilly wachsen lassen. Im Vergleich zu den meisten Jugendlichen in den 80gern trugen sie Levis 501, Chucks oder Doc Martins, eng geschnittenen weiße oder schwarze T-Shirts wie im Film »Die Wilden«, in dem 1953 Marlon Brando die Hauptrolle gespielt hatte, oder wie Holzfäller, sowie nur einfarbige Hemden, die in den 80ern alles andere als In waren. Dazu trugen sie Biker- oder halt ihre selbstgenähten Wanderers-Jacken. Manchmal auch eine Jeans-Jacke, wie beim Film »Die Outsider«, die auch gerne mit abgeschnittenen Ärmeln getragen wurden.

Santo saß in der Bahn mit Calogero Melchiore, einem der wenigen Italiener, die bei KHD eine Ausbildung absolvierten. Calogero war im ersten Ausbildungsjahr, während Santo sich schon im zweiten befand. Calogero wohnte in Ehrenfeld, einem multikulturellen Stadtteil, der sich im Kölner Westen befindet, in dem sich viele Italiener niederließen. Es kam öfters vor, dass beide zusammen mit der Bahn nach Hause fuhren. Unbeschwert unterhielten sich Calogero und Santo in ihrem sizilianischen Dialekt. »Eh, Elvis, hehehe«, hörte Santo etwas verschwommen von hinten. »Hey, Elvis, hehhehe«, hörte Santo nochmal von hinten rufen, tat aber so, als ob er nichts mitbekommen hätte. Calogero schaute Santo an. Doch Santo reagierte nicht, er hatte ja für sich entschlossen, sich nicht mehr so leicht provozieren zu lassen. Calogero kannte Santos Temperament und staunte über die ungewohnte Haltung.

»Hey«, hörte Santo in einen noch lauteren Ton drei Sitzbänke hinter sich. »Ja, dich, dich meine ich, bist du Elvis?«, fragte Mehmet.

Santo drehte sich zum ersten Mal um. Er musste sich umdrehen, in ihm kochte es schon und sein Blut pochte ihm mal wieder in den Schädel. Wenn seine Kriegsprogramme hochfuhren spürte er, wie seine Ohren warm wurden und rot anliefen. Er schaute nach hinten, schaute sie mit ernster und gleichzeitig fragender Miene an. Sie saßen zu dritt. Drei Jugendliche, die bei KHD auch ihre Ausbildung absolvierten. Santo erkannte einen. Ihn und seinen Cousin hatte er schon mal als kleiner Junge auf dem Weyertal-Spielplatz in die Mangel genommen und nicht nur die, das wusste Dogan. Er kannte Santo und wusste, dass man ihm nicht zu sehr auf die Pelle rücken sollte. Dogan versuchte, Mehmet davon abzuhalten, Santo weiterhin zu provozieren. Er erkannte Santo und die Bilder aus seiner Kindheit waren immer noch in seinem Gedächtnis eingebrannt. Mehmet imponierte es nicht. Die meisten Italiener, die er kannte, ließen sich schnell einschüchtern und hatten keinen Bock auf Stress. Er kaufte es Dogan nicht ab. »Hey, Itaker, du, ja, du, du mit der Elvis-Kotelette, bist du Elvis? Hahaha.« Und dabei lachte sich Mehmet einen ab. Dogan empfand es gar nicht als lustig, und Santo hatte in seinen Augen Besorgnis entdeckt. »Ma vafanculo«, dachte sich Santo, »scheiß drauf«, wobei es ihn gleichzeitig ärgerte und er sich vom Schicksal ungerecht behandelt fühlte. Er dachte sich: »Warum? Warum muss so etwas immer mir passieren, bin ich blöd? Sehe ich blöd aus für die anderen? Steht Idiot auf meiner Stirn geschrieben?« Es fuckte ihn ab, dass er sich immer wieder aufs Neue beweisen musste. Konnten sie ihn nicht einfach in Ruhe lassen? Aber seine anerzogene Ehre, sein Stolz als Rubino, die ihm sein Vater von klein auf eingeimpft hatte, konnte einfach nicht anders, er konnte nicht einfach so tun, als ob nichts wär, und alles ignorieren, und er wusste es besser. Wenn er dies tat, das hatte er mehrere Male bei anderen beobachten können, war es mit Nichtbeachtung nicht getan. Im Gegenteil, er hatte zu oft erlebt, wie Jungs, die nicht ihren Mann standen, immer wieder schikaniert und bloßgestellt wurden. Wie Idioten wurden sie behandelt und tagein, tagaus wurde ihre menschliche Würde vergewaltigt, zerstückelt und ihnen genommen. Sollte er sich dies gefallen lassen? Manchmal hätte er es gerne in schwachen Momenten. Santo war es so satt, sich immer wieder aufs Neue zu behaupten. Warum musste man sich immer wieder behaupten? Sein Vater hatte gut reden, in Militello, eine 12.000-Seelen-Gemeinde brauchte man nur einige Male seinen Mann stehen und alle wussten Bescheid. Man wurde dann in Ruhe gelassen. Man hatte seinen Mann gestanden und alle wussten Bescheid.

Man hatte sich einen Ruf gemacht und jeder wusste, dass man sich mit einem Rubino nicht so leicht anlegen sollte. Doch die Worte seines Vaters waren noch sehr gut in seinem Gedächtnis zu hören. In solchen Situationen sah er immer seines Vaters Antlitz, wie sein Vater ihn anschaute und von ihm erwartete, ein ehrenvoller Sizilianer zu sein. Er hörte ihn sagen: »Wir sind Sizilianer, du bist ein Rubino, wir lassen uns von niemandem auf dem Kopf rumtanzen.«

»Meinst du mich?«, fragte Santo mit fester und selbstsicherer Stimme. Dabei wäre er dem Typen gleich am liebsten an die Gurgel gesprungen. Mehmet stockte, er war verblüfft. Santo hatte ihn überrascht und nun war er erstaunt und plötzlich auch noch verunsichert. Hatte Dogan doch Recht? Konnte es wirklich sein, dass dieser ungefährlich aussehende Itaker in Wahrheit was drauf hatte? Mehmet stockte und seine Gurgel schien wie zugeschnürt. Er musste schlucken. Sein Rachen war wie zuzementiert. Er staunte über sich selbst. So hatte er sich selbst noch nie erlebt. Seine Sicherheitsglocken, sein Instinkt, spürten nun die kriegerische Energie, die Wut, die feste Entschlossenheit, die von Santo ausgingen. Nun war er sich, nicht mehr seiner Selbst sicher. Dogan war blass und der andere Kumpel staunte auch nicht schlecht. In der Bahn wurde es still und alle Augen hatten sich auf sie gerichtet.

»Wenn du ein Mann bist«, meinte Santo, »wenn du ein Mann bist, steigst du bei der nächsten Haltestelle am Neumarkt mit mir aus und dann kannst du mir zeigen, was du von mir willst. O.K.?«

»Ja O.K.«, kam es zu Mehmets Erstaunen raus. Seine Sprachbänder hatten sich wieder im Griff. »O.K.«, nickte Mehmet zustimmend. Dogan redete auf Mehmet ein, er solle mit dem Scheiß aufhören. Er solle lieber Santo in Ruhe lassen. »Der ist nicht so, der wehrt sich, der kann sich gut wehren, glaub es mir. Ich kenne ihn. In Sülz hat er einige von uns vermöbelt, wir haben alle Respekt vor ihm.«

Mehmet konnte es einfach nicht fassen. Dieser Itaker? Dieser da? Dieser kleine scheiß-Itaker? Der seine Haare wie Elvis trug, der soll gefährlich sein? Es ging ihm einfach nicht in den Schädel. Die Jungs, die gefährlich waren, sahen anders aus. Sie trugen meist eine lange Mähne, sprachen in kurzen Sätzen und mit so männlicher Stimme, wie es nur ging. Dabei zeigten sie dann alle den lang einstudierten »leg dich bloß nicht mit mir an, ich kille dich«-Blick. Sie trugen immer Sportschuhe oder auch mal Boxerstiefel, breite Pasch-Jeanshosen und am liebsten ne Chevignon-Jacke. Aber'n Asi mit Elvis-Tolle? N'harter Schläger mit Elvis Style? Nee, so einen hatte er noch nie kennengelernt.«

Sie stiegen aus. Santo war gefasst und bereit. Sie sahen sich an. Mehmet schaute sich um, schaute seine Kumpels an. Sah Dogan, der ihn am Arm zu sich zog und immer noch versuchte, ihn davon abzuhalten. Santo schmiss seine Arbeitstasche zur Seite. Calogero rückte etwas zur Seite nach hinten. Santo positionierte sich in Kampfstellung. Bereit, zu treten, wie er das seit drei Jahren in Taekwondo gelernt hatte, und bereit, sich zu boxen, wie er das auf der Straße schon einige Male getan hatte. Santo schaute Mehmet wie eine Raubkatze an, die darauf lauert, seine Beute im günstigsten Moment anzuspringen. Seine Seele, sein Körper, jedes einzelne Glied und jede Muskelfaser war bereit. Seine Umwelt wurde so wie immer in solchen Augenblicken, unbewusst ausgeblendet. Es gab nur ihn und Mehmet, von dem Gefahr ausging. Santo dachte: »Jetzt geht's los, gleich geht's los, na komm schon.«

Mehmet zögerte, schaute Santo noch mal eingehend an. Santo war sich nicht sicher, ob er plötzlich seine Meinung geändert hatte. Er konnte an seiner Gesichtsmimik etwas von Resignation erkennen, einen kurzen Zweifel. Santo war es jetzt egal, wenn er einmal bereit war, dann war er bereit, egal, was passierte, er würde seinen Mann stehen, so wie immer. Mehmet zögerte noch. Dogan zog ihn immer noch am Ärmel zu sich, weg von Santo. »Komm, komm schon, lass uns gehen, lass gut sein«, versuchte es Dogan immer noch. Santo sah schon vor seinem inneren Auge, wie er ihn bei der ersten Bewegung nach vorne mit seinem seitlichen Aufwärtskick volles Programm ins Gesicht treten würde.

Mehmets Gesichtszüge entspannten sich, sie wurden unerwartet freundlich. Santo war sich nicht sicher. Nun lächelte Mehmet auf einmal. Santo war irritiert. Mehmets Lächeln spannte sich übers ganze Gesicht und wurde zu einem Lachen. Santo begriff. »Hey, reg dich ab, war nur ein Spaß. War nur ein Scherz. Ich hab nichts gegen dich.«

Er drehte sich um und zog ab. als ob die ganze Angelegenheit ihn nicht kümmerte. Dogan warf im Weggehen Santo noch ein freundliches Lächeln zu. Er war erleichtert, dass Mehmet es sich doch anders überlegt hatte. Santo und Calogero standen immer noch wie bestellt und nicht abgeholt da. Calogero schaute Santo voller Stolz triumphierend an. Santo war einfach nur erleichtert. Jetzt, wo es klar war, dass die Gefahr vorbei war und er sich nicht mehr zu prügeln brauchte, verschwand seine ganze kriegerische Körperspannung blitzartig. Er atmete durch. Lächelte nickend Calogero an. »Che testa di minchia.« (Was für ein Schwanzkopf. »Testa di minchia«, dachte er sich noch einmal und verabschiedete sich.

The fifties

Santo hatte eine rote Jacke mit einer dezenten Aufschrift »James Byron Dean« in senfgoldener Farbe auf der selbstgenähten Jacke seiner Mama applizieren lassen a la »Denn sie wissen nicht, was sie tun«, eines ihrer Lieblingsfilme, in dem James Dean die Hauptrolle hatte. Zu der Zeit liebten sie es, zum Café D'OR zu gehen. Sie hatten es zu ihrem Stammlokal auserkoren. Nicht nur, weil es dort von schönen Gymnasiastinnen wimmelte, sondern auch, weil das Café D'OR eine gemütliche französische Swing-Look-Atmosphäre bot und inmitten der City lag. Es war eine sehr schöne Gegend mit wunderschönen ausgefallenen Altbauhäusern, kleine romantischen Straßen, die mit ausgefallenen individuellen Boutiquen jeglicher Art, Schmuckgeschäften, kleine Buchläden und kleinen liebevoll eingerichteten Restaurants bestückt war. Die Mittelstraße, die parallel zur Ehrenstraße verlief und vom Rudolfplatz an der Friesenwallstraße vorbei bis zum Neumarkt, führte, war eine sehr noble Adresse für exklusivere Läden, die hochwertige Klamotten sowie Designer-Fashion für die Kunden mit dem nötigem Kleingeld und dem entsprechenden Anspruch anboten. Dort befand sich auch das Bazaar de Cologne, unmittelbar an der Kirche St. Aposteln. Ein kleines hochwertiges Einkaufsparadies mit glasüberdachtem Innenhof, der durch seine Modelabels und modernem Lifestyle sowohl Geschäfte, als auch mediterrane Gastronomie in einem stimmungsvollen Flair anbot. Dort gingen die Casa-Italia-Wanderers auch sehr gerne und oft hin, besonders am Sonntag.

Der Bazaar de Cologne gefiel den Jungs, weil er eine freundliche und für sie eine schöne unbeschwerte Welt bot, wo sie in ihrem italienischen Lieblingscafé Poccino ihren Capuccino am liebsten tranken. Es war im wahrsten Sinne des Wortes ein Bazaar, zumindest für viele Italiener. Sonntags wimmelte es nur so von Landsmännern und Landsfrauen. Es hatte sich herumgesprochen und hatte sich zu einem italienischen Heiratsmarkt entwickelt. Einmal in der Woche durften viele der sonst nicht so Freiheit verwöhnten süditalienischen jungen Mädels, mit dem Segen ihrer Eltern offiziell zum Bazaar de Cologne. Der Bazaar entwickelt sich zu einer der wenigen Möglichkeiten, wo sowohl italienische Jungs aber auch italienische junge Frauen ungezwungen, in einem entspannten Am-

biente sich nach heiratsfähigen, heißbegehrten Landsleuten legitim umschauen konnten. Ihre Eltern legten besonderen Wert darauf, dass ihre
Kinder zumindest einen Italiener heiraten würden, am liebsten aber einen
aus ihrem Ursprungsort. Ganz wie in ihrer Heimat war der Sonntag der
auserkorene Tag in der Woche, wo sie sich alle fein herausputzten, ihre
neusten und schönsten Klamotten anzogen, um eine Bella Figura zu machen. Ganz nach der Tradition, wie es in ihren Ursprungsstädten und
Dörfern seit jeher gepflegt wurde. Außer die Casa-Italia-Wanderers, die
ihren Stil der 50er auch nicht für den traditionellen Sonntag opferten.
Wenn die Casa-Italia-Wanderers kamen, gab es kaum ein Mädel, das sie
nicht bewunderte, das ihnen nicht ein Lächeln oder einen sehsüchtigen
Blick schenkte. Sie sahen einfach zu gut aus. Egal, wo sie auftauchten,
fiel den meisten die Kinnlade runter, wobei ihre Blicke und Gesichter für
den Bruchteil einer Sekunde wie erstarrt auf ihnen liegen blieben. Santo
genoss es. Er sah diese Szenen, die sich immer wieder abspielten, wie in
Zeitlupe. Die anderen Jungs hingegen, die der Mode ihrer Zeit nachgingen, waren ganz und gar nicht über ihr Auftreten erfreut. Das Outfit der
50er ließ die Selbstverständlichkeit und das empfinden für ihre typische
Mode aus den 90ern erblassen und griff das Selbstwertgefühl der anderen Jungs gewaltig an. Sie waren nicht sonderlich beliebt, wenn nicht
sogar verhasst.

Sie lebten ihren Film, in dem sie die Wanderers aus Köln waren, in
dem sie alles auslebten, um ein Gefühl aus diesem Film, aus dieser Zeit
zu bekommen, das sie faszinierte und beglückte und aus der Trostlosig-
keit, dieser doch so anderen Zeit erlöste. Wann immer sie konnten, hörten sie die Musik aus der Zeit. Tagtäglich sangen sie sich was vor. Sie
liebten diese Musik, sie liebten vor allem die Musik aus dem Wanderers-
Soundtrack und kannten alle Lieder auswendig. Oft, wenn sie um fünf
Uhr morgens aus dem Alten Wartesaal, einem Tanzclub am Kölner
Bahnhof, wo sie gerne hingingen und bis zur Ekstase tanzten, sangen sie
unten an der U-Bahn Haltestelle am Dom-Hauptbahnhof während sie auf
die nächste Bahn warteten. Meistens fingen sie mit ihrem Lieblingssong
»Stranger Girl« an, Fausto, der mit seinen 1,96 Metern alle um einen
Kopf überragte und am meisten Gefühl in seiner Stimme hatte, außer
Sebastiano Niggio, der wie in vielem einfach nur roh war und wenig

Empfinden besaß, konnten alle ziemlich gut singen. Sie hörten sich selber gerne an. Fausto war derjenige, der die Töne gab und Santo und die anderen schmiegten sich an. Dabei vergaßen sie nie, sich vorher ihre Kragen aufzustellen. Sie lachten sich einen ab. Sie freuten sich über diese Szene, der sie einerseits ernsthaft nacheiferten. Andererseits fanden sie es lustig, es den Jungs aus dem Film nachzuahmen.

»Do bau bau, bau bau, do bau bau, bau bau«, legte Fausto mit fast genau gleicher tiefe Stimme vor wie Perry aus den Wanderers Film, dann fingen Santo, Valentino und Giacomo an, »love you girl yes I do« zu singen, genauso wie Rocco, in der selben Stimmlage wie die anderen Jungs aus dem Film. Sebastiano grinste und lächelte immer nur dazu. Dann gingen sie rüber zu ihren anderen Lieblingssongs, wie »Ya Ya« von Lee Dorsey oder »I loves you« von den Volumes oder »Baby it's you« von den Shirilles und natürlich auch die anderen Songs, um dann zuletzt »Runaround Sue« von Dion and the Belmonts und abschließend auch »The Wanderers« zu singen, die sie wie eine Nationalhymne sangen, voller Inbrunst und Stolz. Dabei klatschten sie in die Händen und imitierten die schwungvolle Trompete.

Santo lebte und kostete diese Momente aus, er wünschte sich, er hätte dabei sein können, er wäre gerne in dieser Zeit gewesen und nicht zu selten wünschte er sich eine Zeitmaschine, nur um einmal in diese Ära hineinschnuppern zu dürfen. Sie genossen es, sie genossen es, bewundert zu werden und amüsierten sich gewaltig über die überraschten Gesichter und genauso überraschten neugierigen Blicke der Menschen, die ihnen hinterher geworfen wurden. Nicht selten hörten sie, wenn sie alle gemeinsam mit ihren Wanderers-Jacken durch die große Einkaufstraße Schildergasse und Hohestraße wanderten, verwunderte, erstaunte, verblüffte und teilweise auch verwirrte Rufe. »Die Wanderers, die Wanderers, guck mal, da sind die Wanderers.« Es verschlug einigen die Sprache. Die Jungs amüsierten sich prächtig und lachten sich abermals einen ab. In ihren Ohren hörte es sich an wie »Wanderersssss, wanderersssss«. Es schallte und hallte von überall »wanderersss, ssss«, überall dieses „ssss". Das erheiterte sie unheimlich.

Es hatte sich rumgesprochen, dass im Café D'OR in Köln die Wanderers verkehrten. Aus verschiedenen Städten kamen einige Rock'n'Roller um die Wanderers sehen zu können. Selbst aus Dortmund hatten einmal einige Fifties-Typen mit ihren Fifties-Mädels in Petticoat beim Café D'OR vorbei geschaut. »Hey, seid ihr die Wanderers?«, hatten sie Santo gefragt. Sie waren sich nicht ganz sicher. An diesem Tag hatte nur Sebastiano eine Wanderers-Jacke angehabt. Sie trugen nicht immer ihre Wanderes-Jacken. Ihre mit Nieten besetzte schwarze Lederjacke a la Lords oder wie bei (Der Wilde) trugen sie genau so gerne, wobei sie auch mal eine Sakko-Jacke dem Stil entsprechend anzogen. »Ja, wieso?«, erfragte Santo. Die Dortmunder schauten ihn und die anderen eindringlich an. Santo ahnte schon Böses und war sofort auf der Lauer, sagte aber nichts. Es schossen ihm Gedanken in den Kopf wie »wollen die sich mit uns prügeln?«. Santo wusste eins, wenn es zu einer Prügelei kam, war nur auf Fausto und Giacomo verlass, auch wenn sie bei einer Prügelei nicht so rabiat waren wie er. Valentino konnte er nicht wirklich einschätzen, auch wenn er 1,82 groß war und so auch einen kräftigen Eindruck machte, hatte er Valentino sich nie prügeln sehen. Sebastiano war eine Memme, große Klappe und nichts dahinter. Viel Rauch ohne Braten, wie man in Sizilien zu sagen pflegte.

»Ihr seid wirklich die Wanderers?«, fragte der Dortmunder.

Santo verstand nicht ganz. »Meint der wirklich, dass wir die Wanderers sind?« wunderte er sich. »Wie meint er das?«, überlegte er sich und schaute Rat suchend nach seinen Kumpeln. Sebastiano grinste wie immer doof aus der Wäsche. Fausto und Giacomo, die beiden Cousins, suchten auch nach einer Antwort und Valentino zuckte in gewöhnter Art, wenn er nicht weiter wusste, einfach nur mit den Schultern.

»Meinst du die Wanderers aus Amerika? Die aus New York?«, wollte Santo sich vergewissern.

»Ja, ja, wir sind die Wanderers, warum?«, fragte Giacomo schon etwas gereizt und sprang Santo ins Wort.

»Echt?« kam es dem Dortmunder euphorisch über die Lippen, dabei drehte er sich zu seiner Truppe um, und als ob er gerade Robert de Niro oder Anthony Calzaretta alias Richie Gennaro, den Sunny-Playboy aus den Wanderers-Film gesehen hätte, strahlte er seine Freunde mit Glanz in den Augen und mit einem freudigen Lächeln an. So wie bei einem Kind, das ein langersehntes Spielzeug wie aus heiterem Himmel geschenkt bekommen hatte. »Hey, Mann, ist ja cool, ihr seid echt die Wanderers, ich glaub es nicht. Wir sind extra wegen euch hier hin, wir sind aus Dortmund und man hat uns von euch erzählt, wir wollten euch unbedingt kennenlernen.«

Santo staunte nicht zum ersten Mal. Nicht nur wegen den Bewunderungen und Star-Allüren, die ihnen entgegen gebracht wurden, sondern auch wie abrupt aus einer ernsthaften Gesichtsmimik, die er und seine Kumpels zu Anfang als feindselig eingestuft hatten, im Nu, ein offenes und freundliches, vor Glück strahlendes Lächeln geworden war.

»Wie viele seid ihr denn?«, wollten die Dortmunder wissen.

»Wie viele wir sind?«, fragte Santo verblüfft. »Eins, zwei, drei, vier und fünf.« Dabei lächelte er und suchte nickend die Bestätigung bei den anderen Casa-Italia-Wanderers.

»Wie? Nur Fünf?«, wunderten sich die Dortmunder.

»Ja, unser Kern besteht aus fünf Mann«, antwortete Santo. »Eigentlich«, fügte er noch hinzu und wiederholte, als wolle er den Dortmundern nicht die Begeisterung nehmen: »Eigentlich, aber in Wirklichkeit sind wir einige mehr. Nur dass die noch nicht mit der Wanderers-Jacke rumlaufen.« Denn in der Tat gab es ein paar, die gerne eingetreten wären, bei denen sich die Jungs noch nicht einig waren.

Einer von ihnen war Jonny. Eigentlich hieß er anders, aber wie es in dieser Szene üblich ist, hatte sich Jonny selbst mit diesem angloamerikanischen Namen getauft. Jonny war Kölner und gehörte zu den Jordaniers, einer anderen Gruppe aus der Fifties-Szene. Jonny hatte sich mit den Jordaniers etwas zerstritten. Eines Tages tauchte Jonny wie aus dem Nichts im Café D'OR auf. Santo und die anderen Casa-Italia-Wanderers saßen zusammen bei einer Tasse Capuccino und so wie immer machten sie ihre Späßchen und neckten sich. Dabei vergaßen sie aber nie, sich nach der Frauenwelt umzuschauen. Plötzlich stand Jonny vor ihnen, schaute sie mit einem Strahlelächeln an, zog seinen Kamm raus, kämmte sich demonstrativ seine ölige Tolle al la Rockerbilly nach hinten und sagte: »Hey, euch hab ich gesucht.«

Santo und die anderen schauten sich überrascht an. »Uns?«, kam es ihnen gemeinsam erstaunt rausgeschossen. Jonny lächelte weiter, holte noch mal seinen Kamm raus und kämmte sich seine öligen Haare wieder als Tolle nach hinten.

Santo und seine Kumpels mussten lachen. Irgendwie gefiel er ihnen. »Lustiger Kerl«, dachte sich Santo und das Beste war, er hieß nicht nur Jonny wie der Dicke aus Eis am Stiel, sondern sah auch fast genau so aus, vielleicht, nicht ganz so füllig. Jonny war klein, und für einen Deutschen, war er sogar sehr klein. Wenn es hoch kam, war er vielleicht höchstens 1,67 Meter groß. Dafür hatte er ein Selbstbewusstsein wie ein Riese. Er war kleiner als jeder Wanderer, Giacomo, Sebastiano und Santo waren fast gleich groß, dabei, erschienen Valentino mit seinen 1,82 Metern und Fausto mit 1,96 Metern hingegen als riesig. Santo und die anderen Jungs amüsierten sich prächtig, sie konnten es nicht glauben, der Typ, sah nicht nur so aus wie der aus dem Film Eis am Stiel, sondern nannte sich auch noch so. »Hey Jonny«, nannten sie ihn immer und betonten dabei gerne das »Jo« und das »ny«, und dabei zogen sie den Namen so schön in die Länge. Sie liebten es, ihn so zu nennen. Jonny tat hingegen alles, um der Gruppe beizutreten. Er wollte unbedingt auch ein Wanderer sein.

»Tut uns Leid, Jonny, aber das geht nicht. Du kannst gerne mit uns befreundet sein, aber um ein Wanderer zu werden, musst du Italiener sein.«

»Aber warum? Ich bin doch gerne bei euch«, verstand Jonny nicht.

»Ja wir auch«, antwortete Valentino und wollte im Gegensatz zu Santo keine Ausnahme machen.

»Aber das geht nicht, du bist halt kein Italiener.«

Jonny wollte aber unbedingt zu den Wanderers gehören, unbedingt. Vor allem, weil er den Jordaniers eins auswischen wollte. Santo mochte Jonny sehr. Alle mochten Jonny, und wenn er da war, sorgte er immer für gute Stimmung. Er benahm sich wirklich wie einer aus den 50ern. Die Art und die Sprüche hatte er für sich verinnerlicht. Aber das Allerbeste war, er besaß einen Mercury Baujahr 1954, mit dem sie oft herumfuhren. Einen wunderschönen Mercury in pastellblau, mit riesigem, weißem, elegantem Lenker, und mit mitteldunklen Holz-Armaturen rund herum verkleidet. Die Sitze waren genauso wie die Karosserie im hellen Blau gehalten und die Reifen waren im inneren Radius weiß gefärbt. Für Santo war es wie eine Zeitreise. Jedes Mal, wenn er in diesen großzügig harmonisch geschnittenen Wagen einstieg, fühlte er sich gleich in die Zeit zurückversetzt. Er liebte es. Eine unbeschreibliche Stimmung kam auf. Sie spielten ihre Wanderers-Lieder und die anderen amerikanischen Lieblingssongs aus der Zeit. Dabei sangen sie aus voller Röhre. Sie kamen sich vor, wie in der Szene, wo Joey, Perry, Richie und Buddy nach dem Tittenrammen-Spiel, auf einer großen Einkaufsstraße in der Nord-Bronx, einem Mädel hinterherfuhren, das sie in diesem Spielspaß kennengelernt hatten. Meistens fingen sie unbewusst wie im Film in der Szene der Verfolgung des unbekannten Mädels mit »Stranger Girl« an. Jonny war begeistert. »Hey, Jungs, ihr habt es echt drauf. Echt Jungs, ihr seid wirklich gut.«

Santo und die anderen lächelten nur. Es war ihnen egal, es interessierte sie nicht sonderlich, ob man es gut fand oder nicht, es machte ihnen einfach Spaß. Es erfüllte sie, diese Lieder, die so unbeschwert voller Tanzrhythmus und Lebensfreude waren, zu singen.

Santo vergaß dann seine Umwelt, vergaß diese abgefuckte Ausbildung bei KHD, vergaß diese Arschgesichter, diese so unempathische Gesellschaft mit all den hässlichen sonnengebräunten Arschgeigen und Straßenschlägern, vergaß seinen apoplektischen Vater, der ihn gewaltig aufrieb, und seinen kleinen Bruder, um den er sich immerzu sorgte und der dabei war, einen unerfreulichen Weg einzuschlagen. Er tauchte voll und ganz in diese für ihn so wunderbare harmonische Welt ein, eine Welt der Freude, eine Welt der unbeschwerten leidenschaftlichen Musik, eine des Tanzes, eine Welt, in der man Spaß haben durfte, ohne gleich blöd angemacht zu werden.

Giacomo und Santo standen sich nahe. Eine Zeitlang hatten sie beide Freundinnen in Bonn gehabt und fuhren oft mit der 18 gemeinsam dorthin. Giacomo war ein hübscher Kerl. Er hatte große, eindrucksvolle wohlgeformte dunkle Augen, die durch dichte tiefschwarz dunkle Wimpern geschmückt waren, als ob man sie gefärbt hätte, und die somit noch schöner zur Geltung kamen. Die jungen Frauen waren verrückt nach seinen Augen. Immer wieder erlebte Santo, wie die Miezen sich Giacomo um den Hals schmissen und seine Augen bewunderten. Giacomo war ein Frauentyp. Dabei hatte er ein dazu passendes ebenmäßiges Gesicht, das von nicht zu dicken Kusslippen begleitet wurde.

Sebastiano war der einzige in der Truppe, der heller daher kam. Seine Familie kam aus der Nähe von Palermo und es war klar, dass seine Vorfahren Normannen gewesen sein mussten. Sebastiano war mehr oder weniger genauso groß wie Giacomo und Santo, wobei er aber einen sehr durchtrainierten Körper besaß mit schönen breiten Schultern. Dabei hatte er gleichermaßen so große Augen wie Giacomo, vielleicht sogar etwas größer, die an genetische Kugeln, längst vergangener nordischer Krieger, erinnerten. Ein markant männliches gut geschnittenes Gesicht, wobei die Nase etwas kräftiger und länglicher ausfiel. Sebastiano war auf den ersten Blick ein Augenschmaus für die meisten jungen Mädchen. Auch er war ein verdammt hübscher Kerl, der aber ein Hirn wie ein Huhn hatte. Immerzu grinste er oder lächelte über jeden Scheiß. Keiner verstand, warum, dabei hatte er keine eigene Meinung und wenn, übernahm er immer die Meinung, die er gerade hörte. Die Meinung seines Gegenübers. Seine Meinungen wehten mit dem Wind. Aber auch so hatte er nicht viel zu erzählen. Die einzigen Themen, die ihn wirklich interessierten, waren Fußball und Frauen. Immerzu hatte er einen Ständer. Er brauchte ihn nur kurz anzufassen, schon bekam er eine Latte, die ihm die Hose sichtbar ausformte. Santo hatte ihn Pinazza getauft, was auf Militellese, Santos Dialekt, so viel hieß wie Riesenschwanz. Alle hatten sofort einstimmig zugestimmt. Kein anderer Spitzname hätte auf Sebastiano besser passen können. Den Casa-Italia-Wanderers blieb jedes Mal die Spucke weg. Dieser Anblick haute sie jedes Mal um. Einen Schwanz wie ein Hengst, sagten sie. »Was er nicht im Kopf hat, hat er in der Hose«, sagten sich die Jungs und amüsierten sich immer wieder prächtig, wobei keiner Lust hatte, irgendwo seinen Schwanz hineinzuschieben, wo Sebastiano ihn zuvor drin gehabt hatte. Nicht aus Ekel, sondern aus Scham, sich zu blamieren. Sie stellten sich vergnügt vor, wie sich das jeweilige Mädchen sie dann gar nicht mehr spüren würde, nachdem Sebastiano ihr einen Hausbesuch erstattet hatte. Sie hatten panische Angst davor, ihr allerbestes Stück dorthin zu schieben, wo Sebastiano sich zuvor breit gemacht hatte, und das vergnügte sie. Aber das Allerschlimmste, was Santo an Sebastiano immer mehr auffiel und störte, war sein Geiz und vor allem sein angeborener Neid. Es gab nichts Ärgerliches für Santo als Geiz und Neid.

Solche Charakterzüge widerten ihn an. Feigheit und Großmäuligkeit waren schon schlimm genug. Aber trotz alledem schaffte es Sebastiano durch seine Blödheit, sie immer wieder von neuem zum Lachen zu bringen, er amüsierte sie. Sie hatten ihn trotzdem sehr gerne. Fausto hingegen war ein Hüne, groß gewachsen wie die Nordmänner und dunkel wie die Sarazenen. Ein klassischer sizilianischer Fall. Eine Kreuzung zwischen Abendland und Morgenland. Gewellte pechschwarze Haare, die er sich in Rockerbilly-Art nach hinten kämmte oder oft auch zu einer Megatolle a la Elvis Presley föhnte. Er hatte wohlgeformte, sinnliche Lippen, wobei seine Schneidezähne ein wenig vorstanden und die Schönheit seiner sinnlichen Lippen etwas schmälerten. Seine Nase empfand Santo auch nicht als die allerschönste, nicht zu groß und nicht zu klein, aber etwas spitz und seine Beine waren etwas x-förmig. Seine Schultern waren in Proportion etwas zu eng und leicht gerundet, was durch seine etwas gebeugte Haltung nur noch mehr verstärkt wurde.

Fausto hatte Komplexe durch seine Größe. Er empfand sich als zu groß, Santo empfand sich als etwas zu klein. Aus Spaß sagte er immer zu Fausto:» Hey Fausto, weißt du was, ich mach dir einen Vorschlag, O.K.? Du gibst mir sieben Zentimeter, dann bin ich 1,80 Meter und du bist dann nur noch 1,89 Meter groß, Ok? Ist doch n'guter Deal, oder?«

Fausto lächelte dann immer und Santo erkannte jedes mal in seinen Augen, dass, wenn er gekonnt hätte und wenn es einfach so ginge, er den Deal auf der Stelle eingegangen wäre. Ansonsten erkannte man an denselben dichten Augenbrauen und große langen Wimpern die Verwandtschaft zwischen Giacomo und Fausto. Nur die Augen waren bei Fausto etwas heller. Fausto war ein dufter Typ. Großzügig, immer zu einen Scherz bereit, spontan und loyal, ein richtiger Freund. Niemand verstand, warum Fausto ein Problem mit seiner Größe hatte. Santo am allerwenigsten. Wenn er so eine Größe gehabt hätte, hätte er die Welt zum Vibrieren gebracht. Manchmal erinnerte er sich an ein altes sizilianisches Sprichwort: »U signuri, duna u pani, a chu nun nava i denti.« (Gott, gibt denen das Brot, die keine Zähne besitzen.) Das Leben war ungerecht, warum konnte er nicht sieben Zentimeter größer und Fausto kleiner sein. Wäre doch super gewesen. Beide wären überglücklich. Aber das Leben ist nicht gerecht, die einen haben zu viel und die anderen haben zu wenig. »Warum?«, fragte er sich immer verärgert. Die einen verhungern und die anderen scheißen drauf.

Valentino hatte sich in der Zwischenzeit richtig gut gemacht. Er war groß, und hatte das Glück, genauso pechschwarze Haare zu besitzen wie Fausto und Giacomo, nur dass sie nicht so dicht und dick waren. Gekonnt frisierte er sich eine schöne runde Tolle nach hinten, die er gerne beim Tanzen a la Richie Gennaro nach vorne fallen ließ. Die Mädels liebten es und er war sich dieses verführerischen Effekts bewusst, den er damit auslöste. Seine Augenbrauen waren genauso wie seine Haare nicht so dicht und seine Wimpern nicht so lang. Seine längliche etwas gebogene leicht spitze Nase erinnerte sehr an die sarazenischen Gotteskrieger, wie man sie aus den Filmen kennt. Sein Körper war gut gebaut, alles harmonisierte miteinander. Nur am Bauch hatte Valentino eine Schwachstelle. Er hatte es nicht ganz geschafft, sich von seinem Babyspeck zu befreien. Wenn er mal sein T-Shirt auszog, wurde sein untrainierter Bauch mit dem nicht festen Fettgewebe sichtbar. Valentinos Lippen lösten bei den Mädels genau dieselbe erotische Anziehungskraft aus wie Giacomos Augen. Er hatte einen perfekten männlichen Kussmund, mit dem er bei den meisten Frauen trumpfte. Auch dessen war er sich bewusst, und oft erwischte Santo ihn, wie er seine Lippen absichtlich so formte, dass seine Oberlippe noch voller und verführerischer aussah. Santo entgingen die sehnsüchtigen Blicke der verlangenden entzückten Mädels nicht. Valentino genoss es.

Einige Mal hatten sie sich mit Jonny und seinen Mercury an dem Schiller- und EVT-Gymnasium in Sülz am Marsilius-Bad sichten lassen. Aus dieser Quelle schöpften sie gerne von Gottes großzügigen Geschenken. Santo und Giacomo bezogen ihre Freundinnen von dort, aber auch die anderen hatten mit der einen oder anderen Schönheit ein Techtelmechtel.

Was für ein Auftritt! Sie kamen sich vor wie Hollywood-Stars. Der Aufruhr, der dort passierte entging den Jungs nicht. Jonny auch nicht und er war erstaunt und zugleich stolz mit diesen echt heißen Jungs unterwegs sein zu dürfen. Die Mädels schmissen sich ihnen förmlich um den Hals. Sie hätten sich in der Tat die Mädels aussuchen können. Kein Wunder, denn während die dortigen Jungs, die überwiegend aus gutbürgerlichen konservativen Kreisen kamen, einen auf Hip Hop machten und mit ihren mechanisch klingenden Texten bei den Mädels Eindruck schinden wollten, kamen sie selbst wahrlich aus anderen Verhältnissen. Mit ihrem Fifties-Style, den Mercury und die so andere, aber doch schöne Musik, fühlten sie sich wie unnahbare Stars. Viele der Miezen taten einiges, um sie wenigstens kennenzulernen.

Die Gymnasiasten-Jungs waren aber ganz und gar nicht darüber erfreut. Ihre Missgunst und ihr Neid, der sie auffraß, ließen sich nicht verbergen. Den Jungs ließ das kalt. Im Gegenteil, das stärkte ihre Persönlichkeit nur umso mehr. Selbst Sprüche oder Sätze wie »Ach, schon wieder diese scheiß Itakers oder diese Scheiß Spaghettifresser, die schnappen sich unsere besten Mädels« interessierte sie nicht.

Jonny hatte sie einige Male auf Veranstaltungen und Parties mitgenommen, wo sich die Rockerbilly und Fifties-Szene traf. Am Rathenauplatz, unmittelbar neben dem »LaLic«, hatte eine Rock'n'Roll-Kneipe aufgemacht, wo Rockerbilly und Psykobilly hingingen. Dort verkehrten auch die Jordanaires. Die Casa-Italia-Wanderers wurden herzlich empfangen. Es war Sommer und einige der Jordanaires liefen mit Jeanswesten auf ihrem nacktem Oberkörper herum, auf denen man all die Rockerbilly-Rock'n'Roll-Tätowierungen erkennen konnte, die es gab. Santo, der im klassischen Sinne der alten sizilianischen Mentalität erzogen worden war, verabscheute eigentlich Tattoos. Umso mehr überraschte es ihn, sich selbst sozusagen auf frischer Tat ertappt zu haben, wie er die Tattoos bewunderte. Die andere Location, wo sich die Szene traf, war das »Bierdorf Colon« in der Innenstadt am Appelhofplatz. Im Untergeschoss befand sich der Disco-Club, der eine seitliche Lounge extra für die Rock'n'Roll-Szene zur Verfügung gestellt hatte. Alles war im Stil der Fifties und Sixties eingerichtet. Es war, wie durch ein Zeittor in die Vergangenheit zurückversetzt zu werden. In eine faszinierende magnetische Welt mit aphrodisiakischer Musik und Tanz, der Welt der Leidenschaft und Liebe zum Detail. Die Jungs bekamen große Augen. Alles nur Typen, die wie Elvis oder James Dean gestylt waren, die Mädels mit bunten Petticoat und Ballerina-Schuhen oder in süßen, mit Blümchen bestickten Kleidern, die an die Zeit zwischen den goldenen 30ern und den wilden 50ern erinnerten. Santo war glücklich und hätte sich am liebsten gleich ganz auf die Szene eingelassen. Die anderen Jungs waren zwar begeistert und vor allem amüsiert, doch sie waren es gewohnt, trotz der Liebe zu dieser Ära in den Discotheken der Zeit ihr Tanzbein zu schwingen. Santo wäre am liebsten dort geblieben. Die Crew wollte unbedingt weiter in den Alten Wartesaal ziehen. In Ihre gewohnte Umgebung. Die Frauen im Rock'n'Roll-Club sahen ihnen nicht gut genug aus. Im Alten Wartesaal gab es bei weitem eine größere Auswahl von verschiedenen Mädels, und das war für die Jungs viel wichtiger als alles andere. Abgesehen davon tanzten sie auch gerne auf die Hip-Hop-Beats der Newcomer-Band Public Enemie oder auch MC Hammer, Vanilla Ice, Snap, Pasadenas und all den anderen Scheiß dieser Zeit, was total im Kontrast zu ihren Style und der Liebe zu den Fifties war. Valentino war ein großer Public-Enemy-Fan. Er kaufte sich jede einzelne Platte, die zu seiner großen Plattensammlung aus den amerikanischen Fünfzigern und Sechzigern hinzukam.

Immer wenn bei ihren Gymnasiastinnen-Freundinnen, die meistens im Vergleich zu ihnen aus sehr guten Verhältnissen kamen, die Eltern übers Wochenende wegfuhren und sich dadurch die Möglichkeit ergab, zögerten sie nicht lange um eine Party nach ihrem Gusto zu organisieren. Diese Partyabende wurden vorwiegend mit Musik aus den 50ern und aus dem Wanderers-Soundtrack begleitet. Die Mädels waren begeistert. An alkoholischen Getränken fehlte es nicht. Bier, Wodka, Whisky, Bacardi, Baily, Martini, Sekt, Sambuca, alles, was sie zu greifen bekamen, wurde ohne Rücksicht auf Verluste ausgeleert. Das Coolste war, dass die meisten Mädels sich genauso wie im Film der Wanderers auf Strip Poker einließen. Dazu zogen sich Santo und Giacomo gerne mal alleine in ein Nebenzimmer zurück, um es ihrem Lieblingsfilm nachzuahmen. Dabei ließen sie genau die Musikstücke spielen wie »You really got a hold me« von den Miracles, »Baby it's you« von den Shirilles, »loves you« von den Volumes, alles wurde vorher geplant. Die Tricks, die Zeichen, die Musik und natürlich die Pokerkarten, und es funktionierte jedes Mal. Santo und Giacomo lachten sich einen ab. »Unglaublich«, dachten sie, »unglaublich«. Die Mädels zogen bis auf die Unterwäsche alles großzügig aus. So hatten sie einige Mädels entschleiert.

Währenddessen bewegte sich Santo in zwei Welten hin und her, immer wieder befand er sich in diesem Zimmer, in dem sich die Strip-Poker-

Szene der Wanderers abspielte. Dauernd empfand sich Santo als Richie Gennaro, er hätte meinen können, dass er durch diese so schön stechend warmen blaugrünen Augen des Richie in diese für ihn so graziösen, anmutenden hocherotischen Körper der Mädels hindurch schaute.

Die Musik durchdrang Santo und er konnte beobachten, wie sie auch die Mädels durchschweifte und sie betörte. Als Resultat stand irgendwann einer von ihnen auf, machte das Licht aus, um wie durstige Vampire übereinander herzufallen, um endlich an die Flüssigkeiten des anderen, an den heißbegehrten Lebenselixier zu gelangen.

Die Zülpischerstraße hatten sie zu ihrer Straße des Tittenrammens erkoren, nur dass sie dieses Spiel nicht Tittenrammen nannten wie die Jungs im Film, sondern »das Tittengreifspiel«. Tittenrammen hörte sich in ihren Ohren zu martialisch an, Tittengreifspiel hingegen kam ihren Gedanken näher. Sie hatten ja nicht im Sinn, Titten zu zerstören, sondern vielmehr sie zu begrabschen, zu fühlen, auszukosten.

Die Zwiebel, ein Imbiss, wo sie seit Kindestagen auch abhingen, lag auf der Zülpischerstraße gegenüber der Herz-Jesus-Kirche. Dort war die geeignete Stelle, um das Tittengreifspiel zu zelebrieren. Sie stellten sich so unauffällig wie nur möglich vor die Zwiebel und taten so, als ob sie sich über belangloses Zeug unterhielten. Dabei hielten sie Ausschau nach kommenden Frauen, die in ihr Tittengreifspiel-Schema passten. Pippo, der mittlerweile nur noch wenig mit Santo zu tun hatte, machte ausnahmsweise bei diesem Spiel immer gerne mit. Ansonsten gehörte er zu den Jungs, die auf nichts Bock hatten, außer in der Casa Italia abzuhängen, sich über Fußball zu unterhalten, immer noch Kicker zu spielen und darauf zu warten, dass sich irgendwann mal wieder ein hübsches Mädel in die Casa Italia verirrte. Santo hatte Pippo immer noch sehr gerne, aber verstehen tat er ihn nicht. Er hatte keinen Bock, in der Casa Italia abzuhängen, er wollte Frauen kennenlernen, er wollte die Welt kennenlernen, es durstete ihn nach Neuem.

Jeder war mal dran. Selbst Valentino traute sich das eine und andere Mal. Es gab keine Ausreden und er wollte nicht andauernd den Spielverderber spielen. Santo interessierte die Meinung und die Art der anderen immer weniger. Wenn es nach der Meinung der anderen gegangen wäre, würde er genauso wie Pippo und einige der anderen Casa-Italia-Jungs immer nur am Rathenauplatz und in der OT abhängen. Er hatte für sich entschlossen, sich nicht mehr von seinen Ideen abhalten zu lassen und vor allem hatte er keine Lust auf dieses »kein Bock, ist eh alles scheiße«-Getue.

Sie machten es fast genauso wie im Film. Dabei achteten sie darauf, nur die anzugrabschen, die aus der Richtung Moltkestraße in Richtung Zülpischer Platz kamen. Sobald die Passende sich nur einige Schritte an sie näherte, simulierte einer, der sich immer mit dem Rücken zu den Frauen befand, wie er sich verabschieden würde, drehte sich um und machte einen Schwenker, als würde er versuchen, der Auserwählten auszuweichen, um sie dann, mit dem rechten Ellbogen an den Brüsten zu streifen, um dann mit der linken Hand endlich diese Freude bringenden Gottesgaben so anzugrabschen, dass sie sich bis zum Abend in ihre Erinnerung einbrannte. Die meisten Frauen wussten nicht, wie ihnen geschah, und waren froh aus dieser unbehaglichen Situation so schnell wie möglich rauszukommen. Es gab einige wenige, die sich dann künstlich aufregten, wobei die Jungs meinen konnten, dass einige unter den edlen Geschöpfen sich darüber eher amüsierten. Jedenfalls hatte es die Casa-Italia-Jungs himmlisch vergnügt und prächtig unterhalten. Sie konnten sich bei dem Spiel kaum noch vor lachen halten und mussten sich höllisch anstrengen, wieder damit aufzuhören. Nur aus der Gier heraus, Titten zu greifen, schafften sie es sich das Lachen doch zu verkneifen.

Die Freundinnen kamen ins Spiel und die Wanderers-Zeit neigte sich dem Ende zu. Giacomo war jetzt schon länger mit Rifka zusammen, ein jüdisches Mädel, das auf das Schiller Gymnasium ging und das er zufällig auf der Mittelstraße beim Herumblödeln kennengelernt hatte. Rifka war keine Schönheit, dafür hatte sie eine anziehende, süße, warme Ausstrahlung, mit der sie die jungen Männer schnell für sich gewinnen konnte. Die Casa-Italia-Jungs hatten nie zuvor einen jüdischen Menschen persönlich kennengelernt. Rifka war die Auserkorene und sie legte besonderen Wert darauf, dass man es auch wusste. Das war quasi das Erste, was sie von sich preisgab.

Giacomo hatte sich gewaltig in Rifka verknallt und unternahm immer seltener was mit Santo und den anderen. Santo war traurig darüber. Er verstand es nicht und wollte es nicht verstehen. Wieso muss man sich von einen Mädel so abhängig machen? Wie kann man nur seine Freunde vergessen? Er war unglücklich darüber. Er hatte in seiner naiven Loyalität gedacht, dass die Truppe unzertrennlich war, dass sie für immer und ewig zusammenblieben und sich nie was daran ändern würde. Bei Valentino war es zu Anfang nicht so schlimm. Er war mit Sabine zusammen, mit der er auch viele Jahre zusammen blieb. Sabine war auch keine Schönheit, dafür besaß sie eine sehr freundliche offenherzige Art und, was noch viel wichtiger war, einen außerordentlich kurvenreichen und festen Hintern.

Sebastiano war in der Zwischenzeit mit Marion zusammen, einer um zwei Jahre älteren belgischen junge Frau, die die Tochter der noch letzten stationierten belgischen Soldaten war. Eine durchaus attraktive Erscheinung mit schwarz gefärbten Haaren und einem leicht dunklen Teint. Im Grunde genommen war Marion eine Porno-Sau, denn wie sonst und auf welcher Basis, hätte sie mit Sebastiano eine Beziehung führen können? Außer ständig mit ihm und in allen erdenklichen Positionen zu schlafen, konnte man eh keine tiefgründigen Gespräche mit Sebastiano führen. Aber warum denn auch. Marion war eine geile Sau, die einen potenten gut bestückten jungen Mann brauchte, der sie zufriedenstellen konnte. Sebastiano war mit seiner »Pinazza« genau der Richtige für diese Aufgabe, und die Beziehung hielt gut über zwei Jahre. Santo und Fausto taten sich schwer. Santo hatte die Beziehung mit Caroline aus Bonn längst gekündigt und mit der Freundin von Rifka währte es auch nicht lange. Er hatte den Dreh noch nicht raus.

Mit voller Freude und Enthusiasmus kam ihnen in den Sinn, in der Casa-Italia-OT eine Fifties- und Sixties-Party zu veranstalten. Santo und Valentino kauften um die 20 glänzend weiße Din-A2–Blätter, um sie dann mit schwarzem Edding Stift zu beschriften. Gekonnt kritzelten sie in ähnlichem Schriftzug wie auf den Wanderers Jacken ihren Party-Namen »Remember The Fifties and Sixtyies« und all die notwendigen anderen Daten, die dazu dienen sollten, Gäste mit derselben Liebe in die Casa Italia zu verführen. Sie legten alle Musikplatten zusammen. Dabei halfen ihnen drei Freundinnen, mit denen sie sich gut verstanden, aber keine Intimitäten austauschten, außer Sebastiano, der die Finger von der nicht unattraktiven Andrea nicht lassen konnte. Valentino war mit voller

Begeisterung und mehr Enthusiasmus dabei als alle anderen, er schien sich gewaltig auf diese Party zu freuen. Oft ließ er einige Parties, über die ihm die Jungs freudig berichtet hatten, wegen Sabine sausen. Dieses Mal hatte er hoch und heilig versprochen, dabei zu sein. Alle freuten sich und waren sehr aufgeregt. Um die Musikanlage brauchten sie sich nicht zu kümmern. Die Casa Italia besaß selbst eine professionelle, mit der sie immer noch jeden Freitag ihre Disco veranstalteten. Alles schien bestens organisiert. Die selbstgemachten Plakate waren an strategischen Stellen verteilt. Sie machten sich sogar die Mühe, nach Bonn zufahren, obwohl sie schon länger nicht mehr dort gewesen waren, um am Busbahnhof einige ihrer Plakate zu positionieren, da sie wussten, dass es auch in Bonn eine Fifties-Szene gab.

Einige hatten sie in der Nähe der Kölner Ringe und andere in den zentralen Einkaufstraßen der Innenstadt positioniert. Alles war ordentlich vorbereitet. Der Samstag kam und Valentino sagte ab. Einfach so, ohne großartige Rechtfertigung, ohne sich auf irgendeine Weise dafür zu entschuldigen. »Ich mache doch nicht mit. Ich komme nicht«, fertig, aus. Santo war gekränkt. Alle waren enttäuscht. Sowohl die Mädels als auch die Jungs. Niemand verstand es.

Die Mädels machten abwechselnd die Kasse und Theke zugleich. Santo war am Anfang an der Tür und schaute nach dem Rechten. Giacomo kümmerte sich mit an der Theke, während Santo zwischen dem DJ-Pult, wo Fausto den Ton angab, und der Theke hin und her pendelte. Um 20:00 Uhr war Einlass und kaum zu glauben, womit sie wahrlich nicht gerechnet hatten, standen da schon die ersten außerordentlich gut gelaunten Mädels im Petticoat. Es wurden immer mehr. Einige neugierige Schiller- und EVT-Gymnasiasten kamen auch vorbei, darunter auch einige der typisch pessimistisch eingestellten Miesepeter, welche sich besser vorkamen und sich erhofften, dass die Party der italienischen Schönlinge in die Hose gehen würde. Daraus wurde aber erstmal nichts. Im Gegenteil. Die Schlange wurde immer größer und die Haartollen immer mehr. Es war wie im Film. Wie bei Eis am Stiel und die Party bei Despie. Genauso. Kaum hatten die Rock'n'Roller, die Teds und die Rockerbillys, den Raum, in dem getanzt wurde betreten, legten sie begeistert mit der Musik von den Do-Woop-Stücken und den Record-Hop-Platten los.

»Unglaublich«, dachte sich Santo fasziniert und überglücklich. So was hatte er noch nie gesehen. Was für eine Stimmung. Wie die darauf abgingen. Ob sie auf die superschnellen oder auf die langsamen Stücke tanzten, es war gleichermaßen rhythmisch gekonnt. Am schönsten empfand es Santo, wenn sie auf die Doo-Wop-Töne synchron im selben Schritt tanzten. Die Überraschung war den Rock'n'Rollern gelungen. Die Casa-Italia-Wanderers und die anderen Casa-Italia-Jungs, die vorbeischauten, aber auch all die anderen, die sonst nichts mit dieser Musik am Hut hatten, standen ungläubig mit offenem Mund da und trauten ihren Augen nicht. Es hatte ihnen die Sprache verschlagen. So was hatten sie noch nie in ihrem Leben gesehen, geschweige denn davon geträumt.

Die Bude war voll und die Stimmung war auf Hochtouren. Noch nie in seinem Leben war Santo auf so einer geilen Party gewesen. Leider währte es nicht lange. Kaum waren zwei Stunden vergangen, gingen der Anlage die Lichter aus. Die Party war vom bösen Blick getroffen. Santo und Fausto wollten es nicht wahrhaben, sie versuchten alles, um die Anlage wieder in Ordnung zu bringen, alles, was an Technik möglich war. Nichts zu machen und eine Ersatzanlage hatten sie nicht. Noch nie war es vorgekommen, dass diese Anlage oder überhaupt eine Musikanlage in der Casa Italia sie im Laufe der vielen Jahren, der vielen Disco Abende, im Stich gelassen hatte. Noch nie! Und genau an diesem vielversprechenden Abend, an diesem Wunder von Abend, wo alles glatt zu laufen schien, machte diese verfluchte Anlage ihnen einen Strich durch die Rechnung. Es war der böse Blick. Es musste der böse Blick sein. Nichts anderes hätte es sein können. Warum an diesem Abend? Warum?

»Das gibt es doch nicht, das kann doch nicht sein, so eine Scheiße. So eine verdammte Scheiße«, fluchten sie vor sich hin. Santo hätte am liebsten der Anlage noch den Rest gegeben. Diese verdammte Drecksanlage hatte sie im Stich gelassen, an so einem Tag. Da trauten sie sich, eine Party zu schmeißen, organisierten alles bestens, alles lief besser als erträumt und dann kackt diese beschissene Anlage einfach so ab.

Genauso gut gelaunt, wie sie rein spaziert waren, genauso hatten es die Rock'n'Roller trotz alledem mit guter Laune angenommen. Sie fanden es sogar lustig. Santo und die anderen Wanderers gaben ihnen und auch den anderen Gästen ihr Geld zurück. Doch die Rock'n'Roller wollten nichts davon wissen. Im Gegenteil, anscheinend hatte es ihnen so gut gefallen, trotz Anlagenstreich, dass sie sich sogar bei den Jungs bedankten und sie baten, noch einmal so eine Fifties Party zu organisieren. Santo hätte liebend gern noch mal eine Party gemacht, doch die Blamage hatte ihm und den anderen Jungs den ganzen Saft aus den Eiern gezogen. »Ja wir machen noch einmal eine«, sagten sie. Daraus wurde aber nichts. Die Wanderers-Ära, diese wunderschöne Zeit die sie gemeinsam hatten, hatte sich dem Ende zugeneigt.

Giacomo hatte sich sehr verändert, der Umgang mit Rifka und den Gymnasiasten hatte ihn zum Trinker gemacht. Er ließ sich die Haare länger wachsen und fing an, sich dieses depressive Musikgedöns der »Doors« anzuhören und vieles, was sich ähnlich abgefuckt anhörte. Santo fühlte sich verraten. Valentino sah man immer seltener. Mit Marion hatte er eine gefunden, an der er sich die Hörner abstoßen konnte. Wer hätte das gedacht? Dabei hatten die Jungs eine Zeitlang gedacht, dass er schwul sein könnte. Sebastiano machte es Giacomo nach und ließ sich auch die Haare länger wachsen und Santo musste sich eingestehen, dass leider Gottes die Hühner, auf die er stand, die kleinen süßen knackigen Gymnasiastinnen, neuerdings auf Jungs mit längeren Haaren abfuhren.

Herr Rabenfänger

Herr Rabenfänger, einer der KHD-Meister, war ein mieser tückischer aufgeblasener Fettwanst. Einer, bei dem man erstmal seinen ekligen fetten Bauch wegschaufeln musste, um an sein mickriges impotentes Schwänzlein ranzukommen, dachte sich Santo. Je mehr er im Laufe der Jahre darüber dachte, umso mehr musste er sich eingestehen, dass dieses Schwein ihm tatsächlich nicht einen Stein in den Weg gelegt hatte, sondern gleich einen massigen Brocken. Und wieso? Weil er sich nur einmal, warum auch immer, in seiner jugendlichen Naivität, ohne Arroganz oder Bosheit, erlaubt hatte, diesem fetten gefräßigen Wildschwein, die Stirn zu bieten.

»Dieses miese Schwein«, dachte er sich noch viele Jahre später, nur weil er keine Lust hatte, den Dreck, den die anderen immer machten, die keinerlei Respekt vor dem Essen hatten und sich wie Tiere benahmen, wegzumachen. Herr Rabenfänger, der es besser wissen müsste, forderte ihn auf, den Pausenraum sauber zu putzen, und Santo sagte »nein«. Es geschah im dritten Lehrjahr, zwei oder drei Monate vor der Abschlussprüfung. Santo hatte sich über die Lehrjahre nichts zu Schulden kommen lassen. Er hatte sich stets kollegial verhalten, war immer pünktlich, kam nie betrunken oder angetrunken zur Arbeit, war immer freundlich und respektvoll gegenüber seinen Vorgesetzten, tat, was man ihm sagte. Während der gesamten Ausbildung war er, wenn es hoch kam, dreimal wegen Krankheit nicht zur Arbeit erschienen. Das einzige, was er sich vorwerfen konnte, war, dass er ein miserabler Schüler war. Nicht, weil er blöd war, sondern weil ihn diese ganze technische Scheiße und Metalle wahrlich nicht interessierte. Vor allem, weil auch klar war, dass sie sowieso an der CNC-Drehbank landen würden, wo sie quasi eh nur drei Knöpfe zu bedienen hatten und im Akkord wie am Laufband produzieren mussten. Wozu sich dann die Birne mit unnützem Scheiß zuballern, wozu den ganzen Scheiß? Wenn man ihm sowieso nicht braucht? All dieses mathematische Wissen, all dieses technische Wissen, diese Formeln, die eine Seite füllten, und so weiter, all das, um letztendlich sein Leben lang, vierzig bis fünfzig Jahre, an einer CNC-Drehbank im Akkord zu produzieren? Was für eine Verarsche, dachte sich Santo. Eigentlich hätten maximal sechs Monate vollkommen ausgereicht um an einer CNC-Drehmaschine sein Leben lang drei Knöpfe zu drücken. Hätte jeder Idiot auch lernen können. Aber sie mussten ja aus allem eine Wissenschaft machen, einem das Leben schwer machen. »Da steckt doch System dahinter«, dachte Santo. Die nutzen einen voll aus. So reduziert man Arbeitslosigkeit und man hat billige Arbeitskräfte. Gerne hätte er als Dreher an einer CNC-Drehmaschine als Geselle sein Leben lang gearbeitet. Er war in den Jahren darein gewachsen und hatte gelernt, mit dem Fabrik-Ambiente umzugehen. Er war angekommen und freute sich, endlich sein Geld zu verdienen. Die CNC-Drehbank empfand er als nicht schlimm. Im Gegenteil, einfach Knöpfe drücken, aufpassen und seinen Gedanken, seiner Fantasie, seinen Träumen freien Lauf gewähren und dabei noch gut verdienen. Daraufhin arbeitete er. Deswegen ließ er einiges über sich ergehen, mit sich machen, hatte diese Ausbildung zu Ende gebracht, die ihn von Anfang an angekotzt hatte.

»Herr Rubino, hat der Her Rabenfänger persönlich was gegen Sie?«

Santo verstand nicht. Er saß vor dem Prüfungsausschuss in der mündlichen Prüfung, in der der Herr Rabenfänger eine Rolle spielte. »Ich verstehe nicht«, antwortete Santo.

Die vier älteren Männer schauten sich an. Dann schauten sie alle wieder auf Santo und derselbe, der die erste Frage gestellt hatte, fragte Santo wiederum: »Hat der Herr Rabenfänger ein persönliches Problem mit Ihnen?«

Santo dachte kurz nach und war sich nicht sicher. Konnte es wirklich sein, dass Herr Rabenfänger wegen dieser Lappalie, wegen dieser einen Aktion ihm jetzt einen Strick um den Hals legte?

»Nicht, dass ich wüsste«, antwortete Santo verunsichert. Bemitleidend und wohlwollend schauten die Prüfer Santo an, um ihm im Nachhinein keine frohe Botschaft zu vermitteln. »Sie haben im praktischen Teil eine Drei aber im theoretischen stehen sie zwischen Vier und Fünf, mehr aber zur Fünf. Sie müssen die theoretische Prüfung wiederholen.«

Santo hatte es geahnt. Er hoffte zwar darauf, dennoch durchzukommen, hatte aber trotzdem nicht ernsthaft für die theoretische Prüfung gelernt. Wie denn auch? Er hatte nie gelernt zu lernen.

»Wir hätten Sie gerne durchgelassen«, fügte einer der Prüfer noch hinzu und machte eine kurze Atempause, um angewidert hinzuzufügen: »Sie können sich aber bei Herr Rabenfänger bedanken.«

»Wer weiß, was dieser Figlio di una Puttana denen erzählt hat«, schossen ihm wütende Gedanken durch den Kopf. Er fühlte sich zutiefst ungerecht behandelt. Wie kann man nur so kaltherzig sein, dachte Santo. Wegen einem Nichts einem jungen Menschen sein Leben schwer machen zu wollen. Was für ein Stück Scheiße. »Ich mache gar nichts, die können mich mal. Ich lasse mich doch nicht schikanieren, nee, mach ich nicht mehr. Ich scheiß auf die Ausbildung. Scheiß drauf. Ich gehe für immer nach Italien, die können mich mal«, redete sich Santo ein. Er war wütend, er war enttäuscht und er war es leid, das Gefühl zu haben, nicht als vollwertiger Bürger angeschaut zu werden. »Ich lasse mich nicht klein kriegen.« Sein sturer Stolz hatte ihn wieder gepackt und anstatt nochmal sechs Monate die Zähne zusammenzubeißen, um dann endgültig ans Ziel zu gelangen, wie viele es vor ihn getan hatten, entschied er sich aus Trotz, es nicht zu machen. »Soll dieser Rabenfänger mal sehen, den Gefallen tu ich ihm nicht«, triumphierten Santos Gedanken. Er und Giacomo spielten sowieso seit geraumer Zeit mit dem Gedanken, sich in Italien als Carabinieri zu bewerben. Es hieß, dass italienische Jugendliche aus Deutschland wegen ihrer Zweisprachigkeit gerne bei der italienischen Polizia, Carabinieri oder Guardia di Finanza, angenommen wurden. Er war es leid. Sie hatten das Gefühl, die Welt hätte sich gegen sie verschworen.

Beim Konsulat gegenüber vom Aachener Weiher auf der Universitätsstraße wurde ihre Bewerbung als Carabiniere herzlich empfangen. Alles lief reibungslos. Ärztliche Untersuchungen und all der andere Scheiß, den man zu erledigen hatte. Die Bewerbung wurde vom Konsulat aus nach Rom geschickt. Jetzt mussten Santo und Giacomo einfach nur abwarten und dann ab nach Italien. Endlich, wir kommen, freuten sich die Jungs auf die Heimat ihrer Eltern. Dort war eh alles schöner, zumindestens im Urlaub. Sie fühlten sich schon als Carabiniere und mit erhoben stolzem Kopf gingen sie aus dem Konsulat. Stolz, glücklich und ein wenig überlegen erzählten sie den anderen, dass sie bald als Carabiniere für immer nach Italien gehen würden. Einige fragten, »wieso als Carabiniere, wollt ihr im Ernst Polizisten werden?«. Ist doch bestimmt gefährlich in Italien. Santo und Giacomo war es egal. Hauptsache weg.

Santo fühlte sich erleichtert. Er hatte einen Weg gefunden, einen Weg, nicht mehr in einer Fabrik bis an sein Lebensende zu schmoren, einen Weg in das geliebte Italien.

»Sie möchten die Ausbildung hinschmeißen?«, fragte ihn der Obermeister, der höchste Leiter seiner Ausbildungsstätte verdutzt und auch ein wenig besorgt.

»Warum hinschmeißen? Ich hab doch meine dreieinhalb Jahre doch zu Ende gemacht«, antwortete Santo etwas überrascht.

»Aber überlegen Sie doch, es sind doch nur noch sechs Monate.«

»Ja, aber ich möchte nicht mehr weitermachen.«

»Ich verstehe Sie nicht, lassen Sie sich das doch noch einmal durch den Kopf gehen«, redete der Obermeister mit väterlich ruhigem Ton auf Santo ein. Santo bemerkte, dass der Obermeister, den er immer als einziger von den Ausbildern und Vorgesetzten als sympathischen, weltoffenen Menschen empfunden hatte, in der Tat um Santo besorgt war. Er hätte schwören können, dass er von diesem unedlen Geist von Herrn Rabenfänger etwas angewidert war.

»Nein, ich habe es mir echt gut überlegt und für mich kommt es auf keinen Fall in Frage, nochmal sechs Monate zu verlängern. Aber danke, dass Sie sich um mich Sorgen machen«, lächelte ihn Santo anerkennend an.

»Haben Sie etwas anderes in Aussicht, haben Sie einen Arbeitsplatz?«, fragte der Obermeister neugierig nach.

»Ja«, antworte Santo voller Stolz. »Ja, ich gehe für immer nach Italien. Ich werde Carabiniere.«

Militello trifft auf Köln

Köln, 1991. Freunde aus Militello kamen in Winter zu Besuch. Sie wollten zwischen Köln und Amsterdam mit Santo Weihnachten und Silvester zusammen feiern. Santo hatte alles für sie organisiert. Sie kamen zu siebt mit dem Zug nach Köln. Santo und seine Wanderers-Freunde, die keine mehr waren, freuten sich auf die Militellesi. Sie hatten sie durch einen Besuch bei Santo in Militello kennengelernt und hatten sich auf Anhieb bestens verstanden. In Militello gaben sich die Jungs sehr gerne und schneller, als man schauen konnte, Spitznamen, die sich überwiegend aus bestimmten Situationen ergaben, die einem im Leben wiederfuhren. Nicht selten vererbte man auch den Spitznamen der Familie. Seinen Compare, mit dem er sich in Militello schon länger angefreundet hatte, nannte man Mario Scarpa. Die anderen hießen Sandro Lupuzzu, , Salvatore Brooklyn,Giancarlo Pizza, Biaggio u Saracinu, Antonio u Mineolu, der aus Mineo, ein Städchen in der Nähe gelegen von Militello, und dann war da noch Paulo Pizzi, der einzige, der noch keinen Spitznamen verpasst bekommen hatte. Auch Santo hatte einen Spitznamen, Santo Liggio u Tedescu. Liggio war der Spitzname seiner Familie und u Tedesco, der Deutsche, hatten ihn die Jungs aus Militello getauft.

Voller Erlebnisdrang und Begeisterung waren die Militellesi nach Köln gekommen. Köln gefiel ihnen auf Anhieb. Sie hatten auch schon einige andere Städte in Deutschland gesehen, wie Wuppertal oder Freiburg oder Karlsruhe, wo viele aus Militello einen Arbeitsplatz gefunden hatten. Aber eine so lebendige, vielseitige, multikulturelle große Stadt wie Köln, hatten sie nicht erwartet. Sie kamen sich vor wie in New York. Militello besaß knapp um die zwölftausend Einwohner.

Santo kümmerte sich sehr herzlich und fühlte sich verantwortlich für das Wohlergehen der militellesischen Freunde. Er versuchte es ihnen so gut es ging recht zu machen. Manchmal war er ein wenig überfordert. Die Jungs waren extrem kommunikativ und außergewöhnlich lebendig. Als ob nichts wäre, als täten sie in Militello nichts anderes, sprachen sie jedes Mädchen, ob schön oder nicht so schön, an. Santo und einige andere Jungs aus der Casa Italia staunten nicht schlecht. So einfach war das, einfach anquatschen, als ob die Mädels nur darauf gewartet hätten. Wow, dachte sich Santo. So unbeschwert und ungeniert wäre er auch gern gewesen. Aber dafür hätte man in Militello groß werden müssen, verrieten ihm seine Gedanken.

Sie stürzten sich in das Kölner Nachtleben. Von einer Disco in die andere, von einer Party in die nächste und immer unterwegs. Der alte Wartesaal hatte ihnen am besten gefallen. Die Militellesi hatten ihr eigen angebautes Marihuana mitgebracht, was in null Komma nichts verbraucht war. Santo musste ihnen immer wieder was besorgen, am liebsten Haschisch, denn Marihuana hatten sie ja über das ganze Jahr.

Einmal bekamen sie kein Dope und mussten sich mit angebautem Gras aus Holland zufriedengeben. »Super Skunk«, sagte der Dealer, »Super Skunk«, wiederholte er mit einem hämischen schadenfrohen Lächeln. Die Militellesi verstanden nicht. »Chi minchia vuola chissu´, chi e´chi sta dicinnu.« (Was für einen Schwanz möchte dieser? Was sagt er da?), Wollten sie von Santo wissen. Santo fragte nach.

»Super Skunk, da müsst ihr aufpassen, der haut euch um«, antwortete der Dealer und schaute sich die Jungs mit weit geöffneten neugierigen Augen an. Santo übersetzte. Die Militellesi lachten sich einen ab. Großmaul, Laberbacke dachten sie sich. Will uns was von Marihuana erzählen.

An diesen Abend hatten sie sich alle im Hotel hinter dem Hauptbahnhof verabredet, in dem sich einige Militellesi eingebucht hatten. Sie hatten sich mit ein paar Mädels, die sie in den Tagen kennen gelernt hatten, im Alten Wartesaal verabredet. Sie hatten sich alle fein herausgeputzt und standen in bester Stimmung vor der Tür, um sich auf den Weg zum Alten Wartesaal zu machen. Santo Lupuzzu und Mario Scarpa, die am Joint klebten wie ein Neugeborenes an Mamis Zitze, schlugen vor, sich noch einen genüsslich zu genehmigen. Im Nu drehte Sandro zwei von den Allerfeinsten.

Sandro hätte an einem Wettbewerb, wer den schnellsten und ausgefeiltesten Joint dreht, teilnehmen können. So gut war er im Laufe der Jahre geworden. Früh hatten die Millitellesi mit dem Rauchen angefangen. Vor allem mit dem Anbau. So verdienten sich einige nicht nur ihr Taschengeld. Viele Jugendliche aus den benachbarten Städtchen kamen in den Achtzigern und Neunzigern nach Militello, um Gras zu kaufen. Es hatte sich rumgesprochen, dass man dort bestes Marihuana aus Eigenanbau bekam und das zu genüge. Nicht umsonst hatte man Militello in den 90ern »Little Amsterdam« getauft. Santo konnte sich sehr gut daran erinnern, wie er im Alter von vierzehn Jahren auf der Piazza San Benedetto sah, wie zwei alte VW-Bullis sequestriert wurden, die so voll gestopft mit Marihuana-Pflanzen waren, dass die Pflanzen aus allen offenen Fenstern hinausragten. Der alte Bulli war von den Carabinieri demonstrativ umstellt und abgesichert worden und das Bild, was sich dort bot, wurde von vielen Militellesi bestaunt.

Mario Scarpa reichte von einer Seite seinen kunstvollen, mit viel Liebe gedrehten Joint. Gleichzeitig wurde von der anderen Seite die Entwürfe durch Sandro Lupuzzu weitergereicht, sodass man nicht allzu lange auf ihre genüsslichen und berauschenden Kunstwerke warten musste. Alle Militellesi und alle Wanderers bis auf Valentino Fiore waren beisammen. Sie reichten sich sinnesfreudig und kameradschaftlich ihre Friedenspfeife und freuten sich ausnehmend auf den Alten Wartesaal, doch noch während sie sich angeregt unterhielten, gingen einigen schon die Lichter aus. Santo wusste nicht, wie ihm geschah. Der Dealer hatte sie gewarnt, »nehmt nicht zu viel von diesem Zeug.«

Doch in gewohnter Manier hatten die Militellesi sich mit diesem Zeug vollgestopft, wie sie das mit ihrem eigenen selbstangebauten taten. Wenig Tabak und viel Grünes. Gong! Die Lichter gingen auch für Santo aus. Er war nicht mehr Herr seiner selbst und fiel genau wie alle anderen in einen tiefen Schlaf.

Irgendwann wurde er wach. Kämpfte, um nicht wieder einzuschlafen. Der Schlaf steckte ihm noch in den Knochen, doch sein Wille, unbedingt noch in den Alten Wartesaal zu kommen, ließ ihn über diesen gewaltigen Gegner, der sich süßer Schlaf nannte, siegen. Er schüttelte sich frei und raffte sich als Erster zusammen. Alle schliefen. Die meisten auf dem Bett nebeneinander so eingekuschelt, dass man hätte denken können, dass sie ein Haufen von Tunten wären. Der Rest war auf dem Boden eingeschlafen.

Santo glaubte es nicht. Sie waren tatsächlich alle eingenickt. Er wurde sauer auf sich und auch auf die anderen. Was war das bloß für ein Zeug gewesen? Der hatte sie im wahrsten Sinne des Wortes umgehauen.

»Scheiß drauf«, sagte er zu sich, »jetzt nichts wie weg.« Er schaute auf seine Uhr und traute seinen Augen nicht. »Kann doch nicht sein, unmöglich«, dachte er verdutzt. Er rieb sich die Augen in der Hoffnung, doch noch im Alten Wartesaal feiern gehen zu können. Sie hatten sich doch alle so schnieke herausgeputzt und sahen verdammt gut aus. Die Mädels wären ihnen heute mit Sicherheit um den Hals gefallen. Das konnte doch nicht sein? Er schaute noch einmal auf seine Uhr, halb fünf in der Früh. »Vier Uhr Dreißig. Nee, unmöglich«, konnte Santo es immer noch nicht fassen. Einige der anderen erwachten langsam. Santo kamen sie vor wie Boxer, die nach einem mächtigen KO-Schlag schleppend und mühsam aus ihrer tiefen Dunkelheit wieder das Licht erblickten. Er war schockiert. Mein Gott, wie lange hatten sie geschlafen? Es war eben doch noch kurz nach elf gewesen. Wie kann das möglich sein? Von ein paar Zügen so ins Koma weggehauen zu werden? Er war richtig verärgert. Einige von ihnen erwachten. Giacomo und Fausto auch. Nur Sebastiano Pinnazza schlief noch. Santo weckte Sebastiano resigniert über dieses unfreudige Geschehen auf. Er fühlte sich immer noch wie ein älterer Bruder für Sebastiano verantwortlich, auch wenn Sebastiano schon über neunzehn war.

Santo bestellte ein Taxi, fuhr Sebastiano nach Hause zu seinen Eltern, um dann zu seinen Eltern zu fahren. Das war der vielversprechende Abend gewesen. Was für eine Enttäuschung.

Eine Woche vor Silvester, kurz vor 1992, war alles gut gegangen. Sie hatten hübsche und willige Mädels kennengelernt und durften die Spannbreite der damaligen angesagten Locations in Köln erhaschen. Dabei hatte Santo stets dafür gesorgt, dass sie immer was vom Feinsten zu rauchen bekamen. Eine Woche lang waren sie von morgens bis abends unterwegs und Santo tat alles, um sie zufrieden zu stellen. Er liebte seine Militellesi, er fühlte sich mit ihnen verbunden, so, als wären sie eine Familie und träumte davon, eines Tages vielleicht sogar für immer in Militello zu leben.

Es war Dienstag und sie wussten nicht, wohin sie abends feiern gehen sollten. Santo hatte mitbekommen, dass im Lalic am Rathenauplatz eine Hip Hop Party stattfinden sollte. Eigentlich war das La Lic für die Dark Szene Gothik und Wave bekannt, wo sich langsam aber auch die Szene der Psykobilly immer mehr etabliert hatte. Santo und die anderen Casa-Italia-Jungs wären am Wochenende niemals in so einen Schuppen gegangen, aber es war Dienstag und es gab sonst keine anderen Parties, wo sie hätten hingehen können, also entschieden sie sich, ins La Lic zu gehen. Bis zuletzt war sich Santo nicht sicher, ob in der Tat eine Hip-Hop-Party stattfinden würde. Bestens gelaunt und angenehm berauscht, gingen sie freudig und unbeschwert ins Lalic hinein.

»Gar nicht mal so schlecht, der Schuppen hier«, dachte sich Santo überrascht. Er hatte es sich noch deutlich kleiner vorgestellt, als es war. Auf zwei Etagen aufgebaut. Unten die kleine Tanzfläche und eine Theke und oben noch eine Theke, von der man entspannt das Geschehen auf der Tanzfläche aus sicherer Entfernung beobachten konnte.

Der Tequila floss und einige nicht abgeneigte Mädels waren schon in Sicht. Die Stimmung stieg umso mehr. Eigentlich mochte Santo keinen Tequila, er trank lieber Bier oder Sekt, wahrscheinlich durch den Einfluss seiner militellesischen Freunde schmeckte ihm der Tequila an diesem Abend besonders. Sie amüsierten sich prächtig und im Nu waren sie mit einigen der Mädels unten auf der Tanzfläche in Kontakt gekommen. Santo und Giacomo, so wie die anderen Casa-Italia-Jungs, waren verblüfft, mit welcher Unbeschwertheit und Leichtigkeit diese Jungs Miezen ansprachen. Sie hingegen schienen im Vergleich viel zu steif und elitär. Die Militellesi schissen drauf, sie schissen auf diesen elitären unnahbaren Scheiß. Ihnen war das egal. Sie wollten Spaß haben, sich des Lebens freuen und Mädels kennenlernen.

»Häh ...?«, dachte Santo. »Häh?« Da stimmte was nicht. Er sah, wie zwei orientalisch aussehende dunkelgebräunte Sonnenbank-Typen Antonio u Mineolu am Arm ergriffen, und Antonio, der von Statur aus mickrig und klein war, sich dagegen halbherzig wehrte und ihnen in seinem Dialekt mit Händen und Füßen versuchte zu erklären, dass er nichts Böses getan habe, was die beiden allem Anschein nach nicht die Bohne interessierte. Nur darauf hinaus mal wieder ein Opfer gefunden zu haben, an dem sie ihre Minderwertigkeitskomplexe ausprügeln konnten, prallte das Gelaber des schon ängstlich eingeschüchterten Antonio an ihnen ab. Santo hatte genug gesehen. Er verstand sofort. »Du musst nach unten und die Situation klären.« Von den anderen hatte mal wieder keiner was mitbekommen. »Komisch«, dachte sich Santo, »warum merke ich immer als einziger solche Situationen? Warum sind die anderen nicht so aufmerksam?« Er schaute kurz um sich und vergewisserte sich nochmal, ob wenigstens einer etwas mitbekommen hatte. Nein, niemand. So wie immer, alle waren nur auf ihren Spaß aus. »Scheiß Itaker«, dachte er sich. Er ließ es darauf beruhen und ging schleunigst die Treppen runter, um sich auf die Tanzfläche zu begeben, wo sich die unerfreuliche Situation abspielte. Warum musste man immer so einen Stress haben? Warum konnte man nicht einfach weggehen, Spaß haben und das Leben genießen?

»Was ist los?« Dabei beobachtete er die zwei mit gefasster Miene.

Antonio antwortete: »Ich verstehe die nicht, aber ich habe nichts Falsches getan.« Santo glaubte Antonio auf Anhieb. Er wusste es besser, er kannte Antonio schon lange und hatte noch nie was Negatives von ihm gesehen, geschweige denn gehört. Santo kannte Antonio immer nur als einen sehr freundlichen lebenslustigen, jungen Mann. Nun wandte sich Santo zu den anderen beiden und fragte sie in einem freundlichen Ton, was los sei. Sie behaupteten Antonio hätte sich an die Miezen rangemacht und wäre ihnen an die Wäsche gegangen. Santo wusste es besser. Er kannte Antonio, das konnte niemals sein. Niemals hätte sich Antonio, der der harmloseste und schüchternste von allen war, sich an das Heiligste der Miezen rangemacht. Nichtsdestotrotz spielte er das Spiel des Unwissenden wie schon so oft in seinem Leben mit.

Santo sprach sie auf eine sehr kumpelhafte und freundliche Art an, er appellierte an ihr Verständnis. Er erklärte ihnen, dass Antonio hier nur zum Urlaub wäre und sein Gast sei. Er hätte ein wenig zu viel getrunken und er würde mit ihm reden, dabei entschuldigte er sich einige Male und bat um Verständnis. Aber den zweien war das alles egal, im Gegenteil, dadurch, dass Santo mit ihnen so freundlich und kameradschaftlich sprach, fühlten sie sich umso mehr in ihren primitiven Urprogrammen bestätigt und ermutigt. Santo hätte es besser wissen müssen, er hatte schon einige Male seine Erfahrungen gemacht.

Bei solchen Kerlen wird Freundlichkeit und Kameradschaftlichkeit jedes Mal falsch interpretiert. Wenn man signalisiert, dass man nicht auf Ärger aus ist, wird es einem als Schwäche und Angst angerechnet und wie bei einem diabolischen hungrigen Rudel Wölfe, die einmal Blut geleckt haben, stürzen sie sich unerbittlich und unbarmherzig auf ihre Beute, um sie zu zerreißen.

Man weiß wirklich nicht, wie man sich zu verhalten hat. Ist man freundlich, wird man unterschätzt, ist man aggro, ist man ein Asi und Schläger. In der Rolle des letzteren hatte sich Santo nie wohlgefühlt. Ärger verbreitete sich in ihm und ließ sein Blut brodeln, das sich schon in seinem Schädel und in allen anderen Gliedern erhitzend bemerkbar machte. Seine Steinzeit-Programme hatten sich hochgefahren. Santos Blick und Stimme wurden fester und er war entschlossen, den Rauswurf von Antonio nicht hinzunehmen. Er wollte in jedem Fall verhindern, dass Antonio u Mineolu auf sich alleine gestellt hinausgeworfen wurde. Er wusste es besser, dass sie Antonio draußen vor der Tür ein wenig die Fresse polieren würden und das wollte er nicht hinnehmen. Auch wenn er liebend gerne genau wie die anderen unbeschwert weitergefeiert hätte. Sein anerzogener Stolz und seine Loyalität zu seinen Freunden konnten und wollten es nicht zu lassen. Er nahm es ernst mit der Verantwortung. Es war so, als ob man ihm etwas antun würde.

Um Antonio u Mineolu raus zu beordern musste man im Lalic die Treppen hochgehen. Den ganzen Weg dorthin bis zur letzten Stufe, kurz vor der Kasse, hatte Santo versucht ihnen klar zu machen, dass er das nicht hinnehmen würde, aber die zwei hatten sich nicht einen Scheiß drum gekümmert. Erst jetzt stellte sich Santo mit ausgebreiteten Armen davor und sagte: »Hier geht keiner raus!«

Die zwei, die schon ein wenig eingeschüchtert waren, versuchten mit einer halbherzigen Handbewegung Santo zur Seite zu schieben. Santo schubste zurück. Den anderen packte er festhaltend am Kragen. Dabei fühlte er, wie den beiden ihr Mumm durch die Eier flutschte.

Kurze Stille, schockierte und überraschte Gesichter. Sowohl der Kassierer und die Kassiererin als auch der Veranstalter beschwerten sich und heuerten den Türsteher an, endlich was zu unternehmen. Buddy Ali nannten sie ihn, eine ziemliche imposante Erscheinung. Brustkorb und Oberarme wie Hulk, wobei ein Oberschenkel mindestens so groß war wie Santos zwei Oberschenkel. Alle hatten eine höllische Angst vor Buddy Ali. Santo dachte sich: »Scheiße, so eine Scheiße«, denn mehr

Zeit zum Nachdenken hatte er nicht bekommen. Schon stand Buddy Ali von der oberen Treppe vor ihm. Schlagartig ahnte Santo, was Buddy Ali vorhatte. Santo war ein erfahrener langjähriger Kämpfer, ein unfreiwilliger, aber doch langjähriger Krieger, der einige Scharmützel in seiner Laufbahn schon bestritten hatte. Nach einem sehr ungleichen Kampf in seinen jüngeren Jahren mit einem wie Buddy Ali aussehenden Türsteher einer Tanzschule hatte er sich geschworen, sich nie wieder von der Körpergröße imponieren zu lassen. Er hatte sich damals eine mächtige Kopfnuss eingefangen und hatte im Clinch gemerkt, dass der Koloss von Türsteher ihm nicht wirklich überlegen war, sondern vielmehr hatte er sich vor dem Furcht erregenden Aussehen und Gelaber der kriechenden schleimigen Mitläufers einschüchtern lassen.

Einige Jahre lagen dazwischen, aber der Schwur, den er sich selber gegeben hatte, brannte Santo immer noch im Gedächtnis, als wäre es gestern gewesen.

Buddy Ali holte aus, um Santo eine zerstörerische Kopfnuss zu verpassen. Doch in letzten Augenblick holte Santo mit seinem oberen Schädel aus und nutzte die Gelegenheit, um Buddy selbst einen Kopfstoß gegen seine Nase zu verpassen. So schnell konnte Ali gar nicht schauen. Instinktiv, ohne großartig darüber nachzudenken, griff Santo Ali und schmiss ihn die Treppe runter. Dabei trat er zwei bis dreimal gegen Alis Gesicht, traf ihn aber nicht richtig. Alle waren entsetzt. Am allermeisten Buddy Ali. Er wusste nicht, wie ihm geschah. Stille machte sich wieder breit. Alle standen da, mit offenem, entsetztem Mund. Damit hatten sie alle nicht gerechnet. Mal wieder hatte man Santo unterschätzt. Er war ja auch nur 1,73 groß und wog circa dreißig Kilo weniger. Santo war auf der Lauer und rechnete mit einem wiederholten Angriff. Ali griff sich an die Nase und schien gelähmt zu sein. Santo wartete ab.

»Nicht hier, nicht hier«, hörte Santo jemanden sagen. Michael, der rumänischer Abstammung war und Ali nochmal um einen Kopf überragte, nur nicht so aufgepumpt war, schlug vor, die körperliche Unterhaltung doch lieber draußen weiterzuführen. Santo willigte ein. »Seltsam«, dachte er sich und staunte nicht schlecht über seine Ruhe und Nüchternheit, mit der er die Sache anging.

»Geh und sag den anderen Bescheid«, forderte Santo Antonio u Mineolu auf, der die ganze Zeit über nur wie ein Haufen Elend hilflos zugeschaut hatte. Santo begab sich in aller Ruhe und entspannt nach draußen. Seltsamerweise hatte er kein bisschen Angst. Antonio schaffte es, sich wieder in die Disco einzuschleichen. Draußen standen wie aus dem Nichts fünf Kumpane von Ali. Santo war allein. Sie standen sich gegenüber. Santo wartete in gewohnter Manier den ersten Schlag ab. Er hasste es als Erster zu schlagen. Er hoffte immer bis zur letzten Sekunde, dass sein Gegner es sich doch anders überlegen würde, was leider zu Santos Bedauern nur ganz selten vorkam. Buddy Ali konnte sich selbst nicht eingestehen, dass so ein kleiner Italiener, den er um einen Kopf überragte und er mindestens dreißig Kilo weniger wog, ihm überlegen sein sollte. Er wusste nicht, wen er vor sich hatte. Einen immer wieder unterschätzten Krieger. Ali holte aus. Er stand unter der Beobachtung seines arschkriechenden Gefolges. Santo blockte den lang ausholenden rechten Schwinger mit seinem linken Unterarm mit Leichtigkeit ab und schlug mit seiner Rechten explosivartig zu. Ali holte einige Male wieder aus, traf aber kein einziges Mal. Santo kam es vor wie in einem Spiderman-Film. Er sah Alis Schläge wie in Zeitlupe. Erstaunt mit welcher Einfachheit er Ali vermöbelte. Mit so einem schwachen Gegner hatte er nicht gerechnet. Ali fühlte sich an wie Pudding. Santo schlug und traf immer wieder. Immer wieder trafen Santos Fausthiebe auf Alis Gesicht. Doch Ali ging nicht zu Boden. Santo hatte genug, er wollte den Kampf so schnell wie möglich beenden. Er schrie sich seine Wut mit jedem Schlag aus, dabei schnappte er sich Ali an dem länglichen, öligen pechschwarzen Harren, zerrte ihn zu einem Auto und schlug seinen Schädel einige Male gegen die Motorhaube.

Ali war fertig und bat mit verzweifelter und verängstigter Stimme um Hilfe. Sofort stürzten sich die fünf, die vorher ihr Wort gegeben hatten sich nicht einzumischen, auf Santo. Nun zog Santo sein kleines Aschichmesser, das er in seiner Hosentasche bei sich trug, und staunte nicht schlecht wie seine Angreifer sofort verängstigt zurück schraken.

»Was für feige Memmen«, dachte sich Santo überrascht. Er hatte das kleine Aschichmesser eher aus Verzweiflung rausgeholt und hatte nicht damit gerechnet, dass die sich so von einem mini-Taschenmesser in die

Hosen scheißen würden. Santo schaffte es damit, sie einige Sekunden in Schach zu halten. Plötzlich hörte er, wie sein bester Freund aus Militello, Mario Scarpa, in ihrem Dialekt wie ein verärgerter Löwe laut aufschrie: »Ma cumpari!« (Pate, brüderlicher Freund.) und währenddessen schlug er sich den Weg aus dem Lalic Türausgang frei, wo sich einige der anderen vereinten alliierten Jugendlichen befanden.

Der Löwenangriff von Mario währte nicht lange, schnell bekam er von der Seite einen niederschmetternden Fausthieb auf sein linkes Auge und wurde somit auf der Stelle ausgeschaltet. Genauso laut, wie er aufgeschrien hatte, genau so laut schrie Mario diesmal vor Schmerz wieder auf, nur dass das Geschrei sich diesmal mehr wie das eines verärgerten, verzweifelten Katers anhörte. Santo sah kurz auf ihn, alles spielte sich schneller ab, wie in einem Schnelldurchlauf. Er sah, wie Mario mit beiden Händen sein enorm schmerzendes Auge festhielt, und dabei konnte er in seinem rechten Auge die Enttäuschung erkennen, dass er ihm nicht helfen konnte. Mit letzter Kraft schrie Mario Santo noch was zu, bevor er sich zur Seite an die Außenmauer des Lalic stellte: »Ma cumpar, nun ti puzzu aiutari chiu´, ma scusari.« (Mein Freund, ich kann dir nicht mehr helfen, entschuldige.) Auf einmal war draußen auf dem Rathenauplatz, vor dem Eingang des Lalic, die Hölle ausgebrochen. Sandro Lupuzzu, der mehrere Meisterschaften in Sizilien und in Italien im klassischen römisch-griechischen Ringen geholt hatte, sowie Salvatore Brooklyn, Giancarlo Margherita, die zum Kern der härteren Jungs in Militello gehörten, aber auch Giacomo, als einziger von den Casa-Italia-Jungs, Santo zur Hilfe kamen. Die Militellesi waren alle gute Ringer. Sie zogen beim Verlassen des Lalic-Eingangs die ersten blitzartig von den Beinen auf den Boden. Dabei knallten die Überraschten wuchtig auf dem Asphaltboden.

Ohne wenn und aber schmissen sich Sandro, Salvatore und Giancarlo auf die fünf während Santo immer noch mit seinen fünf Angreifern beschäftigt war. Giacomo kam Santo auch zur Hilfe. Santo hatte es wieder auf Buddy Ali abgesehen. Buddy Ali verkroch sich mit jedem Schritt weiter nach hinten. Es waren noch einige Freunde Buddy zur Hilfe gekommen. Nun wimmelte es von Gegnern. Die wenigen Militellesi verblüfften alle. Sie schlugen sich trotz ihrer kleineren Körpergröße mutig und gekonnt. Immer nah beinander. Dabei gingen sie schnell zur Sache. Runter, Beine wegziehen und Gegner auf den harten Asphalt knallen lassen. Den einen und anderen traten sie auch mal nach. Die Gegner waren baff und wussten nicht, wie ihnen geschah.

Diesmal hatten sie sich mit den falschen Itaker angelegt. Sie fielen wie die Fliegen und Santo und Giacomo konnten noch den einen oder anderen Treffer landen. Im Hintergrund nahm Santo Geschrei von irgendwelchen Weibern wahr. Er hörte zwei Schüsse. Sein Atem stockte, nicht aus Angst, sondern vielmehr, weil er keine Luft mehr bekam. Er griff sich an die Kehle und sein Rachen kratzte und brannte zugleich. Er wunderte sich und verstand erst mal nicht wieso. Giacomo, der, seitdem er aus dem Lalic gekommen, nicht mehr von seiner Seite gewichen war, ging es genauso. Nun stieg ihm die brennende und kratzende Hitze in die Nase und Augen. Er konnte nichts mehr erkennen. Ein Licht ging ihm auf. Diese hinterhältigen feigen Memmen hatten trotz ihrer überlegenen Mehrheit den Mut eines erbärmlichen Feiglings, mit Kampfgas um sich zu schießen. Von plötzlich panischer Furcht ergriffen, in diesem Zustand dem Gegner total hilflos ausgeliefert zu sein, haute nun Santo wild um sich, um die Wahrscheinlichkeit ein leichtes Ziel zu bieten, zu verhindern. Nun hörte er jemanden »die Polizei, die Polizei« im Hintergrund rufen. Langsam erhielt er seine Sehkraft zurück und das Brennen in den Augen, Rachen und Nase milderte sich ab.

Santo kämpfte immer noch um bessere Sicht, dabei hörte er Salvatore Brooklyn laut und wutentbrannt schreien und den weglaufenden Widersachern hinterher laufen. Sandro Lupuzzu und Giancarlo Pizza taten es Brooklyn gleich. Giacomo war immer noch an der Seite von Santo. Mario war immer noch mit seinen mittlerweile dick aufgeschwollenen Augen beschäftigt. Brooklyn war außer sich. Warum auch immer lief er über das erste Auto und dann über das zweite. Vielleicht weil er vom Dach der Autos eine bessere Sicht hatte oder weil Brooklyn unbewusst der Meinung war, dass man ihn von dort oben besser verstehen konnte. Er schrie, dass man bei ihm zu Hause solche Feiglinge mit Benzin übergießen würde. Ihre Widersacher waren geflohen.

Einige Monate später, nachdem seine militellischen Freunde längst in sein so sehr geliebtes Militello, in den Schoß ihrer Heimat, zurückgekehrt waren, hatten sich die Wogen wieder geglättet und es war Gras über die Sache gewachsen. Trotzdem konnte sich Santo in diesen Monaten nicht so unbeschwert wie sonst bewegen, geschweige denn abfeiern. Er war immer auf der Lauer. Alles wurde genauestens observiert. Jede einzelne auffällige Bewegung. Sein Umfeld wurde stets von ihm abgescannt. Sein Leben war ihm teuer und abgesehen davon wollte er sich nicht wie ein Idiot überrumpeln lassen, schließlich war er Sizilianer und wollte dem auch alle Ehre machen. Einigen, wenn es denn unbedingt sein musste, auch wenn ihn dieser Gedanke nicht glücklich schätzte, würde er schon das Fürchten lehren.

Doch Gott hatte weiterhin Nachsicht mit ihm. Ali war eines Tages im Alten Wartesaal aufgetaucht und hatte nach ihm rufen lassen. Santo war auf alles gefasst, er hatte sich seit Monaten geistig darauf vorbereitet, und er wusste, auf die meisten seiner italienischen Freunde in Köln war kein Verlass. Sie hatten untereinander zwar eine große Klappe, aber wenn es darauf ankam, sich mit anderen anzulegen, zogen sie meist den Schwanz ein.

Santo ging alleine raus, die anderen waren alle mit irgendwelchen Miezen beschäftigt oder taten nur so. Das wusste Santo. Aber er war ein Rubino und lief nicht weg. Jedoch war Ali nicht gekommen, um sich an ihm zu rächen oder sich noch einmal anzulegen, sondern um sich mit ihm zu vertragen.

Als Ali Santo sah, entschuldigte er sich bei ihm und bot ihm an, sich zu vertragen. Santo war kein nachtragender Mensch.

Wenn er wirklich gewollt hätte, hätte er auch seine Möglichkeiten gehabt und hätte dies auch längst getan, aber er hatte sich entschieden, den Weg des guten Bürgers zu gehen, und außerdem, hatte Buddy Ali seine Lektion schon erhalten. Sie vertrugen sich und küssten sich, wie das Südländer tun.

Einige Wochen später gingen Santo mit Fausto Fortebracci und Sebastiano in ein Café am Zülpischer Platz, wo sie mit zwei Mädels verabredet waren. Santo mochte dieses Café nicht und wunderte sich, dass Sebastiano sich gerade dort treffen wollte. In diesem Laden verkehrten unter anderem Zuhälter und Kleinkriminelle und er hatte wahrlich keinen Bock auf solche Typen. Nicht, weil er Angst hatte, die meisten von denen, hatten eh nichts drauf und waren nur stark, wenn sie zu mehreren waren. Nein, er hatte absolut keinen Bock auf so ein bedrückendes Ambiente, wo jeder den Harten markieren wollte und das Alphatier raus ließ. So eine Atmosphäre schnürte ihm die Luft ab. Er wollte sich leicht fühlen und unbeschwert sein. Er hatte überhaupt keine Lust ständig auf der Lauer zu sein und den Starken zu markieren, auch wenn er nicht schwach war.

»Heeyyy, wer kommt denn da?« Santo sah jemanden aufstehen und auf ihn zeigen, als er rein kam. Santo hatte aus seinem Tunnelblick, aus dem linken Augenwinkel, einen riesen Lulatsch wahrgenommen.

»Hey, schaut ihn nicht so an, schaut ihn nicht so an!«, hörte Santo den Typen sagen und wunderte sich, dass er mit voller Entschlossenheit auf ihn zeigte. Was war denn jetzt wieder los?, fragte sich Santo. Verdammt, was wollte dieser Idiot von ihm?

»Ich sag euch, guckt ihn nicht so an, das ist der kleine Italiener, das ist der, der sich mit Buddy Ali angelegt hat.«

Jetzt erkannte Santo diesen Halbriesen wieder. Es war der rumänische Freund von Buddy Ali, der sich an dem Abend nicht in die Schlägerei eingemischt hatte. Michael hieß der Rumäne und winkte Santo zu sich, wo er mit Typen saß, die Santo verabscheute, die alles dafür taten, um gefährlich auszusehen und voll mit Anabolika und irgendwelchen Proteindrinks aufgepumpt waren und das Alphatier spielten. Doch Michael winkte ihn weiterhin energisch zu sich und Santo blieb nichts anderes übrig, als sich vor der ganzen Gesellschaft hinzustellen und Hallo zu sagen. Michael machte kein großes Geheimnis darum, was Santo in dieser Nacht geleistet hatte. Herzlich und mit allem Respekt und Höflichkeit umarmte er Santo und zeigte ihm sein Wohlgefallen. »Ich sag euch, Jungs, schaut ihn nicht so an«, wiederholte er. »Der hier hat den Mumm gehabt wie kein anderer, sich mit Buddy Ali anzulegen. Und glaubt mir, Buddy hat nicht gut ausgesehen. Sowas habe ich noch nie erlebt. Der Junge hier ist so was von flink, so schnell könnt ihr gar nicht schauen«, bestätigte er sein Wohlwollen gegenüber Santo, während seine Kumpels ungalant mit weit ausgestreckten Beinen dasaßen und vor Staunen nicht den Mund zubekamen. Santo dachte sich: Da haben wir es wieder, sie werten einen Menschen nur nach Körpergröße und Auftreten.

Es kommt immer alles anders!

In der Zwischenzeit hatte Santo durch die Freundin eines Freundes einen Aushilfsjob bei Köln Carré bekommen. Dort arbeitete er als Verkäufer. Zu Anfang schämte er sich ein wenig, doch dann merkte er, dass es ihm lag und eigentlich Spaß machte, in einem schönen Ambiente, wo es nur so von schönen Miezen wimmelte und wo man die eine oder andere leicht kennenlernen konnte, zu arbeiten. Gerne hätte Santo einige Jahre bei Carré gearbeitet und überlegte, sich eventuell nach dem Sommerurlaub festeinstellen zu lassen.

Doch kam es ganz anders. Giacomo hatte den Bogen überspannt. Er und Mustafa hatten sich zu oft selbst bedient und einmal zu viele Klamotten auf Abruf hinausgeschmuggelt, um ihr Taschengeld aufzubessern. Santo tat es ihnen einige Male nach. Die Sache kam ans Licht. Sie hatten es übertrieben. »Scheiße«, dachte sich Santo. Mitgehangen, mitgefangen. So ist das. Er war sauer, ließ sich aber nichts anmerken. Wegen so einem Scheiß, wegen so einer Dummheit hatte er törichterweise diesen Arbeitsplatz verloren. Eine Arbeit, die ihm bei weitem mehr Spaß machte als bei KHD als Dreher zu schmoren. Er hatte mit der Sache, wofür Giacomo und Mustafa aufgeflogen waren, nichts zu tun gehabt. Er wollte seit längerem nichts mehr mit diesen Sachen zu tun haben. Eigentlich hatte Santo entschlossen, sich als Festangestellter einstellen zu lassen. Doch zu seinem Bedauern wurde daraus nichts. Er war jetzt gezwungen, sich nach dem Urlaub in Sizilien was Neues zu suchen und in einer Fabrik als Hilfsarbeiter zu arbeiten, was für ihn erst einmal nicht in Frage kam.

Nach seiner letzten gescheiterten Beziehung mit einer Landsfrau lernte Santo ein nettes, junges, freundliches Mädel kennen. Ihre Wege hatten sich einige Male im Alten Wartesaal gekreuzt. Irgendwann hatte sich Santo, der eigentlich schüchtern und gar nicht der Draufgängertyp war, endlich mal ans Herz gefasst, das Mädel, das ihm jedes mal ein freundliches Lächeln schenkte, anzusprechen. Im Nu eroberte sie Santos Herz. Entgegen seiner Erwartungen schien sie wirklich an ihm interessiert. Sie war sehr freundlich und sie verstanden sich auf Anhieb. Einige Male verabredeten sie sich im Alten Wartesaal, bis Santo es endlich geschafft hatte, sich mit ihr auch mal außerhalb zu treffen. Santo hatte sich die

Wohnung eines Freundes ausgeliehen. Alles lief unkompliziert. Die Beziehung wurde enger. Beide verliebten sich ineinander. Die erste Zeit lief alles sehr entspannt und harmonisch. Santo ging es gut und er war glücklich. Die Gedanken, nach Italien zu ziehen, um dort den Carabinieri zu spielen, waren futsch.

Einige Monate waren vergangen und Santo und Vanessa verstanden sich immer besser. Santo dachte schon lange nicht mehr an sein Anliegen, Carabiniere zu werden.

»Santo, da ist ein Brief aus Italien für dich angekommen«, sagte Vita zu ihrem Sohn.

»Was für ein Brief?«, fragte Santo.

»Chini sacciu iou, talia tu.« (Was weiß ich, schau du), antwortete seine Mama. Santo nahm den Brief und stellte zu seiner Überraschung fest, dass es eine Einladung nach Rom war, um sich bei dem dortigen Hauptsitz der Carabinieri vorzustellen. »Und Jetzt?«, schoss es Santo blitzartig durch den Kopf. Er sah sich schon in Rom in Carabinieri-Uniform seinen Dienst absolvieren. Er hatte sich das so sehr gewünscht und nach seinem Ermessen war es für ihn die einzige Möglichkeit, einen wirtschaftlich sicheren und in der italienischen Gesellschaft anerkannten Beruf auszuüben. Das war die Chance.

Plötzlich war Santo sich nicht mehr sicher. Gerade jetzt, wo es mit seiner Freundin so schön war. »Wie wird es wohl Giacomo gehen?«, fragte er sich. »Wird Giacomo Rifka verlassen?«

Irgendwie konnte sich Santo gar nicht vorstellen, dass Giacomo Rifka verlassen würde. Dafür war Giacomo zu sehr in sie verschossen. Giacomo hatte es sich anders überlegt. Er war sehr in seine Freundin verknallt.

»Nein«, antwortete Giacomo, ich fange eine Lehre als Friseur an. Er hatte sich entschieden nicht mehr den Carabinieri zu spielen, sondern lieber weiterhin in Deutschland zu bleiben, um eine Friseurlehre anzufangen. Nun kam es für Santo gar nicht mehr in Frage. Sollte er alleine nach Italien, um Carabinieri zu werden?, dachte er unerfreut. »Nee, alleine? Habe ich gar keine Lust drauf«, gab er sich selbst die Antwort. Somit hatte er sich selbst ein gutes Argument gegeben, sein Bleiben zu rechtfertigen, ohne zu sehr ins Gewicht zu legen, dass er nur wegen Vanessa eine Zukunft in der so sehr begehrten Heimat seiner Eltern sausen ließ.

Wer weiß? Vielleicht, wenn Giacomo mit entschlossenem Willen Santo zu verstehen gegeben hätte, in jedem Fall diese Chance wahrzunehmen, um endlich in ihrem gelobten Land leben zu dürfen, wer weiß? Vielleicht wäre Santo mitgegangen. Schließlich hatten sie ein brüderliches Verhältnis. Stattdessen blieb er mit Vanessa zusammen und landete als Hilfsarbeiter an der Schönhauser Straße beim Unternehmen Bayenthal, die Briefe für die Post kuvertierten und aussortierten.

Währenddessen schlichen sich die ersten Probleme in ihrer Beziehung ein. Santo wurde in der Klettenberger Clique gemobbt. Natürlich überwiegend von Jungs. Von Jungs, die aus wohlhabenden und reichen Familien kamen, die allem Anschein nach, nicht denselben Werten hegten wie Santo. Würde und Ehre, Fairplay schienen ihnen nicht bekannt zu sein. Stattdessen nur Neid, Missgunst und Kleingeist. Sie mobbten Vanessa, weil sie ein Problem damit hatten, dass sie mit einem Scheiß Itaker zusammen war, mit einem Spaghettifresser, der noch nicht mal aufs Gymnasium ging. Irgendein Hauptschul-Italiener.

Einer, Fabian, der Lieblingsfreund von Vanessas Mutter und gleichzeitig der Wohlhabendste dieser Klettenberger Clique, ließ keine Möglichkeit aus, Santo schlecht zu reden und sich ihm gegenüber arrogant und abwertend zu benehmen. Am liebsten hätte Santo Fabian, dieses verwöhnte Arschgesicht, so richtig eine aufs Maul gehauen. Es juckte Santo jedes Mal gewaltig, aber den Gefallen tat er Fabian und all den anderen Arschgeigen und Pseudokultivierten nicht. Santo kannte das Spiel schon zu gut. Erstmal einen auf dicke Hose machen, um sich dann eine einzufangen, um sich dann wiederum in ihrer Meinung bestätigt zu fühlen.

Seht ihr, seht ihr, so sind sie, so sind sie alle! Celine, Vanessas Mutter, hatte Fabian schön um den Finger gewickelt. Kein Wunder, den Celine gehörte zu der Menschensorte, die anderen Menschen nach einem ganz klaren Maßstab definiert. »Hast du was, bist du was, hast du nichts, bist du nichts«, so einfach war das. Fabian hatte was, zwar keinen Charakter, aber dafür umso mehr Kohle. Dank seines Vaters, worauf er sich verdammt viel einbildete. So wie bei einigen anderen Menschen, die keine inneren Reichtümer besitzen. Je weniger innere Schätze, umso mehr profilieren sie sich und schätzen Menschen nur wegen Äußerlichem und materiellem Erfolg. Geizkragen und pseudokultivierte Reiche, die sozial schwächeren das Leben schwer machten, verachtete Santo grundsätzlich. Für ihn waren sie widerliche Menschenverächter. Santo bewahrte sich die Ruhe und tat so, als ob nichts wäre. Bei Vanessa ließ er zwar durchsickern, dass er sich bewusst war, was hinter der Bühne gespielt wurde, ließ sich aber seinen Unmut und Ärger nicht anmerken. Dabei kochte Santo innerlich. Ließ aber keinen Funken Ärger, keinen Argwohn zu. Vanessa erzählte ihm die Storys von sich aus. Dabei bewahrte sich Santo seine Eleganz, worauf er immer Wert legte. Etwas Bestürztheit, ein wenig Verständnislosigkeit ließ er erkennen. Ansonsten nahm er es mit Humor und vertraute auf die universale Gerechtigkeit, deren er sich tief in sich vollkommen sicher war. Alles, was man tut, bekommt man zurück. Daran glaubte er fest. Ist nur eine Frage der Zeit, früher oder später bekommt jeder das, was es verdient.

Drei Jahre dauerte die Beziehung, trotz aller Schwierigkeiten und Schikanen, die Vanessa nicht nur von ihrem Klettenberger Freundeskreis bekam, sondern auch immer verstärkt von ihren eigenen Eltern. Santo wurde vollkommen ignoriert und boykottiert. Santos Eltern liebten Vanessa. Sie war herzlich willkommen. Vanessas Eltern interessierte es nicht die Bohne. Santos Familie entsprach ganz und gar nicht ihrem Niveau, vor allem Santos Papa, der ein paar Mal wegen Santos kleinem Bruder dunkle Momente irrationaler Anfälle uriger sizilianischer Wut hatte, während Vanessas Vater als Schuldirektor Zeuge dessen wurde.

»Tja, Pech gehabt«, dachte sich Santo, man kann sich seinen Vater nicht aussuchen. Lieben tat er ihn trotzdem. Er kannte auch seine guten Seiten, wie Großzügigkeit und Herzlichkeit.

Einige Male waren sich Santo und Vanessas Vater über den Weg gelaufen. Meistens, wenn Santo Vanessa nach Hause begleitete, was er stets gerne tat, und jedes Mal begegnete Vanessas Vater ihm mit einem finsteren Gesicht, einer Miene mit schwerer Trauer, so als ob seine Tochter gestorben wäre. Santo bestürzte diese Miene der Trauer immer wieder aufs Neue. Er konnte es nicht verstehen, wie ein Mann so viel Trauer empfinden kann, nur weil seine Tochter mit einem scheiß Itaker zusammen war.

Er hingegen hatte von seinem Vater beigebracht bekommen, dass es nicht auf die Familie der Frau ankommt, sondern auf den Charakter des Mädels. Was hatte er denn selbst falsch gemacht? Jedes Mal überlegte er, es fiel ihm aber nichts ein. Wie er war, wie er als Mensch war, interessierte die Eltern wenig. Es reichte ihnen schon, Sizilianer zu sein und dann auch noch aus einfachen Verhältnissen zu stammen.

Santo hatte auch noch das Glück, dass Vanessas Eltern im Jugendzentrum Casa Italia anriefen, um Informationen über Santos Familie zu bekommen, und diesen neapolitanischen Wichser an die Strippe bekamen, der die Gunst des Augenblicks ergriff, um Santo eins auszuwischen. Prompt tischte er Vanessas Eltern die Geschichte auf, Santos Familie wäre in mafiosische Strukturen verwickelt und würde ihr Geld mit Autoschieberei verdienen. Davon hätte Santo bestimmt gewusst. Das war auch das einzige Mal, dass Santo der Kragen geplatzt war. Er folgte seinen tiefsten Instinkten und schnappte sich dieses Sackgesicht von neapolitanischem hinterhältigem Heuchler vor der Casa Italia, um ihn vor der ganzen Gesellschaft mit drei mächtigen Ohrfeigen zu bestrafen.

»Pezzo di Merda, la prossima volta che parli male sulla mia Familia, ti faccio saltare la testa.« (Du Stück Scheiße, wenn du noch einmal schlecht über meine Familie redest, spreng ich dir deinen Kopf), hatte Santo zu Salvatore nochmal ausdrücklich gesagt, bevor er sich aus dem Staub machte. Kurz darauf kam die Polizei. Niemand hatte was gesehen oder gehört.

Mehrere Male hatte Celine, Vanessas Mutter, bei Santos Stimme ohne ein Wort den Telefonhörer aufgelegt. Einmal schaffte Santo es, sie zur Rede zu stellen. Celine behandelte ihn am Telefon abwertend, ohne ihm nur eine Sekunde ernsthaft zu zuhören. Es war ihr scheißegal! Egal, was Santo sagte oder wie er es sagte, egal, ob es den Tatsachen entsprach, egal, ob es gerechtfertigt war oder nicht, es waren alles Worte, die diese Frau absolut nicht interessierten. Es interessierte sie nicht die Bohne. Das einzige, was sie interessierte waren Geld und Titel. Fertig aus, so einfach.

»Es kommt nicht darauf an, was man sagt oder wie man es sagt, und sei es noch so richtig und aufrichtig, interessiert niemanden. Es kommt nur darauf an, wer was sagt, und sei es die größte Arschgeige auf Erden, solange er eine anerkannte Persönlichkeit ist, die man meistens mit Geld verbindet, hört man liebend gern bestätigend zu«, kam Santo intuitiv dieser Gedanke auf.

Kurz bevor die Beziehung zu Ende ging, hatte Celine Santo und Vanessa vor ihrer Tür erwischt. Sie ergriff gleich die Gelegenheit, Santo zu entwürdigen und bloßzustellen. Mit einem boshaften Gesicht sagte sie Santo, er müsse sich schämen, er wäre ja doch viel zu alt für Vanessa. Santo hatte verständnislos und naiv zugleich geantwortet, »so viel älter bin ich aber nicht.«

Selbst nach knapp drei Jahren Beziehung konnte sie es immer noch nicht sein lassen und hatte daraufhin nur arglistig gelacht, um sich arrogant in ihr Haus zu begeben.

Im Bayenthal-Unternehmen blieb er nicht länger als ein halbes Jahr. Dort wirrte öfters die nervige alte Frau herum, die die Mutter des Unternehmers war und in ihrem späten Alter meinte, den Arbeitern auf den Sack zu gehen und sie schlecht zu behandeln. Santo kam sich vor wie ein Leibeigener. Die Zeit verging auf seinem Arbeitsplatz einfach nicht. Der Unternehmer an sich schien an Santo Gefallen zu finden. Hin und wieder suchte er das Gespräch. Giacomo und Fausto hatte Santo auch ins Unternehmen gebracht, die aber feierten leider öfters mal krank. Einmal musste er sich vom Unternehmer anhören, dass er enttäuscht sei und mit einem Freund aus Norditalien über Santo gesprochen habe. Dabei erzählte ihm dieser norditalienische Freund, das Sizilianer gar keine Italiener wären, sondern eine Art Nordafrikaner und deswegen nicht gerne arbeiten würden. Er dürfe sie nicht so ansehen wie die Italiener aus dem Norden. Mit einem charmanten Lächeln antworte Santo darauf: »Ja, wenn wir Nordafrikaner sind, dann sind die Norditaliener Süddeutsche.« Dem Unternehmer gefiel die Antwort und er ging zufrieden lächelnd weiter seines Weges.

Irgendwann kam die Tochter des Unternehmers, die eine Wucht war, aus der Schweiz wieder nach Hause. Santo schämte sich ein wenig, dass er nur irgendein Hilfsarbeiter an einer Kuvertiermaschine war. Genauso ging die Tochter des Unternehmers an ihm vorbei, so als ob er und die anderen Luft wären. Hinzu kam, dass der Unternehmer Santo ganz stolz erzählte, dass seine Tochter ein paar Jahre in Zürich studierte und in ein paar Monaten nach London zum Studieren weiterziehen würde. Um seiner Tochter den Aufenthalt in Köln zu versüßen, ließ er im hinteren Garten des Unternehmens eine schöne große Sauna konstruieren, da seine Tochter es liebte, in der Sauna abzuschwitzen. Jetzt hatte Santo genug. Er und die anderen wurden mit einem Bettlergehalt von 1500 DM brutto pro Monat abserviert und sie lebten in Saus und Braus, auf den Schultern und dem Schweiß der Arbeiter. Er kündigte und fing eine Umschulung als Bürokaufmann an, mit der Hoffnung, dadurch einen angenehmeren und anerkannteren Beruf ausüben zu können.

Zwanzig Monate hatte er dieses Mal diszipliniert immer seine Hausaufgaben gemacht und im Unterricht gut aufgepasst. Er übte fleißig für die Klassenarbeiten und schrieb gute Noten. Im Vergleich zu seiner ersten Ausbildung empfand er den Schulstoff, den sie hier lernten, als durchaus interessant. Die Umschulung wurde erfolgreich bestanden. Mein Gott, hatte er sich an dem Tag, als ihm sein Kaufmannsbrief ausgehändigt wurde, gut gefühlt. Er war mächtig stolz auf sich. Er hatte es geschafft, er hatte bestanden und das noch nicht mal schlecht. Nun fing er an sich wie ein Weltmeister, sich überall, wo Bürokaufleute gesucht wurden, zu bewerben, doch außer einem Vorstellungsgespräch in einem Apple-Geschäft am Hansaring hatte er keine anderen Möglichkeiten bekommen. Das Arbeitsamt bestellte ihn einige Male, um sich über seine Arbeitslage zu erkundigen. Langsam ging ihm das auf den Sack. Was war los? Sein Zeugnis war nicht schlecht, seinen Kaufmannsbrief hatte er auch mit gut bestanden, doch keine Firma interessierte es. Er hatte um die sechzig oder siebzig Bewerbungen abgeschickt, viele hatten sich noch nicht mal die Mühe gemacht zu antworten. Im Gespräch mit seinem Arbeitsberater wollte Santo wissen, was er falsch machen würde, und legte seine Bewerbungen vor.

»Es hat nichts mit den Bewerbungen und Ihrem Abschluss zu tun, Sie haben einfach den falschen Beruf erlernt. Wenn man schon keine Frau ist, dann muss man wenigstens als Bürokaufmann ein Deutscher sein, tut mir Leid. Ich bin ehrlich zu Ihnen, so sieht es aus.«

Santo wär beinahe vom Stuhl gefallen. »Was ist los?«, dachte er. »Unglaublich, und das sagt er mir so geradeheraus.« Einen Augenblick lang überlegte er, ob er entsetzt und wütend reagieren sollte, doch dann entschied er, es einfach hinzunehmen und sich bei diesem Arbeitsberater, für seine Ehrlichkeit zu bedanken. »Bewundernswert«, dachte Santo, »endlich mal einer, der nicht um den heißen Brei herumredet und einem einfach die Wahrheit sagt.« Damit konnte er etwas anfangen. Nur schade, dass ihn vorher keiner davor gewarnt hat und er wieder einen falschen Beruf erlernt hatte, mit dem er nicht viel anfangen konnte. Naja, wenigstens hatte er diesmal alles bestanden. Er fand einen Job bei einem angesagten italienischen Modegeschäft am Friesenwall, fast Ecke Ehrenstraße. Die Arbeit gefiel ihm gut und mittlerweile war Santo vierundzwanzig Jahre alt. Ein gutes halbes Jahr durfte er dort arbeiten, bis der Inhaber eines Tages von einer Modemesse in Italien aus anrief, um ihm per Telefon zu kündigen mit der Begründung seinen älteren Bruder einzustellen, der zu der Zeit arbeitslos war und einen Job bräuchte. Santo nahm es mit Fassung und ließ sich seine Enttäuschung mal wieder nicht anmerken. »Scheiße«, dachte er sich, »jetzt kann ich mich wieder um einen neuen Job kümmern.« Er wär gerne weiterhin in dem Modebereich geblieben, die Arbeit machte ihm Spaß. Er bewarb sich sowohl schriftlich als auch persönlich, aber irgendwie besaß er etwas, was den Leuten nicht gefiel.

»Verdammt, was mache ich falsch?«, fragte er sich jedes Mal und fühlte sich vom Leben ungerecht behandelt. Es gelang ihm nicht in dieser Branche Fuß zu fassen.

Silvio, der kleine Bruder

Santo liebte seinen Bruder sehr und seine ausgeprägten Beschützer-
instinkte waren gegenüber seinem jüngeren Bruder besonders groß. In
dieser Zeit ließ sich Santo etwas auf die Welt, in der sein Bruder lebte,
ein. Schon als sie kleine Jungs waren, waren die verschiedenen Lebens-
philosophien deutlich zu erkennen, trotz der gemeinsamen Werte und
Männlichkeitsideale. Silvio war eher der Lester-Avenue-Typ (Super-
Itaker) aus den Roman Scharfe Zeiten von Richard Price und Santo eher
der Wanderer. Wenn man in ihr gemeinsames Kinderzimmer kam, sah
man auf Santos Seite über dem Bett und der Kommode Postkarten, Bilder und Poster von James Dean, Marlon Brando und Elvis Presley. Bei
Silvio sah man riesige Poster von Mike Tyson, Bruce Lee und irgendwelchen anderen Kampfmaschinen. Silvios Geltungsdrang im Vergleich
zu Santo war enorm. Ständig war er in Schlägereien verwickelt, wo es
nicht zu selten zur Sache ging. Santo brach es das Herz seinen kleinen
Bruder öfter mit Schrammen und anderen Verletzungen zu sehen. Er hatte oft und nicht zu knapp immer wieder mit seinem jüngeren Bruder geredet und ihn versucht zu überzeugen, auch mal Fünfe gerade sein zu
lassen.

»Du weißt gar nicht was da draußen abgeht«, hatte Silvio immer versucht, sich zu rechtfertigen. Silvio ließ sich noch weniger als wenig von
anderen was gefallen. Er hatte vor niemandem Angst und wenn er welche hatte, dann wurde diese beiseite gelegt. Es war ihm absolut egal, wie
alt und wie gefährlich der Anschein des Gegners war. Er ließ sich von
niemandem was gefallen, selbst wenn es sein Leben gekostet hätte. Er
war ein Märtyrer-Typ. Einige Male hatten türkische Jungs, die um einige
Jahre älter waren, versucht ihn abzuzocken, seine Jacke oder sein Capy
oder sonst was. Als einziger aus seiner italienischen Freundesgruppe hatte er den Mumm gehabt, oder vielleicht auch nicht alle Tassen im
Schrank, und sich mit denen angelegt. Einmal war es einem viel älteren
Jungendlichen gelungen, Silvio, der erst dreizehn alt war, seine Chevignon-Jacke abzuzocken. Nicht freiwillig, sondern nur mit roher Brutalität.
Silvio hatte sich tapfer geschlagen, doch der Altersunterschied war zu
groß. Einige Jahre später wurde Santo Zeuge, wie Silvio diesen Peiniger

am hellen Tageslicht auf dem Friesenwall Ecke Palmstraße durch Zufall erkannte. Ohne ein Wort schritt er auf seinen damaligen Despoten zu, tippte diesem auf die Schulter, um sich nochmals zu vergewissern, ob es auch der Richtige war.

Der Schinder drehte sich um. Er sah ein ausgewachsenes verdammt gefährlich aussehendes, mit einigen Kampfspuren versehrtes Gesicht. Silvio war mittlerweile 17 Jahre alt, aber schon kräftig wie ein Bulle.

»Naaa, weißt du noch, wer ich bin?« Dabei grinste Silvio und es war klar was er dachte. »Jetzt habe ich dich, jetzt bist du dran, lange habe ich auf diesen Tag gewartet, Lange!«

Bestürzt und wie vom Blitz getroffen verfinsterte sich auf der Stelle das Gesicht des Peinigers. »Nein man, ich kenn dich nicht.« Doch an seiner zittrigen Stimme und den unharmonischen Bewegungen, typisch für linke Straßenköter, erkannte man die blanke Angst.

»Wie?«, baute sich Silvio selbstbewusst und belustigt noch mehr auf. »Wie?«, wiederholte er mit lauter und eindringlicher Stimme. »Du kennst mich nicht mehr? Weißt du nicht mehr? Damals auf der Hohestraße? Da war ich noch ein kleiner Junge, da war ich noch ein halbes Kind, und da hast du mir meine Chevignon-Jacke abgezogen, schon vergessen?«, fragte Silvio jetzt mit ernster und verärgerter Stimme, denn während er seinem damaligen Despoten ein wenig auf die Sprünge half, kam es ihm hoch. Santo erinnerte sich, wie enttäuscht und betrübt Silvio gewesen war, nicht wegen dieser Scheiß Chevignon-Jacke und auch nicht, weil er deutlich unterlegen gewesen war, sondern vielmehr weil er diese Feigheit und unedle Art, diese so stolzlose und unmenschliche Art, nicht verstehen konnte. Er konnte es nicht verstehen, dass ein Neunzehnjähriger gnadenlos und unbarmherzig einen Dreizehnjährigen ohne einen Funken schlechten Gewissens fast zusammenschlägt, um ihm die Jacke abzuziehen. Santo konnte es auch nicht verstehen. Damals hatte er seinen Bruder getröstet, und wenn er gewusst hätte, wo man diesen figlio di puttana erwischen konnte, wäre er auf der Stelle dort hingegangen und hätte für ausgleichende Gerechtigkeit gesorgt. Santo sagte zu seinem Bruder: »Irgendwann, irgendwann erwischen wir ihn, irgendwann läuft er uns über den Weg. Im Leben sieht man sich oft auch ein zweites Mal.«

Damit wollte er die Wut und Bestürzung seines Bruders mildern.

Nun war der Tag der Abrechnung gekommen.. »Schuld verjährt nie! Außer man bereut aufrichtig«, dachte sich Santo, doch eigentlich war er so erzogen, dass Schuld nie und nimmer verjährt, selbst wenn zehn, zwanzig oder dreißig Jahre vergehen. »Chi sbaglia paga. «(Wer sich verschuldet, zahlt.) Ein Sizilianer vergisst nie! Die ersten drei präzise gesetzten Fausthiebe von Silvio, die auf seinen Peiniger trafen, ließen Santo aufhorchen. Sie hatten sich so angehört, als ob jemand mit einem großen Hammer Holzmöbel auseinanderschmettert. Nun wurde der Täter zum Opfer, so kann sich das Blatt wenden. Das Opfer ging wie durch ein Wunder nicht zu Boden. Santo sah Silvios Erstaunen. In der letzten Zeit war er durch sein regelmäßiges Boxtraining und Boxkämpfe, bei denen er fast immer gewann, bärenstark geworden. Sein Gegner hielt sich mit aller Kraft, wie ein Kletteraffe, an Silvios Hüfte fest. Wahrscheinlich weil er aus Todesangst davon ausging, dass, wenn er zu Boden gehen würde, Silvio ihn krankenhausreif zusammentreten würde. Da irrte er sich aber gewaltig. Silvio war in der Lage, wenn er sich im Recht fühlte, sogar einen zu lynchen. Aber auf einen wehrlosen Gegner, der am Boden lag, hätte er aufgrund seines Ehrencodex' nicht einmal eingetreten, lieber hätte er in Kauf genommen, den Gegner jedes Mal aufs Neue zu Boden zu schicken. Eins war Silvio am aller meisten wert, sein Stolz. Gewinnen auf eine unedle Art kam für ihn nicht in Frage. Dadurch, dass sein damaliger Peiniger mit aller Gotteskraft nicht zu Boden gehen wollte, wurde es für ihn umso schlimmer und brachte Silvio in Rage, was durch das feige Geschrei noch mehr verstärkt wurde. »Was habe ich gemacht, was habe ich gemacht, ich war das nicht …»« usw. Daraufhin schnappte Silvio ihn mit beiden Händen, schaute ihm ins Gesicht, spuckte ihn gewaltig an und schmiss ihn wie einen Haufen Elend gegen die Eingangstür eines Hauses. Bei dem Aufprall fiel sein damaliger Peiniger niedergeschmettert in sich zusammen. Sein Gesicht war nicht mehr zu erkennen.

Nach einer Boxveranstaltung in Italien, sah Santo, als Silvio vorhatte, den Zug zurück nach Köln zu nehmen, wie drei oder vier italienische Skins eine afrikanische Mamma mit ihrem kleinen Jungen an ihrer Seite, ohrfeigen, anspucken und beschimpfen. Bei aller Vaterlandsliebe brach es Silvio das Herz. Silvio, der mittlerweile Luca Brasi alle Ehre hätte machen können, erzählte seinem älteren Bruder diese Geschichte mit

Tränen in den Augen. Er schubste eine dieser scheiß Glatzen, wie er sie immer beschrieb, und warf ihnen vor, ein Haufen feiger Schwuchteln zu sein. Wenn sie Eier hätten, sollten sie sich mit wehrhaften Männer anlegen und nicht mit hilflosen Frauen und unschuldigen Kindern. Die Skins drohten, ihn auf der Stelle zu lynchen, und hatten sich schon bedrohlich angenähert. Daraufhin zog Silvio sein Lieblings-Rambomesser, überzeugt, ihnen die Gurgel zu zerschneiden, und während er ihnen mit dem Messer entgegentrat, fluchte er in seinem sizilianischen Dialekt, ihnen das Herz rauszuschneiden. Gott sei Dank, dachte Santo, bewiesen diese Skins gute Instinkte und ergriffen die Flucht.

Silvio hatte im Gegenteil zu Santo kein Problem mit Waffen. Er verließ nie das Haus ohne, und wenn es sein musste, machte er auch Gebrauch davon. So wie in der Vergangenheit mal mit einem Skinhead aus Deutschland, den er mit einer Hand an der oberen Schädelplatte am Kopf krallte und an sich zog, dass sein Hals schön frei wurde, um mit der anderen Hand, sein Lieblingsmesser rauszuholen, um ihn für seine Feigheit fürs Leben zu zeichnen. Wenn Santo nicht im letzten Augenblick Silvios Unterarm, ruckartig an sich gezogen hätte, um seinen jüngeren Bruder davor zu bewahren, wieder eine Dummheit zu begehen, wäre es beinahe schon zu spät gewesen. Nur aus reiner Weitsicht hatte Santo vorsichtshalber seinen Bruder aufgehalten, denn es war eine Sache, sich mit solchem Gesindel zu prügeln und eine ganz andere Sache war es, von einem Messer Gebrauch zu machen.

Silvio war einer, den man vielleicht zu Boden schicken konnte, aber er würde immer wieder aufstehen, bis entweder er oder sein Kontrahent halt eben nicht mehr aufstehen würde. Von den vielen rauen Straßen Kölns hatte Silvio gelernt, hart und erbarmungslos zu zuschlagen, wenigstens solange der Gegner mit beiden Beinen den Asphaltboden berührte. Wenn ihm einer schief kam, polierte er ihm die Fresse. Er nährte jeden Groll, der sich anbot, lief ständig mit gesträubtem Nacken durch die Gegend. Im Allgemeinen achtete Silvio sorgfältig darauf, dass sein Zorn nur Menschen traf, die es verdienten. Er war stets ein Mann alter sizilianischer Prinzipien und immer absolut furchtlos. Dabei benahm er sich überhaupt nicht großspurig oder draufgängerisch.

Santo machte sich permanent große Sorgen um seinen kleinen Bruder. Da sein Bruder keinem Zweikampf aus dem Weg ging, befürchtete Santo dass er eines Tages entweder ein Messer zwischen die Rippen bekam oder für eine längere Zeit einen Platz im Kühlen bezog. Einige Male hatte er das Gespräch mit seinem Bruder gesucht und ihn versucht, davon zu überzeugen, dass er sich mit diesen Kyffhäuser-Türken oder sonst irgendwelchen Gangs nicht mehr so abgeben sollte. Er sollte aufhören, auf der Kyffhäuser sich wie ein Straßenköter herumzutreiben, um ein wenig Dope zu verkaufen. Er solle langsam vernünftig werden, arbeiten gehen und sich mit friedliebenden Menschen umgeben. Silvio lächelte dabei jedes Mal, aber er hatte so einen Zorn auf seine italienischen Kölner Landsleute, die in seinen Augen zumeist feige Memmen waren, dass er Santo wütend antwortete: »Mir sind die Türken lieber als die meisten scheiß Itaker, die nur kiffen im Kopf haben oder sonst was für abgefuckte Drogen und nur Fußball und Muschis. Aber auf meine türkischen Freunde konnte ich mich immer verlassen. Die haben mich nie bei einer Schlägerei im Stich gelassen.«

»Aber Silvio«, antwortete Santo seinem Bruder bestürzt, »das Leben dreht sich doch nicht nur um Schlägereien. Was meinst du, wen das in zehn Jahren interessiert, wen du alles umgehauen hast? Wie viel du dafür gesorgt hast, dass man dich respektiert, dass nicht alle Italiener feige Memmen sind? Was meinst du, wen der Scheiß morgen interessiert? Niemanden! Hör zu! Während du, als Silvio Rubino, als Italiener oder als Sizilianer dich prügelst und nicht selten Blut spucken musst und Schmerzen ertragen musst, häufen die sogenannten feigen Memmen Reichtümer und machen sich ein schönes Leben. Während du hier für deine Werte oder besser gesagt die Werte von Carlo Rubino stehst und vermitteln möchtest, die hier niemanden ein Scheiß interessieren, während du hier Krieg spielst und deiner Mama Kummer bereitest, gehen die sogenannten Ottos, die Kinder der Reichen, die Kinder der Feigen, schön brav zur Schule, sind von den schönsten und intelligentesten Mädchen umgeben, und was noch viel besser ist, diese Ottos oder Lutscher, wie ihr sie nennt, werden eines Tages die sein, die dich und mich und all die anderen stolzen harten Jungs, auslachen und die Welt auf unseren Kosten regieren. Dann lachen nämlich die über uns. Verstanden?«

Silvio horchte kurz auf, sah sein Bruder etwas nachdenklich an und antwortete »Ja du hast Recht, aber das ist leichter gesagt als getan, ich kann nicht so einfach aus meiner Haut«, um dann mit einem palermitanischem Sprichwort anzuschließen: »Wer quadratisch zur Welt kommt, stirbt niemals rund.«

Das sah Santo anders. Er vertrat die Meinung, wo Einsicht und Wille ist, kann es auch Veränderung geben, man muss nur an sich arbeiten. Er tat es ja auch.

Santo war ein loyaler Junge, großzügig und ein glühender Verteidiger der Unterdrückten. Doch langsam ging ihm die Puste aus. Er hatte keine Lust mehr und sah auch immer weniger Sinn darin, sich wegen seines Stolzes und wegen seines Gerechtigkeitssinns gegenüber ihm und auch den Schwächeren mit jedem daher gelaufenen Staßenhund anzulegen, sei es körperlich oder auch verbal. Nein, er mochte nicht mehr. Seine Mama hatte recht, wenn man jedem bellenden Hund einen Stein hinterher wirft, hat man irgendwann keine Steine mehr. Schon zweimal war Santo trotz nachsichtiger Verwarnung seinem Bruder mit diesen Straßenschlägern aufgelauert. Beim zweiten Mal wurde Santo vor Wut schwarz vor Augen. Angewidert stürzte er sich von der gegenüberliegenden Straßenseite auf Silvio, der Santo nicht gesehen hatte, und verpasste ihm eine extrem starke Ohrfeige, die er augenblicklich bereute. Silvio war schockiert und noch zu jung, um sich wehren zu können. Daraufhin schritt Santo zu Silvios Freunden, die verängstlichst zurückschreckten. Wutentbrannt schaute Santo auf sie und fragte provokativ, ob sie auch ein paar verpasst haben wollten. Keiner wagte, etwas zu sagen.

Mafia-Bülent

Ärger schien Santo einfach nachzulaufen. Ungebeten, unwillkommen und unnötig, musste Santo sich selber eingestehen. In der Zeit, als er immer noch versuchte, eine passende Arbeit zu finden und sich schwer tat, entschieden sich Santo und Silvio, einen Abend mal gemeinsam wegzugehen, was sonst selten vorkam. Sie beschlossen, im Neuschwanstein den Abend zu verbringen, wo samstags gute House-Music gespielt wurde. Dort ging Santo gerne hin. Doch in letzter Zeit hatte sich die Szene im Neuschwanstein etwas verändert. Wo ursprünglich nur Party-Typen hingingen, sah man immer mehr Prolls. Es hatte sich herumgesprochen, dass im Neuschwanstein-Dance-Club heiße und willige Bräute samstags ihre Parties feierten. Silvio vertickte immer noch, wodurch es ihm selten an Geld mangelte. In der Zeit waren Ecstasy, besonders auf House-Parties hoch in Kurs und heiß begehrt, vor allem die Homosexuellen im Neuschwanstein bettelten einen förmlich an, ihnen etwas zu verkaufen. Darunter gab es auch einige dieser scharfen Miezen, die nicht selten aus gutem Hause kamen, die einen sonst noch nicht mal mit dem Arsch anschauten.

Silvio hatte eine ziemlich gute Adresse, wo er sowohl Ecstasy als auch Kokain beziehen konnte. Die Adresse war ein sehr guter Freund aus dem Boxsport. Ein Deutscher. Kokain kam für sie nicht in Frage, zu riskant. Wenn sie mit Ecstasy erwischt wurden, waren die Strafmaßnahmen nicht so hoch wie bei Kokain. Silvio überredete seinen Bruder zusammen mit ihm im Neuschwanstein ein wenig Ecstasy zu verticken. Alles lief gut zu Beginn. Sie hatten Spaß miteinander und feierten gut mit, ohne dabei nur eine von diesen Playboys, Elefanten, Smileys und was sonst für Symbole auf diesem scheiß Ecstasy assembliert waren, zu nehmen. Sie hatten zwei Bekannten Bescheid gesagt, dass sie einiges zum Verkaufen dabei hätten. Die Information machte schnell die Runde, wodurch sie einige dieser kleinen Pillen verkauft bekamen. Die Stimmung stieg und der Plan schien aufzugehen. Santo hatte zum ersten Mal seine Prinzipien gebrochen. Er hatte sich eigentlich geschworen, niemals Drogen zu verkaufen oder sonst was, was den Menschen schaden würde. Doch dieses Mal war er schwach geworden, vielleicht auch aus der Enttäuschung, immer noch keinen beruflichen Erfolg zu haben. Er freute sich an diesem Abend, mit seinem jüngeren Bruder unbeschwert zusammen zu feiern. Sein kleiner Bruder war groß geworden und einige, die Silvio kannten, schienen einen riesen Respekt zu haben. Silvio, der Boxer oder Pitbull, wie sein Bruder bei denen, die ihn kannten, gerne genannt wurde. Santo dachte, dass Pitbull sogar besser noch passte. Wenn Silvio sich einmal festgebissen hatte, ließ er nicht mehr so leicht los, egal was er auch abbekam, man hätte ihn schon erschlagen müssen. Er steckte so einiges weg. Im Gegenteil, Silvio gehörte zu der Sorte Mensch, die mit jedem Schlag, den er abbekam, umso wütender wurde und es dem Gegner doppelt so schlimm vergalt. So passierte es auch an diesem Abend.

Gut gelaunt begaben sie sich auf die Toiletten, wo sie auf die Schnelle einige dieser anscheinend Glücklichmacher-Pillen verkauften. Schlagartig befanden sich dort auch zwei türkische Landsleute. Einer war einen halben Kopf größer als Santo und Silvio und mindestens doppelt so breit. Synchron fingen beide an, irgendeinen Scheiß zu plappern, das sich ihrer Meinung nach italienisch anhören sollte. Dabei amüsierten sie sich prächtig, um dann Santo und Silvio mit Sprüchen wie »Na ihr scheiß Spaghettifresser, ihr scheiß Itaker« weiterhin peinigen zu wollen.

»Hey was ist? Was habt ihr für ein Problem?«, wollte Silvio sofort klarstellen. Santo funkte schnell dazwischen, um ihnen die friedliche Botschaft zu offenbaren: »Hey, Jungs, wir sind hier zum Feiern und nicht, um uns zu schlagen, wir wollen keinen Ärger.«

Der Kräftigere von den beiden schritt nun energisch auf Santo zu »Du scheiß Italiener, das ist unser Laden hier.«

Dabei hatte Santo den Mafia-Bülent, wie sich der Name im Nachhinein herausstellte, zuvor noch nie gesehen. Glonck, batsch, bamm krachten von hinten die blitzschnellen Fausthiebe von Silvio in Mafias-Bülents Gesicht. Schon wieder schien der Ärger Santo knechtend hinterher zu laufen, ungebeten und unwillkommen, wie so oft. Von Mafia-Bülent kam zum Erstaunen keine Gegenwehr, während Santo den kleineren gleich in Schach hielt. Allem Anschein nach hatte Silvio ihn ziemlich hart getroffen. Bülent war wie ein Tier aufgetreten und jammerte jetzt wie ein Hund: »Ist gut, Bruder, ist gut, Bruder.« Silvio schnappte sich Bülent wie einen Lappen am hinteren Rücken, schmiss ihn von der Toilette und verpasste ihm nochmal einige. Bülent fiel mit schützenden Händen vors Gesicht in die Hocke. »Ist gut«, sagte Santo zu seinem Bruder, »ist gut jetzt, reicht, der hat genug.« Im selben Moment kamen auch schon die Türsteher. Genau so breit gebaute Typen wie Mafia-Bülent, nur nochmal ein Stück größer. Besorgt wollte Santo schnellstmöglich aus dem Neuschwanstein raus.

»Aspe´«, sagte Silvio zu ihm, »Aspe´, nun ti scandari,« (Warte, warte, hab keine Angst.). Santo hatte gelernt, dass es besser war, den Ort, wo es Ärger gab, schnellstens zu verlassen.

Schlauerweise hatte Silvio, der in Sachen Schlägerei seine Erfahrungen schon zu Genüge gesammelt hatte, einen schweren Blei-Aschenbecher unter seiner Jacke versteckt und mit nach draußen genommen. Santo dachte eigentlich, die Sache wäre geklärt, und wollte so schnell es ging von dort verschwinden, doch der zuvor jammernde Mafia-Bülent stand mit seinen Türsteher-Kumpeln hinter ihrem Rücken wartend oben vor dem Eingang. Zum Glück hatte Silvios geübter Instinkt ihn vorahnen lassen, dass sie heute nicht ohne Schrammen nach Hause gelassen würden. Sofort stürzten sich der zuvor um Gnade wimmernde Mafia-Bülent und seine Kumpanen auf sie.

Die Türsteher, seine Freunde und Eingeweihte hielten sich erst mal im Schatten des Geschehens zurück. Santo traf den kleinen einige Male mitten ins Gesicht und beinahe wäre sein Kontrahent zu Boden gegangen. Doch er hielt sich verbissen und ängstlich an Santo fest. Bülent, der sich anscheinend von der Schmach erholt hatte und nun siegessicher auf Silvio einschlug, musste sich seine klare Unterlegenheit trotz seines Mannesalters weiterhin eingestehen. Santo versuchte seinem Kontrahenten, der sich wie eine Krake an ihm festhielt, loszuwerden, um seinem Bruder schnellstens zur Hilfe zu kommen. Besorgt um seinen jüngeren Bruder, den er seit seiner Geburt fest verankert in sich trug, gelang es ihm nicht, sich von dieser Plage zu befreien. Während er immer wieder ein Auge auf seinen Bruder warf, hoffte er, dass Silvio diesen Bastardo endlich loswerden würde. Doch der entpuppte sich umso mehr als eine feige, hinterlistige und ehrenlose Kreatur. Männliches Fairplay schien er nicht zu kennen. Genau die Gattung, die Santo am allerliebsten mochte.

Im Hintergrund kamen plötzlich unerwartet Schüsse. Santos Herzschlag blieb stehen. »Silvio«, dachte er aufhorchend, »Silvio.« Hoffentlich galten die Schüsse nicht seinem kleinen Bruder. Silvio blutete am oberen Kopf. Sein Kontrahent hatte ihm mit seiner Gasplemm hinterhältig aufs Haupt geschossen. Silvio war stark und machte seinem Ruf als Pitbull alle Ehre. Er schnappte sich den schweren Blei-Aschenbecher, den er noch schnell im Neuschwanstein beim Rausgehen ergattern konnte und fing an mit aller Kraft, die ihm nach den Schüssen in den Beinen blieb, auf das Haupt seines Peinigers drauf zu hämmern. Darauf flogen einige Zähne des Kontrahenten durch den Aufenthaltsraum am Eingang des Bazar de Cologne. Bülent blutete aus verschiedenen Wunden seines Schädels. Bülent fiel. Santo atmete auf. Endlich. Hoffnung kam auf.

Nun griffen die Türsteher ein. Sie schnappten sich Silvio aus dem Hinterhalt. Dabei fiel Silvio, der jetzt ziemlich geschwächt war, der Aschenbecher aus der Hand. Zwei weitere Türsteher schnappten sich den Aschenbecher und stürzten sich auf Santo, dabei versuchten sie ihn mit dem Aschenbecher auf seinem Kopf zu treffen. Wie durch ein Wunder schaffte es Santo, durch die Schläge hindurch zu tauchen, wobei er auch gleichzeitig seine Arme als Schutz benutzte. Endlich ließ ihn diese Missgeburt los. Wie auf Kommando. Santo rannte zu seinem Bruder, der sich vor dem Eingang wankend aufhielt, um auf Santo zu warten, wobei er den Türstehern drohte, zurückzukommen und sie alle zu erstechen.

Silvio wollte schleunigst nach Hause, um sein Messer zu holen. Gerade heute, wo er sein Rambo-Messer nicht dabei hatte, gerade an so einem Abend, wo er sich gedacht hatte, dass er mit seinem Bruder unterwegs war und ins Neuschwanstein gehen würde, wo eh nur Partyleute verkehrten und er keine Waffe brauchen würde, genau dann widerfuhr ihm unerwartet so eine Scheiße.

»Nein«, sagte Santo, wir fahren jetzt sofort zum Krankenhaus. »Rächen können wir uns an den Türstehern immer noch.« An diesem Abend, wenn Santo ein Messer dabei gehabt hätte, an diesem Abend, das hatte er gespürt, an diesem Abend, hätte er ein Massaker fabriziert, dessen war er sich bewusst. Zum ersten Mal in seinem Leben, hätte er sich gerne vergessen, hätte sich gerne wegen seines kleinen Bruders vergessen und allzu gerne diesem Abschaum der Menschheit den Garaus gemacht. Viel zu schade, dachte Santo, viel zu schade, diese kostbare Luft, die diese Menschen einatmen dürfen, um sie wieder verpestet in ihre Umwelt auszuatmen. Eigentlich würde man der Gesellschaft einen großen Dienst erweisen, wenn man sie von so einem Abschaum befreien würde.

Ihm wäre es an diesem Abend egal gewesen, was diese feige Gesellschaft über ihn denken würde, oder ob er in den Knast dafür gehen würde. An diesem Abend hätte er gerne das Blut der Missetäter an seinen Händen kleben gesehen.

Im Krankenhaus wurden sie wie Aufsässige behandelt. Santo konnte es diesen Spießern auch nicht verübeln. Woher sollten sie denn wissen, ob man sich nur verteidigt hatte. Ihnen wäre so was nie passiert, und wenn, hätte die Mehrheit von ihnen lieber in Kauf genommen, sich ein paar einzufangen und um Gnade zu winseln. Santo und Silvio gehörten nicht dazu, aber auch nicht zu den anderen. Zwei Stunden später saßen sie im Wohnzimmer bei ihren Eltern. Carlo hatte seine Söhne reinkommen hören. Als ob er einen sechsten Sinn hätte, konnte er in dieser Nacht nicht den richtigen Schlaf finden. Gewöhnlich zeigte er seine freudige Dankbarkeit, dass seine Söhne auch in dieser Nacht den Weg heile nach Hause gefunden hatten, indem er sie wie üblich durch seine Rohheit und unfreundliche archaische Art schnellstens ins Bett beorderte. Carlo hatte schon immer eine mediale Antenne besessen, zumindest wenn es um seine Kinder ging.

An diesem Abend hatte er seinen rotblauen, vertikal gestreiften Schlafanzug an, um dann ruhig aus seinem Schlafzimmer rauszukommen. Santo und Silvio schauten ihren Vater ehrfürchtig und in vorwurfsvoller Haltung an. Carlo schaute seine zwei Söhne an, als ob er es geahnt hätte. In seinem Gesicht, in seiner Mimik, sah man keine Spur von Überraschung oder von besorgter Niedergeschlagenheit. Als ob er es schon gewusst hätte. »Bravi, bravi, ah beddi siti.« (Brav, brav, schön seht ihr aus.) Dabei zog er seinen Mundwinkel nach unten und nickte ironisch bestätigend. Er begab sich in die Küche, setzte seine Caffettiera auf dem Herd auf, zündete sich eine Zigarette an, zog genüsslich an seiner Kippe und sagte kein Wort. Seine Söhne schauten ihn an und Carlo schaute seine Söhne an, ohne ein Wort von sich zu geben. Sie saßen da mit ihren sich wiederholenden, analytischen Gedanken um die Bilder der Geschehnisse, die ihnen durch die Köpfe schwirrten. Der Kaffee stieg. Was für ein wohltuendes und beruhigendes Geräusch dieses sprudelnde Lebenselixier in der Caffettiera offenbarte. Diese köstlichen, genauso wohltuenden und besänftigenden Aromen, die sich im Duft des aufsteigenden Kaffees anregend entfalteten. Ein Segen dachte Santo. Gott segne die Erfinder des Kaffee und vor allem der Caffettiera, woraus ihm der Kaffee immer noch am allerbesten schmeckte. Sie tranken ihren Espresso in genüsslichen Schlucken, ohne sich dabei anzuschauen, geschweige denn ein Wort zu wechseln. Jedoch schaute Carlo seine Söhne immer wieder an. Santo und Silvio schauten währenddessen nach unten, traurig und wütend zugleich über das Geschehen und vor allem über diese unnötige Aktion. Sie tranken ihren Kaffee.

»Heute nicht mehr«, sagte Santo zu seinem Bruder, »sangue freddo.« (Kaltes Blut), fügte er hinzu. Nein heute nicht mehr, dachte Santo. Sie begaben sich ins Wohnzimmer. Ihre Mama und ihre kleine Schwester schliefen noch. Es war auch sehr früh am Morgen. Als ob Carlo Santos Gedanken erraten hätte, entnahm er einen Brandy aus seiner Minibar, goss drei Gläsern ein und reichte sie seinen Söhnen. Dankbar nahmen sie den Brandy an. Santo roch daran,. »Was für ein blumiges Bouquet«, stellte er fest, gönnte sich zwei Schlucke und spürte sofort diese ihm wohltuende, heilende Wärme, die nicht nur seine Gedanken und seine Wut besänftigte, sondern auch seine schmerzenden Hände, die mittlerweile von seinen harten Fausthieben angeschwollen waren. »Nein, heute nicht mehr«, dachte er sich.

Silvio schmiedete Pläne und trommelte seine Kyffhäuser Brüder zusammen. Santo war dagegen. Dieses Mal war ihm alles scheißegal. Dieser Bastardo, dieses Stück Scheiße, hatte es nicht anders verdient.

»Nein«, sagte er zu seinem jüngeren Bruder. »Wir machen es auf die alte sizilianische Art, nur wir beide allein. Ich und du, keinen anderen mit einbeziehen, niemand darf etwas davon erfahren. Wir besorgen uns jeder eine Beretta, lauern ihnen auf und knallen sie wie Schweine ab. Auch die Türsteher. Sie haben es alle verdient. Danach steigen wir ins Auto und hauen nach Sizilien ab. Sollen die uns dann da unten suchen kommen«, beharrte Santo.

Silvio war zwar ein Schlächter und konnte auch im Eifer des Gefechts ohne Rücksicht auf Verluste außerordentlich brutal sein, aber nun hatte sich sein Blut abgekühlt. Er war kein kaltblütiger Killer, er war einer, der Ärger anzog und ihm auch nicht aus dem Weg ging. Er war einer, der sich von niemandem anpinkeln ließ, egal, wer es auch war. Er war einer, der nur all zu gerne Unterdrückten zur Hilfe kam und auch oft zu schnell zuschlug, der einem auch im Kampf richtig zusetzen konnte, aber ein Mord nach Plan war nicht seine Art. Er entsprach eher den harten Straßenjungs, die einer Gang angehörten und die ihre Streitigkeiten allzu oft in einer Massenschlägerei austrugen, mit allen erdenklichen Mitteln außer scharfen Pistolen, und jemanden auch totschlagen konnten oder für einige Monate ins Krankenhaus schickten. Santo hingegen hasste diese Straßenmetalität, sie war ihm zuwider.

Er arbeitete an sich und im Vergleich zu seiner Kindheit hatte er auch Fortschritte gemacht, aber es war leichter gesagt als getan. Er konnte nicht einfach aus seiner Haut raus, er war nun mal der, der er war. Er war nun mal als Sohn von Carlo Rubino auf die Welt gekommen. Er durfte es sich nicht selber aussuchen. Schließlich kann man sich seine leiblichen Eltern nicht aussuchen. Er war nun mal das Produkt seines Vaters und seiner Mutter mit anerzogenem, alten sizilianischem Stolz und Ehrgefühl. Dieser Sinn für Gerechtigkeit war in seiner Kindheit schon tief in ihm verankert und abgesehen davon hatte dieser Arsch den Tod verdient.

Santo erschrak vor seinen Gedanken und vor seiner inneren Gelassenheit und Selbstverständlichkeit, mit der er diesem Gedanken gegenübertrat. Er, der Gewalt eigentlich verabscheute und Waffen immer schon aus seinen Gedanken und in seinen Gesprächen verbannt hatte. Er, der beim Gedanken, einem anderen Menschen das Leben zu nehmen, gleich dessen trauende Eltern sah und sich wünschte, dass er niemals in diese Situation kommen würde, wo er gezwungen wäre, es zu tun, musste nun zu seiner Bestürzung feststellen, dass dieser Zeitpunkt in der Tat eingetreten war.

»Gottverflucht«, dachte Santo. »Gott sei mir gnädig«, aber dieser Bülent hatte es übertrieben, hatte das Fass nun endgültig zum Überlaufen gebracht. »Scheiß drauf!«, dachte Santo. »Scheiß auf dein Leben, scheiß drauf, dir ein angenehmes, unbeschwertes glückliches Leben zu wün-

366

schen und dahin zu streben, es wird dir eh nicht gegönnt. Du schaffst es einfach nicht, du schaffst es nicht, eine dir entsprechende Arbeit zu finden, und du magst auch nicht mehr immer wieder die Faust in der Tasche ballen, immer wieder des Friedens willens nachzugeben, nun reicht es mir.«

Diese feige Ratte hatte seinen jüngeren Bruder mit seiner Gasplemm in den Kopf geschossen, hatte in Kauf genommen, nur weil sie Italiener waren, sie zu lynchen. Er wollte es auf die sizilianische Art erledigen. Alleine. Nur er und sein Bruder, ohne sich irgendjemandem anzuvertrauen. So wie er es von seinem Vater beigebracht bekommen hatte. Wenn du einen töten willst, vertraue dich niemandem an, nicht einmal deiner Frau. Diese Worte hatten sich fest in seinem Gedächtnis eingebrannt. Vendetta!

Silvio wollte es trotzdem auf die Straßenschlägerart tun und bestand drauf. Santo verstand es nicht. Er hingegen hätte sie allzu gerne gelyncht. Silvio trommelte seine Jungs aus der Kyffhäuserstraße zusammen. Enttäuschenderweise kamen nur wenige zur Hilfe. Seltsam, dachte sich Santo. Silvio war sich immer so sicher mit diesen Jungs. Er sah sie fast wie Brüder. Silvio, der sich nie zurückgezogen hatte, der sich immer selbstlos für seine Freunde aus der Kyffhäuserstraße edelmutig und ohne Rücksicht auf Verluste einsetzte. Jetzt, wo er mal an der Reihe war, wo er mal die Hilfe seiner Brüder brauchte, kam nur eine Handvoll. Silvio versuchte, sich seine Enttäuschung nicht anmerken zu lassen.

»Das sind deine Brüder? Wo sind sie nun? Und die hier sind, scheinen auch nur halbherzig dabei zu sein«, ließ Santo seinen jüngeren Bruder seine Enttäuschung spüren. Eigentlich hätten um die dreißig Mann erscheinen müssen, es waren aber nur an die fünf erschienen. Santo war es egal, die Würfel waren gefallen und er wollte dieses mal nicht Vernunft vor Recht ergehen lassen. Sein Sinn nach Vendetta, sein Programm nach Rache, war schon längst hochgefahren und ließ keinen Platz mehr für Sprüche zu, wie: »Komm Jung, sei nicht dumm, versau dir nicht dein Leben, sei klug, der Klügere gibt immer nach, du willst doch nicht in den Knast. Warum du? Sei Schlau, warum musst du so ne Drecksaufgabe nehmen, deinen Kopf hinhalten. Mach es wie die anderen, lass es einen anderen erledigen, einen Gleichgesinnten. Früher oder später kriegt er es sowieso vom Leben. Versuch du dir, soweit es geht, ein angenehmes Leben zu gestalten.«

Nein! Dieses Mal wollte er nicht mehr den Klugen spielen, den hatte er jetzt einige Jahre gespielt. Na und? Was hatte es ihm gebracht? Einen Scheiß! Er hatte immer noch keine Arbeit gefunden, konnte sich kaum was leisten, und fühlte sich von der Gesellschaft unfair behandelt. Dieses Mal wollte er nicht klug sein, dieses Mal wollte er lieber dumm sein.

Eigentlich hatte Silvio gedacht mit seinen Freunden aus der Kyffhäuser, vorausgesetzt, sie wären alle erschienen, den Club zu stürmen und egal, ob Mafia-Bülent da war oder nicht, auf jeden Fall an den Türstehern Vergeltung zu üben. Auch auf die Türsteher hatte Silvio Wut, die sich ehrenlos benommen hatten. Bülent, hatte er sich geschworen, wollte er wie ein Schlachtschwein abstechen. Doch in Anbetracht des kleinen elendlichen Haufens, der sich da zusammengefunden hatte, und den zwei Wochen, die zwischenzeitlich vergangen waren, und die Wut im Bauch, die auch schon nachgelassen hatte, schienen sie ein wenig die Hosen voll zu haben. Silvio blies die Aktion ab und Santo sah, wie den wenigen Mutigen auf der Stelle ein Stein vom Herzen fiel und in ihren Gesichtern Erleichterung und Freude aufblitzte.

Santo fiel auch ein Stein vom Herzen. Aus Liebe zu seinem Bruder hätte er bei diesem barbarischen Unternehmen mitgemacht. Aber am liebsten hätte es Santo lieber auf die feine elegante Art erledigt. Ohne großes Tamm Tamm, sondern in aller Ruhe, ohne ein Wort darüber zu verlieren. Auch jetzt bestand Santo darauf, sich ne Knarre zu besorgen, um es so zu machen, wie man es heute noch in Sizilien zu tun pflegte. Gnade nur für die, die selbst Gnade besitzen. Silvio ließ sich nicht darauf ein, obwohl Santo ihm ernsthaft klar machte, dass er es ernst meinen würde. Lächelnd sagte Silvio Santo ab. »Nein, lass gut sein, ich erledige auf meine Art die Sache, irgendwann läuft er mir über den Weg, irgendwann, und wie ich diese Typen kenne, wird er sich nicht mal mehr an mich erinnern, dann werde ich ihn wie ein feiges Schwein von hinten abstechen, ohne ihn eines Wortes zu würdigen, und ihn in seiner Blutlache liegen lassen.«

Einige Wochen später erfuhren sie, dass Mafia Bülent für eine längere Zeit hinter Gittern saß. »Kein Wunder«, dachte sich Santo, »wer weiß, wie vielen Menschen er schon geschadet hat.

Ein halbes Jahr später war es Santo immer noch nicht gelungen eine passende Arbeit zu finden. Sein Vater hatte ihm angeboten, mit ihm in der Druckerei, in der er arbeitete, genauso wie er als Hilfsarbeiter arbeiten zu gehen. Santo hatte kurz überlegt, doch er hatte sich geschworen, nie wieder einen Fuß in eine Fabrik zu setzen. Kurze Zeit später gabelte ihn ein iranischer Bekannter auf der Ehrenstraße auf, den er vor einigen Jahren im Alten Wartesaal in Schutz genommen hatte. Reza war damals von diesen höher Gewachsenen umzingelt worden und warum auch immer schienen die vier ihn zu bedrängen. Santo hatte die Szene beim Vorbeilaufen aus seinen Augenwinkeln wahrgenommen. Flüchtig hatte er das Gefühl gehabt, sie würden sich kennen und mit einander herumalbern, doch dann ergriff Santo Rezas leicht verängstlichten und hilfesuchenden Blick. Selbstlos schritt Santo in den Kreis der Riesen, schubste einen von ihnen mit beiden Händen wuchtig und konsequent aus dem Kreis. Santo dachte sich: »O.K. jetzt geht's los.« Er stellte sich in Kampfstellung

»Schon gut, is schon gut, alles klar«, überkam die Erleuchtung den Riesen unerwartet und nach und nach verzogen sie sich rückwärts.

»Hey, Santo«, hörte er jemanden rufen, »hey Santo, Mann.« Unerwartet stand auf einmal Reza neben ihm »Ich suche dich schon seit Längerem. Wo warst du, verdammt? Mann!«

Santo lächelte Reza erfreut an. Sie umarmten und küssten sich. »Wie, du suchst mich, was ist los? Warum suchst du mich denn? Habe ich was verbrochen?«, scherzte Santo.

»Nee, ich brauche dich. Du bist der Mann, den ich brauche, genau dich brauche ich.« sagte Reza. Nun wurde Santo etwas stutzig und neugierig zugleich. »Ich muss dir das in Ruhe erklären, hast du Zeit?«, wollte Reza wissen.

»Ja, klar doch.« Zeit? Davon hatte er genug, stellte Santo sarkastisch fest. »Sollen wir einen Kaffee zusammen trinken?«, schlug Santo vor.

»Ja, gerne, lass uns ins Quattro Cani.«

Das Quattro Cani war nach dem Alten Wartesaal quasi das zweite Zuhause von Santo. Dort traf er sich regelmäßig mit Kumpeln. Es war eine Art Hauptquartier. Das Quattro Cani, ein schönes pseudoitalienisches Café-Bistro-Restaurant, in einem relaxten Ambiente, was sich auf der

Ehrenstraße/Benessistraße befand, war eine Anlaufstelle, wo man sich traf, um von dort aus in aller Ruhe zu schauen, wo man sich am besten die Nächte um die Ohren schlagen konnte.

Nuova Era

Reza kam sofort zur Sache. »Hör mal, ich habe eine italienische Party-Reihe ins Leben erweckt, die ich einmal im Monat im Alten Wartesaal stattfinden lasse. Die ersten zwei waren ein Riesenerfolg, doch die dritte und vierte waren eine Pleite. Irgendwie machen ich und meine Crew was falsch. Wie sieht's aus? Hast du Lust mitzumachen?«

Santo fühlte sich geschmeichelt, dachte aber trotzdem kurz über das Angebot nach. »Was kostet mich der Spaß?«, wollte er wissen.

Reza lächelte. »Pass auf, wir haben mit den ersten zwei Partys richtig Geld verdient, nur bei den letzten sind wir mit etwas Minus raus gekommen.«

Santo hörte Reza interessiert zu. »Doch mach du dir kein Kopf. Falls wir nochmals Miesen machen sollten, wird dich das erstmal nicht betreffen. Du wirst für die ersten zwei Partys nur am Gewinn beteiligt. Nur an Grafik, Druck und Versandkosten sollst du dich beteiligen.«

»Und die wären?«, fragte Santo kurz und knapp.

»Also, der Grafiker kostet uns 150 Mark und der Druck wird uns zwischen 700 Mark und 1200 Mark kosten, je nachdem, wie groß die Flyer und Plakate werden sollen und in wie vielen unterschiedlichen Farben. Dann kommen die Versandkosten, aber die können wir immer am Ende des Abends verrechnen.«

»Wieso am Ende des Abends?«, fragte Santo nach.

»Ja, die übernehme ich erstmal.«

»Ah, ok«, antwortete Santo. »Und wie sieht's aus mit der Miete? Wie viel nimmt denn der Wartesaal für einen Abend?«

Reza lächelte wieder. »Sechstausend Mark.«

Dabei schaute Reza Santo tief in die Augen, was sonst nicht seine Art war. »Ah, sechstausend Mark«, wiederholte Santo, wobei er kurz mit nach unten gezogenen Mundwinkeln nickte. »Sechstausend Mark«, sagte er erneut mehr zu sich als zu Reza. »Geld kommt zu Geld«, verkündete Santo fast geistesabwesend.

Reza musste wieder lächeln. »Ja«, nickte er Santo zustimmend zu. »Achso«, fiel Reza wie ein Geistesblitz ein. »Da wären noch die DJs zu bezahlen, genau, die DJs hätte ich beinahe vergessen zu erwähnen«, um aber gleichzeitig schnell hinzuzufügen: »Aber ansonsten ist in den sechstausend Mark, der komplette Service mit inbegriffen. Sogar die Türsteher kriegen wir vom Alten Wartesaal.«

»Ok« antwortete Santo. »Wie sieht's aus mit den Getränken?«

»Die Theke kannst du vergessen, die würden sie uns niemals geben, haben es schon längst versucht. Die Theke bekommt niemand.«

»Das heißt, über die Getränke verdienen wir nichts?«, fragte Santo nochmal unsicher nach. Reza überlegte kurz. »Nicht direkt, mehr indirekt.«

»Wie, indirekt?« lächelte Santo jetzt Reza an.

»Ja, nur über den Umsatz. Das heißt, je nachdem, wie viel unsere Gäste getrunken haben, können wir eine Ermäßigung auf die Miete bekommen. Das heißt, ab zehntausend Mark Getränkeumsatz fünfhundert Mark Ermäßigung. Ab elftausend Mark Umsatz tausend Mark Ermäßigung, ab zwölftausendmark Umsatz tausendfünfhundert Mark Ermäßigung und so weiter. Also, wenn wir einen Umsatz von Zwanzigtausend erreichen sollten, dann haben wir den Saal umsonst«, klärte Reza Santo auf.

»Zwanzigtausendmark? Und habt ihr den Umsatz schon mal erreicht?«, wollte Santo wissen.

»Ja, bei der ersten Party hatten wir mehr als Tausend Gäste, da hatten wir einen Umsatz von dreiundzwanzigtausend Mark. Bei der zweiten hatten wir um die achthundertfünfzig Gäste, da hatten wir einen Umsatz von siebzehntausend und dreihundertfünfzig Mark und in den beiden letzten hatten wir nur um die dreihundertfünfzig Gäste, da war der Umsatz natürlich viel weniger als zehntausend Mark. Deswegen brauche ich dich. Ich brauche einen Italiener, der gut drauf ist. Deswegen brauche ich einen Italiener wie dich. Du bist der richtige Mann. Ich weiß das. Ich brauche einen Experten, einen, der sich im Nachtleben auskennt und aber auch den Geschmack der Italiener kennt. Bist du dabei?«

»Ja, ich bin dabei«, antwortete Santo.

In der Tat musste Santo feststellen, dass seine Crew nicht nur absolut keine Ahnung, sondern auch keinen Geschmack besaß. Der italienische DJ, der dafür da war, italienische Musik zu spielen, war zwar ein netter, hatte aber überhaupt keinen Geschmack, aber auch kein Gespür für die Reihenfolge und Übergänge der Musik. Der andere DJ, der türkisch kurdischer Abstammung war, war zwar ein cooler Typ, der sein Handwerk außerordentlich gut beherrschte, war aber vollkommen ungeeignet, um auf einer italienischen Party aufzulegen. Mit seinen R&B- und Hip-Hop-Stücken, die er scratchen konnte, hätte er besser auf einer dieser angesagten Szene–Hip-Hop-R&B-Partys auflegen sollen. Hinzu kam, dass die Flyer und Plakate aussahen wie Museums Einladungskarten. Irgendwelche römischen Skulpturen oder bekannte Monumente wie das Colosseum oder der Turm von Pisa. Bei einem hatten sie voll danebengegriffen, und hatten einen Kopf von einer Marmorstatue auf ihren Plakaten und Flyer, die nicht eine römische Gottheit darstellte, sondern einen griechischen Philosophen.

»Eine Katastrophe«, dachte sich Santo. Er nahm alles in die Hand. Die Party wurde unverzüglich von dem langweiligen Namen »Notte Italiana« und dem längst ausgelutschten öden, einfallslosen Namen »Dolce Vita« in »Nuova Era« umgetauft. Auf den Flyern und Plakaten stand nicht mehr »italienische Musik« und »best R&B, Hip Hop, House und Dancefloor«, sondern einfach nur »Music from the italian Clubs«.

Der DJ musste sich verabschieden, dafür durfte sein langjähriger Freund Valentino den zweiten DJ neben Angelo spielen. Valentino hatte einen ähnlichen Geschmack wie Santo. Franco, der nett war, aber wenig Feeling für Musik hatte und nicht die Stimmung im Publikum aufzufangen und dementsprechend zu reagieren wusste, nahm er unter seine Fittiche. Jedes Mal setzte sich Santo zwei bis drei Tage mit Valentino und Angelo zusammen, um mit ihnen den Musikplan für den jeweiligen Abend auf die Beine zu stellen. Vom ersten bis zum letzten Lied wurde alles in Absprache und Einverständnis mit Santo abgeklärt. Ein paar Mal hatte Santo Valentino und Angelo den Musikabend ohne seine Hilfe und Gehör anvertraut, beide Abende waren eine große Enttäuschung, nicht nur für Santo, sondern vor allem für seine Gäste. Ab da wurde kein Musikplan ohne seinen Segen zugelassen.

Der Nuova-Era-Abend verlief so: Von 22:00 Uhr bis 23:59 Uhr spielte man entspannte oder leicht tanzbare Italo-Dancefloor. Genau um Mitternacht wurden die Lichter ausgemacht. Daraufhin wurde der Saal mit weißem Nebel beschossen, sodass die Räumlichkeiten so dicht überflutet wurden, dass man seine eigene Hand vor seinem Gesicht nicht mehr erkennen konnte. Darauf spielte man einen Klassiker aus der italienischen Oper, der von Santos Lieblingsinterpreten Luciano Pavarotti aus dem Plattenteller zur offiziellen Eröffnung des Abends gespielt wurde. Alle Gäste waren jedes Mal starr von diesem Spektakel.

Der absolute Höhepunkt war, den Abend mit dem extrem energiebeladenen Lied von der italienischen Hip Hop Band Articolo 31, »Un Urlo«, zum Laufen zu bringen. Die Gäste, die mittlerweile überwiegend italienischen junge Menschen waren, die aus vielen anderen nah gelegenen Städten kamen, rasteten bei diesem Intro tanzend und schreiend aus. Das war einer der befriedigendsten Augenblicke an so einen Abend, die ihn erfüllten, mehr noch als das Geld. Er war stolz darauf. Er war der Motor, er hatte es geschafft, aus der beinahe gestorbenen Italo-Party eine sehr beliebte erfolgreiche zu machen. Er entwarf die Ideen für seine Flyer und Plakate, setzte sich mit dem Grafiker, mit der Druckerei und den DJs auseinander, mit den öfters mal engagierten Go-Go-Tänzerinnen und verteilte überall Plakate und Flyer ambitioniert und gewissenhaft an den Mann.

Patrick Schäfer, ein sehr guter Freund, hatte Santo als großer Fan vom Filmklassiker »Der Pate« auf die Idee gebracht, die Hand des Paten, der alle Fäden wie bei einer Marionettenpuppe zog, als Erkennungssymbol für seine Flyer und Plakate zu nehmen. Santo war auf Anhieb begeistert. Patrick war ein Mordskerl, ein verdammt cooler charmanter lebenslustiger Typ. Sie waren echt dicke Freunde, hatten ein brüderliches Verhältnis und mit kaum einem anderen hatte Santo so viel Spaß wie mit Patrick. Sie waren ein gutes Duo. Patrick typisch deutsch, blond, grün-blaue Augen und helle Haut, und Santo dunkle bis schwarze Haare, etwas hellere braune Augen und einen mediterranen braunen Oliven Teint. Beide etwa gleich groß. Mit kaum einem anderen hatte er so viele Frauen kennengelernt. Patrick war nicht unbedingt der bestaussehendste, aber er hatte was, etwas, was viele andere nicht hatten, Charme und Leichtigkeit. Wenn Patrick rein kam, versprühte er Unbeschwertheit und Freude und hatte überhaupt kein Problem, im Gegensatz zu Santo, alle erdenklichen Frauen anzusprechen. Santo staunte immer wieder nicht schlecht über Patrick, mit welcher Leichtigkeit er die jungen Miezen ansprach. Das Beste war, er hatte nie mitbekommen, dass Patrick, zumindest nicht in seiner Anwesenheit, einen Korb bekommen hatte. Im Gegenteil, sie schienen alle sichtlich angetan. Die Kombination Patrick –Santo kam bei den Miezen ziemlich gut an. Er war glücklich und froh, Patrick als engen und guten Freund bezeichnen zu können. Patrick tat Santo gut. Immer, wenn er mit Patrick zusammen war, fühlte er sich mit lebensbejahender, positiver Energie erfüllt. Er hatte nie das Gefühl, dass Patrick auf irgendeine Art vielleicht mal ihm gegenüber Neid empfunden oder ihm etwas nicht gegönnt hätte, wie das in der Gesellschaft nur allzu typisch war. Nein, nie, nicht ein einziges Mal. Patrick war ein Juwel, ein Freund, wie man sich nur einen wünschen kann. Patrick war ein hochtalentierter, kreativer ambitionierter junger Mann, der als Texter in der Werbebranche seinen Weg bestritt.

Als sie gemeinsam einen Kaffee in ihrer Küche tranken, hatte Santos Mama ihm einmal, aus ihrer eigenen analytischen Beobachtung, eine Weisheit fürs Leben mitgegeben. »Wenn du mit einem Freund oder irgendeinem Mensch zusammen gewesen bist oder ihm auch nur irgendwo kurz getroffen hast und dich, nachdem ihr euch verabschiedet habt, ein mulmiges Gefühl überkommt, ein Gefühl der Unzufriedenheit, plötzlich fühlst du dich unausgeglichen, obwohl du vorher mit dir zufrieden warst, dann kannst du davon ausgehen, dass dieser Mensch es mit dir nicht gut meint. Selbst wenn er dir mit keinem Wort ein Anzeichen dafür gegeben hat, deine Seele konnte er nicht täuschen. Der Seele kann man nichts vormachen. Die Seele bekommt alles mit. Du musst nur auf sie hören.«

Santo dachte sich: »Unglaublich, sie hat recht.« Bei Patrick fühlte er sich immer superwohl in seiner Haut.

Ab jetzt hieß seine Veranstaltung nicht mehr nur »Nuova Era« sondern »Nuova Era – die Party«, und zwar so, dass die Party genau im selben Schriftzug wie das Cover vom Paten über dem Handsymbol des Paten stand. Also »die Party« wie »der Pate« und das immer entweder in weißer Schrift auf schwarzem Hintergrund oder in goldener Schrift und manchmal auch in silberner Schrift. Die Flyer wurden in Postkarten-Format gedruckt und auf der Rückseite zeigte Santo auch gerne die einzelnen Ausschnitte aus dem Pate-Film.

Einmal hörte Santo ein älteres deutsches Pärchen beim Anblick seiner Flyer in einem abweisendem Ton sagen: »Guck mal, das ist ja voll die Mafia Verherrlichung, wie kann man nur?«

Santo horchte auf, tat aber so, als ob es ihn nichts anginge. Hatte das Pärchen vielleicht Recht? Konnte es sein, dass diese Flyer eine Art Mafia-Verherrlichung waren? Bei seinen Landsleuten kam seine Werbung bestens an. Im Gegenteil, sie waren zum größten Teil begeistert. Vielleicht, dachte Santo, weil zurzeit nicht so viele Gründe existieren, auf ihr italienisches Dasein stolz sein zu dürfen. Zumindest in den Augen einiger italienischer Jugendlicher. Unerfreulicherweise hatten die Italiener, falls sie überhaupt schon mal eine Reputation in Deutschland gehabt hatten, kaum noch eine. Vielleicht war das auch ein Grund. Immerhin respektierte man die Mafia, und wenn nicht, dann sorgte sie schon dafür. Über die Mafia lachte keiner. Nicht so wie über die italienischen Politiker, nicht so wie über den italienischen Staat, wie es in der deutschen Gesellschaft Gang und Gäbe war. Die Mafia von heute, zumindest, wie Santo es verstand, die in seiner Heimat wütete, gefiel ihm auch nicht. Aber Don Vito Corleone, der gefiel ihm schon. Das waren Werte, mit denen er eigentlich groß geworden war. Don Vito Corleone und seine Familie standen für Gerechtigkeit, Ehre, Respekt und für sinnvollen Ehrgeiz. Wer Vito Corleone treu ergeben war, wer Vito Corleone unterstützte, konnte auf ihn zählen. Er war ein Mann, der sein Wort hielt und die Menschen zu würdigen wusste, die ihm Respekt abrangen. Im Vergleich war der italienische Staat nur darauf aus, sich privat zu bereichern, sich ein fettes monatliches Gehalt selbstgefällig zu überweisen, um sich dann nochmals fürs Nichtstun eine viel höhere Rente zu gönnen, während sie sich für ihre Bürger gar nicht interessierten. Auf was sollten die italienischen Jugendlichen, die zum größten Teil aus den einfachsten Verhältnissen stammten, sonst stolz sein? Auf die italienische Regierung? Nicht selten gab sie den Anschein überwiegend aus schlauen, korrupten, selbstsüchtigen, arroganten Politikern zu bestehen, die den Jugendlichen das Gefühl gaben, auf die italienische Flagge, auf Giuseppe Garibaldi und auf sein Volk nicht besonders viel Wert zu legen. Die Vermutung lag nahe, dass sie nur ein Ideal besaßen, eine Religion, eine Flagge, und zwar nur die des Geldes. Diese Regierung war der eigentliche Grund, wieso heute immer noch die Söhne und Töchter Italiens, aus der Not heraus, ihren Kindern eine bessere Zukunft zu schenken, unfreiwillig ihr geliebtes Land, ihre Familien und Freunde verließen, um in die weite Welt auszuwandern.

Sollten sie etwa darauf stolz sein? Es liegt nun mal in der menschlichen Natur und vor allem in der männlichen, stolz sein zu wollen und zu dürfen. Es ist ein Anker, den die meisten Männer brauchen, mit dem sie sich identifizieren wollen, um in Gesellschaften bestehen zu können. Die Mafia war ein Anker für viele italienische Jugendliche vor allem für die Sizilianer, die in der Mehrheit waren. Darauf konnte man stolz sein. Wer hat denn Las Vegas ins Leben gerufen? Vor wem hatte Amerika gezittert? Waren es nicht italienische Einwanderer wie Lucky Luciano, Al Capone und viele andere? Nicht vor dem italienischem Staat, da lachte man drüber. Das waren insgeheim die Menschen, auf die einige italienischen Migrantenkinder stolz waren, die sie sich stark fühlen ließen, die ihnen das Gefühl gaben, ihr seid was.

Ein Volk will stolz sein und um dies sein zu können, muss es in einer Gesellschaft gerecht zugehen, der Staat muss für wahre Gerechtigkeit Verantwortung übernehmen, muss die Kleinen vor den Großen beschützen, so wie das ein guter Vater und eine gute Mutter tun, die nach gutem Gewissen versuchen, ihre Kinder gerecht zu behandeln. Man muss mit gutem Beispiel vorangehen um glaubwürdig zu sein. Erwartet man, dass die Kinder gute Bürger werden, wenn der Vater selbst keiner ist? Wie lange kann man seinen Kindern was vormachen? Wenn man selbst fuchsig und darauf noch stolz ist. Wenn man selbst die ganze Zeit vor seinen Kindern raucht, dann darf man sich nicht wundern, wenn das Kind trotz aller Ermahnungen des Vaters selbst anfängt zu rauchen. Was für eine Chance haben Kinder keine Diebe zu werden, wenn der Vater selbst ein Dieb ist? Trotzt aller Ermahnungen?

Scheiß auf Italien! Scheiß drauf, was geht dich das an, bist in Köln geboren, bist in Köln groß geworden, lebst seit 25 Jahren schon in Köln, was interessiert dich Italien? Sollen sich doch die, die in Italien leben, selber den Kopf darüber zerbrechen. Ja, sagte sich Santo, dann ist das nun mal Mafia Verherrlichung!

Die Flyer und Plakate sahen gut aus und was das Allerwichtigste war, war das integrierte Handsymbol des Paten, das als Wiedererkennungsmerkmal äußerst effektiv wirkte.

Die Partyreihe lief gut. Nuova Era hatte einen Durchschnittsbesuch von 900 Gästen trotz Boykott von einigen Neidern, die alles dafür taten, der Nuova-Era-Party zu schaden. Sie verbreiteten das Gerücht, die Nuova Era Party wäre nicht von Italienern organisiert und Santo wäre eh nicht in der Lage, so eine Party veranstalten zu können. Santo hätte niemals die Kreativität, sowas auf die Beine zu stellen. Dabei verhielt es sich genau umgekehrt. Ohne Santo wäre die Nuova-Era-Party niemals wie Phönix aus der Asche aufgestiegen.

Schade nur, dass Santo mit seiner italienischen Partyreihe bei weitem nicht so viel Geld verdiente, wie es die Griechen mit ihrer Byblos-Partyreihe taten, und sowieso bei weitem nicht so viel, wie es die Türken mit ihrer Halikarnas-Partyreihe genauso im Alten Wartesaal auch taten. Die Türken überschritten alle Dimensionen. Gut, sie hatten eine durchschnittliche Besucherzahl von 1.300 Gästen und auch mehr, aber dafür erreichten sie, im Vergleich zu der italienischen Nuova-Era-Party, einen astronomischen Umsatz von bis zu 50.000 bis 60.000 Mark am Abend. Sie hatten nicht nur dadurch den Saal mietfrei, sondern mit Sicherheit auch noch einen kleinen Anteil daran, dessen war sich Santo sicher. Das waren Umsätze, von denen Santo nur träumen konnte. Bei der griechischen Byblos-Partyreihe war es im Vergleich bei einem Durchschnittsbesuch von 650 Gästen ein Umsatz von 30.000 bis 40.000 Mark. Im Alten Wartesaal amüsierten sich sowohl die Barkeeper und Personal als auch die organisatorische Leitung über den Umsatz der Nuova-Era-Party, die im Vergleich mit ihren 900 Gästen mit Ach und Krach gerade so die 10.000 Mark Umsatzgrenze überschritt. Santo empfand es beschämend. Es kratzte an seinem Nationalstolz. Man machte sich über die lustig. »Hmm, bella Figura, aber nix in der Hose«, und das war auch doppeldeutig zu verstehen. Das Schlimme daran war, sie hatten auch Recht damit. Was hätte er denn sagen sollen, warum hätte er sich mit ihnen streiten sollen, wäre doch heuchlerisch, auf Biegen und Brechen das Gegenteil zu behaupten. Nein, dafür war Santo zu stolz und dieser Stolz wäre ein falscher Stolz gewesen, die beleidigte Leberwurst zu spielen, wenn die Tatsachen der Wahrheit entsprachen. So war er nicht und so eine verlogene Art hasste er. Er hielt nicht viel davon, politisch korrekt zu sein, er war der Meinung, in einer Demokratie sollte man ab und zu die Dinge ruhig beim Namen nennen dürfen, nur dann kann sich etwas ins Positive verändern.

Außerdem hatte er sich in seiner Kindheit und Teenagerzeit schon viel zu oft für die Ehre und den Stolz seines Vaterlandes und Landsleuten gerade gemacht, und was hatte er dann noch als Dank hinter seinem Rücken hören müssen? Er sei ein Schläger! «Nein, ich stehe nur noch für mich und meine Liebsten gerade.«

Wenn er ausging, dann waren 150 Mark und mehr an einem Abend weg wie nichts. Aber wenn er das durch rechnete, gaben seine Gäste noch nicht mal zehn Mark an einen Abend aus. Wie erbärmlich war das denn? Er hätte kotzen können. Wenn man kein Geld ausgeben möchte, sollte man zuhause bleiben, dieser Geiz seiner Landsleute schnürte ihm die Luft zum Atmen ein. Viele zogen noch nicht mal ihre Jacketts aus, um eine Mark zu sparen und das sogar im Sommer. Aber Hauptsache, stylish angezogen sein.

Dabei wurden die Stimmen der Neider immer stärker, sie redeten die Party schlecht. Obendrein behaupteten sie, wenn sie eine italienische Party organisieren würden, würden sie es viel besser machen. Einige von ihnen probierten es auch aus, doch keinem gelang es, eine italienische Partyreihe wie die »Nuova Era« auf die Beine zu stellen.

Viele Jahre vergingen und Santo wartete immer noch darauf, dass einer von diesen italienischen Bessermacher endlich mal eine ebenbürtige Party im Raum Köln verwirklichte. Er hingegen hörte nach knapp zwei Jahren gezwungenermaßen mit der Nuova Era Party auf. Der Alte Wartesaal zog ihnen den Samstag weg, da sie mit der italienischen Partyreihe nicht sonderlich viel verdienten und anderen Partyreihen den Vorrang ließen. Den Freitag, den sie der Nuova Era einmal im Monat anboten, schlug Santo ab. Santo organisierte danach keine italienische Partys mehr, ihm war die Lust für so ein undankbares, geiziges und schlecht redendes Völkchen, was sich in seinem Breitengrad gesammelt hatte, vergangen. Nur der Gedanke daran, einen Finger krumm zu machen, für diese pessimistischen, neidischen ihn nicht würdigenden Geizkragen, ließ ihm die Kotze hochkommen.

In dieser Zeit lernte Santo einen italienischen Wein- und Spirituosen-Großhändler in Köln kennen, für den er als Vertreter zu arbeiten anfing. Ein ganzes Jahr quälte sich Santo, einen angemessenen Umsatz zu erreichen. Es gelang ihm nicht, trotz seines Engagements. Man drückte ihm eine Preisliste in die Hand und das ohne ihn mit Visitenkarten zu versorgen. Obendrein gab man ihm zusätzlich eine Liste von Kunden, wo sich die eine Hälfte im Nachhinein als nicht mehr existent entblößte und die andere Hälfte sich als halb so gute Kunden offenbarte. Santo hatte es ohne fachliche Vorbereitung, trotz seinem anfänglich schlechtem Italienisch und trotz der in dieser Zeit schon vehementen Konkurrenz, zu einem Umsatz von circa 20.000 Mark gebracht.

Bergheim?

Sein persischer Freund Reza setzte Santo den Wurm in den Kopf, mit ihm ein Wein-Einzelhandelsgeschäft in Bergheim ins Leben zu rufen. Santo hatte zu Anfang Bedenken, ihm wäre es lieber gewesen, diesen Weinhandel in der Kölner Innenstadt aufzumachen. Doch Reza überzeugte Santo, in Bergheim zu eröffnen, da es zum ersten in Bergheim noch keinen italienischen Weinhandel gab und zum zweiten würden in Bergheim viele Wohlhabende leben, von denen er jede Menge kennen würde. »Du werdest sehen, du werdest sehen«, redete Reza in seinem persischen Akzent auf Santo ein, »du werdest es sehen, im Bergheim wird das viel besser als in Köln laufen, du wirst die Reichen kennenlernen und werdest mit ihrem Vergnügen zu tun haben und dafür sorgen«, wobei Reza Santo selbstsicher anlächelte und in seinen Augen schon die Dollarzeichen zu erkennen waren. Santo willigte ein und die paar Mark, die er in diesen zwei für ihn erfolgreichen Jahren einigermaßen erspart hatte, investierte er in dieses Geschäft, bis zum letzten Pfennig. Sie unterschrieben einen zweijährigen Vertrag und investierten mehr als 30.000 Mark.

Reza hatte zwischenzeitlich einen reichen russischen, jüdischen Zahnarzt kennengelernt, der allem Anschein nach eine Schwäche für Reza hatte und ihn zu seinem Geschäftspartner segnete. Zusammen importierten sie Granitstein aus San Petersburg, aus der Stadt, wo der Zahnarzt ursprünglich herkam. Das Erfolgsmodell war, dass diese Granitsteine genauso schön und qualitativ wie die Granitsteine aus Italien waren, nur dass man sie deutlich günstiger erwerben konnte. Das war eine einmalige Chance für Reza und die wollte er sich nicht durch so einen kleinen Weinhandel, den ihm der Zahnarzt sowieso schon längst schlechtgeredet hatte, entgehen lassen.

Santo zog es die Beine weg, als Reza ihn damit konfrontierte. Er konnte es nicht fassen, was für ein Arsch, was für ein verlogener Hund er war. Erst redete er Santo über Monate das Geschäft ein, sorgte dafür, dass sie den Weinhandel obendrein in Bergheim eröffneten, dass Santo seine ersparten 15.000 Mark bis auf den letzten Pfennig investierte und dann kam er nach drei Monaten, als ob nichts wär, um den Laden zuzumachen? Santo dachte, er hört nicht richtig, er kam sich vor wie in einem schlechten Traum, als ob man ihm den Boden unter den Füßen wegzog. Nach noch nicht mal drei Monaten den Laden zumachen? Obwohl das Geschäft gar nicht mal so schlecht lief. Wie hätte er das seinen Eltern erklären sollen und dann obendrein die Blamage vor dem Großhändler, mit dem er weiterhin zusammenarbeitete, indem er seine Weine zu einem fairen Preis bezog. Abgesehen vom ersparten Geld, was im Nu komplett weg war. Nee, das kam nicht in Frage. Sie hatten sich geschworen, egal, was käme, selbst wenn einer von ihnen bei McDonald's anfangen müsste, hatte Reza Santo hoch und heilig geschworen, würden sie dem Geschäft mindestens ein Jahr die Chance geben, und jetzt kam er nach noch nicht mal drei Monaten und redete das Geschäft schlechter, als es war, nur um sich seiner Verantwortung, seinem Wort zu entziehen?

»Was für ein Stück Scheiße«, dachte sich Santo. »Was für ein hinterhältiger Verräter.« Ja, Santo fühlte sich verraten. Er fühlte sich im Stich gelassen. Nein, er würde den Laden nicht nach drei Monaten einfach so, nur weil Reza keinen Bock mehr hatte, nur weil Reza eine Freundschaft nur so lange sie Profit eintrug bewertete, würde er noch lange nicht diesen Weinhandel mit Kunstartikeln aus Sizilien aufgeben. Zusammen waren sie nach Sizilien geflogen, um bei den ansässigen Künstlern mit Leidenschaft ihr Geld für die Kunststücke auszugeben. Er hatte damals nicht nur Reza sein Wort gegeben, sondern auch sich selbst. Ein Mann, ein Wort, hatte ihm sein Vater als Kleinkind beigebracht und dieses Wort galt es auch sich selbst gegenüber zu halten. Er hatte ein Jahr gesagt und ein Jahr würde er auch alles dafür tun, diesem Geschäft eine Chance zu geben.

Reza schmeckte es gar nicht, dass Santo fest entschlossen war, das Geschäft auf gar keinen Fall vor dem einen Jahr, das beide sich brüderlich geschworen hatten, aufzugeben. Reza hatte mit allen Mitteln versucht, es ihm auszureden, und trat aus der Verpflichtung aus. Dafür übernahm Santo die alleinige Verantwortung sowie die knapp 15.000 Mark Schulden, die sie beim italienischen Großhändler Vito Barone noch zu bezahlen hatten. Reza war draußen und Santo schlug sich ein ganzes Jahr noch mit seinem Kunst- und Weinhandel weniger als mehr durch, um es dann doch endgültig aufzugeben. Es war ihm nicht gelungen. Die Umsätze sanken von Woche zu Woche immer tiefer und zwangen ihn endgültig zu kapitulieren.

In der Zwischenzeit lernte Santo eine wunderschöne rassige Iranerin kennen, die mit tief dunklen schwarzen Augen, dunklem, leicht gewellten, glänzenden, pechschwarzen Haaren, einem sinnlichen Vollmund, mit leicht hohen Wangenknochen, einer zierlichen Körperstatur und mit kurvenreichen Rundungen gesegnet war. Santo traf es bei diesem Anblick wie ein Blitz, wie von Amors persönlichem Liebespfeil. Er fühlte sich wie weggeschossen. Sie kamen nicht gleich zusammen. Erst nach einem Jahr. Santo dachte damals bei ihrem ersten zufälligen Treffen, genauso eine Frau heiraten zu wollen, genauso sollte seine Frau aussehen. Der Zufall oder eher das Schicksal hatte sie zusammengeführt.

Sie waren sich einige Male glücklicherweise über den Weg gelaufen. Bis Santo durch einen intuitiven Trick, beim letzten unbeabsichtigten Treffen, beim Abschied, Ilenam sehnsüchtig die Worte sagte: »Wer weiß, wann wir uns wiedersehen?« Es kam ihm spontan und irgendwie instinktiv über die Lippen, dabei sah Santo in ihre wunderschönen tiefdunklen, glänzenden, schwarzen Augen und für einen Augenblick breitete sich Stille aus, als ob die Zeit für sie absichtlich stehengeblieben wär. Ilenams Lächeln weitete sich übers ganze Gesicht, wobei ihre Augen sich zu freudigen, verspielten Schlitzen verzogen. »Warum?«, fragte sie unschuldig. »Wir müssen gar nicht so lange warten! Wir müssen es doch nicht dem Schicksal überlassen. Gib mir deine Nummer, dann rufe ich dich an.«

Santo war von dieser Spontanität und Offenheit überrascht und angetan. Er gab ihr seine Handynummer und konnte es kaum glauben, dass Ilenam so unbeschwert und erfreut gleich drauf eingegangen war. Dabei nutzte er noch schnell die Chance, sich auch ihre Rufnummer geben zu lassen. Ilenam rief nach wenigen Tagen an. Mit anfänglichen Schwierigkeiten nahm ihre Beziehung ihren Lauf.

Er wollte niemals eine dieser eingebildeten, sich besser vorkommenden koketten iranischen Mädels heiraten, genauso wenig wie Ilenam einen Italiener. Ihre kokette arrogante »Ich bin was Besseres«-Art mit ihrem Faible für Titel ließ sie auf Santo sehr unerotisch wirken. Ilenam war anders, sehr anders, sie war das Gegenteil davon. Wahrscheinlich weil sie zur Hälfte Kurdin war. Ihr Vater war ein iranischer Kurde, der sich im Iran viele Jahre für das ärmere Volk und Gerechtigkeit eingesetzt und sie mit kommunistischen Werten erzogen hatte.

Der Großzügige

Ilenam half Santo als einzige, seinen Weinladen in Bergheim vernünftig aufzugeben. Alle anderen waren nur mit sich selbst beschäftigt. Bei einem seiner damaligen Kunden aus seiner Außendienstmitarbeit, bei dem er dann selbst Kunde geworden war und einige Käse- sowie Salamisorten eingekauft hatte, fand Santo seinen neuen Arbeitsplatz. »Gusti Italiani« war ein italienisches Lebensmittel-Feinkostgeschäft, das Käse aus Italien in größerer Menge orderte, um es als kleiner Großhändler im Raum Köln weiterzuverkaufen.

Pasquale, der Inhaber, hatte Santo angeworben, bei ihm als Verkäufer anzufangen. Dabei hatte er ihm den Vorschlag gemacht, den Großhandel gemeinsam aufzubauen. Er versprach ihm eine hohe Provisionsbeteiligung sowie wie bei erfolgreicher Mitarbeit gar eine Partnerschaft. Ein Jahr lang arbeitete Santo dort, wo er im Grunde nur verschaukelt worden war. Pasquale hatte seinen Arbeitsmut und seine Ambitionen sich in diesem Sektor zu etablieren und sich mit ihm als italienischer Käse Großhändler zu verwirklichen, gnadenlos ausgenutzt. Eigentlich hätte Santo laut Vertrag nur fünf Tage die Woche arbeiten müssen, was Pasquale einen feuchten Dreck interessierte. Obwohl Santo ihn diesbezüglich einige Male angesprochen hatte, da er mit Ilenam mehr Zeit verbringen wollte. Pasquale ging das am Arsch vorbei. Er machte zwar einen auf älteren Bruder und Gutmenschen, aber im Grunde war er einfach nur banal auf seine Interessen aus.

Santo platzte der Kragen. Von heute auf Morgen kündigte er bei Gusti Italiani. Nicht nur, dass Pasquale ihm seit einem Jahr den freien Tag, der ihm vertraglich zustand, nicht gönnte, obendrein empfingen sie Ilenam bei weitem nicht so herzlich wie zu Anfang.

»Eigentlich müsste man eine schwangere Frau umso freundlicher empfangen. Was für eine verkehrte Welt«, dachte Santo.

Eine Woche später fing er bei einem Subunternehmer des Deutschen Paketdienstes als Kurierfahrer an. Die reinste Sklavenarbeit. Morgens um fünf anfangen, hunderte und noch viel mehr von abgefuckten Scheißpaketen nach Empfängeradressen sortieren und dann wie ein Berserker fahren, um alle Pakete erfolgreich zu liefern. Die Pakete, die man nicht geliefert bekam, musste man zusätzlich am nächsten Tag wiederholt mitnehmen, um sie dann endlich loszuwerden. Vor 19:00 Uhr abends kam er nicht Heim. Essen, ein wenig quatschen um dann mit wenig Schlaf um 3:30 Uhr wieder aufzustehen, um sich pünktlich freiwillig ausbeuten zu lassen. Er brauchte die Arbeit. Er hatte Verantwortung. Drei Wochen schindete er sich, um dann noch nicht mal einen Cent zu bekommen. Der Subunternehmer hatte von heute auf morgen Konkurs gemeldet und er und die anderen Kollegen durften anstatt um fünf Uhr morgens pünktlich mit der Schinderei anzufangen, schön brav wieder nach Hause gehen. Nun stand er da. Wo sollte er jetzt so schnell wieder eine Arbeit finden? Geld hatten sie keins mehr und mit dem Geld, was Ilenam durch ihre Kellnerarbeit bekam, konnten sie sich gerade mal was zu essen kaufen.

Aus Stolz hatte er dummerweise selbst bei Gusti Italiani gekündigt. Das hieß, drei Monate kein Anspruch auf Arbeitslosengeld. Und nun? Ihre Eltern wollten sie nicht um Hilfe fragen, dafür waren sie auch zu stolz. Ihnen blieb keine andere Wahl. Ilenam war schwanger und bis er eine würdige Arbeit fand, würden sie verhungert auf der Straße landen. Sie überwanden sich notgedrungen und zum ersten Mal schob Santo seinen verdammten scheiß Stolz zur Seite. Sie meldeten sich beim Sozialamt. Gott weiß, wie sehr er sich an diesem Tag geschämt hatte. Er, der stolze Sizilianer, er, der sich nie gerne was gefallen ließ, der wegen seines Stolzes, seiner scheiß sizilianischen Ehre, die er so eindringlich von seinem Vater anerzogen bekommen hatte, wegen seines verdammten Gerechtigkeitssinnes sich schon so oft hatte behaupten müssen. Er, den man, wo man ihn kannte, respektierte, war jetzt erbärmlich ganz unten gelandet. Ein Scheißgefühl! Er kam sich vor wie ein Versager. Aber ihm blieb nichts anderes übrig.

»Selbst schuld!«, dachte Santo. »Selbst schuld, wenn man viele Jahre seiner Jugend mit nutzlosem Gerede und Getue nur darauf aus war, Partys zu feiern und Frauen kennenzulernen und viel schlimmer noch, darauf aus war, sich von Gott und der Welt respektieren zu lassen.

Irgendwie machte er es falsch. Wann endlich würde er sich beruflich realisieren können? Wann? Er hatte keine Lust mehr, so zu leben, hatte keine Lust mehr sich fortwährend Gedanken übers Geld zu machen. Sich nie was Schönes auf Anhieb und unbeschwert einfach so kaufen zu können. Er stellte sich vor, er wäre nicht in Deutschland, nicht in so einem Land, das einen auffing. Das einem zumindest ein Existenzminimum zum Leben gewährte. Das einen zumindest die Würde behalten ließ. Wie machten das die Menschen in anderen Ländern? In Ländern, wo man ihnen außer einem kräftigen Tritt in den Hintern nichts anderes gewährte. Kein Wunder, dass die Menschen kriminell wurden. Was hätte er den getan? Fragte sich Santo. Warum war denn damals in Sizilien die Mafia entstanden? War sie nicht aus diesen Gründen entstanden? Aus der Verzweiflung, dem Hunger, der Ungerechtigkeit und zu allerletzt des Gerechtigkeitswillens?

Santo, der Chauffeur

Seine Schwiegermutter und Schwiegervater überredeten Santo, einen Taxischein zu machen. Sein Schwiegervater arbeitete wie so viele andere iranischen Landsleute in Köln als Taxifahrer. Santo machte in der Übergangszeit einen Taxischein, wofür er einige Wochen büffeln musste. Er fing bei einem privaten Unternehmen in Köln-Bickendorf an. Die ersten Wochen lief alles wie geschmiert. Ein Traumjob war es nicht. Viel Elend und nicht die aller edelsten Geschöpfe kutschierte Santo durch nordöstliche Gebiete Kölns. Betrunkene, hoffnungslose Alkoholiker, Junkies, Nazis, Asoziale, selbstverliebte Juppies, verzweifelte Selbstdarsteller, arrogante überhebliche Schnösel, Kriminelle, Kranke, einsame alte Menschen, zwischendurch mal ein wenig Licht. Wahrlich, ein Traumjob war es nicht. »Scheiß drauf«, dachte sich Santo. »So ist das Leben, so sind die Menschen.«

Früher hätten diese Eindrücke Santo ziemlich aufgewühlt, doch in den letzten Jahren hatte sich sein Herz ein wenig verhärtet. Wer war er denn schon? Was bildete er sich überhaupt ein? Bekam sein eigenes Leben nicht in Griff und zerbrach sich den Kopf über die anderen? Über das Leid der anderen? Sollten sie sich selbst drum kümmern, sollten die sich Gedanken machen, die dieses Leid selbst verursachten. Warum er? »Scheiß drauf«, sagte sich Santo, »hast dich schon genug mit der Menschheit auseinander gesetzt, na und? Was hat dir das gebracht? Einen Scheiß! Während es denen, die sich nur um ihre eigenen Lüste gekümmert haben und immer nur nach ihren persönlichen Interessen gegangen sind und sich einen Scheißdreck um das Leid der anderen kümmern, heute gut ging. Er hingegen, der Stolze vom Dienst, musste immer noch um seine Existenz, um ein materiell besseres Leben kämpfen. Was bildete er sich bloß ein?

»Wach auf, Santo, wach auf, konzentrier dich endlich mal auf dein Leben, konzentrier dich endlich mal auf die banalen Sachen, auf die existenziellen Sachen. Geld, schöne Klamotten, schönes Auto, Liebe, gutes Essen und wenigstens einmal im Jahr mit Frau und Kind in die Sonne. Fertig, so einfach ist das.« Was bildete er sich ein? Selbst wenn Jesus wie so viele andere vor ihm und nach ihm ans Kreuz genagelt wurden, hätte er die Menschheit verbessern können? Die Welt verbessern können? Hatte Salvatore Giuliano sich nicht edelmutig, nobel und selbstlos für das Wohl der sizilianischen Bauern, für deren Zukunft und die Zukunft ihrer Kinder aufgeopfert? Und? Wie hatten sie es ihm gedankt? Sein eigenes Blut, sein Cousin, hatte ihn ans Kreuz genagelt.

Kein Leid mehr, kein Schatten mehr, nur noch Licht. Santo wollte ans Licht, wollte das Leben mit Freude genießen und sofern er das bestimmen konnte, alles Leid der Welt, was nie aufzuhören schien, von sich fernhalten. Im Fernsehen schaute er sich kaum negative Schlagzeilen mehr an. Las keine negativen Schlagzeilen und schenkte auch so Negativem keine größere Beachtung mehr. Warum denn auch? Er konnte es eh nicht ändern. Santo arbeitete an sich und wurde immer besser. Doch die negative Aura, die er geerbt hatte, schien ihm einfach nachzulaufen. Ungebeten, unwillkommen und unnötig.

Nichts Böses ahnend, fuhr Santo weiterhin Taxi. Schließlich brauchte er das Geld, schließlich hatte er jetzt Verantwortung. Er fuhr nach Bocklemünd. Noch nie hatte er so viel aufgestauten Hass wie in Bocklemünd erlebt, wie in Bickendorf, wie in Ossendorf und Vogelsang. Wenn er durch diese Gebiete fuhr, überkam ihn immer ein Gefühl der Bedrücktheit, ein Gefühl der Tristesse. Einmal konnte er sich nicht mehr zurückhalten, als er ein junges Pärchen mit einem weiteren Familienmitglied und zwei kleinen Kindern fahren musste. Ein kleines Mädchen saß eingeschüchtert in der hinteren rechten Ecke des Autos, zwischen einem jungen Erwachsenen, und daneben ein kleiner Junge. Es waren Deutsche. Verbal droschen sie alle auf den etwas älteren Bruder ein, der um die fünf Jahre alt sein musste. Irgendwie hatte der kleine irgendetwas getan, was ihnen missfallen war. »Nächstes Mal haue ich dir eine drupp, ich hau dir eine op de Kopp, Jung, watt biste für ne Memme, hör up zu weinen« und so weiter. Santo schritt ein. Scheiß auf den Job, dachte er sich.

»Hey, ist gut jetzt«, ergriff Santo Partei für den Kleinen, »was soll das?«

Eine Sekunde Stille im Auto. Alle schauten sich an. Dann schauten sie perplex auf Santo. Santo schaute sie an und dachte, hoffentlich machen sie jetzt keine falsche Bewegung. Gerne hätte er ihnen eine Lektion erteilt. Wenn man mit Kindern so grausam und kaltherzig umgeht, dachte Santo, hätte man es auch nicht anders verdient. Zum Glück blieben sie ruhig. »Der Jung muss lernen«, sagte einer der jungen Männer.

»Was muss er denn lernen?«, hinterfragte Santo.

»Der Jung muss jetzt lernen, jetzt, wo er noch klein is.«

»Ach so, ah«, meinte Santo irritiert.

»Er muss jetzt lernen, hart zu werden, damit, wenn er groß is, alles umhaut«, antworteten die beiden jungen Männer in einem hasserfüllten Ton, wobei sie den kleinen ins Visier nahmen.

»Ach so«, dachte Santo. Er war blass geworden, und hatte auch nicht mehr die Energie, sich mit hoffnungslosen Leuten auseinanderzusetzen. Sollte sich Gott um sie kümmern, besser noch um die armen Kleinen. Er kassierte ab und fuhr weiter.

Das letzte Mal bekam er eine Fahrt in die Bocklemünd-Siedlung. Santo kreuzte den Weg von Rolf, oder besser gesagt, Rolf Graf kreuzte unglücklicherweise seinen. Auch wenn Rolf dies anders sah. Mit seinem ultraheißen aufgemotzten 70er-Jahre-Retro-Mustang, der bei den deutschen Kölner Zuhältern gerade hoch in Kurs war, hatte das Schicksal es vorgesehen gehabt, Santo noch einmal ungebeten und unwillkommen die Niedertracht des Lebens spüren zu lassen. Er hätte einfach so tun können, als ob nichts wär, er hätte auch einfach wegfahren können, aber nein, er musste ja immer wieder auf die selbe alte dumme sizilianische Art, auf die emotionale Art, die er von seinem Vater geerbt hatte, reagieren. Dieses verdammte Arschgesicht, der schon im Auto wie ein herzloser Bastardo ausgesehen hatte, trat ihm mit demselben Typus entgegen. Santo hob seine rechte Hand in der typisch italienischen Art, um in seinem sizilianischen Dialekt zu fragen: »Chi Minchia vui.« Was wiederum diesen Berserker nur noch mehr zum Rasen brachte. Schließlich hatte er ja Heimspiel, und was ihn umso mehr motivierte, waren einige seiner Nachbarn, die sich ebenfalls dort befanden und das Geschehen von Anfang an beobachtet hatten. Santo fiel ein, dass er sich beim letzten Sparring im Boxen gegen einen zähen Architekten die Rippen auf der rechten Seite angeknackst hatte. Aus Schiss vor seinen hart geschlagenen Geraden war dieser, obwohl er einen Kopf größer und viel durchtrainierter als

Santo war, verängstigt in die Knie gegangen und dann unabsichtlich mit seinem harten kahlen Kopf gegen Santos Rippen gestoßen.

»Scheiße«, dachte Santo. »Scheiße, zu spät.« Dieser verdammte Kerl hatte in der Tat mit einer Vollbremsung etwas weiter mitten auf dem Bürgersteig angehalten. Santo konnte es nicht glauben. Nun war es zu spät und sein anerzogener Stolz ließ ihn wieder mal seinen Mann stehen und ließ ihn gegen alle Vernunft der Welt nicht wegfahren. Nein, er blieb mal wieder stehen. Er war ja auch ein Rubino. Trotzdem hoffte Santo, so wie jedes Mal, dass diese gefährlich aussehende aggressive Masse eines Menschen es sich doch in letzter Sekunde anders überlegen würde. Für einen Augenblick schien es auch so zu sein.

Rolf lief wie ein rollender massiver Eichenschrank auf Santo zu. Santo positionierte sich in seiner mittlerweile gelernten Box-Kampfstellung und bewegte sich nicht vom Fleck. Plötzlich blieb Rolf einen halben Meter vor Santo stehen. »Watt is mit dir, du Wichser?«, warf dieser Santo provozierend und einschüchternd zugleich entgegen. »Ey? Watt is mit dir? Soll ich dir deine Fresse einschlagen?«, fragte Rolf noch einmal.

Santo hatte ihn für einen Augenblick beeindruckt. Er lief nicht weg und hatte sich von seinem Getue nicht einschüchtern lassen, von seiner aggressiven, gefährlichen Art. Santo stand da und schaute ihm in die Augen. »Scheiße, warum? Warum schon wieder? Und während er dies dachte, sah er vor seinem inneren Augen, wie er gleich auf diese Miniatur Abbildung von einem Hulk einschlagen müsste. Rolf war ein oder zwei Zentimeter größer, dafür aber beinahe doppelt so breit und so schwer. Mindestens 110 Kilo, wenn nicht vielleicht sogar 120 Kilo. Vollgepumpt mit Testosteron und irgendeinem anderen Aufputschmittel für Bodybuilder. Er hatte kurzgeschorene Haare, eine Jeans an und natürlich weiße Turnschuhe. Er schien aus allen Nähten zu platzen. Santo bemerkte den Hauch eines kurzen Zweifels in den Augen seines Gegners, was wiederum seine Zweifel verschwinden ließ. Er hatte keine Angst. Angst hatte er eigentlich nie. Der Gedanke daran, sich in den Augen der Gesellschaft wie ein Tier schlagen zu müssen, sich in der Gesellschaft mit zerkratztem und verbeultem Gesicht zu präsentieren, der Gedanke, dass die Gesellschaft ihn wie einen asozialen Straßenschläger ansehen würde, dieser Gedanke war es, der ihm Angst machte, der ihm immer mehr die

Kraft nahm. Er wollte es eigentlich nicht mehr. Im Laufe der Zeit hatte Santo begriffen, dass es keine gute Art war mit seiner gelegentlichen Unzufriedenheit, die aus seinem Migrationshintergrund resultierte, sich vom erstbesten Idioten provozieren zu lassen. Dies musste das letzte Mal sein. Das allerletzte Mal! Mit Gottes Segen.

Er begriff, dass man nur mit Bildung weiterkommt, außer in einigen Ausnahmefällen vielleicht. Rolf schaute sich um, und seine Nachbarn starrten gespannt auf ihn, schauten neugierig, was Rolf, der in seinem Viertel kein unbeschriebenes Blatt war und hochgefürchtet, tun würde. Hatte er etwa Angst? Angst vor diesem relativ ungefährlich aussehenden Kanaken? Das war der Stern, den Santo seit Kindertagen auf sich tragen musste. Er wurde immer wieder durch seine friedliche Art jedes Mal aufs Neue unterschätzt und das nicht nur körperlich. Rolf musste handeln. Er dürfte nicht zulassen, dass dieser Kanake, der anscheinend Mumm besaß, aber kein bisschen gefährlich aussah, jetzt nach der Heldenaktion ungeschoren davonkam. Sein Ruf wäre im Nu angekratzt und die, die ihn bis jetzt noch gefürchtet hatten, würden dies als Schwäche beurteilen.

Santo hatte sich geschworen, sich nie wieder, egal wie groß breit und gefährlich sein Peiniger aussah vom Äußeren einschüchtern zu lassen. Nie wieder! Damals hatte er Buddy Ali, der genauso, wenn nicht noch einschüchternder ausgesehen hatte, auch die Stirn geboten. Rolf holte aus. Seinen kräftigen, muskelbepackten rechten Arm konnte Santo in allerletzter Sekunde mit seiner linken abblocken. Sofort kam die gewaltige Linke von Rolf, wie aus einer synchron funktionierenden Dampfmaschine. Santo war schon immer flink gewesen und tauchte gekonnt darunter hinweg. Das alles geschah instinktiv. Beim Hochkommen schlug Santo mit seiner Linken zu, eigentlich mehr zur Abwehr, mehr, um dieser Dampfmaschine Einhalt zu gebieten. Dabei traf er Rolf mitten ins Gesicht. Entrüstet hatte Santos Linke Rolf für den Hauch einer Sekunde erschreckt. Santo nutzte die Gelegenheit, indem er nochmals seine Linke auf Rolf einschlagen ließ, um sich von diesem Berserker auf den notwendigen Abstand zu entfernen. Rolf wurde noch wütender. Viele andere hätten nach diesen zwei präzise von Santo geschlagenen Linken erstmal gestockt. Aber nicht dieser Koloss. Als ob nichts wär, schüttelte der altbewährte Straßenkämpfer Santos Schläge ab, um ihn jetzt zu überrennen.

Santo ließ nochmals seine Linke vorschnellen, die traf. Nichts zu machen. Rolf war nicht aufzuhalten, als ob er die Schläge nicht spüren würde. Santo wurde sauer. Jetzt waren alle Hemmungen weg. Jetzt wollte er nur noch diesen Barbaren ein für alle Mal loswerden. Er schlug seine Rechte so hart, wie es nur ging. Traf Rolf zerschmetternd ins Gesicht. Nichts, der Typ war nicht aufzuhalten. Auch Rolf hatte Santo drei oder vier Mal gewaltig ins Gesicht getroffen. Die Schläge hatten sich dumpf und betäubend gefühlt. Santo wurde jedes Mal kurz schwarz vor Augen. Doch er blieb standhaft. Die Worte seines Vaters hatte er noch deutlich im Gehör. Wenn du dich schlägst und auf den Boden fällst, schlagen sie dich tot. Dann geraten sie erst recht in Rage. Diese Worte waren es, die Santo davor schützten. Rolf musste einsehen, dass auch er Santo nicht mit seinen Schlägen umhauen konnte. Dabei hatte er auch selbst einiges abbekommen.

Nun stürzte er sich auf Santo. Griff in Ringer-Manier zu, um Santo zu Boden zu bringen. Was Rolf auch gelang. Santo, der selbst geübt war und das eine Judo-Jahr immer noch in sich hatte, gelang es in letzter Sekunde, kurz vor dem Aufprall, sich so zu wenden, dass Rolf nicht auf ihn fiel. Beide prallten schwer auf den harten Asphalt. Santo hatte dieses Mal Pech, er selbst knallte mit seinem linken Rippengerüst auf den Bordstein und brach sich auf der Stelle seine Rippen. Den Schmerz spürte er wie einen elektrischen Stoß. Trotzdem schaffte er es, sich auf Rolf wie in Zeiten seiner Kindheit zu setzen. Gleichzeitig hatte Santo während des ganzen Kampfes in Gedanken gehabt, der Schlägerei so schnell wie möglich ein Ende zu setzen. Denn seine Fahrgäste warteten auf ihn und er brauchte ja diesen Job. Er wurde von Rolf weggerissen. Rolf biss Santo neben seinem linken Ohr ein Stück Fleisch ab. Auch diesen Schmerz fühlte er wie einen elektrischen Stoß. Dabei durchfuhren Santo Gedanken wie: »Hat er gerade mir ein Stück Fleisch abgebissen? Hat er mir in den Kopf gebissen?« Santo war erschüttert, nicht wegen dieses Stück Fleisches, was ihm aus seinem Kopf gebissen worden war, sondern vielmehr wegen der Tat. Er konnte es nicht wahrhaben. Das war kein Kampf mehr zwischen zwei Männern, sondern eine Schlacht mit einem asozialen unehrenhaften Schwein.

Die Polizei war da! Santo dankte es dem Himmel. Er war fertig. Er wollte so schnell es ging aus dieser unbarmherzigen Hölle raus. Raus zu seiner Frau und dem kleinen Töchterchen. »Es ist besser, wenn Sie gehen«, sagten die zwei Polizeibeamten, die auf die Schnelle die Daten aufgenommen hatten und selbst sehr eingeschüchtert aussahen. »Machen Sie, dass sie schnell von hier verschwinden«, gaben sie Santo eindringlich den Rat. Santo war verdutzt.

»Was ist hier los?«, dachte Santo verwundert. »Hat die Polizei selbst Schiss?«

»Hauen Sie ab! Machen Sie, dass Sie von hier wegkommen.«

Santo stieg in sein Taxi und fuhr erst mal zum Krankenhaus in Ehrenfeld. Zum ersten Mal hatte er bei einer Schlägerei Mann gegen Mann so richtig was abbekommen. Entweder hatte er bis dahin verdammtes Glück gehabt oder dieser Bastardo war ein Bulldozer. Vielleicht lag es auch daran, dass Rolf mit Sicherheit, so wie er ausgesehen hatte, mit Testosteron vollgepumpt war. Im St. Franziskus Hospital diagnostizierten sie auf jeder Seite mehrere Rippenbrüche sowie Prellungen an den Handgelenken. Nur bei dem Biss an seinem Schädel zeigten selbst die Ärzte, die im St. Franziskus Hospital schon einiges an Verletzungen gesehen hatten und, die schon einiges gewohnt waren, angewiderte Fassungslosigkeit. Santo schämte sich.

Bei seinen Kollegen hatte sich die Nachricht schon verbreitet. Einige Tage später traf er einen jüngeren Mitarbeiter, mit dem Santo sich gut verstand. Der Kollege erzählte verblüfft über Santos Mumm. Zugleich preiste er Santo für die Tapferkeit, mit der er sich geprügelt hatte und diesem bekannten, hochgefährlichen Typen Schrammen und Rippenbrüche verursacht hatte. Baff vor Staunen fragte er Santo, mit wem er sich überhaupt angelegt hatte. Sein Kollege schaute Santo an, als ob er ein Held wäre. Sein weit geöffneter und ehrlicher Blick, der Santo für seine Tat bewunderte, glänzte voller Gloria.

»Mann«, sagte der Kollege, »weißt du, mit wem du dich angelegt hast?«

»Woher soll ich das wissen, hab nicht nachgefragt«, antwortete Santo. Sein Kollege schüttelte lächelnd den Kopf und konnte es kaum wahr haben, dass ein kleiner Italiener, der eigentlich friedlich aussah, den Mumm gehabt hatte, sich mit so einem gemeingefährlichen Gangster anzulegen.

»Hör mal«, klärte der Kollege Santo auf, »das ist einer, der so ein langes Vorstrafenregister hat, mit dem man sich die Wohnung voll tapezieren könnte. Das ist einer der, wegen Vergewaltigungen, schweren Körperverletzungen, Einbrüchen, Diebstahl, Drogen und so weiter, eigentlich schon längst sitzen müsste. Mit dem legt sich keiner so leicht in Bocklemünd an.«

Vito Barone

Santo war wieder arbeitslos. Nach diesem Geschehen hatte er es endgültig satt, den Kutscher zu spielen. Er hatte es satt, permanent Tag ein und Tag aus mit so viel Elend konfrontiert zu werden. Einen Monat später erhielt Santo rückwirkend 3.000 Euro von seiner zu viel bezahlten Umsatzsteuer. Anstatt dass sie das Geld für sich behielten und sich so vielleicht das eine oder andere jetzt hätten leisten können, bestanden beide darauf, mit dem Geld die aller letzten Schulden bei Vito Barone zu begleichen. Froh, diese letzten 2900 Euro Schulden endgültig abbezahlt zu haben, ging Santo mit Ehefrau und kleiner Tochter, zu dem italienischen Großhändler. Seinem Ex-Arbeitgeber.

Als ob sie niemals damit gerechnet hatten, dass Santo jemals seine Schulden bezahlen würde, schauten ihn sein ehemaliger Chef und seine Chefin samt Team ungläubig an. Was man ihnen nicht einmal verübeln konnte. Es hatten schon einige ihre Schulden nicht bezahlen können, vor allem nicht bezahlen wollen. Aber nicht Santo. Er war nicht so. Strahlend forderte die Frau vom Großhändler, die im Betrieb mitwirkte, mit einem leichten Ellenbogenstoß, ihren Mann auf, Santo das Angebot zu unterbreiten, wieder bei ihnen als Verkäufer für italienische Weine sowie andere Spirituosen und Lebensmittel einzusteigen. Santo war überrascht. Er selber war nicht auf die Idee gekommen, bei Vito Barone wieder anzufangen. Erfreut willigte er ein. Mittlerweile war Santo 30 Jahre alt und außer seiner Frau, dem Töchterchen und dem Glauben an sich und an eine gute Zukunft, der Zuversicht, es doch noch zu schaffen, dem Willen, sein Leben noch auf eine gute Bahn zu lenken, hatte er keinen müden Cent in seiner Tasche, geschweige denn einen Beruf, mit dem er langfristig sichere Brötchen hätte nach Hause bringen können. Jetzt hatte er die Chance bekommen, es doch noch beruflich zu schaffen. Mittlerweile war er auch ein Experte, was italienische Weine betraf, aber auch italienische Lebensmittel. Enthusiastisch und hochmotiviert fing er bei Vito Barone an.

Marco, ein früherer Kunde von ihm, der vor zwei Jahren seinen Platz eingenommen hatte, wurde zum Fahrer und Lagerarbeiter degradiert. Nicht ganz freiwillig. Anscheinend war er selbst schuld daran. Santo forschte da nicht lange nach. Er war glücklich, dass er endlich einen Job hatte, mit dem er sich identifizieren konnte, auch wenn die Aussicht auf großes Geld nicht wirklich gegeben war. Doch der Glaube an sich, der Glaube, in diesen zwei Jahren so gereift zu sein, dass er dieses Mal so eine Arbeit besser zu schätzen wusste und auch besser machen konnte, gab ihm die Hoffnung und Zuversicht, die Umsätze zu schaffen, um mit seiner kleinen Familie ein angenehmes, schönes und ruhiges Leben führen zu können. Mehr wollte er eigentlich nicht. Santo gab Gas und erreichte im ersten Monat einen erstaunlichen Umsatz von über 30.000 Euro. Marco wurde zickig. Santo verstand nicht, wieso. Bestürzt und traurig darüber, denn er mochte Marco, zerbrach er sich den Kopf, wieso Marco sich plötzlich so verwandelt hatte.

Im zweiten Monat setzte er genau so viel um. Marco wurde noch zickiger. Vito Barone war zufrieden. Seine Frau auch. Das erste Mal, als er für Vito Barone gearbeitet hatte, hatte einer seiner Kollegen, der beinahe im Alter seines Vaters war, Santo offenbart, dass Frau Barone einerseits die Stärke, aber gleichzeitig auch die Schwäche in dieser Firma war. Santo musste feststellen, dass sein Kollege damals voll ins Schwarze getroffen hatte. Langsam verbreitete sich die Zickerei von Marco wie ein Krebsgeschwür, vor allem bei Frau Barone und den Kollegen in Büro und Lager. Was war los? Er riss sich den Arsch auf, fuhr wie ein Wahnsinniger zu jedem möglichen Kunden, erreichte gute Umsätze, war sich nicht zu schade und packte selbst im Lager fleißig an, ohne sich zu beschweren, weil die Kollegen ihre Arbeit nicht gebacken bekamen und sie noch meinten, ihm auf den Sack gehen zu müssen. Wenn sie weniger wie Waschweiber lästern würden und mit der Frau Barone weniger Kaffeekränzchen halten würden, hätten sie auch ihre Arbeit problemlos schaffen können. Nur weil sie ihren Arsch nicht gerne bewegten, musste Santo sowohl als Verkäufer funktionieren, als auch als Lagerarbeiter und Fahrer.

Weihnachten kam und er erreichte 40.000 Euro in den letzten drei Monaten. Trotz Zickerei.

Ein paar Stunden hatte sich Santo erlaubt, auf den Parkplätzen der Russen, die immerzu freistehend waren, seinen Wagen hinzustellen.

»Hey, Santo«, hörte er mit einem schadenfrohen gehässigen Ton von Marco und den anderen Kollegen. Ein weites Grinsen breitete sich in ihren feigen Gesichtern aus. »Du sollst mal zu den Russen rüber, die sind richtig sauer auf dich.«

»Richtig sauer auf mich?«, fragte Santo überrascht.

»Ja, hehehe, die sind sauer auf dich, du sollst schnell dein Auto von deren Parkplätzen wegfahren.«

»Mein Gott«, dachte sich Santo, während er sich hinüberbegab, »was haben die denn für'n Problem? Stellen sich an, nur weil ich mir einmal erlaubt habe, auf ihren Parkplätzen zu parken?«

Irgendwie war Santo angepisst, dass seine Kollegen ihn so arschig zu den Russen geordert hatten. Santo klingelte und die Tür wurde geöffnet. Empfangen wurde er von einer nicht unattraktiven Russin, die ihn aber sehr von oben herab an anderen Russinnen vorbei, zum Büro des russischen Patriarchen begleitete. Santo war verärgert, und schuld daran waren seine feigen italienischen Landsleute. Der russische Patriarch saß auf seinem Stuhl mit gespreizten Beinen, beide Hände auf seinem dicken ballonartig geformten Bauch. Er hatte ein blasses Gesicht, was von einem nicht so gepflegten, krausen, nussbraunen Bart umgeben war. Wuschelige, genauso krause, nussbraune und ungepflegte Haare und ein zerknäulter brauner irgendwas-Anzug rundeten sein Bild ab, wobei die große runde Brille ihren Beitrag bestens leistete.

»Hallo«, lächelte ihn Santo freundlich an.

»Sind Sie derjenige, der auf unseren Parkplätzen geparkt hat?«, kam sofort die angriffslustige tenorartige Stimme mit starkem russischem Akzent.

»Ja!«, antwortete Santo knapp. Bei dieser Anrede war ihm sein sizilianisches Blut gleich schlagartig in den Kopf geschossen. Am liebsten wäre er diesem russischen aufgeblasenen Arsch gleich an die Gurgel gesprungen. Aber er beherrschte sich. Er war dabei, sich immer mehr selbst zu disziplinieren.

»Wie kommen Sie dazu, auf unseren Parkplätzen zu parken?«, fragte ihn der Russe auf eine herausfordernde, erniedrigende Art. Santos Gesicht versteinerte sich und sein Blick, der den Blick des Russen fand, verhärtete sich indes. Ein oder zwei Mal schien Santo sein Herz aus der

Brust springen zu wollen, doch wie von Geisterhand hielt er es sich mit beiden Händen am richtigen Platz zurück. Atmete tief ein. Er hatte sich selbst versprochen, mit Gottes Hilfe, sein Temperament zu zügeln und sich nicht von dem ersten dahergelaufenen provozieren zu lassen.

Ohne ein Lächeln, mit ernsthaftem versteinertem Gesicht, antwortete Santo trocken: »Warum?« Dabei nickte er dem Russen stolz zu und seine Gedanken erzählten Santo und dem Russen gleichzeitig: »Meinst du, wir Italiener sind alle gleich? Mir imponierst du mit deiner Art kein bisschen.«

Dabei beendete Santo seine Antwort: »Tut mir leid, ich konnte nirgendwo lesen, dass diese Parkplätze ausschließlich in russischer Hand sind.«

Der Russe lächelte, und sein Gesicht formte sich sprunghaft zu einem freundlichen Antlitz. »Aber wenn ich Sie so sehr damit belästigt habe, werde ich natürlich das nächste Mal nicht mehr auf Ihren Parkplätzen parken«, fuhr Santo fort.

Der Russe lachte auf. Nun entspannte sich auch seine Körperhaltung. »Du gefällst mir«, sagte er zu Santo. »Du bist nicht wie die, du bist anders.«

»Ja«, antwortete Santo, »ich bin anders.« Dabei gingen ihm Gedanken durch den Kopf wie: »Ja ,das stimmt, ich bin nicht so wie die, ich könnte anders, aber ich möchte es nicht. Ich will einfach nur wie jeder normale Mensch arbeiten und in Ruhe leben.«

»Weißt du was?«, fragte der Russe Santo in einem freundlichen, anerkennenden Ton. »Bei dir, bei dir mach ich eine Ausnahme, du kannst und darfst jederzeit auf unseren Parkplätzen parken. Sag das ruhig deinen Kollegen, aber nur du.«

Voller Neugierde und Schadenfreude, wobei sie allem Anschein nach einen perplexen Eindruck auf Santo machten, wollten sie schelmigerweise wissen, was geschehen war.

»Nichts, alles in Ordnung«, entgegnete er ihnen, »alles in Ordnung, ich lebe noch.« Und dabei schmunzelte er. »Ach so«, fügte er noch beiläufig hinzu, »ich soll euch sagen, dass ihr auf ihren Parkplätzen auf jeden Fall nicht parken dürft.« Er machte eine kurze Atempause. »Außer meiner Person!« Die Augen schienen ihnen alle beisammen aus ihren Augenhöhlen rausspringen zu wollen, außer bei Vito Barone, bei ihm formten sich die Augen zu kleinen Schlitzen, so wie immer, wenn er sich amüsierte.

Ein Jahr verging und der Unmut von Frau Barone wurde immer größer, dabei hätte eigentlich Santos Unmut größer werden sollen. Er hatte eine Vereinbarung mit Herrn Barone gehabt. Die Vereinbarung besagte, wenn er zur Weihnachtszeit, im Oktober, November und Dezember mehr als 40.000 Euro Umsatz machen würde, sollte Santo 300 Euro brutto mehr Fixum erhalten. Die Vereinbarung hatte er mit Herrn Barone in seinem Büro unter vier Augen getroffen. Herr Barone hatte sich gutwillig dazu bereiterklärt und hatte Santo sein Wort gegeben. Frau Barone war nicht dabei und Santo und Herr Barone hatten sich in die Augen geschaut und sich daraufhin die Hand gegeben. Santo hatte seine Abmachung eingehalten und in den vereinbarten Monaten den angesetzten Mindestumsatz erreicht. Doch die 300 Euro Fixum blieben nicht nur auf seiner Lohngehaltsabrechnung, sondern auch auf seinem Konto erwünscht. Auf der Januarabrechnung sagte Santo nichts. Er dachte, vielleicht gab es Missverständnisse, doch als im Februar die 300 Euro wieder fehlten, sprach er Herrn Barone an. Dass Herr Barone unter den Fittichen seiner französischen Ehefrau stand, war klar, aber dass er so unter den Fittichen seiner Frau stand, dass er sogar einem jüngeren italienischen Landsmann, der vom Alter her sein Sohn hätte sein können, sein gegebenes Wort brach, hätte Santo niemals geglaubt. Entweder war er der Doofe und Naive, der an solchen Werten festhielt oder die anderen waren unwürdige ehrenlose Schlappschwänze. Auf jeden Fall wurde die Affäre in Vito Barones Büro in Anwesenheit seiner Gattin geklärt. Vehement wehrte sich Frau Barone dagegen. Ein wenig Scham konnte Santo Herrn Barone ansehen und fast hätte er ihm leid getan.

»Nein, ihr habt das bestimmt nicht abgemacht, auf gar keinen Fall, sonst wüsste ich was davon«, widersprach Frau Barone in ihrem Italienisch mit französischem Akzent.

»Aber Frau Barone«, antwortete Santo in ruhigem Ton und dabei schaute er Herrn Barone an, »Sie sind doch gar nicht dabeigewesen. Woher wollen Sie wissen was ich mit Ihrem Mann vereinbart haben soll?«

Vito Barone schwieg und zum ersten Mal schaute er beschämt. Der, der sonst den anderen Mitmenschen gerne tief und eindringlich in die Augen schaute. Frau Barone widersprach und Herr Barone schwieg.

Santo wurde das zu blöd. »Wissen Sie was?«, fragte Santo

»Nein«, antwortete sie.

»Wenn diese 300 Euro für die Firma Barone so schwer wiegen und sie so in Bedrängnis bringen, möchte ich nicht daran schuld sein, dass die Firma morgen pleitegeht. Da verzichte ich lieber auf die Abmachung. Behalten Sie ruhig die 300 Euro, mir tun sie nicht weh, ich werd's schon überleben.«

Dabei hätte er das Geld wahrlich gut gebrauchen können. Seine Frau war noch in der Ausbildung und konnte nicht viel dazuverdienen. Santo war enttäuscht. Er war menschlich von seinem Chef enttäuscht. Er konnte es nicht verstehen, wie ein gestandener Mann sein Wort brechen und ihm dabei ins Gesicht schauen konnte.

Die Arbeit als Vertreter für italienische Weine und Spirituosen machte Santo ungemein viel Spaß. Er konnte sich mit diesem Job absolut identifizieren. Er selbst war ja auch Italiener und Weine trank er sehr gerne, vor allem rote. Dabei ließ er sich auch mal nach dem Essen ein Gläschen Grappa munden und hin und wieder auch mal einen Averna. Ramazzotti kam für ihn nicht in Frage. Viel zu süß und im Abgang unangenehm bitter. Er liebte die Kultur des Weines und des guten Essens. Für sich konnte er sich keinen besseren Job vorstellen. Seine Kunden freuten sich, ihn zu sehen. Gerne und oft luden seine Kunden, vor allem die italienischen, ihn zum Essen ein. Vor allem die aus Köln. Wehe, er akzeptierte keinen Espresso, einen Espresso durfte er nicht zu oft ablehnen, das hätte kränkend sein können. Espresso trinken vereinigte und man kam sich in geschmackvoller, entspannter und vor allem freundlicher Atmosphäre näher. Sozusagen wie bei den Indianern, die das rituelle Rauchen der Friedenspfeife zelebrierten. Er hatte sich einen größeren Kundenstamm aufgebaut, die alle bei ihm regelmäßig Weine kauften. Trotzdem stieg der Umsatz nicht. Egal, wie sehr er sich aufrieb, egal, wie sehr er rang, die Zeiten hatten sich geändert. Nicht selten hörte Santo von seinen Landsleuten und selbst von seinem Chef sagen. »Die goldenen Zeiten sind in Deutschland ein für alle mal vorbei.« Wer schlau und weise und fleißig gewesen war, hätte aus dieser Zeit mit Leichtigkeit schöpfen können. Seine Generation hatte nicht das Glück. Die Konkurrenz war stark und allgegenwärtig. Alle verkauften auf einmal italienische Weine. Es gab Unmengen an großen Großhändlern und kleineren sowie ein- oder zwei-Mann-Unternehmen. Wie einige, die regelmäßig mit dem LKW voll beladen aus Italien, selbst aus Sizilien, durch die Städte von Deutschland fuhren, um auf eigene Faust ihre Weine, ihren Käse und Salami, wie Schinken, Grappa und Kaffee zu Schleuderpreis anzubieten. Alles, was das Herz nach Italienischem begehrte. Wie hätte man da mithalten können? Sie brachten alles über die Grenze ohne einen Cent Steuern zu zahlen, ohne Miete zu zahlen, Strom, Nebenkosten, Umsatzsteuer, Steuerberater, Finanzamt etc Bei aller Liebe, den Kunden interessierte es nicht. Sie bekamen zum Teil gute Weine und andere Lebensversüßer für wenig Geld und dabei verkauften sie es weiter für denselben Aufschlagpreis, als ob sie es zum regulären Preis eingekauft hätten.

Auch aus Belgien kamen die LKWs, vor allem mit günstigem Espresso. Dort sparte man sich die Kaffee-Steuer und wenn man aus Italien die super alkoholischen Getränke am Zoll vorbeischleuste, sparte man sich die hohe Alkoholsteuer. Selbst bei Spumante musste man wegen der Sektkorken, was auf die Atmosphäre in der Flasche deuten ließ, eine Sektsteuer von über einem Euro zahlen. Dies alles sparte man sich, indem man sowohl aus Belgien, als auch aus Italien, die Lieferungen einfach am Zollamt vorbei beförderte. Alles undeklariert und »cash in de Täsch«, wie man in Kölle zu sagen pflegte. Dabei kamen dann die ganz großen Haifische, wie Metro, Selgros, Kaufhof, Karstadt und all die anderen Weinhändler, die mitmischen wollten. Die auch ein Stück vom Kuchen haben wollten. Schade, dass die Kuchenstücke immer kleiner wurden. Vor allem die Kuchenstücke für die kleinen Neuzugänge, wie Santo.

Santo rackerte sich ab. Aber die unsichtbare Grenze über den 30.000 Euro schaffte er nicht zu brechen. Außer in den Weihnachtsmonaten, aber das war dann auch nicht sonderlich schwer. Frau Barone und Herr Barone machten immer mehr Druck. Am liebsten hätten sie sich gewünscht, dass Santo bis spät in die Nacht arbeiten ging. Wenn es nur nach ihm gegangen wäre, hätte er auch kein Problem damit gehabt. Aber er war nicht mehr alleine. Er hätte es sich vorher überlegen müssen. Nun war es zu spät. Seine kleine Tochter wartete auf ihn und seine Frau erst recht. Von 10 Uhr morgens bis 20 Uhr abends musste es doch ausreichen? Oder? Das fragte ihn seine Frau und Santo war auch dieser Meinung, auch wenn er gerne mal länger gearbeitet hätte. Manchmal ging es nicht anders. Immer, wenn Winzer oder Weinagenten aus Italien bei der Firma Barone zu Besuch waren, und das kam in regelmäßigen Abständen vor, wurde Santo dazu verpflichtet, mit ihnen zu den Kunden zu fahren und die Kunden mit Angeboten zu animieren, um bei ihnen mehr einzukaufen. An diesen Tagen wurde es auch deutlich später.

Die Sommerzeit 2003 kam und Santo hatte geplant, mit seiner Frau und seinem Töchterchen in Sizilien Urlaub zu machen. Frau und Töchterchen freuten sich riesig. Santo saß in einem italienischen Ristorante, bei einem seiner Kunden in der Kölner Altstadt. Das Handy klingelte. Es war Herr Barone.

»Salve Signor Barone, tutto bene?« (Hallo Herr Barone, alles in Ordnung?) Mittlerweile hatte Santo, dank seiner Arbeit, sein Italienisch stark verbessert.

»Ja, alles in Ordnung.« Dabei machte Herr Barone eine kurze Pause. »Wo bist du?«, wollte sein Chef nun von ihm wissen.

»Bin in der Altstadt, bei Nino«, antwortete Santo.

»Ah, mmh, Ok. Ich muss dir was sagen.« Und ohne großartig abzuwarten, offenbarte Herr Barone sein Anliegen, was schwer an seinem Herzen zu liegen schien. Santo mochte Herrn Barone. Er wusste, dass er ein guter Mensch war. Auch wenn er ihn enttäuscht hatte. Er hatte sein Wort gebrochen, er hatte seine Abmachung nicht eingehalten. Santo wusste, dass sein Chef schwer unter dem Druck seiner Frau litt, die wiederum von ihren hinterhältigen Kriechtieren von Kollegen negativ beeinflusst wurde. Marco war ein kleiner und mittlerweile fetter arroganter Sack geworden.

»Scheiß drauf«, dachte sich Santo. »Scheiß auf sie, ein Haufen von Memmen.«

»Ich muss dir sagen«, setzte Herr Barone mit etwas schwerwiegender Stimme fort, »ich will dir sagen, ich möchte, dass du auf freiberuflicher Basis bei uns arbeitest.«

»Was? Ich hab Sie grad nicht verstanden, was haben Sie gesagt?«, antwortete Santo etwas aufgebracht. »Spinnt der, hab ich grad richtig gehört?«, fragte sich Santo selbst.

»Ja, wir wollen, dass du auf freiberuflicher Basis arbeitest.«

Santo traf es unerwartet. Sein Puls stieg ihm zu Kopf. Er beherrschte sich. Mittlerweile hatte er seinen Gerechtigkeitssinn immer besser unter Kontrolle. Santo atmete tief ein. Dabei schossen ihm wütende Gedanken durch den Kopf. Einfach so, aus heiterem Himmel, kurz eine Woche vor seinem geplanten Urlaub fiel ihnen ein, ihm das Henkerangebot zu unterbreiten, nicht mehr als Angestellter mit einem Fixum und Provision zu arbeiten, sondern nur noch auf Provision? Santo war wütend und nochmals menschlich enttäuscht. Nicht, weil sie wollten, dass er auf freiberufliche Basis umstieg, das war nicht wirklich sein Problem, sondern der Zeitpunkt, den sie sich ausgesucht hatten. Sie gönnten ihm noch nicht einmal seinen Urlaub. Warum auch immer. Wenn Neid und Missgunst sich als Fieber zeigen würden, würden mehr als die Hälfte der Menschen im Fieber-Dauerzustand herumlaufen, waren Santos Gedanken. Als Freiberufler umzusteigen war nicht das eigentliche Problem, sondern die Art und Weise. Aber nicht mit ihm. Santo lächelte. »Wenn die meinen, die könnten mich unter Druck setzen, haben die sich gewaltig getäuscht.« Unter unnötigem, unangebrachtem und willkürlichem Druck arbeitete Santo erst recht nicht. Mit mir nicht!

»Wie?« antwortete nun Santo. »Und das erzählen Sie mir jetzt? Eine Woche vor meinem Urlaub? Einfach so am Telefon? Warum jetzt?«

»Wir müssen darüber reden, lass uns darüber in Ruhe reden«, fiel Herrn Barone plötzlich ein.

»Können wir gerne tun, aber ich sag Ihnen die Antwort gleich, auf gar keinen Fall.« Dabei machte Santo eine kurze Atempause und schenkte sich zufrieden ein Lächeln. »Auf gar keinen Fall«, wiederholte Santo. »Kommt gar nicht in Frage. Wir können uns gerne nach meinem Urlaub darüber unterhalten. Vorher werde ich mich auf jeden Fall nicht darauf einlassen.«

Herr Barone sprach ihn nicht mehr darauf an. Santo war es recht. Er fuhr mit Frau und Tochter nach Sizilien in den Urlaub, dabei wurmte ihn das Gespräch immer noch. Das Fass war voll. Er hatte es satt. Nun gut, dachte er sich, sich die ganze Zeit aufregen und wütend sein über die ungerechte Behandlung seiner Person, brachte ihn nicht weiter. Er hatte sein Bestes gegeben. Doch sein Bestes schien für die hohe Herrschaft anscheinend nicht gut genug zu sein. Scheiß drauf! Scheiß auf sie alle. Er tat es nicht gerne und wegen Herr Barone tat es ihm auch ein wenig Leid. Er wusste, dass Frau Barone mit deren Schattenwesen dahinter stand. Herr Barone musste sich fügen. »Sklave seiner eigenen Firma«, dachte Santo bemitleidend. Aber das sollte nicht sein Problem sein. Sein Problem war jetzt schnellstens eine neue ebenwürdige Arbeit zu finden. Da gab es eine Option. Die Firma Ludwig. Die Firma Ludwig befand sich auf der Scheel Sick. Um genauer zu sein, in Köln Merheim. Der Inhaber war ein deutscher Weinliebhaber. Herr Ludwig. Ein älterer charismatischer Mann, der im Umkreis Köln-Düsseldorf-Bonn mit zu den stärksten Konkurrenten gehörte. Mit überwiegend bekanntesten und besten italienischen Weinen hatte sich die Firma Ludwig einen angesehenen Namen in der Welt der Gastronomie erobert. Diese Firma genoss einen ziemlich guten Ruf. Dabei hatte Herr Ludwig sein Sortiment auch mit anderen Weinländern bereichert. Um sein Sortiment zu bereichern und auszuweiten, zählten auch Weine aus Übersee dazu. Schon oft hatten Kunden von Santo nach Weinen gefragt, die bei Herrn Ludwig vertreten waren und die er ihnen nicht anbieten konnte, weil die Firma Barone sie nicht in ihrem Sortiment hatte. Die Firma Ludwig hatte die Exklusivrechte erhalten. Auch nicht selten und das wurmte Santo, lag die Firma Ludwig bei einem und demselben Produkt deutlich günstiger als die Firma Barone. Ludwig war eine Firma, die bestens ausgerüstet war, um eine Schlacht zu gewinnen. Man kann noch so ein mutiger, sich aufopfernder Soldat sein, wenn man in die Schlacht mit ne Pistole geschickt wird, um gegen Gegner zu kämpfen, die Gewehre oder auch mal eine Kanone zur Verfügung haben, ist es schwer so eine Schlacht zu gewinnen, geschweige denn nicht erschlagen zu werden. Santo war heilfroh dass er nicht erschlagen wurde. Er hatte sich in der Tat tapfer geschlagen. Die Würfel waren gefallen. Nach dem Urlaub würde er zur Firma Ludwig gehen und sich dort als Weinvertreter bewerben.

Santo wurde freundlich und beinahe mit Handkuss empfangen. Außer einem, den es leider immer wieder geben musste. Marco. Schon wieder ein Marco. Lag es etwa an dem Namen? Marco kam aus der Emilia Romagna und die beiden waren sich einige Male über den Weg gelaufen. Marco war ein typischer Norditaliener, beziehungsweise ein typischer aus der Emilia Romagna. Elitär, überheblich, skeptisch und sehr von sich überzeugt. Dabei nahm er wie gewohnt, das italienisch sein nur für sich und seine Leute aus der Region in Anspruch. Santo spürte gleich Marcos Widerwillen gegenüber seiner Person, ließ sich aber nichts anmerken. Marco schon eher. Santo ging es am Arsch vorbei. Er war mit sich im Reinen. Einen halben Kopf größer und vom stämmigen Körperbau, überragte Marco Santo. Dabei trug er seine mediterrane, blond-braune, von Natur aus gesträhnten Haare zusammen gebunden zu einem Pferdeschwanz al la Karl Lagerfeld. Marco mochte Deutschland und die Deutschen nicht besonders. Was kein Wunder war, alles, was nicht aus der Emilia Romagna kam, wurde schlicht als barbarisch deklariert. Dabei war Marco mit einer deutschen Frau verheiratet, mit der er ein Kind hatte. Seine Frau hatte er in Italien an einen Ferienort kennengelernt, wo junge Katholiken aus der Welt gerne ihre Schulferien verbrachten. Sie hatte ihn nach der Heirat erst mal zu ihr und ihrer Familie, wie Frauen es gerne tun, nach Erfstadt gebracht.

Mit der katholischen Kirche hatte Santo schon lange nichts am Hut. Mit kindlichem Gerechtigkeitssinn konnte sich Santo mit der Kirche nicht mehr anfreunden. Sie predigten das Wort Jesu und dabei handelten sie genau gegenteilig. Eigentlich dürfte eine Kirche, die Jesu Wort predigen möchte, gar keine Reichtümer besitzen. Jesus war doch ein bescheidener Mensch und genau das wurde auch von der Kirche ihren Schäfchen gepredigt. Warum waren sie nicht auch bescheiden? Schon der Anblick ihrer Kirchen ließ jeglichen Gedanken an Bescheidenheit im Nu ersticken.

Die Firma Ludwig

Santo fing bei Ludwig an und brachte mit Genuss seinen Kündigungs-brief an den Augen Frau Barones und ihrer Schatten vorbei zu dem Büro des Chefs, der es in Wirklichkeit gar nicht so sehr war. Herr Barone nahm den Brief entgegen und an seinem Gesicht breitete sich eine Spur von bedrückender Neugierde auf. Ein Gemisch von Triumph und Anteil-nahme machte sich bei Santo bemerkbar. Herr Barone war sichtlich nicht erfreut. Doch er wusste, dass Santo im Recht lag und dass seine Kündi-gung angemessen war. Santo hatte sich nie beschwert. Er gehörte nicht zu der Sorte Mensch, die die ganze Zeit jammern, die ganze Zeit sich über die Firma und deren Arbeit beschweren, aber trotzdem weiterhin vom selben Teller essen. Er spuckte nicht auf den Teller, aus dem er aß. Einerseits sich immerzu beschweren, aber anderseits bloß sich keinen abbrechen, um einen neuen Arbeitsplatz zu finden. Das war typisch für Menschen ohne Rückgrat. Sie spuckten und aßen lieber weiter von dem-selben Teller, der voll von ihrer Rotze vergiftet war. Wenn man mit sei-nem Arbeitsplatz nicht zufrieden ist, soll man nicht die ganze Zeit jam-mern, sondern gehen. Bis jetzt hatte er noch keinen Arbeitgeber kennen-gelernt, der einem eine Knarre am Kopf hielt, um einen davon abzubrin-gen, ihn zu verlassen. Doch er hatte gehandelt.

»Ich hab es mir schon gedacht«, bestätigte Herr Barone Santos Kündi-gung mit einem Nicken. Mehr traute er sich nicht zu sagen. Santo war es recht so. Jetzt konnte er sich voll und ganz seiner neuen Arbeit widmen.

Bis auf Marco hießen alle anderen Kollegen Santo herzlich willkom-men. Herr Ludwig schien einiges auf ihn zu setzen. Doch Marco zeigte sich von der wenig freundlichen diskreten Art. Er schien ein Problem mit Santo zu haben. Warum auch immer. Santo konnte sich nicht darauf be-sinnen, sich Marco gegenüber auf irgendeine Weise nicht freundschaft-lich und beinahe brüderlich benommen zu haben. Aber vielleicht lag ge-nau da das Problem. Santo ging immer von sich selbst aus. Jederzeit hilfsbereit, höflich und lebensbejahend. Angst, Konkurrenzgeist und Neid waren ihm fremd. So was empfand er als unedel. Feigheit und In-triganz, alles Tugenden für niederträchtige gottlose Kreaturen. Alles, was er nicht sein wollte. Für ihn war es wichtig, vor Gott und vor allem auch vor sich selbst, morgens, wenn er aufstand, in den Spiegel schauen zu können. Leider ging er bei anderen Menschen jedes Mal aufs Neue von sich selbst aus und jedes Mal wurde er eines Besseren belehrt. Die anderen waren nun mal nicht vertrauenswürdig, nicht lebensbejahend.

Seit Kindestagen dachte er immer zuerst an die anderen und dann an sich. Ganz im Sinne Jesu. Er versuchte, sich immer mehr diese selbstlose Art abzugewöhnen und wurde mit der Zeit vorsichtiger. Leicht war es für ihn nicht. Es entsprach eigentlich nicht seiner Natur. Es war nicht leicht, aus seiner Haut rauszukommen, und das, obwohl sein Vater ihm von klein an beigebracht hatte, nach alter archaischer sizilianischer Art niemandem zu vertrauen. Genau das Gegenteil von dem, was Jesus ihm in seinen Kinderjahren aus den Evangelien erzählt hatte. Genau das Gegenteil davon, was seine Mutter und zum Teil auch sein Vater vorlebten. War er jetzt ein Neurotiker? Wahrscheinlich war die ganze Menschheit ein Haufen sich wichtig vorkommender selbstdarstellerischer Neurotiker.

»Scheiß auf sie alle«, ging Santo durch den Kopf. »Warum zerbrichst du dir immer zu den Kopf über die Menschheit? Bist du eigentlich blöd? Zerbrich dir mal endlich den Kopf über dich und dein Leben. Sieh zu, dass du endlich mal im Leben selber weiterkommst, mach es wie die anderen. Versuch es wenigstens«, redete Santo sich neuerdings immer öfter wie ein Mantra ein. Er versuchte jedes Mal, wenn er sich aufs Neue in demselben Muster ertappte, sich diese Sätze zu suggerieren. Intuitiv, instinktiv. Auch wenn er noch nicht mal wusste, was eine Suggestion war. Er tat es einfach und es tat ihm gut. Er wurde immer besser. Er wurde immer ergonomischer.

Santo baute immer mehr Widerstände ab. So wie das die Ingenieure bei den Sportautos machen. Es gelang ihm immer mehr, Konfrontationen, Streitigkeiten, Meinungsverschiedenheiten, Ärger jeglicher Art aus dem Weg zu gehen. Vor einigen Jahren hätte er so einem Marco schon längst impulsiv und emotional seine Meinung gesagt. Er konnte zwar auch anders und war sich dessen bewusst, aber gerade deswegen wollte er sich nicht auf eine emotionale, impulsive Reaktion herablassen. Auch wenn es in ihm heißer als im Ätna brodelte, auch wenn er oft herunterschlucken musste und dadurch, dass ihm der Puls zum Halse stieg und es ihm schwer fiel ruhig und gleichmäßig zu atmen, konnte er immer besser die

Kontrolle über seinen extremen Gerechtigkeitssinn behalten. Größe und Stärke zeigt sich immer dann, wenn man dem Gegenüber überlegen ist, aber es ihn trotzdem nicht spüren lässt. Das ist Stärke und das kann man nur, wenn man mit sich selbst im Reinen ist, wenn man sich selbst nicht zu wichtig nimmt, wenn man verstanden hat, Junge, du hast es dir nicht ausgesucht, mach das Beste draus. Genieße dein Leben und gehe die Sachen mit Humor an. Mit einem Lächeln, soweit es einem erlaubt wird. Das waren Gedanken, die sich bei Santo immer mehr festigten und die er nach Möglichkeit bestmöglich versuchte zu leben.

Marco war ein echtes Arschgesicht. »Fette Sau«, dachte sich Santo. Marcos Bauchumfang hatte sich deutlich vergrößert in den letzten Monaten, seit Santo bei Ludwig mit ins Boot gestiegen war. Sein Gesicht war angeschwollen, genauso wie bei Marco, seinem Ex-Kollegen bei Vito Barone. Dabei war der eine Marco genau wie der andere Marco ein paar Jahre jünger als er. Er hasste es und es widerte ihn an, wenn Menschen sich gehen ließen. Er war der Meinung, dass dies auch ein Spiegelbild ihrer Seele darstellte. Dieser Saftsack von Marco tat alles, um sein Leben bei Ludwig zu erschweren. Luisa aus der Toskana, die mit einem deutschen Mann verheiratet war, aber unglücklich zu sein schien, hatte er auch schon auf seine Seite gebracht. Luisa arbeitete im Büro und kümmerte sich um die Marketing-Angelegenheiten. Vielleicht lag es auch daran, dass Santo ihr keine schönen Augen machte und ihr keine besondere Aufmerksamkeit schenkte. Dabei war er doch auch zu ihr immer sehr höflich und freundlich.

Marco weigerte sich partout, von ihm schon lange vernachlässigte Kunden, die bei ihm schon seit Urzeiten nichts bestellten, Santo zu überlassen. Selbst dann nicht, wenn Kunden ausschließlich nur noch bei Ludwig kaufen würden, wenn endlich dieses fette Sackgesicht den Weg frei gab für einen neuen Vertreter. Sie gönnten Marco nicht mehr seine Provision. Einige Male hatten sehr gut laufende italienische Restaurants bei Santo angerufen und ihn gebeten, vorbeizukommen. Sie wollten gute Weine kaufen, die Ludwig in seinem Sortiment hatte. Nicht nur aus Liebe zu Santo. Doch aus Abneigung zu diesem arroganten aufgeblasenen Emiliano Romagnolo nahmen sie lieber in Kauf, die erwünschten Weine ihrer Kunden, die man bei Ludwig hätte bekommen können, nicht weiterhin anzubieten. Auf der Prowine Messe in Düsseldorf hatten einige dieser Kunden Herrn Ludwig angesprochen und zum Teil hatten sich einige Kunden sogar bei ihm darüber beschwert, dass sie seit Ewigkeiten keinen Vertreter zu Augen bekamen. Marco kassierte weiterhin seine unverdiente Provision. Mit was für einem Gesicht er sogar Herrn Ludwig bestimmend und konkret beibrachte, dass er in jedem Falle nicht auf diese Kunden verzichten würde. Herr Ludwig hatte vorher Santo angesprochen und Santo hatte ihm geantwortet: »Von mir aus gerne, Herr Ludwig, ich fahr gerne zu diesen Kunden, aber liegen die nicht im Revier von Marco?«

Herr Ludwig wollte sich davor drücken und hätte es sich gewünscht, dass Santo sich mit Marco wegen dieser Angelegenheit auseinandergesetzt hätte. Santo empfand das als nicht in Ordnung. Warum sollte er darauf bestehen? Gerne wäre er zu diesen Kunden gefahren, aber warum sollte er sich deswegen streiten? Der edle Emiliano, der keiner war, stellte sich quer. Herr Ludwig hatte tatsächlich vor diesem arroganten, egomanischen Arsch eines Norditalieners gekuscht und das hatte Santo in der Tat erstaunt. Er konnte es kaum glauben. »Unglaublich«, dachte er. »Wie kann es sein, dass diese aufgeblasene Fratze soviel Einfluss auf den doch so souveränen Chef ausübt?« Irgendwie machte er was falsch. Wahrscheinlich so wie immer. Santo war einfach zu fair und zu freundlich. Einfach zu ergeben, zu loyal gegenüber seinem Chef und auch seinen Mitmenschen. Er musste härter im Herzen werden. Diese Ärsche verdienten es nicht anders.

Nach gut einem Jahr kippte alles. Santo war nicht unzufrieden. Herr Ludwig schon. Herr Ludwig hatte sich mehr erhofft. Er hatte sich erhofft, dass Santo mir nichts, dir nichts jeden Monat über 40.000 Euro umsetzen würde. Santo erreichte gerade mal 30.000 Euro. Die besten Kunden hatten immer die anderen. Zuerst Herr Barone und jetzt der aufgeschwollene Marco mit seiner wulstigen Arschgeigenstimme. Er durfte sich immer nur mit den Krümeln zufriedengeben und, was noch viel schlimmer war, sie erwarteten sogar Wunder von ihm.

Wenn er hätte zaubern können, hätte Santo wahrlich mehr mit sich anfangen können, als fünf Tage die Woche wie ein Berserker von einem Restaurant zum nächsten, von einem Feinkostgeschäft zum anderen, von

Köln nach Koblenz, Bonn, Leverkusen, Bergheim mit Erftkreis inbegriffen und all die anderen kleineren Ortschaften, die irgendwo dazwischenlagen, zu fahren. Nicht selten kam es vor, dass er viel kostbare Zeit in Staus zubrachte, aus denen er nicht so leicht wieder rauskam. Wo die mit den dicksten Autos und meist auch dicksten Bäuchen sich wie die größten Schweine auf Erden benahmen und ihre Mitmenschen, die kleinere Autos fuhren, nicht selten nötigten und fahrlässig in Kauf nahmen, sie durch ihr Verhalten in den Tod fahren zu lassen. Oft dachte er, auf der Autobahn würde Bürgerkrieg herrschen. Auch dort machte sich der gesellschaftliche Klassenkampf bemerkbar.

Viele Stunden in der Woche verbrachte er auf den Autobahnen. Nicht selten musste er sich die Unzufriedenheit seiner Frau anhören. Nicht selten durchbohrte seine Frau ihn mit Fragen, warum er so spät nach Hause kam und warum er sich immer so viel Zeit bei den Kunden lassen würde. Als ob es immer in seiner Hand lag, wann, wo und wie lange er bei den Kunden blieb. Wenn er hätte zaubern können, dann hätte Santo bestimmt Schöneres machen können. Langeweile kannte er nicht. Dafür interessierte er sich zu sehr fürs Leben. Gerne hätte er die Zeit gehabt, sich mit Sachen auseinanderzusetzen, die ihm wirklich Freude und Erfüllung bereitet hätten. Ein Leben ohne unbedingt arbeiten zu gehen, konnte er sich gut vorstellen. Für ihn war so ein Gedanke nichts Erschreckendes, ganz im Gegenteil. Wie viele Sachen, die man hätte tun können.

Herr Ludwig machte Druck. Bei Marco hatte er sich nicht durchsetzen können und obwohl Marco den Entschluss getroffen hatte, mit seiner deutschen Frau und seiner Tochter zurück in das für ihn gelobte Land, das kultivierteste und begnadete Land der Erde, Emilia Romagna, zu fahren, gönnte er Santo dennoch nicht einen einzigen Kunden. Woran lag es? Weil er Sizilianer war? Hasste dieser aufgeblasene Emiliano Romagnolo so sehr die Sizilianer? Obwohl Santo freundlich blieb? »Keine Ahnung«, dachte Santo und zerbrach sich nicht weiterhin seinen Kopf. Herrn Ludwigs Unmut bekam Santo immer deutlicher zu spüren und er wusste, von wo der Wind wehte. Santo war unzufrieden und ein wenig enttäuscht über Herrn Ludwig. Er hatte ihn sich weiser vorgestellt. Auf der Prowine Messe hatte Santo Gino und Nicola Sasso getroffen. Er und Gino Sasso, der fast sein Vater hätte sein können, hatten zu Beginn von

Santos Karriere als Vertreter für italienische Weine bei Vito Barone ge-arbeitet. Daraus war eine gute Freundschaft entstanden. Santo hatte Gino sehr gerne. Gino war ein durchaus gebildeter Mann. Aber was Santo be-sonders an ihm mochte, war sein typisch apulischer Humor. Immer lustig und bereit, einen Witz zu erzählen. Nichts wurde dramatisiert. Alles wurde ziemlich leicht verdaut. Selbst wenn es mal Ärger gab und man sauer war, dauerten sein Ärger und seine Wut nie länger als notwendig. In Ginos Anwesenheit wurde gerne und oft gelacht. Gino lebte nicht lan-ge in Deutschland. Er war aus Apulien quasi über Nacht nach Deutsch-land ausgewandert. Anscheinend hatte ihn die Sacra Corona wie eine Zitrone ausgepresst. Er erzählte Santo, dass er ein erfolgreicher Versiche-rungsagent war, der es geschafft hatte, sich ganz nach oben zu arbeiten, bis zur Führungsposition, in der er viel Geld verdiente. Die Sacra Corona hatte Wind davon bekommen und war auf ihn aufmerksam geworden. Ohne etwas war er nach Deutschland gekommen, in der Hoffnung, für sich, seine Frau und seine zwei Söhne eine ruhigere und vor allem siche-re Zukunft gestalten zu können.

Dreifaltigkeit

Sie umarmten sich herzlich und freudig. Gino hatte nicht gewusst, dass Santo auch auf der Prowine-Messe war. Er erzählte Santo, dass er seit längerem an ihn denken würde und dass er dabei war, ein Mittelding zwischen Broker-Agent und Großhandel für italienische Weine auf die Beine zu stellen. Santo zeigte sich interessiert. Gino weihte ihn ein. Er erzählte Santo, dass er jemanden wie ihn brauchen würde. Einen jungen ambitionierten Mann, der noch Lust hatte, Sachen in Bewegung zu setzen. Er hatte zwar noch keine großartigen Umsätze, aber wenn Santo im Aufbau einsteigen und ihm helfen würde, könne er, wenn er wolle auch als Teilhaber einsteigen.

Das Konzept einerseits selber Weine für den weiteren Verkauf an die Gastro aussuchen zu können und als Agent für ein Konsortium von zusammengeschlossenen Winzern aus ganz Italien zu fungieren, die im deutschen Markt trotz ihrer hervorragenden Qualität noch nicht so bekannt waren, lockte Santo. Die Idee hörte sich in Santos Ohren nicht schlecht an. Gute unbekannte Weine aus ganz Italien auf dem deutschen Markt, fast zum Einkaufspreis für Großhändler anbieten zu können, ohne dass die Restaurants, wie es sonst üblich war, mindestens eine Palette hätten bestellen müssen, um Preise aus Italien zu bekommen. Bei der Vintesa brauchte man nur drei Kisten zu bestellen und das noch nicht mal nur von einem Winzer. Die Kunden hatten die Möglichkeit, durch dieses neue Konzept Weine von unterschiedlichen Winzern direkt zu beziehen, und das zum Einkaufspreis von Großhändlern, ohne sich den Keller voll zu lagern. Das gefiel Santo. Santo zeigte sich interessiert und das Angebot kam wie gerufen.

Enttäuscht von Herrn Ludwig und angewidert von seinem Kollegen Marco und seiner Kollegin Luisa, hatte er schon längst mit dem Gedanken gespielt, sich einen neuen Arbeitsplatz zu suchen. Für jemanden zu arbeiten, der allem Anschein nach mit ihm nicht zufrieden war, nur um des Geldes willen, entsprach nicht seiner Natur. Santo willigte ein. Im Frühjahr, einen Monat später, fuhren sie zu zweit nach Verona, auf die italienische Weinmesse Vinitaly, wo sie schon mal zusammen vor einigen Jahren gewesen waren. Santo war begeistert. Gino war in guten

Händen. Nicht nur die Weine gefielen ihm, sondern auch die Winzer empfand er als sympathisch und vertraulich. Er hatte sich richtig entschieden. Das erste halbe Jahr lief mehr als gut. Angespornt von der Möglichkeit, die sich ihm bot, Teil einer neuen Idee zu sein, bei der er von Anfang an den Ton mit angeben durfte, und die Aussicht in dieser Geschichte am Ende Mitinhaber zu werden, spornte Santo enorm an. Er schaffte im Nu, innerhalb zwei Monaten den erbärmlichen Umsatz von knapp 7.000 Euro in einen Umsatz von 32.000 Euro zu erhöhen. Dank seines verkäuferischen Könnens und der Empathie, mit seinen Kunden umgehen zu können, die ihm diesbezüglich gerne folgten. Gino war begeistert. Nicola, sein Sohn, der einige Jahre jünger als Santo war und über dessen Namen die Firma lief, auch. Santo entschied bei der Auswahl von Weinen oder von anderen Gourmet-Lebensmitteln mit, organisierte, verkaufte, kassierte, lieferte nicht selten an seine Kunden aus, weil der Herr Gino die Sachen oft zu gemütlich anging. Santo war sich nicht zu schade, jeden Tag viele Kilometer zu fahren. Manchmal fuhr er an einem Tag mehr als 300 Kilometer, nur für den Umsatz, aber auch um einfach seine Kundenkontakte zu pflegen und ihnen das Gefühl zu geben, ihr seid mir wichtig, ich komme nicht nur, um eine Bestellung aufzunehmen, sondern auch mal, um einfach nur einen leckeren Espresso mit euch gemeinsam zu trinken, und genauso empfand er es auch. Es war nicht nur vom Kopf gesteuert, sondern viel mehr vom Herzen. Er war ein dankbarer Mensch und wollte es auch sein. Dankbarkeit war ihm wichtig. Er erinnerte sich immer wieder daran, dankbar zu sein. Undankbare Menschen widerten ihn an.

Man tut einem Menschen Gutes, versucht, für ihn da zu sein, freut sich über sein Wohlergehen und vielleicht ist man nicht in der Lage einmal helfen zu können, und schon ist alles Gute, was man diesen Menschen erwiesen hat, für die Katz gewesen. Als ob man ihm nie was Gutes getan hätte.

»Wie man in den Wald hineinruft, so kommt es wieder heraus..« Wer Vertrauen schenkt, bekommt von intelligenten Menschen auch welches zurück. Er mochte Menschen, die einem Vertrauen schenkten. »Man erntet, was man sät.« Geizige Menschen verursachten bei ihm ein Gefühl des Ekels. Auch die gab es zur Genüge. »Gott liebt großzügige Menschen«, kam ihm oft intuitiv der Gedanke. Santo verabscheute Geizhälse, die obendrein noch diesbezüglich der Meinung waren, schlauer als die anderen zu sein. Als ob die anderen blöd wären. Das war auch eine Eigenschaft, die er oft beobachtete. Gutmutigkeit, Großzügigkeit, Hilfsbereitschaft, Gutwillen und positives Denken wurden nicht selten unterbewertet, als dumm dargestellt und geglaubt. Höflichkeit, Offenheit, interessiert am anderen Menschen sein wurden oft verschmäht und unterbewertet. Oberflächlich wurden Menschen oder Gesellschaften, die diese Charaktere in sich trugen, degradiert. »Was für ein Blödsinn«, dachte sich Santo. Er empfand es genau umgekehrt. Für ihn war es oberflächlich, so über Menschen zu urteilen, die einem freundlich begegneten und sei es nur für ein kurzes Kennenlernen oder eine kurze Begegnung. Also musste man sich wie ein Arsch benehmen. Unempathisch, abwertend und stillschweigend, und so wenig wie möglich freundlich. Man könnte ja für oberflächlich gehalten werden. Warum diese Angst? Wofür diese Angst und weshalb? Also gelten nur Menschen, die sich uninteressiert zeigen, einander wenig Freundlichkeit entgegenbringen und immer eine ernste Miene ziehen, als tiefgründige Menschen? Bloß nicht zu viel von sich preisgeben, bloß nicht zu viel Interesse dem anderen gegenüber erbringen und auf gar keinen Fall zu oft lächeln.

»Nein, danke«, dachte Santo. »da bin ich lieber oberflächlich und genieße das Leben.« Warum diese Minderwertigkeitskomplexe? Woher zeugten diese Minderwertigkeitskomplexe? Vielleicht waren ja auch Nietzsche oder Schopenhauer daran schuld. Schweigen ist Gold, Reden ist Silber, gingen die Weisheiten dieses Landes Santo durch den Kopf. Ja, genau, genau dies war ja auch das Problem. Viele schwiegen sich zu Tode. Sie bohrten lieber Löcher in die Luft, fabrizierten Unmengen von unsichtbarem Schweizer Käse, bloß, um nicht ein Wort zu viel zu sagen. Sogar mit Worten wurde gegeizt. Man könnte ja etwas zu viel verraten. Man könnte ja für oberflächlich gehalten werden.

Santo legte sich ins Zeug. Durch sein erfolgreiches Engagement, schaffte es, Gino mit seinem gemütlichen Sohn Nicola zu motivieren. Der Umsatz stieg. Sie erreichten mittlerweile einen Umsatz von 50.000 Euro monatlich. Gino fing an zu schweben. Nicola hatte nur seine persische Freundin im Kopf. Wie ein kleiner Junge, und das, obwohl es seine

Firma war, obwohl die Firma über seinen Namen lief, bekam Nicola, gegen drei Uhr mittags, pünktlich wie eine Schweizer Uhr seine Unruhe. Urplötzlich wiebelte er herum und wurde zickig. Den ganzen Morgen super entspannt und witzig und humorvoll wie sein Vater, doch gegen drei Uhr, als ob man in ihm eine unsichtbare Uhr aufgezogen hätte, fing er an, Santo mächtig auf den Sack zu gehen. Es war die Uhrzeit, wo er zurück nach Hause nach Düsseldorf fahren wollte, wo er sich täglich mit seiner persischen Freundin traf, und es war Nicola egal, welcher Kunde und was man für eine gute Bestellung eventuell beim nächsten Kunden ergattern konnte, es interessierte ihn einen Pups. Santo musste ihn zum Hauptbahnhof fahren, damit Nicola bloß nicht zu spät kam. Santo nervte es gewaltig, wenn Nicola sich so benahm. Zum Glück war er nicht jeden Tag mit ihm zusammen. Auch wenn er ihn wirklich sehr gerne hatte. Eine Nervensäge war er schon. 28 Jahre alt war Nicola, schwirrte es Santo durch den Kopf, und allem Anschein nach schiss er drauf, er schiss auf das, was sein Vater für ihn mit Santo aufbaute.

Die Zeit war reif, dachte sich Santo. Mittlerweile war er seit einem halben Jahr im Unternehmen und hatte einiges aufgebaut. Gino hatte ihm zum Anfang angeboten, im Laufe der Zeit bei ihm einzusteigen. Er bot ihm einige Prozente mehr, die er aber Santo nicht berechnete. Santo ließ es stillschweigend ohne ein Wort darüber zu verlieren nur aus Liebe zu seiner Arbeit und mit der Hoffnung, in diesem Unternehmen als Teilhaber einsteigen zu dürfen und sich endlich mal beruflich zu realisieren, über sich ergehen. Doch jetzt war die Zeit reif. Über die ganze Zeit hatte Gino selbst kein einziges Wort mehr darüber verloren. Ihm ging's ja gut. Das Unternehmen lief besser als gedacht und Santo hatte sich als das Beste, was ihm hätte passieren können, erwiesen. Santo funktionierte von selbst. Was man über seinen Sohn und beinahe über ihn selbst nicht behaupten konnte. Aber so ist es nun mal, in der Not, aus der Verzweiflung, verspricht man oft vieles, was man in dem Augenblick gerne auch einhalten würde. Doch wenn es soweit ist, seine Versprechen einzuhalten, fällt es einem schwer, sein gegebenes Wort in die Tat umzusetzen. Dann plötzlich ist man nicht mehr so großzügig, nicht mehr so bereit, etwas von dem Kuchen abzugeben. Gino gehörte auch nur zu der Masse.

»Leider«, dachte sich Santo und dabei hatte er wahrlich an ihn geglaubt. So wie man seinem Vater oder seinem Onkel glaubt.

Aber nein, auch dieses Mal wurde Santo des Besseren belehrt. Auch dieses Mal musste er feststellen, egal, wie nett und warmherzig Menschen auch sein können, wenn sie einmal das größere Geld gerochen haben, wenn sie einmal den Erfolg in ihrem Gaumen geschmeckt haben, geben sie ungerne etwas davon ab. Selbst dann nicht, wenn es dem anderen zusteht, selbst dann nicht, wenn es der andere hinter der Bühne gewesen ist, der ihn auf diesen Erfolg gebracht hat, selbst dann nicht, wenn es einem selbst schadet.

Santo fragte Gino, wie es jetzt aussehe, die Zeit war gekommen, um bei ihm einzusteigen. Genau, wie Gino es ihm gesagt hatte. »Schau dir das erstmal an«, hatte Gino Santo väterlich empfohlen, »und dann, wenn du willst, wenn du soweit bist, kannst du jederzeit im Unternehmen mit einsteigen. Wenn du magst, kannst du auch gerne jetzt einsteigen«, hatte Gino ihn mit diesem Vorschlag gelockt, bei ihm mitzumachen. Wenn man nichts zu teilen hat, teilt man gerne, wenn man nichts besitzt, ist man bereit vieles für den Besitz zu opfern, nur damit man selbst ans Ziel kommt, und dann, wenn man ans Ziel gelangt ist, sind alle guten Worte, alle Vorsätze, alle Versprechen vergessen oder nie so gesagt worden.

In einem hatte Schopenhauer Recht: »Reichtum ist wie Meereswasser.« Je mehr man davon trinkt, umso durstiger wird man.« Nur wer nicht durstiger wird, kristallisiert sich aus der Masse heraus und schafft es, aus einer Raupe zu einem wunderschönen Schmetterling zu werden.

50.000 Euro verlangte Gino als Einstiegssumme von Santo. 50.000 Euro! Unglaublich dachte sich Santo, ließ sich aber seine Enttäuschung nicht anmerken. Gino hatte ihm im Wissen, dass Santo niemals so eine Summe hätte aufbringen können, so einen unfairen und unrealistischen Gesamtbetrag genannt. »Erstens«, dachte Santo, »existiert die Firma so seit einem halben Jahr und zweitens verlangte Gino in der Tat so eine Summe und das obwohl wo er im Unternehmen angefangen hatte, wo sie mit ihrem lächerlichen Umsatz von 7.000 Euro kurz vor dem Aus befanden. Dank ihm hatten sie es doch geschafft! Er war es doch, dem sie diesen Erfolg zu verdanken hatten, und was war aus dem Versprechen geworden, aus dem väterlichen Angebot? »Will er mich verarschen?«, dachte Santo verärgert und enttäuscht.

Santo schaute kurz auf, ließ sich aber nichts von seiner Enttäuschung und seinem Ärger anmerken und schaute zu einem Mann auf, der sich im vollen Bewusstsein war, Unrecht zu begehen. Santo wusste es besser. Er schaute in Ginos Kulleraugen, die ihn traurig und mutlos, wie die Augen einer treuen Kuh, anschauten. »Ok«, sagte Santo kurz und knapp, »ich überleg es mir.« Damit war die Sache für Santo geklärt. Gino hatte ihm auf seine Weise die Tür vor der Nase zugeknallt. Hatte ihm auf seine Weise NEIN! gesagt. »Ok«, hatte sich Santo gesagt. »Wenn du meinst.« Es war ihm zu blöd, sich auf so ein offensichtliches Spiel einzulassen und sich zu erniedrigen. Nicht mit ihm! Anscheinend waren alle so. Er sagte sich: »Mach das Beste draus.« Eine andere Wahl hatte er nicht und außerdem war er auch schon müde, auf jedes Unrecht auf Biegen und Brechen zu reagieren. Dabei würde man selber daran zerbrechen. Nicht nur, dass er nicht mehr die Kraft dazu hatte, sondern er war sich mittlerweile auch zu schade. Wie hatte seine Mama ihm immer erzählt, wer jedem dahergelaufenen bellenden Hund einen Stein hinterher wirft, hat zu allerletzt keine Steine mehr zum Werfen. Wahrlich hatte Santo nicht mehr viele. Vielleicht musste er erstmal wieder welche sammeln gehen. Er zerbrach sich weiterhin nicht mehr den Schädel, schließlich hatte er eine Familie zu ernähren.

Der Erfolg stieg Gino in dem Kopf und mit dem Erfolg veränderte Gino sich auch. Langsam entwickelte er sich zum Patriarchen. Langsam interessierte Gino die Meinung von Santo immer weniger und was Santo absolut missfiel, was er schon immer bei Menschen verabscheut hatte, war insbesondere, dass Gino seine Fehlentscheidungen am liebsten ihm in die Schuhe geschoben hätte. Es mussten immer die anderen die Schuldigen sein. »Warum können Menschen nicht einfach zu ihren Fehlern stehen und Einsicht zeigen?« Wie unmännlich er so ein Benehmen empfand. Es entsprach so ganz und gar nicht seinem Bild eines edlen und empfindsamen Menschen. Wie sollte man sich weiterentwickeln ohne Einsicht? Wie sollte man sich denn weiterentwickeln, wenn immer wieder auf biegen und brechen die anderen die Schuldigen sein mussten. »Keine Einsicht, keine Weiterentwicklung«, dachte Santo.

Das war für ihn eine ganz klare Sache. Wenn man einem nichts mehr beibringen kann und sich auch von anderen nichts beibringen lassen will, sich dagegen wehrt und ganz oben fühlt, dann gibt es auch keine Weiterentwicklung, dann heißt es nur noch Stillstand.

Auch von Gino war er enttäuscht und dabei hatte er einiges von Gino gehalten. Er hatte ihn wie einen älteren, intelligenten, gutmutigen Bruder empfunden, wie einen väterlichen Freund. Aber nein, auch Gino war nur auf seine Interessen aus. War er selber ein Idiot? War er ein Trottel? War er ein Träumer? So wie sein Vater ihn oft hatte darstellen wollen? Wahrscheinlich war er das, denn er hätte niemals so wie diese gehandelt. Im Gegenteil, sein Ehrempfinden hätte es niemals zugelassen, Menschen auszunutzen, geschweige denn Menschen auszunutzen, die ihm treu ergeben waren und ihm über das hinaus zum Erfolg verholfen hatten. Gerne hätte er mit solchen Menschen geteilt. Wahrscheinlich war er ein Trottel, aber scheiß drauf, scheiß auf all diese schlauen Füchse. Für Santo war es trotz allem sehr wichtig morgens mit einem Gefühl der Frische, der Leichtigkeit, der Lust auf das Leben und der Hoffnung seinen Wünschen und Zielen trotzdem gerecht zu werden, aufstehen zu können und sich in seiner Haut wohl zu fühlen, auch wenn er vielleicht ein Trottel war.

Nicola, der Sohn von Gino, schien immer weniger Lust auf sein Geschäft zu haben und das trotz stetigen Erfolgs, trotz anerkennender Errungenschaften von Null auf Hundert. Der Name Sasso breitete sich nicht nur in den Mündern der italienischen Gastronomen aus. Man kannte sie. Dank Santos Ehrgeiz, Ambition und Disziplin. Dank Santos Empathie, mit Menschen umgehen zu können, sich auf die Menschen einlassen zu können, ohne sie gleich an Ort und Stelle zu verurteilen oder in eine Schublade zu stecken und ohne den Hauch einer Chance nie wieder raus zu holen.

Nicola schiss auf sein Geschäft. Er schiss drauf, der erfolgreiche italienische Weinimporteur zu sein. Santo schiss nicht drauf. Santo wäre es gerne gewesen. Aber ihm sollte sich die Chance nicht offenbaren. Nicola träumte davon, ein einfacher Besitzer einer Salumeria zu sein. Einige Jahre hatte er als junger Mann in einer Salumeria in Neuss gearbeitet. Dort hatte er diese Arbeit lieb gewonnen und er schien auch wahrlich nicht der Typ zu sein, von einem Gastronom zum anderen zu fahren, um sich mit ihnen auseinanderzusetzen, geschweige denn die vielen Kilometer in Kauf zu nehmen, nur um ein paar Kisten Weine zu verkaufen. Nein, Monsier war sich zu schade. Es stresste ihn ungemein, Gespräche mit Kunden zu führen und auch noch diese Autofahrten auf sich zu bürden. Er wollte lieber hinter der Theke in einer Salumeria stehen und dort den Mortadella und Parmaschinken anpreisen. Vor allem wollte er in der Nähe seiner persischen Freundin sein. Vier weitere Monate vergingen und endlich war der Zeitpunkt für Nicolas Sehnsucht nahe gerückt. In Köln-Refrath bekam er die Möglichkeit von dem italienischen Sohn eines Apuliers, eine schon fast eingesessene noble edle Enoteca Salumeria abzumurksen. Zumindest schien es am Anfang so. Im Nachhinein entpuppte es sich als umgekehrt. Zwischenzeitlich waren die Umsätze rapide in den Keller gefallen. Santo hatte keinen Bock mehr, sich von morgens bis abends den Arsch aufzureißen für einen Gino und Nicola, die dies gar nicht zu würdigen wussten. Die ihren Arsch selbst so gar nicht in Bewegung bekamen. Die immerzu stritten und nur noch herumzickten, und dass Gino, der einst Herr Barone vorgeworfen hatte, seinen Arsch von seinem edlen Lederpolster-Bürostuhl nicht hochzubekommen, nun selbst derjenige war, der seinen Arsch auch gar nicht mehr hochbekam. Santo hatte langsam genug. Salumeria? Ja, warum denn nicht? Schließlich hatte er ein Jahr in seinem in Bergheim-Weinhandel mit Feinkost und nochmals ein Jahr bei Antichi Sapori in Nippes gearbeitet und die lief seit mindestens einem Jahrzehnt blendend.

Die Hoffnung

Warum also nicht? Seit längerem hatte er sich in einen kleinen urigen italienischen Tante-Emma-Laden, wie man sie noch aus den alten Zeiten kannte, in der Kölner Südstadt, verliebt. Eigentlich war es beinahe Liebe auf den ersten Blick. Wie in New York in »Little Italy« sah dieser Lebensmittelladen auf der Merowingerstraße aus. Mit einer riesigen Markise, die aus einer italienischen Flagge bestand, was man noch von Weitem als italienischen Laden erkennen konnte. Innen strotzte es nur so von typisch italienischen Gegenständen wie die Carozza Siciliana oder einem traditionellen Rohschinkenhalter oder einem kleineren Holzfass, wo man vor vielen Jahren den leckeren Marsala oder den beliebten Zibibbo, zwei hochbegehrte sizilianische Likörweine, gelagert hatte. Santo konnte sich genau daran erinnern wie seine Oma ihm damals in Militello, mit dem Segen seiner Mutter, zwei oder drei rohe Eier in einem etwas größeren Glas aufschlug, um diese dann mit einem guten Schluck Marsala ordentlich zu einem Getränk zu rühren. Zusätzlich versüßte sie das Getränk mit etwas Zucker, und ließ es ihn zur Stärkung trinken. Der nicht unangenehme Geschmack von diesem vollmundigen, süßlichen, alkoholisierten Lebenselixier lag Santo immer noch im Munde.

An fast jeder Ecke, hingen die typisch roten Teufelshörner, die in Süditalien dazu dienen sollten, böse Blicke und Schlechtes fernzuhalten. Ein großes Kreuz befand sich genau von dem Eingang auf einem 3,50-Meter-Sockel, der auf einem originalen, antik dunkelbraunen Holztüreingang schaute. Santo mochte keine Kreuze. Er glaubte an Jesus und war fest davon überzeugt, dass dieser was Göttliches in sich haben musste und dass er unserer Zeit immer noch meilenweit voraus war. Aber er wollte Jesus nicht an einem Kreuz hängen sehen, was Leid und Trauer symbolisierte. Viel lieber sah er ihn als Licht für die Hoffnung, für ein Leben nach dem Tod, für Gerechtigkeit, für die Liebe, für Weisheit und Gutmutigkeit, für Barmherzigkeit, für den Frohsinn des Lebens und für die Leichtigkeit, mit der man sein Leben leben sollte. Für ihn stand Jesus für das Leben, und nicht gegen das Leben und vor allem nicht für Leid. Das Kreuz war für ihn kein schönes Symbol und er war sich sicher, wenn Jesus hätte entscheiden können, hätte er sich bestimmt nicht für das

Kreuz als Symbol für seine Lehre entschieden. Tief in seinem Herzen wusste er das. Jesus stand für ihn für die Befreiung von aller Last, die seit Anbeginn dem kleinen Menschen aufgebürdet wurde, um ihn zu konditionieren und zu kontrollieren. Jesus war dagegen. Das wusste Santo. Darüber war er sich sicher.

An den Wänden hingen Fotos des Heiligen Patrons ihrer Stadt aus Sizilien, und die Madonna durfte nicht fehlen. Überall waren Pflanzen aus Plastik. Ein Wirrwarr von Gegenständen. Man konnte sehen, dass der Laden ohne jegliche Liebe, sondern sehr provisorisch hergerichtet war. Das war Santo egal. Er hatte sich in den Laden verliebt und hatte klare Ideen, was er mit dem Laden vorhatte. Er würde alles umstellen und so viel wie möglich davon ändern wollen. Er hatte eine Vision und bei der Firma Sasso sah er keine Zukunft mehr. Außerdem hatte Gino ihn zu sehr enttäuscht und egal, wie gerne er sie hatte, konnte er sich diese Art nicht mehr antun.

Santo entschied sich für den Laden. Er wollte es versuchen und er glaubte daran. Seine Frau und ihre Familie bestärkten ihn und das nicht nur mit Worten, sondern vor allem mit nicht zu wenig Geld. Auch seine Eltern beteiligten sich daran, auch wenn sie ihm nicht so viel gaben wie insgesamt seine Schwiegereltern. Im Großen und Ganzen kostete Santo der Laden 37.000 Euro. Davon hatte er um die 13.000 selbst investiert, alles, was er bis dahin geschafft hatte, sich mit seiner Frau anzusparen.

Mit einem Minus von 8.000 Euro eröffnete er am 5. August 2005 an einem Samstag das Geschäft. Im Nachhinein wird es immer mehr, als man hoffnungsvoll ausgerechnet hat. Eigentlich hatte er mit circa 23.000, höchstens mit 25.000 Euro Investition gerechnet. Hinterher ist man immer schlauer, fiel es Santo ein.

Am Eröffnungstag war die Bude voll. 1.350 Euro Einnahmen. »Nicht schlecht«, dachte sich Santo. Kann nur noch mehr werden. Er wollte allen so schnell wie möglich ihr Geld zurück geben. Er und seine Frau standen früh am Morgen auf. Wenn man Obst und Gemüse auf dem Kölner Großmarkt einkaufen wollte, musste man spätestens um vier Uhr morgens aufstehen, vor allem wenn man sein Geschäft um 7 Uhr in der Früh aufmachen wollte. Seine Frau hatte seit zwei Monaten erst entbunden, trotzdem bestand sie darauf mitzukommen. Sie wollte ihrem Mann unbedingt zur Seite stehen. Eigentlich, hatte Santo vorgehabt, Obst und Gemüse, ganz weg zu lassen. Er wollte eine etwas anspruchsvollere Salumeria eröffnen mit einem guten und nicht zu gewöhnlich ausgestatteten Weinsortiment und täglich die aller besten frisch belegten Ciabatta-Brötchen anbieten. Auch einen leckeren Cappuccino und Espresso sollten sich seine Kunden bei ihm genehmigen dürfen. Seine Vernunft siegte über sein Herz, um weiterhin Gemüse und Obst anzubieten. Er konnte nicht einfach so einem Geschäft, das seit mindestens vierzig Jahren mit Obst und Gemüse handelte, abrupt das Obst und Gemüse wegnehmen. Er hatte schon aufgeräumt und den Laden offener, freundlicher und übersichtlicher gemacht. Mehr traute er sich nicht zu.

Der Sohn des Vorinhaber hatte in den letzten Jahren viele Kunden verscheucht. Santo konnte ihn überhaupt nicht ab. Ein rohes sizilianisches Maultier. Seine Familie hatte den Laden knapp fünfzehn Jahre bewirtschaftet. Dank seines Vaters, der zwar genauso ungebildet war, aber keineswegs ein Maultier. Sein Vater hatte genug Weitsicht, Geschäftssinn und vor allem Empathie gehabt, sein Geschäft ganze fünfzehn Jahre voranzubringen. Sie rotierten 18 Stunden am Tag. Der Sohn übernahm ab 12:00 Uhr mittags den Laden, den sein Vater früh am Morgen öffnete, nachdem er auf dem Großmarkt zum Einkaufen gewesen war.

Dann gegen 18 Uhr kam das Familienoberhaupt, das um die Mitte sechzig war in Begleitung von seiner Frau, die mindestens um die 100 Kilo wiegen musste. Sie setzte sich auf einen kleinen Hocker neben der Schinken- und Käse-Theke, unmittelbar neben dem Eingang. Genco Senior tat alles, um den Laden laufen zu lassen. Selbst eine Frischfleischtheke hatten sie im hinteren Raum aufgestellt, die am Wochenende mit unterschiedlichen Fleischsorten aufgefüllt wurde, die nach typisch sizilianischer Art geschnitten wurden. Die selbstgemachte Salsiccia alla Siciliana, die in größere grobe Fleischstücke durch den Fleischwolf geschnitten wurde, wurde mit Fenchelsamen angereichert und nur mit Salz und Pfeffer gewürzt. Es war der absolute Renner. Von Weitem kamen die Kunden, nur um bei der Familie Genco Salsiccia zu kaufen. Dabei erfüllte Herr Genco Senior auch individuelle Wünsche. Wer wollte, konnte seine Salsiccia auch mit Parmiggiano oder Pecorino Salato oder mit der für Sizilien typischen Ricotta Salata anreichern lassen. Selbst mit Pomodoro secco wurden die Salsiccia verarbeitet. Santo liebte die Ricotta Siciliana, ein Frischkäse aus Kuhmilch, der mit reichlich Salz gelagert wurde. In fester Form wurde es dann am liebsten mit einem guten, kräftigen roten Schluck aus Sizilien verzehrt. Santo liebte den Käse, vor allem in groben Stücken auf einer leckeren Tomatensoße gehobelt. Herr Genco Senior war sich im Vergleich zu seinem verwöhnten und ziemlich gemütlichen Sohn für nichts zu schade.

Um die Wünsche seiner Kunden zu befriedigen und um eine größere Gewinnspanne zu erzielen, fuhr Herr Genco sogar regelmäßig nach Lüttich/Liege, knapp hundert Kilometer von Köln hinter der belgischen Grenze. Dort fand jeden Sonntag »La Batte« statt, einer der größten und ältesten Märkte Belgiens, auf dem man Obst, Gemüse, Käse, Fleisch und Schinkenwaren sowie Kaffee und eine Vielfalt von alkoholischen Getränken zu günstigeren Preisen erwerben konnte. Aber auch Kleider, Bücher, Pflanzen und selbst lebendige Tiere gab es dort zu kaufen.

Wenn man in Lüttich war, hatte man das Gefühl, dass jeder fünfte ursprünglich aus Sizilien stammen musste. Der Markt war voll von Italienern und italienischen Verkaufsständen. Man hatte den Eindruck, sich irgendwo im Süden von Italien zu befinden. Dieses Gefühl wurde von der überwiegend neapolitanischen Musik, die überall zu hören war, umso mehr verstärkt. Einmal in Monat fuhr Herr Genco regelmäßig hin. Diesbezüglich hatte er sich extra einen VW-Bulli gekauft. Santo hätte das Konzept mit der Fleischtheke sowie die Fahrt einmal im Monat gerne übernommen. Doch erstens war er kein Metzger und zweitens war er nach sechs Tagen arbeiten, von Montag bis Freitag, von vier Uhr morgens auf dem Großmarkt und bis 20:00 Uhr abends noch im Laden, ziemlich fertig. Samstag arbeitete er mit seiner Frau bis 16:00 Uhr, aber meist länger. Je nachdem wie viele Kunden noch kamen, waren sie immer noch mit dem Laden beschäftigt. Danach wurde das Geschäft penibelst gereinigt, sodass man vor 17:00 Uhr selten auf die erste Etage, wo sie sich einquartiert hatten, gelangte.

Deswegen hatte er absolut keine Lust, sich auch noch am Sonntag und sei es nur einmal im Monat, nach Lüttich zu begeben, um hier ein paar Cent und dort einen Euro zu sparen. Der Sonntag war für ihn heilig und gehörte ausschließlich seinen Kindern. Wenigstens der Sonntag.

Anstatt der Fleischtheke führte er frische, selbstgemachte, eingelegte Antipasti ein. Von Zucchini, Auberginen, Paprika, selbst eingerollte Gorgonzola-Käsestücke in Parmaschinken sowie Oliven nach sizilianischer Art war alles dabei. Hinzu bereicherte er seine Antipasti-Theke mit selbstgemachtem Melanzana alla Parmiggiana und einigem mehr. Das erste Jahr lief der Laden ganz gut. Trotz der Unstimmigkeiten und dem Ärger, den Santo mit seiner Frau bezüglich des Ladens hatte, schafften sie es, ihre 8.000 Euro Schulden zu begleichen und auch noch 3.000 Euro im Plus zu sein.

Santo und seine Frau entschieden sich, wenigstens für eine Woche nach Südtirol zu seinem Bruder zu fahren, der dort seit einigen Jahren mit seiner Familie lebte. Dafür, dass sie im letzten Sommer wegen der Ladeneröffnung gar keinen Urlaub machen konnten, war es wirklich nicht zu viel verlangt, wenigstens nach einem Jahr harter Arbeit für eine Woche nach Südtirol zu fahren und seine Neffen zu sehen und seine Kinder ein wenig Sonne und frische Bergluft tanken zu lassen.

Die eine Woche Urlaub und die Weltmeisterschaft 2006 wurden Santo zum Verhängnis. Die Kölner Südstadt war in zwei Hälften aufgeteilt, dem Severins-Viertel in Ur-Kölsch und um den Volksgarten herum überwiegend Alternatives bis zu Ökonazis. Darunter auch Yuppies, die zum Teil aus Fernseh- und Theaterschauspielern bestanden, sowie Regisseuren und Schriftstellern, Künstlern jeglicher Art, aber auch erfolgreichen Geschäftsleuten sowie Lehrern, Ärzten, Anwälten und Architekten. Die Creme de la Creme. In kurzen Worten, eine akademische Elite, die sich zum größten Teil besonders unnahbar und unfehlbar vorkam. Zum Glück gab es da noch ein paar »Normalos« und einige Proleten, die genau wie die Akademiker auch nur unter sich weilten. Santo war weder das eine noch das andere. Er war mal wieder zwischen zwei Fronten.

Genau das war auch eines der Probleme, die ihm das Leben in seinem Geschäft auf der Merowingerstraße schwer machen sollten. Er war einfach nicht der typische Italiener. Zumindestens beschwerten sich einige Damen darüber und das stimmte. Santo benahm sich nicht wie einige andere Landsleute. Er war nun mal anders. Er hatte seine eigene Sichtweise. Einige Male hatte er sich von einigen Kundinnen die sich seiner Frau offenbart hatten, anhören müssen, es würde nicht schaden, wenn er ein wenig den Italiener raus lassen würde. »Ma vafanculo«, dachte sich Santo. Das fehlt noch, dass ich jetzt auch noch anfange, den Affen für sie zu spielen. Das hätten sie gerne, dass man auf Kommando den in ihren Augen klischeehaften, leicht naiven, super-freundlichen italienischen Charmeur spielte. Ihnen förmlich in den Arsch kriechen und je nach Lust und Laune ihnen den Hof machen und vielleicht auch mal darüber hinaus. So, wie sie lustig waren. Nicht mit ihm, selbst wenn er den Laden aufgeben sollte. Sich prostituieren, nur für den Laden, würde er nicht. Niemals! Er war zwar kein Akademiker und auch kein Intellektueller, aber dumm, war er auch nicht und genau damit kamen einige nicht klar. Es gab nur wenige, die man an zwei Händen abzählen konnte, die gerne bei ihm einkauften und Santo bewusst unterstützten.

Die eine Woche Urlaub brachte Neid und Missgunst mit sich, zudem brachte die Tatsache, dass Santo sein Geschäft in dieser Woche geschlossen hatte, obendrein einen Verlust von circa 4.000 Euro. »Scheiß drauf«, dachte sich Santo. Hauptsache die Kinder waren ein wenig in der Sonne.

Sie hatten ein Problem mit ihm, irgendetwas machte er mal wieder falsch. War er vielleicht zu ehrlich? Vielleicht war er aber einfach viel zu freundlich? Zu offen? Aber aus seiner Haut konnte er und wollte er nicht. Seine Seele verkaufte er nicht dem Teufel. Einige gönnten ihm noch nicht mal den Espresso, den er sich hin und wieder mal schmecken ließ, indem er sich draußen auf seine Holzbank setzte und ein wenig Sonne auf sein Gesicht strahlen ließ.

»Hah, so würde ich auch gerne mein Geld verdienen.«, »Hah, so eine Arbeit würde ich auch gerne haben« oder »Hah, so ein Leben wie Sie, würde ich auch gerne haben« usw. Dass er sich aber von früh morgens bis spät abends den Arsch aufriss, um damit dieses scheiß Geschäft, das er schon längst bereute, es gekauft zu haben, zum Laufen zu bringen, interessierte niemanden.

Vor allem die, die regelmäßig drei bis viermal im Jahr in Urlaub fuhren. Die Zeiten hatten sich geändert. Früher, viel früher, haben die Menschen sich auf so ein Geschäft gefreut und sind dort gerne einkaufen gegangen. Da gab es auch nicht viel. Früher wusste man solche Läden zu schätzen. Doch heute sind sie alle zu sehr verwöhnt. Alles wichtige Menschen. Lauter Prinzessinnen und dreimal besserwisserische Klugscheißer. Lauter unentdeckte Möchtegern-Hollywood-Stars, frustrierte Künstler. Sie blieben ja zu Unrecht unentdeckt.

»Geiz ist geil«- und »Ich bin doch nicht blöd«-Mentalität hatten sich durchgesetzt. Alle waren plötzlich außerordentlich wichtig geworden und waren der Meinung, um jeden beschissenen Cent feilschen zu müssen, nur für das Gefühl »Ich bin doch nicht blöd«. Der ewige Konkurrenzgeist, diese Missgunst und der umbarmherzige Geiz der Menschen schnürte Santo die Luft ab. Niemand gönnte dem anderen was. Natürlich immer mit einem Lächeln. Es waren oft die, die der Meinung waren, nur weil sie ein wenig Bio kauften und ihr Kreuz an der richtigen Stelle kritzelten, sie seien sozial und gute Menschen. Oft waren es aber die, die einem noch nicht mal die Butter auf dem Brot gönnten. Genau die waren es, die einem nicht selten die Ohren zuschwatzten, um dann mit nur zwei Scheiben Mortadella raus zu gehen. Hin und wieder rechtfertigten sie sich, sie könnten ja nicht so viel essen. Um ihnen zwei ganze feingeschnittene Scheiben geben zu können, wurden vorher zwei oder drei weggeworfen, denn diese zwei Scheibchen mussten auch noch wie gemalt aussehen. Dabei brach man sich jedes Mal einen ab, die 15 Kilo schwere Mortadella aus der Wursttheke rauszuheben, um sie dann auf die Schneidemaschine legen zu können. Nicht selten, wenn er seine Pseudo-Kunden reden hörte, bekam Santo das Gefühl, sie seien bettelarm und würden gerade so überleben. Dabei hatten sie zwei Autos der nobleren Klasse, Eigentumswohnungen und waren immer irgendwo im Urlaub. Santo hatte das Gefühl, sie würden ihre Koffer nach jedem Urlaub noch nicht mal auspacken.

Natürlich fuhren sie bei allen Brückentagen mindestens in eine andere Stadt, oder wenn nicht mal kurz nach Holland oder Belgien, flogen mal kurz in eine der vielen europäischen Städte. Es wurde nur noch für den Urlaub und fürs Auto gelebt und natürlich auch, um zu sehen und gesehen zu werden. Deshalb lief ja die Gastronomie im Vergleich zu dem kleinen Einzelhändler bei Weitem besser. Wenn man sich draußen einen Wein gönnte, wurde man wenigstens gesehen.

Dann war da diese beschissene Weltmeisterschaft 2006. Santo und viele andere Deutsch-Italiener freuten sich auch für die Siege Deutschlands. Plötzlich brach über das Land eine extrem enorme Empörung über die

italienische Squadra Azzurra aus. Es schien, als ob die italienischen Fußballspieler jäh ganz üble Ganoven waren. Sie gewannen ja Spiele und
das auf deutschem Boden, das ging doch nicht, was für eine Frechheit,
wie konnten die nur. Eine noch nie gesehene Abneigung gegenüber den
Italienern breitete sich aus. Santo bekam es auch zu spüren! Menschen,
die seinen Laden vorher noch nie betreten hatten, stürmten rein, kotzten
sich über die Squadra Azzurra, über Berlusconi und über die Menschen
in Italien aus. Wie dumm sie seien, dass sie Berlusconi gewählt hätten,
um dann, wie sie reingekommen waren, wieder rauszustürmen. Santo
blieb die ersten Male erstaunt wie einbalsamiert mit offener Kinnlade
zurück. Nicht die Prolls kamen rein, um ihre Wut und Enttäuschung über
die Siege der italienischen Mannschaft freien Lauf zu lassen, sondern
die, die es nach ihrer Bildung und Weltbereisung hätten besser wissen
müssen, wie man sich besonders als Gastgeber zu verhalten hat. Die feine englische Art war es nicht. Wären es Prolls, hätte Santo es denen noch
nicht mal übel genommen, er hätte es auch noch verstehen und tolerieren
können, aber es empörten sich die, die gerne einen auf pseudokultiviert
taten. Wo war denn ihre Kultiviertheit nun? Ein kultivierter und eleganter
Mensch, ist und bleibt man auch dann, wenn es einem am meisten weh
tut. Sich diese Größe geleistet hatten bei der WM 2006 nur wenige. Einer
davon war ein sehr guter und aufrichtiger Freund. Er war somit einer der
wenigen, die Santo ihre Klasse, auch wenn sie vielleicht die allgemeine
Meinung teilten, nie hatte spüren lassen.

Und es hörte nicht auf. Italien siegte und die Empörung stieg. Santo
und viele andere Italiener fühlten sich geächtet. Wenn sie über die Straßen der Südstadt liefen, fühlten sie sich plötzlich ziemlich unerwünscht.
So schnell kann eine Stimmung kippen. Viele seiner Kunden mieden auf
einmal seinen Laden. Sie mieden ihn so, dass sie sogar die Straßenseite
wechselten, nur um nicht vor seine Fensterfassade zu laufen. Und damit
nicht genug, einige darunter, auch Frauen, schafften es nicht ihre Empörung nicht zu demonstrieren. Sie schauten mit einem angewiderten Blick
von der gegenüberliegenden Straßenseite, um dann mit schnellen Schritten voranzuschreiten.

»Unglaublich«, dachte Santo. »Woher kommt diese so abwertende
Wut?« Woher bekam man auf einen Schlag, so viel Hass gegenüber

einem Land, einem Volk? Liebten die Deutschen die Italiener nun doch nicht? Sie sprachen ja gerne über die Hassliebe, die sie für Italien empfanden. Aber wo war die Liebe nun? Nur noch Hass übrig? Und das wegen einer beschissenen WM? Wegen eines beschissenen Fußballspiels? Wegen 22 Männern, die sich um eine Kugel stritten? Santo war fassungslos. So eine tiefe Abneigung wie bei der WM 2006 hatte er, seitdem er denken konnte, noch nie gespürt. Wenn, kannte er solche Geschichten von den ersten italienischen Einwanderern, aber die Zeiten waren doch schon längst vorbei.

Er versuchte in sich zu horchen, um zu sehen wie viel Hass in ihm loderte, ob er in der Lage sei, wegen einer bekackten WM, wegen eines bekackten Fußballspiels, so einen Hass zu empfinden. Nein! Musste er sich eingestehen. Soviel Hass und da war er sich sicher, konnte er nur empfinden, wenn man einem Kind Unrecht tat, wenn man einem Menschen Schlimmes antat. Er fühlte sich ein wenig wie die Juden im Zweiten Weltkrieg. Er konnte es nachempfinden. Mehr denn je!

»Verdammt«, dachte er sich, wenn die wegen einer WM schon so abgehen, was wäre, wenn? Gnade uns Gott. Dabei musste er an seine Kinder denken. »Gott bewahre uns«, flossen seine Gedanken, die zugleich auch ein Gebet sein sollten.

Santo hatte sich angewöhnt während der sechs Wochen des Turniers, wo täglich empörte Menschen reinkamen, um ihre Missgunst ihm gegenüber zu offenbaren, mit einem ironischen Lächeln zu antworten: »Ich weiß gar nicht, was ihr wollt, warum kommt ihr eigentlich zu mir? Ich bin doch hier bloß nur der Mortadellaschneider. Selbst, wenn man für Deutschland sein wollte, es interessierte eh kein Schwein.« Du sahst aus wie ein Itaker, an deinem Namen erkannte man, dass du ein Scheiss-Itaker warst und du hattest gefälligst auch einer zu sein. Punto e basta! So einfach war das. Die Schublade war längst aufgemacht.

Italien wurde auch noch Weltmeister, und das auf deutschem Boden. Was für ein Unglück! Vor allem für die Italiener, die in Deutschland lebten war der Sieg kein Glück. Santos Laden wurde genauso wie viele andere italienische Läden zur Strafe nicht mehr so gerne besucht und weitgehend vermieden. Einige sah man sogar nie mehr wieder. Zumindest nicht in seinem Geschäft. »Nun gut«, sagte sich Santo. Er beschloss noch zusätzlich warme Küche anzubieten. Er holte sich eine elektrische Küche, die er im hinteren Raum hinter seiner Antipasti-Theke aufstellte, um von dort aus vor aller Augen für seine Kunden zu kochen. Ausgelacht wurde er, vor allem von einigen seiner Landsleute. Nun fängt er auch noch an zu kochen. Was will er denn noch alles anbieten? Sein Laden war so schlecht besucht, dass sich einige gelangweilte Landsleute mitunter jeden Tag in seinem Geschäft aufhielten, um sich dort zu unterhalten. Santo war es leid. Anstatt dumm rumzuschwätzen, anstatt sich um seine Zeit bestehlen zu lassen, wollte er nun diese Zeit lieber sinnvoll nutzen. Vielleicht konnte er ein paar notwendige Euro mehr dadurch verdienen. Was hatte er denn zu verlieren? Er hatte doch alles im Laden. Lass sie alle lachen, dachte er sich. Wie sagt man, wer zuletzt lacht, lacht am besten. Dieses Sprichwort gefiel ihm besonders. Und siehe da, seine italienischen Kochkünste kamen besser an als gedacht. Zumindestens die ersten zwei Jahre. Er lief wie ein Berserker. Nicht selten allein. Alleine weil seine Aushilfen ihn nicht selten im Stich ließen und einfach nicht kamen oder weil sie sich wie Schnecken bewegten. Seine Frau hatte in der Grundschule Zugweg als Erzieherin in der Nachmittagsbetreuung angefangen und war ihm nun keine große Hilfe mehr. Trotzdem half sie, wo sie nur konnte oder wo sie es für angebracht hielt. Santo rotierte. Morgens fuhr er zum Großmarkt und kaufte fehlende notwendige Produkte ein. Deponierte alles im Laden, ging die Treppe hoch in seine Wohnung, die über seinem Geschäft lag, holte seine Tochter ab, um sie dann pünktlich um 8:00 zur Zugweg-Grundschule zu bringen. Dann begab er sich zu seinem Geschäft. Trank erst mal einen Espresso, wobei er die ersten drei zuvor immer wegwarf, bevor er seine begehrten belegten Ciabatta Brötchen kreierte. Sofort danach, wenn keine Nervensäge vorbei kam, die ihn mit unnötigem Geschwätz von seiner Arbeit abhielt, ging Santo im Nu in die Küche, um das Mittagessen vorzubereiten, das er täglich frisch kochte. Teilweise bereitete er bis zu drei Gerichte vor. Währenddessen bediente er zugleich Kunden, die entweder nur einen Cappuccino oder einen Latte bestellten, mit einem seiner leckeren Ciabatta–Brötchen, die sie sich entweder im Laden genüsslich schmecken ließen oder auf die Schnelle unterwegs zu ihrer Arbeit mitnahmen.

Manchmal verirrten sich auch einige und kauften ein wenig seines Aufschnitts aus seiner Käse-, Schinken- und Salamitheke. Dann begab er sich schleunigst an seine Küchenarbeit oder belegte wieder Ciabatta-Brötchen, die zur Mittagszeit gerne gegessen wurden. Oft, wenn er nicht zu genüge Ciabatta-Brötchen belegte, kam er mittags nicht nach. Seine Brötchen hatten sich zu seinem Stützpfeiler entwickelt. Ohne sie hätte er seinen Laden längst zumachen können. Zwischendurch kamen Lieferungen an, mit denen er sich auch noch auseinandersetzen musste. Was ihn aber am meisten an seine Reserven ging, war dieses ständige unnötige Plaudern mit einigen Exemplaren. Kaum ging einer, kam oft schon der nächste. Er wurde sie einfach nicht los. Gelangweilte Langeweiler, die nichts taten, außer ihren Mitmenschen mit unnötigem Geschwätz auf die Nerven zu gehen, wenig mit sich anzufangen wussten. Wenn er so viel Zeit zur Verfügung gehabt hätte, wie viel hätte er mit sich selbst anfangen können? Eine Menge! Es gab so viele Sachen, die ihn interessierten. Themen, die er gerne für sich vertiefen würde. Ob es geschichtliche Themen waren oder wissenschaftliche oder philosophische oder spirituelle oder sogar sportliche Themen, genauer gesagt kampfsportliche Themen, die er liebend gerne ein wenig mehr vertieft hätte, und noch vieles darüber hinaus.

Bestimmt hätte er nicht die Zeit gefunden, anderen Mitmenschen Tag ein, Tag aus, die ihr täglich Brot hart erarbeiten mussten, auf den Sack zu gehen. Er hätte einiges mit sich anzufangen gewusst. Oft träumte er davon. Er wünschte sich, eines Tages genauso viel Zeit zu haben. Wobei er selber aber nicht unnütz sein wollte. Bla, Bla, Bla, es kotzte ihn langsam an. Bla, Bla mit seinen Kunden. Bla, Bla mit seinem Personal. Bla, Bla mit seinen Lieferanten. Bla, Bla mit seiner Steuerberaterin und nicht selten aus ihrer Müdigkeit, aus der Unzufriedenheit ihrer Lage, aus dem Umstand, so viel zu arbeiten und ohne Aussicht auf einen kleinen Familien Sommerurlaub, auch noch blödes Bla, Bla mit seiner Frau. Es ärgerte ihn. Es ärgerte ihn ungemein. Alle fuhren in den Urlaub. Ob Sommer oder Winter. Ob Frühling oder Herbst und er konnte sich trotz harter Arbeit noch nicht mal einen Sommerurlaub erlauben und sei es nur zehn Tage am Stück. Niente, Nada, Nichts. Es ging ihm nicht um ihn selbst. Sondern vielmehr um seine Kinder, vor allem um seine Tochter, bei der man seit ihrem siebten Lebensjahr die Blutarmut Thalassemie Media diagnostiziert hatte.

Der Laden lief nicht, und dann noch die unerfreuliche Nachricht. Am Anfang war seitens der unwissenden Ärzte sogar Verdacht auf Leukämie. Santo war am Ende. Seine Frau auch. Tränen zum Weinen hatte er keine mehr. Aber wer waren sie schon? Wer war er schon? Was bildete er sich überhaupt ein? Sich zu denken, warum er? Warum immer er? Warum traf es gerade ihn, sein kleines so süßes Töchterchen? Seine kleine Tochter, die er über alles liebte. Sie hatten Glück gehabt. Ja, so musste man es sehen. Bei so viel Leid, was sie in der Onkologie Uni-Köln zu Gesicht bekommen hatten, musste man sogar dankbar dafür sein, dass ihre Tochter nur eine Thalassemie Media hatte. Das bedeutete, solange es keine risikofreie Therapie gab, musste sie alle vier Wochen zur Onkologie in der Uni-Köln gehen und sich dort mit Spenderblut behandeln lassen. Hinzu kamen die enteisenden Tabletten wie Exjade, die dafür da waren, das viele Eisen, was ihre kleine Tochter durch die Transfusionen automatisch angereichert bekam, täglich einzunehmen, damit ihre Ferretin Werte sich in Grenzen hielten. Ihre Tochter war taff. Tapfer ließ sie diese notwendige Prozedur über sich ergehen.

Es ärgerte ihn ungemein, seine Tochter und seinen jüngeren Sohn, genau wie all die anderen Mitmenschen, nicht ans Mittelmeer bringen zu können. Er wusste, dass die Sonne und die Meeresluft besonders seiner Tochter gut tun würden. Er hatte es satt. Er wollte diesen Scheißladen loswerden. Er wollte aus diesem negativen Kreis, der seine positive Energie anzapfte, und ihn entleert in seinem Shop zurückließ, loswerden. Ein scheiß-Deal war es. Ein einseitiges Geschäft. Ein Deal, wo nur die eine Seite was von hatte. Das widersprach seiner Philosophie. Ein gutes Geschäft war für Santo nur dann ein gutes Geschäft, wenn alle beiden Parteien was davon hatten.

In seinem Fall verdienten alle, nur er nicht. Der Vermieter verdiente nicht schlecht bei einer monatlichen Miete von 1.350 Euro, die Lieferanten verdienten, der Staat bediente sich, die Steuerberaterin verdiente, selbst die Kunden kamen köstlich auf ihre Kosten, nur er nicht. Nur seine Kinder nicht. Das wollte er sich nicht länger antun. Er wusste schon was mit sich anzufangen. Er war nicht wie die anderen. Er hatte keine

Angst. Sterben müssen wir eh eines Tages alle. Also, so lange Gesundheit da ist, gibt es auch Hoffnung. »Finche´ce respiro, ce´speranza» (solange Atem da ist, gibt es auch Hoffnung), ging ihm dieses alte italienische Sprichwort durch den Kopf.

Santo rackerte sich so sehr einen ab, dass seine Kunden nicht schlecht staunten, dass Santo, wie ein Verrückter von der vorderen Wurst- und Käsetheke zu der anderen hinteren Antipasti-Theke hin und her stürmte, um alle Kundenwünsche so schnell und gekonnt wie möglich zu erfüllen. Gleichzeitig belegte er seine begehrten Ciabatta/Focaccia-Brötchen, fertigte schnell einen oder mehrere Teller Nudeln an, um dann wieder nach vorne zu stürmen, um die beliebten Latte Macchiato, sowie Cappuccini oder nur einfache Kaffees aus seiner professionellen italienischen Espresso/Kaffee-Maschine zu zaubern.

Unterdessen führte er aufgezwungene, lästige Smalltalk-Gespräche. Nur, um um Gottes Willen keinen von ihnen zu kränken. Er brachte es einfach nicht übers Herz, jemanden links liegen zu lassen, jemanden zu missachten, nur weil er keine Zeit hatte. Es entsprach einfach nicht seiner Natur.

»Verdammt«, ärgerte er sich, »sind die blöd? Merken die denn nicht, dass ich mich am abhetzen bin?« Nein, sie merkten es nicht, oder sie wollten es nicht merken. Es war ihnen egal, es interessierte sie nicht. Hauptsache sie kamen auf ihre Kosten. Santo war ihnen, genau wie viele andere kleine Einzelhändler wehrlos ausgeliefert! Sie hatten nun mal eine offene Tür. Er wurde sie einfach nicht los. Der Einzige, der unerfüllt blieb, war Santo.

Am häufigsten bekam Santo die Krise bei verliebten Pärchen, die sich wie Täubchen die ganze Zeit umgarnten, sich nur verträumte, eingeschworene »Ich bin in dich verliebt«-Blicke zu warfen, als ob man vor sich die in Fleisch gewordenen Romeo e Giulietta vor sich sitzen hatte. Wenn es aber dann ums Bezahlen ging, war plötzlich die Romantik schlagartig verflogen. Bei diesem dargebotenen Anblick des sich Schwertuns, für den anderen die Hand in die Tasche stecken zu müssen, verdrehte es Santo den Magen. Was für ein erbärmlicher Anblick. »Schaatz, zahlst duu? Oder soll lieber ich zahlen?« Wobei sich beide erst mal kurz vorher anvisiert hatten. So wie zwei Raubkatzen, die auf den richtigen Augenblick lauerten. Dabei warteten beide ab, dass einer zuerst die Hand in die Tasche steckte. Doch da wäre eher die Welt untergegangen. Um dann endlich diesen sich ihm darbietenden erbärmlichen Anblick, dieses beschämende armselige Prozedere zu beschleunigen, fragte Santo dann besonders höflich: »Zusammen oder getrennt?« Er kannte dieses Spiel schon seit Urzeiten. Hoch erleichtert über dieses höfliche Hinterfragen, ob sie zusammen oder getrennt zahlen würden, fiel ihnen ein Stein vom Herzen. Schnell griffen sie nach dem zugereichten Strohhalm. »Mmnja, getrennt bitte.«

»Ma vanfanculo«, dachte sich Santo, was für erbärmliche Gesellen und dabei musste er schmunzeln und den Kopfs schütteln.

Die Zeiten hatten sich geändert. So ist es nun mal, in einer Gesellschaft der aufgeklärten Kopfmenschen zu leben, in einer Gesellschaft der schlauen und individuellen Intelligenten. In einer Gesellschaft, wo der Kopf so stark funktioniert, dass da wenig Platz für das Herz bleibt, kaum noch Platz für Weisheit und Empathie. Manchmal kamen sogar Menschen in mittleren Jahren. Wohlsituierte, gutbürgerliche Lebensgenossen, die sich wahrscheinlich nur aus Geiz eine Tasse Cappuccino oder ein belegtes Ciabatta-Brötchen teilten, um sich dann noch zu rechtfertigen, ein Cappuccino würde ihnen völlig ausreichen oder ein Ciabatta-Brötchen für einen allein würden sie nicht schaffen. Bei Santo verhielt es sich genau gegenteilig. Er hingegen musste sich beherrschen, disziplinieren nicht zwei seiner super leckeren Brötchen auf einen Schlag zu essen.

Niemand wollte ihm den Laden abkaufen. Niemand hatte Lust ins Geschäft mit einzusteigen. Es war wie verhext. Alle wollten sie kaufen, einige wollten einsteigen, aber nur mit dem Mund. Wenn es um Taten ging, wenn es hieß, sich wirklich an den Tisch zu setzen, wenn es hieß, ein wenig in die Tasche zu greifen, zogen sie alle wieder ihren Schwanz ein. »Lauter Laberbacken und Memmen«, dachte Santo mit einer leichten Ironie. Er nahm es mit Humor. Es war nun mal so. Es war, wie es war. Ihm flogen die Sachen nun mal nicht zu, ihm gelangen seine Pläne nun mal nicht. Er musste, um Ziele und Sehnsüchte erreichen zu können, sich stets außerordentlich anstrengen, außerordentlich bei der Sache sein. Etwas machte er falsch. Oder war es sein Stern? Wie man in Sizilien sagte. War es sein Stern, den er zu tragen hatte? Anderen flog alles zu. Vielleicht fehlte ihm einfach die Leichtigkeit. Oder war er einfach zu ehrlich? Zu aufrichtig? Zu stolz? Irgendwas machte er falsch. Aber was? 38 Jahre war er nun und außer einer schönen und anständigen Frau und zwei hübschen Kindern, hatte er sonst nichts im Leben geschafft. Sonst nichts geschafft? dachte er. Zumindest hatte er wenigstens das geschafft. Zumindest hatte er wenigsten in der Liebe Glück gehabt.

Versucht hatte er doch schon einiges. Gelungen war ihm aber nichts. Außer immer nur Schulden! In der Zwischenzeit hatte er gelernt, deswegen nicht frustriert zu sein, nicht seine angeborene Lust zum Leben davon ärgern, geschweige denn, sie sich nehmen zu lassen. Er hatte sich beigebracht, alles nur noch mit einer Portion Humor zu sehen. Mit einem kleinen sarkastischen und ironischen Lächeln zu betrachten. »Hauptsache, meine Kinder sind gesund!«, wiederholte er immer wieder, »Hauptsache, meine Kinder sind gesund, zumindest, einigermaßen. Alles andere ist unwichtig. Alles andere hat eh keinen Wert, wenn es seinen Liebsten und einen selbst gesundheitlich nicht gut geht.« Das war klar. Das wusste er und niemals hätte er freiwillig seine Gesundheit aufgeopfert, vierundzwanzig Stunden rotiert, nur damit sein Laden läuft. Nur, damit alle glücklich gemacht werden können. Nur, damit man sagen konnte, was für ein fleißiger Mann. Reichten denn zwölf Stunden am Tag nicht? Er schiss drauf. Entweder lief das Geschäft so oder gar nicht.

Versklaven sollte er sich? Noch mehr versklaven? Er lief doch schon wie ein Wahnsinniger. Von einer Theke zur anderen. Alle wollten sie gut essen, wenig bezahlen und schnellstens bedient werden. Seit über drei Jahren versuchte er dem zu entsprechen. Seit einem Jahr schon plagten ihn im Herzbereich Krämpfe und Schmerzen. Er machte keinen großen Hehl daraus. Nicht nur um seine Liebste nicht zu erschrecken, sondern auch, weil er sich selbst nicht erschrecken wollte. Sterben wollte er nicht, dafür war er noch zu jung. Er wollte noch einiges erleben. Er liebte das Leben. Er lebte gerne. Seine Kinder waren zu klein. Wer würde auf seine Kinder aufpassen? Vielleicht ein fremder Mann? Würde dieser auch so eine Zuneigung zu seinen Kindern haben? Würde dieser auch so väterlich wohlwollend an seinen Kindern riechen? Schnuppern? Sich an ihrem Duft erfreuen? Würde er auch ohne mit der Wimper zu zucken sein Leben hergeben, um ihres zu schützen? Seit einem Jahr spürte er jede Nacht einen stechenden, brennenden Schmerz. Am Anfang hatte Santo den Schmerz nur vage wahrgenommen und ihm keine Beachtung geschenkt. Er war sich sicher, es würde schon nichts Schlimmes sein. Warum denn auch? Er rauchte schon seit Jahren nicht mehr, und seitdem er denken konnte, hatte er immer schon Sport gemacht. Zweimal die Woche versuchte er in der Regel zum Boxsport zu gehen. Gut war er geworden. Im Sparring hielt er auch ganz gut mit. Selbst mit aktiven kampferfahrenen Boxern. Er schlug sich tapfer und seine Haken oder besser gesagt seine Schwinger waren gefürchtet. Er konnte nicht nur gut einstecken, sondern auch gut austeilen. Oft passte er sich seinen Sparringspartnern an. Machte dieser ernst, versuchte Santo ihm nicht nachzustehen. Schlug sich sein Sparringspartner locker und entspannt, tat er es ihm nach. Egal, wie müde er war, egal, wie gerne er eine Trainingseinheit hätte ausbleiben lassen wollen, und wenn er dieses erleichternde, wohlfühlende Gefühl, dieses Gefühl, nicht nur seinen Körper gesäubert zu haben, sondern auch seine Seele, nicht gekannt hätte, hätte er gerne mal eine Trainingseinheit weggelassen. Sein Sport gab ihm Halt. Sein Sport glich ihn aus. Sein Sport stabilisierte ihn in seinem Leben und schenkte Santo immer die Gelassenheit, die er brauchte, um in dieser Gesellschaft seine Nerven zu behalten. Doch die Herzschmerzen gingen nicht weg. Verdammt, wie konnte es sein? Er rauchte nicht, er soff nicht, er ernährte sich gut und bewusst und verdammt nochmal, rauchen tat er ja auch nicht. Also, was sollte der Scheiß? Das konnte doch nicht wahr sein.

Andere rauchten zwei oder drei Packungen am Tag, ließen den Alkohol auch zu Genüge täglich laufen, verloren keinen einzigen Gedanken an Sport. Denen ging es gut. Die durften sich des Lebens freuen. Die hatten auch wahrscheinlich nicht so ein turbulentes Auf und Ab wie er gehabt und vor allem nicht so einen Stress. Gemütlich und ohne große Aufregungen, ohne größere Existenzängste, durften sie ihr Leben leben. Die meisten Menschen, die Santo kannte, auch einige seiner Freunde, hatten einen Beruf erlernt, in dem sie seit Jahren, seit vielen Jahren arbeiteten und regelmäßig ihr Geld verdienten. Bei ihm verhielt es sich anders. Er hatte dieses Glück nicht. Er durfte allem Anschein nach, dieses Glück nicht teilen. Irgendetwas machte er falsch. Es musste an ihm liegen.

Stress tötet, Stress ist der größte Feind des Menschen. Da kann man noch so gesund leben. Da kann man sich noch so gesund ernähren, Sport treiben, nicht rauchen und nicht saufen, Stress tötet trotz alledem! Dem Stress ist es scheißegal wie gesund man versucht zu leben. Nun war es klar. Nun war Santo ein Licht aufgegangen. Was hatte er davon, seinen Laden auf Biegen und Brechen zum Laufen zu bringen, noch ein wenig auszuharren, mit der Hoffnung, doch noch ein großzügiges Angebot zu bekommen, wenn er daran krepieren würde. Wenn seine Kinder ohne Vater bleiben würden. Er musste sofort mit dem Kochen aufhören. Er schaffte es nicht mehr. Dann müsste er nicht mehr so viel vorbereiten, nicht mehr wie ein Psycho von einer Theke zur nächsten laufen. Auf sein Personal war kein Verlass und eine ältere Landsfrau, die er ihr zuliebe als Halbzeit-Festangestellte bei sich aufgenommen hatte, weil sie ihn glauben ließ, seine Küche voranzubringen, ließ ihn jetzt im Stich. Sie machte nur krank und war kaum anwesend. Dabei konnte er keine zweite Kraft einstellen, da er sich das finanziell nicht leisten konnte. Also, was blieb ihm anderes übrig, als weiterhin zu marschieren. Er war marschiert, und nun, was hatte er davon? Er musste so schnell es ging sein Stresspensum eindämmen, reduzieren, verringern! Das war klar.

Im Sommer wollte er mit dem Kochen aufhören. Die meisten seiner Kunden hatten sich von ihm abgewandt. Noch nicht mal einen Café gingen sie bei ihm trinken und das, obwohl er wahrlich einen sehr guten Kaffee machte. Beleidigt waren sie, ja, eingeschnappt. Wie konnte er nur? Wie konnte er ihnen nur einfach so die Küche wegnehmen? Ihnen ihren Mittagstisch streichen? Das ging doch nicht! Hatte er es nicht nötig? Verdiente er denn kein Geld damit? Oder hatte er schon zu viel davon verdient? Der Mittagstisch lief doch gut. War er jetzt total übergeschnappt? Einfach so nicht mehr für sie kochen zu wollen?

Sollten sie doch denken, was sie wollten. Fakt war, es ging einfach nicht mehr, Fakt war, wenn er noch ein Jahr so weitergemacht hätte, hätte er mit Sicherheit einen Infarkt bekommen. Seine Herzschmerzen plagten ihn mittlerweile auch tagsüber. Immer wieder diese kurzen Stiche. Hin und wieder hatte er auch Stiche, die wie dünne längliche Brieföffner, wie plötzliche Donnerblitze aus dem Nichts in seinen Herzbereich stachen. Da zuckte Santo jedes Mal zusammen. Ihm war mulmig zumute.

War es jetzt soweit? Hoffentlich nicht. Bitte, lieber Gott, nicht jetzt. Noch nicht. Dennoch ließ er sich von seinen Kunden nichts anmerken. Der Umsatz sank. Santo juckte es nicht. Er und seine Frau hatten mit dem Laden, mit dem meisten, längst schon abgeschlossen. Sie wollten nur noch raus. Raus aus diesem observierenden, negativen Blickfang. Wollten nicht mehr für jedermann greifbar sein. Wollten nicht mehr Tag ein, Tag aus seelisch vergewaltigt werden. Wollten Menschen, die mit sich selbst und dem Rest der Welt zerstritten waren, unzufrieden waren, nicht mehr ausgeliefert sein.

Die Würfel waren gefallen. Sie hatten sich entschieden. Der Laden würde so oder so entweder verkauft oder einfach zugemacht. Sie hatten ihrem Vermieter zum Ende des nächsten Sommers gekündigt. Sommer 2010, Ende Juli, sollte ihr letzter Tag in ihrem nicht gewürdigten Geschäft sein. In der Zwischenzeit hatten sie das Glück auf die andere Seite der Südstadt ziehen zu dürfen. Ins Severinsviertel. Das Severinsviertel war im Vergleich eine Wohltat. Endlich konnten sie aufatmen. Dort war keiner, der ihnen alle paar Meter irgendwelche nutzlosen Gespräche, die sie sowieso tagtäglich zur Genüge führen mussten, auch noch nach Ladenschluss aufzwang. Endlich konnten sie einigermaßen anonym leben, ein normales Leben führen. Ein Leben ohne Rampenlicht. »Wenn Rampenlicht«, dachte sich Santo, dann muss es sich auch lohnen, wenn man sich für andere greifbar macht, dann muss aber auch die Kasse klingeln.

Santo segnete seine neue Wohnung. In der Zwischenzeit hatte er eine spirituelle Ader bekommen. Glück sollte ihm und seiner Familie diese Wohnung bringen. Glück und Gesundheit. Vor allem für sein Töchterchen. Groß war die Wohnung mit ihren knapp 100 Quadratmetern. Endlich Licht! Man konnte aus allen Zimmern, aus allen Fenstern den Himmel sehen. Was für eine Freude. Was für ein Segen. Am allerschönsten war gleichzeitig dieser Weitblick, den sie hatten. Keine blöde dunkle Ziegelsteinmauer, die sich wie eine Glücksblockade unmittelbar vor ihrem Fenster aufbaute. Aus der Küche hatte man einen schönen Blick auf eine der ältesten Straßen Kölns. Die Severinsstraße. Vom Zimmer ihrer Tochter, hatte man einen erfreulichen Blick auf einen mediterran wirkenden, mittelgroßen Hof, mit Gärtchen und kleiner Fauna in ihrem eigenen Haushof. Aus dem Zimmer vom Sohn gab es einen anderen

Blick auf einen weiteren Hof. Eine schöne offene Wohnung hatte ihnen der Himmel zukommen lassen. Jetzt sollte es aufwärts gehen. Santo wünschte sich und erhoffte sich das. Er glaubte dran.

U signuri duna lu pani a chu nun n'ava li denti (Gott gibt dem das Brot, der keine Zähne hat)

Schwer tat er sich. Verdammt schwer! Es schien ihn niemand haben zu wollen, niemand gebrauchen zu können. Egal, wo er zu verstehen gab, arbeiten zu wollen, egal, welchen Bekannten er seinen Arbeitswillen offenbarte, niemanden schien es ernsthaft zu interessieren. Vielmehr interessierten sie sich dafür, was nun aus ihm werden würde und, all die Posaunen, die früher ihre Zuneigung zu ihm verkündet hatten, schwiegen nun. Santo nahm es mit Humor. Er kannte es ja auch nicht anders. Wenn andere in Not waren, wurde ihnen geholfen, egal, wie unbeholfen sie waren. War er mal in einer Notlage, schien es die anderen kalt zu lassen. Niemanden interessierte es, im Gegenteil, manche gaben ihm ein unbehagenes Gefühl, als ob er ein Looser wäre, und wer weiß, vielleicht hatten sie ja auch Recht damit. So waren sie nun mal. So waren Gott sei gedankt nicht alle. Es gab auch immer noch einzelne Lichtblicke. Seelenverwandte.

Den Laden hatten sie zugemacht. Wenigstens das. Nun galt es, einen Job zu finden. Sommerurlaub war auch dieses Jahr nicht mehr drin. Leider. Doch nächstes Jahr, sollte es anders sein. Das versprach er seiner Tochter. »Nächstes Jahr fahren wir auf jeden Fall ans Mittelmeer.« Nach Sizilien. Seine Frau wollte unbedingt nach Sizilien. Seitdem sie Sizilien kennengelernt hatte, hatte sie eine tiefe Zuneigung zu dem Land der Vorfahren ihres Mannes und letztendlich auch den Vorfahren ihrer Kinder bekommen. Sie liebte Sizilien. Beinahe mehr als Santo, bei dem die Liebe zu der Insel, vor allem zu der Halbinsel, in den letzten Jahren abgenommen hatte.

Santo konnte es nicht glauben. So eine Scheiße. Nun musste er mit beinahe vierzig wieder Bewerbungen schreiben. Bla, bla, bla, blablabla. »So ein Geschwätz«, dachte er.» So ein Gelaber und das noch mit Normen. So ein spießiges Getue. Ich bin und ich kann und ich tue. Ach, leckt mich doch alle mal am Arsch!« Mit so einem Drecksscheiß musste er sich mit beinahe vierzig wieder auseinandersetzen. Sie taten alle so, als ob sie Blumen und Nelken scheißen würden. Dabei waren sie die größten Schmutzfinger und Stinker überhaupt. Immer die, die die größten Anstandskanonen spielten, die Musterbürger an sich, die Moralapostel vom

Dienst, mit ihren spießigen Gesichtern und ihrer affektierter Pseudo-Kultiviertheit, waren im Grunde genommen die größten Ärsche!

Dieser verlogene Ernsthaftigkeit-Scheiß, dieses Bedeutsamkeits-Getue, diese Wichtigtuer-Miesepeter sollten sonstwo bleiben. Schließlich, weilt man nur einen kurzen Atemzug auf der Erde, ein, zwei Runden um den Brunnen und dann ab ins Grab. Aber was blieb ihm anderes übrig? Letztendlich musste auch er Geld verdienen. Die Gesellschaft war, wie sie war. »Mach das Beste draus«, wiederholte er sich immer wieder wie ein Mantra. »Nimm es mit einem Lächeln.« Und in der Tat, je mehr er sich entspannte, je mehr er über den Dingen stand, umso wohler fühlte er sich und umso besser gelangen ihm seine Behagen. Nimm es mit Humor, suggerierte er sich immer öfters.

Zwei Vorstellungsgespräche hatte er geschafft zu ergattern. Eins in einem Callcenter, und eines bei einer Firma, die automatische professionelle Kaffeemaschinen verkaufte. Beim Callcenter hatte er sich in seiner Haut nicht wohlgefühlt. Aber aus Liebe zu seinen Kindern, aus Liebe zu seiner Tochter, hätte er es sich angetan. Schließlich hatte Santo seiner Tochter ein Versprechen gegeben, schließlich hatte er sich fest vorgenommen, im Sommer, nachdem sie schon seit sechs Jahren keinen Urlaub mehr gemacht hatten, endlich mal wieder sizilianische Sonne auf sich wohltuend scheinen zu lassen. Das Callcenter sagte ihm ab. Irgendwie musste sich Santo eingestehen, war er über diese Absage erleichtert. Die andere Firma dagegen schien so richtig von ihm überzeugt zu sein. Im Vorstellungsgespräch hatte er förmlich mitbekommen, wie die Sympathie seines Gegenübers von Sekunde zu Sekunde wuchs. Sie wollten Santo haben und zwar sollte er für sie im Außendienst ihre Kaffeemaschinen sowie ihren Kaffee, vertreten. Dafür wollten sie ihn auch gerne schulen. Alles hörte sich gut an und seinen Vorgesetzten empfand er als genauso sympathisch. Er hätte am liebsten gleich für diese Firma gearbeitet, doch es gab einen kleinen Haken und zwar befand sich der Hauptsitz von Köln aus circa 250 Kilometer entfernt, und dort hätte er auch regelmäßig hingemusst. Aber selbst das hätte er wahrscheinlich auch noch hingenommen, wenn er da nicht ein Angebot von seinem ehemaligen italienischen Kölner Kaffeelieferanten bekommen hätte. Es war nicht das beste Angebot, aber er konnte sich mit dem Konzept besser identifizieren.

Deja vu

Calogero Ucello wollte schon seit Längerem mit Santo zusammenarbeiten. Mit seiner Firma Caffe World hatte er sich in den letzten Jahren im Kölner Raum ziemlich breit gemacht. Überall und oft sah man seine Kaffeesorten und Kaffeemaschinen, die Calogero ebenfalls vertrieb. Santo willigte ein. Sie vereinbarten ein zweiwöchiges Kennenlernen. Santo fuhr jeden Morgen hin und schaute sich an, wie Calogero seine Arbeit gestaltete. Bis spät in den Nachmittag fuhr Santo überall mit. Calogero machte Santo klar, dass er vorhatte, noch mehr zu wachsen und dass er dabei wäre, ganz groß rauszukommen. Er bräuchte einen erfahrenen und zuverlässigen Könner und das sollte Santo sein. Santo wusste, was er drauf hatte, doch er machte nie einen Hehl daraus. »Ok«, hatte er sich gedacht, »schauen wir uns das mal an.«

Doch schnell kam Santo an seine Grenzen. »Nee«, hatte er sich nach kurzem Arbeiten gedacht, »nicht schon wieder, das ist ja genau wie zuvor, wie vor einigen Jahren bei der Firma Sasso«. Schon wieder hätte er quasi von Null anfangen müssen. Kein Auto zur Verfügung, keine Preislisten, keine Musterproben, kein Fixum und das allerschlimmste war die Dreistigkeit von Calogero, von ihm zu verlangen, dass er bis spät in die Nacht, am besten noch bis spät zum Morgengrauen, für die Firma World unterwegs sein sollte, um für ihn seine Produkte zu verkaufen. Gerade deswegen hatte er seinen Laden dicht gemacht. Damit er mehr Zeit für sich und seine Kinder hatte und Calogero erwartete allen Ernstes, dass er sich jetzt die Nächte für ihn um die Ohren schlug?

»Auf gar keinen Fall, kommt gar nicht in Frage«, sagte er zu Calogero.

Prostituieren würde er sich niemals! Hinters Licht hatte Calogero ihn geführt. Zuerst hatte er ihm schöne Augen gemacht und ihm das Gefühl gegeben, ihn wirklich bei sich haben zu wollen. Als aber um das Wesentliche ging, zog er nach und nach seinen Schwanz ein. Langsam musste es reichen. Er hatte gar keine Lust mehr, wie zuvor, unnötig und umsonst seine Energien in ein Projekt zu investieren, das von vornherein zum Scheitern verurteilt war. Aus dem Alter war er raus. Irgendwann muss es auch gut sein. Wer ihn haben wollte, zumindestens im Außendienst, was er wahrlich gut konnte, musste sich schon als ein wenig großzügiger erweisen. Warum konnte er nicht einen Betrieb finden, der ihn ernsthaft bei der Hand nahm? Den Arsch hätte er sich für so einen Betrieb aufgerissen. Aber nein, alle waren sie penibel nur auf ihre scheiß Interessen aus. Blablabla und nichts dahinter. Wie sagte das alte sizilianische Sprichwort: »viel Rauch ohne Braten.« Ja, genauso verhielt es sich. Wo waren sie? Wo waren die Ehrenmänner, gab es sie noch? Hatte es sie überhaupt schon mal gegeben? »Ein Mann, ein Wort«, hatte sein Vater ihm schon in seinen Kindertagen beigebracht. »Ein Mann, ein Wort.«

Er überlegte, ob er jemals so einen Mann kennengelernt hatte.

Santo hatte noch nicht mal unterschrieben und nach zwei Wochen kündigte er schon. Er hatte nicht einen Cent zu sehen bekommen. Aber darauf hatte er eh keinen Wert gelegt. Er wusste es besser. So waren sie nun, alle nur banal auf ihre eigenen Interessen aus und sie sahen vor lauter Bäumen den Wald nicht mehr. Man darf einfach nicht von sich selbst ausgehen. »Wir sind nun mal nicht alle gleich, und das ist wahrscheinlich auch gut so.«

Eine negative Seite gab es nur, er hatte immer noch keine Arbeit und vom Amt bekam er auch keinen Cent, denn er war ja die letzten sieben Jahre selbstständig und hatte dadurch keinen Anspruch auf Arbeitslosengeld. Hartz IV kam auch nicht in Frage!

Die Selbstgefällige

Ersticken sollten sie daran, alle reichen, selbstsüchtigen Nimmersatts, auf Almosen konnte er verzichten. Zum Glück verdiente seine Frau so gut, dass sie erst mal nur mit ihrem Gehalt über die Runden kamen. Er musste einen Job finden! Einen Monat später vermittelte seine Schwiegermutter ihm eine Anstellung. Er nahm es dankend an. Egal was, Hauptsache erst mal Arbeit. Er fing bei einer geschiedenen, frustrierten und eingebildeten iranischen Frau im mittleren Alter an. Mädchen für alles sollte er spielen. Er tat es. Er brauchte das Geld. Schließlich hatte er seiner Tochter versprochen, im kommenden Sommer in Sizilien Urlaub zu machen. Als Lieferant sollte er funktionieren. Er tat es. Für drei Läden war er verantwortlich. Einer lag in Marsdorf vor dem Rewe-Discounter auf dem großen Parkplatz. Der andere befand sich am Zülpischer Platz, auch im Rewe und ein anderer in Porz auch vorm Rewe auf dem großen Parkplatz. Die Produktionsstätte war in Porz-Wahn. Dort wurden Oliven, nach dem, was die Fürstin sagte, auf iranische Art eingelegt. Mit allen möglichen unterschiedlichsten Kräutern und Sirups wurden die Oliven vergewaltigt, missbraucht. So empfand es Santo und wunderte sich, dass Menschen für so einen Schund Geld ausgaben. Aber wie sagten die alten Römer, über Geschmack darf man sich nicht streiten. Sein und viele andere sizilianische Opis hätten sich bei dem Anblick, bei dieser Schändung der Oliven, im Grabe umgedreht. Als Grotesk und vielleicht sogar als Gotteslästerung hätten sie so einen Umgang mit Oliven verurteilt.

Abgesehen davon fabrizierten sie auch unterschiedliche Cremes oder Dips mit den exotischten Vermischungen und Kombinationen. Er war dafür da, die Thekenstände morgens, mittags und abends zu beliefern und mit aufzubauen. In tiefe Plastikbehälter füllten sie ihre undefinierbaren Oliven und Dips. Schwer musste Santo die Treppen rauf, um die schwerwiegenden Behälter im Lieferwagen zu schleppen und dann die Treppe zur Entstehungsstation runter. Bis er endlich alle vollen Behälter hinauf und die leeren runter deponiert hatte, verging nicht selten über eine Stunde.

Nassgeschwitzt durch die Kälte des Winters ergab er sich seinem Schicksal. Oft fragte er sich, wo er gelandet und wie tief er gesunken sei.

Verflucht sollte dieser Rabenfänger sein. Bis in alle Ewigkeit. Wie gut hätte er es haben können. Hätte dieser ihm keinen Strich durch die Rechnung gemacht, würde er wahrscheinlich heute noch als Dreher bei KHD arbeiten, würde nicht schlecht verdienen und wäre in der Gesellschaft anerkannt. Aber nun musste er morgens, mittags und abends schwer schleppen, hin und her zu den Shops fahren und nicht nur den stark schwingenden Launen dieser Patriarchen, sondern auch dem missbilligenden Blicken der anderen iranischen Frauen ausgeliefert sein. Er musste da durch. Er hatte wahrlich Glück mit seiner Frau gehabt. Vielleicht, weil ihr Vater sie kommunistisch erzogen hatte. Sie beurteilte Menschen nicht nach dem, was sie besaßen und nicht nach ihren Titeln. Sie war so wie er, für sie zählte der Mensch. Unabhängig von ihrer Nationalität, Religion und Hautfarbe und vor allem nicht nach dem, was sie verdienten.

Am Ende des Abends, so gegen 22:00 Uhr, fuhr er alle Behälter und andere Gegenstände der Thekenshops zum Rewe am Zülpischer Platz. Dort hatte die Patriarchin eine größere professionelle Küche vom Rewe gepachtet, in der Santo, wenn Not am Mann war, beim Spülen noch mit Hand anlegen sollte, nachdem er den ganzen Tag über ihr schon zur Verfügung gestanden hatte. Viele, sehr viele fettige schmutzige Behälter und andere Utensilien musste er mit der Hand vorspülen. Santo brauchte den Job und vor allem das Geld. Er hatte es versprochen!

Sechs Wochen quälte er sich. Ergab sich den launischen Kapriolen der Patriarchin, ließ sich einiges an Unterton gefallen. Verkaufte sich unter Wert. Ein Wert, den niemand erkannt hatte. Ein Wert, den man vielleicht nicht erkennen wollte. Was machte er denn falsch? Oder überschätzte er sich? Er wusste es, er fühlte es schon seit Kindestagen, dieses brennende Feuer in ihm. Dieses Feuer, was man versucht hatte zu löschen, an das er manchmal selber auch nicht mehr glaubte, loderte doch immer wieder auf. Stärker denn je! »Finche ce´respiro ce speranza.« (Solange Atem da ist, ist da auch Hoffnung), entfuhr ihm dieses Sprichwort. Egal, wie schlecht es ihm ging und wie erbärmlich man ihn versuchte zu behandeln, er hatte sich versprochen, stets seine Fassung zu behalten und sich seine Lebensfreude nicht wegnehmen zu lassen. Er hatte sich gelobt dem und vielem mehr mit Eleganz entgegenzutreten, seine Wut nicht nur für sich zu behalten, sondern sie erst gar nicht aufkommen zu lassen.

»Nimm es nicht persönlich«, diktierte er sich selbst. Sie sind so, wie sie sind, und wenn sie dumme, oberflächliche und taktlose Menschen sind, muss man es ihnen nicht unbedingt mit gleicher Münze zahlen, man muss es ihnen nicht nachahmen, sich erst gar nicht darauf einlassen, sonst ist man nicht besser und verändern werden sie sich erst recht nicht. Santo war sich immer sicherer, dass sich Situationen und unempathisches Verhalten eher durch Eleganz und Humor verändern, als dadurch, dass man sich plump darüber aufregte. »Ganz einfach, lass es nicht an dich heran, steh drüber, behalte du für dich deine Erhabenheit. Sie sind so zu allen, die sie unter sich sehen, und genauso kriecherisch gegenüber denen, von denen sie meinen, sie würden über ihnen stehen. Was für unedle Seelen. Daran sollte man sie messen. Stärke und Charakter erkennt man erst dann, wenn man es eigentlich nicht nötig hätte. Das ist nobel und edel.

Alle krochen ihr in den Arsch. So waren die meisten nun mal. Wenn es ums Geld verdienen ging, krochen sie einem in den Arsch. Santo aber nicht. Sterben würde er lieber, als jemandem wegen des Geldes in dem Arsch zu kriechen. Warum waren sie so? War er denn der einzige Trottel? War er ein Esel? Warum schaffte er es nicht, so zu sein wie die meisten anderen? Immer schön ergonomisch. Immer dem Wind nach. Ein Alkibiades, ein Joseph Fouché′ sein? Nein, er war eher der Corleone und Wanderers-Typ zugleich, stets sich selbst und seinen Prinzipien treu, mit der lebenslustigen und kumpelhaften Art der Wanderers. Für ihn war es wichtig, wenn er morgens aufstand, sich nach seinen Maßstäben im Spiegel schauen zu können. Egal, was käme.

Irgendwann musste es ja sein, und so kam es zur ersten Meinungsverschiedenheit zwischen der Patriarchin und ihm. Der Kragen war ihm endgültig geplatzt. Übertrieben hatte sie es. Mal wieder hatten sie es mit ihm übertrieben. Waren die denn gestört? Merkten die denn nicht, mit wem sie es zu tun hatten? Was wollten die denn alle? »Ich reiß mir hier den Arsch auf, murkse mit keinem Laut herum und die meint noch, mir auf den Sack gehen zu müssen?«

Eine aufgesetzte, unweise, emanzipierte Bauernart brachte die Dame an den Tag. Entweder wurde sie nicht richtig gevögelt oder man hatte ihr ins Hirn geschissen. Wahrscheinlich beides zugleich. So ist es mit den meisten. Wenn sie über die ganze Zeit im Dunkeln gelebt haben und plötzlich einen Funken Licht zu erhaschen bekommen, meinen sie, größenwahnsinnig zu werden. Warum sind sie so selbstzerstörerisch? Anstatt sich darüber zu freuen, dass sie endlich einen Idioten gefunden haben, der zuverlässig arbeitet und nicht aufmuckt, meinen sie noch, einen draufzusetzen, bewusst oder unbewusst. Ihr Ego auf Kosten von anderen, die es nötig haben, zu stärken. »Wie erbärmlich«, dachte Santo.

Er kündigte noch am gleichen Abend, übergab der Patriarchin genugtuend ihre Autoschlüssel des Lieferwagens und ging seines Weges, ohne sie eines weiteren Blickes zu würdigen. Mit offenen und weit aufgerissenen Augen schaute die Patriarchen Santo hinterher. Mit so einer Reaktion hatte sie nicht gerechnet.

Der Zyklop

Der dümmste Bauer erntet die dicksten Kartoffeln. Ist es denn so? Nach knapp vier Wochen hatte er es wieder geschafft einen Job zu ergattern. Einige Male war er dort gewesen. Endlich hatten sie ihm zugesagt. Der ältere von den zwei griechischen Brüdern hatte sich von seinem pessimistischen, hohen Ross herunter begeben. Aristeidis! Aristeidis war genauso ein Erzvater, wie man sie aus früheren Zeiten kannte, Zeiten, wo genauso wie in den Filmen es noch Landherren gab und die Bauern wie Leibeigene behandelt wurden. Mehr widerwillig hatte sich Aristeidis herabgelassen und Santo engagiert. Ein abartiger Typ. Ein von seinem Vater durch und durch verwöhnter Bengel, dem man über Jahre hinweg alles in den Arsch geschoben hatte, und plötzlich, wo der Vater verstorben war, er gezwungenerweise in die Rolle des Big Boss schlüpfen musste. Sein verstorbener Vater hatte sich als einer der ersten in Köln auf dem Kölner Großmarkt, vor knapp 40 Jahren, mit einem Fischgroßhandel selbstständig gemacht, auf dem zwischenzeitlich auch viele italienische Lebensmittel und Getränke verkauft wurden, auch aus anderen Gourmet-Ländern.

Suspekt, war er Santo von Anfang an. Eine andere Wahl hatte er nicht. Schließlich brauchte er unbedingt schnell eine Arbeit. Dankbar nahm er den Job an. Viel hatten sie nicht miteinander gequatscht. »Komm morgen vorbei«, hieß es nur. Noch nicht mal die Uhrzeit hatte Aristeidis gesagt, wenn Santo nicht verwundert danach gefragt hätte. Komm morgen vorbei! Das war ihre Abmachung. Kein Wort über Arbeitszeiten und kein Wort über Gehaltsvorstellungen. Santo fragte aber auch nicht nach. Er vertraute darauf, dass man ihn schon entsprechend bezahlen würde. Was hatte er denn zu verlieren? Eigentlich nur sein Vertrauen. Vertrauen war für Santo eine wichtige Tugend. Auch wenn sie hin und wieder missbraucht wurde. Letztendlich lag das Vergehen nicht an dem, der Vertrauen schenkte, sondern an dem, der es missbraucht hatte. Vertrauen können, sich einander vertrauen und verlassen können, war eine wunderbare Sache, ein Zeichen von Intelligenz und Empathie. Eine Möglichkeit, eine Basis, woraus Menschen schöpfen und miteinander wachsen können. Unser ganzes Leben beruht letztendlich auf Vertrauen. Misstrauen hingegen war nichts für intelligente Menschen, sondern etwas für schlaue, für pessimistische. Vertrauen ist wie die Saat im Boden, die alles zum Gedeihen bringt, Misstrauen hingegen, genau gegenteilig, empfand Santo.

Sechs Wochen durfte Santo bei den Griechen arbeiten. Von 7:00 Uhr morgens bis 18:30 Uhr Spätmittag. Er wurde eines Besseren belehrt. Seitdem er denken konnte, hörte er immer wieder gerne und oft von Griechen; »Una fazza una Razza.« (Ein Gesicht, eine Rasse) Das, was er aber dort sah, entsprach ganz und gar nicht una Fazza e una Razza. So ein Pessimismus, so eine bedrückte Stimmung, so ein Macho-Dasein, hatte Santo so noch nicht erlebt. Er war irritiert. Nichtsdestotrotz versuchte er sich nützlich zu machen. Wurde gefrühstückt, ließen sie einfach alles so stehen, wie sie gegessen hatten. Niemand fühlte sich dafür verantwortlich aufzuräumen oder sauber zu machen. Aß man zu Mittag, ließ man auch alles so stehen, wie gespeist wurde, um Stunden später wieder daraus zu essen. Santo traute seinen Augen nicht. So musste es auch in der Steinzeit gewesen sein, ging es ihm durch seinen Kopf. Er konnte sich das nicht länger ansehen. Er schämte sich fremd. Die offen gelegene großzügige, professionelle Küche lag quasi gleich neben dem Eingang, wo jeder Kunde ein Auge drauf werfen konnte. Abgesehen davon empfand Santo es als sehr unhygienisch und als respektlos, Gottes Gaben über eine längere Zeit so offen liegen zu lassen, dass Fliegen und anderes frei darüber verfügen konnten. Das Ekligste war, dass sie sich danach nochmal davon ernährten, um letztendlich doch noch die Hälfte davon wegzuwerfen. Schlimm war auch, dass seine griechischen Arbeitskollegen mit nicht gewaschenen Händen und ohne Hygiene-Handschuhen, die Fische immer wieder anpackten, um sie entweder so aufzupeppen, dass sie wie frisch aussahen oder um sie einfach in eine Plastik-Einkaufstüte des Kunden zu schmeißen.

Verwirrt und angeekelt konnte sich Santo trotz alledem ein inneres Lächeln nicht verkneifen. »Das gibt's doch gar nicht, unglaublich«, dachte er. »So was habe ich noch nie erlebt.«

Das Allerbeste war, wie sie mit ihren Kunden umgingen. Kein Hallo, kein Auf Wiedersehen, kein Bitte, geschweige denn ein Danke. Nicht mit dem Arsch schauten sie ihre Kunden an. Es schien so, als müssten die

Kunden sich auch noch bei ihnen bedanken, dass ihnen die Ehre geboten wurde, bei ihnen, der Creme del la Creme, Gottes höchster Schöpfung auf Erden, nein besser noch aus dieser Galaxie, einkaufen zu dürfen.

Mit den Kunden wurde weitestgehend wenig kommuniziert, und schon gar nicht mal eine Nettigkeit ausgetauscht. Am besten sollten sie schnellstens einkaufen und sich genauso schnell auch wieder verpissen. Vielleicht war es ja auch richtig so. Nicht schlecht staunte Santo darüber, wie einige dieser sich besser vorkommenden Südstadt-Ökonazis, die sich bei ihm im Geschäft wie Adlige aus der Barockzeit benommen hatten, nun mit Kopf unter und eingezogenem Schwanz kleinlaut dort einkaufen gingen, nur weil sie die Waren für ein paar Cent weniger ergattern konnten. Nettigkeit und Höflichkeit gehörte nicht unbedingt zu den Stärken dieser Griechen, obwohl Santo sie privat netter und freundlicher in Erinnerung hatte. Vielleicht lag es nur an diesem Betrieb.

Wie ein Helot im alten Sparta wurden die Mitarbeiter zum größten Teil behandelt. Zumindest, vom älteren Bruder Aristeidis, der je nach Laune, von einem Augenblick auf den anderen seinen Unmut auf Kosten seiner Mitarbeiter rausließ. Er schrie sie an, als ob sie Sklaven wären, wie im antiken Griechenland, als seien sie sein Eigentum, über das verfügt werden konnte wie bei einem Sachbesitz, wie bei einem Vieh. Santo hätte ihm liebend gern so richtig eine aufs Maul gehauen, denn genau dies, schien der wahre Grund zu sein, für seine menschenverachtende Art. Mit höchster Wahrscheinlichkeit, hatte er noch nie eine aufs Maul bekommen. Santo war sich sicher, wenn alles andere nicht hilft, dann könnte ne Tracht Prügel manches Wunder bewirken. Der jüngere Bruder, da hätte Santo fast drauf schwören können, war ganz und gar nicht so. Er schien etwas empathischer zu sein und machte nicht so eine große Welle. Es schien, als ob er dem Willen des archaischen, patriarchalischen Art dieses Großkotzes von älterem Bruder ausgeliefert war. Gezwungenermaßen, untergeordnet wurde. Oder spielten sie nur die Rolle guter Bulle, böser Bulle? Santo war sich dessen nicht hundertprozentig sicher. Auch hier war Santo der Mann für vieles. Er fuhr täglich öfters mal eine Lieferung zu Kunden, ordnete das Lager mit, füllte Regale auf, kümmerte sich in der Fischerei-Abteilung, stand hinter der italienischen Theke, die sie dort gegenüber der Küche aufgebaut hatten, half den Kunden an der

Kasse ihren Einkauf mit einzupacken, holte oft tiefgefrorenen Fisch und Fleischwaren aus dem großen Gefrierkühlschrank und auch so, wenn es gerade nichts zu tun gab, ordnete und säuberte Santo Regale, ordnete und putzte die Küche und vor allem hatte er als erster die elektrische Schinkenschneidemaschine nicht nur mit heißem Wasser gewaschen, sondern auch noch desinfiziert. Hinter der Schneide lag von allen erdenklichen Salami- und Schinkensorten ein dicker fetter Belag, der quasi sich zu Zement evolutioniert hatte. Die Putzorgie hatte sich Santo selbst verordnet. Er hasste es, sein Geld mit Herumstehen verdienen zu müssen und vor allem störte ihn dieser Schmutz, der sich über eine längere Zeit aufgestaut hatte. Anstatt Santos Engagement zu würdigen, meinte Aristeidis ihn noch blöd anmachen zu müssen, er solle es sein lassen, er würde ihn nicht fürs Putzen bezahlen. Aber nicht der Gedanke von Aristeidis störte Santo, sondern auch der Tonfall, den er vor allen anderen Mitarbeitern, aber auch Kunden mit ihm ergriff und das mittlerweile nicht zum ersten Mal. Einmal entschuldigte sich der Patriarch sogar bei ihm, eigentlich sei er nicht so und er sollte ihm nicht böse sein. Doch schließlich verfiel der um einige Jahre jüngere Chef immer wieder in dieselbe Rolle. Einerseits, hätte Santo ihm liebend gerne so was von eine aufs Maul gehauen, andererseits, und das wusste er ganz genau, war Aristeidis ein Vollidiot, wie zuvor einige andere.

Er hörte sich immer nur selber sagen, wenn du wüsstest, wem du dich so respektlos gegenüber benimmst. Einige Schlachten hatte Santo in seiner Kindheit und Jugend schlagen müssen. Er machte aber keinen Hehl daraus. Ganz im Gegenteil, wenn man ihn nicht aus seiner Kindheit und aus seiner Jugendzeit kannte, wäre man nie und nimmer darauf gekommen. Genau das war auch so gewollt. Santo hasste Typen, die sich nur auf ihre Muskelkraft reduzieren oder auf ihre Bildung. Er wollte weder wie die einen sich geben noch wie die anderen. Er war nun mal anders.

Doch damit nicht genug. Aristeidis kannte überhaupt keinen Respekt gegenüber seinen Mitarbeitern, aber auch gegenüber anderen Mitmenschen. Santo hatte noch nicht mal einen Funken ehrlichen Respekt entnehmen können. Aristeidis war nur in sich selbst verliebt. Er war ein Menschenhasser, ein Choleriker. Er war für sich der Allergrößte und niemand, aber auch niemand konnte ihm das Wasser reichen. Er war Adonis und Ares mit Odysseus zugleich.

Egal, welcher Begriff, Gegenstand oder welche Entwicklung fiel, die Griechen hatten es erfunden! Alles Gute kam aus Griechenland und, wenn es möglich gewesen wäre, hätten sie fast auch noch behauptet, dass selbst die Pyramiden in Ägypten von den Griechen erbaut wurden. Es gab fast nichts, was sie nicht erfunden hätten. Der Rest der Menschheit hatte kein Hirn und die Pyramiden in Südamerika und all die anderen Sehenswürdigkeiten waren von selbst entstanden.

Dann geschah es!

Aristeidis, jenseits von allem Guten, hatte es wahrlich übertrieben. Während Santo und zwei weitere Kollegen sich bemühten die Frischfisch-Abteilung in Schwung zu halten, war Aristeidis wie ein Dämon über sie hergefallen. Stinksauer, warum auch immer, keiner wusste es und keiner hatte ihm wahrlich einen Grund dazu gegeben. Den brauchte es auch nicht. Aristeidis war wie die Götter. Er benahm sich so, wie er, es als lustig empfand. So wie auf dem Olymp, so wie es ihm gerade am besten passte. Willkürlich und absolut herrscherisch. Ein Tyrann. Er schrie sie an. Er war unzufrieden. Warum? Keiner wusste es. Santo und seine griechischen Kollegen waren auf der Stelle verdutzt. Aristeidis griff sich eine Holzkiste gefüllt mit mehr oder weniger frischen Sardellen und schmiss sie ihnen mit aller Wucht vor die Füße, sodass die Sardellen quer von der Holzkiste durch den Raum auf den Fußboden flogen. Santo konnte es nicht fassen. Hatte dieser Vollspako ihnen gerade allen Ernstes die Sardellenkiste vor die Füße geworfen? Wie ein elektrischer Schlag zuckte es in Santo. Tief einatmen musste er, um seine Urprogramme nicht hochfahren zu lassen. Er schaute seine Kollegen an. Seine Kollegen standen da wie erstarrt, als ob sie der Blitz getroffen hätte, und wahrlich genauso war dieser Dämon auch über sie eingeschlagen. Niemand bekam ein Wort raus, geschweige denn eine Beschwerde. Alle schwiegen. Aristeidis war befriedigt. Abermals in seinem schwachen Ego gestärkt, rückte er wieder ab. Die Schlacht war gewonnen. Was Menschen sich für besondere Rechte nehmen können, wenn sie sich in einer stärkeren Position befinden. Was für ein Elend, dachte sich Santo. So tief war er noch nie zuvor in seinem Leben gesunken. 40 Jahre war er nun und langsam machte sich in ihm die Wut im Bauch bemerkbar. Immer hatte er die Hoffnung gehabt. Aber egal, was er beruflich anfing, egal, wie sehr er sich auch anstrengte und sein allerbestes gab, egal, wie sehr er sich abrackerte und sich sogar von Schwachköpfen blöd von der Seite anmachen ließ, scheiterte er am Ende immer, nur um endlich in irgendeinen von diesen Scheißbetrieben in der Gesellschaft, in der er lebte, anzukommen. Er, der damals als Kind so stolz erzogen worden war und sich als junger Mann selten von jemandem was gefallen ließ. Er war über seinen Schatten gesprungen, hatte sich selbst zivilisiert, hatte seinen Stolz zur Seite geschoben, dass er sich selbst nicht mehr erkannte und sich selber nicht selten fragte: »Bist du das wirklich? Ist es das alles wert?« Am liebsten hätte er in manchen Augenblicken die Zeit zurückgedreht, um dann so wie in seiner Jugend einfach mal diesem Abschaum von Menschen in die Fresse zu hauen. Die Fresse polieren, Faust rausfahren und wie man es aus diesen psychopatischen Antimenschen-Filmen kennt, immer wieder und immer wieder in die Fresse. Aber nein, er hatte gelernt, vernünftig zu sein, er hatte sich selbst umerzogen. Irgendwann, hatte er bemerkt, dass prügeln, ihn auch nicht weiterbrachte.

Er zog seine Schürze und seine nach Fisch stinkende dunkelblaue Arbeitsjacke aus, schaute Aristeidis schön ruhig in die Augen, legte demonstrativ seine Arbeitsklamotten auf die Kassentheke und zelebrierte diesen Moment eines Atemzuges. »Ich kündige«, hörte Santo wie ferngesteuert.

Draußen schien die Sonne heller denn je. Eine Sonne, die die frohe Botschaft des nahenden Sommers verkündete. Er lachte. Er war befreit. Er konnte wieder tiefer atmen. Er konnte wieder stolz auf sich sein. Lieber sterbe ich, als mich so behandeln zu lassen. Dabei musste er an seinen Vater denken. Er war es, der ihm diesen Stern aufgebürdet hatte, und langsam fing er wieder an, seinem Vater dafür dankbar zu sein. Er war wieder bei sich. Er liebte das Leben. Das Leben war schön. Man muss einfach das Beste daraus machen. Gott sei dank hatte man ihn ausgezahlt. Das Geld für den Sommer hatten sie nun mehr oder weniger zusammen. Sein Versprechen konnte er einhalten. Es war Mitte März und nun war er wieder in dieser Rolle, die ihn immer wieder einholte. Er musste wieder eine Arbeit finden. Langsam stellte er dieses Land in Frage. Immer wieder fragte er sich, ob dies das richtige Land für ihn sei. Italien war es auf jeden Fall nicht. Er war Sizilianer und wenn er vielleicht doch nach Italien ziehen würde, dann nur da, wo seine Wurzeln waren, da, wo er den Pulsschlag seiner Ahnen fühlen konnte, was er liebte. Militello!

Um nicht Opfer der Umstände zu werden, muss man sie auch erzählen dürfen

Nein, Italien? Nie und Nimmer, dachte sich Santo. Die Liebe und Sehnsucht waren in Santo längst erloschen. Die Hoffnung und Zuneigung, die man ihm als Kind so stolz vermittelt hatte, dieser Wunsch, der aus einer kindlichen naiven Vaterlandsliebe herrührte, war schon seit Jahren verglüht. Wie stolz waren sie als Kinder, das Glück gehabt zu haben, als Italiener geboren worden zu sein. So ein Selbstwertgefühl hatte ihnen diese Empfindung vermittelt, sagen zu dürfen, »ich bin Italiener«. Sie hatten sich als was Besonderes empfunden. Italiener sein zu dürfen war ein Gottesgeschenk. Tiefe Liebe und Zuneigung hatten sie empfunden. »Kein Wunder«, dachte sich Santo, wenn er als Erwachsener darüber nachdachte. Italien war auch ein schönes Land, ein Land mit einer großartigen Geschichte, ein Land, wo sich die meisten Sehenswürdigkeiten der Welt befinden. Ein Land, wo großartige, außergewöhnliche Denker, Künstler, Wissenschaftler und Erfinder herausgesprossen sind. Ein Land, das nicht nur Missgunst und Unterdrückung gebracht hat, sondern vor allem Lebenssinn, Innovation, technischen Fortschritt und zuguterletzt die Oper und Il Rinascimento (Renaissance) und dies trotz Gewaltherrschaft und Freiheitsberaubung nicht nur von der Kirche. An intelligenten und fähigen Männern hatte es Italien nie gefehlt. Nur leider durften in diesem Land nicht immer die intelligenten und fähigen regieren.

Das war klar. Heute mehr denn je. Sie bekamen einfach nicht genug. Sie kriegten einfach nicht den Hals voll. Wie die Raupe Nimmersatt. Das hatte Santo in den letzten Jahren mehr als verstanden. Mit Bestürzung verfolgte er seit seiner Kindheit, in der Hoffnung, dass eines Tages das italienische Volk genauso gut und sicher leben würde wie das deutsche, die negative Entwicklung. Aber Pustekuchen. Immer schlimmer wurde es. Wie schon seit eh und je wanderten nicht nur die billigen Arbeitskräfte aus, sondern auch die Intelligenz von Italien gezwungenermaßen in andere Länder, wo man sie anerkannte und von ihrem Können und Wissen profitierte. Wie bei Christoph Columbus, der in Italien den Laufpass bekommen hatte, dem aber die spanische Krone drei Schiffe gab, mit denen er dann Amerika entdeckte. Amerika, der riesige, unentdeckte

Kontinent, der dann nach Amerigo Vespucci benannt wurde, der genau wie Christoph Columbus zuvor, anstatt mit italienischen Schiffen, mit spanischen Schiffen nach Amerika segelte. Oder wie Giordano Bruno (Astronom, Dichter und Philosoph) der viele Jahre im Exil leben musste, weil er der Ketzerei und Magie für schuldig befunden wurde und schließlich trotzdem auf dem Scheiterhaufen landete. Die Guten und Könner, die Intelligenten und Fleißigen wanderten aus und zurück blieben meist die, die sich ihrem Schicksal ergaben oder die, die dank der familiären Referenzen ihre Befürwortung und Empfehlung erhielten.

Santo erinnerte sich, wie schön es als kleines Kind doch gewesen war. Die wunderschönen alten Gemäuer, in denen man meist die Spuren der unterschiedlichen Völker sinnlich in ihren Außenfassaden wiedererkennen konnte. Die alten Innenhöfe, die überall ihre Straßen bereicherten, die zum Teil noch von vor der Barockzeit stammten und mit Leben gefüllt waren. Mit aufmerksamen, vor Neugier strotzenden Augen, hatte Santo diese lebensfrohe, gastfreundliche, liebenswürdige Art observiert. Ihre unterschiedlichen Gesichter, die genauso wie ihre Häuserfassaden Spuren der unterschiedlichen Eroberer Siziliens erkennen ließen, faszinierten Santo. So ungleich waren sie. In einer Familie schmolzen die Ur-Gene ihrer Ahnen zusammen. Kinder, die unterschiedlicher oft nicht sein konnten. Der Erstgeborne dunkel wie ein Sarazene, der Zweitgeborene wie ein Grieche oder Römer und die dritte hell und blauäugig wie eine Normannin. Nicht selten kam es vor, dass Elternpaare eher nach dem südlichem Mittelmeerraum aussahen, von denen aber helle, zum Teil auch rothaarige Kinder heraussprossen und helle nordmännische Eltern offenbarten ihrer Nachwelt wiederum dunklere Kinder.

Daran erkannte man, dass all diese Völker zu einem verschmolzen. Santo beeindruckte dies. Während er in die Gesichter der Menschen sah, und durch die Straßen schlenderte, spielten sich in seiner Fantasie Geschichten der Vergangenheit, Geschichten der Eroberungen ab. Dabei versuchte Santo, die Vergangenheit nachzuempfinden. Es musste eine interessante und spannende Zeit gewesen sein. Wie gerne hätte er in diesen Augenblicken eine Zeitmaschine gehabt, nur um einmal unbeobachtet vielleicht seine Großeltern oder besser noch seine Urgroßeltern in ihrem Leben ein wenig beobachten zu können. Gerne wäre er auch bei

456

der Gründung Militellos dabei gewesen. Was waren es für Menschen gewesen? Wie benahmen sie sich? Wie sahen sie aus? Wie waren sie miteinander? Und dann dieses Licht, diese warme liebliche Luft, in der sich Santo umarmt fühlte, in der sich Santo willkommen fühlte. Das Licht, die Wärme und die Luft, mit dem Duft nach Olivenhainen, Thymian, Rosmarin, Salbei vermischt mit der Meeresluft und den köchelnden leckeren Tomatensoßen, die aus den einzelnen Küchen kamen, Santo umgarnten und ihm den Hof machten. Tief hinein versunken und verbunden mit der Vergangenheit seiner Vorfahren, konnte Santo stundenlang durch die kleinen Gassen und alten Pflastersteinstraßen herum weilen. Jedes ältere Haus, alle alten Kirchengemäuer und jeden Winkel sog Santo in sich hinein. An jeder sprudelnden Wasserfontäne, die man in Militello fast überall fand, blieb er stehen und trank heraus, als wäre es ein Heilmittel. Er liebte Sizilien, er liebte Militello.

Morgens um 8:00 Uhr erwachte die Stadt. Überall hörte man die Menschen miteinander reden und dazwischen immer wieder ein vorbei rasendes Motorrad. Es verging kaum eine Minute, in der nicht ein rasendes Zweirad vorbeigeschossen kam. Überall grüßten sich die Menschen herzlich. Sie küssten und umarmten sich. Sie redeten miteinander. Alte mit jungen, jungen mit alten Menschen, Frauen mit Männern und dann diese jungen Mädchen, die man tagsüber nicht zu oft zu sehen bekam, die Santo mit ihrer weiblichen Art, die mit anmutender Würde und Eleganz getragen wurde, jedes Mal aufs Neue den Kopf verdrehten und in ihm eine Sehnsucht aufflammen ließen. In jede dritte hätte er sich verlieben können und in jedem Urlaub traf ihn einige Male Amors Pfeil. Die Stadt war im Sommer voller Leben. Von überall her kamen die schon längst ausgewanderten, um ihren Urlaub nicht nur mit ihren Familienangehörigen zu verbringen, sondern auch um ihre geliebte Heimat wiederzusehen. Alle hofften sie, eines Tages wieder zurückzukehren. Mit dem Geld, das sie im Ausland verdienten, bauten sie sich Häuser für die ganze Familie. Ihre Kinder sollten es leichter haben. Zumindest sollten sie eine eigene Wohnung bekommen. Sie arbeiteten dahin, eines Tages unter besten Voraussetzungen zurückkehren zu können. Sie glaubten und hofften, das man in ihrer Heimat unter denselben kultivierten und gerechten Umständen wie in den nördlichen europäischen Ländern Geld verdienen und somit ein menschenwürdiges Leben führen konnte, ohne in den Klauen der Korruption und des organisierten Verbrechens zu geraten. Ein ruhiges und friedliches Leben. Zumindestens für die, die eines haben wollten. Arbeiten zu gehen und dementsprechend pünktlich und gerecht entlohnt zu werden. Im Krankenhaus landen zu können, ohne Angst zu haben, nicht mehr lebend rauszukommen. Auf Ärzte zu treffen, die bescheiden waren und ihren Job aus Liebe, dem Menschen helfen zu können, ausübten, die sich organisiert und diszipliniert an Vorschriften hielten und zum Wohl der Kranken und Hilfebedürftigen beitrugen. Das hätte den Menschen vollkommen ausgereicht. Nicht viel verlangten sie, nur halt die elementaren Lebensgrundlagen einer aufgeklärten, zivilisierten, demokratischen Gesellschaft.

Aber an irgendetwas scheiterte es. Er konnte es einfach in seiner patriotischen loyalen Naivität nicht erfassen, dass in einem Land, wo so viel Begehrtes und Lebenswertes produziert und vor allem exportiert wurde, in einem Land, was von Bergen, Meer und Sonne, reich an Wasser war und auch über Gas und Petroleum verfügte, in einem Land, wo eines der beliebtesten Lebensmittel produziert wurden, wo die besten Weine herkamen, wo die besten Modedesigner herkamen und diesbezüglich italienische Mode in die Welt exportiert wurde, wo Autos wie Ferrari und Maserati hergestellt wurden und wo selbst Fiat erfolgreich exportiert wurde, in einem Land, wo Millionen von Touristen jährlich drangen, um sich nicht nur von der italienischen Sonne verwöhnen zu lassen, sondern auch von der italienischen Lebensart, doch so viel falsch lief. Eigentlich hätte niemand aus der Not heraus auswandern müssen, und wenn, dann nur aus Liebe zu einem anderen Land.

Aber das Geld, was verdient wurde, floss immer nur in die Taschen derselben, in die Taschen der Schlauen. Und genau das war auch das grundlegende Problem vieler Italiener, sie waren einfach zu schlau, und genau diese Schlauheit stand ihnen im Weg, war ihnen das größte Hindernis. Santo wünschte sich ein wenig mehr Intelligenz. Traurig war es in den letzten Jahren geworden. Hoffnungslosigkeit hatte sich breitgemacht. Wo in den Achtzigern die Menschen dran glaubten, war nun alle Hoffnung verschwunden. Der Frohsinn, die Lebenslust, das Familiäre, die Herzlichkeit, wo waren sie nur? Santo stimmte es traurig. Von Jahr zu Jahr wurde die Stadt immer leerer. Das Leben war weg. Immer mehr Häuser standen leer. Mehr als die Hälfte der neu gebauten Häuser, die hoffnungsvoll von den Ausgewanderten mit ihrem Fleiß und hart erarbeiteten Geld gebaut worden waren, standen nun gottverlassen öde da. Keine Aussicht auf Wiederkehr. Häuser die von amerikanischen, französischen, belgischen, schweizer, deutschen und selbst australischen und kanadischen Emigranten erbaut worden waren, standen nun da und warteten darauf, mit Leben gefüllt zu werden. Die Zeichen der Zeit, standen schlecht. Niemand wollte mehr zurück. Ganz im Gegenteil. Alle wollten sie am liebsten weg. Kein Wunder, bei der Tristesse und Hoffnungslosigkeit, die Überhand gewonnen hatten.

Realistisch waren sie nun alle geworden. Niemand machte sich noch etwas vor. Einige hatten es versucht, in die Heimat zurückzukehren. Hoffnungsvoll und glücklich hatten sie ihr hart erspartes Geld, was sie im Ausland verdient hatten, allzu gerne in ihre Heimat investiert. Hatten die Hoffnung und den Wunsch gehabt, in dem Land ihrer Vorfahren leben zu können, bei ihren Lieben zu sein, ihre Kinder unter der italienischen Sonne groß werden zu sehen. Kläglich gescheitert waren sie alle. Nicht an ihrem Können, sondern an dem dort herrschenden selbstzerstörerischen System, in dem wenige Raubtiere die Zügel in der Hand hielten. Sie formten die Gesellschaft schon immer nach ihrem Willen, nach ihren eigenen Interessen. Wo eine Maschinerie entstanden war, wo es nicht mehr einfach war, aus eigener Kraft rauszukommen. Die Maschinerie, ich bin mir der Nächste. Das Volk kämpfte ums Überleben, während einige Privilegierte in Saus und Braus weilten und sich über jegliche patriotische Sentimentalität prächtig amüsierten. Sich mit Sicherheit schief und krumm lachten. Es betraf ja nicht sie. Sie waren ja die schlauen Füchse. Stolz waren sie darauf. Denn wie sonst erklärt es sich, dass heute immer noch junge Menschen aus der finanziellen Not heraus, aus der Not, ihr Können in ihrer Heimat nicht entsprechend realisieren zu können, in andere Länder auswanderten?

Die alten wunderschönen Städte und Kleinstädte, die Zeugnisse aus einer besseren Zeit waren und im Inneren des Landes lagen, befanden sich im Sterben. Auch Militello hatte schon mal bessere Zeiten erleben dürfen. Dies stimmte Santo traurig. Er hätte sich für die Heimat seiner

Vorfahren eine andere Zukunft gewünscht. Eine Gesellschaft von edlen, stolzen und aufrichtigen Menschen, die Fairness, Witz und Humor besaßen. Eine Gesellschaft, auf die man stolz sein konnte und für die man sich nicht schämen musste.

Wie wilde Hunde waren sie in der Welt überall verstreut. Nicht aus Liebe zu den anderen Ländern, das wäre legitim und vollkommen in Ordnung gewesen, sondern aus der Not heraus und das durfte so nicht sein. Brüder, Schwestern, Kinder, Freunde, die nicht mehr zusammen leben konnten, weil sie sonst in ihrer Heimat völlig verarmt wären. Weil sie keine Lust mehr hatten, sich weiterhin knechten zu lassen, hatten sie den einfacheren Weg gewählt. Anstatt für ihre Rechte und ihr Dasein in ihrer Heimat zu kämpfen, hatten sie sich lieber dafür entschieden, die Koffer zu packen und zum Teil angeekelt auf nimmer Wiedersehen zu verschwinden. Solche Gedanken gingen Santo durch den Kopf, wenn er durch die alten wunderschönen barocken Gassen und Straßen Militellos umherwanderte. Er liebte Sizilien, gerne hätte er auch dort gelebt und abgesehen von dem Stillstand, der Italien fest in seinen Klauen hatte, merkte er, dass er zu sehr an eine multikulturelle Gesellschaft gewöhnt war. Er besann sich immer mehr auf New York.

Italo-Amerikaner

Wenn Santo stolz war, Italiener zu sein, dann nur noch wegen der Italo-Amerikaner. Sie waren es, die ihm den Antrieb gaben, den Anreiz, es doch zu schaffen. Nicht die Italiener in Italien. Die entsprachen oft gar nicht seinem Bild. Er liebte die Italo-Amerikaner. Sie waren für ihn seine Vorbilder, an denen er sich festhalten konnte. Er bewunderte sie. Gerne wäre er so wie sie. Je älter er wurde umso mehr. Louis Prima, Frank Sinatra, Dean Martin, Perry Como, Tony Bennet, Al Martino, Bob Darin, Dion and the Belmonds, Frankie Vallie, Liza Minelli, Madonna, Jon Bon Jovi, Lady Gaga, Joe Di Maggio, Al Pacino, Robert De Niro, Sylvester Stallone, John Travolta, Ray Liotta, Joe Pesci, Danny De Vito, Leonardo Di Caprio, Francis Ford Coppola, Nicolas Cage (Neffe von Francis Ford Coppola), Talia Shire (Schwester von Nicolas Cage), Bill Conti (Musik-komponist von Rocky), Martin Scorsese, Mario Puzzo, Ken Wahl (Antony Calzaretta, alias Richie Gennaro), James Gandolfini alias Tony Soprano, Fiorello La Guardia (New Yorker Bürgermeister von 1934 bis 1945 und Namensgeber des New Yorker Flughafens), Rudy Giuliani (Bürgermeister von 1994 bis 2001), Jack La Motta (Weltmeister im Mittelgewicht mit herausragenden Nehmer–Qualitäten), Rocky Marciano (einziger ungeschlagener Schwergewichtsweltmeister), Hulk Hogan, Alyssa Milano, Mike Eruzione, Mario Lanza, Chris Botti, Nancy Pelosi, Chazz Palminteri und Frank Capra (er zählte zu den erfolgreichsten Regisseuren seiner Generation) und viele andere, die Santo durch den Kopf gingen.

Wenn Santo noch das Gefühl hatte, stolzer Italiener sein zu dürfen, dann nur noch dank der großartigen Leistungen der außergewöhnlichen Italo-Amerikaner. Santo war nie drüben gewesen. Es ärgerte ihn, dass er in seiner Jugend nie das Bedürfnis empfunden hatte, wenigstens einmal in den Staaten gewesen zu sein. Er bereute es. Wenn er gekonnt hätte, hätte er die Zeit zurückgedreht. »Kein Wunder«, dachte er sich, kein Wunder, dass er als Jugendlicher keine Lust gehabt hatte, wenigstens einmal Urlaub in den Staaten zu machen. Nicht wenige sprachen schlecht über die USA. Oberflächlich seien sie. Viel zu freundlich und zu fett und wenn man was im Fernsehen sah, dann hatte man das Gefühl, dass jeder zweite mit ner Knarre in der Hand herumlief, um bei der erstbesten Gelegenheit einen abzuknallen. Santo hatte damals das Gefühl, die USA wurde ausschließlich von Gangs regiert. In so einem Land wollte er damals keinen Urlaub machen.

Aber wie konnte es sein? Kam nicht diese ungezwungene unbeschwerte freizügige Lebensart aus den Staaten? Diese so wunderschönen alten Hollywood-Kinofilme, die Santo liebte, mit ihren wunderschönen charismatischen, humorvollen und eleganten Schauspielern und Musikern. Filme, die immer eine wohlwollende Message für den Menschen hatten. Die Coca Cola, der Kaugummi, die Jeans, die Zigaretten, der Computer? Die ausdrucksvolle, rhythmische und doch melodische Musik, zu der man in der Welt noch heute tanzt? Jazz, Swing, Lindi Hop, Rock'n'Roll, Blues and Rythm, Soul, Funk und R'n'B waren einige der Musikrichtungen.

Santo liebte die alte Musik, er liebte den Do Woop, den Swing und Jazz, den Rock'n'Roll. Das war die Musik die ihn am meisten berührte, die ihn immer mehr mit positiver Lebensfreude erfüllte. Die seinen Geist besänftigte und über vieles drüberstehen ließ. Die ihm seinen Humor schenkte, die Leichtigkeit mit dieser neidischen, zänkischen und leidenschaftslosen Gesellschaft umzugehen. Wenn ihm mal wieder irgendwelche egomanischen und arroganten Miesepeter mit ihren einstudierten ernsten Mienen über den Weg liefen, erinnerte er sich an Dean Martin und dachte sich, mach es nicht wie dein Vater, mach es wie Dean, lächle und bleib cool, lass den Mist nicht an dich heran. Er hörte sich die schöne Musik aus der alten Zeit an, die ihm dabei half, das Leben mit Humor zu ertragen.

Er ging nach Hause und ließ seine Seele mit positiver Energie und der lebensbejahenden Musik aufladen. Für diese Gesellschaft, die ihm zu affektiert war, hatte Santo nicht mehr viel übrig. Das schlimmste war ihre Neurotik. Natürlich geschah alles ziemlich subtil und mit einem Lächeln. Vielleicht wusste Santo es nicht besser. Aber eins wusste er, eine Gesellschaft, die sich nicht mehr viel zu sagen hat, wo jedes Wort, was gesagt, in die Waagschale gelegt wird, eine Gesellschaft, die nach der Philosophie Übe die Tugend des Schweigens lebt, in der dieses Schweigen dann bis zur Ekstase mit Alkohol gefüllt wird, nennen sie dann tief denkend. Man könnte ja was Falsches sagen, man könnte sich ja angreifbar machen, Nicht wenige warteten darauf wie die Hyänen, dass einer ein falsches Wort sagte, eine falsche Geste machte, um sich erbarmungslos auf ihn zu stürzen, um somit ihr elendliches und schwaches Ego auf Kosten ihres gefundenen Opfers zu stärken.

Einiges kam natürlich auch daher, dass man es durch zu viel Fernsehen und all die anderen neuartigen kommunikativen Medien schon lange gar nicht mehr nötig hatte und viele schon reizüberflutet waren. Egal, ob zuhause oder im Auto, in den unterschiedlichen Geschäften, auf den Arbeitsplätzen, in den U-Bahnen, in den Fitnessstudios, in den Cafés, so quasi überall und immer wurde man mit schnellen Bildern und viel zu lauter billiger gefühlsloser Musik erschlagen, bombardiert, niedergemacht. Dies alles nervte Santo. Oder war er vielleicht einfach nur in der falschen Zeit geboren? Vielleicht war er aber auch nur ein Träumer?

Neid, Missgunst und Habgier sind die gefährlichsten Feinde eines jeden Menschen. Sie sind nicht nur für die anderen zerstörerisch, sondern irgendwann auch für sich selbst. Man erntet, was man sät. Das Leben ist wie ein Bumerang. Irgendwann fliegt der Bumerang wieder zu einem zurück.

Wenn sie einmal eine Meinung gefällt haben, die nicht allzu lange auf sich warten lässt, wenn sie einmal jemanden zu irgendetwas verurteilt haben, selbst wenn dies oft zu Unrecht passiert, fällt es ihnen verdammt schwer, die Schublade, in der sie die jeweilige Person hineingesteckt haben, von dort aus wieder rauszuholen. Das wäre ja fatal gegenüber ihrem Ego, sich eingestehen zu müssen, dass sie diesen Menschen zu Unrecht verurteilt haben. Sie würden sich ja ihre Unfehlbarkeit eingestehen müssen. Sie würden ja zugeben, dass sie einen Fehler begangen haben, sie müssten sich ihren Kleingeist eingestehen. Die Größe und den Gerechtigkeitssinn besaßen sie nicht. Vor allem, wenn auch noch mehrere diese Meinung miteinander gefällt hatten. Anstatt sich des Lebens zu erfreuen, hatten sie nichts Besseres zu tun, als Menschen zu verurteilen. »Es werfe derjenige, den ersten Stein, der frei von Sünde ist.«

Monsieur Filou

Der neue Job ließ nicht lange auf sich warten. Unten, im größeren Parkplatz bei dem griechischen Großhändler, wo Santo zuvor gearbeitet hatte, gab es einen türkischen Obst- und Gemüsehändler. Sie machten Santo das Angebot, für sie zu arbeiten. Doch Santo lehnte dankend ab. Diesen eingebildeten, dummen und arroganten Aristeidis wollte er nicht von Tag zu Tag vor seinem Antlitz haben. Egal wie sehr er sich schon in den letzten Jahren diszipliniert hatte, auf Dauer hätte auch er sich nicht länger zurückhalten können, diesem aufgeblasenen Griechen die Fresse zu polieren.

Plötzlich meldete sich nach langer Zeit wieder einmal Reza, sein alter persischer Freund. »Bruder« nannte Reza Santo immer wieder. Reza war ein Schmeichler, ein Holzraspler wie aus einem Märchenbuch. Wenn er der Meinung war, von einem zu profitieren, hatte er die Gabe, die meisten Menschen um den Finger zu wickeln. Reza konnte aber auch anders. Wenn er sich demjenigen überlegen fühlte, der ihn verärgert hatte, konnte er auch richtig fies und rabiat werden. Nur bei Santo nicht. Nicht nur weil er wusste, dass auch Santo anders konnte, sondern weil er im Grunde genommen Santo gerne mochte. Er wusste, dass Santo einer war, auf den man sich verlassen kann. Auch wenn er die Meinung vertrat, dass Santo ein Träumer und in seinen Augen ein Versager war. Für Reza waren nur die Menschen keine Versager, die mindestens eine Million Euro auf dem Konto hatten und beruflich erfolgreich waren, egal, wie.

Er selbst hatte auch einiges geschafft. Zumindest oberflächlich. Denn eines war Santo klar, nicht alles, was glänzt, ist Gold.

Santo mochte Reza auch. Er konnte ihm einfach nicht böse sein. Egal, wie sehr er ihn menschlich enttäuschte, irgendwie schaffte es Reza immer wieder, aus Santos Herz diesen Ärger rauszuholen. Auch wenn es nur von kurzer Dauer war. Denn leider konnte Reza nicht anders. Er meinte es nicht böse mit Santo. Aber er benutzte die Menschen gerade so, wie er sie gebrauchen konnte. Mit Santo war er im Vergleich sogar noch gnädig.

Ein banales Schlitzohr, aber ein sympathisches. Mit Sicherheit schlief er nachts nicht. Er konnte sich nur allzu gut vorstellen, wie Reza nachts, wenn er mal wieder was ausbrütete, kein Auge zubekam. Reza hatte in der Zwischenzeit sein Geld nicht nur mit Granitstein-Import aus St. Petersburg verdient, sondern auch mit dem Verlegen von Granitstein und auch anderer Baumaterialien. Das Geschäft lief gut. Dann hatte er immer wieder weiterhin Geschäfte aufgemacht und wieder abgegeben oder zugemacht. Immer auf der Suche nach dem ultimativen Geschäft. Reza lebte fürs Geld verdienen. Für den Luxus, den er sich gerne gönnte und sich damit in der iranischen Gesellschaft vom Feinsten präsentierte, um sich bei seinen Landsleuten die gesellschaftliche Anerkennung zu holen. Inzwischen hatte er im Dom-Hotel auch noch eine Champagner-Bar aufgemacht, in dem Personal arbeitete, das zum Teil noch nicht mal wusste, wie Champagner geschrieben wurde. Hauptsache günstig. Hauptsache sie waren nicht teuer und hatten keine eigene Meinung. Dazu hatte er einige Parkhäuser und größere Parkplätze gepachtet, mit denen sich in einer Stadt wie Köln, in der die Parkplätze wahrlich knapp waren, zumindest in der Innenstadt gut Geld verdienen ließ. In einem der Parkhäuser lag das ehemalige WDR-Parkhaus. Im Parkhaus gab es von der Straße aus gesehen, auf der linken Seite, einen kleinen chinesischen Schnellimbiss, der nicht nur wie aus den Siebzigern aussah, sondern fast genauso lange existierte. Der Imbiss war ein Dauerrenner. Jeden Mittag brummte der Laden. Direkt an der Straße, aber noch in seiner gemieteten Parkhausfläche, stellte Reza einen Imbiss-Wagen auf, in dem er Würstchen mit Pommes verkaufte. Dahinter, etwas abseits, lag der Kioskladen, der nun leer stand, weil der Inhaber es nicht mehr geschafft hatte, die Miete zu zahlen, und endgültig kapitulieren musste. Reza, der sehr darauf aus war, vor dem Lammertig-Immobilien-Gesellschafter eine Bella Figura zu machen, in der Hoffnung, dass er dadurch als ebenbürtiger Kaufmann angesehen werden würde und somit Geschäfte mit der Lammertig-Gesellschaft machen konnte, wollte schnell einen anderen Idioten finden, der sich in den Laden stellen würde. Es war klar, dass er so schnell keinen Nachmieter finden würde, der für so ein Loch 2.500 Euro Miete zahlen würde. Klar war, dass bestimmt keiner ihm so leicht noch nicht mal eine Miete von 1.000 Euro bezahlt hätte. Also kam es Reza genau richtig, dass Santo, der ewige berufliche Versager, mal wieder ohne Arbeit war. Sie vereinbarten einen Deal miteinander. Santo musste sich in den Laden stellen und das Kioskgeschäft schmeißen, ohne einen Cent zu investieren und am Ende des Monats machten sie dann Hälfte, Hälfte. Santo kam es recht, er hatte eh kein besseres Angebot und abgesehen davon, wenn er jetzt im März noch irgendwo eine reguläre Arbeit angefangen hätte, hätte er mit Sicherheit keinen Sommerurlaub genehmigt bekommen. Das ging auf jeden Fall nicht. Er hatte seiner Tochter sein Versprechen gegeben. Somit konnte er sich vielleicht nochmal ein wenig Taschengeld für den Sommerurlaub verdienen. Beide Seiten schienen etwas davon zu haben. Enttäuscht war Santo trotzdem. Denn Santo maß die Menschen nach dem, was sie sagten und wie sie in Relation dazu handelten. Er hätte seinen Bruder, wenn er andere Möglichkeiten gehabt hätte, zumindest in der kleinen noblen Champagnerbar arbeiten lassen, aber niemals in ein von Autoabgasen stinkendes Loch hingestellt. Worte wie »Bruder« schienen für Reza nur bedeutungslose Begriffe zu sein, Worte, mit denen man Menschen umschmeicheln konnte, mit denen man Menschen manipulieren konnte. »Schatz« war auch so ein Begriff, den Reza gerne benutzte, nicht nur bei den Damen, sondern überwiegend bei Männern. Bei Männern, wo es galt, sie für seine Sache zu gewinnen. Santo spielte das Spiel mit. Mal wieder fügte er sich aus der Not heraus in die Rolle des Idioten. Er brauchte das Geld.

Es war die Zeit, in der er mit dem Schreiben anfing. Er hatte einige Wochen zuvor einfach so aus seinem Inneren seine seit Jahren angesammelten Enttäuschungen und Lebensereignisse, die sich in seinem Gedächtnis eingebrannt hatten, innerhalb einiger Tage auf einem kleinen Schreibblock aufgeschrieben. Es tat ihm gut. Nun, wo er im Kiosk saß und nicht unbedingt viel los war, hatte er die Lust bekommen, den zweiten Teil des Romans »Scharfe Zeiten« von Richard Price (The Wanderers) sich selbst auszudenken und aufzuschreiben. Wie sehr hatte er sich gewünscht, dass man einen zweiten Teil gedreht hätte. Dieser Film hatte es ihm seit seiner Jugend angetan. Die Musik, die Mode, die warmherzige innige brüderliche Freundschaft der Jungs und diese unbeschwerte, sich des Lebens erfreuende Art. Jungs, mit denen er sich immer noch identifizieren konnte und das trotz seiner 40 Jahre.

Irgendwie hatte es ihn wieder gepackt. Wie hatte damals Jonny gesagt: »Einmal eine Tolle, immer eine Tolle.« Er tauchte in diese so schöne

Welt ein, die ihn nie wieder loslassen sollte. Vielleicht war es nur eine Flucht. Aber es war eine schöne Flucht. Es machte ihm ungeheuer Spaß, den zweiten Teil niederzuschreiben. Indessen versuchte er den Stil des Romans »Scharfe Zeiten« nachzuahmen. Einen eigenen Stil hatte er sowieso noch nicht, er hatte auch zuvor noch nie den Versuch gemacht einen Roman zu schreiben.

Aber darum ging es ihm nicht. Es war einfach die pure Lust am Schreiben dieser Story, die sich in den 60ern in der North Bronx abgespielt hatte. Santo genoss es, den zweiten Teil selbst zu erfinden, dadurch konnte er in diese Welt, seine Musik, in der er gerne dabei gewesen wäre, eintauchen. Santo staunte nicht schlecht. Es machte ihm ungeheuren Spaß. Am liebsten hätte er gar nicht mehr aufgehört aus seiner Vorstellungskraft, wie der zweite Teil hätte sein können, aufzuschreiben. Amüsiert genoss er es, die einzelnen unterschiedlichen Charaktere der Jungs zu entwickeln, aber nicht nur die der Wanderers, sondern auch von neu erfundenen Jungs aus anderen Vierteln, aus anderen Gangs. Oft musste er über sich selbst und über die Eigenschaften der Romanfiguren, über deren Sprüche und deren Differenzen, belustigt lachen. Seine Geschichten der einzelnen vergnügten ihn. Zum Glück fand Santo in diesem Loch von einem Kiosk immer wieder Zeit, sich an seinem Schreiben zu erheitern. Einmal erfasste Reza die Neugier. Er beobachtete Santos Schreiben seit Längerem, hatte es aber zu Anfang ignoriert, oder vielleicht wollte er sich einfach nicht die Blöße geben. So war Reza. Dieses kontinuierliche Schreiben hatte nun doch seine Neugierde erweckt.

Was tüftelte dieser Santo wohl da aus? dachte sich Reza. Er schritt zu Santo an die große Fensterfront, wo ein massiver länglicher Theckentisch aus Holz stand, wo Santo überwiegend den größten Teil seines Romans verfasst hatte. Reza näherte sich Santo wie eine betörende Katze, die so tut, als ob nichts wär, um in einem Augenblick der Unachtsamkeit geschwind mit blitzschnellen Pranken zuzuschnappen und sich dann genauso blitzschnell aus dem Staub zu machen.

Reza hatte das Manuskript in der Hand. Santo war überrascht. Ohne Santo großartig zu beachten, drückte Reza wie ein Kater seine Schnauze anstatt tief in die Milchschüssel tief in die Manuskriptseiten. Santo lächelte. Reza schenkte ihm keine Beachtung, er las weiter. Santo amüsierte es. Reza las immer noch weiter. Santo erstaunte es. Intuitiv war er von der natürlichen Reaktion ausgegangen, bei der man sich aus menschlicher Neugierde etwas schnappt, um kurz einen Hauch zu erhaschen, um es dann mit desinteressierter Geste wieder abzulegen. Reza las immer noch. Nun wurde Santo unruhig. War das jetzt Interesse oder einfach nur belustigte Neugierde? Als ob Reza Gedanken lesen konnte, als ob er Santos Schwingungen gespürt hatte, hob er endlich seine Schnauze aus den Seiten, schaute Santo mit großen Augen an, und sagte mit einer nicht unverkennbaren Bewunderung: »Hast du das alles geschrieben?«

»Ja!«, antwortete Santo etwas verunsichert.

»Du bist echt erstaunlich! Hast du dir das alles selbst ausgedacht?«, wollte Reza ungläubig wissen.

»Ja, wer soll das denn sonst geschrieben haben?«, antwortete Santo.

»Unglaublich«, antwortete Reza.

»Und? Was ist?«, wollte Santo nun Rezas Meinung wissen. Wenn er sich schon sein Skript geschnappt hatte, wollte er auch sein Urteil hören. »Gefällt es dir?«

»Ja, Mann, echt super«, hörte sich Reza selbst sagen. Er war baff. Baff über Santo und baff über sich selbst. »Du schreibst echt gut.«

»Ja im Ernst?«, fragte Santo erstaunt. Er fühlte sich geehrt.

»Nein, im Ernst!«, konnte Reza sich seine Bewunderung nicht verkneifen. »Du schreibst genau nach meinem Geschmack. Eigentlich lese ich nicht gerne, aber hier, das hier, das ist echt gut. Das würde sogar ich lesen. Echt gut und spannend geschrieben. Wusste gar nicht, dass du schreibst.«

»Stimmt, eigentlich schreibe ich auch nicht. Das ist das erste Mal, habe vorher noch nie etwas geschrieben.«

Reza nickte Santo zustimmend zu. »Und willst du es veröffentlichen?«, horchte Reza Santo aus.

»Veröffentlichen?«, fragte Santo »Veröffentlichen?« Für einen Augenblick dachte er, wie es sein könnte. Der Gedanke erfreute ihn. Füllte ihn mit Würde und Stolz. Dann besann er sich der Realität und stellte sich vor, wie er sein Manuskript mit dem zweiten Teil von »Scharfe Zeiten« zu Richard Price schickte. Wenn er sich die Blöße geben würde, sein Skript eines Blickes zu würdigen, würde er sich sowieso darüber eher lustig machen und Santo für einen Träumer halten. Selbst wenn ihm diese klitzekleine Geschichte gefallen würde, hätte er bestimmt keine Lust nach so viele Jahren, nur wegen einem dahergelaufenen deutschen Itaker sich nochmal ins Zeug zu legen. Und wer weiß, wie viele vor Santo ihm schon einige Skripte zugeschickt hatten, die den zweiten Teil darstellen sollten, die Richard Price allesamt hatte abblitzen lassen. Warum denn sonst hatte es keinen zweiten Teil gegeben? Warum denn sonst hatte er keinen zweiten Teil selbst geschrieben? Oder hatte er das? Und hatte er vielleicht im Nachhinein seine Meinung geändert?

Für jeden Scheißfilm drehte man nicht selten einen zweiten und dritten und manchmal mehr, aber einen zweiten Teil der Wanderers hatte man nie gedreht. Wahrscheinlich sollte das auch so sein, wahrscheinlich wollte Richard Price es so. Schade, dachte sich Santo und fand, dass so ein Film der heutigen, gelangweilten Jugend gut tun wurde. Vielleicht würde sie so ein Film ein wenig auf den guten Geschmack bringen und ihnen zeigen, dass man auch miteinander tanzen und Spaß haben kann, als auf Parties nur blöd herumzustehen und alle zwei Sekunden aufs Handy zu schauen und alle paar Minuten mal kurz die Hüfte zu schwingen, um dann wieder wie erstarrt auf ihre Handys zu schauen. Vielleicht, wenn er es schaffen würde, sein Manuskript irgendwann nochmal auszufeilen und ihm den letzten Schliff verpassen konnte, dann würde er vielleicht einfach so eine Kopie davon sogar an Richard Price schicken. Was hätte er denn zu verlieren?

»Ich weiß es nicht, mal gucken«, antwortete Santo. »Mal gucken. Erst mal zu Ende schreiben!«

Reza schaute ihn immer noch mit einer überraschten Bewunderung an, offenbarte sein typisch schelmisches Lächeln, um Santo darauf hinzuweisen »Vergiss aber nicht, mich in der Geschichte zu erwähnen.«

Santo stutzte kurz. Ist der blöd? Wie kommt der darauf? »In dieser Geschichte?«, fragte Santo Reza mit einem leicht ironischen Lächeln. »In dieser Geschichte hast du nichts zu suchen«, lächelte Santo Reza an. »Die hat nämlich nichts mit uns zu tun und vor allem nichts mit dir.« Reza grinste ihn mit einem unverkennbar verschämten Blick an, um sich prompt wieder, als ob nichts wär, von ihm abzuwenden und seinem Geschäft, seinem Durst nach Geld weiterhin nachzugehen.

89 Seiten wurden es, die Santo genussvoll und mit viel Spaß geschrieben hatte. Am Anfang hatte Santo nur 23 Seiten aus sich entfalten können. Es ähnelte mehr einem Inhaltsverzeichnis, das auf eine spannende Geschichte hoffen ließ. Seiner Frau, die genauso erstaunt war und ihm dies auch verriet, »du überraschst mich immer wieder, du steckst voller Überraschungen«, hatten es diese 23 Seiten angetan. Anerkennend forderte sie Santo auf, in seiner Geschichte noch mehr in die einzelnen Details zu gehen, die einzelnen Persönlichkeiten näher zu beschreiben, sie besser zu personalisieren und einiges aus den früheren italienischen Traditionen und typischen Denkarten auch in seiner Geschichte zu offenbaren. Die Hintergründe der damaligen Auswanderung, die in „Scharfe Zeiten" gar nicht thematisiert wurden, die Hintergründe wie es zu solchen italienischen Vierteln und Gangs überhaupt gekommen war und so weiter.

Recht hatte sie! Das waren doch genau die Themen. Genau die Themen, die ihn seit eh und je fasziniert und interessiert hatten. Mit Hilfe seiner Frau, die für Santo eine verdammt gute Analytikerin war und ihn wahrlich schon oft mit ihrem Scharfsinn, Filme und Bücher zu interpretieren, zu verstehen und auch einzusehen, überrascht hatte. Sie hatte die Fähigkeit, die Storys mit den inneren Augen zu erfassen. Sie konsumierte nicht, sondern sie inspizierte. Sie nahm Filme und Bücher nicht nur zur Unterhaltung. Santo war begeistert. Er hatte nie gelernt, die Sachen so intensiv aufzunehmen, zu beobachten, hinter die Fassaden zu schauen, sondern lediglich als Unterhaltung. Ihre Analysen hatten Hand und Fuß, die aber nicht gleich und sofort für jeden sichtbar waren. Abgesehen vom angeborenen Talent seiner Frau, musste er sich eingestehen, dass ihm im Vergleich auch einfach die schulische Bildung fehlte. Er hatte nie gelernt, sich so mit den Geschichten in den Filmen und Büchern auseinanderzusetzen. Er war ja auch nur ein dummer Hauptschulabgänger, der seinen 10a-Abschluss mit Ach und Krach geschafft hatte. Schule hatte ihn zu Tode gelangweilt, er hatte irgendwann den Anschluss verpasst und hatte es nie wieder geschafft. Seine Schule, sein Dojo, war sein Leben gewesen. Seine Schule waren einige Filme, einzelne Menschen und auch einige Bücher, die er als ausgereifter Mann aus eigenem Antrieb gelesen hatte. Mit Hilfe der richtigen Anhaltspunkte und der anerkennenden Bewunderung seiner Frau, schaffte es Santo, diese 89 Seiten aus sich herauszuholen. Die aber dann erst mal links liegen gelassen wurden.

»Irgendwann, wenn die Zeit dafür reif geworden ist, nehme ich mir diese 89 Seiten und werde sie nochmal verfeinern, ihnen den letzten Schliff verpassen und vielleicht noch ein wenig erweitern«, aber zuvor, wollte er auf Anreiz nicht nur seiner Ehefrau, sondern auch durch den Rat und Empfehlung von einigen Freunden, die ihn aufgefordert hatten doch lieber eine Geschichte über Italiener zu schreiben, die sich in Köln abgespielt hatte, entwickeln. Das wäre viel authentischer, wollten sie ihn überreden.

Eine Geschichte über Italiener in Köln? Über Italiener in Deutschland? Warum nicht?, dachte sich Santo. Recht hatten sie! Warum soll man denn nicht auch mal eine Geschichte von deutschen Italienern der Welt offenbaren? Egal, wie sehr Santo die Italo-Amerikaner bewunderte, schließlich hatten sich auch in anderen Ländern italienische Schicksale abgespielt und die waren bestimmt auch würdig, erzählt zu werden. Und warum sollten nicht die Menschen in der Welt, die Italiener, die überall ausgewandert und verstreut und unter den unterschiedlichsten Bedingungen aufgewachsen waren, sich nicht für eine Geschichte ihres Gleichen interessieren. Er hätte sich brennend dafür interessiert. Ja, Recht hatte seine Frau, Recht hatten seine Freunde. Es wäre schade! Es wäre verdammt schade, wenn dieses Stück italienischer Geschichte, dieser sich in Deutschland, in Köln abgespielte Geschichte für immer und ewig verloren ginge. Er musste sie aufschreiben. Aufschreiben für die Welt, für seine Nachwelt, vor allem für seine Kinder und deren Kinder. Wie schön wäre es gewesen, wenn er ein Buch von seinem Opa oder besser noch von seinem Ur-Opa hätte lesen können, der über sein Leben, seine Lebenserfahrungen, seine Gefühle, seine Denkart, seine Träume und Sehnsüchte, seine Liebe und Vorlieben, seine Enttäuschungen, erzählte. Das wäre doch fantastisch gewesen! Wie viel hätte er auch über sich selbst erfahren können. Wie viel hätte er daraus lernen können. Sich vergleichen können. Lehren beziehen dürfen. Es hätte ihn bestimmt in seiner Persönlichkeit gestärkt, wäre ein Anker gewesen, ein Leitfaden, einfach eine Hilfe, das Leben so gut es ging zu verstehen und zu bewältigen, zu

meistern. Er hätte sich ungeheuer darüber erfreuen können. Das war klar!
Das war sonnenklar.

Endlich!

Der Sommer war da. Er hatte es geschafft. Sie hatten es geschafft. Er und seine Frau hatten es geschafft, sie konnten ihr Versprechen halten. Endlich! Nach fast sieben Jahren konnten sie endlich gemeinsam Urlaub machen. Endlich zusammen wieder Sizilien sehen. Töchterchen freute sich sehr. Söhnchen auch. Alle freuten sich, endlich nach so langer Zeit in die wohltuende helle warme Sonne Siziliens zu fahren. Gott sei gedankt! Er konnte sein Versprechen halten und das Buch, seinen autobiografischen Roman, wollte er erst nach dem Sommerurlaub beginnen. Erst mal endlich den langersehnten Urlaub. Erst mal endlich zwei Wochen am Stück warme, sehr warme Sonne tanken. Balsam für Seele und Leib.

Der Urlaub ging schnell vorbei. Zwei wundervolle Wochen hatten sie dort verbracht. Die sizilianische Sonne hatte ihren Dienst wie immer zuverlässig erfüllt. Sie hatte keinen Wunsch ausgelassen. Liebkost und verwöhnt worden waren sie in den zwei Wochen. Die Sonne, die hervorragende warme Inselluft, die vom Mittelmeer und Bergen, vom Ätna und all den wunderbaren Kräutern und Obstbäumen und jeglichem Gewächs, täglich genährt wurde, hatten sich Santo und seiner kleinen Familie sehr gefällig erwiesen. Der Schwiegervater war die erste Woche mitgeflogen. Santo zeigte nicht ohne Stolz seinem wissensdurstigen und Kultur freudigen Schwiegervater den einen und anderen Ort. Die ersten zwei Tage hatten sie in Militello bei einem guten Freund übernachtet. Sein Schwiegervater hatte sich gleich auf der Stelle mit seiner Tochter auf Erkundungstour begeben. Militello war in der Zwischenzeit als UNESCO Kulturerbe erkoren worden, auch wenn die Stadt, und das wusste Santo, schon deutlich bessere Zeiten erlebt hatte. Es gab viel zu sehen. Immerhin war die kleine Stadt an jeder Ecke mit antiken Kirchen aus dem 9. bis zum 17. Jahrhundert übersät. Dann kamen die alten barocken Gemäuer, die sich mit der außergewöhnlichen landschaftlichen Schönheit, die sich in Militello offenbarte, pittoresk vereinte.

Enthusiastisch schossen sie viele Fotos. Sein Schwiegervater, der ursprünglich aus Kermansha, nördlich des Iran kam, war regelrecht angetan. Er freute sich. Später fuhren sie nach Marina die Ragusa, besser gesagt nach Casuzze-Caucana, was zu Santa Croce Camerina gehörte. Ein ehemaliges Fischerdorf im südöstlichen Sizilien, was durch die Roman-figur von Commisario Montalbano des beliebten sizilianischen Schrift-stellers Andrea Camilleri berühmt wurde. Ein schöner Ort. Schöner Strand. Aber Militello konnte es nicht das Wasser reichen. Konnte über-haupt ein anderer Ort Militello das Wasser reichen? fragte sich Santo. Bis jetzt konnte er nicht das Gegenteil behaupten. Er hatte noch keine kleinere Stadt sehen dürfen, die dem Heimatort hätte das Wasser reichen können. Militello war einfach wundervoll.

Die nächste Etappe war Syracus, die Stadt Archimedes und Pythagoras, was auch an der südöstlichen Seite Siziliens lag, knapp 60 Kilometer entfernt. Die Stadt, die es mit Karthago, Athen zu ihrer mächtigsten Zeit aufgenommen hatte. Die Stadt, die den Römern mit am längsten die Stirn geboten hatte. So sehr, dass die Römer abscheulich erbost waren, und vor Rachsucht und Todeswut selbst vor einem der außergewöhnlichsten Köpfe aller Zeiten wie Archimedes kein Erbarmen zeigten und somit auch ihn einen Dolch spüren ließen. In Syracusa besuchten sie die Über-bleibsel der griechischen Stadt aus der Antike. Dort befanden sich noch immer in außergewöhnlichem und zumeist gutem Zustand ein griechi-sches Amphitheater, einige Überreste griechischer Tempel, das Ohr des Dionysos, ein römisches Amphitheater, und einige andere antike Gemäu-er.

Sein Schwiegervater war begeistert. Am liebsten hätte er dort sein Zelt aufgeschlagen. Er bekam von der Schönheit dieser antiken Stadt nicht genug. Santo konnte es sehr gut nachempfinden. Ihm ging es jedes Mal aufs Neue ähnlich.

Auf dem Rückweg nach Casuzze-Caucana in Richtung Punta Sec-ca/Marina die Ragusa fuhren sie an Modica durch Ispica vorbei. Ihnen blieb quasi die Spucke weg. Das kannte Santo noch nicht. Davon hatte er noch nie gehört und wahrscheinlich gab es noch viele solcher Orte in Sizilien, von denen er noch nie gehört hatte. Die Cava D´Ispica! Eine 13 Kilometer lange tiefe Schlucht aus Kalkgestein, die mit Höhlen und Ein-gängen jeglicher Größe an den Spitzen der Anhöhen übersät war. Von der SS 115 in Richtung Modica offenbarte sich ihnen dieser Anblick auf der rechten Seite. Beinahe abrupt hielten sie wie ferngesteuert an. Sie dreh-ten mit ihrem Auto um, um den Berg hinaufzufahren, wo schon vor tausenden von Jahren sich Generationen vor ihnen an diesem Ort ergötzen durften. Beim Hochfahren, an den Seiten der Bergkuppen befanden sich Reste eines Dorfes, die in sogenannten »Spaccaforno «Häuser, die in das Innere des Bergs gegraben wurden. Es war ein Ort, an dem man sich in die Zeit zurückversetzt fühlte. An dem die Zeit quasi stehen geblieben war. Santo konnte die Vergangenheit fühlen. Er sog sie mit genussvollen tiefen Atemzügen in sich hinein, so tief es ging. Dabei genoss er diese wohltuende Sonne, die seinen gesamten Körper mit Wärme kredenzte. Das war typisch für Santo. Dadurch verschmolz er mit dem Ort und seiner Vergangenheit. Das war seine Art, die Schönheiten eines Landes, eines außergewöhnlichen Ortes, in sich aufzunehmen. Sein Schwiegervater war außer sich. Wie ein kleiner Junge freute er sich. Er bedankte sich bei Santo. Er war froh, an einem so wunderbaren Ort zu sein.

»Das ist der Himmel«, vertraute sein Schwiegervater ihm an. Cyrus liebte das Land, die Sehenswürdigkeiten, die von einer faszinierenden Zeit zeugten, und vor allem die Berge. Die Berge, die er so sehr aus seiner Heimat, die er, seitdem er über Nacht, aus politischen Gründen, geflohen war und seine so geliebte Heimat Iran mit seiner Familie verlassen musste, schmerzlich vermisste. Santo fühlte mit. Er mochte seinen Schwiegervater und es tat ihm leid. Es tat ihm leid, dass sein Schwiegervater, nur weil er eine andere Idee hatte, nicht wie jeder andere, jederzeit und unbeschwert seine Heimat, das Land seiner Vorfahren, sehen durfte. Wie ungerecht und unbarmherzig Menschen doch sein konnten, selbst gegenüber einem älteren Mann. »Schade«, dachte Santo.

Die unendliche Schlucht und Cyrus Mavaee

In der Schlucht befand sich auch eine Nekropole sowie eine Heilgengrotte und unmittelbar in der Nähe die Katakomben aus dem 4. bis 5. Jahrhundert n. Chr. Es war ein fantastischer Ort, an dem auch viele Wandkletterer ihren Spaß hätten. Gerne wären sie ein wenig länger geblieben, doch die Sonne knallte zu sehr. Für die Kinder war es an einem Mittag einfach zu heiß. Sie kehrten um und fuhren nach einer guten Stunde wieder heim. Santo musste seinem Schwiegervater versprechen, dass, bevor er wieder nach Köln fliegt, Santo ihn unbedingt noch einmal dort hinbringen würde. Er wollte liebend gern diesen Ort noch einmal sehen. Santo hielt sein Versprechen. Nach einer Woche, am letzten Tag, einige Stunden bevor er seinen Schwiegervater zum Flughafen nach Catania fuhr, hielt Santo Wort. Es beglückte Santo, seinen Schwiegervater so eine Freude damit zu machen. Sie hatten sich ein wenig ausgerüstet. Cyrus war ein Liebhaber aller erdenklichen Bergsteigeraccessoire In seinem größeren Militärrucksack hatte er so manches Nostalgisches mit eingepackt. Santo hatte für alle Fälle seine Baseball-Mütze aufgesetzt. Sie wollten di Cava D´Ispica ein wenig erkunden. Mit gemischten freudigen Gefühlen ließ sich Santo darauf ein.

Es war zur Mittagszeit, gegen 12:00 Uhr und Santo wusste, dass die sizilianische Sonne zur Mittagszeit unbarmherzig heiß sein konnte. Cyrus schien es nicht die Bohne zu interessieren. Er lächelte nur und sagte seinem Schwiegersohn, er solle sich keine Sorgen machen.

Der Flug nach Köln ging um 17:00 Uhr, also hatten sie noch ein paar Stunden Zeit. Was für ein Wahnsinn, dachte sich Santo. Kurz vor dem Flug, sich, in solch einer Hitze eine Schluchtenwanderung anzutun. Seine Gedanken verrieten ihm, wie sizilianisch er doch mittlerweile in solchen Angelegenheiten dachte. Nun gut, er hatte es seinem Schwiegervater versprochen und das, was man verspricht, so hatte es sein Vater ihm mit der Muttermilch beigebracht, sollte ein Mann auch halten. Zu sehr hatte er dies für sich verinnerlicht. Er konnte einfach nicht aus seiner Haut. Gerne hätte er diese Wanderung auf eine günstigere Tageszeit verschoben. Doch es ging nicht. Eine Woche Urlaub, die sein Schwiegervater dort verbrachte, war nicht gerade viel, um alles so zu machen, wie es eigentlich am besten wäre.

Am Eingang dieser Schlucht liefen einige streunende Hunde herum. Auch einige Menschen, die so aussahen, als ob sie sich langsam auf den Heimweg machten und Santo wusste, genauso war es auch. Zur Mittagszeit, wäre einem Sizilianer nicht mal im Traum eingefallen, in dieser kochend heißen Schlucht wandern zu gehen. Für verrückt und durchgeknallt hätten sie ihn gehalten und genauso wurden sie von den Blicken der Einheimischen auch beäugt.

»Ja, ja. Schon klar«, dachte sich Santo. »Ihr wisst es auf jeden Fall besser. Ich eigentlich auch.«

Wie ein Kind, das sich auf ein langersehntes Geschenk freut, das urplötzlich aus heiterem Himmel vor seinen Augen steht, stürzte sich sein Schwiegervater auf die Schlucht. Santo hinterher. Cyrus war glücklich. Santo freute sich für ihn, schaute aber immer wieder auf seine Armbanduhr. Er hatte absolut keinen Bock, den Flieger zu verpassen. Er kannte seinen Schwiegervater. Er wusste, mit Uhrzeiten hat er es nicht. Die Uhr, war stets Cyrus' Feind gewesen. Nie schaffte er es mal, irgendwo pünktlich zu erscheinen. Immer auf die letzte Sekunde fiel ihm plötzlich ein, dass er zu spät kam. »Nicht mit mir«, dachte Santo. »Nicht mit mir!« Auf gar keinen Fall durfte sein Schwiegervater den Flieger verpassen. Auf den Stress, hatte er gar keinen Bock. Stress, hatte er in seinem Leben schon zu genüge gehabt. Santo hielt seine Uhr fest im Blick, Cyrus interessierte es nicht. Immer weiter und immer mehr, drangen sie in diese nicht enden wollende Schlucht ein. Santo fühlte sich wie in einem Backofen. Cyrus schien zu Santos erstaunen die Hitze nichts auszumachen. Er marschierte und marschierte. Hin und wieder schaute er nach seinem Schwiegersohn. Santo lächelte ihm dann zu. Von wegen alles in Ordnung? Dabei war er schon nass geschwitzt. Sie stiegen die Felsen hinauf um sie dann wieder herunter zu steigen um daraufhin wieder den nächsten Felsen zu bezwingen. Cyrus marschierte weiter und Santo meinte von Sekunde zu Sekunde, das Gesicht und den kahlen Kopf seines Schwiegervaters, immer dunkler werden zu sehen. Man könnte meinen, er wäre ein Inder. Oder war es nur eine Fata Morgana? Der Schweiß lief Santo das Gesicht runter. Die Hitze setzte ihm zu. So musste sich die

Sahara anfühlen, dachte Santo. Er hatte sich die Schlucht kleiner vorgestellt. Doch sie schien nicht enden zu wollen. Lust und die Neugierde, die Schlucht bis Ende zu wandern, hätte er schon gehabt. Aber doch nicht zu so einer Uhrzeit, zu so einer Hitze, und dann mit dem quälenden Gedanken im Rücken, sein Schwiegervater könnte ja den Flieger nach Köln verpassen.

Cyrus schien voll und ganz mit dieser Schlucht eins zu werden. Santo hatte das Gefühl, es sei ein Fest für seinen Schwiegervater. Er hörte ihn die ganze Zeit über, nur über diese verdammte Schlucht schwärmen. Guck dir das mal an, schau dir das mal an und so weiter. Am Anfang hatte es ihn geehrt, hatte es ihn beglückt, seinen Schwiegervater so über sein geliebtes Sizilien schwärmen zu hören. Doch nun ging ihm dieses Schwärmen gewaltig auf den Sack. Er war fertig, und dabei dachte er, dass ihm Hitze nicht so leicht was vormachen konnte. »Sta gran minchia, ich krepiere«, fluchte er in Gedanken.

Plötzlich sagte er wie ferngesteuert: »Cyrus, halt, stopp, lassen Sie uns eine Pause machen. Mir reicht es, ich muss kurz in den Schatten.«

Das war leichter gesagt als getan. Doch sie fanden die geeignete Stelle. Unter dem Gewächs eines strauchartigen Baums schlüpfte Santo schwer atmend. Cyrus schien es zu amüsieren. Er fragte seinen Schwiegersohn, ob er Hunger hätte.

»Ja«, antwortete Santo, um nur um Himmelswillen endlich eine Pause zu machen. Er brannte aus allen Poren. Santo war am verdampfen. Cyrus war in seinem Element. Er war glücklich. Santo eher weniger. Er konnte sich nicht mehr richtig für ihn freuen. Er sehnte sich endlich, dieser Tortur ein Ende zu bereiten.

»Cyrus, wollen Sie noch weiter?«, fragte Santo in der Hoffnung, dass sein Schwiegervater ihn von diesem Leid, entgegen seiner Befürchtung, mit einer positiven Antwort befreien würde.

»Ja, würde ich gerne.«

Santo rutschte das Herz in die Hose. »Scheiße«, dachte er. Genau diese Antwort wollte er eben nicht hören. Nein!, hätte die Antwort lauten müssen. Für einen kurzen Augenblick musterte Santo seinen Schwiegervater. In der Tat. Er schien wahrlich noch frisch zu sein. Er sah nicht nur aus wie ein Bär, er war ein Bär, musste sich Santo eingestehen. Er konnte sich ein Lächeln nicht verkneifen. Cyrus lächelte väterlich zurück. »Wie das Leben so spielt«, dachte Santo. Wer hätte das gedacht, wer hätte sich das jemals erträumen können? Seine Vorfahren bestimmt nicht und die Generation seiner Eltern auch nicht. Nun saß er da auf einem Felsen inmitten der sizilianischen Pampa, seine geliebte sizilianische Sonne machte ihm zu schaffen und er dachte, wenn man es der Generation seines Opas erzählt hätte, hätte es niemand für möglich gehalten. Zwischen ihm und seinem Schwiegervater stand nicht nur eine Generation, sondern auch ein Kontinent. Tausende von Kilometern Richtung Osten kam sein Schwiegervater ursprünglich her, aus einer anderen Welt und selbst sein Schwiegervater hätte sich das niemals erträumen können, dass er eines Tages anstatt in seinen Bergen mit einem iranischen Schwiegersohn zu weilen, nun hier in Sizilien mit einem sizilianischen Schwiegersohn seine Freude teilte. Was für eine fantastische Welt, was für ein reiches Leben.

Santo gab sich nicht die Blöße, nicht nur aus falschem Stolz, sondern auch weil er seinem Schwiegervater nicht abrupt der Freude berauben wollte. Miesepeter, Spielverderber waren ihm ein Gräuel und genau das wollte er selbst in so einem Moment auch nicht sein.

»Gut«, antwortete Santo. »Aber lassen Sie uns vorher die Eier braten und sie mit ein wenig Brot essen.«

Cyrus ließ sich das nicht zweimal sagen. Auf der Stelle holte er seinen Gasbrenner, baute ihn auf, stellte eine Metallpfanne drauf und Santo hätte schwören können, nie so leckere geschmackvolle Spiegeleier gegessen zu haben. Die Kombination von Spiegeleiern von Hühnern aus dem Land mit dem sizilianischen Weißbrot schmeckte vorzüglich, unwiderstehlich gut. Mit Schmackes verspeisten sie im Nu die Eier mit ein paar zuckersüßen Tomaten, die mit ein wenig Meersalz und Pfeffer umso besser schmeckten. Langsam machte sich die Erholung bemerkbar. 14:00 Uhr sagte der Zeitanzeiger. Gut zwei Stunden weilten sie schon in diesem Kalkgestein-Backofen. Cyrus war fest entschlossen noch weiter zu laufen. Santo gewährte es ihm.

Sie packten alles wieder ein und drängelten sich weiter in die nicht endende Schlucht. Während des Marsches dachte Santo an die Menschen der Antike, wie hatten sie hier gelebt? War das ein sicherer Ort gewesen?

Auf jeden Fall waren sie von der Außenwelt isoliert, abgekapselt. War das in ihrem Sinne? Waren sie denn wirklich geschützter? Konnten sie sich dadurch, dass sie in so einer Schlucht lebten, besser verteidigen? In solchen Augenblicken wünschte sich Santo eine Zeitmaschine. Gerne hätte er es für eine kurze Weile erleben wollen.

Die Uhr schlug 15:00 und Cyrus marschierte immer weiter. Nun reichte es Santo. Er konnte nicht nur nicht mehr, sondern er wollte auch nicht mehr und vor allem wollte er nicht, dass sein Schwiegervater diesen beschissenen Flieger nach Köln verpasste.

»Cyrus!«, rief Santo. »Cyrus! Wir müssen Schluss machen.«

Cyrus schaute Santo wie ein großer Junge fragend an. Müssen wir denn wirklich Schluss machen?, konnte Santo an seinem Gesichtsausdruck erkennen.

»Cyrus«, sagte Santo noch einmal mit herzlicher warmer Stimme, trotz allem fiel es ihm nicht leicht. Wenn es sich nicht um diesen beschissenen Flieger gehandelt hätte, hätte er sich noch ein wenig aus Liebe zu seinem Schwiegervater zusammengerissen. Aber das ging nun mal nicht. Er wusste, wenn sie nicht jetzt auf der Stelle kehrt machen, kamen sie zu spät an. »Nein, Cyrus«, sagte er, »wir müssen langsam wieder zurück.«

Cyrus machte einen klitzekleinen Versuch, seinen Schwiegersohn doch noch zu überreden, noch ein wenig weiterzuwandern. Santo ließ sich nicht darauf ein. Er kannte seinen Schwiegervater nur zu gut. Er wusste, Uhrzeiten, Termine einhalten, gehörte wahrlich nicht zu seinen Stärken, und wenn er jetzt auf ihn hören würde, das war klar, würden sie den Flieger auf jeden Fall verpassen. Seine Frau hätte sie beide zur Sau gemacht und es wäre mit Stress verbunden, dann nochmal einen Flieger nach Köln zu buchen. Darauf hatte Santo gar keinen Bock.

»Nein, Cyrus, seien Sie mir nicht böse, aber wir müssen los. Der Weg zurück, den müssen wir auch nochmal gehen und der ist nicht kurz.«

Cyrus musste einsehen, dass sein Schwiegersohn Recht hatte, und willigte trotz Schwermut ein. »Gott sei Dank«, dachte sich Santo und lächelte innerlich über seinen Schwiegervater, der manchmal wie ein kleiner Junge war. Endlich. Endlich aus dieser Hölle raus. Santo war glücklich. Sie machten sich auf den Rückweg. Diesmal war er schneller als sein Schwiegervater. Die Rollen hatten sich vertauscht. Er vorne und

Cyrus hinterher. Santo hatte es eilig. Nicht nur wegen des Fluges, sondern auch um endlich dieser Hitze zu entrinnen und so schnell wie möglich wieder bei Frau und Kindern zu sein.

Oben auf dem Plateau angekommen, auf einer öffentlichen Parkfläche, unmittelbar gegenüber einem Freizeitpark, wo Familien ihre Nachmittage mit Picknick und Grillen verbringen konnten, wartete ihr treuergebenes Auto aufgeheizt wie eine Bratpfanne. Wenn sie gewollt hätten, hätten sie mit Leichtigkeit auf der Motorhaube ihres Autos nochmals Spiegeleier braten können. Mittlerweile war es 16:00 Uhr geworden. Nun mussten sie Gas geben. Oben befanden sich Einheimische, die auf dem Weg zu ihren Gärten waren, die sich am Eingang zur Schlucht aneinandereihten.

Als ob sie Außerirdische gesehen hätten, wurden sie fassungslos und ein wenig bemitleidend angestarrt.»Ja ja, schon klar, wir sind Idioten, nein, besser noch, absolute Spinners. Das ist nun mal so mit uns Touristen«, führte Santo einen Disput mit sich selbst. während sie ihre verschwitzten T-Shirts auszogen, um sich endlich frische überzuziehen.

Nachdem sie alle vier Türen ihres Autos weit geöffnet hatten, schoss Santo die erstickende Hitze entgegen, sodass er kurzweilig um Atem ringen musste. Innen war es heißer als in einer finnischen Sauna. Blitzschnell und ohne Rücksicht auf die Umwelt, stürzte sich Santo ins Auto, um ihre gottgesegnete Klimaanlage voll aufzudrehen. »Ahhh, was für eine Wohltat«, empfand Santo ausnahmsweise die Klimaanlage, die er sonst weitestgehend vermied. Sie tranken einen Schluck Wasser, das Santo fast wieder ausspuckte. Das Wasser war kein Wasser mehr, sondern eher destillierte Brühe.

Ohne großartig lange zu warten, stiegen sie ins Auto und fuhren los. So kam beim Fahren wenigstens frische Luft rein. Endlich. Endlich erfrischte sich Santo. Sein Schwiegervater war glücklich. Er jetzt im Nachhinein auch. Er hatte sein Wort gehalten und konnte nun mit gutem Gewissen seinen Schwiegervater zum Flughafen nach Catania fahren. Zwischenzeitlich hielten sie kurz an einer Raststätte bei Siracusa. Santo parkte unter einem schattigen Olivenbaum, etwas weiter weg vom Geschehen. Sie kauften lebensrettendes, kaltes und trinkbares Wasser. Santo nutzte die Gelegenheit, um noch schnell sein Lebenselixier, den cremigen, leckeren Espresso, den man in Sizilien überall zu trinken bekam, auch noch zu tanken. Am Auto angekommen holte Cyrus seine Seife heraus, zog quasi in aller Öffentlichkeit sein T-Shirt aus und fing an sich mit dem frischen Trinkwasser, was sie soeben gekauft hatten, vor allen Augen zu waschen. Santo staunte nicht schlecht. Sein Schwiegervater war schon ein Mordskerl. Cyrus lächelte ihn an und als ob nichts wäre, vollbrachte er seine Prozedur, sein wohltuendes erfrischendes Bad zu Ende. »Scheiß drauf »dachte Santo und machte es ihm nach. Cyrus zog sich ein frisches Polo-Shirt an, das er genauso gerne anzog wie seine etwas breiter liegende, hellbraune Militärhose. Nun war er frisch. Nun waren sie wieder beide frisch. Die Odyssee konnte weitergehen. Sie fuhren wieder los. Kurz vor 17:00 Uhr kamen sie am Flughafen Fontanarossa in Catania an. Santo war froh. Er hatte es geschafft.

Monsieur Bella Figura

In Köln nahm er seine Arbeit in diesem tagtäglichen von Autos vergasten Parkhaus an. Einen Monat quälte sich Santo in diesem Loch von einem Kiosk ab. Jeden Abend, wenn er nach Hause ging, trug er dieses Scheißparkhaus in sich. Noch Stunden danach roch er nicht nur weiterhin die Autoabgase, sondern ihm war auch diesbezüglich übel und abgesehen davon lief der Kiosk immer weniger gut. Reza hatte sein Versprechen mal wieder nicht eingehalten. Von wegen Investitionen? Blablabla. Der einzige, der von seiner Arbeit Früchte trug, war Reza. Er hatte mal wieder einen Idioten gefunden, der ihm über eine kurze Weile seinen Dienst erweisen durfte. Dieses Mal hieß der Idiot ein zweites Mal Santo. Reza hatte vor Lammerting »una bella Figura« gemacht. Seine von ihnen gemieteten Läden waren belegt und schienen auf den ersten Blick zu laufen. Eigentlich hatte Reza Santo zum Anfang versprochen, dass er aus dem Kiosk eine Art Kiosk-Ciabatteria mit ein wenig warmer Küche machen wollte. Nach dem Vorbild von Santos Laden in der Südstadt, nur dass sich hier viele Büros und Geschäfte rundherum befanden, wo die Mitarbeiter gerne mal zur Abwechslung nicht nur bei dem Chinesen oder eine Currywurst mit Pommes essen wollten, sondern mit Sicherheit auch mal was vernünftiges Italienisches. Die Idee war gut und Santo wusste es. Nur Reza schien es doch nicht zu wissen. Er schien entweder nie das Interesse daran gehabt zu haben oder hatte mal wieder schnell das Interesse an dieser Idee verloren. Vielleicht hatte er einfach zu viel um die Ohren. Reza tanzte nun mal einfach auf zu vielen Hochzeiten gleichzeitig und genauso sah er auch aus. Reza war alt geworden und das obwohl er zwei Jahre jünger als Santo war. Er sah einfach nicht mehr gesund aus.

»Das soll der Preis sein?«fragte sich Santo. Ein Leben lang wie ein Psycho, wie ein Wahnsinniger 24 Stunden am Tag rotieren, damit man sich ein Haus in einer wohlhabenden Gegend in Köln leisten konnte, ein oder zwei fette Autos, um damit protzen zu dürfen, um in der Gesellschaft die Anerkennung zu bekommen, indem man genauso gestört tickt wie er? Um dann mit höchster Wahrscheinlichkeit mit Mitte 40 oder 50 an einem Herzstillstand zu krepieren? Oder von einem bösartigen Tumor bei lebendigem Leib aufgefressen zu werden? Und dann? Und was haben denn die Kinder davon, wenn der Papa früh stirbt, wo sie ihn am meisten gebraucht hätten? Ein schönes großes Haus und zwei protzige Autos, die dann leer dastanden? Nein danke, sagte sich Santo. Nicht mit mir. Den Quatsch ließ er für sich nicht mehr gelten. Diesem Quatsch war er in den letzten Jahren ziemlich hinterher gelaufen. Und? Was hatte es ihm gebracht? Eine dicke Minchia hatte es ihm gebracht. Er war trotzdem in so einem von Abgasen verseuchtem Loch gelandet. Eine Utopie war das. Ein Traum, der verkauft wurde, wo viele dran scheiterten, oder, noch viel schlimmer, sogar daran zerbrachen. Er wollte nicht dazugehören. Nicht, dass er etwas gegen Reichtum gehabt hätte. Das nicht. Klar, wer hat es denn nicht gerne, schöne Autos zu fahren, sich schön anzuziehen, öfter mal im Restaurant essen zu gehen und mehrmals in den Urlaub zu fahren oder auch eine Uhr tragen zu dürfen, die ein paar Euro mehr kostet? Santo liebte diese Dinge genauso. Gerne hätte er dieses Glück. Wenn es vom Himmel auf ihn herab gefallen wäre, hätte er es mit beiden Händen dankbar aufgehoben. Aber sich dafür zu versklaven, dafür seine Seele an den Teufel zu verkaufen? 24 Stunden am Tag zu rotieren? Sollten sie es doch alle machen. Er mit Sicherheit nicht mehr.

Zu guter Letzt war Santo glücklich darüber, dass Reza mal wieder ein Versprechen nicht gehalten hatte. In Negativen steckt auch manchmal was Positives. Nun kam es Santo recht, dass Reza nicht, wie er es ihm zusagte, investiert hatte. Er gab Reza zwei Wochen Zeit, sich einen neuen Idioten zu suchen. Reza war nicht erstaunt. Fuchsig, wie er war, hatte er schon vorausgesehen und war mal wieder längst darauf vorbereitet. Er hatte sich bereits umgeschaut.

Nun musste sich Santo aber auch mal wieder umschauen. Zum Kotzen, dachte er, aber er war auch erleichtert, zumindest hatte er es geschafft, für dieses Jahr das Versprechen an sein Töchterchen halten zu können. Wieder Bewerbungen, wieder dieses widerliche Anpreisen, dieses Betteln. Er hasste es. Vor allem hasste er es, sich mit 40 immer noch nicht beruflich etabliert zu haben.

Ein Vierteljahr verging und endlich, im November 2012 bekam er aus heiterem Himmel einen Job angeboten. Mal wieder durch persönlichen Kontakt. Bis jetzt hatte Santo seine Jobs immer nur durch persönliche Kontakte bekommen. Nur ein einziges Mal hatte er durch einen dieser schleimigen »Ich leck dir den Arsch ab«-Bewerbungen einen Job bekommen und zwar den Ausbildungsplatz bei KHD Deutz Motoren als 16jähriger Jugendlicher. Lange war es her. Santo befand sich mit seinen zwei Kindern auf der Severinsstraße und war nach den üblichen Besorgungen auf dem Heimweg nach Hause.

Die Hoffnung stirbt zuletzt

»Hey, Santo«, rief Hartmann von der gegenüberliegenden Straßenseite freundlich. Hartmann und Santo kannten sich noch nicht so lange. Santo hatte ihn das erste Mal vor knapp einem Jahr beim Kicker spielen in der Südstadt Lotta kennengelernt. Die Südstadt Lotta, war mehr oder weniger eine Art Viertelskneipe, in der sich auch die eher links orientierte Szene traf. Santo hatte mit alldem nichts zu tun. Er hatte von einer Freundin mitbekommen, dass man sich dort Dienstags zum Kickerspielen traf. Er ging mit seinem Freund Giacomo aus der früheren Casa–Italia- und Wanderers-Zeit dort zum Kickerspielen. So hatte er Hartmann kennengelernt.

Hartmann arbeitete für eine Kölner Reinigungsfirma, die in den letzten Jahren ziemlich gewachsen war und überall mitmischte. Dort fungierte er als Bezirksleiter und war hauptsächlich für die Reinigung der KVB-Haltestellen verantwortlich. Frau Tessner, die die erste Geige nach dem Chef im Betrieb spielte, befand sich seit einigen Monaten in Frankfurt und versuchte sich auf Rechnung der Firma weiterhin auszudehnen. Dadurch hatte Hartmann die Regie für die Reinigung des Flughafens Köln-Bonn Terminal 2 übertragen bekommen. Das Terminal war seit Monaten stark vernachlässigt worden und der Objektleiter, dem sie dort die Verantwortung übergeben hatten, schien wahrlich nicht großartig daran interessiert zu sein, die Bude im Auftrag der Firma blitzblank sauber zu halten. Hartmann hatte Santo diesbezüglich auf der Severinstraße aufgegabelt. Er fragte, ob er immer noch auf Jobsuche wäre.

»Ja«, antwortete Santo. »Warum? hast du nen Job für mich?«, fragte Santo resigniert, wobei er lächelte.

Hartmann lächelte zurück. »Jaaa, ich hätte vielleicht einen für dich.«

Santo fühlte sich geehrt, dass Hartmann, den er noch nicht mal so lange kannte, überhaupt an ihn gedacht hatte. Er schätzte so was sehr und wusste, dass es eben keine Selbstverständlichkeit war. Die meisten halfen eher nicht so gerne. Sie bangten alle viel zu sehr um ihren eigenen Arbeitsplatz.

»Ah, Ok, und was ist das für ein Job?«, wollte Santo nicht länger auf die Folter gespannt werden. Jetzt ergriff Hartmann wieder die Initiative und stellte ihm die Frage: »Kannst du dir vorstellen, im Flughafen als Objektleiter zu arbeiten?«

»Als Objektleiter?«, wunderte sich Santo.

»Ja, als Objektleiter!«, bestätigte Hartmann

»Was muss man den da machen?«

»Du sollst dafür sorgen, dass die Bude dort sauber bleibt. Du läufst da ein wenig rum und schaust den Reinigungskräften auf die Finger. Traust du dir das zu?«

»Ja schon, mit Menschen kann ich eigentlich gut, aber was ist mit den organisatorischen Sachen, Arbeitspläne und Lohnabrechnungen und so?«

»Darum brauchst du dir keine Sorgen zu machen, du schaust zu, dass die Bude sauber ist und über die Computergeschichten machst du dir erst mal keinen Kopf. Da helfe ich dir.«

»Ja, ok«, antwortete Santo, »gerne, aber bevor ich dir definitiv ein Ja gebe, würde ich mir gerne, wenn möglich, zwei Tage den Job mal angucken. Ich möchte nicht einfach ja klar sagen, ich traue mir das zu, und dann kann ich doch nicht Wort halten.«

»Ja, geht klar, verstehe ich. Komm morgen um 11:00 zum Terminal 2, dann laufen wir ein paar Schritte zusammen und ich zeig dir dann die Arbeit«, verblieb Hartmann mit Santo.

Santo willigte ein. Die Aufgaben, die er zu bewältigen hatte, konnte er sich vorstellen. Hartmann hatte ihn zuredend gestärkt. »Ist alles kein Problem, du schaust ab und zu vorbei und guckst zu, dass sie alle hier ihre Arbeit erledigen. Wenn was ist, sagst du mir Bescheid. Und, Santo«, sagte er noch, »häng dich nicht zu sehr aus dem Fenster.«

Am nächsten Tag klingelte Hartmann bei Santo. »Komm runter«, rief er ihm zu. Santo begab sich die Treppen aus der dritten Etage nach unten. Hartmann war wie fast immer in seinen grünen Arbeitsklamotten gekleidet und wedelte mit dem Vertragsformular vor der Nase.

»Hier, unterschreib«, sagte er zu Santo. Als Gehalt waren 1850 Euro brutto festgelegt, das Gehalt eines Vorarbeiters, was ja auch auf dem Vertrag stand. Santo wunderte sich, sagte aber nichts, er war froh, einen Job zu haben. Eigentlich hatte ihn Hartmann als Objektleiter angeworben. Er dachte sich, wahrscheinlich nur vorrübergehend. Schließlich arbeitete dort Torsten, ein 62jähriger Thüringer, der plötzlich, nachdem Santo ihm als angehender Objektleiter vorgestellt wurde, doch noch Interesse an dem Job zeigte. Hartmann hatte Santo zugesichert, dass Torsten nur zwei oder drei Monate dort als Objektleiter arbeiten sollte, da Torsten eigentlich gar keinen Bock hatte und aus dem KVB- und Graffiti-Dienst rausgeholt worden war, da im Terminal 2 seit Längerem alles ohne Objektleiter lief und die Mitarbeiter somit Narrenfreiheit hatten. Torsten benahm sich zwar nicht unfreundlich, aber auch nicht allzu freundlich. Er zeigte sich nicht gerne kooperativ. Santo schien ihn mit seinen Fragen auf den Sack zu gehen. Er konnte aber nichts sagen, da Santo ja von Hartmann dort eingestellt worden war. Torsten tat sich schwer. Santo merkte es, war ihm aber egal. »Da muss er durch«, dachte sich Santo. »Wie soll ich hier den Laden schmeißen, wenn ich keine Infos habe?«

Santo nahm den Job ernst. Er hatte Hartmann zugesagt und wollte nicht enttäuschen. Torsten wurmte das. Santo schien ihm zu engagiert zu sein. Am Anfang dachte Santo, Torsten stehe auf Männer. Torsten bewegte sich wie eine Schwulette. Circa 1,87 Meter groß und schmal wie ein Faden, dabei war er durchaus ziemlich drahtig und schien, als ob man ihn wie ein Gummi mit höherer Gewalt in den Himmel gezogen hatte. So kamen Santo öfters die Deutschen vor. Als ob man sie von beiden Enden auseinandergezogen hätte und somit in die Höhe gestreckt. Santo staunte immer wieder nicht schlecht. Bei solchen Erscheinungsbildern kam er sich mit seinen knapp 1,73 Metern beinahe wie ein Zwerg vor. »Unglaublich«, wunderte er sich jedes Mal. »Das sind keine Menschen, das sind Mutanten.« Als schlimm daran empfand Santo nicht ihre Größe an sich, sondern, was sie sich zumeist darauf einbildeten. Sie präsentierten sich und stolzierten rum wie Hähne. Am liebsten hätten sie sich noch größer gemacht, als sie schon waren. Anscheinend, so empfand es Santo, reduzierten sie ihr und des anderen Menschen Dasein nur auf ihre Körpergröße.

Er hatte das Gefühl, dass sie nicht selten Können und Intelligenz von der Größe eines Menschen abhängig machten. Öfters hatte er dies beobachten können. Komisch, dabei waren die außergewöhnlichsten Menschen zumeist eher kleine als groß gewachsene. Aber das wurde einfach ignoriert. Woran lag es?

Wie auch immer, Torsten musste sich schwer zusammenreißen. Ein komischer Vogel war dieser Torsten, er konnte von einer Sekunde auf die andere explodieren. Kaum, dass er lachte, schrie er plötzlich, als ob ihm eine Laus über die Leber gelaufen wäre, die Reinigungskräfte niederschmetternd an. Wie ein Hurrikan überrannte er plötzlich die Reinigungskraft und machte dabei keinen Unterschied zwischen Männlein und Weiblein. Einige Male hatte er somit weibliche Reinigungskräfte zum Weinen gebracht. Santo erstarrte und war jedes Mal baff. Die Reinigungskräfte taten ihm leid. Er hätte noch nicht mal, wie man in Sizilien sagte, einen Hund so angeschrien. So musste es bei der Gestapo gewesen sein. Das waren ja Methoden wie zur Nazizeit, konnte sich Santo gut vorstellen. Wie um alles in der Welt konnte man mit Menschen so umgehen? Ruhte in diesen Menschen keine Seele? Hatten diese Menschen keinen Wert? Nur, weil sie aus anderen Ländern kamen, nicht so gut Deutsch sprachen und es nötig hatten, für andere die Toilette zu putzen? Eigentlich, dachte sich Santo, sollte man solchen Menschen besonders dankbar sein, dass sie die Scheiße der anderen wegputzten und dafür nicht besonders viel Geld bekamen, und anstatt sie gut zu behandeln, wurden sie wie Menschen dritter Klasse traktiert. Aber das, was Santo am allermeisten störte, war diese Willkür, die dahinter stand. Es kam nicht darauf an, wer und was er falsch gemacht hatte, sondern mit welchem Fuß Herr Torsten morgens aufgestanden war. Es gab keine Linie in seinen Absichten. Keine konstruktive Kritik, sondern nur Willkür und wie er eben gelaunt war und dabei konnte seine Laune von einem Augenblick auf den anderen kippen. Die Reinigungskräfte versuchten ihn weitestgehend zu meiden und die meisten waren froh, dass Santo da war.

Immer öfters, wenn sie sich nicht sicher waren, fragten sie Santo. Santo versuchte konstruktiv zwischen den Reinigungskräften und Torsten zu vermitteln. Er setzte sich für die Reinigungskräfte ein und versuchte eine Linie reinzubekommen und für Harmonie zu sorgen. Am Anfang hatte er einen Sauhaufen vorgefunden. Reinigungskräfte, die in Grüppchen gesplittert waren und sich gegenseitig bekriegten. Die Nachtschicht gegen die Frühschicht und die Frühschicht gegen die Nachtschicht. Die Spätschicht gegen die Frühschicht und die Frühschicht gegen die Spätschicht. Jeder gegen jeden und alle gegen alle. Torsten kümmerte es wenig. Im

Grunde genommen scherte er sich einen Scheiß drum. Es schien ihm wirklich am Arsch vorbeizugehen, ob die Bude sauber war oder nicht. Was ihn interessierte, war nur, so zu tun, als ob, und es sich mit Frau Tessner, gut zu halten und sein Dasein im Terminal 2, in der Firma, so lange wie möglich hinauszuzögern und somit vielleicht ein weiteres Jahr für sich zu gewinnen. Dabei war er schon 62 Jahre alt und hätte längst in Rente gehen können. Aber warum auch immer, er wollte weiterhin ausharren.

Torsten hielt sich weitestgehend verschlossen. Santo nahm sich der Verantwortung an. Er schmiss den Laden. Torsten saß überwiegend im Büro und kümmerte sich mehr oder weniger um die Arbeitspläne, Urlaubspläne und wer weiß was noch für Aufgaben. Santo war an der Front. Genauso wie Hartmann es ihm gesagt hatte, schaute er zu, dass die Reinigungskräfte, die drei Schichten, nun alle zusammen ihrer Arbeit nachgingen, ihre Aufgaben weitestgehend zufriedenstellend erledigten. Diesbezüglich hatte er nach einer Woche mit dem Mitarbeiter Edem Stress bekommen. Edem war eine türkischstämmige Reinigungskraft, die sich zu Anfang erst übertrieben freundlich benommen hatte. So wie viele andere der Reinigungskräfte, nachdem sie erfahren hatten, dass Santo höchstwahrscheinlich Objektleiter werden würde. Santo hatte sich auf die übertriebenen Freundlichkeiten, den Versuch, ihn für ihre Gunst zu manipulieren, kein bisschen eingelassen. Freundlich hörte er sich das Gerede an, traf aber keine Urteile. Er wollte sich selbst ein Bild über jeden Einzelnen verschaffen und die, die ihm am meisten zuredeten, waren ihm sowieso suspekt. Unglaublich, dachte Santo. Wie unedel Menschen doch sein können. Edem hatte seine Aufgaben nicht zufriedenstellend erledigt und das, obwohl Santo ihn freundlich drum gebeten hatte, so, wie er es gerne tat. Er bat die Reinigungskräfte darum »dies« zu erledigen oder »das« so und so zu reinigen. Nie traf er den Ton eines Befehlshabers, sondern war stets bemüht, dass seine Reinigungskräfte nicht ihr Gesicht verloren. Es war ihm wichtig, mit Menschen so umzugehen, wie er, es bei sich selbst gewollt hätte. Es war ihm zuwider, Machtpositionen willkürlich auszunutzen, nur um sich in seinem Dasein selbstsüchtig zu bestärken. Im Gegenteil, so ein Verhalten hätte ihn eher geschwächt. Santo suchte Edem im Sicherheitsrevier auf, da, wo sich die Fluggäste, nachdem sie durch das Sicherheitssystem gelangt waren, wartend auf ihren Flug niederlassen durften.

Auf der West-Seite fand er ihn endlich. Seelenruhig unterhielt sich Edem mit irgendwelchen Flughafen-Angestellten. Das Schlimme war nicht, dass Edem sich unterhielt, sondern dass er Santo sein Wort gegeben hatte, sich gewissenhaft um die zugewiesenen Reinigungsaufgabe zu kümmern. Gegen eine Plauderei hatte Santo nichts einzuwenden. Schließlich war er kein Unmensch. Aber dass man etwas zusagt, es dann aber nicht einhält, das konnte Santo nicht nachvollziehen. Dessen ungeachtet, blieb Santo ruhig und wartete die Pause ab.

Edem begab sich zu ihm. Santo fragte ihn aufrichtig und weiterhin freundlich, warum er immer noch nicht seine Aufgabe erledigt hatte. Er wollte es verstehen. Vielleicht war ja was dazwischen gekommen. Umso mehr war er verdutzt, als Edem, so wie er es von der Straße kannte, versuchte ihn einzuschüchtern. So was Unedles hatte er schon öfter erlebt. Edem schritt auf ihn zu und warf ihm vor, ihm langsam auf den Sack zu gehen. »Du fängst langsam an, mich abzufucken«, warf er Santo auf eine sehr aggressive Art vor. Dabei schwang sich Edem in aller Öffentlichkeit zu Santo, um ihm mit ausholender Geste eine Kopfnuss verpassen zu wollen. Santo dachte, er sieht nicht richtig. Was geht denn jetzt wieder ab, das kann doch nicht sein? Das gibt's doch gar nicht? Und schon stand Edem vor ihm und holte aus um Santo mitten ins Gesicht eine Kopfnuss zu verpassen.

In solchen Situationen merkte Santo, wie eine Ruhe in ihm aufstieg. Wie ein Felsen in der Brandung stellte er sich seinem Schicksal. Niemals hätte er sich einschüchtern oder bedrohen lassen. Seine Ehre, sein sizilianischer Stolz hätte es nicht zugelassen. Lieber sah er dem Tode ins Auge, wenn es um Gerechtigkeit ging. Santo holte instinktiv, ohne großartig zu überlegen, im allerletzten Augenblick mit seiner flachen rechten Hand aus und verpasste Edem einen gewaltigen Schlag mitten ins Gesicht. Der Schlag saß. Edem flog zwei Meter rückwärts. Santo dachte sich »Ok, dann ist es halt so«. Er rechnete mit einem erneuten Angriff. Edems Augen schienen ihm vor Schreck aus den Augenhöhlen zu fallen, wobei sein Gesicht einen schmerzerfüllten Ausdruck annahm. Santo erstaunte es. Dabei hatte er nur kurz ausgeholt. War das Show? Oder hatte der aus Instinkt verpasste Schlag wirklich gesessen? Santo wusste es nicht. Trotzdem war er auf der Lauer. Er hatte in seinem Dasein schon einiges an feigem und hinterhältigem Verhalten erlebt.

»Du hast mich geschlagen«, stellte Edem verdutzt fest. »Du hast mich geschlagen«, hörte Santo noch einmal, dieses Mal eher verwundert. »Du hast mich geschlagen?«, fragte Edem immer noch perplex.

»Ja«, antwortete Santo. »Du kannst froh sein …«, kam es aus seinem tiefen Innerem heraus. »Du kannst froh sein, dass wir hier sind. Wenn du sowas mit mir draußen gemacht hättest, hätte ich dir deinen Kopf abgeschlagen«, verkündete Santo Edem eindringlich. »Bist du denn eigentlich total bescheuert?«, fragte Santo. »Was ist mit dir los? Hast du sie noch alle? Hast du denn wirklich gedacht, du kannst mir einfach so eine Kopfnuss verpassen?« Er wunderte sich selbst immer mehr über die soeben geschehene Aktion. »Und dann wunderst du dich, dass ich dir eine verpasse? Mach das ja nie wieder mit mir. Ansonsten wirst du mich von einer anderen Seite kennenlernen. Meinst du denn, nur weil man als Leiter arbeitet, sich mit euch zivilisiert benimmt, und mit euch freundlich umgeht, dass man ein Idiot ist? Junge, du weißt gar nicht, wo ich herkomme und mit wem du dich anlegst. Denk nicht, das kannst du so machen, weil ich hier so herumlaufe, schau dir die Menschen richtig an.«

Edem fing an zu weinen. Wie bei einem kleinen Jungen kullerten ihm nun die Tränen das Gesicht runter. »Habi.« (großer Bruder), sagte er auf Türkisch. »Entschuldige, mir geht es nicht gut. Es tut mir leid. Ich weiß nicht, was mit mir los ist.« Er ging nach vorne und umarmte Santo. Santo ließ ihn gewähren. »Schon gut«, meinte Santo, »ist nichts passiert. Was hast du den für ein Problem? Du kannst gerne mit mir reden. Wenn ich dir helfen kann, dann sag Bescheid.«

»Nein«, meinte Edem, »privat, ich habe privat Probleme, und hier wird der Druck auch immer stärker. Ich halte diesen Druck nicht aus.«

»Ha, ha«, dachte Santo »Druck? Druck? Der weiß gar nicht, was Druck ist, hätte mal in meinem Laden arbeiten sollen. Zwei Kinder haben und eins, das regelmäßig medizinisch behandelt werden muss, wobei man sich viele Jahre den Arsch aufgerissen hat und doch nur Schulden daraus entstanden sind. Außer Spesen nichts gewesen.« Ja, das kannte Santo nur allzu gut, und der hier schien mit ein wenig putzen, einem sicheren pünktlich gezahlten Gehalt überfordert zu sein und das obwohl Santo mit ihm und all den anderen mit Samthandschuhen umging.

Der wahre Grund war, dass die Putzkolonne hier einige Monate wahrlich ein schönes Leben gehabt hatte und nun nicht durch Santo, sondern durch das ehrgeizige Facility-Flughafen-Management-Oberhaupt Kester Schluss mit lustig war. Herr Kesser verlangte tägliche Kontrollgänge, die mit Checklisten verbunden waren, mit denen man die Reviere bestens nach ihrer Sauberkeit kontrollieren konnte. Santo musste jeden Tag mit einem zugewiesenen Flughafen-Hausmeister das Terminal 2, was sich auf drei Ebenen erstreckte und mit vielen einzelnen Toiletten und Durchgängen versehen war, von der öffentlichen Seite zur Sicherheitsseite, durchqueren, um in den Sicherheitsbereich zu kommen. Zusammen mit den Hausmeistern kontrollierte und bewertete er alles. Dementsprechend war Herr Kester bestens in der Lage, alles zu überprüfen und somit einen gewissen Druck auf die Firma »Blitzblank« auszuüben, was er sichtlich genoss. Santo musste funktionieren, denn aller Druck fiel auf ihn zurück. Somit wurden die Reinigungskräfte zu ihren Pflichten, die sie lange genug nicht erfüllt hatten, gesteuert. Santo hatte einen Sauhaufen aufgefunden, den er nach und nach versuchte zu organisieren und zu disziplinieren. Torsten war das nur recht. Er entspannte sich überwiegend in seinem Bürosessel. Santo nahm es ernst. Vor allem, weil ihm ein Kumpel den Job besorgt hatte.

Torsten hatte in den drei Monaten, die er zuvor schon da war, sich nie ein einziges Mal dazu herabgelassen, in die Nachtschicht zu gehen, um nach dem Rechten zu schauen. Das, obwohl die Nachtschicht die größten Sorgen bereitete. Wenn man morgens um 6:00 Uhr die Frühschicht anfing, sah die Bude nicht gereinigt aus. Santo wunderte sich. Aber eben deswegen hatte ihn ja Hartmann reingeholt. »Ok«, dachte sich Santo, »dann muss eben ich die Sache in die Hand nehmen.« Schließlich wollte er nicht enttäuschen, schließlich wollte er sich für den Posten als Objektleiter auch bewähren. Santo brauchte den Job und er wollte sein Bestes geben. Dieses Mal sollte es klappen, dieses Mal endlich wollte er beruflich ankommen. Er wollte einen sicheren Arbeitsplatz, mit dem er seine Familie mitversorgen konnte, und dabei noch alt werden. Mehr wollte

Santo eigentlich nicht. Außer seinen autobiografischen Roman für die Nachwelt niederzuschreiben.

Zum Glück hatte Santo nach dem Sommerurlaub nicht lange gefackelt. Er hatte gleich damit angefangen und es tat gut. Er schrieb seine Enttäuschungen, seinen Groll, seine Wut, seine Sehnsüchte seine Emotionen und Gedankengänge auf, das, was ihn als Mensch ausmachte. Seine Geschichten. Manchmal, wenn er seiner Frau aus seinem Buch vorlas, bekam er nicht selten einen Kloß im Hals und schämte sich. Er versuchte seine Tränen zu unterdrücken, seine Enttäuschungen, seinen Ärger und seine Trauer, seine Sentimentalität.

Viele andere hätten ihn schon längst verlassen. Hätten ihn zum Teufel geschickt. Ihm den Laufpass gegeben. Sie blieb. Was für ein Glück hatte er. Wenigstens in der Liebe. Santo schrieb. Schrieb sich alles von der Seele. Er entspannte sich. Er genoss es. Oft musste er zwischen Tür und Angel schreiben und nicht selten wurde er von seinen Kindern, von seiner Familie immer wieder beim Schreiben unterbrochen. Trotzdem blieb er dran. Er wollte dieses Buch unbedingt zu Ende schreiben. »Step by step«, wiederholte er sich immer wieder aufs Neue. »Passo dopo Passo«, fügte er abschließend auf Italienisch hinzu. Und so war es. Schritt für Schritt kam er dem Ziel immer näher.

Nachdem sich Santo alle Truppen, alle drei Schichten angeschaut hatte, nachdem er sich ein Bild machen konnte, trommelte er die Mannschaft zusammen. Santo hatte die Faxen dicke. Wie kleine Kinder benahmen sich die meisten der Reinigungskräfte. Wegen jedem Scheiß zankten sie sich. Einige Male waren sie sogar kurz davor, sich die Köpfe einzuschlagen. Was für ein Groll. Jeder gegen jeden, Männer gegen Frauen und Frauen gegen Männer. Santo verschlug es die Sprache. Selbst vor Frauen machte der eine oder andere Mann keinen Halt. Sie wussten sich ohne ihre körperliche Überlegenheit nicht zur Wehr zu setzen. Santo entsetzte dies. Torsten ging es am Arsch vorbei. Im Gegenteil, es schien ihn sogar zu amüsieren. Santo griff ein. Er hatte absolut keinen Bock drauf. Er wollte an seinem Arbeitsplatz Harmonie haben. Seine Mitarbeiter sollten miteinander harmonieren, sollten sich auf ihre Arbeit freuen. Sollten mit einem guten Gefühl zur Arbeit kommen.

»Leute, was ist denn mit euch los?«‚fragte Santo in der Runde. »Warum habt ihr solche Probleme miteinander? Warum meint jeder den anderen zu beschuldigen?«

Alle hörten gespannt zu. Niemand gab einen Ton von sich. Santo schaute jeden einzelnen fragend an. Er wollte es verstehen und vor allem wollte er, dass dieser Kindergartenscheiß aufhört. Sie sollten einfach ihre Arbeit tun. »Anstatt, euch gegenseitig die Schuld in die Schuhe zu schieben, sollte jeder lieber seine Arbeit selber ordentlich erledigen.«

Da fingen schon die ersten zu behaupten sie würden ihre Arbeit immer gut erledigen. Santo dachte sich, genau die, die es in Wahrheit nicht taten. »Nein, wartet mal, ich rede noch. Ich bin noch nicht fertig. Ich möchte keine Beschuldigungen mehr hören. Ich möchte nicht mehr, dass immer wieder einer von euch zu mir kommt, um einen anderen zu beschuldigen. Ich habe selber Augen im Kopf und sehe alles. Und wenn mal bei einem in seinem Revier Schmutz gefunden wird, dann macht er das entweder am besten selber weg oder sagt es seinen Kollegen in einem freundlichen hilfsbereiten Ton. Hier kriegt keiner die Todesstrafe. Es ist ganz normal, selbst wenn man einen kurzen Augenblick vorher sein Revier gereinigt hat, im Flughafen, dass bei so einem Betrieb, kurze Augenblicke später alles schmutzig wird. Alten Schmutz und neuen Schmutz sollte doch jeder von euch auseinander halten können. Da geht man hin und macht entweder selber sauber oder, wenn man keine Zeit hat, sagt man es den Kollegen in einem hilfsbereiten Ton. Der Ton macht die Musik. Deswegen braucht keiner von euch jedes Mal zu mir zu rennen, um den anderen anzuschwärzen. So was kann ich überhaupt nicht leiden.«

Santo genehmigte sich selbst eine kurze Atempause und schaute in die Runde. Wie unterschiedlich sie doch alle äußerlich waren und doch waren sich die meisten ähnlicher, als sie meinten. »Der Ton macht die Musik«, knüpfte Santo an seine Rede wieder an. »Ich möchte hier einen freundlichen Umgang. Wir sind alle Menschen und sind hier zum Arbeiten.« Santo machte wieder eine kleine Pause. »Wir sind hier zum Arbeiten«, betonte er nochmal nachdrücklich, »und nicht um uns zu streiten. Wer sich gerne streitet, kann gerne zuhause bleiben. Hier ist keiner gezwungen, bei uns zu arbeiten. Wem die Arbeit nicht gefällt, der muss es nur sagen. Wir finden bestimmt eine Lösung, gar kein Problem. Wenn nicht, dann solltet ihr eure Pflichten erfüllen. Wir werden hier nicht fürs Streiten bezahlt, sondern um zu arbeiten. Und wenn jeder seine Arbeit ordentlich macht, entstehen auch keine Probleme. Mir geht es darum, dass ihr wisst, dass, wenn ich mit dem Hausmeister eure Reviere durchlaufe, die zum größten Teil ordentlich aussehen müssen. Frischen neuen Schmutz erkennen auch die Hausmeister und drücken freundlicherweise auch mal ein Auge zu. Da sagt keiner was, aber wenn es Stellen gibt, die schon seit Tagen so aussehen, weil sich keiner dafür verantwortlich fühlt, dann gibt es Ärger, dann wird das im Büro gemeldet und diejenigen werden diesbezüglich zur Rechenschaft gezogen. Verstanden?« Alle nickten. »Das heißt, wenn es zu viele Minuspunkte am Ende des Monats gibt, dann gibt es auch weniger Geld für die Firma. Klar? Ihr wollt ja auch nicht am Ende des Monats weniger Geld bekommen, oder?« Schnell wurde mit dem Kopf horizontal hin und her geschüttelt. »Ja, genau. Die Firma aber auch nicht. Also, Leute, wir sind ein Team. Solange wir hier drin sind, sind wir ein Team und müssen zusammenarbeiten und nicht gegeneinander. Ich möchte, dass, wenn ihr zur Arbeit kommt, ihr euch darauf freuen könnt, dass ihr mit Lust hierhin kommt und nicht mit Angst oder Panik oder Missgunst. Verstanden?«

»Ja aber …«, wollte der eine oder andere anfangen.

»Nein! Kein aber! Wer nicht damit einverstanden ist kann gerne woanders arbeiten gehen, gar kein Problem. Wie gesagt, niemand wird gezwungen, bei uns zu arbeiten. Wenn einer der Meinung ist, er kann es woanders besser haben, bitte, nur zu. Gar kein Problem. Es wird keiner aufgehalten.« Santo machte wieder eine Pause. »Leute, ich mein das im Ernst, ich habe echt keine Lust mehr darauf. Ansonsten werden die ersten Abmahnungen fällig. Ich habe keine Lust darauf, wegen einigen, die ihre Arbeit nicht ordentlich erledigen, meine Arbeit zu gefährden. Lasst euren Ärger weitestgehend zuhause. Ab heute möchte ich, dass wir miteinander harmonieren und uns nicht mehr bekriegen. Dann macht uns auch die Arbeit mehr Spaß.«

Torsten hatte seine Rede absichtlich und absolut ignoriert. Santo realisierte es. War ihm aber letztendlich egal. Er hatte es für sich getan. Er hatte in der Tat keinen Bock auf so nen Scheiß. Er wollte seine Arbeit erledigen und gut iss.

Das Klima entspannte sich. Die Rede hatte doch Wirkung gezeigt. Santo freute sich, nicht ohne einen Funken stolz. Einige der Reinigungskräfte bedankten sich sogar einige Tage später. Seine Arbeit machte sich langsam bemerkbar. Die Hausmeister mochten ihn, das Bodenpersonal schien ihn auch zum größten Teil zu mögen und auch die einzelnen Kunden am Flughafen begegneten Santo auf gleicher Ebene. Selbst der Herr Kester, der hochgefürchtet war und nicht selten seinen Untergebenen die Meinung frei heraus pfiff, schien Sympathie für Santo zu empfinden.

Santo machte eine gute Arbeit und seitdem er da war, war das Terminal ziemlich sauber. Torsten profitierte davon und saß mit seinem Gesäß fester denn je auf seinem Objektleiter Stuhl, den er zu Anfang gar nicht so zu schätzen wusste. Hartmann wollte ihn da raus haben, aber irgendwie schien es ihm nicht zu gelingen. Anerkennung bekam Santo nur von den Facility-Menschen und dem Bodenpersonal, für die er letztlich auch die Reviere und Büroräume nicht selten mit reinigte. Von der Firma, geschweige denn von einem Torsten oder selbst sogar von seinem Kumpel Hartmann hörte er nie ein Wort des Lobes.

Trotz alledem, trotz der zu Anfang katastrophalen Zustände am Flughafen bekam die Firma Blitzblank eine Vertragsverlängerung von vier Jahren, und das obwohl es am Anfang hieß, die Firma wäre schon mit einem Bein draußen und sie alle konnten sich schon mal darauf vorbereiten, sich eine neue Stelle zu suchen. Santo hatte sich in die Arbeit gestürzt. Er hatte vorgehabt, diese Vertragsverlängerung zu erreichen. Er ging öfters mal in die Nachtschicht und auch mal in die Spätschicht, er war sich nicht zu schade, nachts die Toiletten mit eigenen Händen von Grund auf zu reinigen. Überall, wo Not am Mann war, reinigte er mit, was nicht selten vorkam, da die Firma es mit dem Personal knapp hielt und sobald einer fehlte, was leider öfters vorkam, sprang Santo ein. Für immer und ewig hatte er es nicht vorgehabt, aber zumindestens solange Herr Torsten mit seinem Geweih den Bürosessel aufwärmen durfte, was nach Hartmanns Meinung nicht mehr lange währen sollte.

Ganz am Anfang des dritten Arbeitsmonats hatte eine Reinigungskraft gedroht, ihn zu lynchen. Über zwei Monate war Dechdi krankgeschrieben gewesen. Santo kannte ihn nur vom Hören. Er begab sich ins Sicherheitsrevier auf der westlichen Seite, wo Dechdi zu reinigen hatte. Nichts, keiner da. Mehrere Male war Santo rauf und runter gelaufen, die Treppen runter zur unteren Ebene, Nichts. Dann wieder runter, dieses mal mit dem gläsernen Aufzug, Wieder nichts. Wo war denn der Kerl nur? Und sein Revier sah aus wie ausgekotzt. In den knapp drei Monaten hatte Santo es noch nie so verschmutzt erlebt wie an diesem Tag. Santo ging nochmal raus, um in den Kellerräumen zu schauen, wo sich ihr Lager befand, wo sich die Reinigungskräfte gelegentlich mal saubere Möppe oder sonst irgendwelche Reinigungsmittel holen durften. Vielleicht befand er sich da. Santo wollte ihn kennenlernen und sich vorstellen. Nichts und wieder nichts. Der Kerl schien unsichtbar zu sein. Die Reinigungskräfte hatten ihn vorgewarnt, hatten ihm erzählt, dass er wie ein Taliban herum laufen würde. Santo war neugierig. Ein Albaner, der wie ein Salafist herumlief. Naja, dachte sich Santo. Er begab sich wieder durch diese tägliche Tortur von einem Sicherheitsgang, bei dem er jedes Mal seine Jacke ausziehen musste, seine Metallgegenstände oder spitze Gegenstände ebenso, um dann durch das Sensortor zu passieren.

Endlich, da war er. Auf einem von diesen Gates entdeckte Santo, Dechdi, der sich mit seinen Aufnehmer langsam wie eine 120 Kilo schwere Schildkröte bewegte. »Seelenruhig«, ging es Santo durch den Kopf. Da hätte die Welt untergehen können und den hätte es wahrscheinlich nicht die Bohne gejuckt. Ok, dachte sich Santo, dann stellen wir uns mal vor. Schon bei den ersten Schritten, die Santo auf Dechdi zulief, hatte Dechdi ihn im Visier. Als ob er eine Radarantenne im Hirn hatte. Santo lächelte ihn an. Sein Lächeln wurde nicht erwidert. »Ha, Ok«, dachte sich Santo. »Alles klar. Da scheint jemand nicht gerade begeistert von mir zu sein. Wer weiß, welche Bazille diesen Koloss auf mich gehetzt hat.« Je näher Santo Dechdi kam, umso angewiderter wurde Dechdis Gesichtsmimik.

Santo ließ sich seine anfängliche Irritation nicht anmerken. »Hallo, mein Name ist Santo. Ich bin hier der Objektleiter.« Dabei streckte Santo ihm höflich seine rechte Hand entgegen. Immer noch kein erwidertes Lächeln, geschweige denn eine anerkennende Gesichtsmimik. Nichts. Niente. Mit größter Mühe musste sich Dechdi aufraffen, Santo seine rechte Hand hinzuhalten, die mehr an einen toten Fisch erinnerte. Santo schaute ihm in die Augen, nickte und ging mit langsamen Schritten fort. Wobei er diesbezüglich demonstrativ sein Revier beäugte.

»Ok«, dachte sich Santo. »Schon wieder so ein Idiot. Die muss es auch immer wieder überall geben. Was für eine Plage.«

Doch damit nicht genug. Zwei Stunden später rief ihn einer der Hausmeister an. »Herr Rubino, was ist heute los? Es gab viele Reklamationen. Einige Fluggäste haben sich außerordentlich über die Toiletten im Sicherheitsbereich West beschwert, ist das Revier heute nicht vertreten? Haben Sie zu wenige Arbeitskräfte? Was ist los? Herr Rubino, das gibt Minuspunkte, Herr Kester ist außer sich. Einer der Gäste ist Journalist und der möchte die Zustände im Kölner Flughafen publik machen. Verstehen Sie?«

»Sicherheitsgebiet West?«, fragte sich währenddessen Santo. »Sicherheitsgebiet West? Da ist doch, … dieser Spinner! So eine Scheiße.« Kaum war der Typ einen Tag da und schon gab es Trouble. Santo hatte es sich gedacht, der Typ roch meilenweit nach Ärger.

»Ok, ich kümmere mich drum, ich gehe gleich hin und schaue mir das an. Der Schmutz wird gleich auf der Stelle entfernt«, antwortete Santo.

»Ja, tun Sie das, da hat sich ein Kleinkind übergeben und das liegt da schon seit zwei Stunden, was macht eigentlich da euer Mitarbeiter?«

Santo stieg die Wut in den Kopf. »Was?«, fragte er sich. »Was?« Er konnte es nicht fassen. Da hatte sich ein Kleinkind seit zwei Stunden übergeben und der Typ hatte es immer noch nicht weggewischt. Santo machte sich unmittelbar auf den Weg. Wieder durch den Kontrollgang. Der Kontrollgang war voll. Lauter Stewardessen, Stewards und Piloten in den unterschiedlichen Uniformen. Es dauerte. Für Santo dauerte es eine Ewigkeit. Endlich. Endlich war er durch. Schnell begab er sich auf die Westseite. Wieder niemand da. Wo war der Kerl nur? Santo schaute sich um. Niemand zu sehen. Torsten saß schön in seinem Büro und bekam mal wieder nichts mit oder es interessierte ihn nicht wirklich. Santo war an der Front und der Typ war immer noch nicht in Sicht. Das Erbrochene des Kleinkindes war schon verkrustet und überall vor den Sitzbänken, auf den Sitzbänken, neben den Sitzbänken und hinter den Sitzbänken befanden sich Cola- und Kaffee-Flecken und sonst was für Flecken. Santo verdrehte sich der Magen. Er spürte, wie ihm die Wut durch seine einzelnen Adern bis in den Kopf stieg, um dann sein Herz zum Rasen zu bringen, was sich wiederum auf seine Atmung auswirkte. Er hasste es, wenn seine Urprogramme so unkontrolliert überhand über ihn gewannen. Dann war er nicht mehr in der Lage, ruhig zu reden und bekam dadurch seine Sätze nicht ordentlich zusammen, und auch sein italienischer Akzent ließ sich dann nicht mehr zügeln. Santo kannte sich. Er blieb stehen und atmete einige Male in tiefen Zügen schwer durch. Ganz ruhig, ruhig Blut, beruhigte er sich selbst und in der Tat, es wirkte. Santo blieb an Stelle und Ort stehen. Zwischenzeitlich kam die eine und andere Reinigungskraft vorbei, nur nicht Dechdi. Die anderen boten sich an, die verschmutzten Gates im Revier für Dechdi zu reinigen. Santo willigte nicht ein. »Nein«, antwortete er, »das muss schon Dechdi selber machen.«

Fünf Minuten stand er schon da und was die Sache noch schlimmer machte, war, dass Herr Kester gegen 12:00 Uhr nicht selten seine Runde drehte und besonders ein Auge auf die westliche Seite warf, wo die meisten Flieger flogen und vor allen Dingen lag dort sein Lieblingsobjekt.

Ein knapp 5 Meter langes und 1,50 Meter breites, aus Metall bestehendes Kinderspielflugzeug, wo viele gelangweilte Kinder ihr Vergnügen fanden. Der Flieger lag auf einem circa 30 Quadratmeter weichen Kunststoffteppich, damit, für den Fall, dass spielende Kinder ausrutschten und herunter fielen, ihr Sturz etwas abgebremst werden konnte. Dort musste es besonders sauber sein und regelmäßig gereinigt werden. Herr Kester ließ sich das nie nehmen, dem Flieger mit dem Teppich seine besondere Aufmerksamkeit zu widmen. Santo wusste das und das nervte ihn.

»So eine Scheiße«, dachte Santo. Herr Kester ist gleich da und dieses Arschgesicht ist immer noch nicht in Sicht. Doch dann traute er seinen Augen nicht, einige Male musste er hinschauen und mit jedem Mal, das er dahin schaute, schienen Santos Augen aus seinem Schädel rauszukatapultieren. Der Anblick verschlug ihm die Sprache. Er konnte es nicht glauben. Das konnte doch nicht wahr sein! Ein Gefühl des Fremdschämens stieg in ihm auf. Dechdi quasi mittendrin, einen Karton ausgebreitet, worauf er am beten war, und das vor jedem Fluggast, demonstrativ und provokativ.

Jeder hat das Recht zu beten und jeder hat das Recht, so zu beten, wie er es für angebracht und wie er es für richtig hält. Damit hatte er gar kein Problem. Von ihm aus konnte jeder an das glauben, was er wollte, und an das beten, was er für richtig hielt und sei es ein Stein oder ein Baum oder seinetwegen auch ein Vogel. Gar kein Problem. Solange es keinem zweiten Schaden zufügte und niemanden in seinem eigenen Dasein einschränkte. Null Problemo. Und es war für ihn auch in Ordnung, wenn religiöse Muslime fünf Mal am Tag beteten. Dafür gab es Gebetsräume. Oder von ihm aus auch im Pausenraum. Aber hier in aller Öffentlichkeit? Mitten im Geschehen? Musste das denn sein? Was hatte dies mit Glauben zu tun? Das erschien Santo als grotesk und provokativ. Seinen Glauben so in den Mittelpunkt zu stellen, empfand er als eine Art Exhibitionismus, sich selbst, als das einzig Wahre über allem anderen zu empfinden.

Santo hielt nichts von diesen extrem religiösen Menschen, die ihren Glauben so zur Schau stellten und alles sich nur um deren Glauben drehen musste. Dabei spielte es für ihn keine Rolle aus welcher Glaubensrichtung sie auch kamen. Extrem religiöse Menschen, die ihren Glauben in aller Öffentlichkeit so zur Schau stellten, waren ihm suspekt. Nach seiner Auffassung hatten die meisten Religionen und extrem religiöse Menschen der Menschheit letztendlich mehr geschadet als geholfen und er selber hatte einige Male schon erlebt, wie heuchlerisch und mit welcher Doppelmoral diese selbsternannten Moralapostel vorgingen. Für ihn hatten die mit dem ausgestreckten Zeigefinger am allermeisten Scheiße am Hintern kleben. Vielleicht lag der Hund gerade deswegen dort begraben. Der wahre gläubige Mensch, dachte Santo, trägt seinen Glauben in seinem Herzen, ist bescheiden und tritt unauffällig auf, ist immer da, wo er helfen kann, und macht keinen Hehl daraus. Preist seinen Glauben nur dann an, wenn man ihn danach fragt, ansonsten lebt er es für sich aus und geht mit gutem Beispiel voran, ohne andere zu verurteilen. »Das ist Glaube«, meinte Santo und abgesehen davon, Geld einsacken fürs Nichtstun und dann noch sich besondere Rechte nehmen, sowas ging gar nicht. Wo war denn da die Gerechtigkeit? Wo war denn da der Gerechtigkeitssinn für die anderen Kollegen? Und nehmen wir mal an, alle würden sich diese Rechte nehmen, was wäre denn dann? Dann müsste man als Firma drei Mal so viel Personal einstellen, damit alle ihren Bedürfnissen nachgehen konnten und mehr noch, damit sich alle Arbeitnehmer auch ihre Kaffee- und Zigarettenpausen genehmigen durften. Wären sie denn auch damit zufrieden? Wenigstens dann einmal weniger Geld zu bekommen? Würden sie auch dann so großzügig sein, wenn sie die Arbeitgeber wären?, fragte sich Santo in seinem Unmut. Ist das gerecht? Ist das wirklich in Gottes Sinne? Wohl kaum, dachte Santo. Er konnte sich das nicht vorstellen.

Dechdi sollte lieber während der Arbeit sein Revier ordentlich halten, wofür er auch regelmäßig und pünktlich bezahlt wurde. Dann hätte er sich auch öfter zum Beten zurückziehen können, aber bitte nicht in aller Öffentlichkeit eines Flughafen-Terminals. Geduldig wartete Santo bis dieser komische Kerl endlich mit seinem theatralischen dargestellten Bedürfnis fertig war. Freundlich und überaus vorsichtig nickte Santo im Wissen, dass religiöse Menschen nicht selten mit Samthandschuhen anzufassen waren. Er respektierte sie, aber das war doch zu viel des Guten.

Dechdi stellte seelenruhig sein Stück Pappkarton zur Seite, worauf er gebetet hatte, und begab sich im Schildkrötentempo demonstrativ zu Santo. Trotz seines Unmutes lächelte Santo Dechdi freundlich an. Er wollte es im Guten mit ihm probieren. So wie er es stets tat und für richtig hielt. Erst mal immer im Guten. Wichtig ist, sagte er oft zu sich, man darf sich selber nicht vergessen, auch wenn die anderen es doch tun.

Dechdi war auf Kriegsfuß, von Anfang an. Sein Urteil war gefällt. Santo war zum Staatsfeind Nr. 1 erkoren worden. Alle Freundlichkeit, die Santo ihm entgegengebracht hatte, prallte an diesem Koloss von einem Menschen wie Meereswellen an Felsenklippen ab. Nichts zu machen. Niente. Der Kerl konnte Santo schon jetzt nicht leiden. Obwohl die zwei sich vorher in ihrem ganzen Leben noch kein einziges Mal gesehen hatten, hatte Dechdi, ohne Santo zu kennen, schon verurteilt. Santo wurde mal wieder in eine Ecke gedrängt, in eine Schublade hineingesteckt. Santo kannte das nur zu gut. Sowas war ihm öfters wiederfahren. Er mochte Menschen nicht, die zu voreilig, ohne jemanden kennengelernt zu haben, ohne jemandem wenigstens eine Chance gegeben zu haben, beurteilten. Woran lag es?

»Hallo Dechdi, kannst du gleich bitte hier als aller erstes den Kunststoffteppich unter dem Spielzeugflieger saugen? Und auch im Flieger?«, fing Santo seinen Satz an. »Gleich kommt Herr Kester. Wenn er die Gates in so einem Zustand sieht, bekommen wir Ärger. Tu mir bitte den Gefallen. Und bitte, auch die Flecken müssen entfernt werden. Danke.«

Während Santo Dechdi im freundlichen Ton anredete, baute sich der andere immer mehr auf. Sein Gesicht, was von einem Bart umgeben war, schien sich immer mehr aufzuquellen, während seine Augen sich röteten. Seine Nasenlöcher öffneten sich und schlossen sich wie die von einem erbosten Ochsen. Santo wurde es mulmig. Seine Knie erweichten sich ein wenig. »Was will der von mir?« fragte er sich selbst. Er fühlte sich wie vor den Kopf gestoßen. Er verstand es nicht. Er hatte doch mit ihm so freundlich, wie es nur ging, gesprochen. Hatte sich bemüht den absolut richtigen Ton zu treffen. Er hatte sich sogar selbst bei ihm freundlich vorgestellt. Was war mit dem Typen los? Santo hatte gar keinen Bock auf Stress. Stress hatte er schon genügend im Leben gehabt und was hatte es ihm gebracht? Einen dicken Scheiß! Sollte er jetzt wegen so einem Spinner seine Arbeit verlieren? Er dachte an seine zwei Kinder. Warum?, fragte er sich. Warum in Gottes Namen müssen immer mir solche Exemplare über den Weg laufen? Warum kann ich nicht wie jeder andere einfach meine Arbeit tun und in Frieden leben, ohne dass einer meint, mir auf den Sack gehen zu müssen? Warum?

»Junge«, antwortete Dechdi in einem fordernden Ton. »Junge«, wiederholte er und rückte mit seinem breiten Antlitz näher an Santos Gesicht »Junge«, wiederholte er noch einmal sehr aufgebracht, »übertreib es nicht«, spuckte es aus Dechdi heraus. Im wahrsten Sinne des Wortes schossen aus Dechdis unkontrolliertem Geschwafel Spritzer seines Speichels auf Santos Gesicht. Santo wischte sich die unbeabsichtigte Spucke weg. Wenn es nach der Erziehung seines Vaters gehen würde, hätte er auf der Stelle, ohne wenn und aber, ohne Rücksicht auf Verluste, gleich ausholen müssen und Dechdi voll eine auf die Zwölf hauen sollen. Santo war auch kurz davor, auch wenn dieser Koloss ihm mit seiner Masse, mit seinen 1,75 mal 1,75 imponierte.

Aus seinem anerzogenen Stolz, aus seinen Erfahrung aus Kindertagen, wo er nicht selten auf den ersten Blick übermächtige Gegner locker besiegt hatte, hätte er Dechdi am liebsten gleich eine aufs Maul gehauen, um diesen Scheiß so schnell wie möglich hinter sich zu bringen. Er tat es nicht.

»Was ist los?«, fragte Santo. »Willst du deine Arbeit nicht machen?«

»Du hast mir nichts zu sagen, von dir lass ich mir nichts sagen«, giftete Dechdi ihn an. Santo verschlug es die Sprache, mal wieder wurde er aus dem Nichts von der Seite angemacht. »Wie bitte?«, horchte Santo Dechdi aus. »Hab ich richtig verstanden?« Santo blieb wie festgewurzelt stehen und wich Dechdis Blick nicht aus. Lieber würde er sich eine einfangen, als klein bei zu geben. Jetzt erst recht.

»Junge, du hast mir nichts zu sagen.«

»Ah, im Ernst?«, fragte Santo. Jetzt reichte es ihm. »Jetzt hör mal gut zu. Bis jetzt hab ich mit dir im freundlichen Ton gesprochen, aber meine nicht, dass ich nicht anders kann.«

Dechdi kam seinem Ziel immer näher. Weit und breit kein Torsten. Der Objektleiter saß immer noch mit seinem Arsch im Bürosessel, während wieder ein anderer für ihn die Kriege ausfocht.

»Wie meinst du das? Willst du mich bedrohen? Bedrohst du mich?«, forderte Dechdi Santo heraus.

Santo wunderte sich. Dechdis Akzent hörte sich sehr arabisch an, aber Dechdi war eigentlich Albaner. Seltsam, dachte er sich. Aber vielleicht lag es daran, dass er zu den Salafisten beigetreten war. Auf jeden Fall sah er so aus. Alle hatten Schiss vor ihm. Ungefährlich sah er nicht gerade aus. Wahrscheinlich musste er Kräfte wie ein Bulle und ein Bär zusammen haben. Zumindest sah er nicht nur so aus, sondern wirkte auch so.

»Hör mal«, versuchte Santo das Gespräch auf vernünftige Bahnen zu lenken und ließ sich nicht auf Dechdis Vorhaben ein. »Hör mal«, wiederholte Santo noch einmal, »ich bin hier dein Vorgesetzter, verstehst du das? Ich bin hier Objektleiter, und wenn die Arbeit nicht erledigt wird, muss ich das dem Mitarbeiter sagen. Verstehst du? Das ist meine Arbeit. Dafür werde ich bezahlt und wenn ihr eure Arbeit nicht macht, muss ich euch das sagen, und gleich kommt Herr Kester und hier sieht es aus wie Sau. Das geht nicht. Wenn das nicht gemacht wird, muss ich dich abmahnen.«

Da hatte Santo doch den Fehler gemacht, auf den Dechdi die ganze Zeit über gelauert hatte. Wie ein hungriges Raubtier stürzte er sich auf die sich bietende Gelegenheit. »Junge, du willst mich abmahnen?«

Santo war längst 40 Jahre alt und Dechdi war nicht älter, meinte aber, Santo »Junge« zu nennen. »Du willst mich abmahnen? Du willst mich abmahnen?«, fragte er, machte eine Atempause, um ihn dann in einem gefährlichen Ton zu bedrohen. »Junge, ich kille dich, ich kille dich. Du willst mich abmahnen? Ich töte dich.«

Jetzt platzte Santo der Kragen. »Du bedrohst mich?«, entfuhr es Santo wutentbrannt. »Du bedrohst mich? Ich lasse mich von niemandem bedrohen. Meinst du, du machst mir Angst? Im Gegenteil, dadurch machst du mich selber wütend.« Und es war Santo egal und selbst, wenn er heute hier zum ersten Mal in seinem Leben schlimmer noch als damals in Bocklemünd eine draufbekommen würde, das durfte er sich nicht gefallen lassen. So was durfte er sich niemals gefallen lassen. Nicht mit ihm. Er war nämlich noch immer Sizilianer.

In solchen Augenblicken kam es Santo immer hoch. Seine Programme, die in der Kindheit gelegt worden waren, fuhren sich verselbstständigt hoch. Carlo, sein Vater, war nicht nur in ihm, sondern wühlte immer noch in ihm. Ok, sagte er sich. Dann ist es nun so.

»Du willst mich killen? Dann tu es doch.« Daraufhin schritt Santo einen Schritt nach vorne. »Hier, ich stehe vor dir. Na los, nur zu«, forderte er Dechdi heraus. »Nur zu«, wiederholte er seine Forderung.

Dechdi war beeindruckt. Santo merkte es. Er war mal wieder unterschätzt worden. Es schien sein ewiger Stern zu sein. Dechdi schritt einen Schritt zurück. »Ich kriege dich«, verkündete Dechdi. »Nach der Arbeit warte ich auf dich.«

»Ja, tu das«, bestärkte Santo ihn. »Ich freu mich schon drauf.«

Gleichzeitig zog Santo sein Handy raus und rief Hartmann an. Hartmann war Bezirksleiter und war sein direkter Vorgesetzter und er war für das Geschehen am Flughafen verantwortlich. Er sollte es wissen, einer sollte es wissen. Für alle Fälle. Für den Fall, was wäre wenn? Wenn dieser durchgeknallte Typ, der wahrlich einen Dachschaden zu haben schien, ihm nach der Arbeit aus dem Hinterhalt, ein Messer in den Rücken schieben würde. Bei solchen Psychopathen war mit allem zu rechnen. Seine Frau wollte er nicht beunruhigen, aber Sorgen machte er sich schon. Der Typ schien nicht der hellste und auch nicht der ungefährlichste zu sein. Santo nahm die Drohung ernst und würde sich umschauen.

Hartmann antwortete in seinem gewohnten schroffen Ton, den er bei der Arbeit zu pflegen schien. »Hau doch den Typen um, das kannst du doch?«, fragte und forderte Hartmann, sich seiner selbst sicher. Santo war perplex. Hatte Hartmann allen Ernstes gerade ihn aufgefordert, Dechdi umzuhauen? Er dachte, er hört nicht richtig.

»Ich soll ihn umhauen?«, wunderte sich Santo.

»Ja, hau den Typen doch einfach um«, forderte Hartmann ihn noch einmal auf. Santo war fassungslos und verwirrt zugleich. Einen Augenblick lang sah er schon, wie er Dechdi eine mächtige Linke verpasste, um synchron dazu einen seiner zerstörerischen rechten Haken folgen zu lassen. Doch er besann sich eines Besseren. Was hätte er denn davon? Und selbst, wenn er diesen Koloss umhauen würde. Was hätte er denn davon? Nichts! Er würde sogar seinen Arbeitsplatz verlieren und für was? Und warum sollte immer er derjenige sein, der die Kastanien aus dem Feuer holt? Letztendlich hatte doch die Firma diesen Irren eingestellt und nicht er. Sollten die sich doch drum kümmern. Nein. Dieses Mal nicht. Er dürfte nicht immer wieder dieselben Fehler machen. Nicht jedes Mal in dieselben Fußstapfen treten. Sollten doch mal die anderen ran. Er würde dieses Mal bestimmt nicht die Drecksarbeit für die anderen erledigen, um sich dann wie in den Kindertagen anhören zu müssen, er sei ein Schläger, ein Asi. So dankte man es ihm dann. Auf gar keinen Fall. Nicht mehr mit ihm. Außer Dechdi würde ihn in der Tat angreifen. Dann würde er sich mit allem Möglichen zur Wehr setzen. Das war klar.

»Ich haue hier niemanden um«, verkündete Santo Hartmann in seinem Vorhaben fest entschlossen. »Ist nicht mein Problem.«

»Ich hab dir Bescheid gesagt. Wenn was passieren sollte, wisst ihr, warum.«

»Ok«, antwortete Hartmann daraufhin. »Ich komme die Tage dann vorbei und sehe mir den Typen an.« Damit war das Gespräch beendet. Dechdi hatte sich zwischenzeitlich seinen Mopp zur Hand genommen und fing in seinem Schildkrötentempo die Teppichmatte zu säubern.

Die Tage vergingen und nichts geschah. Santo schaute sich um. Er war auf der Lauer. Eine ausgesprochene Drohung nahm er immer ernst. Er war ja vorgewarnt. »Uomo avvisato e mezzo salvato.« (Ein Mann, der vorgewarnt ist, ist halb gerettet), klang es in seinen Gedanken. Das war eine der Redewendungen von seiner Mutter, die nicht spurlos an ihm vergangen war. Bei Drohungen ließ es Santo nicht gerne drauf ankommen und wollte keineswegs das Schicksal herausfordern. Er rechnete mit allem und war auch darauf vorbereitet. Wenn es denn sein musste, würde er diesmal keine Gnade vor Recht gelten lassen. Nein diesmal nicht. Er hatte die Faxen dicke. Wegen einem Scheiß, wegen nichts, sich so bedrohen zu lassen und erst recht nicht bei einem Angriff auf ihn, das ohne Gegenwehr und ohne Folgen auf sich sitzen zu lassen. Auf was sollte er denn noch hoffen? Immer noch auf das große Glück? Und das mit mittlerweile fast 41 Jahren? Diesmal, wenn er es überlebte, würde er es auf die alte sizilianische Art erledigen. Er würde selbst für Gerechtigkeit sorgen.

Gott meinte es weiterhin gut mit ihm. Aus der Drohung wurde Gott sei Dank nichts. Er war es einfach leid. Er wollte in Ruhe leben und sich an den schönen Dingen des Lebens erfreuen. Eines davon war weiterhin leidenschaftlich an seinem Buch zu schreiben. Es machte ihm ungemein viel Spaß. Es erfüllte ihn, seine Story als autobiografischen Roman zu erfassen, und es ließ ihn immer mehr über vieles hinweg schauen. Er erinnerte sich immer wieder und ließ kaum Platz für negative Gedanken. Schreib dein Buch! Schreib dein Buch! Scheiß drauf! Scheiß auf diesen elenden Möchtegern sonst was, auf diesen arroganten, selbstherrlichen, eingebildeten Antimenschen. Konzentrier du dich auf dein Buch. Schreib es zu Ende. Er nützte jede Gelegenheit um seine Geschichte zu Ende zu schreiben. Selten gelang es ihm, sich in Ruhe in sein Schreiben zu vertiefen. Aber egal, Hauptsache er kam zum Schreiben. Es war nun mal so, mit Frau und Kindern. Er musste sich die Zeit einteilen.

Dechdi hatte sich untergeordnet. Aus der Drohung wurde zum Glück nichts. Santo war froh, er freute sich darüber. Er wollte keinen Stress. Er wollte einfach seine Arbeit so gut es ging erledigen. Das war ihm aber mal wieder nicht gegönnt. Es war der Stern, den er wahrscheinlich im Leben zu tragen hatte. Irgendwie musste er etwas haben, was einige seiner Mitmenschen vor den Kopf stieß. Irgendwie musste er eine Art haben, die einigen missfiel. Die andere veranlassten, ihm das Leben schwer zu machen. Was war es denn? Was machte Santo denn falsch? Außer zu jedem freundlich und hilfsbereit zu sein, außer sich für das Glück der anderen zu freuen. War er doof? War er einfach nur zu blöd? Zu naiv? Oder einfach nur zu sehr auf Gerechtigkeit aus? War es falsch so zu denken? So zu handeln? War es falsch, sich zu sehr für seine Arbeit zu engagieren?

Anscheinend schon, musste sich Santo erfahrungsmäßig eingestehen. Er war ja jedes Mal eines Besseren belehrt worden. Diesmal waren Klaus und Klaus, zwei kölsche Urgesteine, die durch regelmäßiges Hanteltraining, und ein wenig Anabolika, Santo extrem an Pluto erinnerten, den unermüdlichen Rivalen von Popeye. Beide kamen nicht nur im Doppelpack, sondern waren auch doppelt bepackt. Santo imponierte dies keineswegs. Von aufgepumpten Typen, die wie Hefekuchen aussahen, hielt er nicht besonders viel. Meistens waren das Schisser, die sich deswegen mit so viel Masse aufpumpten, um sich dadurch Respekt vor den anderen zu verschaffen. Da konnte Santo nur müde lächeln. Nicht selten hatte er selbst erfahren, was für Weicheier es im Grunde waren. »Tutto fumo senza arrosto.« (Viel Rauch ohne Braten), kam es ihm bei solchen Anblicken in den Kopf. Klaus und Klaus schätzten Santos Energien gut ein und gingen mit ihm freundlich um. Auch, wenn sich der um einige Jahre jüngere Klaus, der um die 34 sein musste, sich wahrlich schwer damit tat. Ihre Freundlichkeit war nur oberflächlich. Im Grunde konnte zumindest der Jüngere von beiden Santo nicht ab. Santo spürte es. In den ersten Tagen seiner Arbeit am Flughafen hatten sie sofort, ohne es zu hinterfragen, Santo bei Hartmann angeschwärzt. Zu der Zeit hatte Santo noch keinen Sicherheitsausweis und konnte somit weder ins Büro gehen, das sich im Sicherheitsbereich befand, und auch nicht zu den Fluggates, die auf der Sicherheitsseite lagen. Es war Pause und alle Reinigungskräfte frühstückten. Torsten saß im Büro. Santo war an der Front. Er hatte sich zwei Brötchen in der Bäckerei Kamps geholt, die sich auf der unteren Ebene befand. An der ovalen, runden, farbigen Plexiglastheke an der Ostseite hatte sich Santo zum Verspeisen angelehnt, als Klaus und Klaus zu diesem Zeitpunkt ins Terminal kamen. Sofort wurde Santo ans Kreuz genagelt. Obwohl die zwei es eigentlich besser wissen mussten, dass man sich um 10:00 Uhr eine zwanzigminütige Pause im Flughafen gewährte, stempelten sie ihn ohne große Umschweife als Dienstverweigerer ab. So einfach war es für einige Mitmenschen.

Er solle sich vor den beiden Klaus in Acht nehmen hatte ihn Hartmann im Nachhinein gewarnt, wobei er ihm gleichzeitig klar machte, er solle sich um die zwei keine zu großen Sorgen machen, er hätte ihnen gesagt, dass Santo zu seinen Männern gehört und diesbezüglich sollten sie ihn in Ruhe lassen. Santo war erleichtert. Er bangte um seinen Arbeitsplatz und hatte gewiss keine Lust gehabt, sich so schnell nach einem neuen umzuschauen. Aber dabei blieb es nicht. Obwohl in der Zwischenzeit die Ergebnisse deutlich nicht von der Hand zu weisen waren und im Vergleich zu den vorherigen Jahren offensichtlich qualitativ besser waren, interessierte es die beiden nicht die Bohne. Zumindest den Jüngeren nicht. Bei dem Älteren hätte Santo meinen können, dass er ihn zwischenzeitlich schätzen gelernt hatte. Aber bei dem anderen war nichts zu machen. Er war verbohrt und selbst die allerbesten Argumente hätten ihn keinen Millimeter von seiner Meinung abbringen können. Es ging ihm eben nicht um Argumente oder um Verbesserung und Leistung, sondern darum, dass er es immer besser wusste und nicht einsehen wollte, dass es doch Sinn machte, dass Santo hier seinen Job tat. Nicht umsonst hatten sie doch eine Vertragsverlängerung von vier Jahren bekommen, obwohl die Firma schon fast draußen war. Letztendlich war Santo daran beteiligt gewesen und wahrlich, wenn es um Torsten gegangen wäre, wäre die Firma Blitzblank nicht einmal um den Bogen geflogen, sondern gleich mehrere Male. Torsten interessierte es im Grunde einen Scheiß. Santo kämpfte. Er rannte und steuerte und organisierte und packte überall mit an, wo er nur konnte, ohne sich mit einem Wort zu beschweren. Im Gegenteil, er war dankbar für diesen Job. Er war dankbar, einen relativ angemessenen Job bekommen zu haben. Schließlich wusste er, wie schwer es war, eine angebrachte Arbeit zu finden. Zumindest für ihn. Aber so war es. Die, die am allermeisten Scheiße am Hintern kleben haben, sind immer die Ersten, die auf andere zeigen. Klaus und Klaus gehörten dazu. Sie gehörten so wie viele andere zu der Sorte Mensch, die bei den anderen den kleinsten Span im Auge sahen, aber bei sich selbst nicht den Balken.

Jedenfalls wollte er nicht zu diesen erbärmlichen Arschgeigen gehören. Das war klar. Das war sonnenklar. Er konnte gar nicht anders, als seinem Kern treu zu bleiben, als er selber zu sein. Er musste ganz einfach seinen Weg gehen. Das tat er, er schrieb an seinem Buch, und obwohl er nicht regelmäßig zum Schreiben kam, kam er trotzdem voran. »Irgendwann«, dachte Santo. »Ja, irgendwann, mit Gottes Segen, werde ich fertig sein.« Dieses Buch ergab sich für ihn als eine Möglichkeit, seine Erfahrungen, seine Emotionen, seine Gedanken nicht nur preiszugeben, sondern noch vielmehr, sie zu verarbeiten. Er war dankbar, für sich einen Weg gefunden zu haben. Dankbar dafür, vielleicht ein Talent in sich entdeckt zu haben. Dabei hatte er sich niemals erträumt, dass er eines Tages ein Buch schreiben würde, geschweige denn, dass er sogar Spaß und Vergnügen dabei empfinden würde. Er war glücklich. Das Buch füllte eine Lücke, die trotz wunderbarer Kinder und entzückender lieblicher Frau in ihm immer noch zu lodern schien, die er nie bewusst zur Kenntnis genommen hatte oder zur Kenntnis nehmen wollte.

Mittlerweile kam Frau Tessner aus Frankfurt zurück nach Köln, wo sie erbärmlich gescheitert war. Frankfurt war nun mal nicht Köln. Das übliche Geschwafel interessierte die Leute dort nicht so recht. Vielleicht amüsierte es sie anfänglich, doch auf Dauer mussten Taten folgen. Taten, zu der eine Frau Tessner nicht im Stande war. Ihre Stärke war eher, ranghohen Männern schöne Augen zu machen. Zumindest erzählte man sich dies in der Firma. Frau Tessner hatte mit dem Chef ein Techtelmechtel und hatte sich dadurch von einer einfachen Reinigungsfrau zur Leaderin emporgehoben. Eine durchaus pragmatische Zeitgenossin. Eine Füchsin mit banaler Bauernschläue, was aber allem Anschein nach bestens funktionierte.

Klaus und Klaus, die in der Firma als selbständige Glasscheibenputzunternehmer fungierten, wussten sich bestens bei Frau Tessner und dem Chef einzuschleimen. Sie redeten ja dieselbe Sprache. Man verstand sich, in jeglicher Hinsicht. Großes gewissenloses Gelaber und Palaber und Geschwafel, um den Kunden um den Finger zu wickeln. Eigentlich machten sie das, was sie den Südländern vorwarfen, selbst am besten. Santo erstaunte diese Vorgehensweise zutiefst. Auch er hatte gedacht, dass so eine Art eher bei den Südländern vertreten war, aber hier wurde er eines Besseren belehrt. Da hätte sich sogar der eine oder andere Südländer eine gute Scheibe abschneiden können. Er hatte noch bis vor kurzem gedacht, dass es sowas hier im Lande nicht geben würde. Dass man sich hier auf das Gesagte, auf das Zugesagte, verlassen konnte. Er musste sich eingestehen, dass sie genauso Laberbacken waren wie viele andere auch. Aber warum taten sie dann immer so streng korrekt?, fragte er sich. Er war enttäuscht. Vielleicht war er ein Idiot, vielleicht war er sogar ein Vollidiot. Denn er hielt, was er versprach, und er tat den Teufel, das Gesagte nicht zu erfüllen. »Ein Mann, ein Wort«, so hatte es ihm sein Vater zu Kindeszeiten beigebracht.

Ein Antiquariat schien er zu sein. Überall lauerten Verrat und List. Klaus und Klaus konnten sich davon nicht freisprechen. Der Jüngere war aber der viel Schlimmere. Der Ältere wäre vielleicht ohne ihn nicht so gewesen. Santo mochte ihn. Eigentlich konnte er den Älteren gut leiden. Doch die Beeinflussung des anderen war einfach zu gewichtig. Dabei waren sie mit Muskeln bepackt wie Ur-Männer. Leider nur oberflächlich, musste Santo feststellen. Denn im Grunde genommen verhielten sie sich wie eifersüchtige Weiber. Führten Intrigen und erledigten alles hinten herum. Santo widerte am allermeisten an, dass immer derjenige die Schuld an allem trug, der eben gerade nicht da war. Das Fieseste und Unedelste war auch, dass, wenn sie in der Runde waren, lachten und alle miteinander scherzten, als ob nichts wär, aber sobald sich einer verabschiedete, fing das große Lästern auf der Stelle an. Santo hätte kotzen können und genau das war das Problem, was auch Hartmann mit dieser Firma hatte. Immer schön alles heimtückisch von hinten. Man musste ständig auf der Lauer sein. Es war nicht erlaubt, sich wohlzufühlen. Sie hatten an allen und allem etwas auszusetzen. Es schien ein Grundprinzip dahinter zu liegen, das Santo nicht verstand. Ein Fundamentalismus der immerwährenden Unzufriedenheit. Santo musste passen. Das war ihm alles zu kompliziert, zu hoch. Aber vielleicht lag es einfach nur daran, dass Santo doch ein Vollidiot war? Wie auch immer, auch hier schloss sich der Kreis. Klaus und Klaus waren selbst nicht frei von Untugenden. Den öffentlichen Glasaufzug im Terminal 2, der von der untersten Ebene bis zur Abflug/Checkin-Ebene fuhr, reinigten sie anstatt zweimal, wie im vereinbarten Plan mit dem Flughafen-Facility, nur einmal im Monat.

Mit den anderen kleineren Glasaufzügen im Sicherheitsbereich verhielt es sich genauso. Aber auch so stressten sie sich ihr Leben bei weitem nicht. Die Regeln galten anscheinend nur für die anderen, aber bloß nicht für sie selbst. Irgendwie erinnerte es Santo an bestimmte Institutionen. Es kam ihm bekannt vor. Fair war es aber trotzdem nicht. Aber es interessierte die Obigen und Möchtegern-Obigen und alle, die gerne dazu gehören wollten, nicht die geringste Bohne. So waren nun mal einige Menschen, großes Gelaber, großes Blabla und im Grunde genommen glaubten sie selbst nicht an den Scheiß, den sie anderen verkaufen wollten, und hatten auch überhaupt gar nicht vor, sich daran zu halten. Wie hatte sein Vater ihm als kleinen Jungen vermittelt?

»Ich bin wie die Priester, tu das was ich dir sage und nicht das, was ich tue.« Das konnte ihm nie einleuchten, aber vielleicht war er einfach nur ein Trottel? Das Doppelpack machte sich selbst ein schönes Leben. Vor Frau Tessner und dem Chef der Firma wurde grundlegend gejammert, wie sehr und wie schwer sie malochen mussten, wobei sie keine Gelegenheit ausließen, um mit dem Finger auf die anderen zu zeigen. »Zugegeben«, dachte Santo, egal, wie banal so ein Vorgehen war, es hatte Methode. Sie funktionierte. So war nun mal die Gesellschaft. Nicht die Loyalen, nicht die Ehrwürdigen, nicht die echten Fleißigen, sondern oft die weniger Fleißigen, die Anschwärzer und Denunzianten, die Unloyalen, die, die immer nur an die eigenen Interessen dachten, wurden den anderen vorgezogen und belohnt. Man musste ein Antimensch sein, dann war man gut. »Was für ein Haufen Neurotiker«, dachte Santo. Sein Fundament war schon längst verlegt worden, er hätte nie so sein können wie sie und hatte es auch in keinster Weise vor. Man kann einfach nicht aus seiner Haut heraus, kam es ihm in den Sinn und er war zufrieden mit dieser Erkenntnis. Das Spinngewebe wurde immer enger um Santo gewebt und es war klar, dass Santo Frau Tessner ein Dorn im Auge war. Nicht nur durch den Einfluss vom Doppelpack, sondern, weil sie mit Hartmann nicht gut stand, aber auch weil die Rechnung von Hartmann mit Santo im Terminal aufgegangen war, was sie in den Jahren nie wirklich hinbekommen hatte. Das einzige, was die Dame konnte, war hin und wieder mal aus heiterem Himmel aufzutauchen und wie eine Gestapo-Frau durch das Terminal zu marschieren und Gnade Gott denen, die ihr zufällig über den Weg liefen, die wurden dann nach Strich und Faden erst einmal in aller Öffentlichkeit niedergewalzt. Einige Male hatte sie einfach so, ohne den Gegebenheiten nachzugehen, dem einen oder anderen auf der Stelle gekündigt. Auch wenn sie die meisten im Nachhinein wieder einstellen musste. Vieles wurde sehr aus dem Bauch heraus entschieden. Zuerst wurde getötet, um sich vielleicht hinterher zu entschuldigen. Santo war auf der Lauer. Bis jetzt hatte er sich nichts zu Schulden kommen lassen. Tessner und Co wühlten danach. Herr Kester verstärkte den Druck. Anstatt sich langsam zufrieden zu geben, verlangte Herr Kester immer mehr. Wie im Bazar, gibst du mir den Finger, nehme ich mir die Hand, gibst du mir die Hand, nehme ich mir den Arm, gibst du mir den Arm, dann fresse ich dich gleich mit Leib und Seele. Ganz nach der Ideologie »Ich bin doch nicht blöd?«. Es verhielt sich wie im Dschungel. Rette sich, wer kann, die Großen fressen die Kleinen auf, oder das Böse siegt über das Gute.

Bis auf vereinzelte Fälle lief der Laden mittlerweile ziemlich gut. Santo war zufrieden und mit Torsten hatte er sich auch zwischenzeitlich arrangiert. Auch wenn er das Gefühl nicht los wurde, dass Torsten hinter seinem Rücken an seinem Stuhl sägte. Santo bangte um seinen Job. Er fühlte es, irgendwas war im Gange. Gerne hätte er sich den Job bis zum Rentenalter vorgestellt. Große Erwartungen hatte er an das Leben nicht mehr. Er war froh, eine Arbeit bekommen zu haben, die seinem Anspruch entsprach. Zwei Wünsche hatte er noch, der erste war, seine Tochter geheilt zu sehen. Der zweite war, bald sein Buch zu Ende geschrieben zu haben, in dem sich die geheime Hoffnung verbarg, vielleicht dadurch die entsprechende Anerkennung zu bekommen, die mit der Vorstellung verbunden war, die entsprechende Motivation zu erlangen, sein erstes rein aus Spaß geschriebenes Manuskript »Scharfe Zeiten« so zu fertigen, dass man es vermarkten konnte oder sogar einen Film daraus drehen würde. Vielleicht würde er sich dann ganz dem Schreiben widmen. Er konnte sich vorstellen, weitere Geschichten, Biografien von anderen Schicksalen in der Welt in Romane zu verfassen. Oder einfach spannende, authentische Drehbücher zu schreiben. Santo träumte ein wenig ohne sich ein Schmunzeln zu verkneifen. Er war sich seiner selbst nicht wirklich sicher. Aber was war denn so schlimm daran, ein wenig zu träumen? Bestimmt war es kein Vergehen.

Die Reinigungskräfte benahmen sich zum größten Teil wie Kinder. Man musste ihnen dauernd hinterher sein. Ständig kontrollieren und Präsenz zeigen. Wenn man seine Anwesenheit mal eine wenig versäumte, verfielen sie im Nu in alten Gewohnheiten. Wenn Santo mal zwei Tage oder drei Tage am Stück frei bekam, merkte er gleich, dass seine Anwesenheit gefehlt hatte. Torsten scherte sich einen Dreck drum. Er saß seine Zeit ab, so lange, wie es nur ging. Die Rente war in Sicht, »also lass den dummen Itaker ruhig machen«, mussten Torsten Gedanken gewesen sein »Wenn der Itaker wieder da ist, kann er sich selbst um den Scheiß kümmern.« Eigentlich standen Santo genau wie den anderen Mitarbeiter offiziell acht Ruhetage im Monat zu. Ihm wurden sie nicht gewährt. Im Durchschnitt arbeitete er nicht selten acht bis zehn Tage am Stück, um dann zwei freie Tage zu haben. Manchmal sogar mehr. Einer von den Führungskräften wurde von der Facility im Flughafen immer verlangt. Zweimal war es vorgekommen, dass Torsten in Urlaub gegangen war. Torsten hatte noch einige Tage an Resturlaub. Santo wurde bis auf die Knochen geschunden. Er war verpflichtet über die Zeit durchgehend im Flughafen anwesend zu sein. Einmal musste er sogar zu Ostern 21 Tage am Stück arbeiten, wobei er nach seinem Sommerurlaub Torsten noch einmal für 30 Tage am Stück vertreten musste und dadurch eine doppelte Funktion auszuführen hatte. Nie hatte er sich mit einem Wort beschwert. Stets sagte er seiner Frau, er wäre dankbar für diese Arbeit und wusste sie zu schätzen. Energiereich hatte er sich für eine Verlängerung des Vertrages eingesetzt. Hatte sich für die Firma Blitzblank engagiert. Nicht ein einziges Mal wurde ihm von Seiten der Firma ein Wort des Lobes geschenkt. Im Gegenteil. Frau Tessner und das Doppelpack Klaus und Klaus und vielleicht auch Torsten wollten ihn da weg haben. Im Gegensatz dazu waren die Facility-Hausmeister sowie Herr Kester so wie viele der anderen Flughafenangestellten heilfroh, wenn Santo nach einigen Tagen Ruhe oder nach seinem Urlaub zurückkehrte. Hocherfreut sprangen sie ihn an, beinahe wie Hunde ihre Herrchen anspringen. »Endlich«, hieß es, »endlich sind Sie wieder da, Herr Rubino.« Santo ehrte es und es entlockte ihm jedes Mal ein Lächeln. »Wir sind froh, dass Sie wieder da sind, hoffentlich bleiben Sie uns lange erhalten.«

Einer seiner glühenden Anhänger war unter anderem die Frau Teichler. Eine Frau mittleren Alters, die seit über 20 Jahren am Flughafen in einigen führenden Positionen gearbeitet hatte und zwischenzeitlich die Flughafen-Lounge leitete. Frau Teichler organisierte unterschiedliche Events für die unterschiedlichsten Unternehmer und Betriebe. Sie zeigte Santo ihre Anerkennung, wo sie nur konnte, und machte auch öffentlich keinen Hehl daraus. Nicht selten wechselte Santo bei Bedarf, innerhalb einer Woche, von der Frühschicht in die Nachtschicht. WC-Grundreinigung ließ er gerne in der Nachtschicht durchführen, die er selbst nicht nur kontrollierte, sondern bei der er auch sich selbst nicht zu schade war, mit anzupacken. Ohne seine Anwesenheit wurden die Toiletten nämlich nicht so gründlich gereinigt. Torsten interessierte es einen Scheiß. Er tat bei weitem, mehr aus Alibi als aus schlechtem Gewissen, nur das Allernötigste. Kein einziges Mal hatte sich Torsten die Mühe gemacht, mal eine Nachtschicht mitzuarbeiten. Santo tat das regelmäßig, so wie die Toiletten-Grundreinigung vorgesehen war. Sein Engagement und seine Loyalität gegenüber der Firma wurden ihm letztendlich zum Verhängnis. Loyalität wurde nicht belohnt und nicht anerkannt, sondern sogar bestraft. Santo war so ein Verhalten nicht fremd. In seinem Leben schien sich dieses Spiel immer wieder aufs Neue zu wiederholen. Täglich grüßt das Murmeltier. Irgendwie machte er es falsch. Er hatte wohl wieder in ein Wespennest gestochen. Einige der untereinander zerstrittenen Reinigungskräfte, die alle zusammen ein Haufen von verantwortungslosen faulen Aasgeiern waren, hatten sich nun gegen den Störfaktor Santo verschworen. Sie wollten ihn da weg haben. Seitdem Santo da war, mussten sie ja in der Tat für ihr Geld arbeiten. Das ging nicht. So ein Verhalten wurde von einigen niederträchtigen und intriganten Reinigungskräften nicht geduldet. Besonders intelligent waren sie nicht, aber dafür außerordentlich schlau und hinterhältig. Endlich hatten sie etwas gefunden, was sie gegen Santo nutzen durften. Endlich! Santo hatte sich zu weit aus dem Fenster gelehnt. Im Interesse der Firma und aus dem Gerechtigkeitsgefühl heraus, nach Druck von Hartmann, der wiederum Druck von Herrn Kester bekommen hatte, hatte sich Santo zu einem Schreiben für alle Reinigungskräften in den drei Schichten verleiten lassen. Unsanft und grob, wie Hartmann im beruflichen Leben den Ton pflegte, hatte Hartmann Santo Herrn Kesters Beschwerde um die Ohren gehauen. Santo war sauer. Nicht auf Hartmann. Dem war er dankbar. Der hatte ihm ja den Job besorgt. Nein. Er war auf seine Mitarbeiter sauer. Wie oft hatte er ihnen in einem freundlichen und kollegialen Ton zugesprochen. Jedes mal hatten sie ihm mit »ja, Chef, ja, Chef »geantwortet. Zwei oder drei Tage hielten sie sich dran und dann war immer mindestens einer dabei, der wieder in den alten Trott verfiel.

Nun war Santo der Kragen geplatzt. Am liebsten hätte er die Schuldigen alle einzeln erwürgt. Wie oft hatte er sie drum gebeten, sie ausdrücklich hingewiesen, die großen Gitterrollen ordentlich mit den Handtuchrollen aufzustapeln und sie bloß nicht draußen auf dem Kellerflur, dort, wo sich ihr Lager befand, stehen zu lassen, sondern sie in das Lager hinein zu rollen und sie dort zu deponieren, bis sie von der zuständigen Sanitäranlagen-Firma abgeholt werden würden, was zwei Mal die Woche geschah. Herr Kester hatte ihn, Torsten und auch Hartmann deutlich darauf hingewiesen, sie wegen Feuerschutzmaßnahmen nicht draußen abzustellen. Einige der Reinigungskräfte interessierte es nicht. »Wie im Kindergarten«, dachte sich Santo. Erwachsene Menschen, Menschen mit Kindern, Vätern und Müttern, die sich selbst wie trotzige verantwortungslose Kleinkinder benahmen. Niemand war es schuld. Es waren immer die anderen die Schuldigen. Man selbst nie und nimmer. Daran hielten sie sich alle. Nie gab sich einer mal zur Abwechslung aus Ehrlichkeit selbst die Schuld. Kam gar nicht in Frage. Wer sich selbst beschuldigte, schien für sie ein Vollidiot zu sein. Anstandsmoral, Ehrgefühl schienen ihnen Fremd zu sein. Warum denn auch nicht. Der Fisch stinkt aus dem Kopf, pflegte man in Sizilien zu sagen. Die Obrigkeiten der Firma Blitzblank waren ja nicht besser. Ganz im Gegenteil, sie lebten es ihnen vor. Da durfte man sich nicht wundern. Wenn unten einiges nicht stimmt, dann stimmt es oben umso weniger. Das war Santo klar. Sonnenklar.

»Asozial«. Santo hatte aus seiner Wut heraus, unter dem Druck, der aus seinem Verantwortungsgefühl auf ihn einwirkte, diesen Begriff als Titel angenommen. Mit großen roten Buchstaben hatte er ihn auf seinem Schreiben oben vermerkt. Klar und deutlich hatte er in diesem Schreiben seiner Enttäuschung und seinem Unmut über dieses Verhalten Ausdruck verliehen. Dabei hatte er niemanden persönlich angegriffen, sondern das »Asozial« nur auf ihren Verstoß gegen diese Regel bezogen. Gleichwohl hatte er die Möglichkeit genutzt, in diesem Schreiben den Reinigungskräften die Vorgehensweise in Bezug auf den Umgang mit den Gitterrollen und wie sie die aufzustapeln hatten zu erklären. »So einfach ist es«, hatte Santo dann als Abschluss in seinem Schreiben erklärt.

Das war es gewesen. Endlich dachten einige nach, inbegriffen Frau Tessner, die sowieso seit längerem ein Auge auf Santos Posten geworfen hatte, den sie mit ihrer 20 Jährigen Tochter besetzen wollte. Santo musste weg und zu guter Letzt hatte Santo ihnen einen Grund geliefert.

»Hurra«, mussten einige der Reinigungskräfte gerufen haben. Wie Aasgeier und Schakale zugleich stürzten sie sich auf die gegebene Möglichkeit, ihre Beute zu zerreißen.

Zehn Monaten waren vergangen. Santo fühlte sich wohl am Flughafen und abgesehen von wenigen kam er so ziemlich mit allen klar. Wer nicht mit ihm klar kam, war es im Grunde selber schuld.

Der Bote

Hartmann war der Bote. Er rief Santo an und bat ihn ernsthaft um ein Gespräch. Santo wusste nicht, wieso, und konnte sich nicht vorstellen, warum Hartmann so mit ihm gesprochen hatte. Er hatte keinen Schimmer.

»Du hast es verbockt«, hatte Hartmann das Gespräch angefangen.

»Häh? Verstehe ich nicht«, hatte Santo, vor dem Kopf gestoßen geantwortet.

»Ja, du hast Scheiße gebaut.«

Santo fühlte sich als ob man ihm den Boden unter den Füßen wegzog. Ihm wurde plötzlich mulmig und schwindelig zugleich. Er hatte es nach dem Telefonat im Urin gehabt. Santo verstand aber nicht. Er wusste nicht, was vorging. »Was ist los?«, fragte er mit erhöhtem Puls. Wobei sein Herz seinen Atem zum Stocken brachte. Er versuchte sich nichts anmerken zu lassen. Er versuchte sich seine innere Unruhe nicht ansehen zu lassen. Mit geübter Selbstkontrolle gelang es Santo einigermaßen, seine Niedergeschlagenheit, seine Verzweiflung, die in ihm hochgestiegen war, zu besänftigen. »Was ist los?«, fragte er nochmal und kurz war er sich nicht sicher, ob Hartmann nicht einen üblen Scherz machte.

Nein. Hartmann scherzte nicht. Es war sein voller Ernst. »Ja, die haben diesen Brief von dir und einige der Reinigungskräfte haben sich über dich beschwert.«

Einige der Reinigungskräfte, einige wenige frustrierte, hatten irgendwelche Märchen über ihn erzählt. Irgendwelche Obszönitäten hatte Santo angeblich von sich gegeben. Er, der Obszönitäten über alles hasste. Er, den Vulgarität und Obszönitäten anwiderten. Er, der verdammt viel Wert auf elegantes Auftreten und freundlichen und kultivierten Umgang legte. Der sein Bestes gab, Gerechtigkeit walten zu lassen, und mit jedem so umging, wie er es sich für sich gewünscht hätte. Er, der im Vergleich zu Torsten und die anderen Obrigkeiten von Blitzblank keine Willkür hatte gelten lassen. Er, der nie einen angeschrien hatte, sondern immer im ruhigen Ton mit ihnen sprach, der immer darauf bedacht war, dass jeder sein Gesicht wahren konnte, der die Reinigungskräfte, wenn Bedarf gefragt war, einzeln zu sich holte und mit ihnen Gespräche unter vier Augen führte, nur um demjenigen seine Würde zu lassen, aber auch gleich keinen herauszufordern. Das Einzige, was man ihm hätte vorwerfen können, war sein Anstand, sein Fleiß und seine Loyalität für die Firma Blitzblank. Es war wie verhext. Santo durfte sich einfach nie und nimmer beruflich etablieren. Irgendeine Macht, eine Energie, hatte etwas dagegen. Seine Wut wuchs und in solchen Augenblicke stellte er den Weg des guten Bürgers, für den er sich entschieden hatte zu gehen, in Frage.

Hartmann redete ihm zu und gab Santo zu verstehen, dass er nichts tun konnte und er konnte froh sein, dass er nicht auf der Stelle gekündigt worden war. Santo wusste es besser. Was Hartmann da von sich gab, war Bullshit. Er war nicht gekündigt, weil sie ihm noch nicht kündigen konnten. Er hatte nämlich einen Jahresvertrag und der war noch nicht abgelaufen.

Santo wurde unter die Fittiche von Frau Tessner genommen. Ab jetzt musste er sich nun um die KVB und um andere Objekte kümmern, unter anderem auch um die Mercedes-Objekte um Köln. Früh morgens um 8:00 Uhr musste er raus, um zum Büro zu laufen. Dann begab er sich zur KVB. Dort fungierte er weiterhin als Vorarbeiter. Er hatte die Verantwortung für die U-Bahn-Haltestellen in der Kölner Innenstadt bekommen, mit all den öffentlichen Toiletten. Santo mochte die Arbeit in der KVB überhaupt nicht. Gar kein Vergleich mit dem Flughafen. Im Flughafen war positive Energie unterwegs, Menschen, die zumeist Glück ausstrahlten, und in der KVB verhielt es sich anders. Viele seltsame Zeitgenossen irrten dort herum. Santo war stets auf der Lauer. Es hatten sich schon einige menschenfeindliche Geschichten dort unten abgespielt.

Zwischendurch fuhr Santo mit Frau Tessner und dem offiziellen Geschäftsführer, der im Grunde nur der Laufjunge von Frau Tessner war, sowie einer andere Kollegin, die um den Objektleiterposten miteifern durfte, zu den neuen ergatterten Mercedes-Objekten. Die Objekte lagen querbeet über die ganze Stadt bis nach Leverkusen verteilt. Es wurden immer längere Strecken hin und her gefahren. Santo hatte nicht nachgedacht. Er hätte eigentlich protestieren können. In seinem Vertrag stand der Kölner Flughafen. Er hätte darauf bestehen können. Hatte er aber nicht getan. Er wollte keinen Stress. Er war der Meinung, dass sie wieder auf ihn zurückkommen würden, und beinahe wäre es auch dazu gekommen.

Auf die Barrikaden waren sowohl die Flughafenhausmeister als auch Herr Kester gegangen, nachdem sie schnell bemerkt hatten, dass kein Santo sich mehr um ihren Terminal kümmerte. Mächtig Druck hatten sie versucht auf die Firma Blitzblank auszuüben. Aber hier ging es nicht um Gerechtigkeit oder um die Sauberkeit des Terminals, sondern nur um ausschließlich Kalkül und Willkür. Torsten wurde eigenhändig nach knapp sechs Wochen, nachdem sie Santo vom Terminal abgeordert hatten, vom Chef persönlich rausgeschmissen. Das Terminal glich nach Santos Abgang beinahe einer Müllhalde. Torsten ging zum Anwalt. Er hatte es geschafft. Er hatte einen unbefristeten Vertrag ergattern können. Seine Zwei-Jahresfrist hatte er überstanden und war somit unkündbar. Schnell musste die Firma Blitzblank Monsier Torsten wieder im Terminal 2 einsetzen. Santo erging es nicht so gut. Das Schicksal offenbarte sich ihm nicht so gnädig. Zumindestens beruflich.

Frau Tessner hatte mächtig Druck auf ihn ausgeübt. Immer wieder ließ sie Santo ihren Unmut ihm gegenüber spüren und das obwohl Santo alles dafür tat, den Job wie immer gut zu machen und seine Pflichten zu erfüllen. Er arbeitete mehr denn je. Sogar in den öffentlichen Feiertagen musste er ran. Es wurde ihm keine Atempause gegönnt. Von früh morgens bis spät abends um 21:30 Uhr drehte er seine Runden zwischen der KVB-Unterführung und den Mercedes-Objekten, schaute nach dem Rechten und schrieb Berichte. Erst gegen 22:00 Uhr kam er nach Hause. Seine Frau verstand ihn nicht. Verstand nicht, warum er nicht rebellierte. Santo hatte noch die Hoffnung, Frau Tessner doch eines Besseren zu belehren. Hatte die Hoffnung, sie würden zur Vernunft kommen und ihn wieder am Flughafen einsetzen. Santo glaubte noch an Gerechtigkeit und war ein unverbesserlicher Optimist. Er war einfach oft zu gutmütig und ließ manches zu lange währen. Er wollte einfach nur diesen verdammten Job behalten. Er wollte ein für allemal ankommen. Es wurde ihm nicht gewährt. Auch dieses Mal nicht. Die Würfel waren gefallen und das schon längst. Nach sechs Wochen Schinderei als angehender Objektleiter, seit fast einem Jahr, wofür er aber ein Gehalt eines Vorarbeiters bekam, hatte er sich einmal erlaubt, nicht um 8:00 Uhr irgendwo aufzutauchen, sondern war erst um 9:00 Uhr aus dem Haus raus. Die junge arschkriechende angelernte Sekretärin rief Santo an. »Wo bist du?«, fragte sie ihn.

»Ich mach mich gerade auf den Weg nach Pulheim«, wo sich eines der Mercedes-Objekte befand. Die ganzen sechs Wochen über hatte Santo Frau Tessners selbstheroisiertes Palaver über ihre Intelligenz, über ihr Können, über ihren Werdegang und über das, was sie alles so tun würde und was sie so alles besser machen würde als die anderen, ertragen. Ihr Lieblingsspruch war: »Ich habe Köpfchen.« Das wiederholte sie öfters mal am Tag. »Ich habe Köpfchen.«

Leeres Gelaber, sodass Santo sich nicht selten für ihr dummes, unbescheidenes, unedles Geschwätz fremdschämen musste. Das Schlimme war, dass nicht nur er an diesen Geschwätz keinen Gefallen fand, sondern auch die verantwortlichen Facility-Leute von Mercedes. Gerne hätten sie mit ihm gesprochen. Oft hatten sie sich an ihn gewandt. Energisch hatte Frau Tessner störend und missgönnend dazwischengefunkt, wobei sie gleichzeitig auch den Versuch gemacht hatte, ihn zu demütigen. All das hatte Santo nur wegen des Jobs, nur aus der Liebe zur Arbeit, erduldet. Nun wurde er mit einem unfreundlichen Ton von Frau Tessner zum Büro beordert. Santo sah es schon kommen. Er hatte genug und hatte sich selbst geschworen, dass er nicht mehr bereit war, sich so demütigen und schinden zu lassen. Irgendwann ist genug des Guten. Der Zeitpunkt war nun da.

Santo kehrte mitten auf dem Weg um. Eine Ruhe des Friedens übermannte ihn. »Diesmal nicht«, sprach sein Inneres zu ihm. »Nein, diesmal nicht. Dieses Mal wirst du mit mir nicht so umgehen, selbst, wenn es mich diesen beschissenen Job kosten wird«, festigte Santo seinen Entschluss. Ein drittes Mal, hatte er sich selbst versprochen, ließ er sich nicht noch einmal demütigen. Lieber würde er vorher seinen Weg des braven Bürgers aufgeben. Mit gutem Gewissen konnte er dies tun. Er hatte alles versucht. Seit Kindestagen hatte er sich entschlossen, den Weg der sogenannten vernünftigen Bürger zu gehen. Kläglich war er gescheitert. Auf was sollte er denn noch mit knapp 41 hoffen? Sollte er etwa von Hartz IV leben und sich daraus nichts machen? In ihm steckte mehr. Das wusste er. Hartz IV? Bei dem Gedanken breitete sich brodelnde Wut in ihm aus. Sein Buch, genau! Sein Buch. Wer weiß? Vielleicht würde es zuletzt alles Sinn ergeben.

Santo parkte auf dem Hinterhof der Firma. Dort befanden sich die Parkplätze. »Von so einer primitiven dummen Erscheinung, lässt du dich nicht aus dem Gleichgewicht bringen. Egal, was sie dir vorwerfen wird«, sagte sich Santo, »egal, was, denk an Dean Martin, King of Coolnes, sei trotz allem elegant. Vergiss dich nicht, bleib bei dir.«

Santo kannte sich, oft hatte er seinen Urprogrammen, seinem extremen Gerechtigkeitssinn freien Lauf gelassen. War emotional geworden. Jedes Mal fühlte er sich im Nachhinein unwohl. Schämte sich vor sich selbst. Nein, nicht wie sein Vater, sondern wie Dean, und von ihm aus wie Gary Grant oder Gregory Peck.

Er ging rein. Die Meute wartete schon auf ihn. Die zwei Büro-Mitarbeiterinnen und der statistisch eingestellte Schatten eines Ge-schäftsführers standen um die Verschwörerin. Santo betrat das größere Bürozimmer, aus dem Frau Tessner ihre Fäden zog und nicht selten ihre Frauenzeitschriften las oder sich aus ihren Katalogen oft Klunker orderte und jeden ihrer Bürountertanen nach der Meinung fragte, die nie zu ob-jektiv ausfallen durfte »Was für eine niederträchtige Kreatur«, dachte Santo beim Antlitz von Frau Tessner. Santo empfand, dass bei seinem Auftritt ihre Wut erst einmal verflogen war und für einen Augenblick schien ihr der Saft aus den Beinen entzogen worden zu sein.

Santo war eingetreten. »Hallo Frau Tessner«, grüßte er im gefassten, aber dennoch freundlichen Ton. Frau Tessner konnte nun nicht mehr zu-rück. Sie hatte zuvor in ihrem Kölschen Ton ihre großen Reden ge-schwungen, hatte mal wieder die super-Braut gespielt, die Kölsche Kraat, die alles unter Kontrolle hat und mit allen Wassers gewaschen ist. Es gab kein Zurück. Auch wenn Santos Anblick sie kurz ein wenig ins Wanken gebracht hatte.

»Wie stellen Sie sich das eigentlich vor?«, fragte sie frech und unver-schämt, so wie es ihre Natur war. Da hätte Santo eigentlich ihr gleich eins aufs Maul hauen können, wenn sie nicht eine Frau gewesen wäre. »Diese dumme Fotze«, entkam es seinen Gedanken, worauf er sich gleich dafür schämte und sich selbst ermahnte, solchen Begriffen und Gedanken keinen freien Lauf zu gewähren.

»Wie stellen Sie sich das vor, hat sie mich in allen Ernstes gefragt?«, wiederholte er sich sicherheitshalber die Frage. »Wie stellen Sie sich das vor? Ist die total gestört? Will die mich verarschen? Wie stellst du dir das denn vor?«, hätte er am liebsten selbst gefragt. Aber nein, den Gefallen würde er ihr jetzt nicht erweisen, hier auszuflippen. Auf ihre dumme asoziale Bauernschläue würde er nicht hereinfallen. Stattdessen fragte Santo im ruhigen Ton: »Was meinen Sie, wie stelle ich mir das denn vor?«

»Ja, ich meine, wie stellst du dir das denn vor als Objektleiter?«, ging sie noch einmal zum Angriff über. Sie wollte Santo in die Enge treiben. »Was meinen Sie mit Objektleiter?«, fragte Santo im selben ruhigen Ton, obwohl es in ihm schon brodelte. Diese Ungerechtigkeit schaffte es jedes Mal, in ihm Wut aufkommen zu lassen. Sein Atem wurde schwerer und sein Herzschlag pochte bis in die Ohren. Santo kämpfte. Er kämpfte gegen seine Urzeitprogramme, gegen die Carlo-Rubino-Programme und dafür, das Dean-Martin-Programm in sich zu festigen. Aber dieser dummen Kuh, dieser primitiven kargen Erscheinung einer Frau, würde er diesen Gefallen mit Sicherheit nicht gewähren. Nicht mehr mit knapp 41 Jahren. Aus dem Alter war er raus. Von ihm aus hätte die Welt unter gehen können.

Alle Anwesenden schauten und hörten gebannt zu. Dies war besser als Hollywood. »Sie hätten schon längst um fünf Uhr in Pulheim sein sollen«, verkündete die Patriarchin. »Wie wollen Sie denn alle Objekte betreuen? Wenn Sie das nicht können, dann sind Sie als Objektleiter nicht tauglich.«

Nicht tauglich, das hatte sie schon beim letzten Mal gesagt. Dieses Mal würde Santo nicht kleinbeigeben. Würde nicht aus Liebe zum Job, aus Angst den Arbeitsplatz zu verlieren, kleinbeigeben. Dieses Mal nicht. Ok, sagte sich Santo und schmunzelte dabei. Plötzlich war alle Wut und dieser Gerechtigkeitsscheiß verflogen. Dieses Subjekt einer Frau, eines Menschen war und konnte man nicht mehr ernst nehmen.

»Moment mal kurz«, fragte Santo immer noch im gleich bleibenden Ton, »Sie meinen allen Ernstes, sie erwarten allen Ernstes, dass ich von

5:00 Uhr morgens, bis 21:30 Uhr durchgehend arbeite? Und das auch selbst an Feiertagen?« Santo schaute Frau Tessner mit einer fragenden Anspannung an. Wobei er den anderen Gesellen, mit voller Absicht gar keine Beachtung schenkte. Frau Tessner war überrascht. Mit so einer Gegenfrage hatte sie wahrlich nicht gerechnet. Aber wieso? Wieso hatte man Santo wiedermal unterschätzt? War es, weil er einfach zu freundlich und gutgelaunt daherkam? Weil er sich des Lebens freute? Weil er loyal war und nicht gerne Menschen abwertend behandelte? Oder war er einfach nur ein Idiot? Ein Trottel?

Nun war Frau Tessner an der Reihe. Alle warteten gespannt. »Ja, bei uns is es so, wer Objektleiter sein will, muss so arbeiten. Wir arbeiten alle so.«

Santo wusste es besser. Die Dame erzählte einen großen Bullshit. Von wegen wir arbeiten alle so. Sie selber fing nie vor 9:00 Uhr an und war nicht selten spätestens, um 17:00 Uhr aus dem Büro. Die anderen fingen um 8:00 Uhr an und machten genauso wie sie Feierabend und von ihm, erwartete sie, dass er 15 bis 16 Stunden am Tag arbeitete? Hatte sie sie noch alle? Aber es ging ihr nicht darum. Sie wollte Santo herausekeln. Sie wollte ihn erniedrigen, ihn wie einen Sklaven arbeiten lassen und ihm, letztendlich trotzdem keinen Arbeitsverlängerungsvertrag anbieten. Santo hörte sich den Bullshit, den sie da von sich gab, in Ruhe an, ließ es auf sich wirken, um dann wie gehabt im ruhigen Ton zu antworten. Alle waren gespannt. Das hier, war besser als Hollywood.

»Also, Sie erwarten allen Ernstes von mir, dass ich von 5:00 Uhr morgens bis spät abends 21:30 Uhr arbeite?«

Frau Tessner stockte. Sie fing an zu stottern. Sie kam ins Rutschen. Sie wusste, dass Santo hundertprozentig im Recht lag. Sie im Raum wussten es alle. Niemand wagte aber etwas zu sagen. Sie standen alle unter den Fittichen dieser Tyrannei. »Ja«, gab sie nicht nach und ließ auch nicht Vernunft walten. Hier ging es nicht um Vernunft oder Gerechtigkeit. Da lachte sie sowieso drüber. War doch immer alles gut gelaufen für sie. Was für ne Gerechtigkeit. Der Himmel war ihr trotzdem über die ganze Zeit gnädig gewesen. Santo war sowieso draußen. Es ging ihr nicht darum. Sie wollte ihn erniedrigen, knechten, schinden, ausbeuten, um ihm dann trotzdem einen saftigen Tritt in den Arsch zu geben. Santo war es jetzt klar. Besser spät als nie, stärkte er sich selber.

»Ja. Bei uns is datt so. Wir arbeiten hier alle so«, verkündete sie wieder gewissenlos. Nun überkam Santo ein Lächeln. Er wusste es besser, aber er konnte es dennoch nicht wahr haben.

»Ah, ok, Ihnen ist aber bewusst, dass sie gegen das Arbeitsrecht verstoßen?« Santo war nun alles scheißegal. Es war klar, die Würfel waren längst gefallen. Da musste sie aber dreimal hintereinander würgen, um sich nicht zu verschlucken, um nicht an ihrer giftigen verdorbenen eigenen Spucke zu ersticken. Da waren sie alle, wie sie da um den Tyrannen standen, aus den Socken gefallen. Als ob das nicht selbstverständlich wär, als ob sie noch nie von Arbeitsrecht gehört hätten, als ob sie überhaupt noch nie von Menschenrechten und Menschenwürde gehört hätten, schauten sie sich wie blöde an. Santo überkam ein Gefühl des Triumphes. Er schmunzelte in sich hinein. Ihm war es jetzt sowieso egal. Sollten sie mal sehen, mit wem sie die ganze Zeit zu tun gehabt und es nicht zu schätzen gewusst hatten. Man sollte niemals Menschen unterschätzen, egal, wie nett und freundlich und hilfsbereit sie sind.

»Was?«, kam es doch dann verzögert mit höchster Not von Frau Tessner. »Was? Wie bitte?«, fragte sie noch einmal nachdrücklich. »Was haben Sie da gesagt?«

»Ich habe Sie gefragt, ob Ihnen bewusst ist, dass Sie gegen das Arbeitsrecht verstoßen?«, erklärte ihr Santo nochmal im ruhigen Ton, der sich mehr nach »seien Sie vernünftig« als nach einer Bedrohung anhörte. Aber das konnte Frau Tessner sich ja nicht gefallen lassen. Vor allem nicht vor ihrem Fußvolk. Da wäre sie ja vom Thron gestoßen worden. Das ging gar nicht. Egal, ob Santo Recht hatte oder nicht. Egal, ob Santo es ernst meinte oder nicht. Es ging hier nicht um Gerechtigkeit oder Fairness. Es ging hier nur um Willkür und Macht, die sie immer wieder vor ihrem Fußvolk demonstrierte.

»Wenn das so ist, dann sind Sie auf der Stelle gekündigt«, wuchtete sie aufgeregt mit ihren Armen und außer sich, als ob Santo eins der größten Vergehen begangen hätte. Santo schmunzelte. Er hatte den Spieß umgedreht. Diplomatie, war zwar nie wirklich seine Stärke gewesen, aber von so einer dummen, selbstverherrlichenden primitiven Person, würde er sich doch nicht aus seinem Gleichgewicht bringen lassen. Nein, die Lektion, die hatte er gelernt. Er war kein Akademiker und kam auch nicht aus einem Haus der Gelehrten, aber er hatte im Laufe seines Lebens an sich gearbeitet und vom Leben gelernt.

»Sie müssen sich schon noch zwei Monate gedulden, mein Arbeitsvertrag läuft noch bis Dezember. Sie können mir deswegen noch nicht kündigen.«

Nun konnte sich der offizielle Statistengeschäftsführer, ein Schmunzeln nicht verkneifen. Er hatte mittlerweile eine Sympathie für Santo aufgebaut. Er schaute Frau Tessner mit großen Augen fragend und gleichwohl Santo zustimmend an, traute sich aber trotzdem nicht, dieser herzlosen tyrannischen Zeitgenossin zu widersprechen. So wie die anderen zwei auch nicht. Hartmann war der einzige, der sich in der Firma traute ihr zu widersprechen. Selbst das Doppelpack Klaus und Klaus hielten bei ihr lieber die Backen. Hartmanns Glück war, dass der Chef voll und ganz hinter ihm stand und ihn, dadurch unantastbar machte.

Santo hatte dieses Glück nicht. Frau Tessner konnte Hartmann nicht ausstehen. Hartmann sie umso weniger. Schnell ruderte Frau Tessner ein wenig zurück. »Dann arbeiten Sie ab heute nicht mehr als Objektleiter, sondern nur noch als Reinigungskraft in der Mittagschicht bei der KVB. Sie fangen heute in der Mittagsschicht mit dem Putzdienst an.«

Santo war längst jenseits von Gut und Böse. Ruhig schaute er in die Runde, um seinen bloßstellenden und amüsierten Blick auf Frau Tessner fallen zu lassen.

»Daraus wird aber nichts. Ich habe mit Ihnen einen Arbeitsvertrag als Vorarbeiter und nicht als Reinigungskraft.«

»Schachmatt«, läutete es in seinem Kopf. Was für eine Genugtuung nach sechs entwürdigenden Wochen.

Nun platzte Frau Tessner der Kragen. Santo hatte sie vor ihrem Fußvolk deklassiert. Sie hatte sich das Gespräch wahrlich anders vorgestellt. Sie hatte gedacht, so wie sie es immer tat, auf Kosten eines anderen Menschen, der es nötig hatte zu arbeiten, auf Kosten Santo, der dazu gehörte, sich gleichwohl zu amüsieren und vor ihren Untertanen zu profilieren. Zu zeigen, was für eine tolle Powerfrau sie war. Eine Frau mit

Köpfchen. »Jetzt reicht es mir, Sie sind auf der Stelle gekündigt!«, schrie ihn Frau Tessner beinahe an.

»Frau Tessner, wollen Sie wirklich, dass ich zu meinem Rechtsanwalt gehe?«, fragte Santo, während er sich immer mehr amüsierte, obgleich es in ihm, wegen dieser irrsinnigen Ungerechtigkeit, ein wenig brodelte, allerdings, hatte er sich doch gut im Griff.

»Ich habe einen sehr guten Freund, der ein sehr guter Anwalt ist. Wollen Sie allen Ernstes, dass ich zu ihm gehe?«, fragte Santo wiederholt.

»Is mir ejal«, antwortete sie trotzig und wahrscheinlich zum ersten Mal in ihrer Machtposition angekratzt. »Verlassen Sie sofort mein Büro«, fügte sie noch hinzu. Als ob Santo nun die Pest hätte. »Ok!«, bestätigte sie Santo. »Wie Sie wollen.« Er stand auf, knallte seine geforderten Arbeitsschlüssel und Autodienstschlüssel auf Frau Tessners Schreibtisch und ging schnurstracks heraus, ohne sie und die anderen Kreaturen noch eines Blickes zu würdigen.

Fata Morgana

Ohne großartig Zeit zu verlieren, begab er sich erstmal nach Hause. Zog seine hässlichen Arbeitsklamotten aus, machte sich ein wenig frisch und zog sich in seinem gewohnten Stil der 50er an, trank seinen Espresso mit Genuss und begab sich zu seinem Freund Bernd, der Rechtsanwalt war und mit dem er ein brüderliches Verhältnis hatte. Seine Kanzlei befand sich im Stadtteil Nord, Nähe Hansaring. Während der Fahrt hoffte Santo Bernd dort aufzufinden. Er wollte schnellstens handeln und dieser dummen Kuh eine Lektion erteilen. Gott war ihm gnädig. Bernd war da und empfing seinen Freund wie eh und je freudig kameradschaftlich, brüderlich. Santo war gerührt und erfreut zugleich. »Mann, bin ich froh, dich zu sehen«, verkündete Santo.

»Was ist los?«, fragte Bernd. »Stress auf der Arbeit, ich benötige mal wieder deine Hilfe.«

»Setz dich erst mal hin«, forderte ihn Bernd auf, während er ihm wie immer einen Kaffee anbot. Bernd hatte ein gutes Händchen für Kaffee. Obwohl er Filterkaffee aufgoss, schmeckte es Santo immer gut. Santo nahm sein Angebot nur zu gerne an. In entspanntem und wohlgesinntem brüderlichen Ambiente tranken sie ihren Kaffee, während Santo Bernd sein Herz ausschütten durfte. Bernd war ein guter Zuhörer. Vor allem, wenn es darum ging, einem Freund zu helfen. Bernd staunte nicht schlecht und musste immer wieder mit dem Kopf schütteln.

»Ok. Dann gib mir mal den Arbeitsvertrag.« Santo hatte alles mitgenommen, was er an Dokumenten von der Firma hatte. Eindringlich und abwartend beobachtete Santo Bernd beim Durchlesen seines Arbeitsvertrages. »Ey.« Bernd zog die Nase kraus, wobei er sie tief in die Lettern des Arbeitsvertrags eintauchte und die Stirn runzelte. »Warte mal«, äußerte sich Bernd wie geistesabwesend, dabei hatte Santo noch keinen Ton von sich gegeben. »Das gibt's doch nicht, tszche, tszche«, schüttelte er den Kopf.

Santo verstand nicht. Vermutete aber, dass Bernd irgendetwas Unrechtes gefunden hatte. Damit hatte er schon längst gerechnet und mittlerweile wunderte es ihn keineswegs. »Tszche«, wiederholte Bernd noch einmal, das gibt's doch nicht.« Er schüttelte ungläubig und amüsiert zugleich den Kopf. »Hör mal, weißt du, was hier steht?« Dabei schaute er Santo mit weit geöffneten erheiterten Augen an. »Weißt du, was hier steht?«, fragte ihn Bernd noch einmal.

»Nee. Weiß nicht«, lächelte Santo Bernd vergnügt an. »Was ist?«, fragte Santo. Langsam wurde er neugierig und Bernd schien wirklich auf etwas gestoßen zu sein.

»Du glaubst es gar nicht. Sowas habe ich noch nie gesehen, besser gesagt noch nie in einem Vertrag entdeckt. Das hier gibt es gar nicht. Weißt du, was hier steht?«, fragte ihn Bernd nochmal energischer, fast enthusiastisch.

»Nein!«, bestätigte ihm Santo noch einmal. »Nein, weiß ich nicht.«

»Hast du den Vertrag nie gelesen?«

»Nein. Hab nicht die Zeit gehabt beim Unterschreiben und hab mir auch im Nachhinein nicht die Zeit genommen. War froh, dass ich nen Job hatte. Hab mich in die Arbeit gestürzt.«

»Wie? Wieso hast du den keine Zeit gehabt?«

Er fühlte sich erwischt! Ein wenig wie ein Depp. »Hatte nicht die Zeit. Musste den Vertrag im Hausflur unterschreiben. Auf die Schnelle«, antwortete Santo.

»Auf die Schnelle?«, hinterfragte Bernd.

»Ja«, lächelte Santo, »auf die Schnelle. Hartmann kam zu mir nach Hause, ich bat ihn, hochzukommen, aber er hatte es mal wieder, wie so oft, eilig, deswegen bin ich dann nach unten. Da wedelte er lächelnd mit dem Vertrag. Ich freute mich. Hier! Unterschreib!, sagte Hartmann zu mir. Hielt mir den Vertrag vor die Nase und zeigte mir die Stellen, wo ich zu unterschreiben hatte.«

Bernd hörte Santo sehr aufmerksam zu. Beinahe gebannt. »Ja«, sagte Santo. »Hab 1850 Euro Bruttogehalt gelesen, so wie es vereinbart war. Flughafen Köln/Bonn und Vorarbeiter. Alles andere interessierte mich nicht. Ich vertraute darauf, dass alles schon in Ordnung wär und hab unterschrieben. Ich war froh, dass ich eine Arbeit hatte.«

»Santo, das ist unglaublich, du scheinst ein Glückskind zu sein. Irgendwie hast du was Besonderes. Von so einem Fall träumt jeder Rechtsanwalt. Das hier ist sowas wie ein Jahrhundertfall. Ein Fall, den man vielleicht, wenn überhaupt, nur einmal im Leben bekommt.«

»Echt?«, staunte Santo.

»Jetzt halt dich fest«, vermittelte Bernd mit fester freudiger Stimme. »Also, hier steht schwarz auf weiß, dass du für mindestens vier Stunden Arbeit im Monat, ein Gehalt, nein, besser noch, man muss es so interpretieren, ein Grundgehalt von 1850 Euro brutto bekommst.«

Santo verstand nicht. »Eh, ja klar, ist ja auch so vereinbart.«

»Ja«, freute sich Bernd immer mehr. »Ja, genau, du sagst es. Ist es auch vereinbart, genauso wie es hier in deinem Arbeitsvertrag steht. Aber anders, als du dir erdenken kannst. Hier steht nämlich, Bernd konnte es selber noch nicht fassen. Er schüttelte den Kopf. »Also«, fing er wieder an. »Hier steht, dass du für nur vier Stunden Arbeit im Monat eine Pauschale von 1850 Euro im Monat bekommst.« Dabei grinste er Santo kopfschüttelnd an.

»Ja, klar, genau«, bestätigte ihm Santo.

»Ja, aber du hast doch viel mehr als nur vier Stunden im Monat gearbeitet, oder nicht?«

»Klar hab ich das. Vier Stunden? Ich hab mindestens neun bis zehn Stunden am Tag gearbeitet und das teilweise ununterbrochen. Wie du weißt, hab ich nie mehr als vier Tage, vielleicht höchstens fünf Tage im Monat frei gehabt. An Feiertagen gearbeitet, Nachtschichten malocht, zwanzig oder dreißig Tage am Stück durch usw. Weißt du doch?«

»Ja! Genau!«, schrie Bernd fast vor Aufregung. »Genau. Aber in deinem Vertrag steht, dass du für vier Stunden Arbeit im Monat 1850 Euro bekommst. Verstehst du?«

»Ähh …«, wagte sich Santo nur kurz und knapp zu äußern.

»Jaa, aber du hast doch viel mehr gearbeitet als nur vier Stunden im Monat. Du hast doch Minimum neun Stunden am Tag gearbeitet, abgesehen von deinen Überstunden, Nachtschichten und Feiertagszulagen, die dir auch noch zugestanden hätten. Das heißt, wenn ich das so Pi mal Daumen zusammenrechne, ich glaub es kaum, da müsste eine ziemliche große Summe herauskommen.«

»Wo steht das?« Jetzt war endlich der Groschen gefallen. Santo traute seinen Ohren und seinen Sinnen nicht.

»Hier«, forderte ihn Bernd immer noch fassungslos und hoch erregt zugleich auf. »Hier, da.« Er tippte mit seinem Zeigefinger auf die Stelle des Vertrages, wo dies deutlich schwarz auf weiß stand.

»In der Tat«, stellte Santo fest. »Ich glaub das nicht.«

Würde er jetzt endlich, für seine Anstrengungen in den letzten Jahren, für seine Entwürdigungen, für seine menschliche Einstellung, für die Freude, für das Glück der anderen und für seine Hilfsbereitschaft, die er nicht zu selten den anderen in seinem Leben stets entgegenbrachte, belohnt? Gab es doch Gerechtigkeit? Er konnte es nicht glauben. Da stand wirklich, wenn keine weiteren Stunden angegeben waren, galten diese vier Stunden im Monat für den angegebenem Gehaltbetrag. Kein Stundenlohn in Sicht. Keine Arbeitsstunden definiert. Nichts, niente, nada, nothing, schwirrte es im Kopf von Santo. Da stand es, wenn nichts anderes an Stunden vereinbart worden ist, dann gelten diese vier Stunden Arbeit für 1850 Euro im Monat. Die freien Felder unter Stunden sowie die freien Felder unter Stundenlohn waren klar und deutlich mit schwarzem Stift durchgestrichen, so wie man etwas durchstreicht, was nicht gilt oder gelten soll. Was war in denen vorgegangen?, fragte sich Santo intuitiv.

»Wie kann man denn als Firma so einen Vertrag abschließen«, fragte er Bernd.

»Ja«, antwortete Bernd mit Genugtuung, »wer anderen eine Grube gräbt, fällt selbst hinein.«

Wer anderen eine Grube gräbt, fällt selbst hinein«, hallte es Santo wie ein Echo im Kopf. Das war es, genau das müsste es sein, nein, so muss es sein oder sollte es sein. Plötzlich, wo er überhaupt nicht damit gerechnet hatte, war ein Licht im Tunnel zu sehen. Hatte Gott ihn doch lieb? Hatte Gott ihn doch nicht vergessen? Oder das Universum? Oder wer weiß, welche Macht? Santo überkam ein überwältigendes Gefühl der Freude, des Gerechtigkeitsempfindens. Also gab es doch Gerechtigkeit? Es war nur eine Frage der Zeit, wann die Mühlen der Gerechtigkeit anfingen zu arbeiten. Manchmal geschah sowas gleich oder sofort oder in naher Zukunft. Aber es schien zu geschehen. War es ein Naturgesetz? Wie gewohnt hatten sich Santos Gedanken verselbstständigt, sie hatten einen Disput mit sich selbst. Während Bernd ihn anstrahlte, als ob er der Messias sei.

»Das ist die ausgleichende Gerechtigkeit«, sagte Bernd. »Die gerechte Strafe dafür, dass sie dich so entwürdigend versucht hat zu diskriminieren und auszubeuten.«

»Nicht nur mit mir, wer weiß, wie viele Seelen diese primitive Person noch auf ihrem Gewissen hat, es müssten eine Menge über die Jahre sein«, fügte Santo noch hinzu.

»Ja, und jetzt bekommt sie die Rechnung dafür!«

»Ja, jetzt bekommt sie die Rechnung dafür!«, wiederholte Santo, wobei beide sich tief in die Augen schauten und dabei ihre rechte Faust, die Faust der Gerechtigkeit, zerstörerisch ballten und aufeinander zeigten. Endlich! Endlich konnten sie nun ihre materiellen Wünsche erfüllen. Was konnte Santo alles Schönes damit machen. Gutes tun. Zwischenzeitlich hatte Bernd seinen Taschenrechner rausgeholt und die schwindelerregende Summe, zumindestens für Normalsterbliche, errechnet.

»976.000 Euro, kam es aus Bernd enthusiastisch, raus.«

»Was?«, schoss es aus Santo, »976.000 Euro? Bist du dir sicher?«

»Ja, klar bin ich mir sicher«, antwortete Bernd fast beleidigt. »Hier, sieh selbst.«

Zak, zak, zak schwupsi di wups, ratartakatak, bam, erschien diese schwindelerregende Summe wieder auf dem Displayschirm seines Taschenrechners. »Ja, 976.000 Euro! Sag ich doch.«

»Das ist ja krass, da können die ja einpacken?«

»Ja, vielleicht, und da müssen wir mal gucken, wie hoch ihr Jahresumsatz ist.«

»Jahresumsatz? Klar, denn kenne ich, so circa 11 bis 16 Millionen im Jahr.«

»11 bis 16 Millionen?«

»Ja. Zumindest hat mir das mal der Hartmann erzählt und das nur hier, in der Filiale in Köln.«

»Was heißt, in der Filiale in Köln?«

»Das ist eine Tochtergesellschaft von der Blitzblank-Zentrale in Hannover und die ist nämlich noch viel größer. Die haben, soweit ich das weiß, einige Filialen hier durchs Land verteilt.«

»Na, das wird ja immer besser«, freute sich Bernd.

Seine geübten Rechtsanwaltszellen waren schon im vollen Gange. Dieser Gedanke, diese Erkenntnis beflügelte sie, Adrenalin stieß ihnen wohltuend berauschend durchs Gehirn und von da aus in jede einzelne Zelle. Dieser Gedanke, der sie nun auf eine höhere Summe Geld auf einen Schlag hoffen ließ, der wie vom Himmels heruntergeschickt zu sein schien, der Gedanke, es dieser blöden dummen Kuh mal richtig zu zeigen. Und warum sollte er nicht derjenige sein, der ihr und diesem desinteressierten Chef eine Lektion für sich und all die anderen erteilen sollte. Dieser Gedanke erfüllte ihn mit ausgleichender gerechter Genugtuung. Dieser Gedanke befriedigte seine Seele. Rache ist süß, sprachen seine Gedanken. Bernd setzte sich auf seinen gemütlicheren Sessel, der vor seinem Schreibtisch stand, wo sich sein Computer und all die anderen Objekte und Arbeitsmaterialen befanden, um seine Arbeit verrichten zu können, und startete seine Recherche über die finanzielle Lage der Firma Blitzblank.

Zwischenzeitlich hatte Santo nachgedacht. »Bernd, egal, was ich bekommen sollte, wir machen fifty fifty, du bekommst fünfzig Prozent.« Wobei er sich innerlich als Esel beschimpfte, weil er nicht gleich seinem Freund dieses Angebot unterbreitet hatte. Warum er nicht sofort auf den Gedanken gekommen war.

»Santo, nein«, widersprach ihm Bernd.

»Doch, doch. Auf jeden Fall, keine Widerrede. Ich bestehe drauf. Hälfte, Hälfte, fünfzig Prozent für dich und fünfzig Prozent für mich.«

Bernd schaute ihn an und nickte bestätigend, wobei in ihm ein Funke des Gerührtseins zu erkennen war. Warum sollte sein Freund, der ihm immer zur Seite gestanden hatte, nicht an seinem Glück teilhaben? Schließlich, abgesehen davon, dass er ihm stets zur Seite gestanden hatte, war er auch derjenige, der ihm diese Offenbarung, diesen Segen vermittelt hatte. Diese Stelle im Vertrag erkannt hatte. Nein, Bernd sollte die Hälfte bekommen, je mehr, umso besser. Seit dem Augenblick, wo diese Erkenntnis über ihn gekommen war, erfreute ihn dieser Gedanke. Santo hätte diesen Reichtum gar nicht mehr genießen können, ohne ihn mit seinem Freund teilen zu dürfen. Es war Gottes Wille. Oder war es das Universum? Wie auch immer. Zumindest erschien es Santo so.

»Hör mal, das ist ein riesiges Unternehmen. Das ist wie du gesagt hast. Die Mutter, die Zentrale, ist in Hannover und die haben einen viel größeren Umsatz und dazu kommen noch die kleinen Filialen querbeet im Land. Das wird ihnen bestimmt nicht weh tun«, lächelte Bernd schadenfroh. »Das können die gut wegstecken. Das sind Peanuts für die. Das ist gut, denn dann brauchen wir uns keine Sorgen um den Richter zu machen. Dann brauchen wir nicht zu befürchten, dass der Richter Gnade vor Recht ergehen lässt. Das wird immer besser. Von wegen in die Putzkolonne degradieren. Denen zeigen wir es.«

»Ja«, wiederholte Santo, »denen zeigen wir es.« Dabei klatschten sich beide siegessicher, ihres nahenden Triumphes mit der rechten Hand ab.

Bernd setzte ein Schreiben auf, das nicht lange auf eine entschuldigende, beinahe unterwürfige Antwort warten ließ, obwohl Bernd sie dezent auf die Stelle im Vertrag hinwies. Er fand es strategisch besser, sie unauffällig darauf hinzuweisen, um ihnen die Möglichkeit zu geben, wie auch immer diesen Fehler einzuräumen. Was ihnen aber letztendlich, laut Gesetzbuch in diesem Fall, nicht wirklich weitergeholfen hätte. Es verhielt sich so: Die Firma Blitzblank war juristisch gesehen der Geschäftsmann und Santo war der nichtwissende Privatmann, der im guten Glauben den Vertrag unterschrieben, den die Firma ihm unterbreitet hatte, und es war klar und das konnte jeder Blinde sehen, dass dies mit argwilliger böser Absicht so gehalten wurde, um ihrer Meinung nach, die unwissenden Vorarbeiter und Objektleiter, die froh waren, einen angemessenen Job zu bekommen, über den Tisch zu ziehen. Auszubeuten. Bis auf die Knochen zu schinden. Deswegen waren an der Stelle, wo eigentlich die Arbeitsstunden und der Stundenlohn hätten definiert werden müssen, im vollen Bewusstsein keine Stunden und kein Stundengehalt angegeben. Somit waren ihre Leiter, ihre Führungskräfte ihnen ausgeliefert und wurden dazu abgeurteilt, Stunden ohne Ende zu malochen, ohne einen Cent mehr dafür zu bekommen. Sozusagen Titel, aber bitte ohne Mittel. So banal funktionierten sie. Einfache raffgierige menschenverachtende Schläue, dachten Bernd und Santo, die sich jetzt an ihnen rächen würden. Man erntet, was man sät, sprachen sich beide zu. Bernd hatte schon einige größere Fälle gehabt, aber über so einen Fall hatte er noch nie verfügen dürfen. Bei weitem nicht und dabei dachte er, er hätte schon große Fälle behandeln dürfen. Aber das hier übertraf alles Erdenkliche. Das war im Vergleich ein Titanenfall. Ein Fall, mit dem man einen Film hätte drehen können. Einen Film wie aus den geliebten Zeiten des goldenen Hollywood, The Golden Age of Hollywood, The Days of Style and Elegance. Das gefiel Santo. Das entsprach ganz seinem Gusto. Diesmal sollte es anders sein. Dieses Mal waren mal sie am Zug.

Bernd war gebrandmarkt. Er hatte zwar schon den einen oder anderen Fall gegen einen stärkeren Gegner gewinnen können, doch gegen einen wirklich großen noch nie. Gegen eine riesengroße Bierfirma aus Bayern hatte er im Fall von Ideenklau von speziell designten Biergläsern sich nicht durchsetzen können. Nicht weil er kein guter Anwalt war oder weil ihm die Argumente fehlten oder weil das Recht nicht auf seiner Seite war, nein, weil er und sein Mandant im Vergleich Zwerge waren und weil ihnen die Mittel fehlten und allem Anschein nach alle viel zu schlau oder zu feige waren, um ihre Eier auszupacken und auch mal Recht vor Gnade gegenüber den Großen gelten zu lassen.

Ein anderer Fall verhielt sich ähnlich. Ein bekannter Manager hatte einen nicht bekannten Tenorsänger unter Vertrag genommen, den er an der Hand verhungern ließ und um den er sich einen Scheiß scherte. Dabei durfte der Tenorsänger gleichzeitig für niemand anderen singen. Wobei ihm der Manager gerade mal ein Zehntel des ihm zugesprochenen Anteils überwiesen hatte, den sich der Tenorsänger zu Anfang aus einigen Auftritten verdient hatte. Zugegen war der Manager obendrein kein unbeschriebenes Blatt vor der Justiz und war einige Male in ähnlichen Fällen justiert worden. Aber auch hier scheiterte Bernd. Nicht, weil das Recht nicht auf seiner Seite war, nicht weil er kein guter Anwalt war, sondern schlicht und plump, weil sich die Richter einfach gegen alle Rechte, Fakten und Logik wehrten. Weil einige Richter aus der Gemütlichkeit, aus ihrer Feigheit, aus ihrer Schläue, sich auf die Seite des Stärkeren schlugen. Sie schienen unantastbar zu sein und konnten Willkür vor Recht ergehen lassen. So empfand es Santo, wenn Bernd ihm hin und wieder im Vertrauen ein wenig aus seinem Berufsleben erzählte. Aber dieses Mal, dieses Mal sollte es anders sein. Dieses Mal gab es kein Wenn und Aber. Das hier war das Arbeitsgericht. Das hier war einfach zu klar, zu deutlich, als dass sich hier irgendein Richter hätte querstellen können. Mit dem ersten Schreiben hatte Bernd immerhin verhindern können, dass Santo willkürlich zur Putzkolonne degradiert wurde, obwohl die Firma Blitzblank dies zurückgekurbelt hatte, durch Hinterhalt und List, mit dem Hintergrund, Santo könnte wieder die Arbeit als arbeitender Vorarbeiter in der KVB aufnehmen, was trotzdem nichts anderes hieß, er brauchte nicht nur zu putzen, er durfte weiterhin den Vorarbeiter spielen, aber putzen musste er trotzdem. »Kommt gar nicht in Frage«, hatten sie daraufhin geantwortet. Santo hat einen Vertrag als Vorarbeiter am Flughafen und nicht bei der KVB, wobei nach dem ausführlichen Brief von Bernd sie ihn sofort von der Arbeit gegen weitere Gehaltauszahlungen, bis Ende des Vertrags, freiließen. Somit hatte Santo das eigentliche Ziel schon erreicht. Er konnte sich nun in Ruhe nach einem neuen Job umschauen, ohne unmittelbar von der Hand in den Mund leben zu müssen. Alles andere war jetzt nur noch Vergnügen. Bernds zweites Schreiben, nachdem die 14tägige Frist und somit die Möglichkeit, den Vertrag wie auch immer zu rechtfertigen, abgelaufen war, hatte Herrn Stadel und somit auch die Filiale in Köln zum Beben gebracht. Aus allen Wolken waren sie gefallen. Die Summe, die nun von Santos Rechtsanwalt verlangt wurde, hatte sie zutiefst geschockt, hatte ihnen den Boden unter den Füßen weggezogen. Vom Küchenfenster aus konnte Santo alles genauestens beobachten, da er von dort aus auf das unmittelbar in der Nähe gelegene Hauptsitzbüro der Filiale Köln schauen konnte. Das lag gut 200 Meter von Santos Zuhause entfernt und Santo konnte beobachten, wie sich die dortigen Herrschaften immer wieder vor ihrem Eingang auf der Straße, sammelten und empört und erbost auf Santo Küchenfenster schauten und mit ihren Händen aufgeregt in seine Richtung gestikulierten. Santo amüsierte sich und genoss die Show.

»Euch zeige ich es, euch werde ich noch Respekt für den Menschen beibringen. Ihr werdet nie wieder mit Menschen so umgehen.« Dabei versuchte er sich dieses schockierte, empörte Gesicht, dieser primitiven Zeitgenossin von einer Frau Tessner vorzustellen »Was für eine Genugtuung, Rache ist süß.« Dabei waren sie eigentlich die Täter. Sie waren es, die wer weiß, wie viele Jahre dieses Spiel auf Kosten ihrer Mitarbeiter ungeschoren hatten treiben dürfen. Er reagierte nur. Aber so waren sie, so war die Gesellschaft. Was man selbst zu Schaden hat kommen lassen, was vorher alles gewesen und getan wurde, wurde nicht in Betracht gezogen. Alles, was man selber tat, wurde immer gerechtfertigt. Aber wehe, wehe, einer würde sich mal erlauben gerechterweise zurückzuschlagen, dann war aber was los. Ehrgefühl kannten sie nicht. Nun schien der Tag der Abrechnung nahe gerückt zu sein. Und er und Bernd waren auserkoren, die gerechte Hand Gottes ausführen zu dürfen.

An den Haaren herbeigezogen argumentierte die Gegenseite. Nichts anderes als kindische, rhetorische Polemik war ihnen, war Herr Stadel eingefallen. Mit keinem Wort, war er auf die Gesetzesparagrafen, die Bernd ihnen um die Ohren gehauen hatte, eingegangen. Nur blödes arrogantes, aufgeblasenes, grobkotziges Geschwätz, hatte Herrn Stadel gewohnterweise, wie man es aus seiner Firma kannte, aufgebracht. Obendrein drohte er auch Bernd, ihn bei der Rechtsanwaltskammer anzuzeigen, wegen so was wie Amtsmissbrauch. Mit keinem Paragrafen hätten sie gegenargumentieren können. Nur Drohungen und Beleidigungen.

Bernd setzte noch ein Schreiben auf, wobei er ihnen ein Ultimatum stellte. Dieses Mal hatten sie sich aber juristische Hilfe geholt und die kam von der juristischen Abteilung der Muttergesellschaft aus Hannover. Wieder nur aufgeblasenes, überhebliches möchtegernimposantes Geschwafel. Es schien eine Betriebskrankheit zu sein. Imponiert hatte es Bernd und Santo keineswegs. Im Gegenteil, erstaunt waren sie darüber, wie sie mit der Tatsache umgingen, 976.000 Euro nachzahlen zu müssen. Was war los? Nahmen sie es in der Tat nicht ernst? Oder blufften sie?

Im Grunde genommen hatte sich der Heini aus der juristischen Abteilung noch nicht mal wirklich die Mühe gemacht, ein eigenes Schreiben aufzusetzen. Warum denn auch? War ja nicht sein Geld. Sein Gehalt war ja sicher. Er hatte fast den gesamten Text von Herrn Stadel, teilweise sogar die wortwörtlichen Begriffe, übernommen. Einen Paragrafen hatte er hingeschmissen, um ein wenig Eindruck zu schinden, mit der Hoffnung, der Bluff würde aufgehen. Dabei besagte dieser Paragraf genau das Gegenteil. Bernd hatte sich bestens vorbereitet und hatte die Zeit, die dazwischen lag, bis zum kleinsten Detail, bis zum kleinsten Zweifel, der vielleicht hätte entstehen können, penibelst genutzt. Es war ihre Chance. Eine einmalige Chance, die unerwartet aus heiterem Himmel herabgefallen war. Eine einmalige Gelegenheit, die sie bestimmt nicht so schnell wieder bekamen, und wer weiß, ob sie sie überhaupt nochmal bekamen.

Sie mussten alles dafür tun, um sie zu nutzen. Alles! Auf alles bereiteten sich Santo und Bernd vor. Alles Erdenkliche an Kontra-Paragrafen, an Gegenvorwürfen, Ausreden, Täuschungsmanövern und sonst was für eventuelle Möglichkeiten so eine große Firma gegen sie nutzen könnte, wurde beedacht und dagegenmanövriert. Regelmäßig trafen sie sich und gingen gemeinsam die eventuellen Strategien der Gegenpartei durch. Sie berieten sich, sie bauten sich auf und sie machten sich große Hoffnung, dass dieses Mal, wenigstens vor dem Arbeitsgericht, Recht vor Gnade gegeben wurde. Eine Firma, die so unmenschlich mit seinen Mitarbeitern umgeht, die auf jegliche menschliche Würde scheißt, auf Menschenrechte und Arbeitsrecht pfeift, verdiente kein Mitleid. Sie waren es nicht Wert, dass man mit ihnen hätte Mitleid, Nachsicht haben müssen. Hatten sie denn Nachsicht mit ihren Arbeitnehmern? Hatten sie Nachsicht mit den Kindern der Familienväter und Mütter gehabt? Keine Spur. Wer nicht so funktionierte, wie Frau Tessner wollte, was sie zum Teil aber auch selbst nicht wusste, wurde schikaniert, entwürdigend behandelt, beleidigt und rausgeekelt, in wenigen Worten, wurde fertiggemacht. Wahrlich hatten sie kein Mitleid, kein Erbarmen, kein Mitgefühl verdient und durften auch keines erwarten.

Bernd und Santo hofften nicht nur darauf, sondern versuchten es im juristischen Schreiben für die Richterin im Arbeitsgericht in legitimen, anwaltlichen, rechtskundlichen Worten zu verdeutlichen. Die Antwort der Richterin war zufriedenstellend. Sie hatten einen Termin ergattern können. Dies war positiv, wie Bernd Santo erklärte. Also doch nicht so abwegig. Natürlich hatten Bernd und Santo bei der Summe leichte Bedenken gehabt. Schließlich war man ja hier nicht in den Staaten. Das war ja auch der einzige Grund, der Bernd und Santo etwas daran zweifeln ließ. Nicht die Tatsache, dass sie im Recht waren, dies war nicht nur moralisch, sondern auch gesetzmäßig rechtskräftig. Es ging kein Weg daran vorbei, dies rechtlich gegenteilig zu interpretieren. Die Firma Blitzblank hatte nun mal diesen Vertrag aufgesetzt und musste sich nun dafür verantworten. Niemand hatte sie gezwungen, diesen Vertrag zu unterschreiben. Solche listigen Verträge waren bei ihnen gang und gäbe. Sie hatten sich das selber zuzuschreiben. Wer anderen eine Grube gräbt, fällt selbst hinein.

Der Gedanke daran munterte sie auf und stimmte sie zuversichtlich. »Wer anderen eine Grube gräbt, fällt selbst hinein.« Hoffentlich, wünschte sich Santo, hoffentlich ist da was dran. Verdient hatten sie es. Nach Bernd letzten Schreiben, das der Gegenseite einige Paragraphen, verbunden mit Beispielen, um die Ohren gehauen hatte, schienen sie Schachmatt zu sein. Es hatte ihnen die Sprache verschlagen. Nichts mehr da von ihrer Großkotzigkeit, ihrer aufgeblasenen primitiven banalen Arroganz. Niente. Nada. Nichts! Große Ruhe. Funkstille. Bernd und Santo warteten auf einen Gegenangriff, auf eine Antwort. Aber nichts kam. War das jetzt eine andere Art und Form von Arroganz? Von Überheblichkeit? Von Selbstüberschätzung? Oder nahmen sie die Anklage einfach nicht ernst? Vielleicht spielte hier wieder der Klüngel? Man konnte es ja nicht wissen. Vielleicht kannte man dieselben einflussreichen Persönlichkeiten? Vielleicht war man ja im selben Karnevalsverein oder spielte zusammen Tennis oder Golf? Ausschließen ließ sich das nicht. Köln war ein Dorf. Man kannte sich. War die Richterin etwa korrupt? Hatte man ihr vielleicht hinter dem Vorhang ein Angebot, was sich nicht abschlagen ließ, unterbreitet? War ja schon alles vorgekommen. Hatte man schon in jeglichen Filmen gesehen, in vielen Romanen wurde darüber erzählt. Warum nicht? Wer wusste das schon? Tatsache war, dass Santo und Bernd auf jeden Fall keine von diesen einflussreichen Persönlichkeiten kannten. Sie hatten kein Vitamin B. Sie hatten einzig und allein die gesetzlichen Paragrafen, einige ähnliche Beispielfälle, die vom Arbeitsgericht vorteilhaft gefällt worden waren und den Glauben an Gerechtigkeit. Sollte dies ausreichen? Bernd und Santo hofften darauf. Vielleicht waren sie ja einfach nur große Träumer. Aber dieser Traum war ein schöner Traum. Endlich hätten sie beide ihre Romane in Ruhe schreiben können. Ohne finanzielle Sorgen, ohne einen Tag arbeiten gehen und dann vielleicht spätabends ein paar Sätze noch hinzuschreiben. Santos Zeit war sogar noch limitierter. Manchmal kam er zwei, drei oder auch vier Wochen nicht zum Schreiben, weil er einfach nicht nur nicht die Zeit dazu hatte, sondern auch einfach zu fertig war. Es war nicht einfach, jedes Mal aufs Neue an seinem Roman anzuknüpfen. Santo tat es trotzdem. Sein innerer Antrieb schoss ihn voran. Seine Geschichte, die Geschichten, die er erlebt hatte, die Geschichten, die sich in der Casa Italia abgespielt hatten, durften nicht für immer und ewig verloren gehen.

Das wohltuende, aufbauende Gefühl seine Empfindungen, seine Gedanken und Erfahrung zu verarbeiten, das Vergnügen, was er dabei empfand, trieb ihn vorwärts. Er musste es schaffen, er musste dieses Buch zu Ende schreiben. New York stand schon auf dem Plan. Wie gerne hätte er New York gesehen. Die Stadt seiner Vorbilder, die Stadt, in der seine geliebten Italo-Amerikaner wie Al Pacino, Robert De Niro, Sylvester Stallone und viele andere lebten. In der Frank Sinatra und Dean Martin gelebt hatten. Einmal die USA sehen dürfen ... Das Land, wo seine geschätzten verehrten Persönlichkeiten herkamen. Louis Prima, Dion and the Belmonds, Frankie Vally, Etta James, Ray Charles, Ella Fitzgerald, Billie Holiday, Louis Armstrong, The Shirilles, Elvis Presley, Jerry Lee Lewis und viele viele mehr. Alle lebten sie oder hatten sie in den USA gelebt.

Gerne wäre er die Route 66 mit einem alten Mercury Baujahr 1954, oder von ihm aus mit einem Buick Riviera 1956/57 durchgefahren. Ein Traum. Natürlich wäre dann über die ganze Zeit auch die Musik aus der Zeit im Auto zu hören gewesen, während sie Land und Menschen genießen konnten. Von New York nach Mississippi, New Orleans, Memphis, dann nach LA, Palmsprings, wo seine Lieblinge zum Teil auch gelebt hatten, von da aus nach San Francisco und dann weiter nach Ohio, Steubensville, die Geburtsstädte von Dean Martin, wo er als kleiner Junge groß geworden war, um dann abschließend wieder nach New York zu gelangen, und wer weiß, vielleicht von da aus weiter nach Philadelphia und Florida. Wenn man schon dabei war, müsste man auch Miami gesehen haben. Was für ein schöner Traum. Erst die Lage abchecken und dann mit dem Geld, was sie bekommen würden und vielleicht mit einen erfolgreichen Roman für immer und ewig mit seiner Familie, mit seiner Frau und Kindern in die Staaten ziehen. Am liebsten New York, dachte sich Santo. Am besten in ein italienisches Viertel. Wer weiß, vielleicht Brooklyn oder lieber New Jersey? Ahh, wie schön war dieser Traum. Schließlich lebt der Mensch nicht nur von Brot, sondern auch von Hoffnung. Beide träumten sie. Was war denn daran verwerflich?

Fakt war, dass von der Gegenpartei immer noch keine Antwort kam. Santo schrieb, wann immer er nur konnte. Er wollte endlich mit seinem Buch fertig werden. Doch was gesagt werden musste, musste auch geschrieben werden und das war nicht zu knapp. Das Buch zog sich in die Länge, er schien einfach nicht fertig zu werden. Egal, wie viel er schrieb, er kam nicht zum Ende. »Egal«, dachte Santo, Step by Step, Passo dopo Passo. Irgendwann werde ich das Ziel schon erreichen.«

Fata Morgana II

Wow, staunten beide nicht schlecht. Das ging aber flott. Am 4.12.2013 hatten sie die Klage eingereicht und zum 18.01.2014 hatten sie schon einen Termin bekommen. Wer hätte gedacht, so schnell einen Termin zu erbeuten? Glücklich und zuversichtlich gestimmt, bestens und hoffnungsvoll vorbereitet, nahmen sie ihren Termin entgegen, der Tag, an dem ihr Leben sich schlagartig ändern sollte, an dem endlich der ersehnte Durchbruch gelingen sollte, an dem endlich das Universum sie an den Haaren herbei in den Himmel hoch erheben sollte.

Weit und breit kein großes Aufgebot, kein großes Geschütz, zu sehen. Santos Befürchtungen hatten sich nicht bewahrheitet oder kamen sie noch? Lediglich zwei Männer, die etwas weiter als im mittleren Alter waren. Ein blonder Schnösel, der wie ein Haufen Elend aussah, aber der Meinung war, sie angewidert anzuschauen. Der andere Mann, der etwas eleganter, mehr französisch aussah, mit dunklen, leicht weiß gesträhntem Vollbart und etwas ordentlicher, gepflegter rüberkam, stürzte sich auf Bernds rechte Hand, um ihn mit seinen beiden Händen fast ehrbietig warmherzig zu begrüßen. »Kein Wunder«, bemerkte später Bernd nach der Verhandlung, »durch meine Arbeit hat er ohne einen Finger gekrümmt zu haben, ohne ein Schreiben aufgesetzt zu haben, nur dadurch, dass er sich dieses Falls in allerletzter Sekunde angenommen hatte, mal schnell einige Tausende Euro verdient.«

Unerwartet und unangemeldet hatten sie vor Panik, doch noch eine große recht bekannte Kanzlei zur Hilfe geholt, mussten Bernd und Santo überraschend zu Beginn der Verhandlung zur Kenntnis nehmen.

Wie erwartet schoss sich die Richterin erst mal auf Santo ein. Bernd hatte Santo vorgewarnt. Er wusste es besser. Erst mal wollen die Richter die Lage abchecken und sehen wie stark die Parteien sind, dabei gehen sie den Weg, der ihnen am unbeschwertesten erscheint. Was mit wenigen Worten heißt, sie stürzen sich auf das schwächere Glied, um so nach ihrer Meinung die mit der geringsten Gegenwehr einzuschüchtern und dementsprechend die Klage schnell abzuschmettern. Natürlich war dies nicht im Sinne der Gerechtigkeit, im Sinne der Justitia. Aber wen interessierte es schon. Man musste die Klagen, die ja nicht zu wenigen den

Richtern auf den Schreibtisch kamen, abschmettern. Das kam natürlich den finanziell stärkeren Parteien nur recht. Die Fronten waren schnell geklärt. Nachdem jeder wusste, wer wer war, fragte die Richterin Santo mit energisch bestimmender Stimme: »Und Sie meinen, als Vorarbeiter würde Ihnen dieses Gehalt zustehen?«

Bernd und Santo schauten sich an. Santo lächelte freundlich und konnte sich geradeso ein Schmunzeln verkneifen. In der Tat geschah es genauso, wie sie es vorausgesehen hatten. »Nicht ich sage das, sondern der Arbeitsvertrag, den sie mit mir eingegangen sind, und warum nicht?«

Warum sollte einem Vorarbeiter, der seine Arbeit gut macht, nicht mehr zustehen? Wenn beide Parteien doch diesen Vertrag freiwillig und im vollen Bewusstsein unterschrieben haben? Schließlich leben wir in einer freien Marktwirtschaft. Warum darf ein Fußballspieler Millionen verdienen und ein Vorarbeiter nicht? Warum darf ein Tennisspieler Millionen verdienen oder ein Formel-Eins-Fahrer? Warum dürfen sich die Börsianer immer größere Dividenden in die Tasche stecken, wobei sie gleichzeitig für ihre Raffgier Arbeitsplätze abschaffen? Warum darf jemand in ein Spielcasino reingehen und vielleicht mit einem Euro Einsatz bei einem der einarmigen Banditen eine Million Euro mit nach Hause nehmen? Warum dürfen Manager, Führungskräfte, die nichts anderes können, als immer wieder Arbeitsplätze zu kürzen und trotzdem Firmen noch mehr in rote Zahlen zu bringen, dennoch sich die Taschen vollmachen? Und warum darf nicht ein Vorarbeiter, der einen Arbeitsvertrag, der ihm legitim freiwillig und mit höchster Wahrscheinlichkeit mit böser Absicht unter der Nase gehalten wurde, nicht auch mal als ausgleichende Gerechtigkeit eine größere Summe erhalten? Schließlich war es überwiegend sein Verdienst, dass Blitzblank eine Vertragsverlängerung von vier Jahren am Flughafen bekommen hat. Warum durfte denn nicht mal ein Mann aus der Mitte, einer, der nicht das Glück gehabt hatte, aus einer wohlsituierten Familie zu kommen, der kein akademischen Titel auf einer Elite-Universität ergattert hat, auch mal gerechterweise eine etwas größere Summe erhalten? Wer setzte diese Maßstäbe und warum? Das war doch der reinste Kasten-Denksystem. Von wegen Demokratie, von wegen alle Bürger sind vor dem Gesetz gleich, von wegen Freiheit,

Gleichheit und Brüderlichkeit. Wo war den da die Solidarität? Geschweige denn die Gleichheit?

»Alles nur Verarschung«, dachte sich Santo. Nichts hatte sich geändert, nur die Fassaden, es wurde nur so getan. Ein großes Blabla, um die Bürger hinters Licht zu führen, um ihnen wenigstens das Gefühl zu geben. Letztendlich galt die Gleichheit nur für die, die es sich leisten konnten. Am liebsten hätte Santo so auf diese blöde Frage der Richterin geantwortet, um dann mit der Gegenfrage zu antworten: »Und Sie? Hätten Sie an meiner Stelle etwa nicht auf Ihr Recht, was sich aus dem legitimen Vertrag ergibt, plädiert? Hätten Sie etwa nicht an meiner Stelle dieses Gehalt, das Ihnen rechtlich zusteht, erhalten wollen?« Ja, das hätte Santo das Gericht am liebsten selbst gefragt. Aber die Vereinbarung mit Bernd war: »Egal, was die Richterin dich fragen wird, du machst von dem Recht gebrauch, dich in der ersten Verhandlung nicht äußern zu müssen. Ich bin dein Vertreter, überlass das Reden und Antworten mir.«

Santo hatte gerne eingewilligt und hielt sich daran. Bernd hatte ein oder zwei Sekunden gezögert, Santo erwiderte Bernds Blick, wobei dies das Signal für Bernd war, nun das Wort zu ergreifen. Gekonnt und mit Gegenfragen zog er die Aufmerksamkeit im Nu auf die Gegenseite, die die Richterin liebend gern dann doch überraschend als Vorlage nahm, um nun die Rechtsanwälte der Firma Blitzblank unter Beschuss zu nehmen. Sollte diese Richterin denn etwa zu aller Erstaunen, in der Tat, Recht vor Gnade durchgehen lassen? Um der Gerechtigkeit willen?

Außer dummes aufgeblasenes Geschwätz bekam der Heini von der Blitzblank nichts raus. Sogar stinkig und persönlich wurde er, sodass die Richterin ihn ermahnte und damit drohte, ihn aus dem Gerichtsaal entfernen zu lassen. Santo genoss die Show und setzte noch einen drauf. Immer wieder schaute er belustigt mit hochgezogener rechter Augenbraue, demonstrativ und provokativ, den blonden Schnösel an. Das brachte den umso mehr in Rage. Der andere Rechtsanwalt von der großen Kanzlei bemühte sich, wie ein Vater seinen kleinen Jungen, diesen Vollidioten von Kollegen, der sich beinahe wie ein Choleriker benahm, im Zaum zu halten. Was für eine Genugtuung, was für ein Triumph. Deklassiert hatten sie sie dazu gebracht, ihr wahres Gesicht zu zeigen. Die Sympathie der Richterin schien gewonnen zu sein und Santo hätte drauf schwören können, dass die Richterin sie im Grunde genommen als toll-kühn empfand und mit höchster Wahrscheinlichkeit noch nie so einen Fall hatte.

»Und? Sind Sie bereit, die Hälfte zu zahlen? Fünfzig Prozent?«, beugte sich die Richterin zu den zwei gegnerischen Rechtsanwälte fragend rü-ber, wo der eine den anderen Heini die ganze Zeit wie einen kleinen un-erzogenen trotzigen Jungen in Schach hielt, um ihn vor seiner Dummheit zu bewahren. Kurzes Schweigen breitete sich in dem nicht so großen Gerichtssaal aus. Hatte die Richterin eben gefragt, ob sie bereit wären, die Hälfte freiwillig zu zahlen? Oder amüsierte sie sich köstlich über beide Parteien?

»Nein! Nein! Natürlich nicht!«, kam es prompt aus beiden Röhren.

Ja, klar! Was anderes hatte Santo auch nicht erwartet. Die Richterin aber auch nicht. Sie hatte genug gesehen und gehört und beschloss die Verhandlung auf Juni zu verschieben. Wie, das war's schon? Santo war enttäuscht. Die Show hatte doch gerade angefangen, hatte doch soeben begonnen. Er hatte sich doch gerade erst akklimatisiert. Entspannt. Bernd schien zufrieden zu sein. Santo wusste nicht, wieso. Hatte er was verpasst? Hoffentlich nichts Schlimmes. Die Verhandlung hatte doch keine Viertelstunde gedauert. Sie verließen den Gerichtsaal. Bernd ging mit schnellen Schritten. Santo hinterher. Er verstand aber immer noch nicht. Kaum waren sie im Treppenhaus angelangt, kaum waren sie unbe-obachtet, streckte Bernd seinen rechten Arm mit fest verschlossener Faust empor, als ob er ein unerwartetes exzellentes Tor geschossen hätte. Er strahlte Santo an und freute sich wie ein kleines Kind. Santo freute sich mit, war aber irritiert.

»Ja! Ja!«, kam es noch einmal aus Bernd beschwingt heraus. Bernd ballte noch einmal seine Faust fest zusammen, so als ob er zu einem Le-berhaken ausholen wollte, um denselben Arm mit der flachen Hand im nächsten Augenblick nach oben auszustrecken und von Santo abklat-schen zu lassen. Santo schlug ein. Es musste was Gutes bedeuten, inter-pretierte Santo die Gestiken für sich. Aber was? Hatten sie etwa gewon-nen? Hatte er etwas nicht verstanden? Was verpasst?

»Was ist los? Was ist passiert?«, wollte Santo nun erlöst werden. Bernd drückte seine eingeschlagene Hand fest in seine.

»Santo, es hätte nicht besser laufen können.«

»Nicht besser laufen können?«

»Ja, Mann, wir haben sie dazu gebracht, uns anzuhören, sich mit uns auseinanderzusetzen. Jetzt nehmen sie uns ernst. Wir haben sie von ihrem hohen Ross runtergeholt«, freute sich Bernd. »Wir haben jetzt eine Verhandlung! Jetzt müssen sie sich mit uns an einen Tisch setzen. Ob sie wollen oder nicht. Jetzt müssen sie mit uns verhandeln. Da geht kein Weg mehr dran vorbei.«

Nun sprang Bernds Freude auf Santo über. Langsam ging ihm ein Licht auf. Langsam lichtete sich alles. »Und in der Regel einigt man sich bei der zweiten Verhandlung. Es ist so, dass es beim Arbeitsgericht, beim zweiten Termin, fast immer zu einem Vergleich kommt«, triumphierte Bernd. »Ein Vergleich bei fünfzig Prozent, das wäre ja super. Das wäre ja schöner als ein Traum.« Santo sah sich vor seinem inneren Auge schon im Flieger nach New York. Sah sich und seine Familie unter besseren Bedingungen leben. Und wer weiß, vielleicht könnten sie auch in die USA auswandern, nach New York. Das nötige Kleingeld hätten sie dann ja dafür. Zumindest um einen Anfang dort zu wagen.

Den Termin legte das Gericht zum Sommer 2013 Mitte Juni fest. Es war Anfang Mai 2013 und von Blitzblank immer noch keine Stellungnahme zu Bernds letztem Schreiben. Nichts, Niente. Konnte es sein, dass sie in der Tat überwältigt, kampfunfähig, erledigt waren? Sie machten einen sehr schwachen und erbärmlichen Eindruck. Nicht nur auf Santo und Bernd, sondern auch mit Sicherheit auf die Richterin. Es konnte ihnen nur recht sein. Sie kamen ihrem Ziel immer näher. Konnte es wirklich sein? War dies endlich ihr Durchbruch? Was war los? Keine Gegenwehr und der Termin stand vor der Tür. Bernd setzte noch ein Schreiben auf, in dem er der Frau Richterin deklarierte, dass die Gegenpartei, da von ihnen seit Dezember 2013 nichts mehr gekommen war, schachmatt sei. Seit der Gerichtsverhandlung hatte man von Blitzblank nichts mehr gehört. Dabei hatten sie schon befürchtet, dass sich die große Kanzlei jetzt mit großem Geschütz auf sie stürzen würde. Einerseits wunderte sie die Ruhe, aber andererseits auch nicht. Wo war denn die Motivation der großen Kanzlei? Ihnen konnte es doch nur recht sein, wenn sich die Firma

Blitzblank mit Santo verglich. Dann wären noch mal Prozente dabei rausgesprungen und die nicht zu knapp. Ihr Honorar, dank Bernds Können, hatten sie ja, ohne noch einmal ein Schreiben aufzusetzen, kassiert. Ihr Erscheinen im Gerichtssaal hatte voll und ganz ausgereicht, um sich einige tausend Euro Honorar in die Tasche zu stecken. Sie mussten jetzt nur abwarten und darauf hoffen, dass Bernd und Santo von der Richterin begnadet wurden um dann noch einmal ein Halleluja zu singen. Warum um alles in der Welt sollte sich die Großkanzlei mit Bemühungen abstressen, um diesen Fall zu gewinnen? Der Fall war doch sowieso schon gelaufen. Es war doch eh schon alles gesagt worden. Bernd hatte in seinem Schreiben doch schon längst alles wasserdicht zementiert. Zu spät! Musste doch die Großkanzlei gedacht haben. Selbst schuld. Warum sollten sie jetzt noch den Finger krumm machen? Ihr Honorar war längst in der Tasche und ein Vergleich würde ihnen wiederholt das Leben versüßen. In der Tat hörte man aus Hannover kein Sterbenswort.

Ging der Plan auf? War es so? Auf diesen Augenblick hatte Bernd spekuliert. Mit Kalkül war er vorgegangen. Die Rechnung schien aufzugehen. Nur noch zwei Wochen und dabei hätte der Termin schon Ende Mai sein sollen, wenn der Herr Heini von Rechtsanwalt aus Hannover Ende Februar den Termin wegen seines persönlichen Urlaubs nicht verschoben hätte. Somit wurden sie noch länger auf die Folter gespannt. Sie fühlten sich siegessicher. Das Adrenalin stieg bei dem Gedanken und floss ihnen in die Murmeln. Man hätte die ganze Welt vor Freude umarmen können. Oder bluffte die Kanzlei? Hatten sie doch noch ein As im Ärmel? Warum hatte die Großkanzlei bis dato noch nicht den Versuch gemacht, ihre Klage zu dementieren? Hatte Bernd wirklich alles so undurchlässig zubetoniert? Es kam einfach nichts.

Zwei verdammte Wochen vor dem Termin kam doch noch ein Schreiben der Gegenpartei. Die große bekannte Kanzlei aus Hannover hatte sich fünf vor zwölf doch noch zu Wort gemeldet. Das Schreiben bestand diesmal aus vielen Seiten, die letztendlich nicht mehr aussagten als das Schreiben vom Firmenanwalt. Viel Gerede um den heißen Brei. Es wurde mit Absicht Sand in die Augen geworfen, um von den Tatsachen, um von dem Eigentlichen abzulenken, um die dritte Partei einzulullen. Auch dieses längere, von der Qualität nicht viel bessere Schreiben konnte

Bernd nicht aus der Ruhe bringen. Im Gegenteil, wenn er mal ein Schreiben bekam, nahm er das als Gelegenheit, ausführlicher zurückzuschlagen und die Klage mit Hilfe der Paragrafen und anderer ähnlicher Beispiele, die zu ihren Gunsten ausgesprochen wurden, mehr zu untermauern und noch dichter zu ebnen. Wie ein flinker erfahrener Kontraboxer schlug er dann wie aus dem Nichts seine gefährlichsten, blitzschnellen Hiebe. Der letzte Hieb hatte gesessen. Wieso sonst hatten sie in letzter Minute doch noch den Versuch gemacht, durch ein aus den Fingern gezogenes Schreiben krampfhaft die Richterin und ihre Gehilfen einzulullen? Das ehrte Bernd und bestätigte, dass die Anklage doch nicht an den Haaren herbeigezogen war.

Nun machten sie sich gewaltig in die Hosen. Santo und Bernd konnten sich seelenruhig hinsetzen und abwarten. Es war ja nicht ihr Geld. Was hatten sie schon zu verlieren? Und wenn sie sich an ihm rächen wollen würden, sollten sie nur kommen. Wenn er es überleben würde, das hatte er sich geschworen, dann hätte er sich schon an ihnen gerächt. Das war klar. Immerhin, war er immer noch ein Sizilianer.

Freilich ging es ja nicht gerade um Peanuts, zumindest nicht für Santo und auch nicht für Bernd. Jetzt hieß es abwarten und Tee trinken. Nur noch eine Woche. Der Countdown lief. Die Erregung stieg. Von Tag zu Tag immer mehr. Die letzte Nacht hatte Santo keinen Schlaf finden können. Zu aufgeregt war er. Er kam sich vor wie ein frisch verliebter, wie ein über beide Ohren verknallter junger Mann, der nicht mehr wusste, wie ihm geschah. So wie damals, als er sich in seine Frau verschossen hatte. Das Adrenalin ließ ihn kein Auge zumachen. Er konnte es kaum wahr haben. Konnte es wirklich sein? Ihm? Der noch nie das Glück gehabt hatte. Der ewige Verlierer? Der, dem egal, was er angefasst hatte, außer in der Liebe, nicht gelungen war. Sollte sich der Himmel jetzt endlich gnädig zeigen? Sollten seine Wünsche jetzt endlich vom Universum erhört worden sein? Vom lieben Gott? Er war bereit. Er konnte sich das vorstellen. Sogar gut vorstellen und die Pläne waren schon gekennzeichnet. Er würde diesen Segen dankend annehmen.

Fata Morgana III

So wie beim ersten Mal trafen sich Santo und Bernd recht früh, um gemütlich in aller Ruhe erst einmal im Café Extrablatt am Eigelstein brunchen zu gehen. Das Frühstück war nicht das allerbeste, doch es erfüllte seinen Zweck. Beim ersten Gerichtstermin hatte es ihnen ja Glück gebracht. Sie hatten sich beim Frühstück und einer ordentlichen Tasse Kaffee entspannt auf die Gerichtsverhandlung eingestimmt. Auch dieses mal sollte es klappen. Sie gingen noch einmal alle Schritte durch, alle Fragen, die die Richterin stellen könnte. Die Antworten waren schon längst einstudiert und bestens vorbereitet.

Richterin:
So! Und Sie haben sich vorgestellt, haben geglaubt, sind davon ausgegangen, dass Sie 1850 Euro für vier Stunden kriegen!? Dass Sie für eine Stunde 462,50 Euro kriegen!?

Santo:
Ach, wissen sie, ich hatte gar keine Zeit, mir etwas vorzustellen, etwas zu glauben, von irgendetwas auszugehen.

So würde die Richterin bestimmt die Verhandlung beginnen. Zumindest stellten sich das Bernd und Santo so vor. Dann sollte Santo ohne langes Geschwafel sofort weiter schreiten und beim Vertrag bleiben.

Also, ich habe in den Vertrag geguckt:
Adresse, Name: Stimmt. Befristet: 1 Jahr.
1850 Euro. OK.
Ich muss mindestens vier Stunden im Monat arbeiten. OK.
Kann aber auch mehr sein. OK.
Und sonst konnte ich auch nichts Schlimmes entdecken.
1850 Euro, ok, die habe ich auf jeden Fall sicher.
Tja, und dann habe ich unterschrieben!

Falls die Richterin dann nachhaken sollte, wie z.B:

Wie? Mindestens vier Stunden?

Ja, mindestens vier Stunden. Kann aber auch mehr sein. Stand ja auch im Vertrag.

Und so weiter. Aber eigentlich hätte das an diesem Punkt auch ausreichen sollen, denn mehr hätte Santo nicht unbedingt dazu erzählen müssen. Die Aussage, der Vertrag, die unregelmäßigen Gehaltslisten mit den unterschiedlichen Stunden, in denen sogar in den ersten sechs Monaten keine Stunden eingetragen waren, die separate Arbeitsbescheinigung, auf der auch keine Stundenangaben definiert waren, machten den Vertrag zweifelhaft. Alles sprach für Santo. Mehr hätte Santo dazu nicht äußern müssen. Aber für den Fall hätte Santo gerne dem Gericht und der Richterin die ganze nette Geschichte von Anfang an erzählt. Auch darauf war er vorbereitet. Er hätte einfach nur die Wahrheit erzählen müssen, nichts als die Wahrheit!

Mürrische Gesichter. Diesmal griff sich der Großkanzlei-Rechtsanwalt nicht kniestürzend die Hand von Bernd. Die Gage hatte er schon längst im Sack. Und nun musste er für ein paar unangenehme Krümel doch noch mal zum Arbeitsgericht Köln. Beide Rechtsanwälte, sowohl Mr. Heini als auch Mr. Großkanzlei, hatten sich diesmal in Schale geworfen. Mr. Heini schien sich diesmal im Griff zu haben und machte beinahe einen demütigten Eindruck, während Mr. Großkanzlei, diesmal nicht so freundlich rüberkam. Jedenfalls machten beide Heinis einen gefassten Eindruck. Auch Herr Stahl, der offizielle Geschäftsführer der Filiale in Köln, war diesmal dabei, der genauso wie die anderen Santo und Bernd mit Demut begrüßt hatte. Beinahe hätte Santo sogar behaupten können, dass er ihn sogar dafür bewunderte. Santo interessierte es nicht die Bohne. Es interessierte ihn einen Scheiß, was diese Gestalten von ihm hielten. Soweit hatte er die Lektion des Lebens gelernt. Sollten doch alle denken, was sie wollten. Man konnte eh nicht von allen geliebt werden. Egal, wie sehr man sich bemühte. Es gab immer irgendwelche Arschlöcher, die einen doch nicht mochten.

»Also scheiß drauf«, dachte sich Santo. Das einzige was er heute wollte, war, Gerechtigkeit, Genugtuung, Sätze wie »wer anderen eine Grube gräbt, fällt selbst hinein« oder »man erntet, was man sät« oder »wer Wind sät, wird Sturm ernten« und vom Leben nun endlich die gerechte Entlohnung dafür bekommen.

Nun hatte die Stunde geschlagen. Alle hatten im Gerichtssaal ihre Plätze eingenommen. Tagelang hatte sich Santo mit ausschließlich seinen geliebten alten Songs von Dean Martin und Frank Sinatra auf diesen Tag eingestimmt. Er wünschte sich, dass sie ihm mit ihrer Aura und ihrem Charisma beistehen würden. Wie gerne wäre auch er so wie sie gewesen. Wie gerne hätte er auch diese Coolnes von Dean Martin besessen. Er versuchte, sie sich anzueignen. Doch Carlo Rubinos Programme saßen immer noch tief in ihm. Er bewunderte sie. Was für eine schöne Zeit es doch gewesen sein musste. Zumindest in den Staaten. Wie gerne wäre er dabei gewesen. Ein Abend hätte ihm schon ausgereicht. Nun war es zu spät. Sie waren schon gegangen. Vielleicht würden sie ihn zur Stunde seines Todes mit ihrem typisch warmherzigen Lächeln und ihren sanftmütigen, einnehmenden und lebensbejahenden Song abholen, um ihm das Verlassen seiner Hülle, seines irdischen Daseins, zu erleichtern. Bei diesem Gedanken schmunzelte Santo und die Angst vor dem Tode verschwand.

Sein Herz schlug ihm aus der Brust. Sein Atem stockte. Seine Ohren liefen beide heiß an. Wie er das hasste. Es zürnte und grollte ihn. Es machte ihn wütend. Er verabscheute es an sich, wenn er seine Emotionen, seinen Gerechtigkeitssinn nicht unter Kontrolle hatte. Wenn er nicht mehr Herr im Hause war. Er kämpfte dagegen an. Doch seit dem Augenblick, wo die Richterin und ihr Gefolge hinter dem Gerichtstresen über ihnen Platz genommen hatten, bebte es in ihm. Er hatte seinen Körper nicht mehr ganz unter Kontrolle. Seine Glieder zitterten. So aufgeregt war er. Hoffentlich merkte niemand was, hoffte Santo. Er dachte an Dean Martin, dachte an Frank Sinatra und an die Songs der beiden. Versuchte sich geschmeidig zu machen, die richtige Frequenz zu finden, die Frequenz, auf der er einen Hauch von Sinatras und Martins Aura erhaschen konnte. Es funktionierte. Er musste seinen Landsleuten Ehre machen. Dem Gericht zeigen, das nicht alle Italiener in Köln, in Deutschland, Lämmer sind. Dass es auch hier im Lande Italiener eines Dean-Martin-Kalibers gibt. Er wollte stolz auf sich sein. Langsam beruhigte er sich.

Die Richterin hatte gegen seine und Bernds Befürchtung ihn gnädigerweise nicht in die Mangel genommen. Hatte geschwind und bündig die Lage abgecheckt, wobei sie kurz und schmerzlos, nachdem sie dann doch Santo das Wort zugestanden hatte, ihr Urteil gefällt. Santo hatte alles richtig gemacht. Er hatte souverän und galant seinen Text so authentisch wie möglich rübergebracht und kurz schien man den Puls im Gerichtssaal nicht mehr schlagen zu hören. Sie schienen wie erstarrt zu sein. Santo dachte: »Puh, das hat gesessen.« Selbst Bernd schien, obwohl er es besser wissen musste, beeindruckt zu sein.

Santo kam es kurz wie bei Dornröschen vor, als ob alle in einen tiefen, nicht endenden Schlaf verfallen wären und als ob man nun den Pausenknopf beim Recorder aufgedrückt hatte, bewegten sich plötzlich alle wie von Geisteshand, gleichzeitig auf Kommando. Die Richterin musste neu ausholen. Santo hatte stark geredet und hatte sie ein wenig aus dem Gleichgewicht gebracht. Nun hätte eigentlich Schluss mit lustig sein sollen, und obwohl die Richterin Bernd in allem bestätigt hatte, schlug sie mir nichts, dir nichts prompt vor, zur niederschmetternden Überraschung, sie mit 7.900 Euro abzuservieren.

Santo wurde schwarz vor Augen, er fühlte sich urplötzlich wie betäubt. Was hatte die Richterin da gesagt? Hatte sie da eben allen Ernstes 7.900 erbärmliche Euro in den Mund genommen? Santo stieg die Wut in den Bauch. Er konnte es nicht fassen. Niedergeschmettert fühlte er sich. Der ganze Saft war schlagartig dahin. Ihm wurde schwindelig. Er schaute auf Bernd. Bernd schaute gleichzeitig auch auf Santo. »Warum sagt er nichts?«, fragte sich Santo. Warum unternimmt er nichts? Die Gesetze sind doch auf unserer Seite. Die Richterin kann sich doch nicht einfach darüber hinweg setzen? Bernd schien wie gelähmt und dabei hatte er sich hervorragend darauf vorbereitet. Er hatte der Richterin die Gesetzbücher, in der die Paragrafen schwarz auf weiß für sie sprachen, kopiert und unterstrichen, hatte Beispiele von ähnlichen Fälle bei unterschiedlichen Arbeitsgerichten und obersten Gerichten in Deutschland, die deutlich ihre Klage bestätigten und untermauerten, die ihre Klage ganz und gar nicht absurd und an den Haaren herbeigezogen erscheinen ließen, herauskopiert und genauso der Richterin vorgelegt und trotzdem wollte die Richterin sie wie Bettler mit Almosen abservieren. Eigentlich war jetzt der Augenblick da, wo Bernd hätte energisch einschreiten müssen. Zumindest empfand es Santo so. Santo versuchte Bernds Aufmerksamkeit auf sich zu ziehen, um ihm zu signalisieren: »Jetzt! Jetzt musst du ran!«

Doch Bernd wusste es besser. Die Würfel waren gefallen, und wenn ein Richter oder eine Richterin nun einmal eine Entscheidung getroffen hatte, sei sie noch so ungerecht, konnte man sie nicht mehr davon abbringen. Trotzdem startete Bernd einen Versuch, Santo zu Liebe. »Aber, aber, aber verehrte Richterin, das Oberste Bundesgericht hat in solchen Fällen doch deutlich andersrum entschieden, sehen Sie doch selbst. Habe ich Ihnen vorne hingelegt.« Dabei zeigte Bernd auf die Stelle, wo seine Beweisunterlagen vor der Richterin auf dem Tresen lagen.

»Ja, ich weiß«, antwortete die Richterin.

»Also nehmen Sie das zur Kenntnis?«, hakte Bernd nach.

»Ja, schon«, bestätigte die Richterin.

»Also geben Sie es ja zu?«, wunderte sich Bernd. Santo genauso.

»Ja, stimmt, aber heute, hier bei mir nicht!«, verkündete die Richterin fest entschlossen, wobei sie ihrer Entschlossenheit nun etwas emotional durch Armbewegungen keine Widerrede duldete. Schnell fügte sie, nun etwas herausgefordert hinzu: »Wenn Ihnen das Angebot nicht passt, kann ich es auch rückgängig machen.«

Was passierte nun? Plötzlich drehte sich alles. Sollten sie jetzt sogar ganz leer ausgehen? Bernd schaute Santo fragend an. Santo war wütend. Nicht auf Bernd, aber auf das Gericht, auf die Richterin, auf das Leben, das ihn auch dieses mal leer ausgehen ließ. Es sollte einfach nicht sein. Nicht beim ihm. Nicht er. Wieso? Alles war auf ihrer Seite. Sie hatten sich keinen einzigen Fehler erlaubt. Alles bestens genauso vorgetragen, wie sie das geübt und sich gewünscht hatten, und noch besser. Beide waren sie gut gewesen. Nein. Sehr gut! Dabei war die Gegenpartei schwächer als schwach gewesen und das von Anfang an, durchgehend bis zum Ende. Das konnte doch nicht sein? Wo war da die ausgleichende Gerechtigkeit? Warum konnte ihn der Himmel nicht einfach an den Haaren greifen und ihn nach oben ziehen? So sehr hatte er sich das gewünscht. So sehr wünschte er sich das. Nicht, weil er geil auf Geld war. Nicht weil er geil darauf war, sich eine Villa zu kaufen oder ein fettes Auto zu besitzen, um damit zu protzen, wie so viele es doch taten. Nein, er wollte einfach frei sein, frei sein, das zu tun, was ihm am meisten gefiel. Frei zu sein, sich nicht mehr entwürdigen zu lassen, nur um der Arbeit willen, nur aus der Not heraus, Geld verdienen zu müssen. Frei zu sein, endlich sein Buch in Ruhe schreiben zu dürfen. Nach New York unbesorgt fliegen zu können. Sich mit der Familie einen wunderschönen Urlaub erlauben zu können und vielleicht auch noch ein wenig dem einen oder anderen unter den Arm zu greifen. Ein Happy End im eigenen Leben zu haben. Wie in den alten Hollywood-Filmen aus den goldenen Zeiten, die er doch so sehr liebte. Aber hier war nicht die USA, nicht Hollywood, hier war Deutschland, Europa, der alte Kontinent. Hier gab es kein Happy End. Hier gab es nur das kalte, unleidenschaftliche und rationale Kalkül. Die Tristesse des Sachlichen, Nüchternen, vernunftgemäß denkende Intelligenz, aus der sich das Kalkül ergab, sich selber und seinen Nächsten nahe zu sein. Hier war kein Platz für Gerechtigkeit. Gerechtigkeit war nur etwas für unverbesserliche Träumer und die waren damals zu Tausenden nach Amerika ausgewandert. Hier herrschte Hierarchie.

»Heute, hier, bei mir nicht! Punto e basta! So einfach war das!«, hatte die Richterin im mittleren Alter verkündet. Insofern, wenn ihr Würmer euer Recht wollt, dann müsst ihr schon vorgehen. Wenn ihr könnt, dann tut es, aber bitte nicht bei mir. Von wegen, ich mach mir hier das Fass nicht auf, ich zieh mir diesen Schuh hier nicht an. Hier im Lande war man einfach zu schlau, zu abgeklärt, um an Gerechtigkeit zu glauben oder sie walten zu lassen. Niemand legte sich gerne mit einem stärkeren Gegner an. Hier war man rational, behielt einen kühlen Kopf, ließ keine Leidenschaft zu. Man schob die Verantwortung so lange, wie es nur ging, vor sich her. Sollten doch die anderen ihren Kopf dafür hinhalten. Oder war sie doch bestochen worden? Die Sache war klar und die Richterin wusste das, sie hatte sich nicht täuschen lassen. Santo und Bernd hatten nicht genug breite Schultern, um weiter vorzugehen. Wie gerne hätte Santo weitergemacht. Allzu gerne. Doch das Risiko war einfach zu groß für zwei Würmer, wie er und Bernd es letztendlich waren. Das Spiel war aus. Vernunft siegte. Die Vernunft ließ Santo und Bernd das Geld annehmen. Nichts anderes blieb ihnen übrig. Friss oder stirb! Besser dies, als ein Tritt in die Eier, pflegte man in Italien zu sagen. Das Risiko war einfach zu groß, die 7.900 Euro flöten gehen zu lassen und sich der Gefahr auszusetzen, sogar noch zu verlieren und auch noch bei der nächsten Verhandlung die Kosten der Gegenseite tragen zu müssen. Außerdem lag der Sommerurlaub vor ihnen und Santo hatte auch diesmal vor, mit seiner Frau und seinen Kindern einen unbeschwerten Urlaub in Sizilien machen zu können. Was blieb ihnen übrig? Sie nahmen das Geld an. Eine bittere Leere erfasste sie. Der Traum war aus! Die Töne Sinatras und Martins erklangen nur noch in gedämpftem Unterton. Sie fühlten sich ausgelaugt. Santo und Bernd machten gute Miene zum hässlichen Spiel. Das Leben ging weiter und musste weitergehen. Sie versuchten es mit Humor zu nehmen. Schließlich gab es viel Schlimmeres in der Welt, als eine Summe von knapp einer Million Euro nicht zugesprochen bekommen zu haben. Was soll's, wenigstens waren sie und ihre Liebsten bei bester Gesundheit und verhungern mussten sie auch nicht. Schlimm, schlimm waren Kinder dran, die überall in der Welt verhungern mussten, die misshandelt und missbraucht wurden. Kinder, die eine unheilbare, tödliche Krankheit hatten. Das war schlimm. Das sind Weltuntergänge. Sie hatten ihr Bestes gegeben und alles getan, was sie als kleine Würmer hätten tun können. Sie konnten mit erhobenem Haupt weiterhin durchs Leben gehen. Mit gutem Gewissen. Wenigstens hatten sie den Mut gehabt es versucht zu haben, den Schneid, die Entschlossenheit, es versucht zu haben, hatten die Firma Blitzblank für einige Monate in Angst und Schrecken versetzt, hatten mal das Heft in die Hand nehmen dürfen. Wenigstens für einige Monate hatten sie dieser menschenverachtende Frau Tessner das Fürchten beigebracht, hatten dafür gesorgt, dass sie sich empörte, dass sie sich mal in der schwächeren Position befand. Das schon war eine nicht minderwertige süßliche Genugtuung. Ja, sie hatten es denen mal gezeigt. Santo wünschte sich, dass noch viel mehr Würmer wie sie sich das trauen würden. Einen alleine nimmt man nicht wahr. Viele gemeinsam nimmt man schon eher wahr.

Bernd und Santo waren angeschlagen, aber nicht am Boden zerstört. Es kommt darauf an, wie viel man einstecken und nicht wie viel man austeilen kann, nur so kann man gewinnen, fiel Santo plötzlich eine seiner Lieblingsreden aus den Filmen der Italo-Amerikaner, aus dem Film Rocky Balboa ein.

Die Welt besteht nicht nur aus Sonnenschein und Regenbogen. Sie ist oft ein gemeiner und hässlicher Ort. Und es ist ihr egal, wie stark du bist. Sie wird dich in die Knie zwingen und dich zermalmen, wenn du es zulässt. Du und ich, und auch sonst keiner, kann so hart zuschlagen wie das Leben. Aber der Punkt ist nicht der, wie hart einer zuschlagen kann, es zählt bloß, wie viele Schläge er einstecken kann und ob er trotzdem weitermacht. Wie viel man einstecken kann und trotzdem weitermacht. Nur so gewinnt man!

Santo und Bernd hatten sich ihren Appetit trotz allem nicht verderben lassen. Wie vereinbart gingen sie zu Celentano an der Maybachstraße nahe Hansaring im Herzen der Stadt Köln. Eine Trattoria und Sportbar in einem. Ein Ort, an dem man in einem kultigen entspannten Ambiente gute süditalienische Hausmannskost bekam. Wo sowohl die spießigsten pseudokultivierten Akademiker zum Essen hingingen, als auch die urigsten Sizilianer und gleichwohl skurrilsten Typen von irgendwo. Santo mochte den Laden. Gutes Essen zu fairen Preisen und der Chef war stets bemüht, ihn mit aller Höflichkeit und Freundlichkeit zu empfangen. Alles andere interessierte ihn nicht.

Sie ließen es sich schmecken und verfielen für einige Tage, trotz aller Bemühungen und positiven Denkens in ein tiefes Loch. Beide waren bemüht von dort aus schnell heraus zu hüpfen, was nicht lange dauerte. Santo war wie Wasser, er fand immer wieder neue Wege.

»Leere Deinen Geist! Sei ohne feste Gestalt und Form, so wie Wasser. Wenn man Wasser in eine Tasse füllt, wird es zur Tasse. Füllt man es in eine Flasche, wird es zur Flasche, füllt man es in einen Teekessel, wird es zum Teekessel. Wasser kann fließen, oder es kann zerstören: Sei Wasser, mein Freund!« (Bruce Lee)

Wasser lässt sich schwer abbremsen und sucht sich immer wieder neue Wege. Intuitiv, während er beim Schreiben im Kinderzimmer seiner Tochter aus dem Fenster hinaus auf die blühenden Sommerbäume im Innenhof sah, kam ihm die Weißheit von Bruce Lee in den Sinn.

Die Möglichkeit, einen Traum zu verwirklichen, der quasi über Nacht kam, gestaltete sein Leben noch lebenswerter. Gab ihm Hoffnung. Seine Familie. Sein Buch.

Giancarlo Liggieri
geb. in Köln am 02. Februar 1971

 Giancarlo Liggieri durfte am 2. Februar 1971 in Köln das Licht der Welt erblicken. Hier ist er auch aufgewachsen. Seine Eltern kommen ursprünglich aus Sizilien.